# 当代世界社会主义通论

General Theory of
Contemporary World Socialism

姜 辉 等著

中国社会科学出版社

图书在版编目(CIP)数据

当代世界社会主义通论/姜辉等著.—北京：中国社会科学出版社，2020.10（2023.8 重印）
ISBN 978-7-5203-6750-9

Ⅰ.①当⋯ Ⅱ.①姜⋯ Ⅲ.①社会主义理论—理论研究 Ⅳ.①D0-0

中国版本图书馆 CIP 数据核字（2020）第 117211 号

| | |
|---|---|
| 出 版 人 | 赵剑英 |
| 责任编辑 | 杨晓芳 |
| 责任校对 | 刘利君 |
| 责任印制 | 王　超 |

| | |
|---|---|
| 出　　版 | 中国社会科学出版社 |
| 社　　址 | 北京鼓楼西大街甲 158 号 |
| 邮　　编 | 100720 |
| 网　　址 | http://www.csspw.cn |
| 发 行 部 | 010-84083685 |
| 门 市 部 | 010-84029450 |
| 经　　销 | 新华书店及其他书店 |
| 印　　刷 | 北京君升印刷有限公司 |
| 装　　订 | 廊坊市广阳区广增装订厂 |
| 版　　次 | 2020 年 10 月第 1 版 |
| 印　　次 | 2023 年 8 月第 2 次印刷 |
| 开　　本 | 710×1000　1/16 |
| 印　　张 | 34.5 |
| 字　　数 | 583 千字 |
| 定　　价 | 198.00 元 |

凡购买中国社会科学出版社图书，如有质量问题请与本社营销中心联系调换
电话：010-84083683
版权所有　侵权必究

# 目　　录

**导论　百年未有之大变局中的世界社会主义** …………………（1）
　　一　本书的主要内容与研究的主要问题 …………………（1）
　　二　当代世界社会主义的新阶段、新格局和新趋势 …………（4）
　　三　中国特色社会主义新发展及其对世界社会主义的新贡献 ……（9）

**第一章　世界社会主义发展的历史阶段** ……………………（15）
　　第一节　空想社会主义的理论与实践 ……………………（15）
　　第二节　社会主义从空想到科学、从理论到实践 …………（23）
　　第三节　社会主义制度在苏联的确立及从一国发展到多国 ……（30）
　　第四节　社会主义建设与改革 ……………………………（40）
　　第五节　世界社会主义在曲折中探索复兴之路 ……………（53）

**第二章　中国特色社会主义的伟大征程** ……………………（69）
　　第一节　中国特色社会主义的历史背景 …………………（70）
　　　　一　国际背景 ……………………………………（70）
　　　　二　国内背景 ……………………………………（75）
　　第二节　中国特色社会主义道路的开辟 …………………（77）
　　　　一　党的思想路线、政治路线和组织路线的重新确立 ……（78）
　　　　二　中国特色社会主义道路的新探索 ……………………（83）
　　第三节　中国特色社会主义的发展 ………………………（93）
　　　　一　开创中国特色社会主义事业新局面 …………………（93）
　　　　二　坚持和发展中国特色社会主义 ………………………（94）
　　第四节　中国特色社会主义进入新时代 …………………（96）
　　　　一　中国特色社会主义新时代的主要特征 ………………（97）

二　当代中国发展进步的根本方向 ……………………………… (99)

## 第三章　国外社会主义国家的理论与实践 …………………………… (106)
### 第一节　在革新事业中探索前进的越南社会主义 ……………… (106)
　　一　越南革新事业的开启与社会主义事业的转折 …………… (107)
　　二　越南社会主义革新事业的理论与实践 …………………… (110)
　　三　越南社会主义定向市场经济 ……………………………… (113)
　　四　越南的政治系统（定向）革新 …………………………… (116)
　　五　越共十二大以来的越南革新走向 ………………………… (119)
### 第二节　古巴社会主义的理论与实践探索 ……………………… (132)
　　一　古巴对社会主义建设道路的曲折探索 …………………… (133)
　　二　古共七大后古巴社会主义新动向 ………………………… (140)
　　三　古巴社会主义建设面临的挑战与前景 …………………… (143)
### 第三节　老挝社会主义建设的理论与实践 ……………………… (145)
　　一　老挝社会主义建设的三个发展阶段 ……………………… (145)
　　二　剧变后老挝社会主义建设现状 …………………………… (148)
　　三　老挝社会主义建设的机遇、挑战与前景 ………………… (155)
### 第四节　朝鲜社会主义建设的理论和实践 ……………………… (160)
　　一　朝鲜政治体制改革的实践与发展 ………………………… (161)
　　二　朝鲜经济体制改革的探索与创新 ………………………… (165)
　　三　朝鲜执政党的思想与作风建设 …………………………… (168)
　　四　朝鲜社会主义建设的调整与突破 ………………………… (170)
　　五　朝鲜社会主义建设的机遇与挑战 ………………………… (175)

## 第四章　发达资本主义国家的社会主义运动 ………………………… (178)
### 第一节　苏东剧变后发达国家共产党的演进 …………………… (178)
　　一　发达国家现存共产党及其组织 …………………………… (179)
　　二　发达国家共产党的制度内抗争 …………………………… (183)
　　三　发达国家共产党的体制外斗争 …………………………… (186)
### 第二节　发达国家共产党的理论政策调整 ……………………… (189)
　　一　对马克思主义的认识 ……………………………………… (189)
　　二　探索本土化社会主义发展道路 …………………………… (196)

三　完善党的自身建设 ……………………………………………… (209)
　　四　加强共产党之间及同其他左翼政党的联系 ………………… (216)
　第三节　发达国家共产党面临的问题与挑战 ……………………… (224)
　　一　坚持与创新理论战略的发展路径 …………………………… (224)
　　二　左翼联合的实践困境与走向 ………………………………… (227)
　　三　加强与工会组织和社会运动联系的路径 …………………… (229)
　　四　民粹主义政党兴起对共产党的冲击与影响 ………………… (232)

## 第五章　原苏联东欧地区的社会主义运动 ……………………………… (235)
　第一节　原苏东地区社会主义运动发展状况 ……………………… (235)
　　一　原苏联地区的共产党 ………………………………………… (238)
　　二　原东欧地区的共产党 ………………………………………… (255)
　第二节　"新社会主义"思想在原苏东地区兴起 ………………… (270)
　　一　"新社会主义"思潮缓慢回潮的根本原因 ………………… (271)
　　二　"新社会主义"思潮缓慢回潮的主要原因 ………………… (274)
　　三　"新社会主义"思潮缓慢回潮的直接原因 ………………… (277)
　第三节　原苏东地区共产党对苏联解体的认识 …………………… (281)
　　一　苏联共产党自身存在的问题导致苏联解体 ………………… (282)
　　二　苏联经济自身的落后性问题 ………………………………… (288)
　　三　西方的和平演变起了推波助澜的作用 ……………………… (289)
　　四　失败的是过时的社会主义形式，而不是社会主义本身 …… (290)

## 第六章　亚非拉地区的社会主义运动 …………………………………… (292)
　第一节　21世纪南亚东南亚的社会主义运动 ……………………… (292)
　　一　21世纪南亚毛主义运动 ……………………………………… (293)
　　二　南亚共产党的议会成就及政治瓶颈——以印共（马）
　　　　为代表 …………………………………………………………… (315)
　　三　东南亚地区社会主义运动的仅存硕果：菲律宾共产党的
　　　　现状与未来前景 ………………………………………………… (321)
　第二节　非洲国家共产主义政党的历史经验和新发展 …………… (329)
　　一　非洲国家共产党的兴起 ……………………………………… (330)
　　二　非洲国家共产党的发展 ……………………………………… (335)

三　苏东剧变使非洲共产主义运动遭受重创 …………………… （338）
　　四　苏东剧变后非洲国家共产党的新发展 …………………… （340）
　　五　非洲共产主义政党面临的问题、挑战与发展趋势 ………… （349）
　第三节　拉丁美洲共产主义运动的历史经验和新发展 …………… （351）
　　一　拉美共产党的兴起 ………………………………………… （351）
　　二　拉美国家共产党巩固和发展阶段（1929—1945年） …… （356）
　　三　拉美共产党在困境中坚持斗争（"二战"结束至
　　　　苏东剧变前） ………………………………………………… （361）
　　四　苏东剧变对拉美共产党的影响及其反思与调整 ………… （370）
　　五　苏东剧变后拉美共产党的新发展 ………………………… （374）
　　六　拉美共产党面临的挑战与未来发展趋势展望 …………… （376）
　第四节　拉美"21世纪社会主义"的兴起与发展 ………………… （379）
　　一　拉美"21世纪社会主义"的兴起 ………………………… （379）
　　二　拉美"21世纪社会主义"的理论主张 …………………… （384）
　　三　拉美"21世纪社会主义"实践 …………………………… （387）
　　四　拉美"21世纪社会主义"评价 …………………………… （392）
　　五　拉美"21世纪社会主义"面临的挑战与前景 …………… （394）

## 第七章　国外左翼学者的社会主义观 …………………………… （398）
　第一节　国外左翼对资本主义的新审视 …………………………… （399）
　　一　关于资本主义与社会主义问题的探讨 …………………… （399）
　　二　审视资本主义危机的两种维度 …………………………… （401）
　　三　21世纪初资本主义危机的新表现 ………………………… （404）
　　四　顽症痼疾与自身调整能力：危机应对方案 ……………… （409）
　第二节　国外左翼学者关于社会主义核心内容的探讨 …………… （413）
　　一　对社会主义核心内容的认识 ……………………………… （414）
　　二　对"什么是社会主义"认识的积极意义 ………………… （423）
　　三　对"什么是社会主义"认识的局限 ……………………… （424）
　第三节　国外左翼学者关于社会主义的蓝图设计 ………………… （426）
　　一　市场社会主义：对社会主义与市场相结合的新设计 …… （426）
　　二　生态社会主义：对社会主义制度下人与自然关系的
　　　　新关注 ………………………………………………………… （430）

三　后工业社会主义：对后工业时代新社会文明的新憧憬……（431）
　　四　全球化的替代方案与举措……………………………………（435）
　第四节　21世纪初国外左翼学者的主要观点及其评析……………（440）
　　一　主要观点及其特点……………………………………………（440）
　　二　积极意义与局限………………………………………………（447）

**第八章　世界社会主义发展与建设的历史经验**……………………（452）
　第一节　坚持理论联系实际，探索本国化革命与建设道路………（452）
　第二节　立足时代和实践发展，创新发展社会主义理论…………（458）
　第三节　坚持马克思主义政党领导，不断提高领导水平…………（474）
　第四节　正确处理两制关系，不断增强社会主义优越性…………（477）
　第五节　制定正确战略策略，加强与进步力量的团结合作………（481）

**第九章　世界社会主义面临的机遇、问题与挑战**…………………（485）
　第一节　资本主义危机与世界社会主义……………………………（485）
　　一　资本主义无法祛除的"魔咒"与"绝症"…………………（486）
　　二　资本主义"危"在何处………………………………………（487）
　　三　关于资本主义命运的纷争……………………………………（489）
　　四　资本主义危机说明了什么……………………………………（490）
　第二节　世界社会主义的条件和机遇………………………………（493）
　　一　生存发展环境的有利转变……………………………………（493）
　　二　整饬创新社会主义理论的好时机……………………………（494）
　　三　社会主义力量的恢复与积极作为……………………………（495）
　　四　社会主义力量的谋求联合……………………………………（495）
　　五　苏东剧变之鉴的深刻启示……………………………………（496）
　　六　中国特色社会主义成为中流砥柱……………………………（497）
　第三节　世界社会主义面临的问题和挑战…………………………（497）
　　一　"资强社弱"的总体态势尚未根本改变……………………（497）
　　二　国外社会主义力量的边缘化短期难以改变…………………（498）
　　三　社会主义政党及力量的影响力仍然弱小……………………（498）
　　四　社会主义主体的分散化与"自在状态"……………………（499）

## 第十章　中国特色社会主义与世界社会主义 …………………… (501)
  第一节　开拓世界社会主义实践发展的新道路 ……………… (502)
  第二节　确立世界社会主义理论发展的新形态 ……………… (505)
  第三节　彰显社会主义制度发展的优越性 …………………… (507)
  第四节　推动世界社会主义进入新阶段 ……………………… (514)

## 第十一章　世界社会主义的未来 …………………………………… (517)
  第一节　21世纪初世界社会主义的新格局 …………………… (517)
  第二节　21世纪世界社会主义发展的新特征 ………………… (519)
  第三节　21世纪世界社会主义发展的新趋势 ………………… (523)
　　一　坚持民族性与国际性的统一 …………………………… (523)
　　二　坚持地域性与世界性的统一 …………………………… (525)
　　三　坚持工人阶级运动与群众性运动的统一 ……………… (526)
　　四　坚持社会变革建设与生态文明建设的统一 …………… (527)

**参考文献** ………………………………………………………………… (529)

**后　记** …………………………………………………………………… (544)

# 导论　百年未有之大变局中的世界社会主义

本书是中国社会科学院重大研究项目"世界社会主义运动的历史经验和新发展"的最终研究成果。作为本书研究对象的"当代世界社会主义",从内容上看,主要以科学社会主义理论与实践的发展为主要内容,同时也包括其他类型的社会主义理论、运动和思潮。因而,本书的研究内容从时间上看,在回顾总结世界社会主义发展历程和经验的基础上,侧重关注研究苏东剧变后的世界社会主义,特别是21世纪世界社会主义发展的新特点、新格局、新趋势;从空间上看,作为世界范围的社会主义理论与实践研究,本书主要集中关注共产党执政的现实社会主义国家、发达资本主义国家、苏联东欧地区、亚非拉发展中国家和地区;从研究思路和角度看,既包括关于世界社会主义发展阶段、发展经验、发展趋势的宏观论析,也有关于具体国家和地区代表性活动与运动、理论与思潮的具体研究。总体来讲,本书系统深入研究世界社会主义新发展的理论与实践,服务于新时代坚持和发展中国特色社会主义伟大事业,具有重要的理论与实践意义。同时,对于加强世界社会主义学科建设也有重要的学术价值,为世界社会主义专业领域的研究者和相关学科专业的学生,以及关注研究世界社会主义的广大读者,提供一本较为权威的专业参考书。

## 一　本书的主要内容与研究的主要问题

本书坚持历史与现实、理论与实践、中国与世界的结合,从世界社会主义500年、科学社会主义170多年的理论与实践发展的宏大历史背景出发,系统总结世界社会主义发展历程和经验启示,在此基础上聚焦当代世界社会主义的新发展、新特征、新趋势,展示21世纪世界社会主义发展丰富多彩又错综复杂的新面貌和新格局,揭示当前世界社会主义发展的新形势和新问题，深入研究世界社会主义发展的一般性规律，为坚持和发展新时代中国特色社会主义提供有益的参考和借鉴。

（一）回顾总结世界社会主义运动的历史演进及经验启示

社会主义是人类社会发展进入到资本主义社会后出现的反对资本主义剥削压迫及阶级对立，以实现一种高于资本主义的社会形态而形成的各种思想体系、社会运动和社会制度的"综合体"。自16世纪初空想社会主义诞生至今，社会主义已历经500多年波澜壮阔的历史。总体来看，可以将世界社会主义历史发展划分为五大阶段：第一阶段，16世纪初叶至19世纪中叶，空想社会主义理论与实践演进的历史时期；第二阶段，19世纪中期到19世纪末，马克思恩格斯创立科学社会主义，社会主义从空想到科学，再由理论到实践的历史时期；第三阶段，19世纪末20世纪初到20世纪50年代初，也就是从俄国1917年十月革命至1945年第二次世界大战结束，社会主义由现实的社会革命运动到社会主义制度确立，再由一国向多国发展的历史时期；第四阶段，20世纪50年代初到20世纪末期，也就是从第二次世界大战后到苏联东欧剧变，是社会主义建设与改革、兴盛与挫折的历史时期；20世纪末（苏东剧变）至今，社会主义在低潮中发展，进行深刻的调整和变革，总体低潮与局部高潮交织，在积极探索中谋求走向振兴的历史时期。

通过历史回顾，从宏观上总结世界社会主义运动兴衰成败得失及经验启示。以下几个方面需要在理论上认真总结，在实践中探索践行：一是坚持马克思主义与本国实际相结合，探索本国化的社会主义革命和建设道路；二是立足时代和实践发展，与时俱进创新发展社会主义理论；三是坚持马克思主义政党的领导，不断提高领导水平；四是正确处理社会主义与资本主义的关系，不断增强社会主义的优越性和显著优势；五是加强世界范围内社会主义及进步力量的团结和联合，适时制定贯彻正确的战略策略。

（二）考察比较主要国家和地区的社会主义运动和左翼活动

本书比较分析了越南、古巴、老挝、朝鲜等共产党执政的现实社会主义国家在经济、政治和社会建设上取得的巨大成就；发达国家共产主义运动经历的危机与变革、实践困境与理论抉择、思想革新与组织重构，其间既出现了不少理论创新和实践亮点，也面临着许多需要应对的问题与挑战；原苏东社会主义国家在苏东剧变后，社会主义思想、运动顽强地生存下来，在某些方面还有一定程度的发展；作为世界社会主义运动重要组成部分的亚非拉社会主义运动，出现了区域性社会主义运动的新发展，南亚毛主义运动蓬勃发展，南非共产党的新发展成为当今世界社会主义运动的亮点，拉美国家共产主义运动和"21世纪社会主义思潮"也值得关注。此外，国外左翼学者对社会主义的研究由来已久，内容相当丰富，构成了关于社会主义探索的一个重要组成部分。2008年爆发席卷全球的经济危机及资本主义危机以来，国外左翼学者对社会主义的认识也呈现诸多新的变化。

（三）深入探讨21世纪初世界社会主义发展的新情况、新问题和新趋势

当前世界社会主义发展的主要特征是"四期并呈"：一是世界范围内反对和变革资本主义运动的集中开展期；二是各具特色社会主义的民族化趋势与加强协调联合的国际化趋势的并存发展期；三是中国特色社会主义成为世界社会主义的旗帜且发挥引领示范作用的上升期；四是处于新一轮衰退期的世界资本主义与处于新一轮上升期的世界社会主义之间的竞争与博弈更趋激烈期。当前，资本主义危机以一种直接的形式表明，资本主义不过是历史发展过程中一个暂时的、过渡的形式，同时也为社会主义的发展提供了机遇和条件。在21世纪初期的资本主义危机中，整个资本主义体系受到严重冲击，美国的霸权地位遭到削弱，而社会主义中国以及其他一些发展中国家在强势崛起，整个世界格局发生了有利于社会主义、有利于发展中国家的转变，有利于世界经济政治新秩序的建立，这都将极大地改善世界社会主义运动及其他进步运动的发展前景。但我们也需看到，21世纪世界社会主义力量也面临着许多问题和挑战，甚至可以说出现了新旧问题相互交织的复杂发展态势。世界社会主义总体上仍然处于低潮，资本主义在政治、经济、文化上还占有巨大优势，这种力量强弱对比还要持续较长一段时间。

（四）深入研究21世纪初世界社会主义与世界资本主义的关系及其新特点

在21世纪初资本主义危机时期，马克思主义关于资本主义危机与社会主义革命之关系的原理仍然具有重要的现实指导意义。资本主义经过近百年的变革和调整，其应对危机能力、创新能力、调控能力、适应能力以及统治战略策略，都完全不同于马克思恩格斯时代的资本主义。当前，资

本主义进入国际垄断资本主义阶段，国际垄断资产阶级的统治范围、力量都得到巩固和加强，资本主义的自我调节和创新能力还很强，资本主义力量处于绝对优势。世界社会主义运动在相当长的时间内仍将处于低潮。要在资本主义危机中把握社会主义事业的复杂性和长期性。而社会主义政党和力量如何正确处理历史客观性与人的主观能动性的关系，是世界社会主义能否走向振兴的关键因素。

*（五）深入研究 21 世纪初中国特色社会主义在世界社会主义运动中的地位和贡献*

中国特色社会主义是世界社会主义发展的新阶段，使 21 世纪的科学社会主义焕发蓬勃生机，并推动世界社会主义走出苏东剧变后的低谷走向振兴。当前，社会主义中国在世界东方的崛起，充分展示着社会主义的优越性、感召力和吸引力。中国特色社会主义是本国实践的产物，有着深厚的民族性和鲜明的特殊性；而从科学社会主义实践和世界社会主义运动的发展看，中国特色社会主义是世界社会主义运动的有机组成部分，有着广泛的国际性和普遍性。中国特色社会主义，集中体现了社会主义的民族性与国际性、特殊性与普遍性、多样性与同一性的有机统一。中国特色社会主义道路是世界社会主义走向振兴的新途径，中国特色社会主义理论体系是科学社会主义理论发展的新形态，中国特色社会主义制度是世界社会主义发展的新形态。随着中国特色社会主义的发展，随着中国日益走近世界舞台的中央，中国特色社会主义已成为 21 世纪世界社会主义发展的引领旗帜和中流砥柱。

## 二　当代世界社会主义的新阶段、新格局和新趋势

总体上看，当前世界处于百年未有之大变局，"东升西降"的发展趋势日益明显，世界发生着有利于马克思主义和社会主义的深刻转变。这是世界范围内反对和变革资本主义运动的集中开展期，是各具特色社会主义的民族化趋势与加强协调联合的国际化趋势的并存发展期，是中国特色社会主义成为世界社会主义的旗帜且引领示范作用的上升期，这一时期处于新一轮衰退期的世界资本主义与处于新一轮上升期的世界社会主义之间的竞争与博弈更趋激烈。我们就是在这样的时代背景和世界形势下推动世界社会主义研究，重新恢复并提振马克思主义真理的力量，提升运用马克思主义研究和解决实际问题的能力，有力推动 21 世纪世界社会主义的新发

展，不断丰富发展 21 世纪马克思主义。

21 世纪初，世界社会主义的发展出现了许多新亮点，呈现许多新特征，取得了许多新进展，在新一轮资本主义危机的环境背景下面临着走出低谷、重新振兴的机遇，同时也面临着与世界资本主义进行更为激烈复杂的较量竞争的挑战。总体来看，21 世纪世界社会主义的新发展以雄辩的事实打破了苏东剧变后关于"资本主义重新一统天下"的狂言妄论，粉碎了资本主义战略家们苦心孤诣地长期推行的"不战而胜"的和平演变图谋，终结了所谓"西方自由民主制达到人类社会的终点"的"历史终结论"的神话，并在整个世界范围内有力而持续地印证着共产主义必然代替资本主义的客观历史规律，重新恢复提振着马克思主义真理的力量。21 世纪是世界社会主义走向振兴的世纪。

（一）当前世界社会主义在发展变革中进入谋求振兴期

20 世纪 80—90 年代苏东剧变后，世界社会主义的发展陷入了严重的低潮。然而不过 20 多年的时间，以历史尺度衡量不过是"短暂一瞬"，历史老人的手作了一次"奇异翻转"，21 世纪初的世界资本主义却陷入深深的危机中，至今还深陷泥潭、无法自拔。长期持续的"共产主义失败论""社会主义过时论""共产党衰亡论"的"大合唱"尽管没有戛然而止，但其已因为失去底气而成为难以引起共鸣的"老调重弹"。历史总是在各种偶然性中为自己的必然性开辟道路。现在可以有根据地讲，资本主义开始走下坡路，社会主义开始走出低谷。同近 30 年前苏联东欧剧变时相比，这个世界的确发生了巨大的变化，人们不得不用全新的眼光来打量这个世界，重新观察和评估世界面貌、发展变迁、重大事件、社会制度，在这样的背景下，社会主义的命运和资本主义的命运又成为热烈而严肃的探讨主题。

从苏东剧变到现在 30 多年时间里，世界范围内坚持下来的共产党，经历了危机、重组、更新和发展。苏东剧变对世界范围内的共产党组织及共产主义力量造成了前所未有的影响：一方面，共产党组织受到很大冲击，有的解散消亡了，有的改名易帜，或转变为社会民主主义类型政党，或转变为在国内政治舞台上无足轻重的边缘激进团体；另一方面，许多共产党组织在逆境中顽强地坚持斗争，坚持社会主义和共产主义奋斗目标，探索适合本国国情的理论战略和活动方式，取得了不同程度的成绩，为国际共产主义运动延续了存在和发展的基础。今天，坚持不懈努力的这些共产党组织并没有如一些人所预言的那样湮没消亡，它们从捍卫生存到谋求新的作为，推动了国际共产主义运动在21世纪的发展。

据相关统计，目前世界上有100多个国家近130多个仍保持共产党名称或坚持马克思主义性质的政党。现有社会主义国家共产党员约9700多万人。其中中国共产党有近9000万党员。在其他共产党执政的社会主义国家中，越南共产党约450万、朝鲜劳动党约400万、古巴共产党约100万、老挝人民革命党10多万人，除了现实社会主义国家外，其他国家有120多个共产党组织，党员共有850万人。加起来，目前世界上有1亿零600多万党员。其中，人数过万的共产党有30多个，执政参政（或曾近期执政参政）的共产党近30个。各国共产党处于不同社会环境、国情条件和社会制度下，探索革命、建设、发展的道路各有不同特点，取得的成绩各有千秋，但毋庸置疑的是，这些共产党仍然在现代世界政党中有着举足轻重的力量，在世界舞台上对政治经济格局和走向具有重要的影响，也是21世纪世界社会主义取得新发展的主力军。

21世纪初世界社会主义走出了苏东剧变后的低谷，在经历了严峻挫折考验后重新奋起，在捍卫阵地基础上砥砺前行，在顺应时代发展中变革创新，在资本主义新危机中迎来机遇。可以说开始进入了逐渐走出低潮、在发展变革中谋求振兴的时期。

（二）21世纪初世界社会主义发展面临的机遇和挑战

21世纪初，世界社会主义的发展既面临着难得的机遇，又面临着严峻的挑战。从新的机遇和有利条件看，主要包括以下六点。第一，随着资本主义危机的发展，新自由主义力量占主导和右翼政党强势占据政治舞台的局面已开始扭转，这对于包括共产党在内的左翼政党及世界社会主义运动来说，无疑是生存和发展环境的有利转变。第二，资本主义危机的爆发和加剧，使得世界上社会主义及进步力量对资本主义批判的观点和主张得到实践的检验与支持，使长期以来政治理念和声音被忽视、被淹没的共产党等社会主义力量受到很大鼓舞，因而获得重新树立和整饬社会主义理论的好契机。危机之后西方及世界范围内兴起的"马克思热"就是一个体现。第三，经过苏东剧变后20多年的抗争、调整和磨砺，包括共产党组织在内的许多世界社会主义力量在各国舞台上站稳脚跟的基础上，力量有所恢复，并开展了许多反对资本主义的斗争及活动。它们经过理论反思和实践磨练，逐步适应变化后的国际国内环境，总体上由受挫低落转变为积极振作，由被动应付转变为自觉提升，逐步走向新的成熟。这为世界社会主义的发展奠定了一定的组织基础和力量来源。第四，面对国际范围内强大的右翼力量的联合进攻，共产党及左翼力量也加强彼此之间的联系和合作，逐步由苏东剧变之后的各个孤立抗争转变为谋求左翼力量的团结合作，形成了世界社会主义发展的一定规模优势。第五，苏联解体东欧剧变已近30年了，经过时间沉淀、实践检验和历史过滤，在今天不断形成并凸显出反映历史真相、趋于客观理性、揭示深层规律的经验教训的总结，意义重大，为21世纪世界社会主义的新发展和走向振兴提供了宝贵的历史借鉴。第六，中国特色社会主义在21世纪初期取得的巨大成就，是世界社会主义运动总体低潮中的局部高潮，这使世界上共产党及各种进步力量受到鼓舞，使他们看到了21世纪世界社会主义振兴的希望，这无疑是21世纪世界社会主义发展最切实、最坚实、最可依托的"根据地"和"阵地"。

当然，21世纪世界社会主义的发展也面临着新的问题和挑战，主要包括以下四点。其一，从世界资本主义与社会主义力量对比的总的态势看，"资强社弱"的态势在根本上还没有改变，资本主义在总体上处于攻势越来越强烈的时期。在非社会主义国家，社会主义政党及力量则相对处于分散和弱小状态。其二，从国外共产党等社会主义力量的政治影响力看，特别是在发生危机的西方国家，共产党等社会主义政党组织在各国政治舞台上仍然处于受排斥甚至边缘化的地位，其观点、主张、政策很难影响本国政府的决策。其三，在国外，大部分西方社会主义政党和力量对社会运动的领导力和影响力还相对薄弱，它们利用资本主义危机的能力不足、经验不够，难以提出有效的克服危机的战略策略，难以有效引导不满于危机和反对资本统治的群众运动。其四，从世界社会主义运动的主体即工人阶级来看，尽管一个规模庞大的全球工人阶级客观上逐渐形成和发展，但全球工人阶级处于"自在"状态，尚未明显形成全球性的工人阶级意识，工人阶级处于分散状态且彼此竞争冲突，这严重制约着世界社会主义运动的深入开展。

综合上述世界社会主义在21世纪初期面临的机遇和挑战来看，我们可以得出三点结论。

第一，在当前资本主义危机时期，马克思主义关于资本主义危机与社会主义革命之关系的原理仍然具有重要的现实指导意义。然而，这个原理的实际运用，随时随地要以时代和实践的变化、各种社会条件的变化为转移。危机为社会主义运动创造不同于正常时期的机遇和条件，但危机不一定就必然带来社会主义革命的高涨，这取决于主客观条件和因素的共同作用。那种认为"乘其之危"进行一次"毕其功于一役"的打击以实现世界性社会主义革命性改造的想法，是犯了幼稚病的错误。虽然历史事实告诉我们，马克思主义关于资本主义社会基本矛盾的分析没有过时，"两个必然"的历史唯物主义观点没有过时，但我们也要看到，实现资本主义向社会主义过渡是长期的、曲折的、复杂的历史过程。

第二，资本主义经过近百年的变革和调整，其应对危机能力、创新能力、调控能力、适应能力以及统治战略策略，都完全不同于马克思恩格斯时代的资本主义。资本主义危机发生的方式、规模、周期、强度和影响等，也都完全不同了，对社会主义运动和革命的影响也发生了复杂而深刻的变化。21世纪资本主义进入国际垄断资本主义阶段，国际垄断资产阶级的统治范围、力量都得到巩固和加强，资本主义的自我调节和创新能力还很强，资本主义力量处于绝对优势。世界社会主义运动在相当长的时间内总体上仍将处于低潮。正如习近平总书记指出的："我们要深刻认识资本主义社会的自我调节能力，充分估计到西方发达国家在经济科技军事方面长期占据优势的客观现实，认真做好两种社会制度长期合作和斗争的各方面准备。在相当长时间内，初级阶段的社会主义还必须同生产力更发达的资本主义长期合作和斗争，还必须认真学习和借鉴资本主义创造的有益文明成果，甚至必须面对被人们用西方发达国家的长处来比较我国社会主义发展中的不足并加以指责的现实。"①

第三，中国特色社会主义成为世界社会主义发展的最大亮点，成为世界社会主义的标志性参照系和中流砥柱。社会主义中国在世界东方的崛起，正在充分展示着社会主义的优越性、感召力和吸引力。中国要正确认识和处理"韬光养晦"与"有所作为"的关系，当前最重要的是集中精力办好自己的事情，不断增强我国的综合国力，不断改善我国人民的生活，不断建设对资本主义具有优越性的社会主义，不断为我们赢得主动、赢得优势、赢得未来打下更加坚实的基础。邓小平同志曾经自信地展望，到21世纪中叶，中国基本实现现代化，"到那时，社会主义中国的分量和

---

① 习近平：《关于坚持和发展中国特色社会主义的几个问题》，《求是》2019年第7期。

作用就不同了，我们就可以对人类有较大的贡献"。① 今天仍然占世界人口五分之一的社会主义中国，其综合国力已今非昔比。如今是中国共产党人努力实现邓小平同志预言和嘱托的时候了。我们完全可以满怀自信地说，只要中国特色社会主义发展起来，世界社会主义的振兴就不是空话。正如习近平总书记所讲的："我们坚信，随着中国特色社会主义不断发展，我们的制度必将越来越成熟，我国社会主义制度的优越性必将进一步地显现，我们的道路必将越走越宽广，我国发展道路对世界的影响必将越来越大。"②

### 三　中国特色社会主义新发展及其对世界社会主义的新贡献

（一）中国特色社会主义推动 21 世纪世界社会主义走向振兴

近 30 年来，世界社会主义运动经历了从苏东剧变步入低谷到 21 世纪初谋求振兴的过程。在每个重要的历史节点，中国特色社会主义都对世界社会主义的发展发挥了至关重要的历史转折性作用，成为世界社会主义运动的主心骨、风向标和根据地。总体来看，有三个历史节点非常重要：苏东剧变、资本主义危机和全球化发生波折。

第一个历史节点：20 世纪 80 年代末 90 年代初，苏联解体、苏共垮台、东欧剧变，"社会主义失败论""历史终结论"一度甚嚣尘上，"中国崩溃论"在国际上不绝于耳。然而中国顶住了巨大的压力和挑战，没有在那场"多米诺骨牌"式的剧变中倒塌。正如邓小平同志讲的："只要中国社会主义不倒，社会主义在世界将始终站得住。"③ 中国捍卫和挽救了社会主义。

第二个历史节点：21 世纪初由国际金融危机引发的整个资本主义危机。这场危机距苏东剧变也就不到 20 年，从东欧剧变、苏联解体引发的所谓"社会主义危机"和"历史的终结"，在较短的时间内却变为"资本主义危机"和"资本主义的终结"。这应验了列宁所说的哲理："历史喜欢捉弄人，喜欢同人们开玩笑。本来要到这个房间，结果却走进了另一个房间。"④ 其实，这正是历史在偶然性中为必然性开辟道路的最生动体现。

---

① 《邓小平文选》第 3 卷，人民出版社 1993 年版，第 143 页。
② 习近平：《关于坚持和发展中国特色社会主义的几个问题》，《求是》2019 年第 7 期。
③ 《邓小平文选》第 3 卷，人民出版社 1993 年版，第 346 页。
④ 《列宁全集》第 25 卷，人民出版社 1988 年版，中文第 2 版，第 335 页。

在这个发展过程中"历史之手"给我们的一个最大惊喜，就是在"神奇翻转"中打开了中国特色社会主义这个"看得见风景的房间"。这标志着世界资本主义在其发展的长周期中开始进入了一轮规模较大的衰退期，而世界社会主义虽然总体上仍然处于苏东剧变之后的低潮，但以中国特色社会主义发展取得的巨大成就为主要依托和标志，世界社会主义进入走出低谷的谋求振兴期。中国发展和振兴了社会主义。

第三个历史节点：21世纪头15年后，以英美等主要西方国家发生的逆全球化潮流为转折，资本主义对整个世界的驾驭和统治能力显著下降，显得力不从心；中国则高扬起继续推进全球化的旗帜，并推动全球化朝着公平、合理的方向发展。正如习近平同志指出的："20年前甚至15年前，经济全球化的主要推手是美国等西方国家，今天反而是我们被认为是世界上推动贸易和投资自由化便利化的最大旗手，积极主动同西方国家形形色色的保护主义作斗争。"① 可以说，这是由长期以来资本主义主导的全球化开始向由社会主义主导的全球化方向转变。这对于世界社会主义发展来说也具有重要转折性意义。就是在这个关键的历史时期，中国特色社会主义进入新时代，意味着科学社会主义在21世纪的中国焕发出强大生机活力。中国特色社会主义成为21世纪世界社会主义发展的引领旗帜，成为世界社会主义走向振兴的中流砥柱，必将为世界社会主义和科学社会主义新发展做出更大贡献。中国特色社会主义引领和塑造了21世纪社会主义。

中国特色社会主义是世界社会主义的重要组成部分，是苏东剧变后世界社会主义进入新阶段的一种新的实践探索，而进入新时代的中国特色社会主义则具有更加重要的示范引领作用和世界意义。用长远的历史眼光来看，从19世纪中叶科学社会主义诞生到21世纪中叶，大约两个世纪的时间，我们可以将其划分为三个大的历史阶段，也就是"三个七十年"。1848年《共产党宣言》发表标志科学社会主义诞生到1917年俄国十月革命，是社会主义发展的"第一个七十年"。这一时期的历史任务是促进马克思主义与工人运动相结合，建立工人阶级政党，进行社会主义革命、夺取政权。科学社会主义的发展体现在马克思主义形成和丰富完善，并在社会主义运动中取得主导地位。1917年十月革命到20世纪80年代末苏东剧

---

① 《习近平谈治国理政》第2卷，外文出版社2017年版，第212页。

变,是社会主义发展的第二个历史阶段,也就是"第二个七十年"。这一时期的主要历史任务是促进马克思主义与各国实际相结合,回答经济文化比较落后的国家建设社会主义、巩固和发展社会主义问题,殖民地半殖民地国家民族解放运动问题,如何从民主革命转变为社会主义革命建立新的社会制度的问题,以及社会主义改革等问题。科学社会主义的新发展在俄国主要是列宁主义的形成,在中国则是毛泽东思想的形成,以及改革开放时期中国特色社会主义理论体系的开创与初步发展。从20世纪80年代末苏东剧变到21世纪中叶,是社会主义发展的第三个阶段,也就是"第三个七十年"。这一时期的主要历史任务是巩固、发展和完善社会主义制度,使社会主义制度的优越性充分地体现出来,科学社会主义新发展的最新理论形态就是习近平新时代中国特色社会主义思想,它是当代中国马克思主义最新成果,也是21世纪马克思主义开创性、奠基性、典范性的理论成果。

邓小平同志这位伟大的战略家曾在20世纪末有过"七十年"的设想:"我们中国要用本世纪末期的二十年,再加上下个世纪的五十年,共七十年的时间,努力向世界证明社会主义优于资本主义。我们要用发展生产力和科学技术的实践,用精神文明、物质文明建设的实践,证明社会主义制度优于资本主义制度,让发达的资本主义国家的人民认识到,社会主义确实比资本主义好。"[①] 今天,社会主义发展的"第三个七十年"基本过半,接下来的30多年里,正是中国"分两步走"建设社会主义现代化强国的历史时期,中国特色社会主义新时代的新发展必将对世界社会主义的发展产生重要的历史意义、时代意义和世界意义。从某种意义上来讲,中国特色社会主义代表着世界社会主义的未来,这是中国共产党对社会主义事业及人类社会发展与文明进步的历史担当。根据党的十九大描绘的宏伟蓝图,到21世纪中叶,中国将全面建成富强民主文明和谐美丽的社会主义现代化强国,成为综合国力和国际影响力领先的国家,中华民族将以更加昂扬的姿态屹立于世界民族之林。新时代中国特色社会主义将以全面发展的巨大成就,成为世界社会主义走向振兴当之无愧的中流砥柱。那时候,世界上越来越多的人民会认识到,"社会主义确实比资本主义好"。

---

① 《邓小平年谱(1975—1997)》(下),中央文献出版社2004年版,第1255页。

(二) 新时代中国特色社会主义全面展示 21 世纪社会主义制度的优越性

21 世纪世界社会主义发展振兴的重要标志性成果，是社会主义制度赢得比资本主义更广泛的制度优势。21 世纪初资本主义危机的一个最为集中、最为突出的表现，就是资本主义制度的无效和衰败。福山（Francis Fukuyama）从"历史终结论"到资本主义"制度衰败论"，论证了资本主义政治体制和机制的衰败失灵；皮凯蒂（Thomas Piketty）的《21 世纪资本论》，论述了资本主义经济制度的衰败失灵；还有许多西方理论家以各种方式述说着资本主义民主、自由、平等这些长期以来被视为"永恒法则"的价值信条的破灭和衰败，论说着资本主义的价值危机、制度危机、生态危机、整个体系危机等。因而在 21 世纪中叶，社会主义在制度方面赢得比资本主义更广泛的优势，是世界社会主义振兴的最为重要的标志。如果说以往我们更多地是从理论上根据历史规律来阐释社会主义制度的优越性，那么 21 世纪我们则必须运用高于和好于资本主义制度的经济效率和治国理政能力，来真真切切地展现社会主义制度的优越性，这是新时代中国特色社会主义对人类社会发展和制度文明做出的巨大历史贡献。

改革开放 40 年来，我们不仅走出了一条不同于西方国家的成功发展道路，而且形成了一套不同于西方国家的成功制度体系，显示了独特优势。习近平总书记指出，我们的制度和国家治理体系，是在我国历史传承、文化传统、经济社会发展的基础上长期发展、渐进改进、内生性演化的结果。这表明，中国特色社会主义制度的独特优势来源于：它是内生性演化的结果，不是外来性嫁接的产物；它是在本国经济社会发展基础上长期发展的结果，不是主观设计、一蹴而就的东西；它是对本国发展建设之鲜活实践经验的总结升华和对社会发展规律的深刻把握和创造性运用。它超越了西方的那种关于市场与政府、国家与社会、集中权威与民主自由、公共领域与私人领域等的机械的对立两分，因而形成了对比于西方社会制度的独特优势；它避开了一些发展中国家在现代化进程中遭遇的"中等收入陷阱"、政治混乱和社会动荡陷阱，同时实现了经济快速增长、社会和谐稳定、改革充满活力，因而成为许多发展中国家在社会制度和运行体制上效仿的榜样。所以我们无论是成功应对各种危机还是创造发展奇迹，其原因都不能简单地归结为"后发优势"，不能偏见地归结为"走了别人修的路"，也不是偶然的幸运和天时地利，其成功奥秘恰恰在于中国特色社会主义制度的独特优势，以及由这种制度产生的能够团结一切可以团结的力量的优势、强大动员能力和集中力量办大事的优势、有效促进社会公平正义的优势等等。因此，我们的自信归根到底来源于中国特色社会主义制度不可比拟的优越性。

今天，中国共产党全面深化改革，不断发展和完善中国特色社会主义制度，不断提高运用中国特色社会主义制度有效治理国家的能力。我们党根据本国传统、现实国情和长期治理经验，创造性地推进治国理政事业，创造了不同于历史上其他社会主义国家的治理模式，也不同于西方资本主义国家的治理模式，形成了对比于西方社会治理的独特优势，也为如何治理社会主义社会提供了成功经验。正如习近平总书记指出的："当代中国的伟大社会变革，不是简单延续我国历史文化的母版，不是简单套用马克思主义经典作家设想的模板，不是其他国家社会主义实践的再版，也不是国外现代化发展的翻版，不可能找到现成的教科书。"[①] 中国的制度创新，是符合中国当今实际的最鲜活的独创版和现实版。通过不断改革创新，中国特色社会主义在解放和发展社会生产力、解放和增强社会活力、促进人的全面发展上比资本主义制度更有效率，更能在竞争中赢得比较优势，把中国特色社会主义制度的优越性充分地体现出来。党的十九大报告指出，坚持全面深化改革，坚持和完善中国特色社会主义制度，不断推进国家治理体系和治理能力现代化，吸收人类文明有益成果，构建系统完备、科学规范、运行有效的制度体系，充分发挥我国社会主义制度优越性。深入研究中国特色社会主义制度的特殊性与普遍性的关系，研究如何将"中国特殊"转化为"世界一般"，这是中国特色社会主义制度具有越来越重要的国际影响力的体现。所以，把中国特色社会主义制度体系、制度特征、制度优势、制度有效性进行归纳总结，提炼出具有一般规律性、可为借鉴的普遍意义的经验和因素，为世界上其他一些国家在社会制度建设上提供全新选择，为人类制度文明发展做出中国的原创性贡献。

中国特色社会主义制度建设的成果，不仅是中国的，也是世界的；不仅为我国社会主义现代化建设、实现民族复兴提供保障，而且对促进人类进步和世界文明发展做出贡献。中国是一个拥有14亿人口的发展中大国，制度建设和创新的每一个重大进步和成就，都会对整个世界产生广泛、深远的影响。邓小平同志曾充满自信地展望："我们的制度将一天天完善起

---

① 习近平：《在哲学社会科学工作座谈会上的讲话》，人民出版社2016年版，第21页。

来，它将吸收我们可以从世界各国吸收的进步因素，成为世界上最好的制度。"① 在中国共产党谋求为人类对更好社会制度的探索提供中国方案的 21 世纪，习近平总书记指出，"随着中国特色社会主义不断发展，我们的制度必将越来越成熟，我国社会主义制度的优越性必将进一步显现，我们的道路必将越走越宽广"②，我国发展道路对世界的影响也必将越来越大。这既是道路自信、理论自信、制度自信、文化自信的集中体现，也是对社会主义事业及人类社会发展与文明进步的历史担当。我们坚信，在中国共产党的领导下，通过全面深化改革，中国特色社会主义制度必将更加成熟、更加定型，也更加完善，其优越性和优势会得到更加充分的体现和发挥，中国特色社会主义制度将成为世界上最好的制度，以其独特的制度成果丰富人类制度文明的宝库。中国特色社会主义进入新时代，到 21 世纪中叶建成富强民主文明和谐美丽的社会主义现代化国家，使世界上五分之一的人在社会主义制度下实现共同富裕，过上美好的生活，充分展现社会主义制度的巨大优越性，这是对 21 世纪世界社会主义新发展的巨大历史贡献，是对人类历史发展和人类文明进步的巨大贡献。

  1893 年，恩格斯在《共产党宣言》意大利文版序言的结尾作了这样的期盼和展望："新的历史纪元正在到来，意大利是否会给我们一个新的但丁来宣告这个无产阶级新纪元的诞生呢？"③ 恩格斯展望和期盼的是 20 世纪初意大利社会主义运动的新发展。历史发展的实际进程是，20 世纪初，列宁领导下的俄国布尔什维克党和人民，用十月社会主义革命的伟大胜利，宣告了社会主义由理论和运动变为鲜活的现实制度，从而开辟了世界社会主义发展的新纪元。那么在 21 世纪初，以习近平同志为核心的党中央领导中国人民开创了中国特色社会主义新时代，则再次证明了社会主义优越于资本主义，使社会主义成为世界社会主义发展的鲜明引领旗帜和中流砥柱。今天我们完全有理由相信和期望：新时代中国特色社会主义的历史意义犹如 20 世纪初的十月革命一样，必将形成 21 世纪世界社会主义走向振兴的新局面，形成 21 世纪马克思主义、科学社会主义大发展的新局面。

---

  ① 《邓小平文选》第 2 卷，人民出版社 1994 年版，第 337 页。
  ② 《习近平谈治国理政》，外文出版社 2014 年版，第 22 页。
  ③ 《马克思恩格斯文集》第 2 卷，人民出版社 2009 年版，第 26—27 页。

# 第一章　世界社会主义发展的历史阶段

社会主义是人类社会发展到资本主义时代后反对和消灭资本主义剥削及阶级对立，以实现一种高于资本主义的社会形态而形成的各种思想体系、政治运动和社会制度的"综合体"。它既体现为人类社会崇高的政治理想和制度追求，也反映为为了实现这种美好社会形态而产生的诸多社会思潮、思想理论以及在社会思潮和思想理论的推动下展开的一系列社会运动。1516年托马斯·莫尔（St. Thomas More）的《乌托邦》一书在深刻揭露资本主义罪恶的同时，详细描绘了未来社会的美好宏图，这标志着社会主义的最初形态——空想（或乌托邦）社会主义诞生。时至今日，社会主义已走过了500多年波澜壮阔的历史。在这500余年的历史长河中，随着资本主义生产方式的不断成熟、工人运动的不断推进及工人自身阶级觉悟的不断提升，世界社会主义的类型也在不断增多，发展形态也在不断转变，并经历了由空想到科学、由理论到实践、由运动到制度、由理想到现实以及由一国向多国的发展过程。当前，社会主义已成为一种公认的社会力量活跃在世界舞台上，为消除资本主义剥削，终结不合理、不公正的旧制度，建立一种美好的新社会而不懈努力。

社会主义500年历史的发展阶段问题，历来都是学术界讨论的热点话题。不同的学者由于不同的研究视角对社会主义发展阶段的划分是不同的。综合资本主义发展阶段以及与此相适应的社会主义理论、实践形态的转变与特点，可以将社会主义历史划分为五大阶段。

## 第一节　空想社会主义的理论与实践

世界社会主义发展的第一阶段是从16世纪初叶至19世纪中叶，社会主义集中地表现为空想社会主义的理论与实践阶段。

空想社会主义是社会主义产生后的第一个形态。与一般古代社会所描绘的以"大同世界""天下为公"为主要特征的美好社会图景不同，空想社会主义虽容纳上述思想特征，但并非是简单地对未来社会进行勾画和设想，而是将这种社会理想牢牢地建立在资本主义基础之上：一方面，资本主义时代的到来为空想社会主义诞生提供了直接的土壤，而资本主义生产方式自身的矛盾以及资本生产的最初形态（资本原始积累）所彰显的残酷性和罪恶，更是空想社会主义产生的直接动因；另一方面，处在封建主义向资本主义的过渡时期，资本主义发展的不充分又是空想社会主义得以维持的重要原因。从资本主义发展史看，16世纪初叶至19世纪中叶这一阶段正是封建主义逐步走向衰落，资本主义生产关系开始确立，世界历史由封建主义向资本主义过渡的重要历史时期。

马克思主义认为，资本主义取代封建主义是历史的一大进步，然而这种取代过程是伴随着新的生产关系的出现和发展逐步实现的，是一个较为漫长的历史过程。

在经济方面，自14世纪早期开始，世界上最早以商品交换为主要目的的手工工场在地中海沿岸的意大利佛罗伦萨出现，这标志着世界资本主义生产方式的萌芽。资本主义生产关系形成后，以商品交换和买卖为主要特征的商品经济便开始在封建社会内部快速发展，同时也极大地瓦解了封建主义所赖以生存的自给自足的自然经济基础。到15世纪后半期，随着封建社会内部商品经济迅速发展所需要的金银货币量的增加，人们热衷于追逐金钱和财富。而一些盛赞东方国家财富丰盛的游记在欧洲大陆流行，也使得人们对东方国家充满了向往，到中国和印度等东方国家"淘金"成为这一时期很多冒险家的梦想。然而此时，奥斯曼帝国打败君士坦丁堡，控制了波斯湾这一条由欧洲通往亚洲的重要通道，欧洲人为了到达亚洲必须另辟蹊径。与此同时，欧洲航海造船技术的不断进步，尤其是发明于中国的指南针在欧洲航海业的广泛运用，也使得人们对于远航有了巨大信心。因此，在西欧一些国家王室的支持下，一些肩负着传教使命的传教士和怀揣着寻金梦想的商人开始了探索新航路的征程。经过迪亚士（Dinis Dias）、达伽马（Vasco da Cama）、哥伦布（Cristoforo Colombo）和麦哲伦（Fernando de Magallanes）等人的努力开辟了欧洲新航路，发现了新大陆，逐步打破以往历史中各个民族国家的封闭状态，使世界开始连为一体，拉开了世界近现代史的序幕。新航路的开辟和地理大发现，也使资本主义能够在世界范围内获得更广的商品销售市场和原料产地，这也极大地刺激了资本主义对外扩张的野心。无论是资本主义充满暴力及血腥的殖民掠夺、商业战争，还是赤裸裸的黑奴贸易、财富掠夺，都是这一时期资本原始积累的重要表现。这段"血与火"的历史在给世界殖民地国家带来巨大灾难的同时，也拓宽了资本主义发展视野，推动了资本主义原始积累的快速增长，为资本主义时代的到来奠定了基础。除此之外，在这一时期，为了获取更为丰厚的商品利润，一些主要资本主义国家的新兴资产阶级和新贵族在不断推进海外贸易的同时，还对内强占农民的土地，拆毁农民房屋，经营牧场，以满足旺盛的海外毛纺织业市场需求。尤其是英国掀起了以暴力和强制的方式将农民与土地等生产资料相分离的"圈地运动"，造成了历史上有名的"羊吃人"现象，资本原始积累的野蛮性和残暴性都鲜明地表现出来。然而，这一运动的推进也在客观上为资本主义生产关系的确立和发展奠定了坚实基础。一方面，这种圈地运动将大量农民的土地掠为己有，极大地增加了自身的社会财富，从而也开始产生一些脱离生产劳动而又占有大量社会财富的少数人阶级，即最初的资本家阶级；另一方面，这种运动也使得农民因失去赖以生存的土地而流离失所，沦为无业流浪者，以及人数众多的为了生存被迫出卖自己劳动力的劳动者阶级，即最初意义上的无产阶级，这对于消解自给自足的自然经济基础和阶级力量，实现资本主义对封建主义的替代都具有重要意义。

在思想领域，随着近代资本主义的不断成长和成熟，在封建社会内部产生的新兴资产阶级和新贵族出于共同的利益而不断融合并开始形成了相对独立的利益诉求。为了集中表达自身的利益呼声，14—16世纪，以欧洲大陆为中心产生了以反对宗教神学和专制主义、崇尚人性、肯定人的价值，主张将人的思想从宗教神学的禁锢中解放出来为使命的、具有资产阶级思想启蒙性质的文艺复兴运动，这不仅打破了封建主义统治的精神权威，动摇了封建主义的统治基础，也极大地解放了人们的思想。在文艺复兴的基础上，17—18世纪的欧洲启蒙运动更是进一步解放了人们的思想，不仅提出了自由、民主、平等、博爱等近代资产阶级极富反封建色彩的价值理念，而且确立了近代的社会契约精神，使法治理念和价值开始深入人心，从而为终结以人治为主要特征的封建君主专制时代迈出了坚实的一步，为推动人类社会由封建主义时代向资本主义时代的过渡奠定了坚实的思想基础，成为推动资产阶级革命，捍卫资产阶级统治利益的重要思想条件。

在政治方面，这一时期，以商品生产和商品贸易为主要特征的资本主义生产方式，与原有的以自给自足为主要特征的封建生产方式之间的矛盾已经凸显出来并不断被激化。对资本主义而言，封建主义已成为其发展的"绊脚石"，只有打破旧的生产关系束缚才能使自身发展获取更大空间。为了破除封建主义桎梏，资本主义也开始了漫长的革命和制度更迭阶段。继荷兰爆发了世界上第一次资产阶级革命——尼德兰革命后，英国又在本国资本主义发展中接过了荷兰资产阶级革命的"火把"。1588年打败西班牙无敌舰队后，英国逐步确立了海上霸权，而后又经过1652—1674年三次英荷战争和1756—1763年的"七年战争"分别击败荷兰和法国最终成为海上霸主并建立了"日不落帝国"。此后，英国凭借着拥有世界上最大的殖民地和商品销售市场的地位，以及"圈地运动"中确立的较为成熟的资本主义发展环境，成为欧洲资本主义经济发展最为迅速的国家，但也是资产阶级与封建主义矛盾最为尖锐的国家。为了给资本主义的发展扫清障碍，1640年英国爆发了资产阶级革命，并通过其后40余年的斗争取得了革命胜利，颁布了世界上第一个资产阶级法案——《权利法案》，确立了资本主义制度。由此英国也成为世界上第一个资本主义国家，拉开了资本主义时代的序幕，资本主义开始由最初的资本原始积累阶段，进入在资本主义制度护卫下以"自由竞争、自由贸易和自由发展"为特征的自由资本主义发展阶段。其后，资产阶级革命先后在美国、法国等主要资本主义国家展开并取得胜利，资本主义制度开始由欧洲大陆扩展到美洲，而后其他一些国家也纷纷展开了资产阶级性质的革命，建立了资本主义制度，从而为爆发于18世纪60年代至19世纪40年代的第一次工业革命创造了良好的制度环境。

第一次工业革命最早起源于英国，后在法国、德国等主要资本主义国家展开。第一次工业革命以蒸汽机的发明和使用替代了工场手工业，使社会生产力极大提高，不仅创造了"比以往任何时代都要多、都要大的"生产力，极大地破坏了封建主义生产关系，使自由资本主义发展到了顶峰时期，还使得任何一个民族如果不想脱离时代都要被纳入资本主义体系当中，使得资本主义制度在全世界范围内最终确立起来。历史发展总的趋势已表明，人类社会已进入到资本主义时代。

不可否认，封建主义过渡到资本主义具有进步意义。然而，资本主义社会的到来却并不像人们所设想的那样可以实现自身的解放，摆脱沉重的剥削和压迫。相反，随着资本不断扩张、原始积累加速推进，资本主义基本矛盾不断激化，资本主义生产方式的野蛮性和粗暴性赤裸裸地表现出来。在这种资本主导一切、道德日渐沦丧、法治充满虚伪和欺骗的社会，无产阶级和广大劳动群众政治上无权，经济上赤贫，社会地位上更是遭受资本家的欺凌，从而极大地激起了早期无产阶级的强烈反抗。但是，由于早期的无产阶级自身觉悟的限制，他们非但不能找到自己遭受剥削和压迫的真正原因，而且也看不到无产阶级的阶级意义，因此这一时期无产阶级的斗争更多地以最原始的方式进行，即往往是为了自身的经济目的自发地组织起来，通过打砸机器、捣毁工厂等方式与资本家抗争，所取得的成效也微乎其微。因此，批判资本主义的剥削和罪恶，要求改变生存现状，实现一种新的社会图景，成为无产阶级的迫切需要。空想社会主义正是在这种社会条件下，应无产阶级自身需要而产生的。

自空想社会主义产生后，总体而言，依据其发展的特点可以划分为萌发、发展和成熟三个阶段。

空想社会主义的萌发阶段，主要是指16—17世纪资本主义原始积累时期形成的，空想社会主义者以游记、小说等文学形式展开对未来理想社会制度粗略勾画和大线条描绘的阶段。这一阶段，空想社会主义的内容以托马斯·莫尔（St. Thomas More）、康帕内拉（Campanella）、托马斯·闵采尔（Thomas Münzer）和温斯坦莱（Gerrard Winstanley）等对资本主义剥削现象的批判和对未来社会展望为主。由于他们并没有认清劳动人民和广大无产者遭受剥削的社会制度根源，也不懂得通过革命的方式实现理想的未来社会，因此他们更多地是对早期资本主义的粗暴行为及其带来的社会灾难从道德层面进行谴责和批判，对未来社会的理想更多地是单纯的幻想和描绘，极其缺乏现实主义精神。无论是托马斯·莫尔在《乌托邦》中通过描绘"羊吃人"现象而阐发的没有剥削压迫、人人平等的社会理想，还是康帕内拉在《太阳城》中以对话形式通过勾画虚幻的岛国——太阳城所表达的对绝对公有制，没有阶级、贫富对立和因贫富对立产生恶习的社会的向往，抑或是托马斯·闵采尔通过掀起宗教运动以实现所谓的"千载太平天国"的远大社会幻想，甚至英国"掘地派"温斯坦莱通过《自由法》提出的对"同垦共耕"自由社会的宏大憧憬，无不是空想社会主义萌发阶段的典型表现。

到了 18 世纪，随着资本主义生产方式的不断成熟，尤其是工场手工业的大范围铺开，以往的简单协作生产阶段开始被逐步替代，资本主义的剥削方式较资本原始积累时期有了一定程度的变化；与此同时，欧洲大陆的思想启蒙运动和资产阶级革命已在欧洲一些主要国家展开，这也使得空想社会主义者接触到更多的思想教育。受此影响，空想社会主义开始超越早期单纯虚构和幻想的阶段，在思想表达形式上也开始突破原来的文学形式而转向理论的阐发，在内容上由原有的粗线条描绘未来社会开始逐步具体化，不仅注重理论上的一些社会主义重大问题，尤其是生产资料所有制问题的探讨，而且还通过法律条文的形式加以确定。可以说，相较于前一时期，这一时期的空想社会主义已经有了较大的进步。这一时期，无论是让·梅里叶（Jean Mestier）通过《遗书》所阐发的建立一个财产公有、财富平等，没有战争、欺骗、掠夺的平均共产主义制度，还是摩莱里（Morelly）在《巴齐里阿达》和《自然法典》中阐述的生产资料公有、共同劳动、各尽所能、各取所需的合乎"自然意图"的理想社会蓝图；无论是马布利（Mably）提出的建立一个充满自由、财产公有、热爱劳动、人人平等为基础的权力属于人民的"平等共和国"，还是格拉古·巴贝夫（Gracchus Babeaf）为传播革命思想、举行反资本主义武装起义而组织的"平等派密谋组织"，都是空想社会主义者开始关切未来理想社会的重大原则问题和实现路径方面的重要体现。从总体上讲，在这个时期，虽然受不成熟的资本主义生产关系和无产阶级自身状况的影响，带有较为浓厚的平均主义和禁欲主义倾向，但这并不能否认空想社会主义已经逐步走向成熟。

19 世纪初开始，资本主义制度在世界范围内得到迅速确立，而随着第一次工业革命的蓬勃兴起，机器大工业逐步替代了工场手工业。这次工业革命使得资本主义生产率得到大幅度提升，资本主义生产方式更加成熟的同时，资本主义的剥削也更加严酷。虽然这种剥削较之资本原始积累早期的野蛮而粗暴的剥削在形式上有了显著的不同，但是这种剥削的严酷性丝毫没有改变。并且，工人阶级力量在随着资本主义生产发展而不断壮大的同时，在长期的斗争中自身的阶级意识和觉悟也有了极大提升。同时，随着资本主义的快速发展，资本主义基本矛盾也开始凸显出来，尤其是资本主义经济危机的爆发使得无产阶级与资产阶级两大阶级之间的对立更加激烈。这一时期，空想社会主义者在继承了以往近 300 年的空想社会主义思想和理论成果基础上，结合资本主义发展程度和工人阶级自身觉悟状况，不仅突破了以往空想社会主义者将封建主义和资本主义相混同的思想"藩篱",抛弃了18世纪空想社会主义的浓厚禁欲主义和平均主义色彩,而且还注意运用新的时代精神对旧的思想理论进行扬弃,将自身的批判矛头直接指向了资产阶级和资本主义的全部基础,提出了许多关于"批判旧社会,实现新社会"的富有启发性的理论创见,形成了更为成熟的空想社会主义理论。除此之外,还围绕理论的指向展开了不同形式的实践,推动了空想社会主义由理论形态到实践形态的转变,从而将空想社会主义推向了成熟阶段。

这个阶段较有代表性的是法国的圣西门、傅里叶和英国的欧文的思想理论及其实践活动。对资本主义的批判方面,圣西门(Comte de Saint-Simon)不仅提出了资本主义政治制度是新的压迫制度的概念,而且还揭示了资本主义经济上对劳动人民剥削的残酷性,一定程度上揭示了雇用工人和企业主之间的经济对立,在意识形态方面更是将利己主义视为资本主义意识形态的典型特征,集中地揭露了资本主义的欺骗性和虚伪性。与此同时,他还站在人类历史进步的立场,将资本主义界定为具有过渡性质的社会形态,为后来的无产阶级革命爆发提供了重要的思想材料;傅里叶(Joseph Fourier)不仅批判资本主义制度的残酷剥削和给劳动人民带来的沉重苦难,而且还揭露了资本主义生产的无政府状态,提出了商业欺诈是资本主义制度下一切灾难的根本原因,并开始从人类社会发展规律的视角批判资本主义制度永恒的论调,对后来的社会主义揭示资本主义内在矛盾,认识资本主义的前途有重要的启发意义;欧文(Robert Owen)不仅批判了资本主义制度下机器使用的后果是加强了对无产阶级剥削和引发经济危机的实质,而且还指出了资本主义私有制是造成无产阶级贫困化和社会一切罪恶的根源,生产资料公有制对私有制有着无法比拟的优越性,资本主义国家政府维护少数剥削者利益的现象,对资本主义制度的批判较为深刻。在对未来社会的构想方面,圣西门不仅提出了创建实业制度的社会主张,将人人都要劳动作为一项重要原则,而且在分配上提出收入要与人的才能和贡献成正比的观念,在教育上更是将道德品质教育、能力培养和劳动教育列为新的教育理念。除此之外,他还在社会主义史上第一次明确提出了国家消亡的思想,论证了未来社会组织的目的和实现这一目的的途径,极富启发价值;傅里叶在未来社会制度方面提出了建立在人们自愿参加为原则的生产和消费协作组织基础上的"和谐社会"的制度理想,他不仅反对消费领域的平均主义,而且对禁欲主义给予了彻底地否定,对于人的解放具有重要意义,除此之外,他还提出了依生产资料的性质进行社会分期的思想,极具唯物主义思想特点,对社会主义的发展极具启发价值;欧文作为19世纪最为杰出的空想社会主义者,他从人的性格形成理论出发提出了未来社会应是许多合作公社联合体,即"和谐公社"的思想,并主张在公社内部实行生产资料公有制和按需分配的原则,成员要坚持真理,不断学习科学文化知识等,对后世产生的思想价值不可忽视。

除了上述思想主张外,一些空想社会主义者甚至为了探讨实现社会主义的路径,还按照自己对未来社会的设计方案进行了许多具体的社会实验。如傅里叶为了克服资本主义生产的无政府状态,曾组织过"法郎吉"试验,即将每个法郎吉分配1620人,面积为1平方英里,规定除劳动者外,也允许资本家入股,所得的扣除公共费用后的集体收入,要按照劳动5/12,资本4/12,才能3/12的比例进行分配,以此实现有组织的生产和消费领域的协作。欧文(Robert Owen)在社会试验的道路上走得更远。他曾于1799年在与他人买下的大纺织厂、机器制造厂和占地150亩的新拉纳克工厂进行了一系列"有利于社会的大规模试验",1824年又用自己积累的财富购置3万英亩的土地进行所谓的"新和谐公社"的共产主义新村实验,1828年以后他还在生产领域着力推行合作社,在流通领域推行公平交换市场的合作运动等,这些都是空想社会主义实践的具体体现。

总体而言,正如恩格斯所指出的那样,"不成熟的理论,是同不成熟的资本主义生产状况、不成熟的阶级状况相适应的。解决社会问题的办法还隐藏在不发达的经济关系之中,所以只有从头脑中产生出来"[1],空想社会主义恰恰是与不成熟的资本主义生产和不成熟的阶级状况相适应的。在内容上,它更多地反映的是早期无产者自身经济、政治、社会和生活的利益诉求,包含了早期无产者对资本主义社会罪恶的揭露,对谋求未来美好社会的精神探索;而在特点上则集中地体现为空想性:一是空想社会主义者虽然同情无产阶级和劳动群众命运和遭遇,也试图改变他们的生存状况,但是他们往往寄希望于资本家和当政者的怜悯和支持,看不到无产阶级自身的革命力量,因此即使他们描绘了未来美好的社会图景,也并不能找到实现未来社会的正确力量;二是空想社会主义者虽然看到了资本主义社会的不合理,也试图改变这一现状,但他们更多地依赖对社会的改良,

---

[1] 《马克思恩格斯文集》第3卷,人民出版社2009年版,第528页。

而没有看到暴力革命在改变人类社会历史中的重要作用，因此在两大阶级根本对立，资产阶级掌握国家暴力工具的前提下，无产阶级仅仅通过社会改良实现自身的社会图景显然是不现实的；三是空想社会主义者虽然也曾试图建立一定的无产阶级革命组织，但这些组织却带有浓厚的宗派性、分散性和密谋性，没有看到职业革命家组织，即无产阶级政党在无产阶级革命过程中的重要作用，因此没有找到有力而坚强的领导者；四是空想社会主义者虽然看到了资本主义社会制度的罪恶和不合理性，也为终结这种不合理做出了许多努力，但是他们在对资本主义的认识上却存在着严重的失误，他们不懂得站在人类社会历史发展的规律上给资本主义以合理的评价，而是把资本主义当成完全坏的东西，没有能够看到资本主义相对于以往社会形态的进步之处，因此这些评价是不客观，也是不正确的；五是他们以批判资本主义的视角对未来社会图景做出了美好的构想，但是他们在对未来社会的认识上却存在着严重的形而上学错误，他们仅仅把未来社会看成绝对的、一成不变的，认为达到了他们提出的标准就意味着未来社会的实现，而不懂得随着社会生产力的不断向前发展未来社会的标准也要不断提升，这不仅具有浓厚的主观性，而且还容易造成人们对未来社会思想标准认识的僵化，对人们实践产生不利影响。可以说，空想社会主义的空想性特点是显而易见的，但是不可否认这些思想认识对于启发工人阶级觉悟，推动社会发展具有重要意义，因为它不仅为人们提供了深入认识和批判资本主义的重要视角，而且还给人们设想未来社会提供了重要的思想材料，甚至有些思想还包含了启发人们辩证看待事物的重要因子。可以说，空想社会主义正是社会主义这种理论在早期不成熟的资本主义生产和阶级状况下的集中体现形式。

## 第二节　社会主义从空想到科学、从理论到实践

世界社会主义发展的第二个阶段是从19世纪中期到19世纪末期。社会主义从空想到科学，再由理论到实践。

爆发于18世纪60年代的英国，以蒸汽机的发明与广泛应用为标志的第一次工业革命，在19世纪40年代基本完成。这次工业革命完成了人类历史的伟大变革，一方面，它促使机器大工业最终取代了工场手工业，使人类进入了蒸汽时代，这不仅极大地提高了资本主义劳动生产率，而且也为资

本主义创造了"比过去一切时代创造的全部生产力还要多、还要大"①的社会生产力；另一方面，工业革命不仅使资本主义生产方式在世界范围内迅速确立起来，而且也在很大程度上加剧了社会阶级的分化，在推动工业无产阶级和资产阶级队伍迅速壮大的同时，也使得两大阶级之间的矛盾日趋尖锐；除此之外，工业革命还极大地摧毁了封建主义统治堡垒，推动了人类社会向资本主义社会的转变，最终使资本主义在世界范围内的统治地位得以确立。然而，随着资本主义生产力的快速发展，资本主义生产关系的局限性也日益凸显出来，资本主义基本矛盾，即生产社会化与生产资料的资本主义私人占有制之间的矛盾不断激化。在具体的经济社会领域中，这对带有根本性的矛盾又衍生出了两对突出的具体矛盾：企业个别生产的有组织性和整个社会的无政府状态之间的矛盾，以及资本主义生产的无限性与群众购买力有限性之间的矛盾。而这些矛盾的激化又导致了资本主义社会所特有的现象——经济危机的出现，这也集中地反映了资本主义生产力与生产关系之间矛盾的尖锐性。自1825年英国爆发了第一次经济危机后，1837年、1847年、1857年、1866年接连爆发危机，这些危机的爆发除了造成大范围的经济萧条、工厂倒闭、银行破产、工人失业等社会消极后果并且严重激化两大阶级之间矛盾外，还随着资本主义生产方式延伸到了国外，实现了由英国到欧洲多国再向世界的蔓延。尤其是1857年美国爆发了第一次世界性的经济危机后，资本主义世界范围内的经济危机8—10年的爆发频率也成为常态，这给无产阶级和劳动群众带来了巨大的灾难，也使资本主义生产力遭到了巨大的破坏，标志着自英国资产阶级革命胜利所开辟的以"自由贸易、自由竞争和自由发展"为特征的自由资本主义发展到了"顶峰时期"，其已经不再适应资本主义进一步发展的要求了，而迫切需要一种新的生产关系来取代。对此，自由资本主义以往历史中从未出现的经济危机的频繁爆发及其带来的沉重社会灾难也开始打破人们对资本主义前途的憧憬，取而代之的是对资本主义开始产生疑虑和恐慌。那么，这种具有强大破坏力的危机是如何产生的，资本主义的前途和历史地位如何，人类又向何处去等问题开始成为这一时期许多有志之士所探讨的重大课题。

　　随着资本主义内在矛盾的不断激化及其导致的经济危机的频繁爆发，工人阶级与资产阶级之间的矛盾也日趋尖锐，由此引发的工人起义和运动

---

① 《马克思恩格斯选集》第1卷，人民出版社2012年版，第405页。

也开始爆发。值得注意的是，这一时期，工人阶级在经历了资本原始积累时期和自由资本主义早期反抗资本家阶级的斗争后，自身的阶级意识和觉悟不断提升，斗争方式和斗争内容都有了很大进步并逐步走向成熟。在诸多的反抗斗争中，工人由分散走向了联合，由早期的自发斗争开始转变为自觉斗争，由开始以打砸机器、破坏工厂为主的斗争方式开始变为游行、罢工等较成熟的斗争方式，斗争内容上也由最初的以追求经济利益和改善劳动条件为主的斗争转变成了自身的政治利益——要求改变资本主义制度为主的斗争，斗争矛头也由最初批判资本主义剥削开始向批判资本主义制度方向转变。尤其是 19 世纪三四十年代，随着经济危机破坏性的加剧，欧洲大陆掀起的以政治罢工和武装起义为主的三大工人运动（即法国里昂纺织工人起义、英国废除宪章工人运动和德意志西里西亚纺织工人起义）更是无产阶级运动逐渐走向成熟的标志。虽然这三大工人运动最后都因遭到资本主义的强烈镇压而失败，但是这种运动相较于以往的工人斗争而言却有着十分重要的里程碑意义，它标志着无产阶级开始作为一支独立的政治力量登上了历史的舞台。

从工人运动史来看，三大工人运动的失败一方面教育并锻炼了工人阶级，为工人阶级的不断成熟并肩负起解放全人类的历史使命准备了重要条件；另一方面，三大工人运动以及此前无产阶级斗争的失败也使得工人阶级充满疑惑，这不仅需要一种能够对失败原因做出解释的科学理论，而且对于无产阶级而言如何建立自己的政治组织，成立自己的政党，合理地提出自己的政治主张与行动纲领使自身斗争走向胜利，也需要科学的理论为指导，为此时代对新的理论提出了要求，发出了呼唤。

与此同时，马克思恩格斯作为具有远大政治理想和抱负的进步青年，他们不仅关心群众疾苦，同情无产阶级的命运和遭遇，而且还注意深入群众，加强同群众的联系，在长期同工人群众交往中逐步树立了"为全人类解放而奋斗终生"的伟大理想。为回答时代提出的重要课题，构建一套完整的能够科学指导无产阶级实现自身解放的学说，马克思恩格斯不断进行理论探索，对人类历史上优秀文明成果在批判的基础上进行了扬弃和充分吸收，从而为科学社会主义的诞生提供了重要的思想来源。从思想来源的基本内容上看，马克思恩格斯吸收的理论成果是多样的，但有三大理论成果最为集中。一是德意志古典哲学。马克思在批判黑格尔哲学唯心主义的基础上吸收了其辩证法的"合理内核"，又在摆脱黑格尔（G. W. F. Hegel）

唯心主义世界观过程中吸收了费尔巴哈自然领域唯物主义的"基本内核",从而为马克思主义哲学的产生奠定了良好的思想材料。二是英国古典政治经济学。马克思批判地吸收了威廉·配第(William Petty)、亚当·斯密(Adam Smith)、大卫·李嘉图(David Ricardo)等英国古典政治经济学家关于劳动价值论的重要思想,为后来其剩余价值学说的产生以及马克思主义政治经济学的出现奠定了重要的理论基础。三是英法空想社会主义。主要是对成熟阶段的空想社会主义理论家如圣西门、傅里叶、欧文关于资本主义的批判和对未来理想社会的设想进行了充分吸收和利用,这也为后来科学社会主义学说的形成提供了直接的思想材料。除此之外,法国复辟时期的历史学说,尤其是关于阶级和阶级斗争问题的阐述,文艺复兴的重要思想及当时自然科学领域的最新成果都为科学社会主义的形成提供了重要的理论和思想材料。

与此同时,19世纪40年代,他们虽然所研究的领域不同,关注的兴趣点也有所差异,但却几乎同时完成了自己阶级立场和世界观的转变,即由激进的民主主义向共产主义、由唯心主义向唯物主义的转变,这也为创建新的理论提供了重要的思想前提。其后,尤其是马克思恩格斯在科学理论上对唯物史观和剩余价值学说的发现,也使社会主义开始有了科学的"理论基石":唯物史观不仅揭示了人类社会由低级向高级发展的基本规律,探明了推动人类社会前进发展的根本动力,而且站在历史发展的规律的角度对资本主义的历史地位和前途做出了科学的回答,为消灭私有制,终结资本主义提供了正确的理论支撑;而剩余价值学说的发现更是找到了资本与劳动的关系,揭示了资本剥削劳动的"秘密",为终结资本主义提供了经济层面的必然性论证,同时还详细地阐明了无产阶级的历史使命,为终结资本主义,实现共产主义找到了现实的阶级力量,从而推动了社会主义由空想到科学的发展。

在具备了充分的社会历史条件和思想理论准备后,1847年初马克思恩格斯接受正义者同盟关于起草同盟纲领的请求。对此,1848年2月,马克思恩格斯用德文出版了《共产党宣言》,不仅科学地论证了"两个必然",即"资产阶级的灭亡和无产阶级的胜利是不可避免的"基本原理,而且还阐明了无产阶级的历史使命、无产阶级斗争策略、未来共产主义社会的基本特征以及无产阶级政党的性质、指导思想和根本原则等方面的问题,系统阐述了科学社会主义的基本原理,这也标志着科学社会主义的诞生。

19世纪中期，科学社会主义诞生后，便开始了在工人群众中间的传播，直到19世纪末，尤其是第二国际的建立，这段时间正是科学社会主义由弱变强、由小变大、由理论转变为实践运动的历史阶段。科学社会主义形成后便开始了与国际工人运动相结合的历史，一方面对国际工人组织发挥了重要的引导作用，影响了整个工人运动方向和趋势；而另一方面也在国际工人运动中宣传自己的科学理论和价值主张，推动了科学社会主义的传播，最终促使科学社会主义在国际工人运动中占据了统治地位。具体而言，这一阶段科学社会主义的发展主要经历了两次大的革命浪潮（即1848年欧洲革命和1871年巴黎公社起义）的检验，两大工人运动组织（即第一国际和第二国际）及各国社会主义政党组织的推动与发展。

1848年，《共产党宣言》发表之时欧洲大陆正在进行一场声势浩大的反对封建主义的资产阶级民主革命。资产阶级为发展资本主义扫清道路而寻求与无产阶级的联合来共同反对欧洲封建主义，但在革命过程中，由于资产阶级害怕无产阶级革命运动会危及自身利益，因此又对封建主义妥协并伙同封建主义对无产阶级进行了镇压，使革命陷于失败，无产阶级遭受巨大损失。革命虽然失败了，但客观上锻炼了无产阶级组织斗争的能力，使无产阶级受到了教育，同时也为马克思恩格斯通过反思革命的失败丰富和发展科学社会主义理论，尤其是无产阶级革命斗争理论提供了良好的现实材料。与此同时，科学社会主义的一些基本原理和主张，如反对超阶级的社会主义、无产阶级要加强联合等若干思想观点在革命过程中也得到了迅速传播，推动了国际工人运动向前发展。

为了更有力地推动国际工人运动的发展，科学社会主义形成后，在其指导下也建立了国际性运动组织。其中，1864年建立的国际工人协会，即第一国际就是在科学社会主义理论影响下和马克思直接领导下建立的工人运动组织形式。第一国际吸收和贯彻了科学社会主义的一些基本主张，无论对于领导国际工人展开经济斗争、政治斗争，还是对于加强国际工人团结，壮大国际工人力量，凝练工人运动目标和原则都起到了重要作用，同时也促进了科学社会主义在工人群众中的传播，科学社会主义也在一系列运动中得到充实和完善，由此也是科学社会主义走出理论形态而与工人运动实际相结合的具体范例。

1871年因法国在普法战争中失败引发的巴黎公社起义是科学社会主义形成后，在马克思的直接领导下国际工人阶级夺取政权的第一次尝试。公社的一些斗争路线和指导思想也充斥着诸多的科学社会主义因子，可以说是科学社会主义指导实际斗争的一次重要尝试。但是由于资本主义正处在上升期，无产阶级并不具备夺取政权的能力，再加上在斗争策略上存在一些失误，导致这次革命失败了。这次革命虽然失败了，但在客观上也极大地宣扬了科学社会主义理论，进一步地教育、锤炼了无产阶级，使得马克思恩格斯对无产阶级夺取政权的艰巨性有了更为清晰的认识。其中通过反思革命失败得出的无产阶级必须打碎旧的国家机器，建立无产阶级国家机器思想，无产阶级要组织一个坚强有力的革命政党思想以及无产阶级夺取政权后应立即实行专政等思想也进一步充实了科学社会主义理论宝库，使得科学社会主义与工人运动的实际有了更进一步的结合。

与此同时，随着马克思主义在世界范围内的广泛传播以及与工人运动的结合，无产阶级政党组织除了两大国际性组织外，还在民族国家内建立起来。从1869年世界上第一个民族国家无产阶级政党——德国社会民主工党建立开始，到19世纪的最后30年中，荷兰、捷克、美国、丹麦、法国、比利时、西班牙、意大利、英国、挪威、奥地利、瑞典、瑞士等多个国家相继建立了社会主义政党和组织，在推动无产阶级政党、工人团体联合反对国际垄断资本主义方面起到重要作用。需要指出的是，这些政党和工人组织都极大地受到了科学社会主义的影响和指导，其组织和运动不仅为传播科学社会主义提供了坚实的思想阵地，推动了科学社会主义与工人运动的更深一步的结合，同时也为推动科学社会主义理论向实践的转变提供了良好的组织基础。

1889年成立的第二国际更是以已成立的各国社会主义政党组织为基础，在恩格斯的直接指导下建立起来的，而且也是公开将马克思主义作为自己指导思想的工人运动组织，这标志着马克思主义在工人运动中已经战胜了其他的社会主义思想而上升为工人运动的主导思想。第二国际在组织社会主义力量，推动反资本主义、军国主义运动和促进国际共产主义运动方面发挥了巨大作用，同时也成为科学社会主义的重要思想阵地和传播平台。总体而言，它是在科学社会主义理论的影响或指导下促成的，同时又检验、传播、丰富和发展了科学社会主义，集中地体现了理论形态的科学社会主义已经寻求通过对现实运动的影响向实践形态转变。

19世纪后半叶，在第二次科技革命的推动下，资本主义国家不断调整生产关系，转变统治策略，资本主义经济社会和时代形势都出现了新变化、新情况。在经济上，资本家开始关注工人经济利益方面的需求，注重改善工人福利待遇、生活和劳动条件，或是压缩劳动时间、提高工人工资，或是加强工人生产的安全性保障；在政治上，资产阶级不断扩大民主范围，资本主义议会民主制度不断健全，民主设施也不断完善，并给予工人通过组建政党表达自己政治诉求和参与议会选举的权利；在社会方面，增加工人福利、给工人以休假休息的权利。虽然这些新变化的出现是资产阶级"怀柔与刚化"统治方式的具体体现，而这些工人自身权利的取得也无疑来自于工人阶级的斗争，但这一时期的总体社会形势已经同马克思恩格斯创立科学社会主义理论时期的资本主义发展状况有了显著的不同，两大阶级之间的矛盾已经有了一定程度的缓和。

这一时期，在工人斗争方式上，暴力革命斗争不断减少，而"合法斗争"已成为工人运动的主要方式和新特点。受到资产阶级统治方式转变的巨大影响，在欧美主要资本主义国家中，通过议会合作与和平改良推进工人运动也开始成为欧美各主要资本主义国家工人斗争的新趋向。这个时期，英国、法国、奥地利、比利时、意大利、德国等国家的无产阶级政党几乎都采用了和平斗争方式实现社会主义的道路，尤其是德国社会民主党更是在"合法斗争"中取得了巨大成就。一方面，通过议会普选斗争的"合法方式"不仅导致了俾斯麦政府的倒台，同时还冲破了德国政府企图扼杀无产阶级力量的"非常法"的阻隔，使"非常法"陷于破产；另一方面，也使得社会民主党的影响力和社会地位不断上升，潜在地推动了德国无产阶级革命运动的发展。正如当时马克思所统计，1884年德国社会民主党选票为55万张，1887年达到76.3万张，而到了1890年选票已升至142.7万张①。对此，无产阶级的斗争策略也开始发生变化，除了此前的暴力革命的斗争手段外，和平议会斗争也成为这一时期无产阶级斗争的又一形式，这也给科学社会主义的发展提供了丰富的实践经验。

而无产阶级反对资产阶级的"合法"斗争的展开以及取得的一定成就也给科学社会主义，尤其是无产阶级斗争策略带来了不可忽视的挑战。恩格斯逝世后，第二国际内部围绕着无产阶级如何向社会主义过渡的问题发生了激烈的争论，一些理论者开始以工人运动的实际表明夺取资产阶级国家政权根本无须如马克思恩格斯早期所指出的那样通过暴力革命来实现，

---

① 《马克思恩格斯选集》第4卷，人民出版社1995年版，第515页。

公然对科学社会主义发难。这其中,以伯恩施坦(Eduard Bernstein)为代表的社会改良派最为典型。在此问题上,他们打出了修正主义旗号,公开宣称时代已经发生了根本改变,马克思主义已经"过时"了,无产阶级要抛弃暴力革命,而仅仅坚持社会改良就能实现向社会主义过渡。这种思想观点既否定了马克思主义的科学性和权威性,对于无产阶级斗争理论也给予了彻底的颠覆,严重地动摇了工人群众的思想信念,对国际共产主义运动的发展和团结产生了十分消极的影响。对此,国际工人运动的领袖,如罗莎·卢森堡(Rosa Luxemburg)、列宁等都积极地对这种修正主义进行了全面而深刻的批判,不仅坚决地揭露了伯恩施坦修正主义的本质,批判其马克思主义"过时论",而且还有力地批驳了伯恩施坦等人抛弃暴力革命的论调,有力地捍卫了科学社会主义基本原则,并各自从实践的角度检验、丰富、完善了科学社会主义理论,开辟了科学社会主义发展的不同道路。这对于科学社会主义由国际化走向民族化和国别化作出了重要贡献。由于第二国际内部不同派别思想分歧严重,1914年"一战"前夕,第二国际宣告解散。即使如此,这并不能否认第二国际在推动科学社会主义由理论向实践和工人运动转变的重要作用。可以说,科学社会主义能够在工人运动中传播并对工人运动方向发挥指导作用的直接原因是不同历史时期工人运动的现实需要,而工人运动的实践又进一步推动了科学社会主义自身的充实、完善与发展。经过了世纪之交资本主义社会大变革和第二国际时期国际工人运动重大发展问题的考验和充实,科学社会主义的实践性特征已经更为成熟地凸显出来。

总体而言,这一阶段也集中地体现了科学社会主义由空想转变为科学后,再由理论形态向实践形态的转变特点。

## 第三节　社会主义制度在苏联的确立及从一国发展到多国

世界社会主义发展的第三阶段是从19世纪末20世纪初到20世纪50年代初(1945年第二次世界大战结束)。社会主义由运动到制度确立,由一国向多国转变。

19、20世纪之交,尤其是巴黎公社革命失败后,欧洲大陆出现了30余年的和平时期,而这种和平稳定的国际大环境也为各国科技发明和创造提供了良好的社会环境。继第一次工业革命实现了由机器大工业代替工场手工业的转变、人类步入"蒸汽时代"后，欧洲大陆兴起了以电力的发明及广泛使用为标志的第二次工业革命，又推动了人类由"蒸汽时代"向"电气时代"过渡，不仅推动了主要资本主义国家重工业快速崛起，改变了传统产业结构的比重，而且还极大地提高了社会生产力，加剧了主要资本主义国家间的自由竞争。自由竞争的疯狂推进又导致经济危机的频繁爆发，而资本家为了遏制经济危机造成的巨大破坏，又在不断地调整生产关系加强对生产的调控，进而加速了资本和生产的集中。而当生产集中到一定阶段就形成了垄断。尤其是19世纪末20世纪初，卡特尔、辛迪加、托拉斯等垄断组织产生，并成为资本主义全部经济生活的基础，这正是资本主义由自由资本主义发展到垄断资本主义，即帝国主义阶段的显著标志。

这一时期，帝国主义呈现出以下典型特征：生产和资本高度集中发展，垄断组织在经济生活中日益起决定性作用；银行资本和工业资本相互融合并在此基础上形成了"金融寡头"，不仅控制了国家的经济命脉，还成为各个国家的真正统治者，控制着国家的政治生活；同时，资本家为了赚取高额利润，在对本国劳动人民进行剥削外，还把剩余资本抛向经济文化落后国家，尤其是殖民地和半殖民地国家，使得资本主义的对外输出由以往的商品输出转变为资本输出，这具有特别重要的意义；随着资本的输出和对殖民地国家市场的争夺，瓜分世界的资本主义国际垄断同盟已经形成，而且最大的资本主义列强已把世界瓜分完毕。由此这些垄断资本的统治和对世界的瓜分也使无产阶级与资产阶级两大阶级之间的矛盾、殖民地半殖民地国家与资本主义国家之间的矛盾，以及帝国主义国家之间的矛盾空前激化。尤其由于资本主义政治经济发展不平衡情况的加剧，一些后起的帝国主义国家更是借助第二次科技革命的"东风"迅速地赶超老牌帝国主义国家，要求按照新的实力对比重新瓜分世界，对老牌帝国主义国家既有的统治秩序发起挑战。对此，老牌帝国主义国家为了维护既有秩序与新兴的帝国主义国家之间展开了激烈对抗，并形成了英法俄组成的协约国与德意奥组成的同盟国两大军事集团，最终导致第一次世界大战的爆发。

"一战"爆发后，以列宁为代表的俄国无产阶级政党将科学社会主义的基本原则同"战争与革命"的时代特征以及俄国的基本革命形势相结合，对于如何在新的时代背景下推动无产阶级革命的问题进行了深入的探索。不仅认识到帝国主义国家之间的战争使交战国自身实力遭受严重削弱，打击了帝国主义统治阶级的力量，还加剧了本国劳动人民的痛苦，激化了帝国主义国家内部的阶级矛盾，从而使得帝国主义链条中出现薄弱的环节；而且看到，鉴于第二国际中国际工人运动的分裂、各种机会主义的背叛以及资本主义本身发展的不平衡性，各个主要的资本主义国家不可能同时取得革命的胜利，而从资本主义发展较弱的国家开始，在一个或少数国家内首先取得胜利的可能性，提出了"一国首先胜利"的思想，为经济文化落后、帝国主义各种矛盾最为集中和尖锐的军事帝国主义国家——俄国无产阶级革命的胜利提供了正确的理论指导。

与此同时，列宁还运用科学社会主义的科学方法论对俄国的基本状况进行了分析，得出了俄国已经具备了爆发无产阶级革命的主客观条件：一者，俄国是帝国主义各种尖锐矛盾的"交合点"和薄弱环节，在这些矛盾的交错下帝国主义战争不可避免，而帝国主义各国忙于交战，无暇东顾，也给俄国革命提供了一个良好的革命环境；二者，俄国已经形成了解决这些矛盾的阶级力量，还有了无产阶级政党——布尔什维克党的正确领导，为无产阶级革命的爆发提供了阶级和政治保证；三者，俄国是一个小农经济占优势的国家，农民占总人口的绝大多数，而俄国的布尔什维克一直都坚持工农联盟的斗争策略，致力于维护广大农民阶级的利益，也得到了俄国农民的坚定支持，有力地推动了俄国革命的发展。

1917年二月革命胜利后，俄国出现了资产阶级临时政府和工兵代表苏维埃两个政权同时并存的局面。面临此种情况，列宁继续将马克思主义革命理论与二月革命后复杂的社会政治环境相结合，不仅提出了迅速将资产阶级民主革命转变为社会主义革命的新任务，还不断地发表各种理论文章进一步宣扬科学社会主义理论，提出了将俄国革命立即转入第二阶段的思想，为社会主义革命的爆发做准备。而此时，俄国国内经历三年多战争，人力、物力和财力大量消耗，已经陷入了严重的饥荒。广大工人和农民要"面包"和"土地"，求"和平"的呼声十分强烈。七月事变后，以克伦斯基（Alexander Fyodorovich Kerensky）为代表的资产阶级单独掌握了国家政权，不仅对无产阶级和农民革命力量大肆镇压，而且执意继续参加帝国主义战争，加重了国内危机。此时，孟什维克派等工人机会主义派别或是选择沉默，或是表示仍旧支持克伦斯基政府进行帝国主义战争，引起了广大群众的不满和反对，俄国的广大群众开始站到布尔什维克立场上支持无产阶级反对帝国主义的战争，俄国革命形势已经发生了根本性转变。为了推动无产阶级革命进程，列宁依据科学社会主义原理写出了《国家与革命》一书，明确而坚定地论述了无产阶级要通过暴力革命打碎资产阶级国家机器的现实意义，极为深刻地教育了广大人民群众，赢得了人民群众的拥护，改变了国内阶级力量的对比，为十月革命的爆发开辟了道路。1917年11月6日，在列宁的推动和指导下，俄国推翻资产阶级政府的武装起义爆发。11月7日，伴随着阿芙乐尔号巡洋舰炮打冬宫的一声巨响，起义群众很快攻占冬宫，十月革命取得胜利。与此同时，随着全俄苏维埃第二次代表大会的召开，社会主义苏维埃政府建立起来，不仅沉重打击了帝国主义，打破了资本主义一统天下的世界格局，而且也宣告了世界上第一个社会主义政权的诞生，使科学社会主义的主题由革命实践开始向社会现实转变，实现了社会主义发展史上由空想向科学转变之后的第二次巨大飞跃，具有重要的里程碑意义。

虽然马克思恩格斯关于无产阶级革命和未来社会的设想都立足于西欧发达国家，然而历史并非如此发展，社会主义并未在发达国家实现，相反却在经济文化比较落后、帝国主义"链条中的薄弱环节"——俄国诞生。在这样一个新的社会环境下如何建设社会主义，实现向社会主义过渡是一个全新的探索，没有现成的经验可以照搬，也没有固定的模式可以仿照。因此十月革命胜利后，在无产阶级掌握了国家政权的前提下，在俄国这样一个经济文化比较落后的国家如何巩固和建设社会主义，实现向社会主义过渡的问题成为以列宁为代表的布尔什维克党人的又一大任务。在苏维埃政权建立之初，列宁关于建设社会主义的思想受经典马克思主义理论的影响较大，在关于如何向社会主义过渡的问题上直接过渡的思想占据了思想理论的主导。苏维埃政权建立后，列宁领导俄国无产阶级采取了一系列巩固新生政权的措施。对内他们废除资产阶级议会和政府，打碎旧的国家机器，建立新的国家机器，建立工人阶级政府和工人代表苏维埃，巩固无产阶级革命胜利果实；对外，他们同德国签订了《布列斯特和约》，退出"一战"，赢得了暂时喘息的机会，有效地捍卫了新生政权。然而，时隔半年左右，即1918年夏季，国内一些不甘失败的地主和被推翻的资产阶级反动力量开始纠集在一起联合向新生的社会主义政权发动猛烈进攻，而国外更是集合了以英国为首的包括法、美、日等国在内的14个资本主义国家的反苏维埃政权的力量，他们企图通过武装干涉的方式将社会主义政权"扼杀在摇篮里"，苏维埃政权开始面临内忧外患的紧急形势。很快，苏维埃政权欧洲部分的大部分领土和重要的粮食产区、工业原料产地被这些反动势力占据，政权开始面临严峻的国内危机。为了最大限度地将全国的人力物力和财力集中起来粉碎国内外反动势力的联合绞杀，捍卫新生的社会主义政权，以列宁为首的苏维埃政府推行了以直接向社会主义过渡为特征的"战时共产主义政策"，又名"军事共产主义政策"。这种政策主张在农业方面推行余粮收集制，禁止粮食买卖；在工业方面，将全部工业企业收归国有，并对企业实行高度集中的计划管理，剥夺剥夺者；在流通方面，实行商业的国家垄断和实物配给制，限制市场和私人贸易；实行普遍义务劳动制，贯彻"不劳动，不得食"的原则，要求凡是有劳动能力的人一律参加劳动。可以说，从历史上看，"战时共产主义政策"作为苏维埃政府在面临战争威胁，新生社会主义政权遭受严重危机，而国内物质极为匮乏的特殊时期为了捍卫新生共和国，巩固社会主义政权而推行的特殊性政策，其对于高效率地集中全国人力物力财力应对战争需要，破除反动势力的侵扰，取得战争胜利和巩固社会主义政权的作用是巨大的，是不可忽略的。然而，在国内战争结束后，随着国内形势的转变，这种具有临时性和过渡性特征的政策的局限性日益凸显出来，尤其是无偿征用农民粮食的余粮收集制的继续推行更是引发了农民的不满情绪，严重挫伤了农民的生产积极性，甚至引发了工人和农民之间的矛盾。1920年下半年全国出现的多起农民暴乱更是这种矛盾的直接反映。尤其是1921年初，以农民为主体的喀琅施塔得水兵叛乱已经不再是普通的暴动，而是已经上升为政治危机的层面，严重影响到苏维埃政权的阶级基础——工农联盟的稳定性，这更是让以列宁为首的苏维埃政府认识到问题的严重性，布尔什维克党也不得不对这种直接过渡的政策进行反思和调整。为了调动农民的生产积极性，改善农民对新生社会主义政权的认识，巩固工农联盟，1921年3月俄共召开了十大，决定实施"新经济政策"。这种政策着力对"战时共产主义政策"进行纠正：在农业方面提出用粮食税代替余粮收集制，农民可将自己收成的一部分作为赋税上交国家，其他大部分粮食可以由自己自由支配；在商业方面，利用市场和商品货币关系，允许私人自由买卖；在工业领域，仅涉及国家经济命脉的企业归国家所有，允许私人小工业企业的发展；在生产上，发展国家资本主义，采取租让制、租赁制、代购代销制和合作制等形式；在管理体制上，在国有企业内实行经济核算、计算和监督，引进激励机制，废除平均主义分配方式和义务劳动制。不难看出，

"新经济政策"的实质是在无产阶级掌握国家政权的前提下，一定程度上恢复资本主义生产关系，运用市场、商品和货币关系发展经济以建立必要的经济基础，实现向社会主义的过渡。其本身是建立在对"战时共产主义政策"那种向社会主义直接过渡方式的反思和调整基础之上的，是一种通过间接、迂回的方式向社会主义过渡的重要尝试。实践证明，其不仅充分调动了广大农民的生产积极性，提高了人民生活水平，而且还改善了工农关系，有效地巩固了工农联盟和社会主义政权，坚定了人民建设社会主义的信心。1922年，在列宁的领导下，俄罗斯联邦、白俄罗斯联邦、乌克兰和大高加索联邦组成苏维埃社会主义共和国联盟（简称苏联），使得社会主义力量更加明确和强大，"新经济政策"也有了更为广阔的舞台。然而，随着1924年列宁的逝世，这种被俄国实践证明有效的建设社会主义的方式，在1928年前后开始逐渐被取消。与此同时，在列宁逝世后不久，斯大林成为布尔什维克党的总书记，他开始在苏联的社会主义建设中逐步推行其高度集中的政治经济体制（即后来形成的斯大林模式），直到1936年，苏维埃第八次代表大会通过了苏联新宪法，以宪法的形式将社会主义国家性质确认下来，标志着苏联社会主义制度的最终确立。

　　社会主义制度在苏联确立后，面临着帝国主义国家的围堵和敌对，斯大林带领苏联党和人民在继承列宁开创的社会主义事业的基础上，在"一国建成社会主义"理论指导下，沿着逐渐成型的斯大林模式展开巩固和建设社会主义的伟大历史任务。尤其是在提出高速并优先发展重工业的社会主义工业化和农业集体化方针后到"二战"开始前，苏联的工业和农业、国防等方面取得了十分显著的成就。在工业方面，经过1928—1937年的前两个五年计划之后，在1938年实施第三个五年计划时苏联已由世界第五位、欧洲第四位上升为欧洲第一位、世界第二位，不仅建立了一大批新型工业部门，为社会主义工业化奠定了良好的物质基础，也使得苏联由一个经济文化落后的东方农业大国迅速地转变成为强大的工业化国家。而在农业方面，到第二个五年计划完成时，苏联有93%的农户参加了集体农庄，占有耕地的面积达到了99.1%，基本上完成了对传统农业的改造，形成了支撑社会主义工业化的农业经济体制。除此之外，国民收入翻倍增长，人民生活水平有了较大幅度的提高，还有效地避免了1929—1933年爆发于主要资本主义国家经济危机的影响，并最早实行了社会福利制度——免费医疗、社会保险和退休金制度，消除了失业，提升了国民教育水平，文盲率迅速减少。这些成就的取得不仅彰显了社会主义相较于资本主义的制度优越性，而且对于巩固社会主义政权，发展社会主义，抵御国际资本主义的侵扰发挥了巨大作用。

苏联建立社会主义制度后不久，1939年9月1日德国空军闪击波兰拉开了第二次世界大战的序幕。第二次世界大战作为德意日法西斯主义同盟国为转移国内社会矛盾，摆脱经济危机，并试图打破"一战"后确立的凡尔赛—华盛顿体系的国际格局而发动的世界性战争，给世界人民带来了沉重的灾难。战争历时6年，最终以世界人民的反法西斯战争胜利而告终。为了反抗共同的敌对势力，世界人民联合在一起，不仅促成了美、英、法、苏、中等国家力量的联合，实现了社会主义和资本主义两种不同社会制度国家之间的合作，而且在战争中，苏联还成为牵制和抵抗法西斯主义的中坚力量，对最终战胜法西斯主义，推动世界反法西斯战争的胜利，实现人类和平做出了重要贡献。而这一切都与苏联社会主义能够在较短的时间内集中全国人力物力财力的制度优越性，以及斯大林模式下苏联建立的强大工农业基础有着不可分割的关联。

"二战"结束后，国际政治形势和阶级力量对比开始发生巨大变化。战争在给世界人民带来沉重灾难的同时，也极大地打击了帝国主义势力，改变了既有的帝国主义的世界格局。德意日法西斯主义被打败，英法力量遭到严重削弱，虽然美国在战争中借助兜售军火武器大发横财，并有心称霸世界，但也面临着经济危机的困扰，国内矛盾重重。

而此时，对于世界人民革命力量而言，也有了良好的发展机遇。在苏联的帮助和影响下，世界人民革命力量大踏步发展，并出现了三种最为典型的力量。

第一种是欧亚人民民主政权的建立。"二战"后，欧亚如南斯拉夫、阿尔巴尼亚、保加利亚、匈牙利、波兰、捷克斯洛伐克、罗马尼亚、东德、朝鲜、越南和蒙古等11个国家的共产党在顺应本国人民利益要求和社会发展趋势的基础上，充分利用这一时期有利的国际条件，通过高举反法西斯旗帜，运用包括武装斗争在内的各种方式推翻了本国封建专制主义和帝国主义的统治，取得了本国革命的胜利，实现了民族独立和人民解放，建立起人民民主政权。之后这些国家又通过土地改革、没收法西斯和本国反动势力的产业，推动银行、矿山、运输和大工业企业的国有化运动，恢复本国经济继而为本国的社会主义革命作充分的前期准备。这些前期准备完成后，这些国家又通过合作化运动等形式完成了对农业、铁路设施、资本主义工商业等非社会主义生产关系的社会主义改造，逐步实现了社会主义公有制在国民经济中的主导地位。鉴于当时苏联是世界上唯一的社会主义国家，在长期的社会主义建设实践中积累了较为成熟的实践经验，取得了巨大的成就，鲜明地凸显了苏联社会主义的优越性和吸引力。与此同时，刚刚建立社会主义政权的东欧国家要推进本国的社会主义建设也需要集中全国的人力、物力和财力，一定程度来说，高度集中的政治经济体制也适应了这样的需要，东欧国家纷纷仿照苏联社会主义制度，走上了社会主义道路。

第二种是中国革命的胜利。中国是一个东方大国，拥有丰富的资源、灿烂的历史和巨大的人口数量，在整个人类发展史上都有着举足轻重的地位。1840年，鸦片战争失败后，中国由强大的世界文明古国开始沦为半殖民地半封建社会，国家遭受侵略，民族面临生死危亡，人民更是惨遭凌辱，生活在水深火热之中。为了实现民族独立、人民解放以及国家富强和人民富裕的伟大历史任务，实现中华民族的伟大复兴，先进的中国人、无数的仁人志士以及中国社会各阶级都进行了艰苦的探索历程。一部中国近现代史正是一部中国人民寻求救国救民真理，实现民族复兴的抗争史，也是中国人民逐渐探索到马克思主义真理并在马克思主义的指导下，成立无产阶级先锋队，带领中国人民"打破旧世界、建立新世界"，实现近代中国两大历史任务的奋斗史。在这百年的奋斗历程中，无论是农民阶级的太平天国运动、义和团运动，还是地主阶级在"向西方学习"的旗帜下掀起的"以学习器物"为内容的洋务运动，以及民族资产阶级"以学习制度"为内容的维新运动，乃至辛亥革命都未能挽救危难中的中国摆脱"两半"社会走向民族独立和人民解放。直到向西方学习的第三个阶段——学习西方先进思想文化，即新文化运动过程中，马克思主义作为当时先进中国人寻求救国救民道路若干种社会思潮中的一种传入中国，尤其是1917年俄国十月革命的胜利凸显了马克思列宁主义理论的科学性，马克思主义由以往带有浓厚学术性的社会思潮成为中国革命的重要指导思想。时隔不久的1919年，由于中国在巴黎和会外交上的失败直接引发了五四爱国运动，这期间马克思主义从俄国、日本和西欧等地区迅速地传播到中国，极大地提升了中国无产阶级觉悟，使无产阶级开始作为独立的政治力量登上历史舞台，开辟了新民主主义，从此无产阶级开始肩负起挽救民族危亡的历史重任。而后,在马克思主义的指导下,中国无产阶级迅速地建立了共产主义小组,并在此基础上于1921年成立了中国共产党,从此中国革命不仅有了科学的理论指导,而且还找到了正确的领导力量,从而掀开了中国革命的新篇章。在新民主主义革命过程中,以毛泽东为代表的中国共产党将马克思列宁主义与中国革命的具体实际以及时代特征相结合,带领中国人民进行了大革命、土地革命、抗日战争和解放战争等28年艰苦卓绝的斗争,最终于1949年在一个半殖民地半封建社会的东方大国——中国推翻了帝国主义、封建主义和官僚资本主义三座大山,取得了新民主主义革命的胜利,建立了中华人民共和国,从而不仅结束了中华民族受凌辱、被压迫的历史,使人民翻身做了主人,完成了民族独立和人民解放的伟大历史任务,而且冲破了帝国主义的东方战线,沉重打击了帝国主义,在推动国际共产主义运动和马克思主义在世界范围内广泛传播的同时,也推动了亚非拉民族解放运动的高涨,这在中国乃至世界历史上都是一件举足轻重的伟大历史事件。中华人民共和国建立后,中国开始进入了新民主主义社会和社会主义社会的"过渡时期"。这一时期,中国共产党带领中国人民在巩固新生政权的前提下,制定了过渡时期的总路线,并逐步实现了对农业、手工业和资本主义工商业的社会主义改造,取得了社会主义革命的胜利,于1956年底确立了社会主义制度,从此走上了社会主义道路。

而"二战"后,为了与美国为首的资本主义阵营相抗衡,社会主义国家也聚拢在一起而逐渐形成了以苏联为首的社会主义阵营。由此,13个共产党领导的社会主义国家,占世界1/3的人口和1/4的土地被纳入了社会主义阵营,也推动了社会主义在1917年十月革命胜利由实践向现实转变后,由苏联一国开始向多国发展。

第三种是亚非拉殖民地半殖民地国家的民族解放运动的高涨。在"二战"中,广大亚非拉地区的殖民地半殖民地国家也加入世界人民的反法西斯战争中,不仅清晰地认识到帝国主义的反动本质,弄清了造成自身民族灾难的根源所在,而且战争也极大地锻炼了这些地区民族国家的革命力量,除了使其认识到加强团结的重要性外,还提高了他们的自身觉悟和革命意识。尤其是这些地区共产党影响力的扩大及其领导的统一战线和人民武装力量的形成,更是为民族解放运动的高涨提供了良好的前提条件。而"二战"结束后,一些老牌帝国主义国家如英法等国家提出了恢复战前在殖民地半殖民地国家的权利和利益的要求,而美国更是在其争霸世界的旗号下在全球通过经济援助和政治支持等手段扶植在这些地区的代理人，推行其新殖民主义，严重激化了帝国主义国家与殖民地半殖民地国家的矛盾。亚非拉国家为了摆脱殖民主义统治，实现民族独立，实现自身的民主权利而纷纷掀起了同殖民主义的斗争，推动了民族解放运动高潮的到来。20世纪五六十年代，亚洲的越南、马来西亚、缅甸、菲律宾、印度、伊朗、伊拉克、叙利亚、黎巴嫩等，非洲的埃及、阿尔巴尼亚、利比亚、苏丹、摩洛哥、突尼斯、肯尼亚、加纳、几内亚等，拉美的危地马拉、哥伦比亚、玻利维亚、巴西、古巴等100多个国家纷纷爆发反对殖民主义的武装起义和革命斗争，沉重地打击了帝国主义势力，先后获得独立，而且其中四五十个国家的民族政党更是宣布以社会主义为目标，这也标志着世界殖民体系的瓦解。

在国际工人运动内部，"一战"结束后，1919年2月以伯恩施坦为代表的第二国际右派又组成"伯尔尼国际"，继续打着修正主义旗号，推行其叛卖革命的改良主义；而以列宁为代表的原第二国际左派为了划清与第二国际右派和中派修正主义之间的界限，明确自己的马克思主义立场和为共产主义而奋斗的政治目标，不仅在1918年3月将俄国社会民主党（布）名称改为共产党，而且还于1919年3月成立了共产国际（即第三国际），甚至提出社会民主党加入共产国际的前提条件是将自己的名称改为共产党，指导思想明确为科学社会主义。而原来以考茨基为代表的第二国际中派既不认可"伯尔尼国际"的主张，又不赞同共产国际的道路，因此1920年2月在维也纳开会又形成了新的工人运动组织，即维也纳国际（又称"第二半国际"）。然而，随着工人运动的开展，伯尔尼国际与维也纳国际，也即原来的第二国际中派和右派由于在路线上的相通性又结合在了一起，在1923年组成社会主义工人国际，并公开声明其指导思想是社会民主主义。

由此，共产国际与社会主义工人国际分别代表科学社会主义与社会民主主义展开了长期的对立和理论斗争。在两种工人国际不断斗争的条件下，德国法西斯主义开始借助于"国家社会主义"的旗号登上政治舞台，不仅通过国会纵火案等手段取消了德国共产党的合法地位，还于1940年占领社会主义工人国际位于布鲁塞尔的总部，从而使得社会主义工人国际被迫解散；此后不久，1943年6月，共产国际也终止了活动。"二战"结束后，科学社会主义的力量有所扩大，社会主义国家也开始由一国扩大到十六国，与以美国为首的资本主义阵营相抗衡的社会主义阵营形成。与此同时，西欧社会民主党在理论和组织上也进行了重新整合和重建并得到快速发展，1951年成立了社会党国际。共产主义和民主社会主义运动的对立也日益明显。

## 第四节　社会主义建设与改革

　　世界社会主义发展的第四个阶段是20世纪50年代初（"二战"后）到20世纪末期（苏东剧变）的社会主义建设和改革、兴盛与挫折时期。

　　"二战"的爆发使国际形势和政治力量对比发生了显著变化。世界主要的资本主义国家中，德意日法西斯国家相继失败，丧失了在国际舞台上的平等地位，英法虽是老牌强国，但在战争中实力遭到严重削弱，唯独美国在战争中受创最小，并且在经济、军事和科技方面都取得突飞猛进的成就，跃居世界头号强国，成了替代英国世界中心地位的新兴国家，并企图建立美国主宰的世界，称霸全球；在社会主义一方，苏联凭借其社会主义制度的优越性以及巨大的经济和军事实力，不仅有效地遏制了法西斯主义的侵扰，出色地经受了战争的考验，而且在战争中自身的国际影响力也在不断提高，开始成为具有崇高威望的世界强国；而"二战"后期随着欧亚一批民主国家的诞生和亚洲新独立民族国家的出现，国际力量对比开始朝着有利于苏联发展的方向迈进。除此之外，饱受战争苦痛的世界人民渴望和平，要求结束战争。对此，美英苏等国家通过德黑兰会议、雅尔塔会议和波茨坦会议达成了一系列关于战后法西斯国家处置的协议，形成了雅尔塔体制，由此也为"二战"后形成以美苏为首的世界两极格局奠定了政治基础。"二战"结束后，美国将苏联视为其建立世界霸权的主要障碍，并为此做了许多思想和舆论准备。从1946年开始，美国为了建立全球霸权，采取了诸多措施。1946年3月5日，丘吉尔在美国访问期间发表"铁幕演说"，鼓动欧美英语国家联合起来对抗苏联社会主义，由此拉开了"冷战"的序幕。1947年3月12日，杜鲁门要求国会批准拨款援助希腊和土耳其重建经济，抵制共产主义的"扩张"并公开打出了反苏、反共的旗号，形成了杜鲁门主义，标志着"冷战"的开始。同年6月5日，美国又通过了"欧洲经济复兴计划"，主张通过援助西欧恢复和发展经济的方式加强对这一地区的控制。在亚洲，1947年美国调整了对亚洲的政策，企图通过保护和扶植日本右翼势力，支持中国蒋介石政府发动内战的方式，在中国建立一个亲美反苏的战略基地，实现对亚洲的控制。1949年1月，杜鲁门又提出了"第四点计划"，企图利用技术和资本输出对不发达国家进行经济和政治渗透，推行其新殖民主义政策，这成为对杜鲁门主义的补充和对马歇尔计划的发展。1949年4月，美、加、英、法、荷、比、卢、丹、挪、葡、意和冰岛组成了北大西洋公约组织（亦称北大西洋联盟或北大西洋集团），美国得以控制欧洲的军事防务，标志着以美国为首的资本主义阵营的形成。

鉴于以美国为首的资本主义阵营的形成及其提出的诸多反共制苏的政策，对苏联和欧亚人民民主国家的安全构成了严重威胁，苏联采取了一系列应对措施，组织欧亚各国人民逐渐形成了以苏联为首的社会主义阵营。首先，1947年7月，在苏联推动和支持下，苏、南、波、罗、保、匈、捷和法、意九国共产党或工人党成立了"欧洲九国共产党工人党情报局"以对抗杜鲁门主义。随后，在1947年7月至8月间，苏联先后同保、捷、匈、波、罗五国签订了贸易协定，推行"莫洛托夫计划"帮助这些国家恢复和发展经济，加强彼此间的经济联系。在1947年到1949年之间，苏联和东欧大多数国家先后签订了16个双边友好互助条约。1949年又在莫斯科成立了由苏、保、匈、罗、波、捷组成的经济互助委员会以抵制西方的封锁和禁运措施，后来阿尔巴尼亚和民主德国等相继加入。1949年10月1日中华人民共和国成立，苏联和东欧各国迅速承认其合法地位并与之建立正式外交关系，尤其是1950年2月《中苏友好同盟互助条约》的签订，形成了中苏两个大国的军事同盟，欧亚社会主义国家连成一片，极大地加强了社会主义阵营的力量。后来，针对西方阵营1955年5月把联邦德国拉入北约的行为，苏联和东欧各国在华沙缔结了《华沙条约》。由此，两个对立的军事集团——北约和华约结成，标志着以美国为首的资本主义阵营与以苏联为首的社会主义阵营的形成。从此"冷战"成了整个世界格局的主题。

在资本主义发展方面，"二战"前，为了应对1929—1933年经济危机，美国推行了罗斯福新政，不仅有效地遏制了经济危机在美国的蔓延，进一步弥补了自由市场的缺陷，而且还使得凯恩斯主义开始成为西方资本主义国家发展经济的热宠，开启了国家干预经济的新模式，标志着资本主义开始由19世纪七八十年代的私人垄断资本主义向国家垄断资本主义的过渡。而"二战"后，尤其是20世纪50年代以来，西方发达国家掀起的以原子能、核能、计算机和生物工程等新科技的发明与广泛利用为标志的第三次科技革命,不仅使得以现代科学技术为基础的新兴产业部门快速兴起,改变了传统工业部门的结构,极大地提高了劳动生产率,促进了生产力的高速发展,而且还使得资本主义国家的生产关系,如经济、政治、阶级及意识形态方面发生了巨大改变。20世纪70年代中后期,资本主义由国家垄断资本主义向国际垄断资本主义阶段过渡。20世纪50年代至70年代,伴随着第三次科技革命的推进,许多新技术新发明被广泛地运用到生产领域,而且科学技术转化为现实成果的速度大幅度提高,不仅极大地提高了资本主义生产力,而且还使产业结构得到极大调整,推动了资本主义经济高速增长态势的出现;在经济发展举措上,资本主义国家着力推行凯恩斯主义,通过金融财政、货币政策和法律计划等方式调节经济发展,在一定程度上缓冲了资本主义市场经济竞争所带来的经济萧条和冲击,使资本主义在这近20余年的发展中并未出现大的经济波动和危机,而是保持了经济较为平稳的发展趋势,这为资本主义国家经济快速发展提供了较好的国内环境;与此同时,"二战"结束后,世界人民饱受战争的苦痛,向往和平,反对战争,而苏联虽然实力强大并形成了社会主义阵营,但并不能在与资本主义阵营较量中占据优势,因此虽然这一时期正处两大阵营"冷战",但国际形势总体趋于和平,这给资本主义经济的发展提供了良好的契机;除此之外,"冷战"期间,两大阵营的军备竞赛与力量博弈,也在很大程度上刺激了主要资本主义国家一些军事工业,诸如钢铁、石油、机械、造船、航空、电子通信、计算机、核能、宇航等行业的发展进步,客观上也带动了资本主义国家国民经济的繁荣。由此,主要资本主义国家的国内生产总值增长速度达到了5.1%,尤其是在20世纪60年代到70年代间,增长速度高达5.6%。[①] 同时西欧与日本经济迅速恢复。欧共体的建立加强了西欧各国之间的经济政治合作,加快了西欧经济发展,欧共体的实力逐渐增强。西欧取得发展的同时,作为美国在亚洲援助对象的日本,以最快的资本主义经济增长速度发展,到60年代末,日本国民生产总值仅次于美国,成为资本主义世界第二经济大国。到了70年代,形成了"日、美、欧"三足鼎立的局面。可以说,20世纪50—70年代也成为资本

---

[①] 杜康传、李景治主编:《国际共产主义运动概论》,中国人民大学出版社2002年版,第159页。

主义发展的"黄金时期"。

"二战"后，在资本主义取得发展的同时，苏联东欧社会主义国家的建设取得新成就，经济实力不断增强。1946年，苏联最高苏维埃会议通过了发展国民经济的第四个五年计划，在1948年苏联完成了工业恢复工作，国民经济发展的主要指标都达到甚至超过战前水平。在农业方面，农业的物质技术基础大大提升，农业生产基本恢复战前水平。1950年，苏联基本完成国民经济的恢复工作，苏联的社会主义建设取得了显著成绩，进一步显示了社会主义的优越性。

在世界范围内，东欧及亚洲十几个国家在苏联的影响下，带领广大被压迫人民开始探索社会主义道路。在东欧国家，即波兰、匈牙利、南斯拉夫、保加利亚等八国，在反法西斯战争胜利的基础上进行人民民主革命，走上了社会主义的道路，直到20世纪80年代初，东欧国家社会主义建设取得了历史性成就。在政治上，东欧国家建立人民民主政权，维护了政权的稳定和国家独立，为社会主义的发展创造稳定的环境；在经济上，东欧国家的社会经济尤其是工业快速发展，重工业成为国民经济的主导，发展速度高于多数资本主义国家，由落后的农业国成为发达的工业国。在经济实力剧增的同时，人民的生活水平逐渐提升，医疗卫生条件得以改善；在文化上，科学教育得到发展，先进思想文化的传播，使社会文化水平迅速提升，造就了一大批科学技术人员。在亚洲国家中，如中国、朝鲜、越南等国，通过人民民主革命走上了社会主义道路，建立了人民民主的社会主义国家。中国在共产党的领导下取得了新民主主义革命的胜利，建立了中华人民共和国，中国人民从此站起来，成为国家的主人，促进了世界和平。朝鲜与越南取得反法西斯战争的胜利后，也实现了国家的独立与人民的民主，壮大了社会主义阵营的力量。

可见，苏联在战后迅速完成了经济恢复工作，经济实力不断增强，成果显著。然而，在社会主义建设取得成就的同时，苏联模式的弊端日益暴露出来，如经济上，经济效率持续下降、产业结构比例严重失调、人民生活水平受到严重制约；政治上，集权主义色彩浓厚、个人集权现象普遍存在，党政不分、以党代政、行政效率低下等问题层出不穷，人民对政府产生不满情绪；文化上，个人崇拜之风盛行、领袖言论成为判断是非对错的标准，文化专制主义泛滥，束缚了新思想和新发明的出现，从而也使得苏联面临错失新科技革命之"东风"的危险。20世纪50年代中后期至80年代，苏联领导人逐渐认识到经济政治体制存在的弊端，并进行调整和改革，开始了社会主义改革道路的探索。

赫鲁晓夫执政期间，苏联社会经济的发展已出现严重的不协调问题，经济发展缺乏活力，农业发展缓慢，人民生活水平提升滞后。因此，赫鲁晓夫根据国内外形势及争霸的需要，对斯大林时期的政治经济政策进行调整。在农业上，通过提高农产品的收购价格，取消个人农副产品的义务交售税，扶持个人副业的发展；改革农业计划管理体制，扩大农场等地方企业的自主权；扩大农业的规模，集中处理农业机械，撤销拖拉机站等；在工业上，进行经济管理体制改革，从工业与建筑业入手，改革经济管理体制中不适应生产发展部分。主要包括：解决经济体制权力过度集中的问题，把工业与建筑业的管理权逐渐下放到地方政府，经济活动也由中央转到地方，设立经济行政区国民经济委员会，由部门管理改变成国民经济委员会管理。在 1961 年又提出了扩大企业权力的举措。在政治上，进行政治体制改革，改革党的组织机构，提出恢复集体领导，恢复中央主席团和书记处在领导党的日常工作方面的职能；整顿国家安全机关，健全司法制度，扩大地方法院权力；改革领导干部结构，选拔具有知识及专业化的年轻领导干部，改变干部终身制，实行定期轮换制度。政治上对于干部及司法制度的改革举措，对苏联的改革和发展起到了一定的积极作用，但赫鲁晓夫对于斯大林的评价，以及否定斯大林的个人成就行为，存在很大的片面性，不仅造成了党及人民群众的思想混乱，也给社会造成了一定的负面影响，可以说，这些改革措施试图改变高度集中的计划经济体制，扩大地方自主权，虽取得了一定成效，扩大了地方的权力，在一定程度上也调动了人民生产积极性，总体来说缓和了苏联的社会矛盾，但这些改革措施没有触动传统计划体制下国家与企业的关系，只是改"条条"管理为"块块"管理，用地区管理来代替部门管理，其结果非但没有消除原有经济体制的种种弊端，而且削弱了工业部门的集中领导，造成地方主义、分散主义泛滥，使国民经济出现了混乱局面。

1964 年在赫鲁晓夫改革失败后，勃列日涅夫上台执政，首先对赫鲁晓夫的改革进行了总结，并对改革措施进行了新调整。在经济上，为调动企业生产的积极性，实行新经济政策，包括在集中领导原则下，扩大企业的经营自主权；重视经济规律的杠杆作用，调整工业批发价格，用经济手段加强对生产过程的刺激①；为实现国家、企业、个人利益的结合，改善职工的物质待遇，加强企业与职工对生产的关心。在农业方面，加大农业投资，扶持农业副业经济的发展；继续改革农产品的收购价格；改进农业管理体制，使农业生产向集约化生产过渡；重视农业技术化，改变农业人才与农业技术方面的落后状态，培养农业专业人才，引进先进农业生产工具，提高机械化水平。这些措施使苏联的经济状况得到改善，到20世纪70年代，苏联的综合国力达到顶峰。在政治方面，合并了"工业党"和"农业党"，加强了党的领导作用；采取稳定干部的方针，对斯大林给予一定的肯定评价。

从整体上看，勃列日涅夫的改革措施倾向于局部、稳妥地改善内部旧体制，对高度集中的政治经济体制并没有取得实质性突破。由此，在与美国争霸，开展军备竞赛过程中，苏联经济社会的矛盾也进一步突显出来，国内经济下滑、人民生产动力不足，社会发展矛盾频出的局面并未得到明显改善。

面临着苏联模式日益僵化，严重制约经济发展，党和国家的保守主义、官僚主义盛行，社会经济发展停滞不前的局面，安德罗波夫继任后，继续推行改革。他将改革重心转向了体制方面，以政治经济为中心，实施了新的改革措施，包括针对党内官僚主义与保守主义，进行人事调整，不仅对中央及地方的政府机关进行人事变动，而且对党政机构进行部分调整；在经济上，继续完善经济管理体制，进行经济改革的新实验，扩大企业自主权，推行农业集体承包制。遗憾的是，安德罗波夫执政一年多就病逝，改革的许多措施未能真正实施。而安德罗波夫病逝后，契尔年科执政，对苏联的整个经济体制进行认真改造，政治上进一步提出加强意识形态工作及重新修定党纲的工作。同样，契尔年科执政13个月后病逝，苏联改革的任务落到戈尔巴乔夫执政时期。可以说，这些改革由于领导人特殊原因及更替而陷入中止，从实质上看这些措施更多的是对高度集中的政治经济体制的某种程度的"修补"，并未从根本上突破这些体制的束缚，从而也未真正改变苏联经济下滑、体制效率低下、思想文化僵化、社会矛盾重重的局面。

到了20世纪80年代，由于苏联模式的弊病并未得到根本性的消除，

---

① 《国际共产主义运动史》，人民出版社、高等教育出版社2012年版，第267页。

虽然自斯大林以后的苏共历代领导人都看到了这一问题，并着力对苏联进行了一系列的改革，但收效甚微。戈尔巴乔夫上台执政后，1985年他首先希望通过经济体制改革纠正苏联模式的弊端，提出了"加速发展战略"，注重调整计划工作和管理工作，然而这种改革策略却并不能适应苏联当时的经济状况，经济体制改革不能迅速地打开局面，取得的成效也十分有限。此后，1988年他又将改革重心转向了政治体制方面。然而，他却提出了"人道的、民主的社会主义"改革目标，并将其作为指导整个改革的纲领，同时还提出在社会生活中推行"民主化""公开性"原则；改革奉行"新思维"，主张放弃马克思主义的指导地位，推动意识形态的多元化；将共产党转变为"人道的、民主的社会主义"政党；实行多党制，放弃党的执政地位；引入西方政治制度以"根本改造"苏联政治体制；宣扬"全人类利益高于一切"，放弃阶级斗争，将对社会主义体制的改革变成对社会主义制度的"改向"，进而导致苏联的改革偏离社会主义的轨道，走向资本主义，直接导致了苏联的解体。

总的来看，苏联在20世纪50年代中后期至80年代，针对苏联模式的弊端进行了改革，比较注重扩大地方和企业自主权，也在一定程度上提高了体制管理效率，调动了人民群众的生产积极性，遏制了社会经济下滑的严重趋势，缓和了社会矛盾，但总体上未能打破苏联固化的模式。这些政策举措无非是对苏联模式的某些修补和调整，并未从根本上改变高度集中的政治经济体制，再加上苏联领导人对苏联社会发展阶段的错误判断，也导致改革措施脱离苏联的实际情况，出现急于求成现象，苏联的改革并未达到原定的目标，均以失败告终。

而对东欧国家来说，20世纪40年代后半期建立起人民民主政权后，在选择何种道路建设社会主义的问题上，一些国家如南斯拉夫、波兰、捷克斯洛伐克、保加利亚、匈牙利等都曾不同程度地主张要依据战后的历史条件以及东欧的具体状况选择一条既有别于斯大林模式，又符合本国国情的社会主义发展道路。然而，由于面临美苏两极"冷战"的特殊形势以及苏联的引导、帮助与支持等外在压力，作为美苏大国阵营中间的小国，东欧大多数国家为了自身的生存与发展都不得不放弃这种思路，从而走向完全依从于苏联的道路。他们纷纷仿照苏联模式并在此基础上建立了本国的政治经济发展道路。可以说，东欧国家的社会主义建设方案正是苏联模式的"翻版"。20世纪50年代，随着第三次科技革命的开展、苏联模式在本国经济社会发展中弊病的日渐凸显及赫鲁晓夫在苏共二十大上对斯大林个人崇拜的揭露与批判所带来的巨大思想解放潮流，从20世纪40年代至80年代末东欧国家纷纷在苏联改革的鼓舞和推动下开始了挣脱苏联模式、寻求独立自主的三次重大改革探索。

20世纪40年代后半期，南斯拉夫最早进行了"自治社会主义"的改革探索，拉开了东欧国家社会主义第一次改革的序幕。南斯拉夫不仅主张国家不直接管理经济，将工厂和企业交由工人集体管理，实行工人自治和彻底分权的主张，同时还主张发挥市场机制的作用，实行全面的市场调节，建立了工人委员会，推行工人自治试点，从而拉开了"自治社会主义"改革的序幕。在50年代苏联改革的带动，以及爆发于50年代中期突出反映了群众对政府不满的"波兹南事件""匈牙利事件"的驱动和警戒下，波兰、匈牙利、民主德国、捷克斯洛伐克、保加利亚等国家也相继打开了改革的大门。与苏联改革的方向相仿，这些国家开始在经济上注重对中央指令性计划的限制，回应地方和企业对自主权的要求，在政治上对于消除个人崇拜、个人集权与推进民主和法制建设，起到很大促进作用。这次改革，除了南斯拉夫坚持独立自主推进本国的改革外，其他的东欧国家几乎都受到了苏联改革的推动和影响，"不主动、不完整和不彻底"是这些国家改革的主要特点。无论是改革时机还是改革的内容和方向都延续了苏联改革的特点，是苏联改革的翻版，而随着1958年苏联在社会主义阵营中对南斯拉夫"现代修正主义"批判运动的开展，南斯拉夫被开除出社会主义工人党情报局，东欧国家的这次改革运动被迫中断甚至收缩倒退。

在东欧国家第一次改革的思想解放作用的推动下，20世纪60年代初期，东欧国家经济增长持续减弱，斯大林模式弊病凸显并产生一系列社会经济问题，迫切需要加以改革，而同时苏联在"计划、利润和奖金"问题中对改进计划工作、发挥市场激励作用、扩大企业经营自主权等方面的讨论也为东欧改革提供了直接思想动力，在此条件下东欧国家掀起了第二次改革运动。

在这次改革中，南斯拉夫提出继续在自治的基础上推进本国的经济、政治和社会结构改革，国家机关也不例外。不仅强调国家权力的下放，扩大企业的自主权，而且还提出推行市场经济，国家通过经济和法律手段调控经济，明确了企业的商品生产者和独立的市场主体的地位，标志着南斯拉夫开始由工人自治向社会自治的转变；匈牙利不仅在党中央成立了经济体制改革委员会，还通过了一系列经济体制改革的决议：在经济上，强调集中计划管理与市场作用相结合，扩大企业自主权；取消下达指令性计划指标的做法，用经济手段实现国民经济计划；引入社会主义企业的竞争机制。在政治上，将联盟政策与"一党制"相结合，重视执政党自身建设，还制订了多个领域的法律法规，保障改革的顺利推进。到 20 世纪 70 年代匈牙利基本建成了计划与市场相结合的新的经济体制。民主德国不仅强调经济管理机关要利用经济规律，还主张充分利用经济管理方式建立一套完整的调控体系并注重在全国推行。保加利亚政府制定了改组国民经济计划工作和领导体制的决议并开始局部推行，而后又在部门原则的基础上实行了集中管理。波兰不仅进一步削弱了中央计划中的指令性指标，而且还增强了地方和企业的自主权，突出了以联合公司为核算单位的自主权。罗马尼亚也颁布了重要决议，提出了改革国民经济领导结构、减少行政区划层级、改革计划体制、建立工业中心、取消一长制等政策。捷克斯洛伐克则提出了实施一套适合本国发展的新模式，对外强调独立自主，对内推行政治民主化和市场经济体制，以"建立一个新的、十分民主的、符合捷克斯洛伐克条件的社会主义社会的模式"、一个"具有人道面貌的社会主义"和"社会主义新民主模式"。

可以说，东欧国家的第二次改革对于消除苏联模式弊病，激发群众生产和建设社会主义积极性是具有积极意义的。然而，随着 20 世纪 70 年代苏联大党大国主义的抬头，东欧国家的改革虽然反映了本国社会主义建设的实际需要，但无法切实地充分展开。由于担心东欧国家的改革会脱离甚至有损苏联领导下的社会主义阵营，苏联对东欧国家进行了粗暴的干涉，"布拉格之春"事件更是苏联通过武力阻止东欧国家改革的典型案例。由此，东欧国家的第二次改革也被迫中断。然而，高度集中的政治经济体制仍未被彻底突破，这也成为东欧国家经济社会发展的直接障碍。

20 世纪 70 年代中期至 80 年代末，为了切实化解各类国内政治经济矛盾，进一步激发群众生产积极性，突破苏联模式对经济社会发展的束缚，东欧国家又开始了第三次改革。这一阶段，南斯拉夫不仅确立了以联合劳动为基础的经济体制，还提出了一些具体的改革主张。在政治上主张实行代表团制度，通过建立三级议会制，推动党政分开和简政放权，促进社会民主法制发展。在经济上，在物质生产部门建立了以社会所有制和工人自治为基础的、坚持自愿原则的联合劳动组织；建立自治利益共同体，实行自治社会计划体制的实验,实现市场与计划职能的有机结合。然而,伴随南斯拉夫剧变的发生,改革也被迫中断。匈牙利正式实行新的经济调节制度,如完善价格机制、建立现代化生产结构等措施,重新调整国家、企业和个人三方的分配比例。在组织方面,努力改组机械的企业组织结构,扩大地方自主权,解散垄断性组织,鼓励中小企业的发展。而后又倡导提高国民经济效益、保持国民经济平衡,加强技术改革;主张加强对税收、价格的改革指导。在政治上,以是否有利于经济改革为依据,注重在民主化原则的指导下推进选举制度、干部制度、机构管理制度等方面的改革。1989年6—9月,匈牙利发生剧变,改革终止。民主德国主张改变工业等行业的组织管理模式,强调在加强宏观调控的基础上,运用经济手段扩大企业自主权,并改善企业内部管理体制和企业党组织领导方法。然而,随着1990年10月3日民德并入邦德,改革走向终结。保加利亚也在这一时期推行新经济体制,即以实行民主管理和经济核算为基础,实施计划性原则、经济核算原则、按劳分配原则和追求高生产率原则,主张减少国家计划指令、扩大企业自主权、加强通过商品、货币和市场调节价格的制度、充分发挥经济手段的调节作用,将所有权和经营权分离开来。1990年保共改名为社会党,放弃了执政地位,改革陷入中断。罗马尼亚强调在经济方面,坚持中央统一领导,将工业中心与企业的财政权限的扩大相协调,实行经济民主,推动企业和工业权责下放,实现企业经营成果与职工个人劳动收入相结合,在计划经济基础上发挥市场的作用。在政治方面,实行党政分开,建立由劳动人民参加的代表大会机构,保障人民民主权利。1989年,随着罗马尼亚剧变,改革也被迫中断。捷克斯洛伐克则在坚持计划基础上,利用经济杠杆调节和物质激励的方式提高国民经济效益,主张在对传统的计划经济体制做出调整的基础上,对指标体系、经济核算、财政、价格、工资激励机制进行改革,强化党的领导和社会主义国家管理职能,扩大企业自主权。1993年1月,随着社会性质的根本性改变,改革被迫终止;波兰这一时期主张将改革分阶段推进。第一阶段以恢复生产,化解社会危机为中心,在经济上,对计划体制、价格体制等进行改革,坚持中央计划与市场调节相结合;在政治方面,主张改善党的领导,发扬社会主义民主,健全社会主义法制。然而随着团结工会两次全国性大罢工,波兰发生剧变,改革中断。

总而言之,虽然东欧国家的改革最终由于东欧国家剧变未能坚持下去，但不可否认的是，这些改革对于摆脱传统的斯大林体制的束缚，激发群众生产积极性，探索独立自主，符合本国国情的社会主义建设道路是具有重要意义的。从这些改革的特点看，东欧国家的改革更多地着眼于对经济体制的细微调整，运用市场、经济、法律等手段调控经济发展，改变单一的计划管理体制，追求行政制度和管理体制上的分权、政治体制上的民主化、党领导体制上的党政分离，但对于市场与计划、制度与体制、社会主义模式的单一性与多样性之间的关系问题的探索却是十分有限的，均未能突破苏联模式的局限。这些改革虽然形式多样，成效各异，但无非是对传统的高度集中政治经济体制细微的调整和纠正，是对苏联模式的小修小补，而并未从根本上触动这种体制的症结和核心，从而无法彻底地改变和摆脱这种僵化体制的束缚。可以说，这些改革成效是十分有限的，但也为苏东剧变的发生埋下了"种子"。

由于苏联和东欧国家的社会主义改革并未最终突破高度集中的政治经济体制的束缚，也使得这种体制所积累的矛盾和弊病未能有效得以化解，苏联经济下滑、人民生活水平得不到提高、生产积极性不足、农轻重比例失调、以党代政、党政不分、行政体制效率低下、政治体制缺乏活力、思想文化固化僵化、社会矛盾重重的局面未能得到有效控制等问题，再加上西方资本主义势力长期推行对社会主义国家和平演变策略，戈尔巴乔夫推行以社会矛盾、民族矛盾为主要内容的完全"公开化"和彻底否定阶级斗争的"民主性"为主线的"人道的民主社会主义"改革，这些对社会主义体制的改革转变为对整个社会制度的"改向"，否定了社会主义制度的合理性和优越性，放弃马克思主义指导思想和共产党的执政地位，进而导致了整个社会主义大厦的崩塌。20世纪80年代末90年代初苏联解体、东欧剧变，这些国家纷纷由社会主义制度转向资本主义制度。苏东剧变不仅标志着美苏两大阵营"冷战"的终结，推动了美国成为主导世界的单极力量格局的出现，为其在世界范围内推行霸权主义和强权政治创造了条件，也给整个国际共产主义运动和世界社会主义发展带来严重挫折。一方面，社会主义阵地和势力范围急剧缩减，大批共产党员退党，党内出现分裂和社会民主党化的现象，国际共产主义力量遭受严重削弱，世界社会主义运动也随之转向低潮；另一方面，苏东剧变严重损害了马克思主义和科学社会主义的声誉和形象，不仅严重地动摇了人们对共产主义的思想信念和理论信心，对共产主义的发展造成严重阻碍，而且苏东剧变后，西方国家借助于这一事件大肆炒作,将苏联和东欧国家的失败归结为社会主义的"大崩溃""大失败",污蔑共产党和共产主义制度,甚至大造历史虚无主义否定共产党的领袖、否定共产主义历史和十月革命,丑化共产主义,否定共产主义前途,这对于国际共产主义运动的发展是严峻的挑战。

与苏东国家的改革及其结果不同,作为社会主义的东方大国——中国不仅顶住了苏东剧变所带来的巨大压力,而且还走出了中国特色社会主义道路,并取得了非凡的成就。

中华人民共和国成立后,以毛泽东为代表的中国共产党人将马克思主义基本原理与中国的具体国情相结合,积极推动马克思主义中国化,形成了中国化马克思主义的第一个理论成果——毛泽东思想。在此基础上,带领中国人民坚持立足中国特殊国情,从中国的具体实际出发推动中国革命、建设和改革,经过大革命时期、土地革命时期、抗日战争时期和解放战争时期的艰苦奋斗终于推翻了帝国主义、封建主义和官僚资本主义三座大山,赢得了新民主主义革命的胜利,建立了中华人民共和国。而后在过渡时期,又通过抗美援朝、镇压反革命和土地革命等重要举措巩固了新生的社会主义政权,后将社会主义革命和社会主义改造同时进行,推进对农业、手工业和资本主义工商业的社会主义改造。最终在1956年确立了生产资料的社会主义公有制,建立起了社会主义制度,从此中国开始步入社会主义社会。这一时期,对中国共产党而言,作为刚刚执掌了国家政权的政党,如何在中国这样一个经济文化落后、没有经过完整的资本主义发展阶段的国度建设社会主义是一个全新的探索。对此,我国在建设社会主义的方式上主要仿照了苏联模式,"以苏为师",通过汲取苏联社会主义建设经验来建设自己的国家。可以说,这对于巩固中国社会主义政权,确立社会主义制度,初步建立社会主义物质基础和基本管理制度具有非常重要的意义。然而,20世纪50年代中期以后,随着苏联模式弊端的逐步显现和中国建设社会主义新问题的出现,中国共产党开始认识到探索具有中国特色的社会主义道路的重要性,提出了"以苏为鉴"的方针,即要求对苏联模式保持清醒头脑,分清苏联模式的经验与教训,取其精华,去其糟粕,反对神化及盲目照抄照搬苏联模式。尤其是1956年中共八大提出了中国社会主义初级阶段的主要矛盾,并指明了中国建设社会主义的总任务,成为中国独立探寻社会主义建设道路的良好开端。无论是毛泽东的《论十大关系》还是《正确处理人民内部矛盾》,都是中国共产党人开始立足中国独特国情探索社会主义建设之路的理论反映。但是 1956 年以后，随着党在探索社会主义道路过程中"左"倾思想的影响，以及复杂的国际局势，如波兰、匈牙利事件的影响，社会主义建设过程中开始出现了"大冒进"和"浮夸风"等不良思想倾向，这给党和国家带来了严重挫折。虽然在这个过程中，党也进行了反思和调整，但仍未能阻止"左"的思想在党和国家建设中的蔓延，由此也导致了 1966—1976 年"文化大革命"——这种党和国家生活的非正常现象，给中国社会主义建设造成巨大损失。1976 年，"文化大革命"结束后，党内出现了由"两个凡是"引发的为期两年的"徘徊时期"，以邓小平同志为代表的党中央领导人，针对当时中国的实际情况，总结历史经验教训，坚持解放思想、实事求是，在全党发起"关于真理标准问题的大讨论"，果断地批判并结束了"两个凡是"的错误思想，重新确立了实事求是的思想路线，结束了"徘徊时期"，将社会主义建设拉回正常的轨道上来。1978 年，党的十一届三中全会拨乱反正，端正了党的路线，确定了"解放思想、开动脑筋、实事求是、团结一致向前看"的指导方针，把国家的工作重心由"阶级斗争为纲"转移到经济建设上来，并提出了改革开放的伟大决策，实现了党在思想路线及政治路线的拨乱反正。十一届三中全会以后，中国共产党人在总结国内外建设社会主义的历史经验与教训的基础上，一方面提出"照抄照搬别国经验，别国模式，从来不能成功"的观点，主张"我们的现代化，要从我国的实际出发"，"要把马克思主义普遍真理同我国的具体实际结合起来，走自己的路，建设有中国特色的社会主义"，并制定了党在社会主义初级阶段的基本路线和发展战略，牢牢坚持"一个中心，两个基本点不动摇"；另一方面，在坚持社会主义制度和政治方向不动摇的前提下，将社会主义发展中不适应生产力发展的若干环节和要素作为直接的改革对象，以完善和发展社会主义为目标，开启了我国社会主义现代化建设的新征程。中国的改革开放呈现出经济特区—沿海开放城市—内地沿江城市—内地的开放格局，实现了点—线—面的改革进程，开启了由农村到城市的改革。在农村，实行家庭联产承包责任制，大大激发了农民的生产积极性，农民的生活条件得到改善；在城市，扩大企业生产自主权，改革经营责任制与所有制结构，逐渐形成了全方位、多层次、宽领域的对外开放格局。实践证明，改革开放的举措是成功的、正确的，不仅使中国社会面貌发生了翻天覆地的变化，社会生产力得到快速发展，国家经济实力显著增强，而且还使城乡人民生活水平得到明显改善，捍卫并巩固了中国社会主义发展成果，鲜明地体现了中国社会主义制度的优越性，意义重大。

## 第五节　世界社会主义在曲折中探索复兴之路

世界社会主义发展的第五个阶段是从20世纪末（苏东剧变）至今。社会主义在低潮中前行，深刻地调整和变革，总体低潮与局部高潮交织，世界社会主义仍在探索复兴之路。

20世纪80年代，随着新的科技革命兴起，经济全球化浪潮突飞猛进，资本主义生产社会化得以迅速拓展，资本跨越国界而向世界渗透，由此也使得生产社会化同生产资料的资本主义私人占有制之间的矛盾也被进一步激化，对此资本主义为了自身发展不断地调整自身的生产关系。尤其是苏东剧变以后，随着原苏东地区社会主义制度的瓦解，社会主义与资本主义两种并行的市场界限开始被打破，世界逐渐开始形成统一的市场，这也为国际垄断资本的形成提供了良好的条件；与此同时，一些社会主义国家如中国、越南等及一些发展中国家也在不断总结本国发展的经验教训的基础上，逐步改革原来的高度集中的政治经济体制，发展市场经济，推行改革开放的发展战略，而放弃原来那种闭关锁国的政策，这在很大程度上也为世界经济体系的形成和资本的全球化扩张准备了前提；由此，在新的科技革命和市场经济发展的推动下，资本主义开始了由国家干预经济发展的垄断资本主义阶段向以金融、贸易、投资和技术转让为主要内容的国际垄断资本主义的转变。国际垄断资本主义形成后，国际垄断资本开始在资本主义发展中占据支配地位，对经济社会的发展起决定性作用，不仅控制着科学技术、投资、生产、销售、贸易、管理、服务等关切社会经济发展的关键性领域，而且还通过跨国公司的方式维持国内和国际两个市场的垄断地位，影响整个世界经济秩序和各资本主义国家国计民生，实行全球统治。在国际垄断资本主义时代，科技发展尤其是信息技术的全球拓展已成为先导，金融国际化迅猛发展，产业资本国际化已处于主体地位，而跨国公司则成为主要载体，连接区域和国家的市场已成为垄断资本发展的重要纽带，而对外推行新自由主义，主张打破民族国家壁垒，反对政府干预经济发展，并企图借助于所控制的国家政权和国际经济组织的势力，通过极力主张贸易、经济、投资、借贷自由来实现对发展中国家的胁迫与控制。

然而，需要指出的是，国际垄断资本主义虽然表现出了许多与以往资本主义发展阶段所不同的特征，无论是其发挥作用的手段还是其自身发展的形式都有其特殊的表现，但从本质上讲其并非超越了资本主义生产方式，而仅仅是资本主义生产关系局部调整的结果。首先，资本主义基本矛盾仍然存在。无论资本主义生产的社会化范围如何宽广，生产资料仍掌握在少数资本家手中这一事实并未改变，而且由基本矛盾衍生出的两对主要矛盾，即个别企业生产的有组织性和整个社会生产的无政府状态之间的矛盾、广大群众购买力的有限性与资本生产的无限性之间的矛盾不仅存在，而且已经突破民族国家的界限在国际舞台上发挥作用。其次，由资本主义基本矛盾所导致的资本主义经济危机非但未被消除，相反借着全球化的拓展其破坏性和波及范围有了更大的空间，不管是1973—1975年的经济危机，还是1997年前后的金融危机，抑或是2008年的全球金融危机都反映出更为巨大的破坏程度和更为广阔的受灾范围，这也注定了这种推动资本主义生产关系不断得到调整的动力，最终也会推动资本主义在国际发展阶段走向灭亡。再次，虽然资本主义不断改变剥削手段，使得剥削更为隐蔽化，工人阶级的经济地位和劳动条件有了一定的提高与改善，但是工人阶级受剥削、被奴役的社会地位仍未改变，工人阶级与资产阶级两大阶级之间的矛盾不可调和，且呈现出激化的趋势，工人阶级实现未来理想社会的历史使命仍未改变。最后，资本主义生产方式所导致的环境破坏、生态危机更是成为全球化问题，这些问题的不断蔓延和危害程度的加深，不仅会在全球范围内激化资本主义国家之间的矛盾、发展中国家与资本主义国家的矛盾，也会激化无产阶级与资产阶级之间的矛盾，造成世界人民的反对，这也注定了资本主义生产方式的终结。社会主义取代资本主义的历史发展总趋势并未改变。

此外，苏东剧变后，随着国际垄断资本主义的形成与发展，资本主义正经历着新一轮的危机。如以主张绝对的自由市场经济发展模式反对政府计划调控的经济危机；以吹捧政治民主和"普世价值"为核心带有虚伪性和欺骗性的资本主义政治危机；以个人主义为中心，宣扬利己主义、拜金主义和享乐主义的资本主义文化危机都在潜移默化地蔓延着。

在这一发展阶段，和平与发展已成为时代主题，世界科技革命浪潮纵深扩展，经济全球化高度发达，国际垄断资本主义深入推进，同时在苏东剧变后世界两极格局被迅速瓦解而多极化趋势迅速演进的时代背景下，世界社会主义运动发展面临着新的形势，出现了新的特点。

其一，原苏东地区社会主义力量总体遭受巨大挫折，发展面临着巨大挑战。一方面，社会主义国家的势力范围遭受急剧减缩，世界开始由原来的15个社会主义国家锐减到5个，减少了2/3；另一方面，由于苏联东欧国家社会性质和制度的更变，这些地区原有的共产党也遭到严峻的挑战，除了共产党自身或是宣布解散、或是改旗易帜成为民主社会主义政党外，在思想信念及自身力量发展和政党活动方面也遭到来自资本主义反动势力的阻碍与限制，发展面临重重困境；但是，这些地区现存的共产党不断努力，及时改变斗争策略，在充分利用资本主义政治环境的前提下不断发展党员，参加议会选举扩大自身影响力，使发展态势有了显著的改善。

其二，虽然一些现有的社会主义国家仍旧处于资本主义国家的包围之中，敌强我弱、力量对比悬殊的状况不可能在短时间内改变，同时还不断地遭受到来自西方帝国主义国家敌视、排斥甚至新殖民主义侵略，尤其是西方一些国家推行的以"西化""分化"社会主义政权为目的的"和平演变"战略和赤裸裸的霸权主义、强权政治，更是给世界社会主义力量的壮大及发展带来了严峻挑战。但是，这些国家一开始就顶住了苏东剧变的外在压力，通过采取果断措施稳定了本国政治局势，不仅捍卫了社会主义思想阵地，还极力推行改革开放，依据本国国情建设社会主义，着力发展经济，提升本国综合国力，使人民的生活水平得到明显提高。而且，他们还努力提升自己的国际地位，通过在国际舞台上发挥作用，扩大世界社会主义影响力，推动世界社会主义运动发展。

其三，在一些发展中国家处于非执政地位的共产党，除了少数党受到苏东剧变冲击宣布改旗易帜外，大多数党派虽然面临着党内思想混乱、组织分裂甚至党员流失等严峻挑战，但基本都存活了下来，通过自身的努力在本国政治舞台上崭露头角，并适时调整发展战略，赢得了部分群众的拥护和支持。

其四，在苏东剧变之初，一些发达资本主义国家的共产党也在资本主义右翼打出的如社会主义"崩溃论""失败论"等反动论调的煽动下，以及以民主社会主义为典型的工人运动右派思想的分解下，或是改旗易帜成为社会民主党，或是瓦解，或是分裂，共产党力量遭受严重削弱，而经过一段时间的努力，形势开始好转，一些解散的政党进行了重建，甚至还有共产党成了参政党。

总的来看，世界社会主义遭到苏东剧变的严重冲击，自身的发展也遭受了严重的挫折，整个国际共产主义运动和世界社会主义运动现在乃至今后一段时间仍处在低潮期，但经过社会主义力量的不断斗争及社会主义自身的调整和变革，世界社会主义已经开始走出了剧变初期的困境并有了显著的发展，当前世界社会主义运动更是呈现出了高潮与低潮交织的显著特点，世界社会主义复兴已经开始成为历史发展的重要趋势。

苏东剧变后，随着国际局势的转变，"和平与发展"成为时代主题，现有的社会主义国家中国、朝鲜、古巴、老挝和越南为了摆脱苏联模式在本国发展过程中的弊病，纷纷开始了本国社会主义道路的探索，并在深刻地总结了苏东剧变教训的基础上加深了对什么是社会主义及如何建设社会主义的认识。为此，它们在提出了独立自主地依据本国国情建设社会主义的主张，走具有本国特色的社会主义道路的同时，还顺应时代要求和经济全球化潮流，实行改革开放（革新开放），改革以往高度集中的政治经济体制，有步骤地发展市场经济，确立社会主义市场经济（或社会主义方向的市场经济）目标，实现社会主义现代化。无论是中国的中国特色社会主义、朝鲜的"主体"社会主义，还是古巴、越南、老挝的社会主义都取得了显著的成效，成了当今世界社会主义运动的"佼佼者"。尤其是中国的改革开放更是取得了突出的成就，成了苏东剧变后社会主义国家代表和"领头羊"。经过40年的改革开放，中国社会物质财富极大丰富，经济飞速发展，生产力水平不断提升、综合国力极大增强、人民生活质量明显改善。当前，中国的经济总量已达到世界第二位，已经开始由低收入国家跻身中等收入国家行列，而且人民生活水平也从"解决温饱"提升到了"小康水平"，并实现了由"总体小康"到"全面小康"的转变，而"全面建成小康社会"已成为当前我国经济社会发展的重要目标。在中国特色社会主义的指导下，中国既没有遭受发达资本主义国家经济危机的严重冲击，也没有陷入一些发展中国家因推行新自由主义和西方"普世价值"引发的"颜色革命"所造成的经济萧条、社会动荡的泥潭中，而是实现了经济平稳而快速增长，不仅创造了为世界所赞赏的"中国奇迹"，还形成了在国际范围内具有重大影响力的"中国模式"，充分地彰显了中国特色社会主义制度的优越性。无论是西方资本主义国家所宣扬的"中国威胁论"，抑或是"中国崩溃论"都无不反映出中国的成就已经吸引了世界的目光，当然也反映出中国的快速发展和迅速崛起已经触动了西方资本主义国家的敏感神经，仇视、敌对中国社会主义发展的反动势力依然存在，资本主义和社会主义两种制度的较量仍在无声之中激烈地进行着。从这个意义上讲，坚持社会主义道路的中国的崛起和强大已经成为 21 世纪最为耀眼的风景线，中国特色社会主义的成功也使中国成了世界社会主义运动的中流砥柱。

与此同时，其他的社会主义力量，尤其是资本主义国家中的左翼政党在苏东剧变后也呈现出新的发展态势。随着东欧剧变、苏联解体，原苏东地区诸国已演变成为资本主义国家，由此对资本主义国家，即原苏东地区、资本主义发达国家、拉美发展中国家左翼政党发展状况的研究，也是反映当前世界社会主义运动的重要尺度。

从历史上看，资本主义国家左翼政党的发展状况是与资本主义自身发展紧密联系的。20 世纪七八十年代，随着第三世界国家与发达资本主义国家相抗衡所引发的"石油危机"的蔓延，资本主义世界爆发了严重的经济危机，并陷入了长期"生产停滞和通货膨胀"的泥潭之中。为了从危机中挽救资本主义，西方经济学家开出了多副"药方"，其中以哈耶克（Friedrich Hayek）和弗里德曼（Milton Friedman）为代表的主张以"自由化、市场化和私有化"为目标的新自由主义思想理论和经济复兴政策占据了理论的主导。该理论把古典自由主义观点无限放大，提出了市场本身具有强大的调控能力，"管得最少的政府才是最好的政府"等观点。既强调市场的完全竞争和自由放任，充分发挥市场这只"看不见的手"的调控功能，又主张尽可能地减少政府干预，推动经济的迅速私有化，从而很快地迎合了国际垄断资本主义发展的需要。由此，新自由主义提出后便迅速地得到了刚上台执政的美国总统里根（Reagan）和英国首相撒切尔夫人（Margaret Thatcher）的支持与推广，使得新自由主义不仅成为一种资本主义意识形态的代名词，也成为资本主义挽救危机、实现重生的政治经济政策在全球范围内蔓延开来。然而，20 世纪 80 年代的实践表明，新自由主义这种被西方资本主义发达国家誉为治疗危机"良方"的政策除了使美英等少数国家短期内实现了经济的回升外，大多数资本主义国家尤其是拉美等经济落后国家并没有迅速地摆脱危机的破坏而走上经济复苏道路，反而成了新自由主义政策的"重灾区"。在一些资本主义发展中国家，经济增长缓慢、失业率上升、大量资金外流、国家债务繁重、人民生活水平下降、社会动荡不断、贫富两极分化不断加剧已成为新自由主义政策的直接后果。与此相适应，国内社会矛盾的加剧也极大地推动了本国左翼运动的兴起。彼时世界性的左翼运动尚未形成规模，但资本主义世界的左翼运动发展的不平衡性已经开始凸显。此时，拉美成了最具代表性的地区。面临着社会状况急剧下滑、经济发展颓势日趋严重、人民生活质量不见好转的状况，拉美国家的一些社会党、共产党、社会民主党乃至一些激进的革命团体和武装组织纷纷表达对政府采取的新自由主义政策的强烈不满，要求改变社会现状，不仅尖锐地对政府进行批评和抨击，将斗争的矛头指向了资本主义制度和新自由主义，而且还开展了包括武装起义和游击战争在内的激进的革命方式以图夺取政权，彻底变革社会制度，由此也成了世界政治舞台上一支最为突出的反资本主义的左翼力量，点燃了资本主义世界左翼政党运动的"复兴之火"。

20世纪80年代末90年代初，随着苏联解体、东欧剧变的发生，苏东地区执政的共产党纷纷丧失执政地位，社会主义阵营开始土崩瓦解，这不仅使世界社会主义力量遭受到前所未有的巨大挫折，迫使国际共产主义运动开始转入低潮，同时也给持续了40余年的美苏"冷战"画上了"句号"。苏东剧变在终结了世界两极格局的同时，也推动世界向"多极化"趋势发展，极大地冲击并改变了原有的国际政治秩序，给资本主义世界的左翼政党组织和运动的发展带来了严峻的生存挑战。苏联解体后，新自由主义"趁虚而入"出尽风头，不仅声称苏东剧变是其胜利的"果实"，对传统的共产主义大肆攻击，还占据了意识形态斗争的"制高点"，在实际的政治力量对比中占据了优势地位。尤其是资本主义右翼势力更是利用苏东剧变大做文章，不仅纠集各种势力掀起了巨大的非理性的反共浪潮，实施了对传统的左翼势力主体——共产党的孤立和打压，而且对重新组合的社会民主党在历史问题上大加攻击，以图在政治、经济和意识形态方面发起对左翼力量的进攻。与此同时，左翼力量内部也存在着不团结的现象，社会民主党往往因苏东剧变的历史丑剧故意与共产主义撇开关系，疏远与共产党的交往与合作。在这种政治形势下，资本主义国家的左翼政党力量不仅受到巨大冲击，左翼运动从整体上看也普遍地陷入低潮。自20世纪90年代初至今，资本主义世界中左翼政党都通过各种方式努力适应新的社会结构特点和需要，自身组织和活动能力也在不断增强，发展模式开始逐渐走向成熟。从总体上看，其调整与变化大体上分为三个阶段。

第一阶段（1990—1995年）是苏东剧变后西方左翼溃退、蜕变、分化，为谋求生存而苦斗的时期。在西方右翼高奏凯歌和恣意进攻面前，西方左翼处于守势和被动。为适应变化了的生存环境和条件，多数西方左翼开始否定过去，与苏联的社会主义划清界限。有的共产党组织蜕变为社会民主党组织，而社民党组织也纷纷告别自己的"老旧"形象，淡化左翼意识形态色彩，有的特别注意与"共产主义""社会主义"标识脱钩。西方左翼整体上从抗争到屈从，从激进到温和，从左移向右，是以总体退却、否定自己谋求生存的阶段。与此同时，希腊、葡萄牙共产党继续坚持传统立场而努力抗争，第四国际托派组织试图以苏联解体来证明自己的激进左翼路线是正确的。总的来看，西方左翼整体上陷入低潮局面中。

第二阶段（1996—2007年）是西方左翼经过苏东剧变大分化大调整后进行大幅度理论与政策转向，并取得了一些实际成果的时期。前半期是所谓的"左翼复兴"时期。在理论上，以英国工党提出"第三条道路"理论并得到法国社会党、德国社民党共同倡议，以及以法国共产党提出"新共产主义"为标志，西方社会党和共产党两大左翼同时继续再度右转。在实践上，英国工党、德国社民党、法国社会党相继上台执政。这是西方左翼短暂的"黄金年代"，高潮是当时欧洲掀起的"玫瑰潮"，欧盟15国中有13个由左翼政党掌权。然而，中左翼政党上台执政是以投向右翼新自由主义怀抱、放弃自己明确左翼身份特征、大幅度右转为代价的，实际上是西方右翼理念政策通过左翼力量继续得到贯彻。撒切尔夫人曾骄傲地说，她打造了工党和布莱尔。时任美国总统的克林顿同英国首相布莱尔、德国总理施罗德如亲兄弟般同唱"第三条道路"赞歌。然而好景不长，"第三条道路"昙花一现，在21世纪初期左翼纷纷下台，右翼卷土重来，不必再"借尸还魂"。西方政治版图又变换色彩，欧盟有十多国右翼政党相继上台执政，政治钟摆再次摆向右。以法共"新共产主义"为代表的激进左翼也随即偃旗息鼓，实际成效甚微，西方国家共产党组织更加被边缘化。总之，这一阶段是西方左翼更加否定传统、在变革或革新的口号下更加屈从或投身新自由主义的时期。

第三阶段（2008年至今）是资本主义发生金融危机，西方左翼根据新的环境和条件再调整、再重组、再分化时期，可以称之为"否定之否定"阶段，在某种意义上呈现出向苏东剧变前左翼传统、理念和实践的某种程度的"回归"。主要标志是在思想理论领域西方重新兴起"马克思热"，共产党组织和左翼人士在资本主义危机条件下对资本主义及右翼进行猛烈批判，30余年来似乎被人遗忘的阶级、工人阶级、社会主义、"替代资本主义"等概念重新回到政治讨论的话语中。在政治实践中爆发了大规模街头抗议或广场"占领"运动。这是西方左翼对资本主义与右翼在理论与实践上的双重否定，也是对自己此前"矫枉过正"式大幅度右转战略的"否定"。然而，这种"否定之否定"是初步的，还不成熟，难以产生持续的成效。长期的右转已经使左翼在理论上准备不足，在实践上难以有效动员与组织社会力量对抗和反击资本主义及其右翼力量。但无论如何，这种"否定之否定"是西方左翼实现新发展和有所作为的新起点，虽然离脱胎换骨的转变还有相当大的距离，但毕竟是左翼重新崛起和发挥作用难得的历史机遇。

从当前西方左翼的发展状况看，可以概括为：占据"天时"但缺"人和"、转向激进但失锋芒、积极行动但少明确方向、谋求联合但多分裂分化。

所谓具备"天时"，即在西方世界形成了"二战"以来难得的有利于左翼理论与实践发展的条件和环境。资本主义遭遇了战后最大的金融危机及其引发的价值危机、合法性危机和信仰危机，使资本主义和右翼遭受重创，由苏东剧变之后的恣意进攻转为消极防守，为摆脱危机和挽救自己而苦苦寻求药方；社会民众的不满和反抗也是"二战"以来最为激烈和集中的，斗争矛头甚至指向了资本主义制度本身。因此，这是左翼重新崛起、谋求大发展难得的"天时"，是百年难逢的历史机遇。

然而，在这样的大好机遇面前，西方左翼深感自身之轻，难以承受历史之重。虽然他们也为资本主义危机所激发和鼓舞，也重新燃起重振左翼的希望，但它们在"整个世界向左转"的大环境中遭遇新的失败，在选举中纷纷败北。比如在2009年的欧洲议会选举中，西欧各国左翼政党的得票率持续下降，各国右翼力量组成的联盟接连赢得胜利，社会民主主义政党全线受挫。危机中激烈的社会动荡和积重难返的矛盾问题，使得不满、失望的民众不再看好长期奉行不左不右、温和改良的社会民主主义政党。作为激进的左翼共产党组织却是得时得理不得利，它们本应该获得深受危机之苦的广大中下层民众的支持，但实际并非如此。西方社会长期以来对共产主义的诋毁，共产党长期被边缘化，使得它们的理论政策主张不为多数民众认可和接受。危机之中趁虚而入的右翼保守主义政党，像法国国民阵线、奥地利自由党、瑞典民主党等极右翼政党，得到了部分中下层民众支持。

总的来看，在资本主义危机背景下，西方左翼具备"天时"，一定程度上也有"地利"，包括国际和国内活动空间，但最明显的，它们不具备"人和"即自身组织无力涣散，难以得到广泛的社会支持。具体来看，西方左翼的难题和困境体现在：

一是身份缺失，"有名而少实"。长期以来，西方政治淡化意识形态，在右翼理论家"意识形态终结"和"历史的终结"的鼓吹和影响下，左翼理论家也怀疑自己的理论阐释能力和现实价值，"左翼被劝说和建议加入到自由民主领域中那些寻找解决办法的人的队伍中来"。[①] 左翼话语被右翼自由民主"绝对胜利"的狂潮吞没，有的失语而缄口不言，有的则主动走上否定自己的"超越左与右"的"第三条道路"，有的激进左翼也"放弃革命，保持激进"。左翼整体上被排挤和同化，丧失独立性，失去鲜明身份和特征。这种状况在金融危机爆发以来有所改变，但重塑左翼身份和形象仍是首要的问题。

二是理论战略准备不足，难以适应重大社会变革。西方左翼30余年来也提出了种种创新或现代化的理论战略，但在右翼新自由主义理论占据统治地位的环境下，其理论的"创新"主题和实质或是摒弃传统，或是着意抹去左翼曾有的思想锋芒而重复不痛不痒的改良主义话语，或是以直接或间接的方式搬用右翼自由主义的概念和规则。改良主义、实用主义、投机主义、犬儒主义长期在西方左翼中盛行。因此，所谓左翼理论的"现代化"难以经得起大风大浪的淘洗和社会剧烈变动的考验。正如英国一位左翼人士所说，"一些左翼力量逐步滑向右翼转而支持新自由主义政府，一些左翼力量强调'清白无污点'，使得任何政治改组都异化为浪费时间。这样发展下去，左翼运动所能做的无非是散发文件、举行会议、批判所有其他人和赞美自己'纯洁无瑕'……等毫无意义的工作。若是如此，我们尽可专注于我们的小团体而把改造社会的愿望交由右翼和极右翼力量来完成"[②]。所以资本主义金融危机爆发时，长期理论匮乏与缺乏战略储备的左翼难以引领和驾驭反对和抗议资本主义的洪流，显得心有余而力不足，继

---

① Charles Derber（ed.）, *What's Left? Radical Politics in the Postcommunist Era*, University of Massachusetts Press, 1995, p.18.

② 门小军：《21世纪要建立怎样的泛左翼政党》，《当代世界与社会主义》2008年第4期。

而被实践的快速发展抛在了后头。

三是激进左翼批判有余，而建设性方案不足。金融危机的爆发使得左翼特别是共产党激进左翼能够充分运用左翼的批判理论和资源，揭露资本主义危机的实质、弊端及其危害，直指症结，揭示问题和矛盾的根源，左翼的批判理论确实发挥了一定"社会矫正"的功能。然而，左翼在如何克服危机、解决实际经济社会问题方面，还难以提出适应实践发展需要、符合广大民众利益、切合实际社会状况的长远性、系统性的纲领方案。其理论与政策碎片化，缺少鲜明且有凝聚力的纲领目标，缺乏达成共识、协调一致的理论基础和组织基础，难以为长远发展提供有效的思想理论指导。

四是有联合意愿和行动，但分裂分化严重。苏东剧变后，西方左翼一直谋求左翼力量和左翼运动的联合，希望借此改变左翼的弱势地位，应对全球范围内联合一致的跨国资本和新自由主义力量，既有尝试建立包括多种类型左翼力量的"泛左翼联合阵线"，也有相同类型的内部各种形式的联合和论坛，有的取得较为显著的成效，如世界工人党和共产党会议等。但总的来看，左翼内部成分庞杂，各自为战、分化分裂的现象还很严重，一些西方共产党之间分裂严重，冲突矛盾经常发生，这削弱了左翼的整体力量。

可以说在过去的30多年里，西方左翼总体上渐次右转，一些西方共产党尽管还保留着共产党的名号，但其纲领政策已与过去有天壤之别。而大多社会民主主义政党，连"社会主义"称号都已抛弃，重新披上"民主主义"的百衲衣，除去了自己的阶级性质和激进姿态。西方左翼除了在世纪之交面临"喧闹与无序"，无穷无尽的不确定性和挑战之外，也出现了西方社会主义复兴的机遇，这就是21世纪初的资本主义危机。尽管这场危机没有使西方社会主义复兴，但毕竟使其进入一个否定之否定的新阶段。21世纪西方社会主义和左翼的走向与前途，取决于他们在资本主义危机之后"否定之否定"实现的程度和水平，也就是扬弃自己的程度和水平。它不是简单地回归到旧左翼，也不是仅仅在已经向右走了很远的路上掉过头来往回走几步了事，而是要基于资本主义危机之后的新形势和新变化，真正在"否定之否定"的过程中塑造一个新的左翼，一种有希望的社会主义。

在实现新的"否定之否定"的过程中，需要结合新的社会状况和条件，认真处理好以下四个方面的关系。

一是左翼与社会主义的关系。在西方，社会主义一般属于左翼行列，而左翼不一定就是社会主义。在西方历史上，左翼对社会主义的立场经历了四个阶段：紧密结合——逐渐分离——彻底抛弃——重新关注。在20世纪60年代之前，有相当部分的西方左翼政党和人士信奉服膺社会主义，甚至有人认为左翼与社会主义"有着天然的联系"。20世纪70年代至80年代末期是左翼与社会主义逐渐脱离的时期，在其纲领路线中逐渐地避免使用"社会主义"来称谓自己及其路线。苏东剧变之后是西方许多左翼政党与社会主义彻底分离的时期，比如许多民主社会主义政党名称改为"社会民主主义政党"或"左翼民主党"，有的即便保留了"社会主义"称谓，其纲领路线也与从前大相径庭。在21世纪初资本主义发生危机之后，"社会主义"一词在左翼中有复苏的势头，在左翼政党和左翼思想家中，有一些力量开始重新强调"社会主义"的名称和内容，开始用传统社会主义的一些观点主张来回应和解释资本主义的危机，马克思的思想和方法也重新引起人们的关注，甚至一度形成"马克思热"。在危机过程中的"占领运动"中，有的喊出"社会主义是未来"的口号，一些左翼纲领中增加了社会主义的成分和色彩。在新阶段，西方左翼能否重拾和诉求社会主义价值来探索自己的复兴之途，共产党等传统的社会主义政党如何对待各种左翼力量的变化和调整，左翼与社会主义的关系能否在一种积极方向上形成密切联系，等等，这些问题具有重要的现实意义。左翼运动与社会主义运动应该是"天然的同盟军"，21世纪西方社会主义的前途很大程度上取决于左翼运动与社会主义运动的共存共生、彼此促进的程度，形成由社会主义运动主导的"大左翼"社会运动。

二是左翼运动与阶级运动的关系。当前，在西方左翼运动已经基本不在阶级运动和阶级斗争层面来进行，20世纪六七十年代以来的"新社会运动"的形成和发展，就是对以阶级斗争和阶级运动为基本内容和主旨的"传统左翼"的否定和替代。难能可贵的是，20世纪90年代之后，仍有一些西方学者和左翼开始重新关注阶级、阶级不平等和阶级斗争的问题，特别是在资本主义爆发危机之后。比如，美国左翼学者迈克尔·茨威格（Michael Zweig）分析了21世纪初期美国的社会状况，指出"在八年或十年以前，以权力术语表述的阶级范畴，工人阶级、资本家阶级，似乎如此地远离政治对话，以至于它们对于建设性的政治争论是无用的。但今天甚至主流的评论员也正日益频繁地提到工人阶级、阶级斗争，而在总体上以阶级术语贯穿其文章……

严肃的阶级话语再次成为可能,并充满生机、奥妙和信心"①。美国学者伯奇·波勃罗格鲁(Berch Berberoglu)认为,"在我们的时代,在全球化时代,也就是全球资本主义时代,阶级和阶级冲突变得更加鲜明了,而不是淡弱。它在世界的每一个地方都流行起来,因而成为全球资本主义体系的显而易见的特征。今天,随着阶级分化的扩大,阶级越来越发生极化并持续地冲突,阶级斗争越来越成为整个世界范围内全球资本主义之社会风景的不可或缺的部分"②。阶级和阶级斗争的存在与否关系到西方社会主义运动和左翼的性质问题,关系到西方社会主义运动的主体是什么的问题。如果不同社会主义运动结合,就只能停留在街头抗议的水平上,而这种街头抗议一般是消极的、非建设性的,无法转变为改造社会的实际力量。虽然抗议行动也是社会主义运动的重要内容,但社会主义运动不停留在这一较低层次的斗争水平上,而是以高层次的政治目标将抗议人群团结凝聚起来,开展有组织的斗争、变革或革命,组织成为无产阶级来进行阶级斗争。左翼运动如果只停留在理论批判或街头抗议的水平上,仅是作为孤立分散的抗议力量来行动,不诉求社会主义,不依赖工人阶级的整体斗争,就难以在改变现有秩序上有大的作为。尽管资本主义社会结构和阶级结构今非昔比,尽管资产阶级和工人阶级都发生了很大变化,但是工人阶级仍然是社会主义运动的主体,阶级斗争和阶级运动仍然是最有力量、最有规模、最有前途的左翼运动力量。

  三是议会选举活动与社会群众运动的关系。这是西方社会主义政党始终面临的一个"难解之谜",是在探索中始终面临的未能有效解决的问题。这个悖论是:在选举中越成功,社会主义政党身份就越淡化;群众运动和社会运动开展得越是有成效,在议会选举中就越边缘化。几十年来,西方社会主义政党过多投入议会竞选活动,忽视群众运动的开展;过多认同资本主义国家的政治经济制度,忽视对资本主义政治、经济变化之深层规律的把握;过多为局部的、短期的选举成绩而向右翼妥协,忽视对自身特征和独立地位的维系;过多关注具体、琐细的竞选纲领和方案的实用有效,忽视长远战略和目标的制定,等等。当前,西欧共产党等左翼政党正根据本国政治形势和各种政治力量对比的新情况,对议会内与议会外斗争之关

---

  ① [美]迈克尔·茨威格:《有关阶级问题的六点看法》,孙寿涛译,人大经济论坛,http://www.pinggu.org.
  ② Berch Berberoglu, *Class and Class Conflict in the Age of Globalization*, Lanham, MD: Lexington Books, 2009, p.129.

系进行新的反思,并调整战略策略。

四是民族国家范围内活动与全球范围内活动的关系。西方学者萨松(Donald Sassoon)这样说:"西方的社会民主主义政党和规模较大的共产党仍深深陷入一种国家主义的政治概念中,并不断使之加强,在自己国家边界内画地为牢式地维系着自己的成就(福利国家、教育和公民权等),而这时资本主义开始大步地在全球奔走了。"① 民族国家范围内的活动与全球范围内的活动之关系成为当前社会主义运动中普遍存在的问题。正如马克思所说,在"历史向世界历史转变"突飞猛进的时代,在全球化时代,在资本主义生产关系已经在全球范围内确立统治地位并不断扩张的时代,对于社会主义国家来说,一国自己能否建成社会主义呢?在国际共产主义历史上,斯大林就提出"一国建成社会主义"理论并付诸实践,其经验和教训值得我们总结。而对于西方社会主义政党来说,在一个国家舞台上开展的无论议会活动还是其他社会运动,脱离了全球化的背景和实际,脱离了全球资本主义的发展,成效究竟有多大呢?对这些问题的探究,就是要考虑到社会主义除了本国化和民族化外,还有一个世界性和国际性的问题,这在"民族特色"成为世界社会主义主要特点的时代,仍然是更加重要的问题。毕竟如马克思恩格斯所指出的那样,社会主义在形式上是民族的,而在内容上是国际的。在21世纪,马克思主义和社会主义的发展需要更高远的世界历史视角和更广阔的国际舞台。

纵观整个资本主义世界左翼政党的发展我们可以发现,欧洲和拉美的左翼政党不仅最为活跃、类型最为丰富、分布最为集中,而且发展状况也最具代表性。显然,对欧洲和拉美地区的资本主义左翼政党发展状况的考察也正是了解整个资本主义左翼政党发展状况的"窗口",我们应对这两个地区左翼力量的发展尤其关注。

欧洲:随着原苏东国家的改旗易帜,这些国家的国家性质已经发生了根本性改变,再加上现实社会主义失败和严峻的生存危机的影响,欧洲左翼力量的组成已发生了巨大变化。欧洲国家的共产党除了少数政党保留旗号或是通过重建的方式仍旧坚持共产主义信念外,对大多数原有共产党而言,更名换姓、改弦易张成了具有普遍性的生存策略,这些政党不仅放弃

---

① [英]唐纳德·萨松:《欧洲社会主义百年史》(上册),姜辉等译,社会科学文献出版社2008年版,第9页。

了共产主义信仰，改信民主社会主义或其他思想流派，而且还将自身的活动限制于资本主义制度框架内，成为资本主义体制内的"合法政党"。与此同时，经过力量的重组与分化，一些老牌社会民主党借机得以快速恢复组织和活动，继续宣扬所谓的民主社会主义主张，而一些新的政党也在剧变后标榜自己为社会民主党开始在政治舞台上发声，由此经过了"改建""重建"和"新建"等过程，欧洲社会民主党开始取代原苏东国家共产党的主导地位而成了"冷战"结束后欧洲左翼力量的主体。除此之外，随着欧洲左翼运动的发展，一些虽不明确标榜自己为社会主义力量但在反对资本主义右派政府和新自由主义政策方面与欧洲左翼政党有共同理论主张的部分农民党、左翼集团、工会团体和新社会运动组织也成了欧洲左翼运动的重要组成部分。

　　苏东剧变后不久，随着新自由主义政策在欧洲国家的推行，除了少数发达国家受益外，多数欧洲国家都出现了不同程度的问题，政治经济状况开始陷入新的"僵局"。为了在这种严峻的社会形势下谋求自身的生存和发展，东欧国家的资本主义左翼政党纷纷主动抓住机遇，根据新的社会环境和斗争形势及时地调整了自身的斗争策略，将展开议会选举，重树自身政治形象，凸显自身价值作为制定策略的出发点和落脚点，力图在获得广大群众政治认同的同时，推动自身目标的实现和自身的发展。作为欧洲左翼运动的主体力量，传统的欧洲社会民主党在经历了苏东剧变所带来的政治上的巨大打击后，更是努力抓住机遇实现自身发展模式的转型。在自身的斗争纲领中不仅开始淡化社会主义意识形态色彩，改变阶级基础组成，转变传统的单纯以产业工人为阶级基础的联盟形式，形成以中间阶级为核心的社会联盟，而且对市场的作用有了更为深刻的认识，主张在着力改变自身的大政府形象的同时，在社会经济政策方面对市场做出更为灵活的反应。这种主张也标志着以英国工党和德国社会民主党为代表的所谓的"第三条道路"已经形成，并且在此理论的指导下于20世纪90年代中期以后社会民主党开始出现了复兴的态势。与此同时，俄罗斯、立陶宛、乌克兰、匈牙利、波兰、保加利亚、捷克等国的左翼政党也积极地调整自身斗争策略，并在本国议会选举中取得重要成就甚至还成为执政党。这也标志着东欧国家的资本主义左翼政党运动已经逐步地走出了苏东剧变的"泥潭"而开始走向复兴。而后，在1997年之后的十几年中，欧洲国家的资本主义左翼政党运动虽在运动水平上整体仍处在低潮状态，却已经形成了较为成熟的运行机制，在运动中虽有个别国家左翼政党丧失执政地位，但总体起伏不大，呈现出较为稳定的状态。然而，在2008年国际金融危机以后，随着新自由主义和金融危机的一系列消极影响的出现，欧洲的左翼政党发生了新变化。作为欧洲左翼政党的主体力量——社会民主党未能抓住2008年国际金融危机带来的有利时机推动欧洲左翼力量进一步发展。危机过后，大多数的社会民主党非但没有如人们想象的那样借助金融危机的"东风"迅速扩大自身影响力，壮大自身力量，反而出现了议会席位大幅减少，纷纷丧失政权的局面。继2009年欧洲社会党在议会选举中败北后，匈牙利、捷克、斯洛伐克、英国工党和瑞典社民党、西班牙工人社会党都在选举中遭到严重挫败，社会民主党转向了低迷状态。即使如此，这些国家的左翼政党也并不甘心，而是不断地依据新的社会要求和时代局势，及时调整自身发展战略，不断壮大队伍并积蓄力量，力争在新的大选中重新夺回失去的阵地。而与此境况不同，以希腊激进左翼联盟、西班牙"我们能"党等为代表的一批激进左翼政党，在2008年国际金融危机后迅速兴起，这也反映出欧洲一些国家左翼政治运动的活跃迹象，对推动世界社会主义运动的振兴具有积极意义。

拉美：除了欧洲左翼外，20世纪90年代至今，拉美国家的左翼运动也呈现资本主义世界左翼政党发展的另一种状况。作为美国等西方国家输出政治经济政策、价值观念和生活方式的重要场所，同时也是"华盛顿共识"的重要"试验园"，拉美国家在苏东剧变初期，就面临着新自由主义推行所带来的严峻的政治经济困局。一般意义上讲，严峻的政治经济形势是资本主义国家左翼政党开展运动和斗争的前提条件，然而，苏东剧变的发生也不可避免地给拉美左翼运动带来了巨大冲击，迫使拉美的社会主义运动一度转向低潮。以拉美的传统左翼力量——共产党为例，苏东剧变初期，除了极少数的共产党仍旧保留自己的旗号外，其他的共产党或是改旗易帜、或是自行解散，不复存在，可以说，拉美的左翼政党在20世纪90年代前期是处于消沉状态的。到20世纪90年代中期，拉美国家仍未走出新自由主义的阴影，国家社会经济形势并没有得到明显好转，这也给拉美左翼运动的再次复兴提供了重要前提。彼时，拉美国家的左翼力量主张取消新自由主义、推进社会改革，并将反对美国作为斗争的主要方向，这些政策主张在人民群众中颇受欢迎。由此，一些传统的激进左翼政党顺应社会潮流，主动转变自身斗争策略，积极参与议会选举并取得了重要成就。

自 1998 年，拉美左翼政党领袖查韦斯出任委内瑞拉总统开始，拉美的左翼政党开启了执政的历史。尤其是进入 21 世纪后，巴西、阿根廷、智利、厄瓜多尔、乌拉圭、玻利维亚、尼加拉瓜、海地和哥斯达黎加等国的左翼政党纷纷登上了政治舞台，从而将拉美带入了一个左翼政党复兴的时代。这些上台执政的左翼政党不仅积极着手社会改革，矫正新自由主义的一系列恶果，而且依据社会形势的转变不断调整自身的斗争策略，既有效地摒除了新自由主义政策的诸多恶果，成功地应对并战胜了 2008 年国际金融危机，还开始了由左翼长期把持政坛的历史。有资料统计，自 1998 年后的 16 年间，拉美左翼政党在十几个国家的大选中获胜或连任，截至 2016 年拉美的左翼政权数量达到 13 个，拥有的总人口占据拉丁美洲及加勒比地区的 70%，面积占拉美地区总面积的 80%[①]。而且，在此期间拉美国家的共产党不仅在数量上而且在党员规模上都有了迅速增加，有些国家的共产党员甚至担任国会议员或内阁部长等。除此之外，由拉美左翼巴西劳工党和古巴共产党发起的左翼政党"圣保罗论坛"在世界范围内发挥了重要作用，同时，委内瑞拉总统查韦斯提出的"21 世纪社会主义"、玻利维亚总统莫拉莱斯提出的"社群社会主义"、巴西劳工党提出的"劳工社会主义"以及厄瓜多尔和玻利维亚提出的"美好生活社会主义"等，对于推动世界社会主义的理论和实践创新具有重要意义。近年来，尽管拉美社会主义运动遭遇不少困难和挑战，但这些新探索不同程度上推动了世界社会主义的新发展。

---

① 参见靳呈伟《多重困境中的艰难抉择：拉美共产党的社会主义理论与实践》，中央编译出版社 2016 年版。

# 第二章　中国特色社会主义的伟大征程

党的十一届三中全会以来，以邓小平同志为主要代表的中国共产党人，带领党和人民重新确立了马克思主义的思想路线，提出了把全党的工作重心转移到实现四个现代化上来的根本指导方针，果断提出改革开放的战略决策，确立了党的"一个中心，两个基本点"的基本路线，创立了邓小平理论，在经济文化相对落后的基本国情下，解决了如何建设、如何巩固和发展社会主义等基本问题，开辟了国家富强、人民富裕的兴国富民的中国特色社会主义道路，推动了社会主义现代化建设取得举世瞩目的伟大成就。以江泽民、胡锦涛同志为主要代表的中国共产党人坚持和发展中国特色社会主义，为中国特色社会主义的继续推进奠定了坚实基础。党的十八大以来，以习近平同志为主要代表的党中央，不忘初心、牢记使命，把中国特色社会主义推进了新时代，开启了中国特色社会主义道路新的伟大征程。

中国特色社会主义道路是中国共产党人把马克思主义基本原理与中国实际、时代特征相结合，领导和团结全国各族人民，坚持独立自主的原则，经过几代共产党人的艰辛探索和接力开拓，取得改革和建设的伟大胜利之路。1982年9月，邓小平同志在中国共产党第十二次全国代表大会的开幕词中提出："把马克思主义的普遍真理同我国的具体实践结合起来，走自己的路，建设有中国特色的社会主义，这就是我们总结长期历史经验得出的基本结论。"[①] 实践证明，中国之所以能够取得举世瞩目的成就，是因为坚持和发展了中国特色社会主义。

---

① 《邓小平文选》第3卷，人民出版社1993年版，第3页。

## 第一节　中国特色社会主义的历史背景

马克思和恩格斯指出："一切划时代的体系的真正的内容都是由于产生这些体系的那个时期的需要而形成起来的。"① 中国特色社会主义道路的形成和发展，应时而变，与时俱进，为马克思主义注入了新的时代内容，使社会主义中国融入了时代的滚滚潮流之中。

### 一　国际背景

（一）和平与发展成为时代主题

历史经验告诉我们，党的正确路线和国家发展战略的制定，来源于我们对国际局势和时代主题的正确把握。第二次世界大战结束以后，世界各国人民饱尝战乱之苦，反对战争，渴望和平。核大国基于核战争可能带来的严重后果，考虑自身的安全而不敢贸然发动战争。新的世界大战没有爆发，世界维持了总体和平的局面。同时，在经济全球化背景下，不同国家之间相互依存的程度逐渐加深，各种国际力量相互制约，有力地维护了世界的和平与稳定。

第二次世界大战结束后，在科学分析战争与和平问题的基础上，毛泽东逐步提出了两个中间地带和三个世界划分的战略。1946年8月，毛泽东在同美国记者安娜·路易斯·斯特朗（Anna Louise Strong）的谈话中首次指出在美苏中间隔着极其辽阔的中间地带。20世纪60年代，毛泽东进一步指出两个中间地带："亚洲、非洲、拉丁美洲是第一个中间地带；欧洲、北美加拿大、大洋洲是第二个中间地带。日本也属于第二个中间地带。"② 1974年，毛泽东会见来中国访问的赞比亚总统卡翁达，从战略的高度提出了"三个世界"，"美国、苏联是第一世界。中间派，日本、欧洲、澳大利亚、加拿大，是第二世界"③，广大亚非拉国家是第三世界。他还指出，第三世界人口很多，"亚洲除了日本，都是第三世界。整个非洲都是第三世界，拉丁美洲也是第三世界"④。毛泽东关于划分三个世界的战略，为我们

---

① 《马克思恩格斯全集》第3卷，人民出版社1965年版，第544页。
② 《毛泽东文集》第8卷，人民出版社1999年版，第345页。
③ 《毛泽东文集》第8卷，人民出版社1999年版，第441页。
④ 《毛泽东文集》第8卷，人民出版社1999年版，第442页。

团结广大的第三世界国家，建立广泛的统一战线，反对美苏霸权主义及其政策，提供了强大的思想理论指导，为我国当时制定正确的对外政策提供了重要依据。在同年4月召开的联合国大会第六届特别大会上，邓小平代表中国政府阐述了毛泽东关于"三个世界"划分的理论，引起了各国广泛的关注。综观20世纪六七十年代，战争与和平问题成为国际社会所面临的突出问题，国际形势以意识形态划分为美国和苏联为首的两大阵营的对峙，战争危险是存在的，而处在"中间地带"的广大亚非拉第三世界国家成了制衡战争发生的和平力量。可以说我国当时面临的外部环境一直都不太好，一直到20世纪70年代末打开对美关系的大门，我国的外部环境才发生根本改变。

邓小平同志站在时代的高度，以长远的世界眼光和敏锐的洞察力，提出"现在世界上真正大的问题，带全球性的战略问题，一个是和平问题，一个是经济问题或者说是发展问题"①。和平与发展是当今时代主题，这一科学论断对于建设中国特色社会主义，无论是在理论上还是实践上都具有划时代的重要意义。一方面，在和平问题上，这一论断纠正了我们党原来认为世界大战迫在眉睫随时有可能打起来的错误认识，世界和平力量的增强是避免大规模战争的前提，我们应该充分利用这一有利的国际环境，坚持独立自主的和平外交政策，积极推进社会主义现代化建设事业的顺利进行。邓小平同志指出："大战打不起来，不要怕，不存在什么冒险的问题。以前总是担心打仗，每年总要说一次。现在看，担心得过分了。"② 另一方面，在发展问题上，邓小平认为各国之间发展经济的愿望越来越强烈，不仅发达国家需要加强和发展中国家的经济交往，而且发展中国家更需要加强和发达国家之间的经济交往，发展问题在世界各国之间变得越来越突出。

邓小平丰富和发展了毛泽东关于"三个世界"划分的理论，认为三个世界是三种和平力量。首先，第三世界国家由于刚刚摆脱帝国主义霸权主义的殖民统治，他们迫切希望在一个和平稳定的国际环境下发展经济，他们面临的首要任务是发展经济，争取经济独立的任务尤为紧迫，因此，成为反对霸权主义维护世界和平的最可靠的基本的力量。其次，第二世界的

---

① 《邓小平文选》第3卷，人民出版社1993年版，第104页。
② 《邓小平文选》第3卷，人民出版社1993年版，第52页。

日本和欧洲人民深受两次世界大战的戕害，反战情绪激烈，不愿再次陷入战争，他们也对维护世界和平起着重要的作用。最后，美苏两个超级大国，从军事上来看，虽然最具有打世界大战的资格，但是碍于人民的反对以及核战争的严重后果并没有轻易发动战争。综上所述，邓小平认为："世界很大，复杂得很，但一分析，真正支持战争的没有多少，人民是要求和平、反对战争的。"① 国际形势表明，在较长的时间内战争是可以避免的，和平是可能的。

邓小平对于和平与发展的时代主题及总体国际局势做出的科学判断，为党和国家把工作重心转移到经济建设上来，实行改革开放的伟大实践提供了思想理论依据。和平与发展是当代世界发展变化的本质特征和总体走向，是当今时代的主题。世界各个国家和民族在探求本国和本民族发展道路的历程中，越来越多地认识到经济社会发展问题很重要。对于中国来说，我们必须坚持中国特色社会主义道路，坚持改革开放，解放和发展生产力，才能不断增强综合国力和提高人民群众的物质文化生活水平，才能体现社会主义制度的优越性，巩固我国的社会主义经济制度和政治制度，维护国家安全。正是基于对时代特征的科学把握，党和国家抛弃了以阶级斗争为纲的错误指导方针，把党和国家的工作重点转移到经济建设上来，并提出了一系列改革开放的方针，为中国特色社会主义制定出了正确的发展目标和策略，为中国特色社会主义事业的顺利进行提供了有力的保障。

邓小平对于和平与发展的时代主题和总体国际局势做出的科学判断，为我国制定和贯彻"一个中心、两个基本点"的基本路线提供了可能性和必要性。正如邓小平所说："抓住时机，发展自己，关键是发展经济"②。邓小平所说的时机，就是和平与发展的世界历史主流和国际环境。党的十一届三中全会以后我们党确立的"一个中心、两个基本点"基本路线正是以和平的国际环境作为保障。邓小平指出，中国太穷，要发展自己，只有在和平的环境里才有可能。要避免战争的发生，就要充分利用和平的国际环境，集中精力搞好国内经济建设，积极争取较长时间的和平环境。同时，和平与发展的时代特征为我们坚持以经济建设为中心的基本路线提供了必要性，在社会主义和资本主义两种制度之间的竞争中，经济竞争的重

---

① 《邓小平文选》第 3 卷，人民出版社 1993 年版，第 233 页。
② 《邓小平文选》第 3 卷，人民出版社 1993 年版，第 375 页。

要性显而易见。邓小平指出："中国能不能顶住霸权主义、强权政治的压力，坚持我们的社会主义制度，关键就看能不能争得较快的增长速度，实现我们的发展战略。"① 由此可见，排除外界的干扰因素，始终坚持以经济建设为中心，是民族和时代的要求。此外，基于对和平与发展的时代主题和总体国际局势做出的科学判断，中国共产党依据中国的国情制定了经济、政治、军事、外交等一系列的方针政策，反过来又促进了世界的和平与发展。

（二）政治多极化和经济全球化加速推进

20世纪下半叶以来，国际社会处于新旧格局交替之际，特别是苏联解体、东欧剧变，宣告了美苏两极对峙格局的终结。但是，复杂多变的国际矛盾形成了错综复杂的利害关系，世界各种力量重新组合，随之而来的是发展中国家的崛起，世界多极化成为不可逆转的趋势，若干个政治经济中心在世界突起。随着欧盟、中国、日本、俄罗斯、印度等国的快速发展，形成了美国、欧盟、中国、日本、俄罗斯等多极。作为一支独立的政治力量，广大发展中国家在国际社会中发挥的作用越来越重要。作为世界上最大的社会主义国家，中国经济迅猛发展，综合国力日益增强，在国际中的地位大大提高了。中国在维护世界和平、促进世界经济发展中做出了巨大贡献。在世界多极化趋势中，各种国际力量相互依存、相互制约，有助于扼制某个超级大国一超独霸的局面，同时也有利于世界的和平发展和国际关系的民主化，有利于两种制度的和平竞争。

邓小平提出"现代的世界是开放的世界"②，经济全球化是当代世界经济发展的趋势和重要特征之一。萌芽于19世纪中叶的经济全球化，在当今生产不断发展，科技加速进步，社会分工和国际分工不断深化，生产的社会化和国际化程度不断提高的情况下，世界各国各地区的经济活动越来越超出一国和地区的范围并相互紧密地联系在一起，任何一个国家和地区的经济发展都不可能脱离国际间的经济交流与合作，20世纪下半叶出现的跨国公司进一步加深了经济全球化程度。整个世界经济越来越成为一个不可分割的整体。

经济全球化对于中国特色社会主义建设来说既是机遇又是挑战。一方

---

① 《邓小平文选》第3卷，人民出版社1993年版，第355—356页。
② 《邓小平文选》第3卷，人民出版社1993年版，第64页。

面，发达资本主义国家在经济全球化过程中迅速发展，经济上占有巨大的优势，对包括社会主义国家在内的广大发展中国家形成了极大的经济挑战，干涉和渗透社会主义国家的政治制度和意识形态，严重威胁了广大发展中国家的主权及政治稳定。另一方面，在和平与发展的国际环境下，中国要实现跨越式发展，可以结合自身的优势，充分利用国际市场的资金、技术和管理经验，进一步缩小与发达国家之间的差距。所以说，经济全球化是一把双刃剑，关键在于我们必须正视其中的机遇和挑战，变害为利，坚持和发展中国特色社会主义。

（三）新技术革命的机遇与挑战

兴起于 20 世纪四五十年代的新科技革命，有力地推动了世界范围内生产力和生产关系的巨大变化，既促进了资本主义的变迁又促进了社会主义的演化，给包括中国在内的发展中国家带来了机遇，同时也带来了挑战。一方面，新科技革命加大了发达国家和发展中国家在科技水平上的差距。20 世纪六七十年代，新科技革命爆发，资本主义国家抓住新科技革命的机会，完成了产业结构的调整，推动了资本主义生产力继续向前跃进，而当时中国国内正在搞"文化大革命"，产业上仍旧停留在传统产业阶段，远离了新科技革命，这是中国在六七十年代以后生产力发展缓慢的一个重要原因。

另一方面，新科技革命加快了部分产业从发达国家向发展中国家转移的步伐。由于对新科技革命的充分利用，大多数发达国家已经进入后工业化时代，而多数社会主义国家还处在实现工业化的过程中。广大发展中国家包括中国可以学习和借鉴发达国家高科技成果，从中汲取发达国家的丰富经验和教训，创造后发优势，进一步缩短与发达国家之间的差距。历史实践充分说明，要想永立时代潮头，只有抓住历史的机遇，把握住时代的发展脉搏。

（四）世界社会主义运动遭遇严重挫折

20 世纪世界社会主义运动，波澜壮阔而又充满曲折，经历了从一国发展到多国的辉煌，也遭受过重大的挫折和失败，尤其是 20 世纪 90 年代的苏东剧变，给世界社会主义运动以重创，使世界社会主义运动陷入低潮，引起世界上各国共产党尤其是中国共产党人的深入思考。其中一个极为重要的教训就是社会主义的发展必须把马克思主义基本原理和中国实际结合，探索出适合本国国情的社会主义发展道路和发展方案。邓小平指出：

"照抄照搬别国经验、别国模式，从来不能得到成功。这方面我们有过不少教训。"① 十一届三中全会以来，具有中国特色的社会主义道路能够在苏联解体的背景下取得举世瞩目的发展成就，就是因为我们找到了一条适合中国国情的发展道路，这就是中国特色社会主义道路。

## 二　国内背景

### (一) 对"文化大革命"的反思

1966年5月至1976年10月发生的"文化大革命"，对中国共产党来说，是探索社会主义建设道路过程中的一次重大挫折。它历时十年，给党、国家和各族人民带来了沉重的灾难。这场所谓的"革命"，相当尖锐地暴露出我们党和国家的工作体制等方面存在的缺陷，在我们党探索建设中国特色社会主义道路中，有很多值得我们反思的深刻教训和历史借鉴。

对于如何在一个经济文化比较落后的国家建设社会主义，党缺乏充分的思想准备和理论根基，这是"文化大革命"爆发的主要根源，尤其是建国以来不健全的民主制度和逐渐滋生的个人专断，再加上党内"左"的错误思想，我们对于基本国情的估量越来越脱离实际，沿用过去在革命战争年代积累起来的阶级斗争经验，坚持"以阶级斗争为纲"的基本路线并且将之扩大化，给党和国家造成极其严重的灾难。党的十一届三中全会的召开，将以"以阶级斗争为纲"转变到以发展生产力、建设四个现代化为中心，实现了"最根本的拨乱反正"，得到了全党和全国人民的坚决拥护。没有对"文化大革命"历史教训的深刻总结，就没有十一届三中全会以来的正确路线、方针和政策。正如邓小平所说："为什么我们能在七十年代末和八十年代提出了现行的一系列政策，就是总结了'文化大革命'的经验和教训。"② 前车之鉴，后世思之。对"文化大革命"的历史教训形成正确认识和科学总结，有利于更好地理解和贯彻执行党的"一个中心、两个基本点"的基本路线，推进中国特色社会主义的顺利健康发展。

### (二) 基本国情的现实状况

在中华人民共和国建立初期，国内整体生产力水平还十分低下，商品

---

① 《邓小平文选》第3卷，人民出版社1993年版，第2页。
② 《邓小平文选》第3卷，人民出版社1993年版，第172页。

生产仍旧很不发达。在整个国民经济中农业和手工业所占比例是90％，现代工业只占10％，人均国民生产总值居于世界后列。特别是"文化大革命"的爆发，严重破坏了本就不发达的生产力，国内工矿企业的生产和交通运输陷入混乱，商业流通堵塞，国民经济的比例严重失调，人民的物质生活长期没有得到应有的改善。总之，"从1958年到1978年的二十年间，实际上处于徘徊和停滞的状态，国家的经济状况和人民的生活没有得到多大的发展和提高"①。针对这种情况，邓小平曾经强调说，"中国式的现代化，必须从中国的特点出发"②。坚持一切从实际出发，理论联系实际，这是我们党一直坚持的思想路线。对于我国而言，"一个是底子薄。帝国主义、封建主义、官僚资本主义长时期的破坏，使中国成了贫穷落后的国家。建国后我们的经济建设是有伟大成绩的，建立了比较完整的工业体系，培养了一批技术人才。我国工农业从解放以来直到去年的每年平均增长速度，在世界上是比较高的。但是由于底子太薄，现在中国仍然是世界上很贫穷的国家之一。中国的科学技术力量很不足，科学技术水平从总体上看要比世界先进国家落后二三十年"。"第二条是人口多，耕地少。现在全国人口有九亿多，其中百分之八十是农民。人多有好的一面，也有不利的一面。在生产还不够发展的条件下，吃饭、教育和就业就都成为严重的问题。我们要大力加强计划生育工作，但是即使若干年后人口不再增加，人口多的问题在一段时间内也仍然存在。我们地大物博，这是我们的优越条件。但有很多资源还没有勘探清楚，没有开采和使用，所以还不是现实的生产资料。土地面积广大，但是耕地很少。耕地少，人口多特别是农民多，这种情况不是很容易改变的。这就成为中国现代化建设必须考虑的特点。"③ 后来，在谈到基本国情时，我们经常将其概括为"人口多、底子薄，生产力落后"。实践证明，中国特色社会主义是在新的时代背景下，吸收和借鉴了社会主义建设正反两方面的历史经验，成功探索出了一条适合中国国情的"现代化"道路。

（三）改革开放和现代化建设的伟大实践

理论是从实践中得来的。在中国改革开放和社会主义建设的伟大实践

---

① 《邓小平文选》第3卷，人民出版社1993年版，第237页。
② 《邓小平文选》第2卷，人民出版社1994年版，第163页。
③ 《邓小平文选》第2卷，人民出版社1994年版，第163—164页。

基础上逐渐形成了中国特色社会主义道路和中国特色社会主义理论体系。在一个经济文化落后又极不平衡的东方大国建设社会主义,既不是马克思主义创始人设想的在资本主义生产力高度发展的基础上建设社会主义,又不同于其他社会主义国家的社会主义,这是马克思主义发展史上一个全新的课题。我们只有把马克思主义基本原理和中国实际相结合,既不能照抄照搬书本和别国模式,又不能脱离科学社会主义基本理论原则,只能依据中国的实际,在中国社会主义实践中探索前进,实现对传统社会主义模式的根本性变革和扬弃。

中国特色社会主义道路和理论体系的内在动力来源于改革开放和现代化建设的伟大实践。中国特色社会主义是一项开创性的伟大事业。正如邓小平指出的:"我们现在所干的事业是一项新事业,马克思没有讲过,我们的前人没有做过,其他社会主义国家也没有干过,所以,没有现成的经验可学。我们只能在干中学,在实践中摸索。"① 在坚持和发展中国特色社会主义实践中,我们党立足实际,与时俱进,针对不同历史时期改革开放实践发展的需要和面临的问题,制定出台了一系列具体决定和政策,逐渐形成了具有中国特色的社会主义道路和理论体系的基本框架。

实践是检验认识正确与否的唯一标准。改革开放40多年来,在中国特色社会主义理论体系的科学指导下,我国改革开放和社会主义事业健康发展。改革开放的伟大实践,创造出了许多新经验,涌现了许多新事物,解放了人们的思想,打破了传统观念的束缚,逐渐深化了对社会主义建设规律的认识。今天,改革开放的蓬勃发展和伟大成就充分证明了邓小平开创的中国特色社会主义理论体系的科学性和生命力,充分证明了中国特色社会主义道路的正确性。

## 第二节 中国特色社会主义道路的开辟

这一阶段的起始时间是从党的十一届三中全会到邓小平南方谈话。以1978年党的十一届三中全会作为起点,中国特色社会主义道路的开辟,是在以邓小平同志为主要代表的中国共产党人的领导下开始的。

---

① 《邓小平文选》第3卷,人民出版社1993年版,第258—259页。

**一 党的思想路线、政治路线和组织路线的重新确立**

1978年12月召开的党的十一届三中全会既是中国现代化的开端,也是中华民族走向伟大复兴的重要转折点。党的十一届三中全会,从根本上摆脱了长期以来"左"的错误的严重束缚,端正了党的指导思想,重新确立了马克思主义解放思想、实事求是的思想路线,制定了以经济建设为中心的政治路线和以民主集中制为主要内容的组织路线,以邓小平同志为主要代表的中国共产党人,结束了党和国家长达两年的徘徊期,进入了一个崭新的历史时期。

(一) 思想路线的重新确立

中国共产党自诞生之日起,就以马克思主义作为立党的哲学依据,并在领导中国人民长期进行革命的过程中确立了实事求是的思想路线。实践证明,只有坚持正确的思想路线,才能制定出正确的政治路线、组织路线和一系列方针和政策;才能经受住各种风险考验,才能在历史转折的紧要关头,确保正确的政治方向,引领革命和建设事业走上胜利之路。

只有解放思想才能实事求是,只有实事求是才是真正的解放思想。"文化大革命"结束后,由于"两个凡是"的错误路线,党和国家的工作在前进中有所徘徊,在我国面临向何处去的重大历史关头,邓小平带领全党首先抓思想路线的拨乱反正,大力提倡解放思想、实事求是。1978年12月,邓小平在为党的十一届三中全会做准备的中央工作会议上发表了《解放思想,实事求是,团结一致向前看》的重要讲话,旗帜鲜明地提出毛泽东思想的精髓是实事求是,着手解决党的思想路线问题。随后召开的党的十一届三中全会,重新确立了实事求是的思想路线,开启了改革开放历史新时期。端正思想路线对实现历史性的伟大转变意义重大,邓小平指出:"一个党,一个国家,一个民族,如果一切从本本出发,思想僵化,迷信盛行,那它就不能前进,它的生机就停止了,就要亡党亡国。"[①] 因此他反复强调,党内党外、全国各行各业,只有解放思想,实事求是,才能正确地以马克思列宁主义、毛泽东思想为指导,解决过去遗留的问题和新出现的一系列问题。"只有解放思想,坚持实事求是,一切从实际出发,

---

[①] 《邓小平文选》第2卷,人民出版社1994年版,第143页。

理论联系实际，我们的社会主义现代化建设才能顺利发展。"① "实事求是，是无产阶级世界观的基础，是马克思主义的思想基础。过去我们搞革命所取得的一切胜利，是靠实事求是；现在我们要实现四个现代化，同样要靠实事求是。"② 1980年，邓小平对党的思想路线的内容首次进行了概括，他指出："实事求是，一切从实际出发，理论联系实际，坚持实践是检验真理的标准，这就是我们党的思想路线。"③

民主是解放思想的重要条件。要想使解放思想真正在全国范围内广泛开展，必须提供充分的民主政治条件。"文化大革命"期间，由于党内缺乏正常的民主生活，导致权力过分集中，官僚主义盛行，民主集中制遭到破坏，许多重大问题往往由几个人决定，不可能真正形成解放思想、实事求是的局面。因此，邓小平提出："解放思想，开动脑筋，一个十分重要的条件就是要真正实行无产阶级的民主集中制。"④ 并且提出了发扬民主的基本条件，也就是"三不主义"，即"不抓辫子，不扣帽子，不打棍子"⑤。

解放思想、实事求是思想路线的重新确立为拨乱反正和改革开放提供了前提条件，是中国特色社会主义的根本指导思想，也是此后中央提出的一系列方针政策的思想基础。没有思想路线的转变，就不可能科学地评价毛泽东的历史地位和毛泽东思想的指导意义，不可能破除僵化的传统社会主义观念模式，也不可能对中国国情做出科学的判断，从而开辟出一条有中国特色的社会主义建设道路。

（二）党的工作重点的转移

党的十一届三中全会做出了从1979年起"把全党工作的重心转到四个现代化建设上来"的战略决策，果断地停止使用"以阶级斗争为纲""无产阶级专政下继续革命"的错误理论指导，从而实现了党的工作重心的历史性转变，确定了党在新的历史时期以经济建设为中心的政治路线，实现了党的政治路线上的最根本的拨乱反正，表明中国已经开始进入社会主义现代化建设的正确轨道。

---

① 《邓小平文选》第2卷，人民出版社1994年版，第143页。
② 《邓小平文选》第2卷，人民出版社1994年版，第143页。
③ 《邓小平文选》第2卷，人民出版社1994年版，第278页。
④ 《邓小平文选》第2卷，人民出版社1994年版，第144页。
⑤ 《邓小平文选》第2卷，人民出版社1994年版，第144页。

党的十一届三中全会在明确提出了将党的工作重心转移到经济建设上来以后，又提出了改革开放的重大决策，开启了改革开放的新时期。对内重点是改革，十一届三中全会的公报指出："实现四个现代化，要求大幅度地提高生产力，也就必然要求多方面地改变与生产力发展不相适应的生产关系和上层建筑，改变一切不适应的管理方式、活动方式和思想方式，因而是一场广泛而深刻的革命。"[①] 从中国实际出发，我们党"首先在农村实行搞活经济和开放政策"[②]。十一届三中全会以后，为推动农村以家庭联产承包责任制为主要内容的改革，党中央连续发布了几个关于农业问题的文件。在以后短短的几年里，党中央先后做出了关于经济体制改革的决定、关于科技体制改革的决定、关于教育体制改革的决定，对内改革对外开放步伐进一步加快。十一届三中全会明确提出大力发展对外经济关系，指出要"在自力更生的基础上积极发展同世界各国平等互利的经济合作，努力采用世界先进技术和先进设备"。改革和开放紧密相连，对外开放本身也是一种改革，而开放也不仅是对外的，对内也要开放。以改革促开放，以开放带动改革，二者相互促进，极大地解放和发展了生产力。

实现党的工作重心的转移是解决现阶段中国社会主要矛盾的客观要求和唯一途径，是体现社会主义优越性的关键，是解决国际国内问题的基础。"在社会主义改造基本完成以后，我国所要解决的主要矛盾，是人民日益增长的物质文化需要同落后的社会生产之间的矛盾，党和国家工作的重点必须转移到以经济建设为中心的社会主义现代化建设上来，大大发展社会生产力，并在这个基础上逐步改善人民的物质文化生活。"[③] 社会主义的优越性主要体现在生产力发达方面，邓小平指出："我们是社会主义国家，社会主义制度优越性的根本表现，就是能够允许社会生产力以旧社会所没有的速度迅速发展，使人民不断增长的物质文化生活需要能够得到满足。"[④] 20世纪70年代末，能否解决好中国面临的错综复杂的国际国内问题，最终取决于以经济实力为基础的综合国力。搞好现代化建设，这是我们"解决国际问题、国内问题的最主要的条件"。"在国际事务中反对霸权

---

① 《改革开放三十年重要文献选编》（上），中央文献出版社2008年版，第15页。
② 《邓小平文选》第3卷，人民出版社1993年版，第65页。
③ 中共中央文献研究室：《三中全会以来重要文献选编》（下），人民出版社1982年版，第839页。
④ 《邓小平文选》第2卷，人民出版社1994年版，第128页。

主义,台湾回归祖国、实现祖国统一,归根到底,都要求我们的经济建设搞好。当然,其他许多事情都要搞好,但是主要是必须把经济建设好。"①

（三）全面拨乱反正

为了保证党的正确的思想路线和政治路线的贯彻执行,党中央加快了拨乱反正、平反冤假错案和历史遗留问题的进程,按照干部队伍"四化"的方针逐步调整充实了各级领导班子,正确认识和评价毛泽东思想的历史地位等,这些措施为开创社会主义现代化伟大事业的新局面提供了坚实可靠的组织保证。

平反"文化大革命"期间的冤假错案和历史遗留下来的问题,落实党的各项政策,是十一届三中全会以来,摆在党中央面前的一项重大而紧迫的政治和组织任务,也是拨乱反正的一个重要组成部分。党的十一届三中全会认定：1976年4月5日的天安门事件是革命行为,会议撤销了中央发出的有关"反击右倾翻案风"运动和天安门事件的错误文件；审查纠正了过去对于彭德怀、陶铸、薄一波、杨尚昆等同志所作的错误评判,肯定了他们对党和人民的贡献。中共十一届五中全会撤销了强加给刘少奇的种种罪名和有关错误决议,恢复了刘少奇作为伟大的马克思主义者和无产阶级革命家及党和国家领导人的名誉。1982年底,全国范围内大规模的平反冤假错案的工作基本结束,数以千万计受到牵连的无辜人民群众也由此得到解脱,他们积极投身改革开放和社会主义现代化建设事业中。在平反冤假错案的同时,党中央对一些历史遗留问题也实事求是进行了研究和处理,调整了社会关系,落实了各方面政策。这次会议,"解决了一些过去遗留下来的问题,分清了一些人的功过,纠正了一批重大的冤案、错案、假案。这是解放思想的需要,也是安定团结的需要。目的正是为了向前看,正是为了顺利实现全党工作重心的转变"②。

党的十一届三中全会组织路线拨乱反正的集中体现和确立的标志是形成了以邓小平同志为核心的党中央第二代领导集体,这是由邓小平同志在第二代领导集体中的崇高威望与核心地位决定的,是举世公认、无可争议的。全会对邓小平同志1975年全面整顿的历史贡献和历史地位给予高度

---

① 《邓小平文选》第2卷,人民出版社1994年版,第240页。
② 《邓小平文选》第2卷,人民出版社1984年版,第147页。

评价和肯定，通过选举推选出一批年富力强的新同志参加中央委员会的工作，也有一部分德高望重、积极支持改革开放的老同志担任中央的重要领导职务，形成了一个新老结合和交替的、大力倡导改革开放的新一代领导集体。对此，邓小平同志自己也曾有过精练的概括："党的十一届三中全会建立了一个新的领导集体，这就是第二代的领导集体。在这个集体中，事实上可以说我处在一个关键地位。"① 十一届三中全会确立的以邓小平同志为核心的领导集体，为改革开放和中国特色社会主义道路的开辟奠定了坚实可靠的组织路线基础。

面对着改革开放和四个现代化建设事业的重大使命，制定干部选拔方针，废除领导干部职务终身制，这是从组织上保证改革开放政策的连续性和国家长治久安的重大战略措施。1980年12月邓小平提出了干部队伍的"四化"方针："要在坚持社会主义道路的前提下，使我们的干部队伍年轻化、知识化、专业化，并且要逐步制定完善的干部制度来加以保证。年轻化、知识化、专业化这三个条件，当然首先是要以革命化，也就是坚持社会主义道路为前提。"② 与此同时，在邓小平同志的大力倡导和支持下，在老干部的积极响应下，党中央做出了《关于建立老干部退休制度的决定》，废除了领导干部职务终身制，一批经过考验的中青年干部先后走上领导岗位，有步骤地实现新老干部的交替。

在全面拨乱反正中，邓小平用了极大精力来解决如何评价毛泽东和毛泽东思想的问题。"文化大革命"结束之后，在对毛泽东和毛泽东思想的认识问题上，存在过两种错误倾向：一种是极"左"的思想，坚持"两个凡是"，坚决维护遵循毛泽东做出的一切决策、指示；另一种是极少数人借口毛泽东晚年犯了严重错误，全面否定毛泽东的历史地位与毛泽东思想的科学价值和指导作用。邓小平敏锐地觉察到这一问题并提出，只有认真总结历史经验，正确区分毛泽东思想的科学体系和毛泽东晚年的重大失误，才能顺利实现党的工作重心的转移。邓小平指出："毛泽东同志在长期革命斗争中立下的伟大功勋是永远不可磨灭的。""没有毛主席就没有新中国，这丝毫不是什么夸张。""毛泽东思想永远是我们全党、全军、全国各族人民的最宝贵的精神财富。""我们要完整准确地理解和掌握毛泽东思想

---

① 《邓小平文选》第3卷，人民出版社1993年版，第309页。
② 《邓小平文选》第2卷，人民出版社1994年版，第361页。

的科学原理，并在新的历史条件下加以发展。""关于文化大革命，也应该科学地历史地来看。至于在实际过程中发生的缺点、错误，适当的时候作为经验教训总结一下，这对统一全党的认识，是需要的。"① 1981年6月，在邓小平的主持下，党的十一届六中全会通过的《关于建国以来党的若干历史问题的决议》，对毛泽东和毛泽东思想的历史地位做了全面科学的、实事求是的评价，统一了全党的认识，获得了全党的拥护。正如邓小平所指出的："我们要实事求是地讲毛主席后期的错误。我们还要继续坚持毛泽东思想。毛泽东思想是毛主席一生中正确的部分。毛泽东思想不仅过去引导我们取得革命的胜利，现在和将来还应该是中国党和国家的宝贵财富。"② 这一评价充分显示出以邓小平同志为核心的中央领导集体政治上的远见卓识和高度的历史责任感，标志着改革开放新时期党在指导思想上的拨乱反正任务最终胜利完成和实现历史性的转折。

**二 中国特色社会主义道路的新探索**

十一届三中全会的胜利召开，标志着中国改革开放和社会主义现代化建设进入了历史新时期。以邓小平同志为主要代表的中国共产党人坚持一切从实际出发，立足世情国情，结合时代发展新特点，围绕"什么是社会主义、怎样建设社会主义"这一根本问题，开始了建设中国特色社会主义的新探索。

（一）中国特色社会主义道路的初步规划

中国共产党第十二次全国代表大会正式宣告拨乱反正任务的基本结束，建设有中国特色社会主义道路的开始。大会明确提出了把"马克思主义的普遍真理同我国具体实际结合起来，走自己的道路，建设有中国特色的社会主义"③ 的基本指导思想。大会首次提出了"建设有中国特色的社会主义"的新命题，初步规划了中国特色社会主义伟大事业发展蓝图，制定出了具体的奋斗纲领。

党的十二大报告明确提出了新时期的总任务："团结全国各族人民，自力更生，艰苦奋斗，逐步实现工业、农业、国防和科学技术现代化，把

---

① 《邓小平文选》第2卷，人民出版社1984年版，第148—149页。
② 《邓小平文选》第2卷，人民出版社1984年版，第347页。
③ 《邓小平文选》第3卷，人民出版社1993年版，第2—3页。

我国建设成为高度文明、高度民主的社会主义国家。"① 在中国社会主义建设史乃至世界社会主义运动中，首次把经济建设、政治建设和思想文化建设三个方面同时并列为建设社会主义的目标。

党的十二大报告指出，根据上述总任务的要求，从当前实际出发，党中央带领广大人民群众大力推进社会主义物质文明、精神文明和民主法制建设，认真整顿党的作风和组织，争取实现国家财政经济状况的根本好转，社会风气和党风的根本好转。党中央还努力促进祖国统一大业的实现，继续反对帝国主义、霸权主义并维护世界和平。

围绕新时期的总任务和国内外政治经济形势，党中央确定了我国经济建设的战略目标、战略重点、战略步骤和一系列正确方针。十二大提出我国经济建设总的奋斗目标是"从1981年到本世纪末的二十年，在不断提高经济效益的前提下，力争使全国工农业的年总产值翻两番，即由1980年的七千一百亿元增加到2000年的两万八千亿元左右"。实现了这个目标，我国国民收入的总额和主要工农业产品的产量将位居世界前列，城乡人民的收入水平也将成倍增长，人民群众的物质文化生活可以达到小康水平。实现上述经济发展目标，最重要的是要解决好农业问题，能源、交通问题和教育、科学问题。十二大在党的战略思想上克服了长期存在的急于求成的倾向，将原来我国关于到本世纪末实现现代化的目标修改为实现小康。"小康社会"的提出，把共产党人的科学理想与普通百姓向往美好生活的愿望结合了起来，这一战略目标更加符合我国现阶段生产力发展水平低且不平衡的现实国情，更加科学合理。党中央在全面分析我国经济状况和发展趋势之后，做出了经济发展分两步走的重要决策：前十年主要是打好基础，积蓄力量，创造条件；后十年要进入一个新的经济振兴时期。为了两步走能够顺利进行，实现最终的奋斗目标，国家要兼顾集中资金进行重点建设和继续改善人民生活的问题；要兼顾改善人民生活水平和经济建设发展的双重要求；既坚持国营经济的主导地位，又促进多种经济形式的发展；既贯彻计划经济为主的原则，又充分发挥市场调节的辅助作用；既坚持自力更生的原则，又大力发展对外经济技术交流。

---

① 中共中央文献研究室：《十二大以来重要文献选编》（上），人民出版社1986年版，第13页。

社会主义精神文明建设是社会主义社会的重要特征，是社会主义优越性的重要体现。邓小平曾指出："我们要在建设高度的物质文明的同时，提高全民族的科学文化水平，发展高尚的丰富多彩的文化生活，建设高度的社会主义精神文明。"① 社会主义精神文明建设分为文化建设和思想建设两个方面，这两方面相互促进相互渗透。文化建设既是建设物质文明的重要条件，也是提高人民群众思想觉悟和道德水平的重要条件。思想建设决定着精神文明的社会主义性质。党中央不仅要努力提高每一个社会成员的精神境界，而且要在全社会建立和发展体现社会主义精神文明的新型社会关系。建设社会主义精神文明是全党和全国各条战线的共同任务。根据这一思想，十二大报告针对社会主义精神文明建设的问题着重指出："社会主义精神文明是社会主义的重要特征，是社会主义制度优越性的重要表现。没有这种精神文明，就不可能建设社会主义。如果忽视在共产主义思想指导下在全社会建设社会主义精神文明这个伟大的任务，我们的现代化建设就不能保证社会主义方向。"②

邓小平指出，"没有民主就没有社会主义，就没有社会主义现代化"③，社会主义民主是社会主义的物质文明建设和精神文明建设的保证和支持。建设高度的社会主义民主，是我们的根本目标和根本任务之一，是社会主义优越性的重要表现。为此必须继续改革和完善国家的政治体制和领导体制，把社会主义民主扩展到政治生活、经济生活、文化生活和社会生活的各个方面，并把社会主义民主建设同社会主义法制建设紧密结合起来，使社会主义民主制度化、法律化。"只有建设高度的社会主义民主，才能使各项事业的发展符合人民的意志、利益和需要，使人民增强主人翁的责任感，充分发挥主动性和积极性，也才能对极少数敌对分子实行有效的专政，保障社会主义建设的顺利进行。"④

加强党的建设，要把中国共产党建设成为领导社会主义现代化建设事业的坚强核心。十二大强调要健全党的民主集中制，使党内政治生活

---

① 《邓小平文选》第2卷，人民出版社1994年版，第208页。
② 中共中央文献研究室：《十二大以来重要文献选编》（上），人民出版社1986年版，第26—27页。
③ 《邓小平文选》第2卷，人民出版社1994年版，第175页。
④ 中共中央文献研究室：《十二大以来重要文献选编》（上），人民出版社1986年版，第34页。

进一步正常化；要改革领导机构和干部制度，实现干部队伍的革命化、年轻化、知识化、专业化；要加强党在工人、农民、知识分子中的工作，密切党同群众的联系。党风问题关系到执政党的生死存亡，大会决定从1983年下半年起要对党的作风和党的组织进行一次全面的整顿。大会修订的新党章对党的性质和指导思想、现阶段我国的主要矛盾和党的总任务，对党在国家生活中如何发挥领导作用的问题，做了全面的规定，从思想上、政治上、组织上对党员和党的干部提出了更加严格的要求。

"建设有中国特色的社会主义"的初步规划，开始把中国带入建设有中国特色的社会主义新的政治轨道，全面开创了社会主义现代化建设的新局面。十二大首次在党的正式文件中肯定了"市场"的作用，这表明中国经济体制开始突破传统的单一计划经济模式，向市场经济模式的转变迈出了关键一步。在十二大的推动下，中国特色社会主义建设全面展开。党的工作重心真正转向改革，从农村改革到城市改革、从经济体制改革到科技、教育、政治体制等各方面的改革、从对内搞活到对外开放逐步全方位展开。

（二）中国特色社会主义发展战略的初步概括

继党的十二大提出"建设有中国特色的社会主义"这一主题之后，我们党紧紧围绕"什么是社会主义，怎样建设社会主义"这个首要的、基本的问题展开了全方位的探索。1987年10月召开的党的十三大的突出贡献，是在比较系统地阐述了社会主义初级阶段理论，确立了党在社会主义初级阶段"一个中心，两个基本点"的基本路线的基础上，初步形成了一套发展战略，为中国特色社会主义道路的最终形成奠定了基础。

制定经济发展战略。党的十三大在邓小平同志设想的基础上，遵循中国社会主义初级阶段的基本国情和经济社会发展的客观规律，系统阐述了经济发展"三步走"的战略部署，这个经济发展战略是我国社会主义经济建设纲领中的重要组成部分。"我国经济建设的战略部署大体分三步走。第一步，实现国民生产总值比一九八〇年翻一番，解决人民的温饱问题。这个任务已经基本实现。第二步，到本世纪末，使国民生产总值再增长一倍，人民生活达到小康水平。第三步，到下个世纪中叶，人均国民生产总值达到中等发达国家水平，人民生活比较富裕，基本实现现代化。然后，在这个基础上继续前进。"① 此后，经济社会发展"三步走"就成为中国共产党领导全国人民实现现代化的战略目标，并在实践中不断地调整和完善。

制定经济体制、政治体制改革战略。在经济体制改革方面，十三大基于我们党对社会主义和商品经济、宏观调控和市场的认识和实践的新发展，提出建立"国家调节市场，市场引导企业"的经济运行机制。在此基础上，进一步提出深化经济体制改革的任务："围绕转变企业经营机制这个中心环节，分阶段地进行计划、投资、物资、财政、金融、外贸等方面体制的配套改革，逐步建立起有计划商品经济新体制的基本框架。"② 在政治体制改革方面，党和政府决定实施包括党政分开、进一步下放权力、改革政府工作机构、改革干部人事制度、建立社会协商对话制度、完善社会主义民主政治若干制度、加强社会主义法制建设等一系列措施。这些措施的实施将为我国最终建立高度民主、法制完备、富有效率、充满活力的社会主义政治体制奠定良好的基础。

加强党的建设。为了顺利完成十三大确定的艰巨复杂的任务，更好地担负起领导建设有中国特色的社会主义的伟大历史使命，适应改革开放的新形势，必须切实加强党的自身建设。新时期党的一切工作都必须保证基本路线的贯彻和执行，党的思想建设、组织建设、作风建设也都应该体现这个指导思想。为了保证社会主义现代化建设的顺利进行，十三大决定在以下几个方面进一步改善和加强党的建设：重视党的思想政治工作；进一步提高干部队伍的素质；切实加强党的制度建设；突出党的作风建设；从严治党。在新的历史条件下，努力加强马克思主义政党建设，把党建设成为一个勇于改革、充满活力、纪律严明、公正廉洁、选贤任能、能够卓有成效地为人民服务的党。

实践证明，党的"一个中心，两个基本点"基本路线的确立和中国特色社会主义发展战略的初步概括，标志着中国共产党带领全国人民经过艰难探索，已经找到了建设中国特色社会主义的正确道路。我们在建设中国特色社会主义事业中，必须坚决排除各种干扰，坚定不移地贯彻执行这条

---

① 中共中央文献研究室：《十三大以来重要文献选编》（上），人民出版社1991年版，第16页。
② 中共中央文献研究室：《十三大以来重要文献选编》（上），人民出版社1991年版，第27页。

基本路线和发展战略。

（三）中国特色社会主义道路的确立

20世纪80年代末90年代初，在苏联解体、东欧剧变，世界格局发生重大变动的大背景下，1992年初，邓小平南巡视察武昌、深圳、珠海、上海等地，发表一系列重要谈话（总称"南方谈话"），科学地回答了长期束缚困扰人们的根本理论和实践问题。南方谈话及随后召开的党的十四大提出"建立社会主义市场经济体制"的改革目标、党的十五大确立邓小平理论为我们党的指导思想，极大地鼓舞了人们的精神，使以社会主义市场经济建设为目标的经济改革更加深入，中国特色社会主义道路和邓小平理论最终确立。

1. 社会主义市场经济理论的精辟阐述和社会主义本质的科学揭示

精辟阐述了社会主义市场经济理论。改革开放以来，邓小平一直在思考如何从促进生产力发展的角度来论证社会主义也可以搞市场经济，并进行了卓有成效的探索。长期以来，在对社会主义和资本主义经济体制的认识方面，传统的观点认为，计划经济是社会主义区别于资本主义的本质特征，也是社会主义经济制度优越于资本主义的重要标志。1979年邓小平明确提出，"社会主义也可以搞市场经济"[①]，这是第一次从理论上对市场经济的阐述。1985年10月，邓小平在会见美国高级企业家代表团时，从市场经济促进生产力发展、提高综合国力和改善人民生活方面进一步阐述了自己的观点："我们过去一直搞计划经济，但多年的实践证明，在某种意义上说，只搞计划经济会束缚生产力的发展。把计划经济和市场经济结合起来，就更能解放生产力，加速经济发展。"[②] 在"南方谈话"中，邓小平更明确地指出："社会主义基本制度确立起来以后，还要从根本上改变束缚生产力发展的经济体制，建立起充满生机和活力的社会主义经济制度，促进生产力的发展。"最后，邓小平对于社会主义市场经济进行了非常经典的集中表述："计划多一点还是市场多一点，不是社会主义与资本主义的本质区别。计划经济不等于社会主义，资本主义也有计划；市场经济不等于资本主义，社会主义也有市场。计划和市场都是经济手段。"这一论断打破了长期以来把计划经济等同于

---

① 《邓小平文选》第2卷，人民出版社1994年版，第236页。
② 《邓小平文选》第3卷，人民出版社1993年版，第148页。

社会主义，把市场经济等同于资本主义的思想禁锢，是我们党在计划和市场关系认识方面取得的重大突破，深化了对社会主义的认识，有力地推进了中国特色社会主义经济建设和改革开放，为党的十四大确立"我国经济体制改革的目标是建立社会主义市场经济体制"奠定了理论基础。

科学揭示社会主义本质。党的十一届三中全会以来，邓小平认为由于长期以来我们没有完全搞清楚什么是社会主义、怎样建设社会主义这个问题，而影响了社会主义优越性的发挥。邓小平指出："不解放思想不行，甚至于包括什么叫社会主义这个问题也要解放思想。"① "社会主义的首要任务是发展生产力，逐步提高人民的物质文化生活水平。"② 实际上已经把生产力标准提到了社会主义本质的核心地位。1986 年邓小平在回答美国记者关于社会主义和"致富光荣"的关系时说："社会主义的原则，第一是发展生产，第二是共同致富。"③ 这段话已经初具"社会主义本质"的雏形。1992 年邓小平在总结我国社会主义建设的历史经验和改革开放的新鲜经验的基础上，最终在"南方谈话"中对社会主义本质做出了经典概括："社会主义的本质，是解放生产力，发展生产力，消灭剥削，消除两极分化，最终达到共同富裕。"④

这一概括使我们对社会主义的认识提高到了一个新的水平，为社会主义道路的最终确立奠定了理论基石，为社会主义道路的发展指明了方向。党的十六大召开以后，以胡锦涛同志为总书记的党中央做出"社会和谐是中国特色社会主义的本质属性"的重大判断。党的十八大以来，在全面建成小康社会决胜阶段和实现中华民族伟大复兴中国梦的新征程中，以习近平同志为核心的党中央进一步提出"中国特色社会主义最本质的特征是中国共产党领导"的重大决断。将来随着中国特色社会主义道路的不断开拓，社会主义的本质必将进一步丰富和发展。

2. 系统概括"建设有中国特色社会主义理论"

党的十四大全面贯彻了邓小平"南方谈话"的精神，着重从社会主义发展道路、发展阶段、根本任务、发展动力、外部条件、政治保证、战略

---

① 《邓小平文选》第 2 卷，人民出版社 1994 年版，第 312 页。
② 《邓小平文选》第 3 卷，人民出版社 1993 年版，第 116 页。
③ 《邓小平文选》第 3 卷，人民出版社 1993 年版，第 172 页。
④ 《邓小平文选》第 3 卷，人民出版社 1993 年版，第 373 页。

步骤、领导力量和依靠力量及祖国统一问题等九个方面,对建设有中国特色社会主义理论的主要内容进行了归纳。

第一,社会主义的发展道路。强调走自己的路,不把书本当教条,不照搬外国模式,以马克思主义为指导,以实践作为检验真理的唯一标准,解放思想,实事求是,尊重群众的首创精神,建设有中国特色的社会主义。

第二,社会主义的发展阶段。明确指出中国目前还处在社会主义初级阶段,并强调这是一个至少上百年的很长的历史阶段。我们制定一切方针政策都必须以这个基本国情为依据,不能脱离实际、超越阶段。

第三,社会主义的根本任务问题。社会主义的本质是解放生产力,发展生产力,消灭剥削,消除两极分化,最终达到共同富裕。现阶段我国社会的主要矛盾是人民日益增长的物质文化需要同落后的社会生产之间的矛盾,必须把发展生产力摆在首要位置,以经济建设为中心,推动社会全面进步。判断各方面工作的是非得失,归根到底,要以是否有利于发展社会主义社会的生产力,是否有利于增强社会主义国家的综合国力,是否有利于提高人民的生活水平为标准。科学技术是第一生产力,经济建设必须依靠科技进步和劳动者素质的提高。

第四,社会主义的发展动力。改革是一场革命,改革是解放生产力、实现现代化的必由之路。中国经济体制改革的目标是,在坚持公有制和按劳分配为主体、其他经济成分和分配方式为补充的基础上,建立和完善社会主义市场经济体制。政治体制改革的目标,是以完善人民代表大会制度、中国共产党领导的多党合作和政治协商制度为主要内容,发展社会主义民主政治。同经济、政治的改革和发展相适应,以"有理想、有道德、有文化、有纪律"为目标,建设社会主义精神文明。

第五,社会主义建设的外部条件。和平与发展是当今世界的两大主题,我们必须坚持独立自主的和平外交政策,为我国的现代化建设争取有利的国际环境。为了发展和建设中国特色社会主义,我们应当坚持对外开放的基本国策,吸收和利用世界各国包括资本主义国家所创造的一切先进文明成果,封闭只能导致落后。

第六,社会主义建设的政治保证。坚持社会主义道路、坚持人民民主专政、坚持中国共产党领导、坚持马克思列宁主义毛泽东思想。这四项基本原则是立国之本,是改革开放和现代化建设健康发展的保证,又从改革开放和现代化建设实践中获得新的时代内容。

第七，社会主义建设的战略步骤。提出现代化"三步走"发展战略，争取到 21 世纪中叶，基本实现现代化。在建设过程中，要善于抓住重要发展机遇，争取出现若干个发展速度比较快、效益比较好的阶段，每隔几年要上一个台阶。贫穷不是社会主义，同步富裕又是不可能的，必须允许和鼓励一部分地区一部分人先富起来，以带动越来越多的地区和人们逐步达到共同富裕。

第八，社会主义的领导力量和依靠力量。作为工人阶级先锋队的共产党是中国社会主义事业的领导核心，为了适应改革开放和现代化建设的需要，党必须不断改善和加强对各项工作的领导和自身建设。执政党的党风，党同人民群众的联系，是关系党生死存亡的问题。中国特色社会主义的建设必须依靠广大的工人、农民、知识分子，必须依靠各民族人民的团结，必须依靠全体社会主义劳动者、社会主义事业的建设者拥护社会主义的爱国者和拥护祖国统一的爱国者组成的最广泛的统一战线，党领导的人民军队是社会主义祖国的保卫者和建设社会主义的重要力量。

第九，祖国统一问题。提出"一个国家，两种制度"的创造性构想。在一个中国的前提下，国家的主体坚持社会主义制度，香港、澳门、台湾保持原有的资本主义制度长期不变，按照这个原则全面推进祖国和平统一大业的完成。

建设有中国特色的社会主义理论，立足于和平与发展的时代主题背景，形成于中国改革开放和社会主义现代化建设的实践过程中，在总结借鉴中国社会主义和其他社会主义国家建设经验教训的基础上，逐步形成和发展起来的。党的十四大报告高度评价了邓小平的历史贡献，指出"邓小平同志是我国社会主义改革开放和现代化建设的总设计师"，"对建设有中国特色社会主义理论的创立做出了历史性的重大贡献"[①]。十四大报告对建设有中国特色社会主义理论概括构成了一个比较完整的科学体系，是全党全国人民集体智慧的结晶和珍贵的精神财富，与马克思列宁主义毛泽东思想既一脉相承又与时俱进，标志着我们党对社会主义建设规律的认识进一步深化了。

---

[①] 中共中央文献研究室：《十四大以来重要文献选编》（上），人民出版社 1996 年版，第 13—14 页。

### 3. 中国特色社会主义道路的成功开辟

十五大报告明确把"邓小平建设有中国特色社会主义理论"命名为"邓小平理论",并确立为党的指导思想。在邓小平理论的指引下,中国成功地开辟了中国特色社会主义道路,经受住了国际国内风浪的严峻考验,开创了现代化建设的新局面,取得了举世瞩目的伟大成就,赢得了越来越高的国际地位。

邓小平理论是马克思列宁主义的基本原理同当代中国实践和时代特征相结合的产物,是当代中国的马克思主义,是马克思主义在中国发展的新阶段。党的十五大报告概括邓小平理论的"四个新":第一,邓小平理论在新的实践基础上继承前人又突破陈规,开辟了马克思主义的新境界;第二,邓小平理论坚持科学社会主义理论与实践的基本成果,围绕"什么是社会主义,怎样建设社会主义"这个根本问题,深刻地揭示了社会主义本质,把对社会主义的认识提高到了新的科学水平;第三,邓小平理论坚持用马克思主义的宽广眼界观察世界,对当今时代特征和总体国际趋势,对世界其他社会主义国家的成败,对发展中国家谋求发展的得失,对发达国家发展的态势和矛盾,进行了科学的分析并做出了新的科学判断;第四,邓小平理论形成了新的建设有中国特色社会主义理论的科学体系。这四个"新",标志着马克思主义在中国发展的新阶段,是对邓小平理论历史地位的全新定位。胡锦涛同志在中国共产党第十七次全国代表大会上的报告中指出:"改革开放以来我们取得一切成绩和进步的根本原因,归结起来就是:开辟了中国特色社会主义道路,形成了中国特色社会主义理论体系。高举中国特色社会主义伟大旗帜,最根本的就是要坚持这条道路和这个理论体系。"[1] 习近平总书记在出席纪念中国共产党成立 90 周年党建研讨会上进一步指出:"党的十一届三中全会以来,以邓小平同志为主要代表的中国共产党人,在总结新中国成立以后正反两方面经验的基础上,在研究国际经验和世界形势的基础上,在改革开放的崭新实践中,开辟了中国特色社会主义道路,创立了邓小平理论,实现了党的指导思想和基本理论的与时俱进。"[2] 我们已经成功开创中国特色社会主义道路,但还要继续推进。

---

[1] 胡锦涛:《高举中国特色社会主义伟大旗帜 为夺取全面建设小康社会新胜利而奋斗——在中国共产党第十七次全国代表大会上的报告》,《人民日报》2007 年 10 月 25 日。

[2] 习近平:《习近平在纪念中国共产党成立 90 周年党建研讨会上的讲话》,http://news.cntv.cn/china/20110620/109657.shtml。

## 第三节　中国特色社会主义的发展

实践永无止境，创新永无止境。我们党带领全党全国各族人民以勇往直前的进取精神和气势磅礴的创新实践，坚持和发展中国特色社会主义，并成功推向 21 世纪，开创了中国特色社会主义事业新局面。

### 一　开创中国特色社会主义事业新局面

党的十三届四中全会后，以江泽民同志为主要代表的中国共产党人，高举邓小平理论伟大旗帜，坚持改革开放、与时俱进，经受住国内外各种困难和风险的考验，带领全党和全国人民把中国特色社会主义成功推向 21 世纪，开创了中国特色社会主义事业新局面，形成了"三个代表"重要思想。

"中国共产党必须始终代表中国先进生产力的发展要求，代表中国先进文化的前进方向，代表中国最广大人民的利益。"这是对"三个代表"重要思想的集中概括。"三个代表"重要思想进一步回答了"什么是社会主义、怎样建设社会主义"，创造性地回答了"建设什么样的党、怎样建设党"这样一些重大历史课题。"三个代表"重要思想的提出、形成和发展，标志着我们党对人类社会发展规律、社会主义建设规律、中国共产党执政规律的认识达到了新的理论高度。20 世纪 80 年代末 90 年代初，国内发生严重政治风波，世界社会主义出现严重曲折，我国社会主义事业的发展面临前所未有的巨大困难和压力。十三届四中全会以来，以江泽民同志为核心的党的第三代中央领导集体紧紧依靠全党同志和全国各族人民，坚持十一届三中全会以来的路线不动摇，坚持全面贯彻"三个代表"重要思想，成功地稳定了改革发展的大局，捍卫了中国特色社会主义伟大事业。

贯彻"三个代表"重要思想，关键在坚持与时俱进，核心在坚持党的先进性，本质在坚持执政为民。我们党能否保持与时俱进的精神状态，不断发展创新马克思主义，决定着党和国家的前途命运。创新是一个民族进步发展的灵魂。我们党面对当今世界局势的深刻变革，面对我国改革开放实践的逐步深入，面对当今世界科技的日新月异，要以马克思主义与时俱进的理论勇气，解放思想，实事求是，推进我们党的理论和全部工作体现时代性，把握规律性，富于创造性，用发展着的马克思主义理论指导新的实践，不断通过理论创新推进制度创新、科技创新、文化创新以及其他各方面的创新。必须坚持党的先进性，把发展作为党执政兴国的第一要务，推动社会主义现代化建设进入新局面。坚持党的先进性，必须推动当代中国先进生产力和先进文化的发展，必须实现和维护最广大人民群众的利益，促进人的全面发展，推动社会全面进步，不断巩固党的执政地位。发展必须坚持以经济建设为中心，发挥人民群众创造历史的动力作用，不断深化改革，革除一切束缚发展的体制机制弊端，实现强国富民。坚持立党为公、执政为民，是我们党的性质和宗旨决定的，是党的作风建设的根本目的。代表最广大人民的根本利益，正确反映和兼顾群众不同方面的利益，带领全体人民实现共同富裕目标，是我们党制定和贯彻方针政策的基本着眼点。坚持执政为民，要树立正确的权力观、地位观和利益观，要牢记"群众利益无小事"，把加快发展、实现人民群众的利益作为追求政绩的根本目的，把人民群众拥护不拥护、赞成不赞成、高兴不高兴、答应不答应作为衡量干部政绩的根本尺度。"三个代表"重要思想丰富和发展了马克思列宁主义、毛泽东思想、邓小平理论，实现了我们党在指导思想上的与时俱进，开创了中国特色社会主义发展的新局面。

党的第三代中央领导集体围绕建设社会主义主题，提出了一系列新思想新观点：提出建立社会主义市场经济理论，把社会主义和市场经济结合起来；进一步阐明了社会主义初级阶段理论和建设有中国特色社会主义经济、政治和文化的基本纲领；确立了公有制为主体、多种所有制经济共同发展的社会主义初级阶段的基本经济制度思想，按劳分配为主体、多种分配方式并存的社会主义初级阶段的分配制度思想；深化了对社会主义的发展步骤、发展方式、发展特征等方面的认识；进一步发展了社会主义所有制理论，提出了公有制经济不仅包括国有经济和集体经济，还包括混合所有制经济中的国有成分和集体成分，强调公有制实现形式可以而且应当多样化；提出了关于社会主义物质文明、政治文明和精神文明协调发展的思想，关于依法治国和以德治国相结合的思想，关于正确处理改革发展稳定关系的思想；等等。

## 二 坚持和发展中国特色社会主义

党的十六大以来，以胡锦涛同志为主要代表的中国共产党人，以社会主义初级阶段的基本国情为根本依据，深入分析中国新世纪新阶段的阶段性特征，借鉴当代世界发展实践和发展经验，提出了科学发展观等一系列重大战略思想，坚持和发展了中国特色社会主义，从而在新的时代条件下系统回答了"什么是社会主义、怎样建设社会主义"，"建设什么样的党、怎样建设党"，"实现什么样的发展、怎样发展"等重大理论和实践问题，使我们对中国特色社会主义理论的认识提高到一个新水平，把中国特色社会主义推进到一个新阶段。

科学发展观的第一要义是发展。发展社会生产力是马克思主义执政党的根本任务。坚持发展才是硬道理，是把握住我们党执政兴国的关键，是从根本上实现人民群众的美好愿望和社会主义现代化建设本质的统一。坚持发展才是硬道理，这要求我们必须把发展作为我们党执政兴国的第一要务，坚持以经济建设为中心，解放和发展生产力，更好地实施科教兴国战略、人才强国战略、可持续发展战略，把握发展规律，创新发展理念，转变发展方式，提升发展质量和效益，实现又好又快发展，为发展中国特色社会主义奠定坚实物质基础。科学发展观的核心是以人为本。以人民根本利益为本，是马克思主义唯物史观的根本要求，是党全心全意为人民服务根本宗旨和推动经济社会发展的根本体现。我们党一切工作的出发点和落脚点就是实现好、维护好、发展好最广大人民的根本利益。要尊重保障人民主体地位和各项权益，坚持走共同富裕道路，促进人的全面发展，做到发展为了人民、发展依靠人民、发展成果由人民共享。科学发展观的基本要求是全面协调可持续发展。这就要求我们要全面推进经济建设、政治建设、文化建设、社会建设和生态文明建设，促进生产力和生产关系、经济基础和上层建筑等各个环节、各个方面相协调。坚持生产发展、生活富裕、生态良好的文明发展道路，以建设资源节约型、环境友好型社会为目标，实现速度和结构质量效益相统一、经济发展与人口资源环境相协调，使人民在良好生态环境中生产生活，实现经济社会永续发展。科学发展观的根本方法是"统筹兼顾"。要正确认识和妥善处理中国特色社会主义事业中的重大关系，统筹城乡发展、区域发展、经济社会发展、人与自然和谐发展、国内发展和对外开放，统筹中央和地方关系，统筹个人利益和集体利益、局部利益和整体利益、当前利益和长远利益，充分调动各方面积极性。统筹国内国际两个大局，树立世界眼光，加强战略思维，善于从国际形势发展变化中把握发展机遇、应对风险挑战，营造良好国际环境。既要总揽全局、统筹规划，又要抓住牵动全局的主要工作、事关群众利益的突出问题，着力推进、重点突破。科学发展观是我国经济社会发展的重要指导方针，是发展中国特色社会主义必须坚持和贯彻的重大战略思想。科学发展观还将在实践中继续丰富和发展。

以胡锦涛同志为主要代表的中国共产党人坚持走中国特色社会主义道路，以科学发展、和谐发展、和平发展的重大举措，进一步拓宽、深化和升华了中国特色社会主义道路。一是运用科学发展观统领我国的经济社会发展全局。坚持以人为本，转变发展观念、创新发展方式、提高发展效益，把经济社会发展切实转入全面协调可持续发展的轨道，初步形成了马克思主义关于社会主义发展的系统理论，进一步深化了对社会主义建设规律的认识。二是明确提出全面建设小康社会的新要求。要在 21 世纪前二十年全面建成惠及十几亿人口的更高水平的小康社会，使经济又好又快发展、更好保障人民权益和社会公平正义、提高全民族文明素质、全面改善人民生活、生态环境质量得到明显改善，为中国特色社会主义道路构建了基本的实践范式。三是提出构建社会主义和谐社会。社会和谐是中国特色社会主义的本质属性。民主法治、公平正义、诚信友爱、充满活力、安定有序、人与自然和谐相处是社会主义建设题中应有之义，构建和谐社会贯穿于中国特色社会主义事业的全过程。社会主义和谐社会理论进一步回答了"什么是社会主义，怎样建设社会主义"这一建设社会主义的基本问题，它是继"社会主义初级阶段理论"和"社会主义市场经济理论"之后中国特色社会主义理论体系的又一次巨大飞跃，实现了科学发展和社会和谐的内在统一。构建社会主义和谐社会，进一步深化了我们党对共产党执政规律、社会主义建设规律、人类社会发展规律的认识。四是始终不渝走和平发展道路。和平、发展、合作是世界潮流。中国将坚定不移走和平发展道路，奉行互利共赢的开放战略，在和平共处五项原则的基础上将继续同世界各国人民一道，为实现人类的美好理想而不懈努力。

## 第四节　中国特色社会主义进入新时代

党的十八大以来，以习近平同志为主要代表的中国共产党人，顺应时代发展，从理论和实践结合上系统回答了新时代坚持和发展什么样的中国特色社会主义、怎样坚持和发展中国特色社会主义这个重大时代课题，创立了习近平新时代中国特色社会主义思想，为当代中国发展进步指明了根本方向。

## 一 中国特色社会主义新时代的主要特征

社会主义从来都是在形势和条件的发展变化中开拓前进。习近平总书记在党的十九大报告中指出:"经过长期努力,中国特色社会主义进入了新时代,这是我国发展新的历史方位。"① 新时代标示我国发展新的历史方位,新时代是中国特色社会主义新时代,新时代社会主要矛盾的变化是对马克思主义关于社会矛盾学说的丰富和发展。

时代的发展是一个总的量变过程中包含部分质变的过程,质变是量变的必然结果,同时又开启新的量变。中国革命、建设、改革,都经历了从量的积累到质的飞跃的不同发展阶段。坚持和发展中国特色社会主义,必须把握时代特点、直面时代课题,在体现时代性、把握规律性、富于创造性中不断展现蓬勃的生机和活力。中国特色社会主义进入新时代,充分体现了我们党对世情国情党情深刻变化的科学把握,充分彰显了中国共产党与时代同进步的先进性本色,充分体现了我们党把握历史规律和历史趋势的高度自觉和高度自信。

从发展阶段看,党的十八大以来,改革开放和社会主义现代化建设取得历史性成就,我国发展站到了新的历史起点上,中国特色社会主义进入新的发展阶段。党的理论创新实现了新飞跃,党的执政方式和执政方略实现重大创新。党的十八大以来,党中央果断提出坚持和完善党的领导的重大政治要求,强调党的领导是做好党和国家各项工作的根本保证,强调党政军民学,东西南北中,党是领导一切的,强调增强"四个意识",坚决维护习近平总书记党中央的核心、全党的核心地位,坚决维护党中央权威和集中统一领导。从政治建设、思想建设、组织建设、作风建设、纪律建设等方面着手,完善坚持党的领导的体制机制,坚持民主集中制,严明党的政治纪律和政治规矩,坚决防止和反对个人主义、分散主义、自由主义、本位主义、好人主义和宗派主义,提高党把方向、谋大局、定政策、促改革的能力和定力,确保党始终总揽全局、协调各方。发展理念和发展方式发生深刻变革,推动我国经济由高速增长阶段转向高质量发展阶段。党的十八大以来,党中央果断做出我国经济发展进入新常态的重大判断,提出创新、协调、绿色、开放、共享的新发展理念,加快完善使市场在资

---

① 《党的十九大报告辅导读本》,人民出版社 2017 年版,第 10 页。

源配置中起决定性作用、更好发挥政府作用的体制机制,坚定不移推进供给侧结构性改革和"三去一补一降",接连推进"一带一路"建设、京津冀协同发展、长江经济带发展等重大战略,加快推进经济结构调整和新旧动能转换,大力推进精准扶贫、精准脱贫,坚持正确的政绩观。这些重大工作和重大成就,使全党全国的发展理念发生深刻变化,有力地推动了我国发展不断朝着更高质量、更有效率、更加公平、更可持续的方向前进。

从社会主要矛盾看,中国社会的主要矛盾已经由人民日益增长的物质文化需要同落后的社会生产之间的矛盾,转化为人民日益增长的美好生活需要和不平衡不充分的发展之间的矛盾,这将成为我们现在乃至今后很长一段时间面临的社会主要矛盾。"人民日益增长的美好生活需要"的内涵从物质文化领域向物质文明、政治文明、精神文明、社会文明、生态文明全面拓展。人民对美好生活需求呈现出多样化、精致化和高层次的特点,如人民群众"期盼更好的教育、更稳定的工作、更满意的收入、更可靠的社会保障、更高水平的医疗卫生服务、更舒适的居住条件、更优美的环境、更丰富的精神文化生活"[①]。"不平衡不充分的发展",意味着我国社会生产力水平总体上显著提高,但是面对"人民日益增长的美好生活需要"却呈现出区域、城乡、供需结构等方面的发展不平衡,呈现出实现更高质量和效率、更可持续发展和创新能力的不充分。根据我国社会这一主要矛盾的变化,今后中国特色社会主义的实践、我们各方面工作的立足点,就是要满足人民对美好生活的向往所表达出来的各种诉求,这些诉求不仅要在物质层面实现,更高的要在政治、社会、文化和生态等层面实现。同时我们还要在已经发展起来的社会生产力物质基础上,在发展的不平衡、不均衡、不协调、不充分等方面重点发力。当然,做出我国社会主要矛盾转变的重大判断,并没有改变我国现阶段仍处于并将长期处于社会主义初级阶段的基本国情,没有改变我国仍然是世界上最大的发展中国家的事实,做到了立足实际与与时俱进的统一。这一重大历史性变化,对发展全局产生了广泛而深刻的影响。

从奋斗目标看,党的十九大到二十大是"两个一百年"奋斗目标的历史交汇期,我们既要全面建成小康社会、实现第一个百年奋斗目标,又要

---

① 习近平:《高举中国特色社会主义伟大旗帜 为决胜全面小康社会实现中国梦而奋斗》,《人民日报》2017年7月28日。

乘势而上开启全面建设社会主义现代化国家新征程，向第二个百年奋斗目标进军。党的十九大立足决胜全面建成小康社会，展望实现中华民族伟大复兴愿景，创造性地提出了到2035年基本实现社会主义现代化，到21世纪中叶把我国建成富强民主文明和谐美丽的社会主义现代化强国的战略安排。中国特色社会主义进入新时代，开启了全面建设社会主义现代化国家新征程，是我们党向全党和全国各族人民发出的实现中华民族伟大复兴的动员令。正如党的十九大报告提出的，到那时，"我国物质文明、政治文明、精神文明、社会文明、生态文明将全面提升，实现国家治理体系和治理能力现代化，成为综合国力和国际影响力领先的国家，全体人民共同富裕基本实现，我国人民将享有更加幸福安康的生活，中华民族将以更加昂扬的姿态屹立于世界民族之林"。

从国际地位看，中国特色社会主义进入新时代，面对的是世界正经历百年未有之大变局。"中国新时代"和"世界大变局"两者同步交织、相互激荡。在中国发展新的历史方位与世界演变新的格局交织激荡背景下，中国日益走近世界舞台的中央，为解决世界经济、国际安全、全球治理等重大难题提出了新的发展理念，指明了新的发展道路，提供了新的发展模式，中国日益发挥着世界和平建设者、全球发展贡献者、国际秩序维护者的重要作用。倡导构建人类命运共同体，为建设持久和平、普遍安全、共同繁荣、开放包容、清洁美丽的世界提出了新愿景；拓展"一带一路"国际合作新空间，秉持共商共建共享原则，造福沿线各国人民，为世界各国开创发展新机遇；推动各国文明以文明交流超越文明隔阂、文明互鉴超越文明冲突、文明共存超越文明优越。当代中国正处在从大国走向强国的关键时期，已不再是国际秩序的被动接受者，而是积极的参与者、建设者和引领者。世界对中国的关注，从未像今天这样广泛、深切、聚焦；中国对世界的影响，也从未像今天这样全面、深刻、长远。

## 二　当代中国发展进步的根本方向

党的十八大以来，以习近平同志为主要代表的中国共产党人，准确把握中国特色社会主义的历史新方位、时代新变化、实践新要求，科学回答当今时代和当代中国发展提出的重大理论和现实问题，推进中国特色社会主义事业总体布局和战略布局，确立新时代坚持和发展中国特色社会主义的基本方略，总揽伟大斗争、伟大工程、伟大事业、伟大梦想，推动中国特色社会主义进入新时代，为当代中国发展进步指明了根本方向。

（一）中国特色社会主义是历史的结论、人民的选择

江河万里总有源，树高千尺也有根。习近平总书记指出："中国特色社会主义不是从天上掉下来的，是党和人民历尽千辛万苦、付出巨大代价取得的根本成就。"[①] 抚今追昔，中国特色社会主义是在改革开放四十多年的伟大实践中得来的，是在中华人民共和国成立七十年的持续探索中得来的，是在我们党领导人民进行九十多年伟大社会革命的实践中得来的，是在近代以来中华民族一百七十多年由衰到盛的历史进程中得来的，是在世界社会主义五百年波澜壮阔的发展历程中得来的。搞清楚世界社会主义思想的源头及其演进，搞清楚中国特色社会主义的历史发展，就能明白，我们党正是在推进革命、建设、改革的进程中，经过反复比较和总结，历史地选择了马克思主义、选择了社会主义道路；正是把马克思主义基本原理和中国实际和时代特征结合起来，独立自主地走自己的路，开创和发展了中国特色社会主义，迎来了中国特色社会主义从创立、发展到完善的伟大飞跃。只有社会主义才能救中国，只有坚持和发展中国特色社会主义才能实现中华民族伟大复兴，这既是历史的结论，也是未来的昭示。

中国特色社会主义，是科学社会主义理论逻辑和中国社会发展历史逻辑的辩证统一，是当代中国大踏步赶上时代、引领时代发展的康庄大道，是中国共产党和中国人民团结的旗帜、奋进的旗帜、胜利的旗帜，必须倍加珍惜、长期坚持、永不动摇。

（二）中国特色社会主义是社会主义，不是别的什么主义

习近平总书记指出："中国特色社会主义，既坚持了科学社会主义基本原则，又根据时代条件赋予其鲜明的中国特色。这就是说，中国特色社会主义是社会主义，不是别的什么主义。"[②] 一个国家实行什么样的主义，关键要看这个主义能否解决这个国家面临的历史性问题。在中华民族积贫积弱、任人宰割的时代，尝试过各种主义和思潮，但都没能解决中国的前途和命运问题。是马克思列宁主义、毛泽东思想指引中国人民走出了漫漫长夜、建立了中华人民共和国，是中国特色社会主义使中国快速发展起来。改革开放以来，我们用几十年时间走完了发达国家几百年走过的工业化历

---

① 《十八大以来重要文献选编》（下），中央文献出版社2018年版，第348页。
② 《十八大以来重要文献选编》（上），中央文献出版社2014年版，第109页。

程，综合国力和国际地位大幅提升，人民生活水平处于前所未有的高度。事实雄辩地证明，中国特色社会主义这条道路走得通、走得对、走得好。

近些年来，国内外一些舆论质疑中国现在搞的还是不是社会主义，有人说是"资本主义社会"，还有人干脆说是"国家资本主义""新官僚资本主义"，这些都是错误的。我们说中国特色社会主义是社会主义，那就是无论怎么改革、怎么开放，都始终坚持中国特色社会主义道路、理论、制度、文化，全面贯彻党的基本理论、基本路线、基本方略。这就包括在中国共产党领导下，立足基本国情，以经济建设为中心，坚持四项基本原则，坚持改革开放，解放和发展社会生产力，统筹推进"五位一体"总体布局，协调推进"四个全面"战略布局，促进人的全面发展，逐步实现全体人民共同富裕，建设富强民主文明和谐美丽的社会主义现代化强国；包括覆盖我们党"五位一体"总体布局、"四个全面"战略布局，覆盖改革发展稳定、内政外交国防、治党治国治军等一切方面、所有领域的根本制度，比如，坚持党的集中统一领导和全面领导的党和国家的根本领导制度，人民代表大会制度的根本政治制度，共建共治共享的根本社会治理制度，党对人民军队绝对领导的根本军事制度；包括覆盖和体现在各领域各方面的基本制度，比如，体现在政治领域的中国共产党领导的多党合作和政治协商制度、民族区域制度、基层群众自治制度这三大基本政治制度，体现在经济领域的公有制为主体、多种所有制共同发展，按劳分配为主体、多种分配方式并存，社会主义市场经济体制等三大基本经济制度；包括由根本制度和基本制度派生而来的、国家治理领域各方面各环节的具体的主体性制度，比如，我国经济体制、政治体制、文化体制、社会体制、生态文明体制、法治体系、党的建设制度，等等。这些都是在新的历史条件下体现科学社会主义基本原则的内容，如果丢掉了这些，那就不能称其为社会主义了。

（三）中国特色社会主义事业的总体布局和战略布局

党的十八大以来，我们党形成并统筹推进经济建设、政治建设、文化建设、社会建设、生态文明建设"五位一体"总体布局，形成并协调推进全面建成小康社会、全面深化改革、全面依法治国、全面从严治党"四个全面"战略布局。"五位一体"总体布局和"四个全面"战略布局相互促进、统筹联动，从全局上确立了新时代坚持和发展中国特色社会主义的战略规划和部署。

"五位一体"总体布局,是我们党对社会主义建设规律在实践和认识上不断深化的重要成果。改革开放以来,随着经济社会发展和实践深入,从"两个文明"一起抓,到经济、政治、文化建设"三位一体",经济、政治、文化、社会建设"四位一体",再到"五位一体",这些重大理论和实践创新,带来了发展理念和发展方式的深刻变革。"五位一体"各方面相互促进、不可分割,共同构筑起中国特色社会主义事业的全局。要按照"五位一体"总体布局的整体性目标要求,坚持以经济建设为中心,促进经济、政治、文化、社会、生态文明建设各方面相协调,推动生产关系与生产力、上层建筑与经济基础相适应,推进中国特色社会主义事业全面发展。

"四个全面"战略布局,是我们党站在新的历史起点上把握中国发展新特征确定的治国理政新方略,是新时代条件下坚持和发展中国特色社会主义的战略抉择。"四个全面"战略布局既有战略目标又有战略举措,各个"全面"相互之间紧密联系,共同构成一个整体战略部署。其中,全面建成小康社会是战略目标,在"四个全面"中居于引领地位;全面深化改革、全面依法治国、全面从严治党是三大战略举措,为如期实现全面建成小康社会提供重要保障。要深刻认识"四个全面"之间的有机联系,将其作为具有内在理论和实践逻辑关系的统一体来把握和理解,努力做到相辅相成、相互促进、相得益彰。

(四)坚定道路自信、理论自信、制度自信、文化自信

中国特色社会主义最鲜明的特色是必须坚定道路自信、理论自信、制度自信、文化自信。习近平总书记强调指出:"全党要坚定道路自信、理论自信、制度自信、文化自信。当今世界,要说哪个政党、哪个国家、哪个民族能够自信的话,那中国共产党、中华人民共和国、中华民族是最有理由自信的。"[①]

改革开放以来,我们取得进步和成绩的根本原因,归根结底就是开辟了中国特色社会主义道路,形成了中国特色社会主义理论体系,确立了中国特色社会主义制度,发展了中国特色社会主义文化。中国特色社会主义道路是实现途径,中国特色社会主义理论体系是行动指南,中国特色社会主义制度是根本保证,中国特色社会主义文化是精神力量,四者统一于中国特色社会主义伟大实践。

---

① 《习近平谈治国理政》第2卷,外文出版社2017年版,第36页。

中国特色社会主义道路是实现社会主义现代化和中华民族伟大复兴的必由之路。习近平总书记指出："当代中国的伟大社会变革，不是简单延续我国历史文化的母版，不是简单套用马克思主义经典作家设想的模板，不是其他国家社会主义的再版，也不是国外现代发展的翻版。"这一道路，坚持以经济建设为中心，坚持四项基本原则和改革开放两个基本点；统筹推进经济建设、政治建设、文化建设、社会建设、生态文明建设"五位一体"总体布局，协调推进全面建成小康社会、全面深化改革、全面依法治国、全面从严治党"四个全面"战略布局；不断解放和发展社会生产力，逐步实现全体人民共同富裕、促进人的全面发展。特别是党的十八大以来，在进行具有许多新的历史特点的伟大斗争中取得了一个又一个胜利。当代中国的历史性变革和历史性成就都无可争辩地证明，中国特色社会主义道路是一条既符合中国国情又适应时代发展要求的民族复兴道路，必须坚定不移地沿着这条道路奋勇前进。

中国特色社会主义理论体系是指导党和人民沿着中国特色社会主义道路实现中华民族伟大复兴的正确理论，是立于时代前沿、与时俱进的科学理论。这一理论体系，包括邓小平理论、"三个代表"重要思想、科学发展观、习近平新时代中国特色社会主义思想。这一理论体系，赋予马克思主义新的鲜活力量，写出了科学社会主义的"新版本"，凝结了几代中国共产党人团结带领人民不懈探索实践的智慧和心血，是改革开放以来我们党推进马克思主义中国化所取得的理论创新成果，是党最可宝贵的政治财富和精神财富，是全国各族人民团结奋斗的共同思想基础。在当代中国，坚持习近平新时代中国特色社会主义思想，就是真正坚持中国特色社会主义理论体系，就是真正坚持马克思主义。

中国特色社会主义制度是当代中国发展进步的根本制度保障，是具有鲜明中国特色、明显制度优势、强大自我完善能力的先进制度。习近平指出："中国共产党人和中国人民完全有信心为人类对更好社会制度的探索提供中国方案。"[①] 这一制度体现在经济、政治、文化、社会、生态文明等各个方面。这一制度，坚持把根本制度、基本政治制度同法律体系、基本经济制度以及各方面体制机制等具体制度有机结合起来，坚持把国家层面民主制度同基层民主制度有机结合起来，坚持把党的领导、人民当家作

---

① 《习近平谈治国理政》第2卷，外文出版社2017年版，第37页。

主、依法治国有机结合起来，等等。这一制度符合我国国情，既坚持了社会主义的根本性质，又借鉴了古今中外制度建设的有益成果，集中体现了中国特色社会主义的特点和优势。党的十八大以来，结合我国改革开放进一步深化的实际，我们党不断推进更加成熟、更加定型、更加系统科学、更加完备规范、更加运行有效的制度体系的建设和完善，为实现中华民族伟大复兴中国梦提供更加坚实的制度保障。同时应当看到，中国特色社会主义制度还不是尽善尽美、成熟定型的，它必将随着中国特色社会主义事业的不断发展更加成熟更加定型。

中国特色社会主义文化积淀着中华民族最深沉的精神追求，代表着中华民族独特的精神标识，是激励全党全国各族人民奋勇前进的精神力量。习近平总书记强调："当今世界，要说哪个政党、哪个国家、哪个民族能够自信的话，那中国共产党、中华人民共和国、中华民族是最有理由自信的。"① 文化自信是其他三个自信的必然要求，这种自信更厚重深沉。文化自信能使理论自信更加趋向理性，使道路自信更有方向感，同时为制度自信提供保障。任何国家和民族都是在文化自信中发展壮大的，同样，中国的发展和壮大也离不开文化自信，尽管在发展过程中也历尽艰辛和充满坎坷。文化自信源自中华民族五千多年历史文明所孕育的中华优秀传统文化，熔铸于党领导人民在革命、建设、改革中创造的革命文化和社会主义先进文化，植根于中国特色社会主义伟大实践。要坚持以马克思主义为指导，推动中华优秀传统文化创造性转化、创新性发展，继承革命文化，发展社会主义先进文化，不忘本来、吸收外来、面向未来，更好构筑中国精神、中国力量，为人民提供精神指引。

（五）新时代坚持和发展中国特色社会主义要一以贯之

中国共产党的历史，就是一部党领导人民持续进行伟大社会革命的历史。习近平总书记指出："新时代中国特色社会主义是我们党领导人民进行伟大社会革命的成果，也是我们党领导人民进行伟大社会革命的继续，必须一以贯之进行下去。"② 我们这一代共产党人的任务，就是要把新时代坚持和发展中国特色社会主义这场伟大社会革命进行好。我们的事业越前

---

① 《习近平谈治国理政》第 2 卷，外文出版社 2017 年版，第 36 页。
② 习近平：《以时不我待只争朝夕的精神投入工作开创新时代中国特色社会主义事业新局面》，《人民日报》2018 年 1 月 6 日。

进、越发展,新情况新问题就会越多,面临的风险和挑战就会越多,面对的不可预料的事情就会越多。我们必须增强忧患意识,做到居安思危。要坚持以习近平新时代中国特色社会主义思想为指导,不断丰富中国特色社会主义的实践特色、理论特色、民族特色、时代特色,在新的历史条件下继续把党和国家各项事业继续向前推进。要全面把握新时代中国特色社会主义提出的新要求,更好把握国内外形势发展变化,全面完成决胜全面建成小康社会各项任务,不断提高社会主义现代化建设水平。要全面推进各领域各方面改革,不断推进理论创新、制度创新、科技创新、文化创新以及其他各方面创新,不断提高国家治理体系和治理能力现代化水平。要全面落实以人民为中心的发展思想,坚持多谋民生之利,多解民生之忧,不断提高保障和改善民生水平。要全面推进党的建设新的伟大工程,按照新时代党的建设总要求,坚持和加强党的全面领导,不断提高全面从严治党水平。

中国特色社会主义这条道路,我们看准了、认定了,就必须坚定不移走下去。前进道路上,要始终保持清醒,保持强大动力,既不走封闭僵化的老路,也不走改旗易帜的邪路,不为任何风险所惧,不为任何干扰所惑,真正做到"千磨万击还坚韧,任尔东西南北风"。

# 第三章 国外社会主义国家的理论与实践

在苏东剧变后世界社会主义的低潮中,现实社会主义国家在经济、政治和社会建设上所取得的巨大成就,是当前世界社会主义运动最具说服力和感召力的例证。本章关注越南、古巴、老挝和朝鲜的社会主义理论与实践,尤其是21世纪以来的新发展和新实践,阐释现实社会主义的发展现状及其面临的机遇、挑战和未来前景等问题。

## 第一节 在革新事业中探索前进的越南社会主义

越南社会主义共和国,简称越南,是亚洲的一个社会主义国家,也是世界上现有的五个社会主义国家之一。越南位于中南半岛东部,北与中国广西、云南接壤,西与老挝、柬埔寨交界,国土狭长,面积约33万平方公里,紧邻中国南海,海岸线长3260多公里,人口约9600万(截至2019年4月1日)。19世纪中期后,越南逐渐沦为法国殖民地。从沦为法国殖民地开始,一直到20世纪70年代,越南和越南人民经历了旷日持久的战争磨难。1975年5月,越南南方全部解放,越南实现统一,抗美救国战争赢得彻底胜利。1976年6月,新选举产生的国会将国名改为越南社会主义共和国。走社会主义道路,是越南历史的必然选择。

自从1954年在越南北部及1975年越南重新统一后在全国范围建设社会主义以来,越南在社会发展各方面取得了不少成就,为以后的发展奠定了政治、经济、文化基础。然而,长期的战争及对内对外政策路线的失误,使越南陷入一场严重的经济社会危机。战争中,越南有上千座城市被夷为平地,上千公里的铁路、上万公里的公路及绝大部分桥梁被毁,几乎所有的水利设施被破坏。① 以粮食产量为例，从 1956 年到 1974 年，越南的人均粮食产量不增反降，从 360 公斤下降到 256 公斤。1976—1980 年五年计划的主要指标基本没有完成，国内生产总值年均增长率仅为 0.6%，农业产值增长 1.9%，工业产值增长 0.6%，国民收入只增长 0.4%。② 在这一时期，越南国内百姓生活十分艰难，特别是农业产量锐减，越南作为世界粮仓之一，反而需要依赖粮食进口。尽管全国范围内社会主义建设初见成效，如废除私有制，建立实现工人阶级平等和公平的国家所有制，但越南在经济发展和提高人民生活水平方面面临着巨大的困难。特别是 1976—1980 年五年经济计划表明，经济失衡加剧，国民生产总值不能满足人民对粮食和商品的基本需求；能源供应、交通运输已成为国家预算的负担，许多工厂不能满负荷运转，消费与预算征收、商品与现金、进出口的不平衡显著。越南面临着全面的经济社会危机。在上述严峻的形势下，越南共产党和越南人民只有进行"革新"这一条出路可走，1986 年 12 月召开的越共六大揭开了越南革新事业的帷幕。

## 一　越南革新事业的开启与社会主义事业的转折

（一）越南全面革新的起点和社会主义建设的转折点

越南自 20 世纪 70 年代末 80 年代初起就尝试进行革新，但是真正的开端，则是始于 1986 年的越共六大。越共六大时，越南正处于经济社会十分困难的时期，新当选的越共中央总书记阮文灵决心纠正过去的错误做法，逐步在全国推行革新开放政策。可以说，"越南的全面革新首先是从思维革新、尤其是从经济思维革新开始的"③。越共六大要求全党必须自我扬弃错误认识、过时观点；要重新正确认识马克思列宁主义的基本理论及胡志明关于社会主义的思想；要根据越南和世界面临的新历史条件，创造性运用和发展马克思主义的思想和学说，中心问题是抛弃社会主义的旧模式，创建社会主义的新模式；1979—1986 年时期的革新探索和试点已为越南全面革新准备了必要的前提和条件，并为越南过渡到社会主义道路开创了新的局面；要把革新概念纳入党的路线，将革新视为越南革命事业迫切

---

① 潘金娥：《试论越南社会主义道路的历史必然性》，《科学社会主义》2009 年第 2 期。
② 谷源洋：《越南社会主义定向革新》，社会科学文献出版社 2013 年版，第 1 页。
③ ［越］范文德：《越南社会主义革新的理论创新》，潘金娥译，《马克思主义研究》2011 年第 4 期。

需要的和生死攸关的问题；要实现全面革新路线，从以经济革新为主，走向政治、文化和社会革新；从思维、认识和思想革新走向党、国家和人民各阶层的实践活动革新。其中关键的是越共六大强调了执政党自身的革新。

越共六大制定了以经济革新为重点的全面革新路线，在经济领域，越共六大承认在建设社会主义过程中所有制类型、分配方式、管理方式等方面存在的弊端和认识误区，提出了改革方针。基于前些年建设社会主义的经验和结论，特别是基于对生产关系与生产力发展水平之间的适合规律的误解，越共六大认为："生产力不仅在生产关系过时的情况下会受到阻碍，而且在生产关系没有与生产力水平同步，或者对于生产力发展的那个阶段来说过于先进时，都会阻碍生产力发展。"① 这一论点表明了越共理论思维的创新性。此外，从以生产资料公有制为基础的中央计划经济（即集体所有制和公有制）到市场机制下的多种所有制经济和社会主义国家管理均为越南生产力的发展创造了动力。

越南建设社会主义定向市场经济的方针起源于越共六大。其宗旨是"在社会主义过渡时期推进社会主义改革，以适当的方式在特定阶段，使生产关系与生产力发展水平相适应，以利于生产力的发展"②。

(二) 越南革新事业的深化及革新事业的社会主义定向

越共六大之后，革新工作全面展开。但是，1986—1989 年，越南面临着十分严峻和复杂的形势，从内部来看，1985 年"价格—工资—货币"革新造成的后果尚未消除；革新的新方针和政策尚未完全渗透到经济社会生活中去；经济社会危机没有得到有效缓解；连续四年通货膨胀率仍处于三位数；许多"国家企业"陷入生产停顿、亏损，甚至倒闭状态；财政预算呈现巨大赤字、物价飞涨、实际工资减少，人民生活水平下降。从外部来看，苏联、东欧国家的社会主义事业出现重大失误，严重偏离社会主义方向。上述问题深深影响到越南国内形势稳定和安宁。为此，越共中央推出了有针对性的系列重大举措：

1989 年 3 月越共六届六中全会为应对国内外急剧变化的形势，继续推

---

① Communist Party of Vietnam, *Document of the VI Communist Party of Vietnam National Congress*, Hanoi: Su That Publishing House, 1987, p. 57.

② Communist Party of Vietnam, *Document of the VI Communist Party of Vietnam National Congress*, Hanoi: Su That Publishing House, 1987, p. 58.

动社会主义革新事业，明确了革新必须坚持的基本原则。1. 建设社会主义和走社会主义道路是党和人民的目标，革新不是要改变社会主义的目标，而是使这一目标按照社会主义的要求，采取符合越南国情的形式、步骤和方法。2. 马克思列宁主义是党的思想基础和行动指南。思维革新的目的是废除错误观念，纠正对马克思列宁主义和社会主义的错误认识和理解，在新的历史条件下，创造性地运用和发展马克思列宁主义的基本原理，而不是要偏离、远离甚至背叛。3. 对"政治系统"的革新，其目的是加强党的领导和无产阶级专政，有效地管理国家，发挥人民当家作主的权利，促使"政治系统"中各级组织程序健康、有序地运行。4. 党的领导是越南社会主义祖国事业取得胜利的决定条件，对否定或弱化党领导的倾向必须进行批判，同时要认真听取和接受党内外对党的领导和党建工作提出的建设性批评和意见。5. 建设社会主义民主和保障人民在社会生活中当家作主的权利，既是社会主义事业的目标，也是社会主义事业的动力。民主必须与集中、纪律、法律、人民的责任意识相结合。6. 爱国主义与无产阶级国际主义、世界社会主义相结合，在新的历史条件下，民族力量与时代力量相结合。

越共中央反复强调，革新必须要坚持原则，有原则的革新才能使越南社会政治稳定[①]，才能消除党员干部和人民的怀疑和动摇情绪，引导全党全民集中力量大力推动革新事业，从而最终取得革新事业的成功。

另外，在此期间，越南革新事业还提出和实施了以下措施：强调继续推进经济方针和政策革新；在解决"价格—工资—货币"问题的过程中，1987年12月越南政府正式颁布了首部《越南社会主义共和国外国投资法》，这是发展对外经济关系的一项重要举措。在当时的国际条件下，苏联和经互会成员国依然是越南主要经济合作伙伴，但是越共中央已经提出要发展与其他国家的经济合作关系，从而实现对外经济关系的多元化；在农业领域出台新的革新措施。这促使农业生产合作社得到了根本性的变革，如：第一次把社员家庭户作为农业生产的自主单位，第一次提出鼓励劳动者利用自身和家庭劳动致富的问题，等等。这些措施使越南经济社会生活发生了积极的转变。

在越南革新的第一阶段，苏联和东欧的社会主义就崩溃了。《越南向

---

① 杜梅：《越南：新的挑战和新的机遇》，河内世界出版社1995年英文版，第205页。

社会主义过渡阶段建设计划》（1991 年）（又称"1991 年计划"）较为系统地回答了"越南正在建设的社会主义社会是什么?"这一问题。根据该计划，越南社会主义的主要特征是"工人阶级掌权的社会"和"以现代生产力和主要生产资料的公有制为基础的高度发达的经济"①。基于这个计划，下届大会进一步发展了高度发达经济的标准，强调"现代生产力"。

## 二 越南社会主义革新事业的理论与实践

20 世纪 80 年代末 90 年代初，苏东剧变，第二次世界大战后形成的社会主义阵营不复存在，国际共产主义运动陷入低潮，且总体低潮形势持续至今。面对上述变故，越南部分干部、党员和群众惊慌失措，理想信念发生了动摇，越南共产党面临着严峻的考验，越南社会主义向何处去，成为越南党和国家亟待回答和解决的重大问题。

（一）越共七大：越南社会主义过渡时期国家建设纲领

1991 年 6 月，越共七大召开。此次大会，第一，强调必须牢牢把握革新过程中的社会主义定向，继续发扬社会主义民主，推动社会主义向纵深发展。同时，为了正确发扬民主，在发扬民主的过程中，要选择符合社会政治形势的稳妥步骤。第二，制定和通过了《越南社会主义过渡时期国家建设纲领》（简称《纲领》）。《纲领》是越共关于社会主义思维革新及认识变革的产物，是 1979 年开始的革新事业及 1986 年越共六大革新事业实践的产物。在此以前，越共提出的纲领中均把社会主义作为理想目标，而越共七大《纲领》指出，社会主义既是直接目标，又是全党全民为实现目标而进行的实践。第三，越共七大提出了越南人民选择的社会主义社会具有六个基本特征以及在越南成功建设社会主义必须把握的七个基本方向。第四，明确了社会主义过渡时期的基本矛盾。经济革新首先是解决生产力和生产关系之间的相互关系问题。第五，越共七大确立了社会主义定向的概念，并把这一概念正式写进党的文件，这是越南共产党在理论上又一次新的突破。②越共七大《纲领》强调必须发展"沿着市场机制运行的、由国家管理的、社会主义定向的多种成分的商品经济"。

---

① Communist Party of Vietnam, *Document of the VII Communist Party of Vietnam National Congress*, Hanoi: Su That Publishing House, 1991, p. 11.

② 谷源洋:《越南社会主义定向革新》，社会科学文献出版社 2013 年 5 月版，第 52 页。

同时,越共七大总结了五年革新的经验教训。1. 在革新过程中必须牢牢把握社会主义定向。不仅经济领域的革新要坚持社会主义定向,而且其他领域的革新也要坚持社会主义定向。"我国的政治体制中,党是保证一切权力属于人民的领导者。"① 要想做到这一点就必须坚持和创造性地运用马列主义和胡志明思想,发挥党对全社会的领导作用。党必须有独立性和创造性的思维和捕捉新事物的敏感,及时提出正确的革新路线、方法和措施,既不保守停滞,又不教条主义、照搬外国的做法。2. 革新要全面、同步和彻底,但必须采取适合国情的步骤、形式和方法。经济革新和"政治系统"革新的关系问题早在越共六大就已提出过。越共七大对两者的关系做出了结论:必须首先集中力量搞好经济革新,把经济革新作为"政治系统"革新的重要条件。"政治系统"革新必须作十分谨慎和严肃的研究和准备,不允许失去政治稳定。苏联解体和东欧剧变充分说明了这一点。但是也不能因为有苏联和东欧国家沉重的、血的教训而放慢"政治系统"革新的步伐。3. 发展多种成分商品经济必须加强国家对经济社会的管理作用,这是社会主义本质的要求。4. 社会主义民主必须不断得以扩大,但需要把握正确的方向。5. 革新过程中必须关注形势分析与预测,及时发现和正确解决问题,必须加强对实践的总结,不断发展与完善越南建设社会主义的理论。

1991年之后,越南更需要为自己的发展重新定位。② 面对险恶的形势和挑战,越共中央明确指出,苏联解体和东欧剧变是多种因素综合作用的结果,而不是社会主义的"终结",更不是马克思列宁主义的"失灵"。为此,越共中央加强了对苏联解体、东欧剧变的研究,认为社会主义国家危机的实质是社会主义旧模式的危机。1994年12月越共中央召开了越共七届中期会议,一是提出必须在1995年摆脱旷日持久的经济社会危机。二是明确提出在革新过程中需要着力消除四种危机:一是与本地区和世界许多国家相比经济落后的危机;二是偏离社会主义方向的危机;三是贪污、腐败和官僚主义的危机;四是敌对势力实行"和平演变"的危机。其中,越共中央把缩小与其他国家的经济差距放在了首位,强调摆脱贫困、

---

① 越南共产党:《第七次全国代表大会文件》,越南国家政治出版社1991年版,第12页。
② Stéphanie Balme and Mark Side, *Vietnam's New Order Inter-national Perspectives on the State and Reform in Vietnam*, New York: Palgrave Macmillan, 2006, p. 13.

落后、不发达的社会经济状态是关系到社会主义制度生死存亡的大问题。

（二）越共八大：越南步入开创国家工业化、现代化的新时期

1995年，越共七届中期会议提出的消除经济社会危机的目标基本完成，结束了过渡时期第一阶段的任务，由此，1996年6月召开的越共八大宣布越南社会主义过渡时期步入第二个阶段，即实施国家工业化、现代化阶段。越共八大进一步丰富了越南革新的内涵。

第一，越共八大宣布完成了过渡时期初始阶段的任务，认为越南已具备逐渐转向新发展时期的条件。过渡时期下一个阶段的中心任务是进一步推进国家工业化、现代化。由此，越共八大肯定和延续了越共七届中期会议提出的关于工业化、现代化的观点，并做出了新的补充，强调国家工业化、现代化是全民的事业，是以国家经济为主导的所有经济成分的事业；以发挥人力资源力量作为国民经济又快又稳发展的基本要素，科学技术是国家工业化、现代化的主要推动力；在国家工业化、现代化过程中必须注意经济发展与国防安全的结合。

第二，越共八大加深了对越南社会主义过渡时期阶段性的认识。越共对社会主义过渡时期的认识经历了一个不断深化的过程。1986年越共六大指出越南在过渡时期的初始阶段，其任务和目标是稳定经济社会形势，为过渡时期下一个阶段推进社会主义工业化准备必要的条件。1991年越共七大则强调越南向社会主义过渡将是一个长期的过程，要经历许多阶段，然而，对接下来阶段的具体内涵尚未明晰，颇有"摸着石头过河"的意味。然而，越共八大对越共六大提出的关于过渡时期初始阶段及接下来阶段的观点，开始有了新的认识，其目标更加明确、清晰，指出从1975年到1996年，越南走过了过渡时期的初始阶段，为国家工业化奠定了基础。越南将开始转向下一个阶段，即推行国家工业化、现代化阶段，这一阶段的时间跨度是1996—2020年。

第三，越共八大进一步明确了发展多种成分商品经济的社会主义定向的基本内涵。[①] 社会主义定向是由越共七大提出的。到越共八大又提出了六个理念。1. 长期实行发展多种成分商品经济的政策。鼓励发展多种经济成分和经营组织形式，以解放生产力、最大限度地调动国内外力量、提高经济社会效益、改善人民生活作为头等目标。2. 深化国企改革，把提

---

[①]《国际共产主义运动史》，人民出版社2012年5月，第378页。

高国企经济效益和竞争力作为企业改革的重点。为私人经营者长期安心生产创造有利的经济和法理条件，扩大国家经济与国内外其他经济成分的联营形式。3. 确立、巩固和提高劳动者在社会生产中的主人翁地位，更好地实现社会公平。4. 实行多种分配形式，以劳动成果和经济效益分配为主，同时按照其他要素对生产经营成果的贡献程度进行分配以及通过社会福利形式予以再分配。鼓励合法致富与消除饥饿、减少贫困相结合，避免造成各地区和社会各阶层生活水平及发展程度差距过于扩大。5. 加强国家宏观经济管理与调控能力，充分发挥市场机制的积极作用，克服、阻止和限制市场机制的消极作用。明确不同所有制经济成分在法律面前的平等权利和义务。6. 维护在发展对外经济关系中的国家独立、主权和利益。

第四，越共八大增强了对新发展时期的总体认识。越共八大指出1996—2000年是新发展时期的重要阶段，其任务是集中一切力量，争取时机，迎接挑战，全面协调革新，使沿着市场机制运行的、有国家管理的、社会主义定向的多种成分商品经济继续得以发展。为实现2000年经济社会稳定和发展纲领所提出的目标而奋斗，亦即经济增长快、效益好、解决社会迫切问题、保障国防安全、改善人民生活、增加经济内部积累，为21世纪更高阶段的发展创造条件。

越共中央从越南自身革新实践、中国改革开放及苏联和东欧失败的事件中，吸取了许多重要的经验与教训，强调革新不是自我取消社会主义的目标，而是为了取得社会主义的胜利；革新不是远离马克思列宁主义和胡志明思想，而是为了重新认识马克思主义的正确性，并作为越南共产党和越南革命事业的思想基础和行动指南；革新不是对过去的认识和做法的全部否定，而是为了肯定正确的认识和正确的做法，放弃错误的理解和错误的做法，并采取新的认识和新的做法。在革新的过程中，越共逐渐认识到必须反对三种倾向：一是教条保守主义倾向，不想革新或机械照抄他人做法；二是机会和修正主义倾向，使革新脱离马克思列宁主义和胡志明思想；三是主观主义和唯意志倾向，不顾实际情况，不顾客观规律，取消革新的发展阶段。

### 三　越南社会主义定向市场经济

社会主义定向市场经济是越南进行社会主义经济建设的理论基础和具体模式。它基于两个前提：1. 越南的经济建设必须坚持社会主义方向，革新是为了发展社会生产力以实现社会主义；2. 越南现处于向社会主义过渡的历史时期，因此不能完全排除各种非社会主义的经济成分。① 2001 年越共九大对社会主义过渡时期经济理论和认识发生了一个重要变化，即用"社会主义定向市场经济"替代了"沿着市场机制运行的、有国家管理的、社会主义定向的多种成分商品经济"的概念。越共九大认为"多种商品经济"也就是"市场经济"，两种概念的实际含义是统一的，体现了越南共产党革新路线的一贯性。概念的调整意味着经济革新对象按照社会主义定向本质发展，同时体现对革新对象认识的进步：从理论层面看，发展社会主义定向市场经济是越南在社会主义过渡时期选择的总体经济模式以及最优经济组织形式；从实践层面看，"市场"不单是"商品"，而是超越"商品"程度的商品，是商品经济发展的一个重要质变。

越南理论界认为，首先要把由国家和人民选择的政治目标及社会经济目标作为定向，控制好经济社会发展的运行轨迹；商品生产和商品交换（市场）存在于资本主义社会，也可存在于越南社会主义过渡时期，为越南建设社会主义服务；没有也不可能有脱离社会经济形态，脱离一个国家的社会政治制度而独立存在的笼统的、纯粹的、抽象的市场经济；市场经济是商品经济高度发展的产物，而越南正在建设的市场经济尚处于初级阶段，在越南建成社会主义社会之时，市场经济将会是什么样子是以后需要研究和解决的问题，而当前的现实问题是要集中力量弄清楚社会主义定向市场经济（即越南社会主义过渡时期的市场经济）。

越南理论界将社会主义定向市场经济的基本特征概括为四条：1. 社会主义定向市场经济的发展目标是"民富、国强、社会公平、民主、文明"；2. 社会主义定向市场经济包括多种所有制形式，其中公有形式愈益成为基础，国家经济发挥主导作用；3. 和谐解决经济增长与社会进步、公平之间的关系；4. 在党的领导下，确保社会主义法权国家管理和调节经济的作用。社会主义定向市场经济的特征既反映了发展过程的普遍性，又体现了越南选择的发展模式的特殊性。

越南理论界认为西方经济学家鼓吹的"新自由主义"理论，所宣扬的经济自由化、私人化，并不是社会主义国家的经济思维。事实是，即便在

---

① 吴宇晖、[越]杜氏秋恒、张嘉昕：《论越南社会主义定向市场经济体制——中越社会主义市场经济体制改革之比较》，《经济社会体制比较》（双月刊）2008 年第 3 期。

西方国家，资产阶级依然强烈地干预经济生活。因此，越南在发展社会主义定向市场经济的道路上，必须克服两种倾向：一是对市场经济抱有成见的保守倾向；二是一味地崇拜歌颂市场经济的倾向。

在经济革新进程中，越南共产党一直在探讨怎样将发展公有制经济与废除官僚、集中、包给的计划管理机制结合起来，以及社会主义公有制以什么形式把社会所有与劳动者个人所有有机地结合起来的问题。

越共十大再次强调发展社会主义定向市场经济，指出"在市场经济中，要把握好社会主义定向；提高国家的管理作用和效力；同步发展和有效管理各种市场的运行，保证它们的良性竞争；大力发展各种经济成分，发展各种类型的生产经营组织"①。越共十一大进一步提出了市场经济的定义，"越南社会主义定向市场经济是在越南共产党的领导下，在市场机制和国家管理下运作的多种成分商品经济。这是一种既遵循市场经济规律，又受社会主义原则和性质规约的市场经济模式"②。社会主义定向市场经济的宗旨是发展生产力，发展经济，为社会主义建设提供物质和技术条件，改善人民生活。社会主义市场经济在国家管理下运作。"国家通过法律、策略、计划、方案、政策和物质力量来管理、引导、调节和促进社会经济发展。"③ 在分配制度方面，社会主义定向市场经济"主要是按照完成的工作、经济绩效和资本投入水平、社会保障和社会福利制度等进行分配"④。这是越共在理论上的一项较突出的发展，不仅在宏观经济模型方面，而且在整合和协调经济发展和社会福利方面也是如此。最终有助于在向社会主义过渡时期实现社会平等和进步的目标。

随着理论与实践的不断完善，越共十二大再次阐述和明确了"越南社会主义市场经济是充分在市场经济规则下同步运行，同时确保适合国家不同发展阶段的社会主义方向的经济。这是越共领导下的、社会主义法治国家管理下的现代的全球一体化的市场经济，目标是实现'民富，国强，民

---

① 越南共产党：《第十次全国代表大会文件》，越南国家政治出版社2006年版，第77—87页。

② Communist Party of Vietnam, *Document of the XI Communist Party of Vietnam National Congress*, Hanoi: CTQG Su That Publishing House, 2011, pp. 204 – 205.

③ Communist Party of Vietnam (2011), *Document of the XI Communist Party of Vietnam National Congress*, CTQG Publishing House, Hanoi, p. 74.

④ Communist Party of Vietnam (2011), *Document of the XI Communist Party of Vietnam National Congress*, CTQG Publishing House, Hanoi, p. 74.

主，公平，文明'"①。

此外，为了适应越南社会主义市场经济的实际情况，"公有制"和"主要生产资料公有制"已经被十大的"适当的生产关系"和十一大、十二大的"先进和适当的生产关系"取代。越共认为，"先进而适当的生产关系"的理念，显示了对生产关系与生产力发展之间的适当性规律的进一步认识，并将这一规律应用于越南社会主义定向市场经济模式建设的实践中。

越共认为上述思想和方针经受了实践检验，已经转化为巨大的经济发展成就。首要的是做好经济结构调整，以释放各经济部门的潜力、整合多种所有制经济。国有企业得以改革和重组，占国内生产总值的38.4%，统治着许多关键经济部门，占据主要经济领域。私有企业迅速发展，在许多领域工作成效显著，占国内生产总值的45.7%，对经济社会发展作出重大贡献，尤其是在创造工作岗位和提高人民生活水平方面。集体经济部门多样化发展，贡献约占国内生产总值的6.8%。外商直接投资企业已经达到了可观的增长速度，在出口中发挥了重要作用。随着经济的发展，人均收入不断增加，2015年越南国内生产总值为2040亿美元，人均收入为2200美元。②

越共已经逐步认识到，社会主义定向市场经济并非市场经济与社会主义的简单拼凑，而是对市场经济客观规律的研判和驾驭。换言之，它既不是资本主义条件下的自由市场经济，也不是全面完善的社会主义市场经济，而是向社会主义过渡时期的具体经济模型。通过对实践和世界形势的分析，越共提出了通过发展社会主义定向市场经济向社会主义社会逐步过渡的目标。至于这个过渡期有多久，其间还会经历多少阶段，需要在实践中不断探索。

### 四 越南的政治系统（定向）革新

越共六届六中全会（1989年）首次使用了政治系统的概念，明确了政治系统的组织和活动方式革新的要求。《越南社会主义过渡时期国家建

---

① Communist Party of Vietnam, *Political Program for Country Development in the Socialist Transition Stage*, Hanoi: Su That Publishing House, 2016, pp. 9 – 10.

② Dinh The Huynh, Phung Huu Phu, Le Huu Nghia, Vu Van Hien, Nguyen Viet Thong (co-authors), *30 years of renovation and development in Vietnam*, Hanoi: CTQG Publishing House, 2015, pp. 101 – 102.

设纲领》(1991年)认定"在新的阶段,国家政治系统的全部组织及其活动是为建设和逐步完善社会主义民主,保障一切权力属于人民"。越共七大政治报告(1991年)明确指出,革新和健全国家政治系统的实质是建设社会主义民主,确保人民的作主权,确认民主既是革新事业的目标,又是革新事业的动力。越共七届中期会议(1994年)对政治系统又有了新的认识,将"继续建设和逐步完善越南法权国家——人民的、由人民选出的、为人民的国家,运用法律管理整个社会生活,把国家引向社会主义定向的发展"纳入政治系统的活动内容。越共八大(1996年)开始总结政治系统革新的经验和教训,指出在越南政治系统革新中,踏出了谨慎和稳重的步伐,开始解决迫切而复杂的问题,对政治系统既要大胆革新,又不允许在制定路线和政策中犯错误。

越南理论界认为根据马克思列宁主义观点,社会主义政治系统是社会组织系统,劳动人民在社会中真正实现了自己的作主权力。发展社会政治系统的基本方向是继续扩大社会主义民主;扩大公民参与国家和社会管理的范围;加强人民对党组织、政府、干部的监察、监督;不断完善国家权力机构;提高各人民团体和社会组织的积极性。越南政治系统革新的最高目标是保持社会主义定向,把越南民族独立与社会主义结合起来,实现民富、国强、社会公平、民主、文明。自1986年革新以来,越南政治系统革新集中在以下四大问题。

第一,关于社会主义民主。越南理论界认为,社会主义民主是当今越南社会的一种国家政治形式,它保护公民的自由、平等权,承认人民是权力的主体。人民的作主权应得以体制化,成为具有国家性和法权性的标准,成为国家和其他政治设计的运行和组织原则。越南共产党对社会主义民主的新认识以胡志明关于在越南建立社会主义民主的思想为基础。胡志明认为民主必须与人民作主权紧密相联,指出"民是根""民是主""民作主",民必须享有作主权,同时必须会利用作主权。越南社会主义民主的特征是一党领导的民主。越南现行宪法规定越南共产党是"国家和社会的领导力量",明确反对政治多元化和多党制。

第二,关于一切权力属于人民。越南共产党制定革新路线的过程是确定国家是人民的、由人民选出的、为人民的社会主义法权国家的过程。这一思想早在1951年越共二大就已初步提出,并在1986年越共六大以来召开的党的历次全国代表大会上逐步得到发展。越南现行宪法第六条:"人民通过由人民选出的和对人民负责的、代表人民意志和愿望的机关——国会和人民议会行使国家权力。"明确规定了保证国家权力属于人民。

第三，关于建设社会主义法权国家。"建设人民的、由人民选出的、为人民的法权国家"，首次出现在越共七届中期会议（1994年）的文件中，这是越南共产党关于越南社会主义法权国家理论认识发展的重要标志。越共八大（1996年）再次提出建设和完善社会主义法权国家的问题。越共八大文件指出，"加强社会主义法制，建设越南法权国家。利用法律管理社会，同时要重视教育，提高道德水平"。越共八届三中全会和七中全会进一步具体化了关于建设越南社会主义法权国家的观点，即建立人民的、由人民选举的、为人民的国家是以工人阶级、农民阶级及知识阶层为联盟，由共产党领导的社会主义法权国家，对侵犯国家利益和人民利益的一切行为实行专政。越共九大（2001年）进一步提出要"在党的领导下建设社会主义法权国家"。

越南理论界认为，法权国家不是资本主义独有的"产品"，而是属于人类社会、人类文明。越南社会主义法权国家的确立基于"两个前提"：一是以社会主义定向市场经济作为经济前提；二是以马克思列宁主义和胡志明关于越南社会主义思想作为前提。

第四，实现社会主义与发挥人民在经济社会发展过程中的创造性是一致的。越共六大强调发挥民主是为了创造国家发展的强大动力；越共七大肯定革新所取得的成就是社会生活各领域初步实现社会主义民主；越共八大首次提出实现民主机制的方针："民知、民议、民做、民查"；越共九大提出了民主与团结相互关系的重要观点：国家发展的主要动力是在党领导下工人、农民和知识阶层联盟的基础上的全民大团结，把个人、集体和社会利益和谐结合起来，发挥全社会各种经济成分的潜力和潜能。2011年1月召开的越共十一大，在理论和实践两个方面进一步突出了社会主义民主的重要性和作用。

越南理论界认为确立党领导下的社会主义民主符合越南社会生活的实践，而且需要把中央一级的民主与实现基层民主紧密地结合起来。越南社会主义民主是以党领导、人民作主、国家管理作为全社会管理的总机制，其中党既是政治系统的一部分，又是政治系统的领导核心，党在宪法和法律框架内活动，党和人民不搞多元政治，不搞对立的多党。2010年3月，时任越共总书记阮富仲在访问印度期间接受印度媒体采访时重申：越南拒绝多党制。有记者问：越南实行多党制或者多党共存的时机是否已经成熟？对此阮富仲坚定地表示："我们实行的一党制是最有效的。"他说："我个人认为，并不是多党就更民主、两党的民主会少些、而一党执政民主又会更少。每个国家的历史环境都不同。重要的是，社会是否发展，人民的生活是否幸福温饱，国家是否稳定，是否日益向前发展。这才是最重要的标准。"① 民主、法律、纪律是辩证统一的关系，如果民主脱离法律与纪律，就不会有真正的民主，要坚决反对极端民主。

### 五 越共十二大以来的越南革新走向

2016年1月20—28日，越南共产党第十二次全国代表大会在河内举行。越共十二大在越南革新三十周年的时刻召开，并且是在当时越南国内和周边局势出现了很多新情况的背景下召开，因此备受关注。越共对三十年来革新的成就给予了充分的肯定，并总结了经验和不足，提出了今后继续坚持社会主义革新的目标、方向、任务和主要指标。大会还采用新的选举办法选举出具有过渡性质的越共新一届领导班子。从十二大召开的情况来看，会议文件和高层人事安排与事先准备情况有出入，而大会最终推举已经超过七十岁的越共总书记阮富仲留任而不是由此前呼声很高的越南总理阮晋勇来担任该职，更是出乎意料。尽管越共政权暂时得以平稳过渡，但面临的问题和困难却并未消除。同时，自2008年世界经济危机爆发以来，越南经济困难重重：经济增长率不断下降，通胀率日益增加，许多外国企业撤出越南市场，越南法定货币多次贬值，越南面对前所未有的大挑战。

（一）越共十二大报告的主要内容与"国家愿景"

2016年1月21日，在越共十二大开幕式上，阮富仲宣读了大会的政治报告，报告的主题为《加强建设纯洁、坚强的党；发挥全民族和社会主义民主的力量，全面、同步推进革新事业；坚决捍卫祖国、维护和平稳定的环境；为早日将越南基本建设成为面向现代化的工业国而奋斗》。越共十二大报告的主题集中体现了今后五年越南发展的总体目标和方向。

阮富仲在大会上的发言包括六个部分。第一部分：稳步走在革新的道路上。该部分主要是对过去五年工作和三十年革新进行总结，并提出未来

---

① 林锡星：《阮富仲：越共新任总书记》，《环球》2011年第3期。

坚持革新的发展方向。其基本精神是：过去五年成绩是在国际和地区局势复杂演变背景下取得的，来之不易；三十年的革新成就不可否认，充分证明越南共产党把马克思列宁主义创造性地运用于越南的实践，走社会主义道路是正确的，因此，今后越南将继续沿着社会主义道路发展，继续创造性地运用和发展马克思列宁主义，坚持胡志明思想，推进越南社会主义定向的革新事业。第二部分：快速持续发展，为早日将越南建设成为一个现代化的工业国而努力奋斗。主要内容为对经济体制改革和发展的方向性指导。第三部分：坚定保卫祖国，维护和平稳定的环境，提高对外关系的效率，积极主动地融入国际。该部分对过去五年越南国防、安全和对外关系进行了总结并提出今后的发展方向。值得注意的是，该部分把领土主权、国家安全、政治社会的稳定和对外关系放在一起阐述，提出把国防、安全和外交与国家总体经济社会文化相联系的思路，大大压缩了报告草案中该部分内容所占的篇幅，而且去掉了报告草案中提出的在对外关系中要坚持"既合作又斗争"的内容。第四部分：发挥民族大团结力量和社会主义民主，建设和完善社会主义法权国家。本部分强调民族团结，推进民主法治建设。第五部分：建设廉洁、强大的党，提高党的领导能力和战斗力。本部分将加强党的建设和改革政治系统相联系，与以往相比有明显差异。报告的最后提出了下一任期的重点工作任务，包括六个方面。一是加强党的建设和整顿，制止和打击党内的政治思想、道德作风退化和"自我演变""自我转化"现象，加强干部队伍尤其是战略级干部队伍的建设，使他们具备与其职务匹配的能力、品德和威信。二是把整个政治系统建设成为精简、运作有效的机构，加强防止贪污腐败、浪费和官僚作风的斗争。三是加紧落实各种旨在提高经济增长质量、劳动效率和竞争力的措施，继续有效落实三项战略突破（完善社会主义定向的市场经济体制；从根本上全面改革教育培训，发展人力资源，尤其是高质量的人力资源；建设配套的基础设施）；把全面调整经济结构与革新增长方式相结合，大力推动国家的工业化和现代化；重视农业、农村的工业化和现代化，并与建设新农村相结合；抓紧解决好国有企业重组问题，重新调整国家财政预算，处理好坏账，保证公债的安全。四是坚持斗争，坚决捍卫祖国的独立、主权、统一和领土完整，为了国家的发展而维护和平稳定的环境，保障国家的安全，维护社会秩序的安定。拓展和深化对外关系，抓住机遇克服挑战，在新的条件下有效融入国际，继续提高越南在国际上的地位和作用。五是大力吸收和发挥人民的各种资源和创造力。提高人民的物质和精神生活水平,解决紧迫性的问题,加强社会管理,保证社会安定和个人的安全,保障社会民生,提高社会福利,减少贫困,发挥人民当家作主和民族大团结力量。六是在社会生活的各个领域都要发挥人的因素,注意对人们的道德、品格、作风、智慧和办事能力的建设,建设良好的文化环境。这部分内容是历次大会政治报告所没有的。

越共十二大以来,越南逐步落实十二大提出的任务和目标,取得了一些成绩。越共结合新的实践确立了越南2045年国家发展愿景。2019年2月19日,越南总理阮春福在视察越南计划投资部时,将国家愿景表述为:越南要在独立100周年之际成为高收入发达国家。他将总体愿景分为两个战略步骤:第一步,到2030年,实现人均收入18000美元,使越南步入高收入国家行列;第二步,力争在2045年国家独立100周年之际,将越南建设成一个富强、繁荣、稳定的发达国家。[①]

(二) 更加注重经济发展的质量与人的协调发展

经过社会主义市场经济的实践,越共十二大继续做补充并肯定,"越南社会主义定向市场经济是充分按照市场经济规律运行,同时确保社会主义定向符合国家不同发展阶段的经济。那就是现代化和融入国际的、基于由越南共产党领导的社会主义法治国家管理之下的、旨在实现'民富、国强、民主、公平、文明'的目标"[②]。越南社会主义定向市场经济不仅体现经济发展方面,而且体现在对该经济发展条件下人的发展基础的认识。

第一,三十多年革新的经济增长成就为改善就业做出重要贡献。

越南2001—2010年经济社会发展战略肯定:"解决就业问题是发挥人的决定性因素,稳定和发展经济,使社会健康起来,满足人民的正当而迫切愿望。"[③]

越南的经济革新有利于扩大就业机会和提高人民的生活质量。在农业领域,1981年农业领域的包产到户制,1988年的农业承包制,1993年的土地法解散一系列活动无效的合作社并扩大农民、农户在农业生产和发展

---

[①] 赵卫华:《2045年,越南能否成为发达国家?》,《世界知识》2019年第6期。
[②] 《越共十二大文件》,越共中央办公厅2016年版,第25页。
[③] 《越共九大文件》,越南国家政治出版社2001年版,第201页。

方面的选择。农民对土地享有更多的权利，农民可自由选择做什么、怎么做和把产品卖给谁。因而，随着农村经济结构按照生产多样化方向发展，农民的就业机会增多且更为优质。很多行业基于每个区域的自认优势得到较快发展。

在工业领域，国有经济给企业更多自主权、鼓励私人经济发展、吸引外国直接投资的革新已经形成新的人力资源分配机制。因此，劳动者的就业机会不再限制在国有企业，劳动者可以自由就业。

开放和鼓励出口也是近年来越南经济增长的动力之一，为解决就业问题和提高劳动者收入做出了积极贡献。在农村，除了粮食生产和出口，咖啡、塑料、腰果、海产品等一系列出口产品数量的迅猛增长为农民带来提高收入的就业机会。纺织和鞋类等出口行业的高速增长也吸引了很多劳动者就业。

由此，在2000—2014年，就业机会快速增多。2000年，全国362万人实现就业。到2014年第四季度，534.4万人实现就业。[①] 失业率低，劳动者的生活得到改善。新的经济结构初步形成并拉动市场关系，有效地分配人力资源同时发挥生产者的活力。

第二，随着人民生活水平不断提高，越南的人均收入日益增长。

近年来，经济的高速增长使人民的实际收入增长。人均收入高速增长：人均收入从1990年的200美元增长为2005年的600美元。[②] 从2008年起越南的人均国内生产总值已经超过1000美元，2010年越南从低收入国家迈入中等偏低收入国家行列。2014年越南人均国内生产总值达2028美元，超过越共十一大提出的2015年达2000美元的目标。在经济增长前提下，越共十二大提出"到2020年人均国内生产总值达3200到3500美元"[③]的目标。人均国内生产总值快速增长意味着人类发展指数内的收入指数提高。随着收入的增长，公民可以选择种类多样、质量更好的产品和服务。

在经济增长带来的成果基础上，投资到社会领域的财政也开始上升，"2008年，越南投资到医疗领域的包括私人区域在内的所有资金来源占国

---

[①] 来源：越南国家统计局。
[②] 中央理论总结指导小组：《1986—2006年20年革新一些理论与实践问题总结报告》，越南国家政治出版社2005年版，第68—69页。
[③] 《越共十二大文件》，越共中央办公厅2016年版，第81页。

内生产总值的7.3%"①,从2012年起,医疗支出占全国年财政支出的比重提高到8%。同与越南国内生产总值水平一样的国家相比,这是相当高的医疗财政支出。因此,越南已经建设起一个广泛的医疗网络,初步为人民做好医疗工作,为提高越南人的体质做出重要贡献。

在教育领域,2008年"教育支出占国内生产总值的5.3%,占全国财政支出的19.8%"②,2012年教育支出占国内生产总值的20%。这个数字相比其他地区乃至世界很多国家都是很高的。对教育领域的大量投资是发展国民教育的重要前提,对发展越南人的智力起决定性作用。

可以说,在越南,人的发展的最大成就之一是消饥减贫。越南的消饥减贫工作得到推动并取得成效。革新之前,贫困状况很普遍,贫困人口比例达到70%。按照世界银行的包括粮食、食品贫困和非粮食、食品在内的贫困标准,越南的贫困户比率从1993年的58.1%下降到1998的37.4%、2005年的22%。基于这个成就,越南已达到2015年的消饥减贫目标,即提前完成目标。在2010—2013年(已采用新的贫困标准),全国贫困户比例从2010年的14.2%下降到2011年的11.76%、2012年的9.6%、2013年的7.6%—7.8%。③ 较快地实现了消饥减贫。

第三,经济发展条件下人的发展面临的挑战。

1. 经济增长跟不上人口增长。经济是越南发展的基础。我们看到,这些年来,越南经济快速增长,人民的经济生活有较大提高。然而,实际上,越南人口总数世界排名第13位而越南经济排在第42位,人均收入处在"平均低"的水平。经济发展还不够强,因此医疗、教育以及社会保障水平还不够高。

人口快速增长影响就业率。自1990年以来,虽然越南在保证数百万劳动人民的就业上取得一些成就,尤其是为贫困户脱贫提供帮助,但是由于人口的增长,劳动资源继续上升,解决劳动者的就业仍然是今后最大的挑战。

2. 贫困问题仍然有很多需要关切的问题。越南的消饥减贫速度较快,但各地区之间不均衡及存在一些不可持续因素。在平原地区和大都市,贫

---

① 联合国开发计划署:《2011年人类发展报告》(英文版),第16页。
② 联合国开发计划署:《2011年人类发展报告》(英文版),第17页。
③ http://giamngheo.molisa.gov.vn.

困户比率较低,而在农村、山区、偏远地区该比率仍然很高,有些地方贫困比率达到50%以上,个别地区达到60%—70%。重新陷入贫困的现象在很多地方尤其在山区、少数民族地区仍然存在。

3. 收入差距有上升的趋势。虽然收入有所改善但各行业之间、各经济成分之间、各区域之间和各社会成分之间的人均收入不平等加剧。各行业之间的不平等体现为高收入的行业只使用少数劳动者,而使用多数劳动者的行业则收入较低。各经济、社会成分的不平等体现为20%最富的人平均收入是20%最穷的人平均收入的9.4倍(2012年的统计)。收入不平等还体现在少数民族的平均收入上,以及收入增长率呈下降趋势。各区域之间的平均收入差距相当明显。日益加剧的贫富差距不仅为人的发展造成挑战,而且影响越南整体的经济社会发展。这些挑战要求越南党和国家为人民尤其是社会中弱势群体提出和制定更多的主张和政策。

4. 经济高速增长但不可持续,增长质量有待提高。目前,越南的经济增长主要依靠增加资金和使用缺乏技能的劳动,这导致经济增长但人均收入和本地区的其他国家比起来要低。由于收入低,人们只能在吃、穿、住、行等最迫切的需求方面节约地支付,对其他需求如文化活动、学习、业务培训的支付有限。因此,提高生产率和加大人力资源投资仍是今后越南经济增长的重要政策建议。

5. 经济增长产生很多环境问题。集中发展重工业如钢铁、水泥、矿产、化料给环境带来较大影响。在融入国际的过程中,越南要避免从发达国家进口落后设备和产能。破坏森林建水电站,破坏海边森林以开采钛,破坏江河、渠道建立工厂、工业区等使环境受到严重威胁。在农村,通过破坏环境来开采自然资源的现象普遍存在。

(三)对民主建设认识的深化与突出党的纯洁性建设

一直以来,美国和西方不断就民主、人权、自由等价值观问题向越南施压。越南国内甚至越共党内也一直有人受西方的影响。越共十二大文件的重要内容之一是加强社会主义民主和社会主义法制建设。越共中央军委和国防五部机关报《人民军队报》在2016年5月19日(胡志明主席诞辰)发表了题为《党的领导是确保越南民主的决定性因素》署名文章。文章集中反映了越南党和军队关于民主的观点:理论和实践均已证明,越南的社会主义民主制度只有在唯一的政党——越南共产党,一个真正的马列主义政党的正确、创新领导下才能得到充分、全面、彻底的实现;评价一个社会是否民主,其标准并非政治党派数量多寡或是否实行"多元政治、多党制",关键是看执政党是不是真正的革命党,是不是真正代表人民的利益;以马列主义、胡志明思想为指导思想的越南共产党的领导才是越南社会主义——一个"比资本主义民主好百万倍的民主制度"取得最后胜利的不可替代的根本保证,"多元政治、多党制"或是走社会—民主道路的图谋,必然导致迷失政治—阶级方向、模糊社会主义制度的阶级本质,自我放弃社会主义制度。①

2016年越南政治的突出主题是加强党建。越共十二大报告把"建设纯洁、强大的党"放在首位,首次将"道德建党"与"政治建党""思想建党""组织建党"相提并论,报告制定未来五年党建的十个任务,包括革新、健全党的组织机制和政治系统,加强检查、监督及党纪的效果,反对个人主义、机会主义和实用主义,大力推动反贪污、反浪费等。5月,政治局颁布"学习胡志明思想、道德和作风"的第5号指示,体现出越共更加重视道德建设的新思路。7月,越共十二届三中全会聚焦"组织建党",要求全党严格、统一执行党章,通过了《党章执行规定》《党的检查、监督和纪律的工作规定》。10月,越共召开十二届四中全会,重点讨论加强党的建设和整顿工作,防止、打击政治思想蜕化、品德变质、生活变奢和党内"自我演变""自我转化"等现象,全会决议明确指出,要求"多元""多党"、三权分立,发展公民社会,否认革命成果,歪曲历史,制造党内分裂,否认党对武装力量绝对直接的领导、党对于报刊的领导,宣传狭隘民族主义、宗教极端思想,利用"民主"、"人权"、民族、宗教造成内部分化,就是"自我演变""自我转化"。全会决议还指出"自我演变""自我转化"主要是源于内因,未来需要"建""防"相结合。随后,越共政治局颁发第4号计划,指导各级党委学习十二届四中全会决议;召开全国干部工作会议,贯彻决议内容。这是越南第一次通过直播形式向全国63个省市传达党中央决议。②

同时,越共十大以来,越南加大了政治体制革新的步伐。其中,在党内选举方面,推出一系列革新措施,包括干部年轻化、扩大选举差额比

---

① 《党的领导是确保越南民主的决定性因素》,《人民军队报》2016年5月19日。
② HươngThùy, "NghịquyếtTrungương 4 tănggiámsátcủa dântrongxâydựngĐảng", Vietnamplus, http://www.vietnamplus.vn/nghi-quyet-trung-uong-4-tang-giam-sat-cua-dan-trong-xay-dung-dang/423408.vnp.

例、在省部级以下实行直选等，旨在适应社会民主化发展趋势，同时强调在"加强民主的同时提高集中"，以保证越南共产党对国家的领导权。为了使高层领导的选举更加有章可循，2014年6月，越共中央颁布的新《党内选举规则》的最大变化是：原规则范围只包含地方和各部门，而新的选举规则涵盖了中央委员会的选举。① 此外，为了保证延续性，十二届中央委员将按照3个年龄梯段进行规划，其中50岁以下的占15%—20%，50—60岁的占65%—70%，60岁以上的占5%—10%。但新的选举规则允许"特殊情况"的存在，但任何"特殊情况"都必须经过中央委员会投票表决通过。②

2017年5月5—10日，越南共产党十二届五中全会在河内举行。越南共产党中央总书记阮富仲主持会议。在本次全会上，越共中央委员会高度评价2016年政治局、书记处的领导、指导以及落实十二届四中全会关于党的建设与整顿的决议的工作报告和检查结果。给予越南共产党中央政治局委员、胡志明市市委书记、越南国家油气集团原党委书记、主席丁罗升党内警告，并给予其撤销越共第十二届中央政治局委员职务的处分。越共中央委员会审议和讨论了政治局提交的关于从十二届四中全会到五中全会已经解决重大事项的报告、关于2016年党内检查、监督和纪律处分工作的报告、关于2016年党内财政工作的报告，并提出意见和建议。③

2017年10月4—11日，越南共产党十二届六中全会在河内举行，越南共产党中央总书记阮富仲主持会议。会议通过了《关于继续精简、有效地革新、调整党政组织机构的决议》《关于继续革新国家事业单位组织机构和管理体系，提高工作质量和效果的决议》等文件，补选了第十二届中央政治局书记处书记，讨论了政府检察长和交通运输部部长的人事问题。撤销越南共产党中央委员、岘港市市委书记阮春英2015—2020年任期岘港市委书记、市委常委职务，撤销其第十二届中央委员资格。号召越南全党、全民和全军加强团结和统一，努力工作，克服万难、完成挑战，坚决保卫国家独立、领土主权和安全，胜利完成今后的目标和任务；有效落实

---

① 越南共产党：《中央执行委员会关于颁布党内选举规则的第244QD/TW号决定》，2014年6月9日，越南共产党电子报，http://daihoi12.dangcongsan.vn/Modules/News/NewsDetail.aspx?co_id=28340727&cn_id=401107。

② 潘金娥：《从越共十二大看越南革新的走向》，《当代世界与社会主义》2016年第1期。

③ 农立夫：《越南：2017年回顾与2018年展望》，《东南亚纵横》2018年第2期。

六中全会提出的各项决议，为胜利实现越南共产党的十二大决议做出贡献。①

2018年，越南社会主义革新在加强党的建设上稳步发展，党的干部队伍建设尤为引人注目。2018年5月，越共召开十二届七中全会，就干部队伍尤其是战略级干部队伍的建设问题进行了集中讨论。这既是对越共十二大部署任务的具体落实，也是对八届三中全会关于干部战略决议二十年的总结、革新和发展。七中全会后颁布了《关于集中建设德才兼备的各级干部队伍尤其是战略级干部队伍的决议》《关于干部、公务员、职员、武装力量和企业员工的薪酬制度改革的决议》《关于社会保险政策改革的决议》等三项决议。这三项决议对于党的干部队伍建设、执政安全及政治系统建设意义重大、影响深远。②越共十二届七中全会进行了中央层面系列干部职务调整，以优化和提升干部队伍，批准陈国旺不再担任中央检查委员会委员和主任职务，由原中央检查委员会常务副主任陈锦秀接任主任一职。越共十二届七中全会通过的干部能力建设决议提出未来干部队伍建设的重点是：加强干部政治、思想、道德教育；改进干部管理方式；严格监督干部权力运用；引入民众监督和评价机制，建立一支有素质、有能力、有声望的干部队伍，并着重培养战略层面的干部。此外，该决议设定了未来干部能力建设的路线图。③10月，越共十二届八中全会召开，在此次大会上，越共中央总书记阮富仲被中央委员会以100%的赞成率提名为新一届国家主席人选，接替已过世主席陈大光的职务。④越共十二届八中全会通过"发挥干部、党员榜样作用"的决议，要求高级干部绝对忠于祖国、人民和党并愿意为之献身，认真努力完成分内工作，不断提高个人能力和思想水平，一旦个人能力和声望不足以满足工作需求，要勇于辞职；要坚决肃清个人主义、利己主义、官僚主义，不影响党的威信，不损害国家利益，防止"跑官""要官"、因私干预各级干部任免工作，杜绝贪污、受贿、浪费国家财产、以权谋私等行为，并加强对亲属的约束。

越共十二大以来，越共着力于建立一整套"不能贪、不敢贪、不必贪"的反腐体制机制，并且出台一系列政策措施消灭腐败。一是继续摸索

---

① 农立夫：《越南：2017年回顾与2018年展望》，《东南亚纵横》2018年第2期。
② 姜辉、潘金娥：《国际共产主义运动发展报告》，社会科学文献出版社2019年版，第8页。
③ 聂慧慧：《越南：2018年回顾与2019年展望》，《东南亚纵横》2019年第1期。
④ 姜辉、潘金娥：《国际共产主义运动发展报告》，社会科学文献出版社2019年版，第8页。

信任测评制度。在越南第 14 届国会第 6 次会议期间，48 名干部接受国会信任测评，这是本届国会首次举行的信任测评。在越共十二届九中全会上，中央委员对政治局委员和中央书记处成员进行了信任测评。二是进一步完善反腐工作机制。例如，越南第 13 届国会第 6 次会议通过的《反腐败法（修订案）》，根据近几年反腐工作的实际执行情况对原法案进行了补充，清除了此前反腐工作中的障碍，并确保其符合越南缔结或加入的国际条约。国会还通过《公债管理法》《规划法》等一系列与反腐工作相关的法律法规。此外，越南积极推动干部财产申报工作，加强行政督察和专项督察。[①] 2018 年，越共反腐取得突破性进展，"越南查处了一批性质恶劣、案情复杂、金额巨大、舆论关注的大案，而且还将反腐利剑指向越共高层，大批高级干部、国有企业高管涉案"[②]。在 2019 年 5 月 14 日的党政领导骨干会议上，阮富仲强调，只有坚定不移地反腐，党和政府才能得到人民群众的支持。可以假设，即便阮富仲退出政治舞台，越南的反腐败工作依然不会停摆，因为反腐事关越共的生死存亡。[③]

马克思主义执政党历来重视思想理论工作。越共在过去三十多年中在执政党理论方面取得了十个主要成就。"一是执政规律，二是执政观念，三是执政基础，四是执政方略，五是执政内容，六是执政机制，七是执政方式，八是执政的力量源泉，九是执政环境，十是执政的潜在危机。"[④]

总之，越共十二大是在越南社会主义革新进程中的重要时刻召开的，大会总结了革新三十年的经验和不足，实现了权力的过渡，明确表示今后将坚持原有的社会主义的革新方向，并采用新的选举制度选举出具有延续性的新一届领导班子。然而，在这些稳定的表面背后，各种斗争和面临的挑战并未消除。此外，伴随着越南民主政治体制的革新，各种思想也鱼龙混杂，导致越南社会出现了各种不同的社会思潮，其中夹杂了实行西方民主化、多党制和三权分立的主张。与此同时，不少党员干部对西方"和平演变"缺少应有的警惕，党内多年贪污腐败现象未能得到根本扭转。

---

[①] 聂慧慧：《越南：2018 年回顾与 2019 年展望》，《东南亚纵横》2019 年第 1 期。
[②] 姜辉、潘金娥：《国际共产主义运动发展报告》，社会科学文献出版社 2019 年版，第 8 页。
[③] 成汉平：《越南：阮富仲"隐而再现"折射的政治信号》，《世界知识》2019 年第 12 期。
[④] 武文福：《越共社会主义建设实践与理论的新发展——基于总结 30 多年革新实践与理论研究》，《人民论坛·学术前沿》2019 年第 16 期。

## (四) 国家工业化和现代化目标的确立

进入革新时期,在科学分析国内外条件的基础上,越共提出了新条件下国家工业化和现代化进程的新的指导观点。这些观点是越共七届七中全会第一次提出的,并由越共的八大、九大、十大、十一大和十二大加以完善和发展。

工业化和现代化的基本目标是:使越南成为具有现代物质和技术基础、合理的经济结构、现代生产力,以及与之相适应的先进生产关系的高度发达的经济体,具有较高的物质和精神生活水平,强大的国防和安全,实现民富、国强、民主、公平、文明。从现在到 21 世纪中叶,使越南成为一个社会主义定向的现代化国家。

现代科技革命对社会生活的各个领域都产生了深远的影响。同时,在融入国际和全球化的影响下,越南既面临诸多机遇同样也面临挑战。随着世界知识经济的发展,越南进行了工业化和现代化发展。在发展知识经济之前,可以不经历从农业经济到工业经济的先后发展。这是后发国家的优势,而不是主观臆断。因此,越共十大提出:将知识经济作为国民经济和工业化的重要组成部分,推进与知识经济发展相关的工业化和现代化。

工业化和现代化是全体人民和所有经济部门的事业,其中科学技术干部,管理科学干部,以及熟练工人队伍具有特别重要的作用。工业化和现代化的人力资源需要数量、结构和资格之间的平衡,需要具有学习和利用世界先进科学技术成果并具有创造新技术的能力。越共十一大《社会经济发展战略》指出:"发展和提高人力资源,特别是高质量人力资源是一项战略突破,是促进科学技术的发展和应用,经济结构调整,转变增长模式,成为最重要的竞争优势,确保快速,有效和可持续的发展的决定要素。"[1]

科技具有提高劳动生产率,降低生产成本,提高竞争优势和总体经济发展速度的决定性作用。越南在经济不发达和科技潜力低下的情况下发展社会主义,为了加速与知识经济发展相关的工业化和现代化进程,科学技术的发展就是不可或缺的。必须促进技术的多种选择,购买与内源技术发展相关的发明,以快速革新和提高技术水平,特别是信息技术、生物技术和新材料技术等。

---

[1] 《越南共产党第十一次全国代表大会文件》,越南国家政治出版社 2011 年版,第 130 页。

越共十二大继续指出:"未来时期的工业化和现代化将继续在社会主义定向的市场经济发展和与融入国际的背景下,发展以科技、知识和高素质人力资源为主要动力的知识经济;同时动员并有效分配所有发展资源。建立合理的经济和劳动结构,发挥比较优势,提高劳动生产率和竞争力,深入参与生产网络和全球价值链;使工业文明支配着越南的生产和社会生活;根据每个时期的条件快速而可持续地发展。越南国家工业化和现代化经历了三个步骤:第一,为工业化和现代化创造前提和条件;第二,促进工业化和现代化;第三,提高工业化和现代化的质量。未来五年,越南将继续促进国家的工业化和现代化,同时重视农业和农村地区的工业化和现代化,保持持续快速发展;努力快速基本实现现代化和工业化国家的目标。"①

(五)积极融入国际社会,提高外交工作实效

越共十二大报告对过去五年及革新三十年来越南外交的成就与问题加以总结,并在分析、判断当前国际和地区局势的基础上,提出越南外交今后五年的总体路线和方向。越共中央宣教部认为越南外交的发展方向包括五个方面:"一是以遵守国际法基本原则、坚持平等互利为基础;二是坚持独立自主和平合作的外交路线;三是多样化和多边化国际关系;四是主动而积极地融入国际;五是使越南成为国际社会可信赖的朋友和负责任的成员。"报告指出,未来五年越南外交工作任务包括:一是深化对外关系,提高外交工作实效;二是坚决反对干涉内政,打击各种阴谋颠覆活动;三是基于国际法基本原则、1982年《联合国海洋法公约》和地区行为规则,完成边界谈判,推动海上问题的解决;四是注重发展与传统友好国家和周边国家的关系,推动与大国和重要国家的关系,在东盟建设中积极主动发挥作用,扩大党政外交、人民外交;五是大力推动积极主动融入国际战略,以经济融入为重心,其他融入要服务于经济发展,避免陷入敌对和被动局面;六是积极主动参加国防安全多边机制,包括联合国维和机制和其他非传统安全领域的演习,等等;七是加强研究和预测工作,加强外交干部人才队伍培养;八是保证党的统一领导和国家集中管理,协调好党政外交与人民外交、经济外交与政治外交、外交与国防安全等方面的关系。②

---

① 《越南共产党第十二次全国代表大会文件》,越南国家政治出版社2016年版,第90页。
② 潘金娥:《越共十二大之后越南外交战略的新趋向》,《当代世界》2016年第11期。

2017年，越南积极开展双边和多边外交，尤其是大国外交，将越中关系、越美关系视为重点。2017年，越中两国关系稳定健康发展，两党两国领导人特别是最高领导人实现互访，为越中两国关系稳定、健康发展创造了前提条件，使两国政治、经贸、人文交流等关系更加密切。2017年，中国继续保持为越南最大贸易伙伴。越美两国关系保持稳定发展，实现两国领导人互访。2017年5月29—31日，越南政府总理阮春福率领高级代表团访问美国。访问期间，两国发表了《关于加强越南—美国全面伙伴关系的联合公报》。2017年11月11—12日，美国总统特朗普访问越南，并且出席越南在岘港市举行的有21个成员领导人出席的亚洲太平洋经济合作组织第25次领导人非正式会议。访问期间，两国发表《越南—美国联合公报》。2017年，美国保持为越南最大商品出口市场。此外，2017年越南党和国家领导人频频出访东盟国家，加强双边关系。越南国家主要领导人访问德国和日本等国。①

2018年8月，越南召开第三十次外交工作会议，明确了未来两年外交发展的方向和主要任务：进一步解放外交工作思路，提升越南国际地位，特别是在涉及越南核心利益的问题上要发出更强硬的声音、表达更积极的立场，并首先在区域问题上秉持这一点；继续开展独立、自主、和平、合作和发展的外交路线，发展多边化、多样化外交关系，积极主动融入国际社会，服务国家和民族利益；充分利用国家优势，积极主动参与和塑造多边机制；以深入发展与邻国和大国关系为首务，推动与各国的政治、经济和安全合作，本着合作、友谊、管控分歧的思路，依据国际法和区域惯例处理与他国的分歧；以东盟、《全面与进步跨太平洋伙伴关系协定》、世界贸易组织为核心，兑现越南的国际承诺，让经济外交更好助益国内经济发展；提升针对大国、邻国和区域形势的战略研判和预警能力；加强涉外部门间的配合，特别是外交和国防部门的配合；重视外交干部队伍培养。未来，越南外交仍会围绕提升越南国际地位、扩大开放，以及融入国际组织以推动越南经济快速可持续发展而展开。②

在对外经济方面，值得注意的是，越方最新的统计数据显示，2019年第一季度吸引外资与去年同期相比猛增80%，这让越南上下喜不自禁，以

---

① 农立夫：《越南：2017年回顾与2018年展望》，《东南亚纵横》2018年第2期。
② 聂慧慧：《越南：2018年回顾与2019年展望》，《东南亚纵横》2019年第1期。

至于自信心爆棚。挟此业绩,借美国打压中国5G技术和高科技之机,越方提出独立自主研发5G技术,虽未明说拒用中国的华为技术,但在中美科技博弈如火如荼之际自然让人产生诸多联想,何况这一决定与这一地区的其他国家坚定不移地使用中国的华为技术的做法不同。相较之下,越南的这一举动实在令人费解:一方面,对越投资额之所以快速而惊人地上升,是因为中美贸易战期间原来投向中国的资金流向了越南;另一方面,越南极有可能不具备独自研发5G技术的能力。罔顾这一事实只会导致误判。①

目前越南已经签署加入由美国主导的TPP协定,该协定一旦得到各国国会的通过,TPP将成为美国运用其国内法主导亚太地区经济的一个平台,越南也将被纳入其中。TPP条款中涉及了工会制度、国有企业、自由结社以及党和国家对经济的管控权受到跨国公司限制等条款。因此,美国驻越大使在接受BBC记者采访回答"是否对越南领导人选举结果表示意外"这一问题时明确表示:相对于谁来主政越南,美国最关心的是越南是否将继续融入国际及领导人在加入TPP方面达成一致。② 实际上,这反映了美国通过TPP改变越南的信心。内外挑战相互交错,对以阮富仲为首的新一届越共领导班子而言是一个巨大考验。

纵观越南的革新事业,可以看出它是一个渐进的、逐步深入、不断总结经验教训和不断完善的过程,虽起步比较晚,但步伐较快。越南的革新事业缘起于内外交困的全面的经济社会危机,但越南进行革新的过程也是其不断结合越南国情与自身实践主动进行有关社会主义理论和社会主义道路研究、探索的过程。越南革新事业成功地抵御了苏东剧变多米诺效应的冲击,借鉴国外经验的同时,逐步形成了具有越南特色的社会主义发展模式,并取得了经济社会发展的巨大成就。但是,就如同阮富仲在十二大闭幕式上总结时提出的那样:越南面临着很多困难和挑战。越南社会主义建设面临的内外问题、挑战和困难不少,任务重大而艰巨。

## 第二节　古巴社会主义的理论与实践探索

古巴全称古巴共和国,位于加勒比海西北部,北距美国佛罗里达半岛

---

① 成汉平:《越南:阮富仲"隐而再现"折射的政治信号》,《世界知识》2019年第12期。
② BBC越南语网站消息:《美越关系:总体关系比个人重要》,2016年2月19日,http://www.bbc.com/vietnamese/vietnam/2016/02/160218_ambassador_ted_osius_interview_scs。

180公里，现有人口1100万左右，官方语言是西班牙语。古巴共和国成立至今已有50多年的历史，是现存五个公认的社会主义国家中唯一一个不在亚洲，而位于西半球美洲的国家。

古巴走上社会主义道路是历史的选择。古巴在16世纪被西班牙人殖民。从19世纪中期开始，古巴人民开始反抗西班牙人的统治并要求独立。为了维护其在古巴的经济利益，美国在古巴独立战争即将取得最后胜利的时刻，以"援助"古巴独立为名，介入了战争，史称美西战争。美国胜利后，对古巴实行军事占领。1953年7月26日菲德尔·卡斯特罗（Fidel Castro）率领一批爱国青年为反对美国支持的巴蒂斯塔独裁统治，攻打圣地亚哥城的蒙卡达兵营，失败后建立"七·二六运动"组织。卡斯特罗流亡墨西哥，聚集革命力量，于1956年11月乘"格拉玛"号游艇在奥连特省南岸登陆，转赴马埃斯特腊山区开展游击战争。1959年1月1日，在其他革命力量的配合下，卡斯特罗率领起义军进入首都哈瓦那，推翻巴蒂斯塔政权，新的古巴共和国宣告成立。古巴革命胜利后，美国采取敌视古巴政策，妄图颠覆新生的古巴政权。1961年4月古巴粉碎美国策划的吉隆滩入侵，宣布进行社会主义革命。同年5月1日，卡斯特罗宣布古巴是社会主义国家。同年7月，"七·二六运动"组织与古巴人民社会党、古巴"三·一三"革命指导委员会合并，成立古巴统一革命组织，后改名为古巴社会主义革命统一党，1965年又改名为古巴共产党。1975年举行古巴共产党第一次全国代表大会，卡斯特罗当选为党中央第一书记。[①]

**一 古巴对社会主义建设道路的曲折探索**

半个多世纪以来，无论是美国的政治打压和经济封锁，还是苏东剧变的恶劣影响，都没能颠覆古巴的社会主义政权。古巴人民在古巴共产党的领导下不畏艰难，积极探索着符合本国特色社会主义道路。

（一）政治领域

古巴对社会主义政治制度的探索集中体现在其民主政治的建设上。古巴国父卡斯特罗认为社会主义民主的实质在于切实保障人民的民主权利，实现人民参政议政的愿望。半个多世纪以来，古巴民主政治建设的核心内容就是实现人民高效的政治参与。卡斯特罗指出国家政权属于人民、来自

---

① 徐世澄：《当代拉丁美洲的社会主义思潮与实践》，社会科学文献出版社2012年7月版。

人民、服务人民，必须调动人民的政治热情和当家作主的自觉性、责任心。为完善古巴民主制度，卡斯特罗不断推进民主政治的制度化、法制化建设，探索实现社会主义民主的各种方式。在实践中，古巴经历了60年代对直接民主的追求——70年代代议制民主的确立——90年代后对参议制民主的探索过程。①

1. 20 世纪 60 年代对直接民主的追求和实践

60 年代初，卡斯特罗对社会主义满怀理想主义的憧憬，明确表示古巴不走资产阶级议会制民主的道路，也不想照搬别国模式，要搞出一套自己的办法来。他认为资产阶级议会民主制是虚伪的、假民主和非正义的。"在社会不平等、不公正的情况下，在社会分裂为富人和穷人的情况下，不会有真正的民主。没有平等就没有自由和民主，古巴要用新型的民主去取代专制独裁和资本主义民主。"② 于是，古巴开始了对"直接民主"的追求和实践。直接民主就是通过大型群众集会或群众组织和社会团体的直接参与，讨论和通过国家和政府的方针政策。古巴对直接民主的探索为民主政治建设提供了一个良好的开端，激发了人民参与政治和社会生活的热情。但这种群众运动式的直接民主的局限性日益显现，缺少科学性、规范性、程序化和法制化的弊端日益暴露，古巴出现党政不分、权力过于集中、官僚主义严重、体制不健全、制度缺失等问题。这种"直接民主"并没有有效体现人民的权利。卡斯特罗自己也意识到在追求民主的道路上操之过急了，他后来回忆说，"我们曾犯了某些理想主义"③的错误。这一阶段古巴建立与完善了国家常设机构与政府机构，古巴将国家机关分为三类，即人民政权机关、国务委员会和部长会议，它们都按照民主集中制的原则建立，但又各具特色。

2. 20 世纪 70 年代代议制民主的确立

60 年代末，由于行政效率低下，经济恶化及西方民主大潮的冲击，卡斯特罗认识到政治理想化、缺乏规范、专制独裁倾向等错误，70 年代，古巴开始借鉴苏联体制化建设经验，以现实主义代替理想主义，促进民主政

---

① 张金霞：《卡斯特罗关于古巴民主政治的探索与实践》，《社会主义研究》2011 年第 4 期。
② [古] 萨洛蒙·苏希·萨尔法蒂编：《卡斯特罗语录》，宋晓平等译，社会科学文献出版社 2010 年版，第 50 页。
③ [古] 菲德尔·卡斯特罗：《全球化与现代资本主义》，王玫等译，社会科学文献出版社 2000 年版，第 88 页。

治制度化、法制化建设。古巴主要采取以下三点措施。一是建立人民代表机关并进行司法制度的改革。通过选民选举产生国家权力和立法机构——人民政权代表大会，1976年2月，古巴第一部社会主义宪法规定，古巴共和国是工人阶级领导的、以工农和其他劳动人民联盟为基础的社会主义国家，一切权力属于劳动人民，人民通过全国人民政权代表大会和地方人民政权代表大会行使国家权力。通过人民政权代表大会，古巴将直接民主与间接民主有机结合起来，人民政权代表大会制成为古巴政权的组织形式和根本政治制度。民主和法制在古巴有效地结合起来，古巴开始赋予人民参与国家政治生活的合法程序和正常轨道。1992年修改后的宪法进一步完善了国家机构的职能划分。三是实行政府、党和军队的政治职能分立。对古巴共产党及中央执行机构——政治局和书记处进行改革，加强军队的正规化、专业化、现代化改革，将政府职能细化，推动行政管理民主化。

通过70年代一系列有效措施的推行，古巴结束了政治生活无序、失范的状态，政治体制基本稳定，政治生活走上了制度化、规范化的道路。

3. 20世纪90年代以来对参议制民主的探索和实践

80年代中期后的苏东改革引起了古巴民众思想上的混乱，美国也趁机大肆攻击古巴社会主义的民主政治和人权，一些拉美国家也对古巴指手画脚。国内极少数反对分子和非法组织蠢蠢欲动，并同流亡在美的反古分子相勾结。古巴一时形势严峻，尤其是90年代以来古巴经济危机加剧的情况下能否坚持社会主义令人担忧。在内困外扰下，古巴在进一步完善人民政权代表大会制的同时，开始了探索参议制民主的实践。

1993年在哈瓦那举行的第四届圣保罗论坛上，卡斯特罗提出用"深刻的参议制民主去反对新自由主义所倡导的虚假的民主"[①]。这是古巴官方文献中首次出现"参议制民主"的词汇。1996年第六届圣保罗论坛会议后，"参议制民主"在拉美左派中引起广泛讨论。参议制民主是古巴将直接民主和间接民主有机结合的一次积极尝试，它与代议制民主的区别主要体现在选举方式和决策方式上。选举方式上，人代会代表的提名来自各个基层选区，而不是来自政党。决策方式上，涉及公众的一切事务，大至国家的重大方针政策，小到街区或乡村的具体问题，均需要通过普通民众的讨论征求意见，才能做出决定。在1999年12月，在争取"埃连回国"事件

---

① 毛相麟：《古巴社会主义研究》，社会科学文献出版社2005年版，第110页。

中，公开论坛的组织形式成为群众参政议政的又一新机制。21世纪以来，古巴又创造了全民公决的参与形式。

民主是社会主义的本质。没有民主就没有社会主义。不断创造条件丰富人民参政议政的形式，这是古共执政的法宝。在面临内忧外患的考验时，古共清醒地认识到人民群众的智慧在社会主义建设中的巨大作用。事实证明，参议制民主适合古巴国情，是同人民群众保持密切联系的重要途径，它为古巴建设、巩固社会主义奠定了强大的群众基础。

（二）经济领域

古巴社会主义经济建设的道路充满曲折，主要表现在对生产关系，即计划（国家）和市场的关系上政策缺乏一贯性，经历了几次反复。1959年古巴革命胜利以来，古巴生产关系的调整和改革先后经历了以下几个阶段。

1. 民主改革与社会主义改造（1959—1963年）

1959年古巴革命胜利后，首先进行了民主改革，具体内容包括土地改革、外国企业国有化和城市经济改革。至1960年，古巴建立了独立国家的经济体系和生产关系。1961—1963年进行社会主义改造，扩大国有化范围，进行第二次土地改革，建立计划经济体制。通过社会主义改造，古巴进入社会主义时期。但由于这一时期古巴急于改变单一经济结构，曾一度大幅削减蔗糖生产，提出实现农业多样化和短期内实现现代工业化的目标。由于此种战略过于脱离实际，1963年经济发展遭遇挫折。

2. 对社会主义经济体制的探索（1963—1976年）

1963—1966年间，古巴就市场和计划之间展开了一场辩论。辩论的结果是主张消灭市场的观点占了上风，1967年，卡斯特罗亲自主管经济工作，实行了进一步否定商品和货币作用的簿记登记制。1968年，古巴展开"革命攻势"，接管了几乎所有的私人中小企业、手工业作坊和商店，消灭了城市中的私有制，与此同时，扩大免费的社会服务，用精神鼓励取代物质刺激。

3. 社会主义经济体制确立和完善（1976—1985年）

20世纪60年代对古巴经济发展道路的探索并不成功，促使古巴进行反思。1976年至1980年期间，古巴确立了经济领导和计划体制。企业开始实行自筹资金制，1977年企业间建立购销关系，允许职工从事第二职业。国家重视发挥价值规律作用，承认过渡阶段货币和商品的地位。20世纪80年代上半叶，古巴采取一系列措施，调整经济政策，巩固和发展70年代经济体制化和合理化成果。虽然受到国际糖价暴跌、古巴出兵海外等因素的不良影响，但新体制大大解放了生产力，这一时期古巴经济年均增长率维持在4%以上。

4. "纠偏运动"（1986—1989年）

1986年，为了避免走上苏联和东欧国家的自由化改革之路，古巴国内展开了"纠偏运动"。主要措施包括：关闭农贸市场，恢复国家的统购统销制度；禁止私人买卖房屋；禁止出售手工艺品和艺术品；禁止私人行医和限制向工人发放奖金等。通过"纠偏运动"，加强了权力的集中，使古巴稳固了社会主义政权，没有走上苏东改旗易帜的道路。

5. 20世纪90年代开始革新开放（1990—2006年）

1991年，古共召开四大，推出对外开放的国策，允许个体、合资、外资等多种形式的经济发展方式。1997年10月，古共召开五大，会议总结了古巴建国以来的经验教训，制定了跨世纪方针，其要点是：坚持共产党领导和坚持社会主义，反击美国的经济制裁和政治及意识形态攻势，在不改变社会性质的前提下，继续稳步进行经济变革，并尽可能减少由此带来的社会代价。古共五大通过的《经济决议》强调"在经济指导中，计划将起主要作用，尽管在国家的调节下，已给市场机制打开了一个空间"。古共五大后，又继续推出了一些新的变革举措。

6. 古巴经济模式的"更新"（2006年至今）

2006年劳尔主政后，古巴采取了一系列新的经济变革措施，对社会主义经济模式进行改革，但古巴领导人一般不提古巴是在进行改革，意在强调不是对过去的否定，而是在原有基础上进行升级，强调古巴所做的是在"更新社会主义"。2011年，古共六大成功召开，通过了《经济和社会政策的纲要》，标志着以经济模式更新为主线的古巴新一轮社会主义改革正式拉开大幕。《纲要》在坚持社会主义计划经济，强调国有企业是所有制的主要形式和继续实施全民免费医疗和免费教育的同时，提出了精简机构、下放权力、扩大企业自主权、允许和鼓励个体经济、大力发展农业、实施粮食与食品进口替代战略、取消不必要的供应与补贴、逐步取消购物本和货币双轨制等措施。这次"更新"社会主义模式是古巴在面对内外交困情境下做出的重要举措，是一场观念和体制的变革。在《纲要》的指导下，古巴大刀阔斧地改革，虽然遇到很多困难，但成效已经初步显现。根据 2012 年 8 月古巴官方发布的数字,个体经营者人数从 2010 年 11 月的 14.4 万人增至 2011 年年底的 39.10 万人。货物及劳务的盈余相当于国内生产总值的 1%。① 最主要的是"更新"社会主义已经成为古巴全国上下的共识,古巴领导人和民众的观念都发生了根本变化,开始把发展经济作为工作重心,强调克服收入、工资的平均主义,承认市场因素,更加注重效率,急切地期望通过更新经济模式提高生活水平。

(三) 社会民生领域

虽然古巴经济发展的水平并不高,但社会民生建设卓有成效。古巴不仅把社会发展当作全体国民的根本权利,而且是社会主义制度优越性的重要体现。因此,古巴积极推进社会发展,不断健全社会保障网络。在医疗卫生、教育文化和社会保障体系的建设方面,古巴的探索是非常成功的。20 世纪 80 年代中期,古巴就建立了一套覆盖全体居民的、包括文化教育、医疗卫生、体育以及社会救济等在内的、"从摇篮到坟墓"的社会保障体系。例如,古巴教育是免费的,学生从 6 岁到 16 岁为义务教育阶段,校服、学习用品等都由国家提供。特别值得一提的是,古巴的医疗保健制度因为技术精湛、理念先进、效果显著而为世界所瞩目。全球最高的人均医生比例、最全面的婴儿免疫覆盖范围、最公平的医疗保健获得渠道等都在古巴。2003 年联合国开发计划署的《人文发展报告》显示,古巴的卫生指标可以与美国等发达国家相比较,有的指标诸如人均医生数远远超过美国。2009 年联合国人类发展报告显示,古巴在社会领域取得了显著成就。古巴教育指数为 0.993,与澳大利亚、芬兰、新西兰并列世界第一;古巴居民的人均预期寿命是 78.5 岁,是拉丁美洲和加勒比海地区人均预期寿命最高的国家之一(另一个是智利)。②

覆盖广泛的社会保障体系保证了较高程度的社会公平,是古巴引以为傲的地方。但是也应该看到,古巴"重公平、轻效率"的政策导致生产效率低下、政府负担过重、经济发展缓慢,劳动者工资收入低至无法满足基本生活需求。当前古巴进行的"更新"经济模式改革也是在寻求走出"有公平、无增长"的发展困境。理论与实践表明,过分追求公平

---

① 杨建民、毛相麟:《古巴的社会主义及其发展前景》,《拉丁美洲研究》2013 年 4 月。
② 张登文:《古巴:在新自由主义中建设社会主义》,《中共石家庄市委党校学报》2014 年第 11 期。

或过分追求效率，都不会给民众带来长久的福利。处理好公平与效率的关系，在经济发展的同时促进社会公平，才能保证经济社会的可持续发展。

（四）古巴共产党自身建设领域

古巴实行一党制，古巴共产党是古巴的执政党。40多年来，古共在严峻的外部环境下，特别是在苏东剧变后恶劣的国际环境中，能够始终坚持和捍卫社会主义，并以"稳步的改革开放"来巩固和发展社会主义，这与古巴共产党注重自身建设，不断革新求变是分不开的。

在指导思想方面，古巴共产党在强调坚持马克思列宁主义和社会主义的同时，根据形势的发展，对党章的有关规定重新进行了修改。主要有三条：一是在1991年古共四大上，正式将古巴民族英雄和思想家何塞马蒂的思想，与列宁主义并列，确定为"党的指导思想"，并将其第一次载入古巴宪法；二是修改了不允许信仰宗教者入党的规定，党章第一次明确规定教徒也可以加入古巴共产党。这对扩大党的群众基础，改善古巴国际形象，赢得更多国际同情和支持，具有积极意义；三是在2019年2月通过的新宪法中，将菲德尔·卡斯特罗思想列入古巴党和国家的指导思想。

在思想建设方面，古共坚持革命的理想和信念不动摇，坚持走社会主义道路，坚持共产党的统一领导，明确不搞"多党制"；古共重视并善于做群众的思想政治工作，把开展"思想战"看作是关系古巴生死存亡的大事。古共思想政治工作最大的特点是有针对性，把"思想战"与解决老百姓的实际问题相结合。另外，古共充分利用党校教育系统，对党的领导干部和党员，进行系统培训，规定每个新党员都要在基层党校接受100个小时的党性教育。

在组织建设方面，古巴实行党领导下的立法、行政和司法三权分工与配合制度，同时通过民主集中制原则对古巴实行全面领导。近年来，古巴精简了机构和人员，简化了办事程序，提高了工作效率；重视培养和选拔德才兼备的年轻干部进入各级领导班子，保障革命事业后继有人。在发展新党员时，坚持劳动者代表大会推荐党员制度。

在作风建设方面，古共实行集体领导制度，发扬党内民主，强调干部要与群众同甘共苦，建立水乳交融的亲密关系。党的领导人生活简朴，深入基层，不搞特殊，亲自垂范，一切重要决策都要听取群众意见，经群众共同讨论,不仅要反映党员的愿望,也要切实反映群众的利益,推行"全国和谐"原则。古巴共产党具有艰苦朴素、平易近人、密切联系群众的优良传统。国家对于领导干部的工资、住房、医疗、用车都作了详细规定。工资方面,干部的工资实行完全公开化,根据2001年的工资标准,全国职工平均月工资为245比索,局级和部级干部的月工资都是400多比索,最低工资与最高工资的差距只有1:5,领导干部不能从事本职之外的其他职业;住房方面,古巴职工的住房是由国家统一分配的,主要标准是个人需求而不是官职大小,除个别领导人有单独的官邸外,绝大部分领导干部的住房分散在普通民众的居住区之中。生活必需品的供应标准和全民公费医疗对于古巴所有国民一视同仁。① 这些举措保证了古巴共产党作风整体较为廉洁。对于党员领导干部中的贪腐现象,古共实行从严治党治吏,1996年,颁布了《国家干部道德法》,对国家机关工作人员规定了26条戒律,对徇私舞弊腐化堕落行为,处罚非常严厉。在反腐工作中,非常重视监督的作用,不断健全廉政建设监督机制。为加强纪检机构建设,成立了"监察部",以监督和打击腐败行为,并强化党的"申诉委员会"制度的监督职能,公正处理党员违纪案件。②

## 二 古共七大后古巴社会主义新动向

2016年4月16日至19日,古巴共产党召开第七次全国代表大会。会议选举产生了新一届古共中央委员会、政治局和总书记,并首次提出了古巴"经济社会发展模式理论化"和"2030年经济社会发展国民计划"等治国理政新方略。古共七大是古巴在面对深刻变化的世情、国情、党情的背景下召开的一次重要会议,对国内外关注的"古巴社会主义向何处去"做了积极回应,体现出古巴社会主义发展的一些新动向。2018年4月18日至19日,在古巴第九届全国人民政权代表大会上,古巴选举产生了新一届国务委员会。这是1959年古巴革命胜利以来国家领导人的首次"代际更替"。迪亚斯·卡内尔(Miguel Díaz-Canel)当选国务委员会主席兼部长会议主席,劳尔·卡斯特罗(Raúl Modesto Castro Ruz)仍将担任古共中

---

① 张红建:《古巴共产党管党治党的成功经验与启示》,《聊城大学学报》(社会科学版)2018年第2期。

② 肖爱民:《古巴社会主义模式的回顾和展望》,《湖南城市学院学报》2006年第5期。

央第一书记至 2021 年古共八大。尽管此次古巴党政权力属于"渐进式"更替，但这种平稳过渡为古巴建设"繁荣、可持续的社会主义"提供了重要的制度保障。2019 年 2 月 24 日，古巴全民公决通过了新宪法《草案》，进一步从法律上重申古巴政治经济社会制度具有社会主义特性，古巴共产党是古巴社会有组织的先锋队，是社会和国家的最高政治领导力量，古巴人民遵循"马克思、恩格斯和列宁社会解放思想"。新宪法的颁布和实施将进一步夯实古巴社会主义制度的基础，从国家根本大法的战略高度，进一步扫清制约古巴改革的各种观念和制度方面的障碍，从而加快实现"繁荣与可持续社会主义"模式"更新"的目标。[①]

（一）肯定更新模式，开启社会主义模式理论化和制度化的新探索

古共七大阐述了古巴经济模式更新的复杂性、主要成就与不足，并表示将继续推进古巴经济模式更新，不急躁、不懈怠，重申了古巴坚持社会主义道路的决心与信心，并决定实行模式更新的理论化和制度化探索，提出建设"繁荣可持续的社会主义"更新目标。尽管肯定了更新模式，承认市场对于经济发展的重要作用，但是也明确表示反对市场中心主义，禁止财富集中。劳尔在《中心报告》中强调，古巴绝不会实行所谓的"休克疗法"和新自由主义，经济模式更新绝不意味着对平等正义的革命理想的背弃，也绝不该破坏拥护古巴共产党的绝大多数古巴人民的团结，更不该让古巴民众陷入不安定和不确定中。古共七大《关于古巴社会主义经济社会发展模式理论化的决议》指出，古巴"模式理论化"工作旨在系统阐释以人类尊严、平等和自由为基础的古巴社会主义原则，总结古巴社会主义理想的本质特征，定义时代变革。决议认为，只有通过有利于公平分配的财富增长、生活水平的提高、集体和个人追求，进而坚持社会主义价值观，提高劳动生产率，才能实现古巴社会主义的巩固和可持续发展。古共七大提出的"社会经济模式理论化"和 2030 年古巴国民发展计划是古巴共产党在治国理政方略上做出的一次重大创新，为古巴党和国家的重大决策提供了有利的分析工具，标志着古巴社会主义进入理论化和制度化探索的历史新阶段。[②]

---

[①] 徐世澄：《古巴新宪法："变与不变"》，《唯实》2019 年第 6 期。
[②] 贺钦：《古共七大前后古巴社会主义的新动向与新挑战》，《宁夏党校学报》2018 年第 1 期。

(二) 领导人"代际更替"平稳过渡为建设"繁荣、可持续的社会主义"提供了制度保障

自 1959 年古巴革命胜利至今，古巴共产党和国家一直由卡斯特罗兄弟领导。他们能够长期执政是古巴历史和人民的选择，在古巴国内拥有不可动摇的执政地位和权威。2011 年古共六大推动全党上下对新时期加强党的建设进行了大讨论。2012 年 1 月，古共召开党的首届全国代表会议，对党员领导干部任期制以及年龄限制做出了明文规定。规定古共党政领导干部担任重要领导职务最长不得超过两届，每届任期五年。在 2016 年古共七大上，劳尔重申自己将于 2018 年的全国人大会议上卸任国务委员会主席兼部长会议主席之职。劳尔遵守诺言，在 2018 年古巴第九届全国人民政权代表大会上宣布卸任，迪亚斯·卡内尔当选国务委员会主席兼部长会议主席之职，劳尔仍担任古共中央第一书记直至 2021 年的古共八大。尽管此次权力更替属于渐进式，但在古巴政治历史上无疑具有划时代意义。领导人代际更替的平稳过渡标志着古巴社会主义建设事业后继有人，领导体制更为规范化、制度化，有利于古巴未来领导层架构和内外政策的稳定性，为古巴建设"繁荣、可持续的社会主义"提供了制度保障。新当选的国务委员会成员平均年龄为 54 岁，绝大多数出生于 1959 年古巴革命胜利后。国务委员会主席卡内尔虽然属于新生代，但履历相当丰富，是从基层一步步走上高级领导层的。新宪法对国家领导体制做了一定的调整，新设立了政府总理职位，将国家元首与政府首脑由一人担任改为两人分别担任，并规定国家主席首次当选年龄不超过 60 岁，为改变古巴政坛老龄化问题严重，推动古巴领导层年轻化做出了制度安排。

(三) 对市场、私有制和外资的态度更加开放包容，为进一步深化经济改革提供制度法律保障

2019 年新宪法重申古巴实行以全民所有制为所有制主要形式和以经济计划领导为基础的社会主义经济制度的同时，又增加了"为了社会的利益考虑、调节和控制市场"的内容，这说明古巴领导层已经意识到市场的重要作用。新宪法首次承认私有制，把私有制作为古巴经济所有制形式之一，这表明古巴政府在强调全民所有制占主导地位的同时，肯定合作所有制、私有制、混合所有制和个人所有制等所有制形式的存在，这是对古巴近十年经济改革实际的回应。新宪法还肯定了外资的作用，规定"国家促进外资，并向外资提供保障，外资是国家经济发展的重要因素"。这些举

措表明，古巴在对待私有制、市场等过去被贴上"资本主义"标签的事物上思想更加解放，态度更加包容务实，这必然为古巴进一步深化经济社会改革扫清思想障碍，使古巴继续沿着更新社会主义的方向阔步前行。

### 三 古巴社会主义建设面临的挑战与前景

古巴改革的大门已经开启，新一代领导层决心将引领古巴进入深化改革的新时期。但也应该看到，其面临的国内外环境极其复杂严峻。历史上，古巴在困难时期也搞过改革，但都无果而终。这次改革能否使古巴走上繁荣可持续的社会主义发展道路，对新一代领导层是一个重大挑战。

（一）从国内来看，面临着处理好改革、发展、稳定关系的重大挑战

更新进程中，古巴政府大刀阔斧地推出了一系列改革举措，明确表示要改变过去低效率、平均主义的弊端，提倡多劳多得，但长期计划经济主导下的古巴社会保障水平高，收入差距小。从民众的承受力以及社会稳定角度考虑，政府不会轻易削减现有的福利政策。这就需要较高的经济增长水平提供保障。但是，古巴近年来的经济表现显然不能满足国家需要和民众期待。更新进程为古巴经济形势带来一些积极的改变。但是古巴经济结构单一，经济基础薄弱，内生增长动力不足，外部依赖性强，经济发展主要依靠糖业、旅游业及镍、卫生劳务输出支撑。虽然古巴政府一直致力于改变单一的经济结构，但自然资源禀赋决定了古巴经济高度的外部依赖性。受2008国际金融危机以及飓风旱灾等自然灾害的影响，镍的价格大幅下跌，粮食价格大幅上涨，使古巴外汇收入减少，支出增加，恶化了原本困难的经济状况。2015年GDP增长率为4%、2016年负增长0.9%、2017年在旅游业的拉动下恢复微弱增长。①

（二）从国际环境来看，美古关系的一波三折及拉美整体政治局势的右转给古巴外部发展环境带来不确定性

历史上，美国对古巴长期实行不间断的经济、贸易和金融封锁，并扶持不同政见者颠覆古巴政权，使古巴社会主义时刻处于危险的外部环境中。奥巴马政府期间，美国向古巴伸出橄榄枝，美古恢复正常外交关系。

---

① 范蕾：《从换届选举看古巴领导人代际变迁及未来挑战》，《世界社会主义研究》2018年第6期。

特朗普上台以来，收紧对古政策，美古关系摩擦不断。美方以大使馆人员遭受"声波攻击"为由，先后撤离了部分驻古巴使馆人员及家属，并驱逐了10多名古巴驻美外交人员。受特朗普对古政策的影响，2017年多家美国航空公司宣布停飞古巴线。① 2019年5月，美国宣布实施1996年通过的"赫尔姆斯－伯顿法"第三条。根据该条款，1959年古巴革命胜利后，凡是被古巴政府"没收"的美国公司和个人财产，美国公民可以在美国法院向使用这些财产的古巴实体以及与其经贸往来的外国公司提起诉讼。② 这给刚刚升温的美古关系蒙上新的阴影。特朗普政府对古政策表明，尽管双方恢复形式上的外交关系，但美国对古巴实施封锁的基本立场依然没有改变，美对古政策的不确定性依然存在，美古关系彻底正常化的道路依然漫长。阿根廷、巴西等国右翼取代左翼执政，加之传统的哥伦比亚、秘鲁、墨西哥、智利等右翼执政的拉美国家，在拉美形成"左退右进"的政治格局，美国重申"门罗主义"，拉拢右翼政府对古巴施压，给古巴的外部环境带来了不良影响。

（三）古巴社会主义建设既面临着国内外重重挑战，但也拥有难得的发展机遇

从国内来看，从政府到民众对"更新"社会主义模式基本形成共识。从国家领导人到普通民众都意识到古巴社会主义发展模式必须改变，新一任政府改革决心坚定，目标明确，普通民众的思想解放了，改革主动性增强了，对市场经济、按劳分配有了较高程度的认可，这为古共"更新"社会主义提供了良好的社会环境。

从国际环境来看，国际金融危机宣告新自由主义彻底破产，资本主义固有的制度矛盾进一步凸显，中国特色社会主义的蓬勃发展使社会主义制度的优越性充分发挥，世界上反资本主义的运动推动左翼人气上升，世界上肯定支持社会主义的声音越来越多，为世界社会主义发展拓宽了空间。

在新政府的坚强领导下，古巴人民一定能够在坚持社会主义原则的前提下，进一步解放思想，发挥更大的创造力，开启古巴特色社会主义建设

---

① 贺钦：《古共七大前后古巴社会主义的新动向与新挑战》，《宁夏党校学报》2018年第1期。

② 吴正龙：《美启动制裁古巴法律条款，一石三鸟》，《北京日报》2019年5月13日第10版。

的新征程，将社会主义的旗帜高高飘扬在西半球的天空。

## 第三节　老挝社会主义建设的理论与实践

老挝全称为老挝人民共和国，是一个位于中南半岛北部的内陆国家，北邻中国，南接柬埔寨，东界越南，西北达缅甸，西南毗邻泰国，国土面积为23.68万平方公里。老挝现有人口近700万，分为49个民族，分属老泰语族系、孟—高棉语族系、苗—瑶语族系、汉—藏语族系，统称为老挝族。通用老挝语。

老挝是历经曲折才走上社会主义道路的。19世纪60年代起，法国开始向老挝渗透，老挝逐渐成为法国的殖民地。20世纪40年代初，日本侵略印度支那，占领了老挝，对老挝开始了殖民统治。几年之后，老挝人民起义，赶走了日本侵略者。但随后，法军以武力重占老挝，使老挝又成为殖民地国家。之后，老挝各阶层人民展开了抗法斗争，最后，法国被迫承认老挝独立，撤出老挝。其后，美军又入侵老挝，挑起了老挝国内左派爱国力量、中立力量和亲美右派力量之间的内战，致使老挝长期混乱，政府多次更迭。直到1975年，老挝人民革命党在万象召开首届全国人民代表大会，终止了国内混乱状况，废除了君主制，建立了老挝人民共和国。

自从建立老挝人民共和国之后，老挝人民革命党带领老挝人民在探索如何建设社会主义的道路上不断前进。经过三十余年的发展，老挝社会主义的理论与实践取得了巨大成绩，为世界社会主义建设的历史增添了辉煌的一笔。

### 一　老挝社会主义建设的三个发展阶段

老挝长期受外敌入侵，经济落后，发展缓慢，在积贫积弱的基础上走上了社会主义道路。从1975年建国至今，老挝的社会主义建设实践大致可分为以下三个阶段。

第一阶段，大概从1975年至1986年，是老挝人民革命党带领老挝人民盲目向社会主义社会过渡的阶段。建国初，老挝人民革命党认为老挝已经进入了社会主义建设的新阶段。1975年10月，老挝人民革命党召开二届三中全会，正式宣布："老挝已经完成了民族民主革命，并开始不经过资本主义的发展阶段而直接进入社会主义阶段。"全会指出:"老挝当前的主要任务,是进行社会主义改造和社会主义建设。"① 在这样的指导思想下,老挝人民共和国开始盲目地向社会主义过渡,对生产资料进行社会主义改造,实行农业合作化、工业国有化、商业统购统销、限制商品流通、关闭自由市场,对外闭关锁国,只同苏联等少数几个国家有经济往来。由于急躁、盲目,这些过渡性政策引起了社会的不满,尤其农业强行合作化引起了农民的强烈不满,因此引发了社会动荡。在这种情况下,老挝人民革命党及时调整政策,停止合作化运动,开始经济改革。1979 年 12 月召开老挝人革命党二届七中全会,承认多种经济(国有、集体、个体、资本主义、公私合营)并存的合法地位,起到了一定的积极作用,但急于向社会主义过渡的方针并未改变,相反更系统化了。这集中体现于 1982 年老挝人民革命党的三大,大会强调"要坚持不经过资本主义发展阶段直接走上社会主义是老挝革命的必由之路"。这在实践中,容易导致不经过生产力的长足发展,单纯在政治上和经济成分上过渡到社会主义的倾向。而且,三大制定的过渡时期总路线强调:"巩固和加强无产阶级专政,组织并保证各族劳动人民相互团结,发挥做国家主人,做社会主义主人的权利,同时进行三项革命(生产关系、科学技术、思想文化),充分发掘并发挥国家的一切潜力,从农林业起步,以农林业的发展作为工业发展的基础,改造自然经济,逐步把小生产引向社会主义大生产,把老挝建设成一个农、林、工发达的和平、独立、统一的社会主义国家。"② 由此可以看出,当时老挝人民革命党对国情的认识不符合实际,犯了急躁冒进的错误。后来老挝的发展实践证明,这种盲目的急于向社会主义过渡的行为重复了其他社会主义国家的失误,是一种盲目过渡,最后导致老挝的"一五"计划未完成,使老挝这一时期工农业生产徘徊不前。③

第二阶段,大概从 1986 年到 1990 年,是老挝全面改革、探求新发展道路的时期。由于建国初几年老挝的盲目过渡引发了一系列问题,老挝人民革命党及时反思,总结经验教训,重新认识本国的国情,认为老挝还处于向社会主义过渡的初级阶段,制定了符合实际的改革开放新路

---

① 陈跃主编:《科学社会主义理论与实践》,高等教育出版社 2007 年版,第 166 页。
② 杨瑞林:《老挝对社会主义运动的调整与探索》,《东南亚纵横》1998 年第 4 期。
③ 冯颜利等:《亚太与拉美社会主义研究》,中国社会科学出版社 2013 年 12 月版,第 46 页。

线。1986年11月，老挝人民革命党召开四大，"认为老挝还处在向社会主义过渡的初级阶段"①，提出了全面改革的新措施，其核心内容是：打破国有经济的垄断地位、鼓励发展多种经济成分；改革旧的管理体制；调整商品货币关系；改革税收、金融、外贸体制。老挝人民革命党四大以后召开了几次中央全会，制定了一系列方针政策，如四届五中全会就经济结构、管理体制、干部作风等方面的改革作出了决议；四届六中全会强调把自然农民经济转化为商品农民经济，实行农户承包制，争取外援和吸收外资；四届七中全会又强调，"老挝迄今为止仍是世界上最不发达的国家之一，因此，目前老挝尚不具备建设社会主义的物质基础。老挝革命的最终目标是实现社会主义，但当前老挝处于向社会主义过渡的初级阶段，以后还要经过若干阶段和相当长的时间才能逐步进入社会主义。老挝仍处于建设和发展人民民主制度、为逐步进入社会主义创造必要条件的历史阶段"②。这一时期，社会主义改革浪潮席卷全世界，老挝人民革命党受此影响，再加上国内形势所迫，大刀阔斧地采取了改革措施，集中精力为进入社会主义创造条件，不再急于向社会主义过渡，老挝的经济社会呈现出良好的发展势头。

第三阶段，从1991年至今，是老挝社会主义客观定性、稳步前进的阶段。这一时期，老挝总结了建国以来的经验教训，对其社会性质有了客观、准确的定位，制定了多项符合社会实际的发展规划。1991年3月，老挝人民革命党召开了五大。大会对老挝的社会性质作出了新的结论，"老挝国内经济基础落后，必须要经历一个极其漫长而复杂的过渡时期。老挝正处在继续建设和发展人民民主制度为逐步走上社会主义创造起码因素的阶段，老挝实际处于人民民主阶段。五大首次把老挝所处的社会阶段定义为人民民主制度和为向社会主义过渡准备条件的阶段，并且没有对这一阶段规定时间限制。这比四大提出的'处于社会主义过渡时期的初级阶段'更为具体和详细，更贴近老挝的社会实际，也大致体现了过渡时期的主要任务"③。1996年3月，老挝人民革命党召开的六大进一步明确了这一认识。六大的"政治报告"指出，老挝处于"党领导人民进入革命的新阶

---

① 宋士昌主编：《科学社会主义通论》第四卷，人民出版社2004年版，第650页。
② 宋士昌主编：《科学社会主义通论》第四卷，人民出版社2004年版，第651—657页。
③ 刘玥：《老挝人民革命党"五大"对社会主义的认识与实践》，《东南亚纵横》2009年第5期。

段,即朝着社会主义的方向建设人民民主制度的阶段"。在修改党章的报告中指出,党的基本路线是:"以老挝人民革命党为领导核心,继续建设和发展人民民主制度,为逐步进入社会主义创造条件"①。在科学客观认识本国国情的基础上,老挝六大提出了"有原则的全面革新路线",老挝社会主义建设进入了快速稳定的发展新时期。

**二 剧变后老挝社会主义建设现状**

剧变给老挝社会主义事业带来巨大冲击,国内、党内一些人要求实行多党制和政治多元化,并一度爆发了要求政治改革、实现多党制的示威游行;流亡国外的旧王室成员也乘机而动,图谋恢复旧王朝;一些极右分子还组织反政府武装,举行武装暴动。② 面对国内外的严峻形势,老挝人民革命党丝毫没有动摇坚持社会主义道路的信念,老挝党表示,"无论在前进的道路上还会遇到多少困难,世界局势还会发生多么严重、复杂的变化,老挝党绝不放弃社会主义革命目标;无论如何,老挝仍要坚持马克思列宁主义,坚持党的领导,坚持社会主义道路;社会主义国家应该团结起来对付共同的敌人"③。30年来,老挝人民革命党带领老挝人民坚定不移地探索老挝社会主义建设道路,政治、经济、社会民生、党自身建设领域均取得重大成果,老挝国家经济社会面貌焕然一新。

(一)政治领域

老挝社会主义建设在政治领域取得的突出成就就是在剧变后国际社会主义运动陷入低潮之际,坚定不移地坚持马克思主义、坚持社会主义道路,坚持人民当家作主,明确提出"六项基本原则",实行革新开放政策,符合老挝国情的社会主义制度日益成熟完善。

老挝人民革命党认为,剧变主要是由以下原因造成的:苏联东欧领导人没有坚持马克思列宁主义,放弃了民主集中制,搞所谓的"民主化",违背了马克思列宁主义的科学社会主义原则;放松了党员和群众的政治思想工作,造成了思想上的混乱;苏联东欧国家的领导人没有及时、有效地改变过去已经僵化了的经济体制,只是盲目地与美国进行军事较量;由于

---

① 杨瑞林:《老挝对社会主义运动的调整与探索》,《东南亚纵横》1998年第4期。
② 陈跃、张国镛:《科学社会主义理论与实践》,高等教育出版社2007年版,第171页。
③ 宋士昌主编:《科学社会主义通论》第四卷,人民出版社2004年版,第658—659页。

帝国主义的阴谋，国内右倾机会主义的背叛，再加上受国际上意识形态淡化思潮的影响，苏东各国共产党放松了警惕，导致社会主义体系瓦解，世界社会主义事业陷入低潮。① 面对剧变后国际社会主义运动陷入低潮的形势，老挝党指出，社会主义是世界发展的必然趋势，只不过当前社会主义事业遭到了困难和挫折，社会主义事业陷入了低谷，但是困难是暂时的，是一定能够被克服和战胜的，等待社会主义的将是美好的未来。针对西方和平演变战略在苏东国家得逞后，又把矛头对准仍然坚持社会主义的国家，老挝党的领导人一再重申和强调五个观点，"即社会主义是世界历史发展的必然趋势；资本主义本质没有改变；改革是客观需要；坚定社会主义目标；加强思想教育，提高革命品质，加强内部团结和思想统一"②。

面对剧变给本国社会主义带来的挑战，老挝人民革命党及时、果断采取措施，坚决打击各种反动武装势力，取缔非法组织，巩固党的执政地位，统一了全党全民思想，稳定国内局势，明确提出要坚持"六项基本原则"。即"坚持社会主义；坚持马克思列宁主义是党的思想基础；党的领导是一切胜利的决定因素；坚持在集中原则基础上发扬民主；增强人民民主专政的力量和效力；坚持真正的爱国主义和纯洁的国际主义相结合"。

老挝人民革命党认为，老挝社会主义必须坚持在政治上建立人民民主制度，建立来自人民、属于人民、为了人民的社会主义法治国家，扩大人民民主，保障全体人民当家作主的根本权利。2012年2月，老挝人民革命党中央政治局颁布了《关于将省建设成为战略单位、将县建设成为全面坚强单位和将村建设成为发展单位》的决议。按照"三个建设"工作要求，深入推进政治体制革新，把加强民主制度建设作为首要任务，充分尊重人民群众的主体意愿和创造精神，保障人民群众充分享有各项政治权利、参与社会管理，维护国家政治稳定。老挝人民革命党积极研究和出台建设法治国家的相关政策，强调维护社会公平正义，保证法律权威，使全社会严格生活在宪法和法律框架下。截至2017年6月，老挝已颁布实施法律140余部，涉及政治、经济、文化、社会、投资、环境保护等领域。2015年12月，老挝颁布实施了修订后的新宪法。2016年1月，老挝人民革命党

---

① 冯颜利等：《亚太与拉美社会主义研究》，中国社会科学出版社2013年12月版，第59页。
② 徐崇温：《当代外国主要思潮流派的社会主义观》，中共中央党校出版社2007年版，第22—23页。

十大再次肯定了革新开放政策的正确性,强调要继续推动社会主义法治国家建设,坚持人民当家作主,建设稳定的人民民主国家,日益改善民生,实现国家富强、人民幸福安康、社会团结和谐、民主公正文明。①

(二) 经济领域

建国初期,与其他社会主义国家一样,由于缺乏经验,老挝的经济建设走过一段弯路,效仿苏联实行高度集权的计划经济模式,人民生产积极性不高,工农业生产一度徘徊不前。老挝人民革命党及时反思,调整了经济建设的政策和策略,在1986年召开的四大对过去过激、脱离实际的做法进行了修正,提出了革新开放政策,表示老挝要以列宁的新经济政策作为本国革新事业的理论基础,改变过去单一的公有制经济模式,逐步建立以公有制为主导、多种经济共同发展的经济制度。但社会上出现了一些对商品经济制度的质疑,认为搞商品经济就是走资本主义老路,与此同时,由于当时苏东剧变,老挝国内出现要求搞西方多党制和轮流执政的声音。在这种情况下,老挝人民革命党提出"有原则的全面革新"政策,这有两层含义:一是反对自由化,不搞多党制,老挝人民革命党是老挝社会主义各项事业的领导核心,确保老挝的社会主义方向;二是在上述前提下坚持把马列主义普遍原理同本国实际相结合,进行全方位改革。②

老挝人民革命党八大肯定了四大以来确立的多种经济成分共同发展的经济政策,提出了沿着社会主义方向并在市场机制基础上发展经济。九大首次提出老挝经济体制改革的目标是"建设社会主义定向的市场经济",同时鼓励各种经济成分发展。老挝人民革命党认为,市场经济与社会主义并不对立。老挝人民革命党八大还强调"国有经济为主导,促进各种经济共同发展",而在2011年3月的九大政治报告中,已不再提"以国有经济为主导",而是强调"各种经济共同发展"。原因是经过多年的革新开放,老挝经济中90%为非国有经济。③据老挝政府主办的《管理者》杂志报道,截至2011年底,老挝共有139家国有企业,总资产为194300亿基普(约合25.9亿美元),占当年老挝国内生产总值的33%。2011年对老挝经

---

① 方文:《老挝社会主义的理论与实践简介》,《社会主义论坛》2017年第12期。

② 刘玥:《老挝人民革命党"五大"对社会主义的认识与实践》,《东南亚纵横》2009年第5期。

③ 柴尚金:《老挝:在革新中腾飞》,社会科学文献出版社2015年1月版,第25页。

济增长贡献最大的是国内外私人企业，贡献率为16%；其次为国有企业，贡献率为8.2%；最后为公私合资企业，贡献率为7.3%。老挝吸取过去取消非社会主义经济成分的教训，鼓励私有经济发展，明确指出"各种经济成分在法律面前一律平等"，要形成以生产资料公有制为基础，多种经济成分、多种所有制形式和多种经济组织形式长期并存，各种经济成分依照市场经济体制在国家管理下开展活动，平等竞争，共同发展的格局。老挝人民革命党十大认为发展市场经济是老挝当前和今后长期的任务，强调要坚持多种经济成分、多种所有制形式、多种分配方式和生产组织形式并存，发挥其他经济成分与国有经济和集体经济作用，共同推动国家繁荣发展，发展社会主义定向市场经济，确保市场在资源配置中的主要作用。①在肯定市场经济的同时，老挝人民革命党也强调，老挝市场经济是社会主义的市场经济，不是资本主义的市场经济。建设社会主义市场经济是老挝发展的必然趋势，也是当前和今后长期的重要任务。②

"有原则的全面革新"政策实施以来，老挝的经济社会面貌发生了巨大变化，逐步实现由自然经济向商品经济的转化，形成多种所有制经济共同发展的格局，基础设施建设初具规模，经济结构日趋合理，劳动力素质不断提高，人民生活有较大改善，全面解决温饱问题。特别是近十年来，老挝经济发展势头良好，成效突出。一是国内生产总值保持年均7.4%的持续快速增长，人均GDP由2000—2001年的319美元增至2013—2014年的1671美元，2014—2015年实现1970美元。2011年，世界银行将老挝由低收入国家行列列入中等偏下收入国家行列。二是经济结构向工业化、现代化方向转变，农林业占比由1999—2000年的46.2%下降至2014—2015年的23.7%；工业占比由1999—2000年的17.9%增加至2014—2015年的29.1%，服务业占比由1999—2000年的35.9%增加至2014—2015年的47.2%。三是劳动力结构实现积极转变，农业劳动人口占比由2005年的78.5%下降至2015年的65.3%；工业劳动人口占比由2005年的4.8%增加至2015年的11.5%；服务业劳动人口占比由2005年的16.7%增加至2015年的23.4%。四是老挝力争摆脱最不发达国家状态的相关准备工作

---

① 方文：《老挝社会主义的理论与实践简介》，《社会主义论坛》2017年第12期。
② 潘金娥：《当代社会主义的探索、创新与发展》，《马克思主义研究》2018年第3期。

取得较大进展。①

老挝人民革命党十大总结了 30 年"革新开放"事业的实践经验，坚定了社会主义发展方向的信心和决心，并描绘了老挝经济社会发展的宏伟蓝图。为此，大会报告提出未来 15 年远景规划：到 2020 年，争取实现人均国内生产总值达 3190 美元，较 2015 年增长 1.6 倍，解决贫困问题，摆脱欠发达状态。到 2025 年，使老挝成为中等收入的发展中国家，国内生产总值较 2015 年增长两倍以上。②

（三）社会民生及外交领域

革新开放 30 年来，老挝始终将人民主体地位贯彻在发展中，注重将经济发展、人的发展与环境保护有机结合起来。大力开展基础设施建设，发展科学文化事业，积极融入国际社会，不断改善人民群众的生存发展条件。老挝大力兴建铁路、电力事业，仅 2016 年，老中铁路全线开工，老挝一号通信卫星正式投入商业运营，建成多家大中型发电站。目前实现全国 148 个县通电，其中 85.54% 的村庄和 90% 的家庭普及用电。老挝人民革命党重视发展科学文化事业，国民教育体系不断完善，卫生医疗服务水平大幅度提升。目前全国普及小学教育，多个省普及初中教育。大力发展基本医疗服务，实现基本医疗服务网络覆盖到农村和偏远地区。老挝积极开展国际交往，与国际、地区经济发展接轨日益深入，正在由陆锁国转变为陆联国。于 2013 年初正式加入世贸组织，2015 年底加入东盟经济共同体，成功担任了东盟 2016 年轮值主席国。2016 年 9 月成功举行了第 28 届和第 29 届东盟峰会。在加强同社会主义国家友好合作的同时，重视发展同周边国家及世界各国、国际组织和机构的交流与合作，特别是加强同东盟各国双边交往及区域多边交流合作。截至 2017 年 6 月，已经与世界上 138 个国家建立外交关系，与世界上 130 个政党建立了党际联系，开展党际交往。

文化方面的一个特点是佛教文化在老挝影响十分巨大。佛教文化已融入老挝各族群众日常生产生活中。老挝人民革命党十分重视发挥佛教文化、佛教组织在增强各民族团结、维护社会和谐稳定中的积极作用。根据社会发展和群众意愿，老挝人民革命党和国家制订出台了不同时期符合社

---

① 方文：《老挝人民革命党对社会主义的新探索》，《东南亚纵横》2017 年第 2 期。
② 王璐瑶：《老挝人民革命党十大规划党和国家未来发展》，《当代世界》2016 年第 3 期。

情民意的宗教政策，指导宗教工作，把佛教教职人员和信教群众视为社会主义建设的积极力量，把佛教教育与社会主义教育、爱国主义教育、公民思想道德教育有机统一。适逢重大庆典、法定节日和活动时，党和国家领导人与群众共同参与佛教活动，以此成为宣传党的方针政策和团结广大民众的重要方式。①

（四）老挝人民革命党自身建设领域

老挝人民革命党的前身是成立于 1955 年的老挝人民党，成立初期全国只有近 400 名党员。在 1972 年召开的党的第二次全国代表大会上，老挝人民党更名为"老挝人民革命党"。1975 年老挝人民共和国成立后，老挝人民革命党成为老挝的执政党，也是唯一的合法政党。经过 30 余年的发展，老挝人民革命党队伍迅速壮大，根据 2016 年统计，共有党员 252879 人，占总人口的 3%。

老挝人民革命党坚持马克思列宁主义，在十大文件中，将开国领袖凯山·丰威汉（Kaysone Phomvihane）思想与马列主义并列作为党的思想理论基础。十大报告指出，老挝社会主义建设巨大成就取得的根本经验是老挝人民革命党始终坚持以马列主义和凯山·丰威汉思想为指导，坚定不移地走社会主义道路，坚持和捍卫了社会主义制度。作为老挝社会主义建设的领导核心，党自身的素质直接决定着老挝社会主义建设的成败。老挝人民革命党特别注重加强党的自身建设，尤其是苏东剧变以来，部分党员思想混乱，各种敌对势力蠢蠢欲动，试图推翻老挝政权，老挝人民革命党于危机中奋起自救，坚持以社会主义为方向，加强党的自身建设，不断巩固党的执政地位。老挝党认为，在世界和地区形势发生急剧变化的情况下，比以往任何时候都更需要加强党的自身建设。老挝人民革命党八大通过的党章和九大修改后的党章，均提出要以"五项原则"和"三条方针"来加强党的自身建设，即坚持以马列主义和党的优良传统为思想理论基础；以民主集中制为党的组织原则；将团结作为维护党的政治、思想、组织和行动统一的基本原则；坚持以人为本，忠诚服务人民，坚持党的群众路线，依靠群众并通过群众革命运动来建设和发展党；以批评和自我批评作为党存在和发展的规律；从政治、思想和组织三个方面培育和建设一个坚强的

---

① 方文：《老挝社会主义发展的基本内涵及挑战》，《宁夏党校学报》2018 年第 1 期。

党。① 十大提出,要提升党的领导能力和发挥先锋模范作用。老挝人民革命党在自身建设方面主要采取了以下措施。

思想建设方面。大力开展马列主义理论、凯山·丰威汉思想,党的路线、方针、政策和无产阶级立场及世界观教育,统一全党对社会主义的认识,坚定社会主义信念。老挝人民革命党认为,要始终坚持马克思主义的革命和科学本质,把马克思主义基本原理和科学方法作为党的一切行动的思想基础和指导方针,同时紧紧把握马列主义的革命性和科学性,积极将马列主义创造性地运用于本国实际,将理论与实际和各项工作相结合。每年举办学习班学习党的政策理论,加强对新闻宣传的管理,统一全党思想。利用纪念建党、建军、国庆和领袖人物纪念日等活动,进行全党和全国的革命传统和爱国主义教育。加强与越南、中国等国家的党际交流,学习兄弟党的经验,邀请中、越有关专家到老挝举办讲座,组织各种形式的代表团到中、越进行考察学习或培训,提高党员干部的理论水平和思想认识。

组织建设方面。为保证党的强有力领导,老挝人民革命党狠抓干部队伍建设,努力建设一支革命化、知识化、年轻化的干部队伍。一方面注意吸收优秀青年入党,充实党员队伍;另一方面,要求中央和地方各级党组织在政治、思想、组织和领导方法上提高能力和素质,保证党能够胜任各领域的领导工作,要求各级党员领导干部起先锋模范作用,以身作则,敢于领导,勇于承担责任。对中央、省、县三级公务员招录实行逢进必考政策,并由内务部统一制定招录试题(分笔试和面试),以确保公务员队伍质量。在组织建设上,老挝人民革命党还特别注重加强党的基层组织建设,在全国范围内开展建设"坚强、善于全面领导的党支部"活动。老挝人民革命党八届三中全会对党的基层建设提出了具体目标要求,即加强思想政治教育,发展经济、文化和社会,做好国防和治安工作,加强并完善政治体制,不断增强基层党支部的领导和战斗能力。为此,采取了一些具体措施,如建立领导干部、骨干和新干部长期和短期下基层制度,将省委委员、县委委员下派到县和基层任职,指导基层工作,带领基层人民脱贫致富。中央机关和各部委下派干部帮助县、村搞政治经济双扶贫,帮助基层单位选好主要领导,选派大学生到农村基层支部工作。

---

① 柴尚金:《老挝:在革新中腾飞》,社会科学文献出版社2015年1月版,第56页。

作风建设方面。老挝人民革命党坚决执行民主集中制原则,针对党内出现的腐败现象,狠抓廉政建设。2006年3月老挝人民革命党八大修改的党章规定,老挝人民革命党是按照民主集中制、集体领导、分工负责的原则组织起来的有严格纪律的党。党的所有领导机关都要按照民主集中制原则开展活动,集体领导与个人分工负责制相结合。针对党员干部队伍中出现的腐败现象,老挝人民革命党加大了反腐工作的力度和强度,设立了行政监察委员会、反贪污专门委员会、加入了国际《反贪污公约》,先后颁布了《反贪污腐败条例》《反贪污腐败令》,2005年7月,颁布实施老挝第一部《反贪污腐败法》,党内出台《领导干部政治责任的规定》,完善党内管理和约束机制。2013年,老挝人民革命党中央各部委和省级党委均召开党委扩大和特别会议,部署开展组织整顿工作,着力解决工作作风及党员干部队伍中存在的消极现象,发挥党员先锋示范作用。各级党委陆续给正式党员颁发党员证,以增强党员责任感和荣誉感。[①] 对于违规违纪的党员领导干部,老挝人民革命党采取坚决的态度加以惩处。根据2016年8月22—24日召开的第十次组织工作会议公布的数据,过去5年共有1806名(其中女性171名)党员受到纪律处分,其中,1007人被开除出党。尽管老挝人民革命党5年来党员人数增长较快,比2011年增加了27.7%,但在发展党员的过程中出现了重量不重质的倾向。针对存在的问题,第十次组织工作会议提出要大力加以纠正和整顿,力争到2020年把党的基层组织建设得纯洁和坚强。[②] 2017年初,老挝人民革命党出台了《关于抵制官僚主义和贪污腐败的决议》,深入推进党风廉政建设,重点加强对腐败易发多发领域的监督检查力度,改善基层党组织软弱涣散状况,解决党的执政能力不足和官员腐败问题。[③]

### 三 老挝社会主义建设的机遇、挑战与前景

当前,老挝人民革命党正领导老挝人民大力发展经济、消除贫困,力争摆脱欠发达状态。老挝能否实现目标,老挝社会主义建设有哪些有利条件,可能遇到哪些挑战,前景如何?

---

① 陈定辉:《老挝:2013年发展回顾与2014年展望》,《东南亚纵横》2014年第2期。
② 陈定辉:《老挝:2016年发展回顾与2017年展望》,《东南亚纵横》2017年第1期。
③ 柴尚金:《百年大变局中的世界社会主义》,《学术前沿》2019年8月下。

(一) 老挝社会主义建设和发展的机遇

**1. 老挝人民革命党的坚强领导为社会主义发展提供了坚强的政治保证**

老挝人民革命党是老挝唯一的合法政党，也是老挝社会主义建设事业的领导核心。老挝人民革命党注重加强自身建设，善于求变求新。在领导老挝革命和建设社会主义的进程中，老党总是能够根据国内外形势的变化，在坚持马克思主义基本原则的前提下，采取适合本国国情的方针政策，为老挝争取最大的发展空间。近年来，针对党内贪腐现象的增多，从政治、思想、组织方面采取一系列措施加强党的建设，党的队伍进一步扩大，执政地位进一步巩固、执政能力进一步提高。老挝人民革命党为老挝社会主义建设做了前瞻性的政治规划和政策设计，老党十大的主题是"加强党的领导能力和先进性，加强全国人民大团结，坚持有原则的全面革新路线，根据可持续方针保卫和发展国家，向社会主义目标迈进"。当前，老挝政局稳定，社会和谐，犯罪率低，全国人民团结一心，国内发展环境良好。这一切都有赖老挝人民革命党的坚强领导。

**2. 革新开放政策为社会主义发展提供了强劲动力**

老挝从20世纪80年代中期开始进行全面的经济体制改革和全方位的对外开放，老挝党和政府制定并完善了"有原则的全面革新路线"。1986年，老挝政府开始制定经济改革政策，决定从中央计划经济转向社会主义市场经济。这次经济改革政策的基本内容是：老挝现阶段社会的基本矛盾是落后的生产力与发展生产以满足日益增长的社会各方面需要之间的矛盾；现阶段的所有制是以生产资料公有制为基础，多种经济成分共存；实行价格自由化，由市场决定价格；实行多劳多得、奖勤罚懒的政策；提出合理分配和再分配各种收入。改革以来，老挝逐步改革中央计划经济方式和行政官僚的经济管理机制，鼓励多种规模的经营方式共同发展，在政企分开的基础上建立新的适合经济发展的管理机制；促进家庭经济的发展，提高人民的收入水平和生活水平；通过颁布多项法律实行诸多项目的招商引资。[①] 经济体制的改革和全方位的对外开放极大地解放了生产力，为经济发展注入强劲活力。近年来，老挝的经济增长速度基本维持在8%，属于世界上发展较快的国家之一，经济社会发生了翻天覆地的变化，人民生

---

① 朱仁显：《老挝对外开放的环境分析》，《东南亚纵横》2014年第5期。

活水平和国际地位不断提高。老挝党十大重申将会继续实施革新开放政策，力争到 2020 年人均国内生产总值达 3190 美元，较 2015 年增长 1.6 倍，解决贫困问题，摆脱不发达状态。到 2025 年，使老挝成为中等收入的发展中国家。

### 3. 包容和谐的社会文化环境为社会主义发展营造了良好的内部环境

任何宏伟的改革发展举措都需要在和谐稳定的社会环境中推进。老挝是一个有着悠久传统的佛教国家，佛教倡导人们要博爱，心中不能有恶念，这一观念深入人心。另外，老挝的贫富差距不大，使得老挝人民心态比较平和，恪守传统，民风淳朴，社会包容度高，人民团结一心拥护党和国家的各项方针政策，甘于为家庭和国家创造财富。当然，老挝传统文化中也有保守迷信、不思进取等消极因素。在革新开放过程中，老挝政府"取其精华，去其糟粕"，提倡将"保护和发展国家和民族的优良文化"和"放弃阻碍国家发展的落后的风俗"紧密结合，将保护和发展国家、民族文化与有选择地吸收世界先进文化相结合。

### 4. 国际环境的变化为社会主义发展提供了良好的机遇

革新开放以来，老挝人民革命党十分重视发展外交关系。老挝经济发展较快的一条重要经验就是始终坚持对外开放战略，外国投资、对外贸易在老挝经济发展中占有举足轻重的地位。老挝人民革命党九大提出多样化、多方位、多边、多层次和多形式的"五多"外交方针。当前，和平、发展、合作是国际主流，世界各国加强经济合作和促进共同发展的共识不断增强，区域经济合作和贸易投资自由化趋势进一步发展，东南亚地区正在取代美欧成为世界上最具发展潜力的地区，东盟经济一体化、"东盟—湄公河流域开放合作"及老、泰、柬、越四国的"湄公河流域持续发展合作"、中国—东南亚国际大通道建设、中老铁路等项目均为老挝发展提供了难得的机遇。另外，国际金融危机推动全球"左翼"人气上升，特别是中国特色社会主义事业的蓬勃发展都有助于鼓舞老挝人民继续坚定不移地发展社会主义。

## （二）老挝社会主义建设面临的困难和挑战

在面临机遇的同时，也应该看到，受国内外诸多不利因素制约，老挝社会主义建设面临着许多困难和挑战。

### 1. 经济基础薄弱，脱贫压力大。

尽管近年来老挝 GDP 增长迅速，但由于历史现实原因，老挝仍是一个弱小贫穷的国家。经济基础薄弱，交通闭塞，工农业发展落后，大多数农民仍依靠刀耕火种的方式进行农业生产，农业产量低，生态破坏严重。据统计，2012 年老挝人均 GDP 世界排名第 144 位，贫困家庭比例为 13%，仍是世界 49 个最不发达国家之一。① 要在这样一个弱小落后的国家实现脱贫致富，体现社会主义的优越性是对老挝人民革命党的巨大考验。

2. 老挝人民革命党的执政能力有待提高。老挝人民革命党是老挝社会主义事业的领导核心，执政水平的高低直接影响着老挝社会主义建设的成败。虽然老挝人民革命党不断加强自身建设，但党员干部的整体素质不高，因循守旧、安于现状、精神懈怠等问题突出，近年来贪腐现象有所增加，民众不满情绪增多。

3. 教育公共卫生水平落后。老挝教育水平十分落后，公共事业资金短缺，投入不足，现在仍没有完全普及小学教育，人口素质整体比较低下，人才不能满足经济社会发展需要。

4. 对外依赖性强，自身造血功能不足。在过去的社会主义革命过程中，老挝主要依靠中、苏、越等社会主义国家的援助。20 世纪 90 年代以来，老挝逐步转向全方位和多层次地借助外资和外国援助，既向社会主义国家求助，也向西方发达国家、东盟各国和国际金融机构求助。进入新世纪以来，老挝的外资总额已超过 110 亿美元，相当于老挝国内投资总额的 5 倍多。同期所获得的外援已超过 35 亿美元，成为社会福利建设的资金来源之一。② 老挝大部分生产和日常用品需要进口，这种高度对外依赖性使老挝的社会主义建设存在巨大隐患，一旦外援中断，将会陷入严重困境。

（三）老挝人民革命党十大与老挝社会主义发展前景

2016 年 1 月 18—22 日，老挝人民革命党召开第十次全国代表大会，会议的主题是"加强党的领导能力和先进性，加强全国人民大团结，坚持有原则的全面革新路线，根据可持续方针保卫和发展国家，向社会主义目标迈进"。大会通过了政治报告，听取了对国家经济社会发展第八个五年规划（2016—2020 年），以及到 2030 年远景规划和经济社会十年发展战略（2016—2025 年）的报告，补充并修改了党章，选举产生了新一届中

---

① 柴尚金：《老挝：在革新中腾飞》，社会科学文献出版社 2015 年 1 月版，第 94 页。
② 马树洪：《老挝建设社会主义的机遇、挑战及前景》，《东南亚研究》2010 年第 3 期。

央领导班子。在十届一中全会上,本杨·沃拉吉(Boungnang Vorachith)当选老挝人民革命党中央总书记。

大会强调继续坚持有原则的全面革新路线。会议对老挝30年革新开放实践进行了总结,并制定了今后一个时期的七大方针任务。会议认真回顾老挝革新30年历程,强调坚持"七条经验":一是必须坚持党的有原则的全面革新路线,继续在坚持社会主义目标和国家独立的基础上,创造性地运用和发展马列主义理论、凯山·丰威汉思想;二是必须坚持以经济发展为中心,与社会发展、保护民族优秀文化和保护环境可持续发展相结合;三是持续大力推进基层政权建设和农村全面发展;四是坚持在党的领导下团结全国各族人民;五是提高各级党委领导贯彻落实党的路线方针政策的能力;六是提升党的领导作用和领导能力,发挥党员干部先锋模范作用和加强战斗力,坚决抵制党政机关和党员干部队伍中出现的消极现象,确保党始终廉洁、坚强、稳固;七是始终坚持和平、独立、友好、合作的外交路线,积极主动融入地区和国际一体化进程。大会立足国情,提出今后发展七大方针任务:一是根据可持续方针发展国民经济;二是视人力资源开发为国家发展的决定性因素,推动社会治理和发展创新,建设文明、公正社会;三是建设稳固的人民民主法治国家,确保行政管理公平有效,继续执行关于把省建成全面坚强单位、把村建成发展单位的战略指导方针;四是加强各族人民团结和睦;五是坚持深入彻底执行全民全面国防治安路线,积极建设稳固、坚强、现代化的人民革命武装力量;六是始终坚持和平、独立、友好、合作的外交路线,主动融入国际和地区一体化进程,为建设东盟共同体做出积极贡献;七是加强党的领导能力、战斗力和先进性。[1]

老挝人民革命党十大是在老挝经济持续快速发展,国内外挑战增多的背景下召开的一次重要会议。大会提出的发展理念、目标和举措符合老挝国情,顺应世界和时代发展潮流,为未来较长一个时期老挝党和国家发展奠定了较为坚实的基础。我们相信,在十大精神的指引下,老挝将继续加强党的建设,牢牢把握社会主义方向,进一步革新开放,抓住机遇,扬长避短,充分发挥好小国优势,建设发展好符合本国特色的社会主义。

---

[1] 王璐瑶:《老挝人民革命党十大规划党和国家未来发展》,《当代世界》2016年第3期。

## 第四节　朝鲜社会主义建设的理论和实践

　　朝鲜民主主义人民共和国，简称朝鲜，执政党是朝鲜劳动党，是位于东亚朝鲜半岛北部的社会主义国家，也是目前世界上仅存的五个社会主义国家之一。朝鲜半岛在19世纪初以前为独立国家，直到1910年，日韩合并，日本正式吞并朝鲜国，此后三十余年，朝鲜亡国。第二次世界大战取得决定性胜利后，1943年中国、美国与英国在开罗召开会议，并签订了《开罗宣言》，宣布将在战争结束以后在朝鲜半岛组建一个独立自主的统一的国家。1945年8月15日，日本宣布投降，第二次世界大战结束。日本也因而失去了对朝鲜半岛的统治权。在雅尔塔会议的共识下，朝鲜半岛由美苏两国共同托管，并在"三八线"划地而治：北方由苏联托管，南方则由美国托管。同年12月，美国、英国、苏联三国又在莫斯科举行会议，试图解决由谁来组成临时政府的问题。然而，美苏两国都不承认对方所支持的党派和人士，会议最终未能达成共识。由苏联托管的北部以及美国托管的南部在1948年后分别独立为"朝鲜民主主义人民共和国"和"大韩民国"。1942年2月在朝鲜半岛北部建立了以金日成为首的朝鲜临时人民委员会，第二年，成立朝鲜人民委员会。又于1948年先后创立朝鲜人民最高会议，并通过《朝鲜民主主义人民共和国宪法》。1948年9月9日，朝鲜民主主义人民共和国正式成立。

　　朝鲜建国以后，金日成试图以武装力量统一朝鲜半岛，在苏联的支持下，朝鲜人民军于1950年6月25日越过"三八线"，发动对韩国的进攻，朝鲜战争爆发。战争前期，朝鲜人民军处于绝对优势，先后占领了韩国90%的地区和92%的人口。但随着以美国为首的"联合国军"粗暴地干涉朝鲜内战，朝鲜人民军转向劣势，朝鲜首都一度被攻陷。在这样的情况下，金日成请求中华人民共和国出兵支援，10月19日，中华人民共和国人民志愿军跨过鸭绿江，开赴朝鲜，开始了"抗美援朝，保家卫国"的正义战争。朝鲜战争期间，中国人民志愿军付出了巨大的人员牺牲与物资消耗，给予了朝鲜人民与朝鲜人民军极大的帮助，并取得了重要胜利。经过长期艰苦战斗，中国人民志愿军与朝鲜人民军将以美国为首的"联合国军"打回了"三八线"以南，并迫使美国回到了谈判桌前。1953年7月10日，中国和朝鲜方面与"联合国军"的代表美国开始进行停战谈判，在经历了几次谈判之后，双方最终于1953年7月27日在板门店签署《朝鲜停战协定》，历时三年的朝鲜战争结束，朝鲜半岛沿"三八线"非军事区划分为两个国家。

朝鲜在国家最高权力上一直坚持领袖唯一的领导体制，采用国家、党、军队三位一体的政治制度，实行党对国家权力的集中统一领导，并始终把维护这种特殊的国家制度体制作为最重要的任务。"冷战"结束以前，受到社会主义和资本主义两大阵营对立的影响，朝鲜在对外关系上一直与社会主义国家保持一致。苏东剧变后，朝鲜面临的国际环境恶化，在对外战略上被迫做出重大调整，并且对国家的体制、理论、政策进行了改革，对朝鲜国内的社会主义建设的理论和实践逐步进行探索和发展，形成了朝鲜特有的社会主义制度。

**一 朝鲜政治体制改革的实践与发展**

（一）"主体思想"的发展延续

朝鲜的"主体思想"是在金日成时代确立的，即"思想上主体、政治上自主、经济上自立、国防上自卫"。金日成在阐述主体思想时指出，"树立主体意味着要独立地根据本国的实际情况并且主要依靠自己的力量，解决革命和建设中一切问题。政治上自主就是独立自主地制定和贯彻全部路线和政策，对外活动采取自主立场，行使完全的平等权和自主权。经济上自立是独立发展自己的民族经济。国防上自卫是用自己的力量建设强大的、足以自卫的国防力量"[①]。

1955年12月，在对党的宣传工作者讲话时，金日成第一次提出了"主体"概念，即要以朝鲜革命作为党的思想工作的主体。经过不断完善与丰富，到20世纪60年代下半期，金日成的主体思想逐渐体系化。金日成在1970年11月朝鲜劳动党召开第五次代表大会时提出："党坚定不移的指导思想就是主体思想。"1972年12月颁布的《朝鲜民主主义人民共和国宪法》提出，"把马克思列宁主义创造性地运用于我国现实的朝鲜劳动党的主体思想作为自己活动的指针"[②]。1980年10月10日，朝鲜劳动党第六次代表大

---

[①] 顾海良、梅荣政主编：《科学社会主义理论与实践》，武汉大学出版社2006年版，第238页。

[②] 段治文主编：《科学社会主义理论与实践》，浙江大学出版社2010年版，第186页。

会通过的新党章指出"我们党的唯一思想体系,就是主体思想"①。1992年朝鲜修改宪法,删除"马克思主义"的提法,将主体思想确立为国家活动的主导方针。作为朝鲜劳动党的立党之本,这种思想主要强调人是主体,金日成指明,"主体思想,是以人为中心的世界观,是实现人民群众自主性的革命学说","使一切都为人、都为人民服务,是主体思想的要求","人是一切的主人,人决定一切,这是主体思想的根本原理"②。主体思想不仅确定了人的主体性,而且在面对客体事物时,也强调独立自主、直面困难。金日成指出:"树立主体,就意味着对现实中的一切问题,要用自己的头脑思考,依靠自己的力量去解决,并根据本国革命的利益加以处理。"③ 主体思想既是朝鲜国家的最高指导思想,又是朝鲜人民精神力量的来源和革命精神的基础。同时,主体思想在形成与发展的过程中极为重视其唯一性与延续性,金日成指出:"正如一个人的身体内只能有一种血型和血液一样,工人阶级的政党内只能有一个指导思想。"④ 在金日成及其后续的朝鲜国家与党的领导人都很好地坚持、完善与发展了主体思想。

金日成逝世以后,金正日进一步丰富和发展了主体思想。金正日于1982年3月发表《关于主体思想》一文,阐述了主体思想的哲学原理、社会历史原理、指导原则和历史意义。1986年7月,金正日发表《主体思想教育的若干问题》,再次阐明"主体思想是把朝鲜革命事业引向胜利的思想"⑤。随着国际形势和国内政治环境的变化,在分析和总结了苏东剧变的经验教训后,在主体思想的基础上,金正日提出了建设"朝鲜式社会主义"的思想理论。他曾明确指出,"朝鲜式的社会主义"是"实现伟大的主体思想的以人民群众为中心的社会主义",是"体现工人阶级根本利益的社会",是"保障人民真正当家作主的政治权利和自由的民主社会"⑥。金正日在继续坚持主体思想的同时提出了"红旗思想",即不管环境如何艰难困苦,都得依靠自身力量将革命进行到底,自力更生且不依靠外力的精神;金正日指出,"红旗思想"的本质是绝对忠诚于领导者,与领导者

---

① 黄宗良、孔寒冰:《世界社会主义史论》,北京大学出版社2004年版,第530页。
② 《金日成语录》,平壤:朝鲜民主主义人民共和国外文出版社2019年版,第11页。
③ 《金日成语录》,平壤:朝鲜民主主义人民共和国外文出版社2019年版,第14页。
④ 《金日成语录》,平壤:朝鲜民主主义人民共和国外文出版社2019年版,第8页。
⑤ 《背景资料:主体思想——朝鲜革命和建设的指导思想》,新华网,2010年9月27日,http://news.xinhuanet.com/world/2010-09/27/c13531775.htm。
⑥ 薛新国:《国外共产党的执政实践及其启示》,《中州学刊》2004年第4期。

同生共死，对领袖绝对忠诚且绝对拥护的精神。

2011年，金正恩执政以来延续了一贯的主体思想、红旗思想，将朝鲜劳动党的思想规定为"金日成——金正日主义"。2012年，朝鲜劳动党第四次代表会议召开前夕，金正恩在同朝鲜劳动党中央委员会负责干部的谈话中提出要"竭诚拥戴伟大的金正日同志做我们党永恒的总书记，胜利完成主体革命事业"，并在随后召开的朝鲜劳动党第四次代表会议中对党章进行了修改，进一步提升了金日成同志在朝鲜国内与党内的历史与现实地位，巩固了主体思想的指导地位。他指出："朝鲜劳动党的指导思想是伟大的金日成——金正日主义。朝鲜劳动党是把金日成——金正日主义作为指导思想，为实现这一指导思想而斗争的金日成——金正日主义党。"① 通过诠释由金日成到金正日再到金正恩三代领袖的更替与传承，"将我们党永远加强和发展成为金日成——金正日同志的党，重要的是切实树立党的唯一领导体系"②。这强化了党和人民对领袖金正恩的绝对忠诚，继续发挥人在改造自然中的主观能动性，朝鲜将在金正恩的领导下强盛国家建设事业，并把主体革命事业进行到底。

（二）从"先军政治"到党全面领导军队

金正日提出的"先军政治"源于金日成创立的"先军思想"，在金日成领导实践"先军革命"的过程中得到了检验与补充，并最终由金正日发展为"先军政治"。朝鲜民主主义人民共和国外文出版社于2013年出版的《先军——金正日政治》一书较为准确地概括了这一发展历程："金正日将军施行的先军政治以金日成主席创立的主体思想、先军思想为基础。金日成主席提出并始终一贯坚持的重视枪杆子思想、先军思想及先军革命业绩成为先军政治的光荣传统、历史根底。"在"先军思想"的指导下，朝鲜人民与朝鲜军队战胜了日本侵略者与美帝国主义为首的"联合国军"，取得了许多重大胜利，保证了国家安全与主权独立。进入20世纪90年代，由于苏联解体与东欧剧变等一系列重大事件的发生，朝鲜社会主义也处在了极为重要的关键时刻。在金正日的领导下，朝鲜实行了全面的"先军政治"，"朝鲜人民军壮大成为战无不胜的战斗队伍，在全社会充满革命的军

---

① ［朝］金正恩：《竭诚拥戴伟大的金正日同志做我们党永恒的总书记，胜利完成主体革命事业》，平壤：朝鲜民主主义人民共和国外文出版社2012年版，第5页。

② ［朝］金正恩：《竭诚拥戴伟大的金正日同志做我们党永恒的总书记，胜利完成主体革命事业》，平壤：朝鲜民主主义人民共和国外文出版社2012年版，第8页。

人精神,重新完善了以国防委员会为中枢的国家机构体系,使先军政治成为完善的社会主义基本政治方式"①。"先军政治"是"以主体思想为中心,以革命军队为核心和主力,将加强国防力量为国家第一要务,坚持军事先行的原则,突出强调军事建设,一切以军事工作为重,要充分发挥军队的引领带动效用,是以先军革命原理为基础,执行先军领导方式,把军事建设放在国家政治生活的中心地位,军人在国家政治、经济、社会等诸方面享有特殊的地位,突出其在社会各阶层中的最高地位"。总体来讲,"先军政治"一共包含四个方面:"1. 突出军队在社会阶层中的最高地位;2. 采用"先军"领导方式,以治军的模式推动全社会工作;3. 保障军费投入;4. 以军人的奉献精神增强国民凝聚力。"②

"先军政治"是"冷战"后朝鲜在面对严酷的国际环境和国内形势下选择的一种政治领导方式。这种军事先行的指导思想在内忧外患的情况下为朝鲜创造了稳定的发展环境,影响了朝鲜社会主义建设的方方面面,巩固了朝鲜劳动党的领导地位,成为朝鲜劳动党和国家一切战略路线和国家政策以及国家建设的根本指导方针。金正恩执政后,依然坚持贯彻"先军政治"不断强化朝鲜军事实力,他指出,"先军是我们的自主、尊严和生命","我们要抓紧党的先军革命路线,千方百计地加强国家的军事威力"。但值得关注的是,2019 年朝鲜劳动党修订通过的新宪法,将诸多关于"先军政治"的内容予以删除。这表明朝鲜有可能在经济改革方面有所突破,但从现实情况来看,"先军政治"仍将长期作为朝鲜的重要政治制度贯彻实施。尤其是针对当前内忧外患的国际局势,其重视程度并未降低。根据公开报道,仅 2019 年 8 月一个月,朝鲜最高领导人金正恩就至少两次亲临现场指导朝鲜新式武器的试射工作。而 2019 年 12 月 28 日至 30 日召开的朝鲜劳动党七届五中全会也明确提出"将以强有力的政治外交和军事攻势来保证正面突破战取得胜利"③。金正恩指出,"必须在冲破前所未闻的严峻挑战和困难的正面突破战中取得胜利,就要

---

① [朝]卓成日编:《先军——金正日政治》,平壤:朝鲜民主主义人民共和国外文出版社 2013 年版,第 12—37 页。
② 《背景资料:金正日的"先军政治"》,新华网,2010 年 9 月 27 日,http://news.xinhuanet.com/world/2010-09/27/c13531774.htm。
③ 朝鲜劳动党七届五中全会公报,http://www.kcna.kp/kcna.user.article.retrieveNewsViewInfoList.kcmsf#this。

有强大的政治外交和军事保证"①。这说明在内外交困与美国极限施压的情况下，朝鲜劳动党以发展并提升军事实力保障国家主权安全的决心和毅力。

### 二 朝鲜经济体制改革的探索与创新

建国初期，在苏联的帮助与指导下，朝鲜作为社会主义国家，首先进行了社会主义经济改造。而朝鲜在建国前就开始推行的土地改革和国有化为朝鲜的社会主义计划经济打下了良好的基础。1948年金日成在北朝鲜劳动党第二次大会上指出，"我们可以在国家的指导下按照计划运营人民经济"②，这表明事实上朝鲜在建国前夕已经基本形成计划经济体制的雏形。1949年，朝鲜同苏联签订了《朝苏经济文化合作协议》，规定苏联自1949年7月开始的3年内向朝鲜提供2亿1200万卢布的贷款，在苏联的帮助下，朝鲜的经济建设开始稳步前进。但是3年的朝鲜战争又给刚刚起步的朝鲜经济带来了沉重的打击。停战以后，金日成根据朝鲜的实际情况制订了"三步走"的经济恢复计划。1957年朝鲜开始实行国民经济"一五"计划。加之，中国、苏联及东欧等社会主义国家的援助，都为朝鲜战后经济恢复及之后的社会主义建设起到了十分重要的作用。1958—1976年朝鲜经济呈现出一片繁荣的景象，到20世纪80年代，朝鲜人均GNP超过2000美元，朝鲜从一个贫穷落后的农业国转变为重工业门类较为齐全、轻工业和农业较为发达的工业国家。

"冷战"结束以后，以苏联为首的社会主义国家中止了对朝鲜的无偿援助，朝鲜经济发展进入负增长，朝鲜半岛特殊的地缘环境以及早期施行的社会主义计划经济制度，使得朝鲜面临着外汇、资源、粮食、原材料等全面匮乏的局面，面对这种经济衰退的局面，朝鲜优先发展重工业的路线开始动摇，朝鲜政府开始认识到经济政策上的缺陷，将农业、轻工业和对外贸易置于重工业之上，并于1991年成立了罗津先锋自由贸易区，旨在弥补失去社会主义国家支持的空缺，虽然自由贸易区的开放效果并不明

---

① 朝鲜劳动党七届五中全会公报，http：//www.kcna.kp/kcna.user.article.retrieveNewsViewInfoList.kcmsf#this。
② ［日］伊集院敦：《冷战后朝鲜经济研究》，延边大学，2014年。

显,但也为朝鲜以后引进外资的政策开创了先河。

苏联解体、东欧剧变等国际大环境的巨大变化对朝鲜国内的人民群众和党员干部也造成了一定的负面影响,他们对社会主义持有悲观情绪,在这样的形势下,金日成提出了"21世纪是巨变和创造的世纪",面对新的国内外环境,要摆脱"旧观念",要用"新思维""新眼光"加快经济建设①。在此基础上,他提出了"实利主义"思想,认为"'最大实利'就是在坚持社会主义原则的同时谋求最大的经济实利。允许企业有相对独立性,以物质刺激,商品货币关系和价值规律作为经济管理的手段,为国家富强和人民福利创造更多的实际利益"②。农业上实行分组管理,放开了一些农产品贸易;工业上允许企业有相对的独立性;扩大自由基地及贸易区,一定程度上使得国民经济得到了好转。他在提倡"先军政治"的同时,充分利用"危机外交",以军事战略促进协商对话,以"先军政治"配合"实利主义",获得了一定的经济利益,也有助于保持社会和政权的稳定。

金日成去世以后,朝鲜在几年内连续遭遇自然灾害,朝鲜的计划经济几乎崩溃,粮食问题日益严重,因此朝鲜迫切需要复苏经济来维持政权稳定。金正日执政期间高度重视通过经济、社会等各方面的改革改善朝鲜人民生活水平,如金正日在2003年2月10日与2003年7月3日同朝鲜劳动党中央委员会负责干部的谈话中,就提出"要通过改革,倡导和确立社会主义生活文明"③。金正日执政期间的经济改革主要呈现反复性,包括对自由贸易区的限制、限制农贸市场又开放,以及下放企业经营权又回收等,这使得朝鲜的改革具有浓厚的政治色彩,是把改革作为一种政治工具反复使用以保证朝鲜的政治体制安全。

2011年,金正恩执政以后,开始推行经济管理改善措施,任命经济元老朴凤珠出任内阁总理,并相继设立了21个经济开发区,在农业方面推出了"圃田担当制",让农民可以更加自由地耕作和经营土地。这些举措使得朝鲜的经济真正开始实现正增长,粮食价格开始下降并逐渐稳定。

---

① 张志忠主编:《科学社会主义理论与实践专题讲座》,内蒙古大学出版社2007年版,第190页。

② 杨鲁慧编:《亚太发展报告》(第3卷),山东大学出版社2005年版,第66页。

③ [朝]金正日:《关于确立适应先军时代的社会主义生活文明》,平壤:朝鲜民主主义人民共和国外文出版社2009年版。

朝鲜经济逐渐转好的原因是金正恩执政后将改善人民生活作为经济工作的重心。在 2016 年召开的朝鲜劳动党第七次全国代表大会上，金正恩明确指出"朝鲜当之无愧跻身于政治军事强国之列，但是经济部门尚未达到应有的水平。经济强国建设是目前我们党和国家要集中一切力量的主要战线"①，并且提出了建设经济强国的战略路线："狠抓自立自强的精神和科学技术，在高水平上实现国民经济的主体化、现代化、信息化和科学化，给人民营造富裕而文明的生活环境。"② 在此基础上，他还提出了 2016—2020 年国家经济发展五年战略。国家经济发展五年战略目标是全面振兴国民经济，保持经济部门之间均衡发展，夯实可持续发展国家经济的基础。其目标是要在五年战略执行期间抓好党的经济建设和核武力建设新并举路线，解决能源问题，同时把国民经济线性部门、基础部门拉回正常轨道上，增加农业和轻工业生产，大大提高人民生活水平。2019 年 4 月，朝鲜劳动党召开七届四中全会指出"在社会主义建设中更高地举起自力更生的旗帜"，明确提出继续走"集中全部精力发展经济"的战略路线。金正恩强调，"自力更生、自立民族经济是朝鲜式社会主义存在的基础、前进和发展的动力、决定朝鲜革命成败的永恒生命线。在高举自力更生的旗帜加快社会主义建设中面临的首要任务，是扩大和加强自立经济基础，为使国家的经济转入新的发展阶段提供可靠保证"③。此次会议提出国家领导机构组成方案，其中包括对内阁的调整。2019 年 12 月 28—30 日朝鲜劳动党七届五中全会召开，明确了"当前正面突破战的主要战线是经济战线"④，提出了"整顿经济工作体制和秩序的纲领性任务，并指明了加强国家经济工作体制的核心——内阁责任制、内阁中心制的根本途径，还就根据现实要求找出改进计划工作的正确方案、保证生产供应总体比例、大大提高国民经济计划可信度明确了具体任务。内阁工作就是党中央委员会工作，贯彻党中央委员会的决议就是内阁工

---

① 金正恩：《金正恩在朝鲜劳动党第七次代表大会上所作的中央委员会工作总结报告》，http：//www. kcna. kp/kcna. user. article. retrieveNewsViewInfoList. kcmsf#this。
② 金正恩：《金正恩在朝鲜劳动党第七次代表大会上所作的中央委员会工作总结报告》，http：//www. kcna. kp/kcna. user. article. retrieveNewsViewInfoList. kcmsf#this。
③ 朝鲜劳动党七届四中全会公报，http：//www. kcna. kp/kcna. user. article. retrieveNewsViewInfoList. kcmsf#this。
④ 朝鲜劳动党七届五中全会公报，http：//www. kcna. kp/kcna. user. article. retrieveNewsViewInfoList. kcmsf#this。

作,并全面分析了全会以后在加强国家对经济工作的统一指导和管理中要亟待解决的深刻问题"[①]。

可以肯定的是,这些新战略和新举措将助力朝鲜经济强国的建设,但是也应看到,在当前国际制裁背景下(如联合国第2270号决议),朝鲜经济强国的建设必将困难重重,任重道远。

### 三 朝鲜执政党的思想与作风建设

#### (一) 党的思想建设

朝鲜劳动党是朝鲜的执政党。自朝鲜劳动党执政以来,就一直把党的思想建设工作作为执政党建设的核心工作。党的思想建设工作关系到社会主义革命与建设事业的重中之重,一直以来,朝鲜劳动党的指导方针是主体思想,主体思想是党的建设和活动的源头,根据主体思想进行党的建设和一切活动,认为只有在党内实施唯一的思想体系,才能够实现思想和组织上的团结统一,党内不允许存在与主体思想相悖的任何思想。朝鲜劳动党通过对"主体思想""先军政治""金日成——金正日主义"的宣传,不断树立和巩固党的第一代领导人金日成及其后继者的绝对权威,用忠于领袖的思想把全体人民牢固地团结在党和领导人的周围,通过不断的艰辛努力稳固朝鲜政权和加强执政合法性。金正日在《朝鲜劳动党的建设的历史经验中》一文中指出,"为实现全社会主体思想化,实现人民群众的自主要求和理想,实现对全社会的政治领导,完成自己的历史使命,就要随着革命的进程和社会的发展,搞好党的建设和党的活动,从组织上和思想上进一步巩固党,不断地加强党的领导职能作用"[②]。金日成在《以人民群众为中心的我们朝鲜式社会主义是战无不胜的》中指出:"工人阶级的党要很好的完成为人民服务的使命,就必须不断加强党本身,党要把为人民服务作为自己的使命,如果没有建设好党,是不可能充分发挥自己的作用的。"[③]

---

[①] 朝鲜劳动党七届五中全会公报,http://www.kcna.kp/kcna.user.article.retrieveNewsViewInfoList.kcmsf#this。

[②] 邹焕梅:《当代社会主义国家执政党自身建设比较研究》,博士学位论文,山东大学,2014年。

[③] [朝] 金正日:《以人民群众为中心的我们朝鲜式社会主义是战无不胜的》,平壤:朝鲜民主主义人民共和国外文出版社1991年版,第37页。

金正恩执政以来仍然尊重历史、延续传统，将"主体思想"作为基本理论，并在朝鲜劳动党第七次代表大会上指出："主体思想是在世界政治风波和重重难关中，引导我国革命沿着一条主体道路走过来的百战百胜的旗帜。由于有朝鲜劳动党的伟大主体思想，才在社会主义建设中取得了引以自豪的胜利，并为完成主体革命事业奠定了万年基础。"① 在加强思想建设方面，朝鲜劳动党不断坚持和发展忠于领袖思想的一致性和忠诚性，认为在使党加强和发展成为领袖的党方面，首要的问题是用党的指导思想、领袖的革命思想实现全党一色化；确立了基于党员高度的政治觉悟和民主集中制的党组织纪律，提出要把党务工作和党的活动中面临的一切问题集中于党中央，根据党中央的唯一结论加以执行。朝鲜劳动党试图把自身发展成为具有牢固的群众基础和强有力的军事基础的党。

（二）党的作风建设

朝鲜虽然没有在党内直接提出反腐败问题，但是从建党至今一直反复强调反对"耍权势和耍官僚"的党风问题。"耍权势和官僚主义"，是滥用职权背离人民意志和人民利益的工作作风。金正日曾明确指出，要树立符合社会主义社会本质的工作方法和工作作风，就是要彻底克服"耍权势和官僚主义"。他还强调，"干部不是骑在群众头上的特殊群体，是从人民群众中出来的为人民群众服务的勤务员，不要追求一己私利，不要想享受优惠和特殊待遇，生活要清廉洁白"②。在干部中消除"耍权势和官僚主义"，是加强党和人民群众的血肉联系的迫切要求。

直到今天，党风问题也被朝鲜劳动党重视。在2016年召开的朝鲜劳动党第七次代表大会上，金正恩再次强调"我们党宣布与逞威风、耍官僚、营私舞弊现象的战争，但斗争至今还未完全克服这些行为。如果容许逞威风和耍官僚，营私舞弊就盛行，产生专横独断，如此反复，就会萌发反党的苗头。要坚持不懈地高强度地同出现在干部之中的逞威风、耍官僚、营私舞弊的现象进行斗争，直到根除它"③。对于党内出现的反社会

---

① 金正恩：《金正恩在朝鲜劳动党第七次代表大会上所作的中央委员会工作总结报告》，http://www.kcna.kp/kcna.user.article.retrieveNewsViewInfoList.kcmsf#this。
② 崔桂田：《越、古、老、朝四国政治体制改革的主张与进展》，《当代世界社会主义问题》2005年第7期。
③ 金正恩：《金正恩在朝鲜劳动党第七次代表大会上所作的中央委员会工作总结报告》，http://www.kcna.kp/kcna.user.article.retrieveNewsViewInfoList.kcmsf#this。

主义思想与行为，2019年12月28—30日召开的朝鲜劳动党七届五中全会提出要"加大与反社会主义、非社会主义的斗争力度，严肃道德纲纪"①，还强调了"革命的指挥成员——干部们在社会主义建设的前进道路上面临的困难的正面突破战中，为尽到党、革命和人民所赋予的自己的责任和义务忘我奋斗"②。可见朝鲜劳动党一直以来对党风建设的重视。

**四　朝鲜社会主义建设的调整与突破**

（一）军事政策的调整

朝鲜是一贯重视军事建设的国家。正如朝鲜社科院金日成——金正日主义研究所所长全河彻在《朝鲜社会主义的优越性》一文中所谈"如果一个国家重点关注并加强自身军事力量，那么不论这个国家的领土面积和人口规模有多大，她都会变得强大"。朝鲜半岛以"三八线"为界成立了两个性质不同的国家，由于地缘政治的特殊性及意识形态的差异性，朝鲜自建国以来就十分重视军队和国防建设，重视军队在保卫国家、建设国家和维护社会稳定等方面所起的重要作用。朝鲜自20世纪50年代中期提出"政治上自主、经济上自立、国防上自卫"的发展目标并一直坚持至今。朝鲜历任领导人也在这一目标的指导下相继提出了具体的强军战略和举措。1962年12月，在朝鲜劳动党四届五中全会上，金日成提出了新的战略路线，即经济建设和国防建设并举，还具体提出了以全军干部化、全军现代化、全军武装化、全军要塞化的"四大军事路线"为基本内容的自卫军事路线，研发核武器逐渐成为朝鲜"主体事业"的重要内容，朝鲜领导人旨在通过这一路线将整个朝鲜建设成一个巨大的军事组织。

金正日掌权后继续突出军队在国家政治生活中的地位。他带领朝鲜劳动党先后提出了"先军思想""先军政治"和以军事为中心的"强盛大国"战略。"强盛大国"战略是近年来朝鲜在政治、经济、国防、科技、文化教育和综合国力上的奋斗目标。在"先军思想"和"强盛大国"的重大战略指导下，朝鲜军队从方方面面参与到社会主义建设中来，朝鲜军队和人民的思想、工作态度、生活作风实现了统一。

---

①　朝鲜劳动党七届五中全会公报，http：//www.kcna.kp/kcna.user.article.retrieveNewsViewInfoList.kcmsf#this。

②　朝鲜劳动党七届五中全会公报，http：//www.kcna.kp/kcna.user.article.retrieveNewsViewInfoList.kcmsf#this。

金正恩执政后继续坚持先辈们的军事指导思想，并在此基础上进行了一系列的改革。首先，重新从实质上确立党指挥军队原则：第一，最高军事领导机构由国防委员会变更为中央军事委员会；第二，改变朝军三总部领导人军衔配置，突出总政治局长地位；第三，创立党务和军队系统高级干部交叉任职新模式。其次，强化对美韩进攻型兵力部署态势；对朝军多个军兵种、武装力量进行更名、整编。再次，着重加强海、空军建设；增加空军兵力并调整空军航空兵兵力部署。最后，重点发展核、导、网络等非对称战力，成立战略网络司令部提升朝军网络战能力。

2016年5月召开的朝鲜劳动党第七次全国代表大会上金正恩再次强调，"一定要千方百计地巩固政治思想强国的威力；二要致力于发展国防工业；三要把先军革命路线作为一贯坚持的战略路线狠抓，千方百计地加强军事强国的威力"，认为"强有力的政治军事力量是国家尊严和力量的象征，是争取反帝对抗战和社会主义建设的胜利的决定性保证。只有不断加强政治军事威力，才能巩固国家的战略地位，取得经济文化建设的飞跃发展，早日实现祖国统一事业"①。

近年来，随着朝鲜国内外形势的变化，朝鲜的军事政策进行了一定的调整，朝着和平的方向前进，尤其是2019年朝韩领导人会晤这一历史性事件使朝鲜半岛出现了近几年来难得的稳定局面，尽管这种局面是短暂的，并且蕴含重重危机。正是在这样的担忧下，朝鲜劳动党及时分析和调整了相关军事政策，正如2019年12月22日，朝鲜劳动党第七届中央军事委员会第三次扩大会议针对朝鲜当前面临的错综复杂的内外形势，认为应从军事政治上进一步加强人民军等国家全盘武装力量的政治对策和军事对策，从而保障国家主权和安全不受威胁。

(二) 朝鲜半岛核问题

朝鲜半岛核问题历来备受世界瞩目。由于面临着内忧外患的困境，朝鲜从建国开始就注重国防建设，2013年更是把经济建设和核武力建设并举。核武器作为朝鲜维护国家安全及政权稳定的重要手段，随着国际环境的变化，朝鲜也不断调整对核政策。20世纪50年代末，朝鲜在原苏联的帮助下就已经开始核技术的研究工作。但是当时的朝鲜已经危机四伏，为

---

① 金正恩：《金正恩在朝鲜劳动党第七次代表大会上所作的中央委员会工作总结报告》，http://www.kcna.kp/kcna.user.article.retrieveNewsViewInfoList.kcmsf#this。

了缓和与美国的关系，金日成在这样的内外环境下，坚持了"无核化"的基本原则，参与了无核化的相关国际协商。金正日执政时期，核武器建设取得了突飞猛进的发展，朝鲜频繁进行核武器试验与导弹发射活动。与此同时，核武器也成了朝美谈判的"有力法宝"，朝鲜以"核武器"作为对话美国的有力工具。金正恩执政以后，朝鲜将拥有核武器写入宪法。2013年朝鲜又制定了"核与经济并举路线"。2016年召开的朝鲜劳动党七大再次确认了这一路线。这表明朝鲜试图在国际反对和联合国的严厉制裁中将拥核"事实化"。

2018年4月20日，朝鲜劳动党第七届中央委员会第三次全体会议在平壤举行。此次会议通过了《关于宣布经济建设与核力量建设并举路线的伟大胜利》的决议书，宣称朝鲜"自2018年4月21日起停止核试验和洲际弹道火箭试射，为了透明地保证停止核试验，将废弃北部核试验场；停止核试验是实现全世界核裁军的重要过程，朝鲜将争取全面停止核试验的国际性的志向和努力；只要不受到核威胁或核挑衅，朝鲜将绝不使用核武器，在任何情况下都不会转移核武器和核技术"[1]。同时还宣布，"将集中一切力量开展全部动员国家的人力和物力资源，建设强大的社会主义经济、划时代地提高人民生活的斗争；为营造有利于进行社会主义经济建设的国际环境、维护朝鲜半岛和世界的和平与稳定，积极同周边国家和国际社会密切联系和进行对话"[2]。朝鲜这一举措一经发布便受到世界瞩目，中、俄、美、日、韩等国纷纷表示赞同和肯定。尽管这一举措为朝韩和朝美首脑会谈创造了和谐的外部环境，但是由于以美国为首的西方国家对朝鲜进行制裁与施压，致使在相关谈判中出现重大分歧，朝鲜基于自身安全考虑不可能完全放弃研发尖端武器。应当注意的是，朝鲜核问题历史渊源错综复杂，加之核武器并不仅仅由核弹单独构成，还包括导弹、火箭等尖端武器。由公开报道来看，朝鲜重视并加快对相关武器的研究，并形成了自上而下的强有力的国家意志，正如朝鲜劳动党七届五中全会明确指出的，"研发只有国防科技发达国家才能拥有的尖端武器系统的庞大复杂的这一事业，是以我们不受任何人的帮助而在科技方面自己找出创新性解决

---

[1] 《朝鲜劳动党中央举行第七届第三次全会　金正恩出席指导会议》，http://www.kcna.kp/kcna.user.article.retrieveNewsViewInfoList.kcmsf。

[2] 《朝鲜劳动党中央举行第七届第三次全会　金正恩出席指导会议》，http://www.kcna.kp/kcna.user.article.retrieveNewsViewInfoList.kcmsf。

方案为前提的","党所构思的远景战略武器系统一个一个地落到我们手中,是在发展朝鲜武装力量、保卫并保证我们主权和生存权方面所取得的巨大事件。尖端国防科学的这一飞跃,将会使朝鲜的军事技术坚不可摧,更加推动朝鲜国力稳步上升,提高周边政治局势的控制能力,给敌人以沉重的打击"[①]。

综上所述,朝鲜调整核战略以后,朝鲜在对外关系上取得了重大突破。正如我国国务委员兼外交部长王毅所说:"半岛核问题由来已久,错综复杂,解决这个问题需要相向而行,而不是背道而驰。尤其要防止一方显示灵活;另一方反而更趋强硬。历史上曾经有过这方面的教训。半岛当前的缓和局面非常来之不易,朝鲜方面为此采取的主动措施值得充分肯定,其他各方尤其是美方都应珍惜目前出现的和平机遇。大家都来做和平的促进者,而不是促退者。"[②]

(三) 对外政策的调整

建国初期的朝鲜,受苏联和社会主义阵营的影响,以意识形态为准确立了"主体外交"原则。在这一原则的指导下,和中国、苏联及东欧的一些社会主义国家建立了友好关系。20世纪70年代,国际环境发生变化,朝鲜也改变了对外政策,开始奉行"政治经济分离"的原则,同第三世界国家积极交往,并积极开展同尊重朝鲜主权的西方资本主义国家的经济往来。朝鲜方面认为,"美国强占南朝鲜以及所推行的侵略政策,是朝鲜民族所有不幸的源泉,是阻碍朝鲜统一的根本障碍"[③],故而一直未与美国建立外交关系。

20世纪90年代以后,以美国为首的西方国家开始对朝鲜采取军事上压制、经济上制裁、外交上孤立的政策,朝鲜为改变在国际上孤立的地位,运用灵活、务实的对外策略,与东北亚等周边国家建立外交联系,努力打开与美国的对话渠道,采取各种方式争取国际社会的支持和援助,用以帮助朝鲜度过经济困难时期,为进一步巩固国家政权创造条件。为改善美国对朝鲜的遏制,朝鲜将对美外交作为重点,将核问题作为与美国对话

---

① 朝鲜劳动党七届五中全会公报,http://www.kcna.kp/kcna.user.article.retrieveNewsViewInfoList.kcmsf#this。
② 《王毅谈当前朝鲜半岛局势:各方需要相向而行,而不是背道而驰》,http://www.xinhuanet.com/world/2018-05/17/c_1122845454.htm。
③ 《朝鲜是一个整体》,平壤:朝鲜民主主义人民共和国外文出版社1979年版,第7页。

的突破口，用暂停核计划来交换美国停止对朝鲜的经济制裁，并获得了援助和补偿，但鉴于美国同韩国、日本的同盟关系，以及朝鲜在核问题上的反复，美国仍然没有放弃在核问题和导弹问题上对朝鲜的制裁，且从未全面解除对朝鲜的经济制裁，因此坚持拥核的朝鲜很难取得对美外交的突破。从目前的情况来看，朝鲜在对日外交上采取了与对待美国相似的态度，既想通过与日本建立正常外交关系来获取经济援助，摆脱目前的经济困境，又想通过与日本的外交关系来缓解同美国之间的紧张关系，加快改善同西方其他国家外交关系的进程，开创有利于朝鲜的国际环境，但是在朝美关系恶化的情况下，朝鲜难以单独与日本在外交关系上实现全面突破。1992年，随着中韩建交，朝鲜和中国的关系陷入停滞期，直到1999年4月，朝鲜政府代表团正式访华，中朝关系才开始恢复。但近年来受到朝鲜核问题的影响，中朝两国在政治上的分歧日益显现，尤其是在金正恩执政后提出"发展经济与发展核武器并重"的齐头并进新战略以来，使得中朝友好关系进入僵局。中国一方面积极帮助朝鲜解决经济困难；另一方面又对朝鲜发展核武器的政策坚决反对，这使中朝外交关系展现出空前复杂的矛盾关系。朝鲜与俄罗斯的关系在"冷战"结束初期一度降温，直到20世纪90年代中期，俄罗斯调整了对朝政策，从重韩轻朝转向南北平衡的外交政策，与朝鲜在互相尊重、平等互利的基础上开展关系。但由于俄朝边界较短，朝鲜半岛对俄罗斯来讲外交战略价值较小，因此朝鲜对俄罗斯来讲只是一个影响力有限的边缘国家，其重要作用不能够和中美相提并论。

在南北关系领域，朝韩关系长期处于紧张对立状态，朝鲜一直坚持"一个朝鲜"立场，南北政府之间的交流一直中断，直到2000年6月13日，时任韩国总统金大中前往平壤与金正日举行了历史性的会晤，并于6月15日签署《北南共同宣言》才有所改观。但由于朝韩双方在统一问题、核问题上难以达成共识，朝鲜多次以核武器是朝鲜民族共同的财富的名义，试图让韩国认可核武器，并在涉及民族利益的国际问题上立场趋向一致。加之美国等西方势力不断向韩国当局施加压力，破坏朝鲜半岛和平与团结局面，《北南共同宣言》发表不到一年，北南关系就再次陷入停滞与冷却。到2007年，朝鲜半岛北南双方再次握手，时任韩国总统卢武铉访问平壤，并同金正日签署了实现"6·15"共同宣言的行动纲领——"10·4"北南宣言。然而，随着2008年亲美的李明博政府上台，"6·

15"共同宣言与"10·4"宣言被全面否定,并且受 2010 年"天安号"沉没等重大事件的影响,北南双方和解与合作出现了重大的历史性倒退。

金正恩执政以来,在对外政策上采取一系列积极主动的措施。特别是金正恩 2018 年 1 月 1 日新年贺词中提出愿意参加平昌冬奥会的倡议以来,朝鲜问题以平壤掌握主动权为主要特征,急剧并持续地发生变化。朝鲜与韩国、美国的关系缓和,尤其是《板门店宣言》的发表更是明显的标志与转折,另外,朝美两国首脑举行历史上首次会晤,这些都表明,朝鲜半岛爆发大规模军事冲突的可能性急剧减小。《关于宣布经济建设与核力量建设并举路线的伟大胜利》的决议书的发布,也使得朝核问题发生了良性变化。

对社会主义国家,金正恩更是明确指出:"社会主义国家要在实现共同的目的和理想的斗争中互相支持,加强团结,扩大和发展合作与交流。向往社会主义的国家要高举社会主义旗帜、反帝自主旗帜,粉碎帝国主义的侵略和专横,促进社会主义事业的发展。世界所有维护自主性的国家和人民要支持和声援社会主义事业,为反对帝国主义和反动派的反社会主义活动进行斗争。"① 朝鲜劳动党七大以来,金正恩多次访华,与习近平总书记举行高级会谈,中朝关系由此也走出了低迷状态,得到了大幅度的改善。

在对外关系上,朝鲜坚持"加强和发展不结盟运动",认为"不结盟运动作为有威力的反战、爱好和平的力量要占据自己的地位,充分发挥作用。不结盟国家要高举反帝自主的旗帜,为实现世界自主化事业而积极斗争。不结盟国家要为粉碎帝国主义为维持和加强侵略性的军事同盟而进行的阴谋活动,为反对各种形式的侵略和干涉、奴役和不平等进行斗争。不结盟国家要以一致的行动对帝国主义的侵略和战争活动给予反击。"②

**五 朝鲜社会主义建设的机遇与挑战**

总体来说,朝鲜在当前的社会主义建设中施行的政治、军事、经济、外交等各项制度政策及其改革均有其深刻的历史、文化及现实背景,具有

---

① 金正恩:《金正恩在朝鲜劳动党第七次代表大会上所作的中央委员会工作总结报告》,http://www.kcna.kp/kcna.user.article.retrieveNewsViewInfoList.kcmsf#this。
② 金正恩:《金正恩在朝鲜劳动党第七次代表大会上所作的中央委员会工作总结报告》,http://www.kcna.kp/kcna.user.article.retrieveNewsViewInfoList.kcmsf#this。

一定的合理性。这使朝鲜社会主义的发展既有无限机遇，又充满了挑战。但应当强调的是，朝鲜应对社会主义建设中的机遇与挑战时应当时刻保持清醒，正如朝鲜领导人在朝鲜劳动党七届五中全会指出的，"分析当前的形势，美国的目的就是打出对话磋商招牌空口说白话，谋求其政治外交利益的同时，继续维持制裁来渐渐消耗并削弱我们的力量，这更加坚定了我们绝不会用任何东西来换取国家安全、尊严和将来的安全的决心"①。

从政治上看，"主体思想"和"先军政治"的产生与发展是朝鲜的历史文化和现实决定的，是朝鲜人民的选择，是符合朝鲜实际情况的朝鲜特色社会主义。但在朝鲜经济社会的发展过程中，"主体思想"和"先军政治"过于集中的权力结构会导致政治氛围紧张，党内政治不够民主的弊端逐渐显现，这又反过来威胁到"主体思想"和"先军政治"的稳定性，威胁朝鲜劳动党的长期执政地位，从而对朝鲜的政治稳定提出挑战。从当今的世界局势来看，朝鲜社会主义建设面临着内忧外患的挑战，但挑战中也孕育着机遇。朝鲜的社会主义建设应当继续在立足本国实际，在坚持自身道路的基础上，完善党内建设，调整党内关系，发挥党内民主。

从军事上看，优先发展核武器的军事战略是朝鲜劳动党基于苏联解体后世界社会主义发展情况和朝鲜周边局势进行的战略决断，但世界反核化浪潮已经不允许、也不可能给朝鲜发展核武器的机会和窗口，包括中国、俄罗斯、美国在内的世界大国均反对朝鲜发展核武器，这是朝鲜既定战略决策的重大挑战。如果朝鲜继续一意孤行，逆世界局势而动，必定使自己陷入更加危险和被动的境地，甚至成为以美国为首的西方国家发动战争的借口，也有可能引起下一次全球大规模战争的爆发。在这样的挑战下，朝鲜应当及时调整军事布局，坚持合理、合法发展高质量军事体系和军事装备，实行防守型的国防战略，为朝鲜国内发展创造良好的国际和国内环境。但值得注意的是，朝鲜应当继续合法、合理地发展核能。鉴于朝鲜国内严重缺少电力的实际情况，朝鲜尤其应当重视发展核电。

从经济上看，朝鲜在20世纪建国初期创造了举世瞩目的经济成就，建成了比较齐全的工业门类，有比较丰富的经济建设经验，但朝鲜的经济发展严重依托外国，尤其是社会主义阵营国家的无偿援助。随着苏联解

---

① 朝鲜劳动党七届五中全会公报，http://www.kcna.kp/kcna.user.article.retrieveNewsViewInfoList.kcmsf#this。

体,世界社会主义运动陷入低谷,朝鲜失去了社会主义阵营的保护,加上美国的全面制裁,朝鲜经济陷入低谷,人民生活维持在比较低的水平上。在这样的困境下,朝鲜应当集中精力发展经济,恢复国内生产。在经济建设上,一方面要独立自主,发展健全的经济门类;另一方面要合理引进外资。利用当前世界社会主义复兴的趋势,加强与世界各社会主义国家的联系,同时广泛接触第三世界国家,建立正常的经济往来。朝鲜应当调整经济制度,将世界各国,尤其是将认同、同情朝鲜社会主义发展的国家的资金引进来,与朝鲜劳动力、资源等条件相结合,走一条具有朝鲜特色的社会主义建设道路。

从外交上看,目前朝鲜与他国外交关系有所改善,但仍处于被动的局面。在苏联解体后,朝鲜与世界各社会主义国家决裂,与以美国为首的西方阵营为敌,加上坚持发展核武器,使得朝鲜成为被世界孤立的国家。尽管朝鲜在近些年做了诸多努力,以图修复与美国、日本等国的关系,但这种外交政策的不稳定和反复又使朝鲜陷入了被动局面。在当前的条件下,朝鲜应当坚定自身的外交政策,从国情出发,优先选择同为社会主义阵营的国家,同时广泛与世界上认可、同情朝鲜的资本主义国家或第三世界国家建交,逐步恢复正常外交。

综上所述,朝鲜当前主要举措在于:第一,坚持社会主义方向,发展社会主义;第二,坚持朝鲜特色社会主义,发展主体思想,改善党建工作;第三,放弃发展核武器,合法合理利用核能,使朝鲜成为一个受国际社会认可的正常国家,从舆论上占据主动地位;第四,集中精力发展经济,完善经济门类,完备基础设施,改善人民生活,建成社会主义经济强国;第五,坚持发展国防,为国内建设提供安全保证;第六,坚持广泛外交,发展同世界各国的关系。上述举措既有步骤又有区别,应当分先后、有策略地发展,最终目标是把朝鲜建设成为一个社会主义强国。

# 第四章 发达资本主义国家的社会主义运动

苏东剧变是世界社会主义运动的一道分水岭，也是发达资本主义国家共产党发展进程的分界线。发达国家共产党受到很大冲击，一些党或解散消亡，或改旗易帜转变为社会民主主义类型的政党，多数党从各国具有政治竞争力的政党转向边缘性存在，进入了一个为生存而战、为重新崛起而战的重要时期。回首这30年发展进程，在国际政治格局急剧变化的环境中，发达国家共产党经历了危机与变革、实践困境与理论抉择、思想革新与组织重构，其间出现了不少理论创新和实践亮点，也面临着大量亟待深入思考与应对的理论和现实问题。本章是对苏东剧变后尤其是21世纪以来，发达国家共产党理论与实践新发展的概括和分析，在对其组织现状、议会内实践和议会外反资本主义斗争进行概括梳理的基础上，系统阐释了发达国家共产党在意识形态和重要思想理论上的新进展，并着重分析了其在当前面临的诸多困难和挑战，以期阐明发达国家社会主义运动的现状及其面临的理论与现实问题。

## 第一节 苏东剧变后发达国家共产党的演进

苏东剧变后，发达国家共产党进入长时期发展低谷。尽管2008年国际金融经济危机爆发，促使一些共产党复苏（或者借用国内一些学者的话说，取得了阶段性的"战役胜利"[①]），但发达国家共产主义运动整体上没有走出困局。从组织上看，不少国家的共产党经历了分化与重组，整体实力不断

---

[①] 聂运麟：《战役成功与战略困局：2008年金融危机以来的世界社会主义运动发展趋势》，《马克思主义研究》2015年第10期。

下探新低。从议会内实践看,虽然不排除在特定时期出现支持率阶段性提升的情况,但从长时段看,在各层级选举中面临困境是过去30年间多数发达国家共产党生存状态的显著特征。从议会外斗争看,各国共产党继续坚持作为工人阶级以及其他社会下层民众利益的坚定捍卫者,高举社会主义旗帜,揭露和批判资本主义的弊病,抨击现实资本主义社会的不公正不平等,但其反资本主义斗争也一直受制于规模、影响及斗争有效性的困扰。

## 一 发达国家现存共产党及其组织

苏东剧变对世界社会主义运动的影响重大而深远。在其冲击下,10个社会主义国家共产党丧失了执政地位,广大非执政共产党的数量也急剧减少,在剧变之初迅速从180下降到120多个。经过30多年的不断调整,目前存在130多个共产党或马克思主义性质的政党。发达国家共产党是当今世界共产党的重要组成部分。在西欧、北美、亚洲的主要发达国家以及南半球的澳大利亚,都存在着为数不等的共产党或工人党。其中西欧是发达国家共产主义运动的主阵地,一些重要的共产党主要集中在这一地区。

总的来看,绝大多数发达国家共产党组织规模小,社会影响微弱,党员老化现象严重,在各国政治舞台上处于边缘化状态。比如在西欧,作为斯堪的纳维亚地区最大共产党的芬兰共产党,宣称拥有党员3000人,但在全国选举中从未获得显著支持。[1] 丹麦三个共产党(丹麦的共产党、共产党在丹麦和"共产党")加上另外两个托派组织(社会主义工人党和国际社会主义者),成员总共不超过300人。[2] 德国的共产党在2008年拥有党员4200人,不到德国统一前的1/10,而且党员的平均年龄已超过60岁。[3] 而目前英国最大的共产党组织——英国共产党("晨星报派"),近年来的党员数一直维持在900人左右,2010年党代会后统计数字仅为931

---

[1] Anna Kontula and Tomi Kuhanen, "Rebuilding the Left Alliance-Hoping for a new Beginning", in Birgit Daiber, Cornelia Hildebrandt and Anna Striethorst ed., *From Revolution to Coalition-Radical Left Parties in Europe*, Rosa-Luxemburg Foundation, 2012. Also see http://www.skp.fi.

[2] Inger V. Johansen, "The Left and Radical Left in Denmark", in Birgit Daiber, Cornelia Hildebrandt and Anna Striethorst ed., *From Revolution to Coalition-Radical Left Parties in Europe*, Rosa-Luxemburg Foundation, 2012.

[3] "Deutsche KommunistischePartei", 2008, http://wissen.spiegel.de/wissen/dokument/dokument.html?top=Ref&dokname=BERTEL_LEX-tid-1723469&titel=Deutsche+Kommunistische+Partei.

人。在北美地区，作为全国第三大古老政党的加拿大共产党，支持率长期不足 0.1%，而澳大利亚共产党也未能在全国和地方选举中有任何斩获。

目前，发达国家共产党中具有较强影响力和组织活力的，主要包括法国共产党、西班牙共产党、意大利两个共产党（重建共和共产党人党①）、希腊共产党、葡萄牙共产党、日本共产党和美国共产党。比利时工人党（PTB/PVDA）近年来组织实力和影响力迅速提升，是发达国家共产党呈快速发展态势的一个例外。

在西欧地区，法国共产党是目前拥有党员数量最多的共产党。它在最顶峰时曾拥有党员 60 万，到苏东剧变之初迅速下降到 27 万。到 2009 年底，法共党员数只有 90 年代初的一半，共 134000 人，其中缴纳党费的党员 66000 人。近年来，法共组织力量进一步萎缩，2018 年 10 月法共代表大会的数据显示，党龄 3 个月以上的党员只有 4.9 万人。

成立于 1991 年 5 月的意大利重建共产党，是原意大利共产党蜕化为社民党后，党内反对意共社民党化的力量组建的共产党。同年 6 月，植根于 20 世纪 60 年代末激进主义、受毛主义和托洛茨基主义影响颇深的左翼组织"无产阶级民主党"加入重建共，将来自各种不同的左翼传统，比如自由主义、生态主义、女权主义的激进人士带入重建共，造成党内意识形态非常复杂，从而也为其近 20 多年来的多次分裂埋下隐患。1991 年原意共分裂时，意大利重建共产党创始人科苏塔召集了约 15 万支持者，到 1997 年时重建共仍然拥有 130000 党员，2010 年初重建共拥有党员约 30800 人②，近年受经济危机影响仅余 1 万多人。意大利国内另一共产党——共产党人党，是在 20 世纪末从重建共中分裂出来的共产党，自成立后发展迅速，从最初的 3000 人到 2011 年底已发展到 2 万余人，金融危机后与重建共一样党员数减少。从人员组成上看，该党更具有活力，40% 的党员都是 35 岁以下的年轻人。③ 2016 年共产党人党重新组建成新意大利共产党，目前仅拥有党员 1 万余人。

---

① 2016 年 6 月，以意大利共产党人党为主体组建了新意大利共产党。

② 意大利重建共产党党员数，参见重建共网页，http://web.rifondazione.it/home/index.php/organizzazione-e-tesseramento/378-dal-rilevamento-di-meta-anno-del-tesseramento-un-primo-risultato-positivo。

③ 2015 年 12 月 23 日，意大利共产党人党国际部副主任马林乔在中国社会科学院马研院的演讲。

西班牙共产党 1977 年拥有党员 200000 人，1980 年下降到 130000 人，到苏东剧变之初只有 37000 人，2008 年下降到 20000 人，近年来进一步减少到不足万人。1986 年后，西共主要是通过与其他左翼小党组成的"联合左翼"开展活动。在 2007 年第八次联盟会议召开前，"联合左翼"拥有党员 78000 人，2012 年由于西共对党员档案进行正规化和集中化整理，重新统计了缴纳党费的党员数量，联合左翼的党员数急剧下降为 30000 人。①

长期坚持列宁主义建党原则的希腊共产党，由于至今仍然保持着"严格的入党条件"，新党员必须要由两名希共正式党员推荐成为预备党员，此后还必须要证明其在"政治领域"取得的成就方能正式入党，从而很大程度上使希共党员数一直相对较少。近年来，"为了强化党的领导，更有效地参与群众运动，更好地指导工人阶级和群众组织的工作"②，希腊共产党在组织上表现出更加严格的倾向，比如，为了保持党的意识形态纯洁性和阶级意识，希共新党章将党员预备期从此前的 6 个月延长至 1 年。希腊共产党从未公开其官方统计数据，但有学者依据其资金数据估计，20 世纪 90 年代初希共拥有党员约 40000 人，目前约有党员 30000 人③。

葡萄牙共产党的党员数在苏东剧变后很长时间一直保持在 14 万左右，2001 年尚有党员 131000 人。为了廓清党员的确切数量，2004 年葡共十七大决定对党员数重新统计，提出"党在各层面的实际规模要依据党员自己以及党组织的主动性来更新相关数据，从而证明其愿意继续作为（葡共）党员"，此后葡共党员数锐减。2008 年十八大公布的统计结果为 59000 人，④ 2012 年葡共党员数约为 60500 人。⑤ 2016 年二十大公布的最新数字是 54280 人，其中产业工人和服务业从业者占绝大多数（71%），包括

---

① Luis Ramiro and Tània Verge, "Impulse and Decadence of Linkage Processes: Evidence from the Spanish Radical left", *South European Society and Politics*, Vol. 18, Issue 1, 2013.

② "Σχετικάμετις αλλαγέ ς στο προτεινόμενο Καταστατικό για το 19ο Συν ε´δριο", http://www. 902. gr/eidisi/politiki/7854/shetika-me-tis-allages-sto-proteinomeno-katastatiko-gia-19o-synedrio.

③ Myto Tsakatika and Costas Eleftheriou, "The Radical Left's Turn towards Civil Society in Greece: One Strategy, Two Paths", *South European Society and Politcs*, Vol. 18, Issue 1, 2013.

④ PCP, "Theses-Draft Political Resolution", Oct. 13, 2008, http://www. international. pcp. pt/index. php? option = com_ content&task = view&id = 259&Itemid = 44#47.

⑤ De Jerónimo de Sousa, "19th PCP Congress opening", Nov. 30, 2012, http://www. pcp. pt/node/260933.

39%的蓝领工人和32%的白领工人。葡共党员老龄化严重，64岁以上党员占44%，且呈不断增长态势。①

日本共产党是发达资本主义世界最大的共产党。由于早在20世纪60年代日共就同苏共发生了严重的分歧和矛盾，多年来日共与苏共一直呈对抗状态，因此在苏东剧变的冲击下，日共并没有像其他共产党那样遭遇内部危机。近十几年来，日共一方面抓组织建设，一方面进行纲领路线的调整和变革，其自身得到了进一步发展。近年来，由于日共对党员数进行重新统计，其总数有所减少，目前保持在300000人左右，从属于覆盖全国的20000多个党支部。日共1928年创刊的《赤旗报》，拥有113万读者群。②

同其他发达资本主义国家的共产党一样，美国共产党也因苏东剧变而受到巨大冲击。经过多年的重建努力，美共力量有所恢复。目前，几乎每个州都有美共的分支。登记在册的美共党员约有5000名。其党员成分主要是产业工人，也包括一些科技人员和教育、医疗工作者等。国际金融危机后，美共积极参加反紧缩斗争，社会影响有所扩大。2016年以来，每月约有50人通过网络加入美共。③

近年来比利时工人党逆势崛起，成为发达国家共产党普遍困境中的"例外"和最具成长潜力的政治力量。工人党诞生于"1968年运动"，长期致力于为捍卫劳动者权益而斗争。尽管工人党是比利时国内唯一的全国性政党，但一直未能形成广泛影响力。直到2008年召开"更新代表大会"，制定全新发展路线之后，工人党才开始走上渐进性崛起之路。从党员数看，2007年末工人党拥有党员2800人，2015年增至8500人，到2016年达到1万人，2019年12月已超过19000人。从近些年西方国家共产党的发展态势看，如比利时工人党般保持快速发展势头的共产党绝无仅有，有观点甚至将其称为"重要的亮红色突破"和"现象级的社会运动"。④

---

① XXTH PCP Congress, "Theses-Draft Political Resolution", Dec. 2016, http://www.pcp.pt/en/theses-draft-political-resolution-xxth-pcp-congress-excerpts.
② "What is JPC?", https://www.jcp.or.jp/english/2011what_jcp.html.
③ JOE SIMS, "CP reaches for the cloud to talk to new members", Nov. 13, 2016, http://www.cpusa.org/article/cp-reaches-for-the-cloud-to-talk-to-new-members/.
④ "Belgium Worker's Party obtains excellent results in federal, regional and European elections", May 27, 2019, http://www.fightbacknews.org/2019/5/27/belgium-worker-s-party-obtains-excellent-results-federal-regional-and-european-elections.

## 二 发达国家共产党的制度内抗争

从制度内实践看,过去 20 多年间,上述多数共产党①在全国或总统选举中的整体支持率相对于苏东剧变前大幅度下降。截止到 2008 年国际金融—经济危机爆发时,总体呈现两种截然不同的发展走向:对于一些党来说,在经历了 20 世纪 90 年代后支持率阶段性提升之后,出现了得票率持续性下滑的现象;对另外一些党而言,尽管得票率一直相对稳定,但却面临着难以实现根本性选举突破的发展局面。

法国共产党和西班牙共产党是前一种走向的代表。从全国议会选举看,在 20 世纪 90 年代的近 10 年间,两党大都保持着稳定的支持水平,甚至一度呈现稳中趋好的发展势头。但从 90 年代末开始,尤其在进入 21 世纪后,两党支持率急速下滑。法共 1980—1989 年间的平均支持率是 12.4%,1990—1999 年为 9.6%,而 21 世纪头 10 年的平均支持率只有 4.6%,其中在 2007 年的得票率创历史新低(4.3%),不得不与绿党结盟才勉强保住了议会党团的位置。法共支持率下滑也体现在总统选举中。2002 年,罗贝尔·于(Robert Hue)只获得了 3.4% 的选票;而到 2007 年,作为总统候选人的时任法共全国书记玛丽-乔治·比费(Marie-George Buffet),在第一轮投票中的得票率仅仅只有 1.9%,这也成为"二战"后法共 11 次参加总统选举的最差战绩。

在西班牙,从与其他左翼小党建立"联合左翼"(1986 年)到 1996 年前后,西共的总体实力一度迅速提升。尤其是 1980 年代末,由于执政的工社党大力推行新自由主义经济政策引发民众不满,主张替代政策的"联合左翼"获得了巨大发展空间。在 1989 年议会选举中,"联合左翼"赢得 9.1% 的选票,一举跃升为西班牙政坛第三大政治力量。1990 年代后,"联合左翼"的选举优势继续保持并有所加强,全国议会和欧洲议会的最好选举成绩均出现在这一时期。但在进入 21 世纪后,西班牙"联合左翼"在全国议会选举中的支持率一路下跌,从 2000 年的 5.4%,到 2004 年的 4.9%,直到 2008 年 3.8%,西共遭遇巨大挫败。

意大利重建共产党总体发展趋势属于第一种类型。到 20 世纪 90 年代中期时,一直保持着 6% 的相对稳定支持率,并一度助推"橄榄树联盟"

---

① 美共除外,1988 年后美共没有参加全国性选举。

成为意大利历史上第一个中左政府。20世纪末起,重建共的得票率开始起伏不定。最初几年,由于党内在是否支持左翼联盟政府问题上出现分歧,特别是随着部分党员因党内矛盾脱党建立共产党人党,重建共的得票率无论在全国议会还是欧洲议会中都出现了急剧下滑。其后,重建共在2006年取得重大胜利,在众、参两院中的得票率分别达到5.8%和7.4%,8人进入政府。然而,仅过了两年,重建共再次遭遇挫折,得票率骤降至3.2%。

与上述党的大起大落不同,日本、希腊和葡萄牙共产党,在苏东剧变后一直保持着相对稳定的得票水平。日本共产党的议会选举支持率在90年代保持在7.7%以上,1996年支持率高达13.1%。进入21世纪后,日共支持率稳定在7%—8%之间。近20多年来,葡萄牙共产党的得票率一直维持在7%—9%之间。希共因在90年代初发生分裂,得票率下降至5%,此后呈现上升趋势,一度连续达到8%。

2008年金融危机以及欧洲主权债务危机爆发之后,不少共产党收获了危机"红利"。比如,日本共产党在2014年议会选举中,获得11.4%的支持率和21个议席,这是20世纪90年代以来第二高的选举成绩。西班牙联合左翼在2011年全国议会选举中成为最大赢家,得票率几乎增加了两倍(从3.8%到6.9%)。葡萄牙共产党在2009年9月议会选举中得到了21世纪以来最高的7.9%的选票和15个议席。在2011年举行的议会选举中,不仅保持了2009年的得票率,还增加了一个议席。在2015年大选中,葡共进一步获得8.3%的支持率和17个议席,在其支持下建立了社会党少数派政府。在2012年5月举行的法国大选第一轮投票中,法共支持的候选人梅朗雄(Jean-Luc Melenchon),得票率一举达到了11%,英国《金融时报》将此高度评价为"激进左翼在法国复活"。[1]

然而,希腊和意大利两国共产党却在资本主义危机中遭遇"滑铁卢"。希腊共产党在2012年6月全国议会选举中从议会第三大党滑落为第七大党,2015年大选希共得票率较2012年有所回升,但整体上回落至20世纪90年代水平。意大利重建共产党在2013年大选中持续低迷不振,甚至未能达到议会门槛,因而从2008年至今未能获得任何议席。

根本上看,发达国家共产党的新近发展都不能代表一种既定状态。前

---

[1] Hugh Carnegy, "France Faces revival of radical left", Apr. 15, 2012, http://www.ft.com.

者受危机因素影响很大。持反紧缩政策立场的共产党，获得了很多对现政府不满的"抗议票"。各党面临的分裂、联盟间的龃龉及新兴激进左翼政党的兴起等，将成为其继续保持上升态势的隐性威胁。比如在2015年12月选举中，因"我们能"党的兴起抢占了激进左翼的政治空间等因素影响，西班牙共产党的支持率迅速下降，回退到2008年资本主义危机爆发前的水平上。再比如近年来葡萄牙激进左翼政党"左翼集团"的上升势头显著，已经发展成为与葡萄牙共产党相比肩的左翼力量，极大冲击了葡萄牙共产党的社会基础。而后者尤其是希腊共产党支持率的显著下降，与希腊政治发展多元化态势关系密切，尤其是激进左翼联盟的强势崛起对希共形成了很大冲击。但随着激进左翼联盟面临执政困境（及其2019年大选失利下台），在国内政治中拥有良好社会基础的希共的支持率也逐渐回升。

近年来，比利时工人党成为西方共产党中脱颖而出的"黑马"。在2014年的全国议会选举中，工人党历史上第一次获得2个联邦议会席位，在瓦隆和布鲁塞尔地区议会选举中也分别获得2个和4个席位，并获得了52个地方代表席位。到2018年，工人党更是在地方选举中突飞猛进，各地当选代表也从52人增加到157人。再到2019年，工人党在地区、全国各层面实现历史性新突破。在5月举行的欧洲议会选举中，工人党的支持率从3.5%快速增至8.7%，历史上第一次获得欧洲议员席位，在此次选举成绩普遍下滑的欧洲激进左翼政党中表现抢眼。在同月举行的比利时地区议会选举中，工人党在弗拉芒、布鲁塞尔、瓦隆分别获得6.6%、12%、13.5%的支持率及4个、11个和10个议席。在比利时全国议会选举中，工人党更是史无前例地在联邦议会获得12个议席，在参议院获得4个议席。这样，工人党欧洲议会在地区和全国的议席数已经从2014年的8席迅速上升至42席，在全国有当选代表的12个政党中位列第五，因而被视为当前"欧洲左翼最具活力的力量"[①]。

显然，无论从党的组织状况还是在政治体制框架内的选举表现看，发达国家共产党都面临着巨大的生存与发展问题，面临着困难和严峻挑战。但与此同时，我们也要看到，在不少西方国家尤其是西欧地区，共产党是不能被忽视的政治存在。作为体制内的反对派，它们拥有一批坚定的支持

---

[①] David Broder, "A Marxist in the European Parliament", May 31, 2019, https://jacobinmag.com/2019/05/ptb-belgium-european-parliament-workers-party.

者和追随者,在主流政党的政治博弈中仍然占据着特定的"小生境",少数共产党甚至因理论战略创新而实现了新的突破。正如有学者在评价西欧共产党时指出的,"虽然充满风险和诸多不确定性,但在可以预见的未来,西欧共产党不可能消失"①。

### 三 发达国家共产党的体制外斗争

发达国家共产党作为一支不容忽视的政治力量的另一原因,是其在体制外反资本主义斗争中的重要作用。作为当代西方工人阶级以及社会下层普通民众利益的坚定捍卫者,发达国家共产党在其存在的整个进程中,一直坚持高举社会主义旗帜,反对霸权主义和帝国主义,揭露和批判资本主义的弊病,抨击现实社会的不公正不平等,追求建立一种能够更好地维护和实现普罗大众根本利益的社会制度。苏东剧变后,尽管受客观环境制约,发达国家共产党面临着生存和发展的巨大困难,但它们不改初衷、坚持不懈地在推动社会正义与进步的道路上勇敢前行。它们在体制外组织的罢工、抗议、游行示威等斗争,对遏制新自由主义的反社会政策、捍卫劳动阶层的利益产生了积极作用。

近30年间,发达国家共产党开展的反资本主义斗争,既包括通过举行集会、抗议示威和组织领导罢工运动等反对本国政府;反对地区性资本主义比如欧盟的新自由主义政策;更广泛意义的反全球化、反资本主义斗争,比如在世纪之交,西雅图、布拉格、尼斯、热那亚等地进行的反全球化运动;以及反对多边投资协定和国际货币基金组织日内瓦服务贸易自由化谈判的斗争等。同时,发达国家共产党也积极参与到反对帝国主义对外侵略,如支持伊朗国内民众进行反帝活动、反对美英对阿富汗的军事占领及谴责帝国主义发动利比亚战争等系列斗争中。除此之外,近些年发达国家共产党在体制外的活动和斗争还包括以下几个方面。

第一,针对反共措施展开反击行动,捍卫自身地位和权利。苏东剧变后,西方一些国家并没有停止对共产主义的遏制。近年来,反共措施愈演愈烈。2007年,捷克政府宣布倡导社会所有制的"共产主义青年联盟"为非法组织。2008年以来,立陶宛、爱沙尼亚、拉脱维亚等国相继禁止在公众场合张贴绘有斧头镰刀红旗等图案的标志。国际金融和债务危机下,

---

① Luke March, *Radical Left Party in Europe*, Routledge, 2011, p. 125.

反共浪潮更是甚嚣尘上。继2009年7月欧安组织通过反共决议，将共产主义与法西斯主义并列，极力歪曲"二战"和苏东社会主义建设的历史成就之后，一些欧洲国家又进一步采取行动对共产党进行意识形态攻击。比如，捷克的一些激进议员呼吁查禁作为议会第三大党的波希米亚和摩拉维亚共产党；波兰立法禁止传播"共产主义标志"，违者将处以两年监禁；摩尔多瓦也成立了一个名为"谴责极权主义共产党政权"的委员会，建议禁止使用共产党的标志以及使用共产主义等字眼；匈牙利议会把德国法西斯主义和屠杀犹太人的暴行与所谓"共产主义的罪行"相提并论，并决定对公开提出质疑的人处以1—3年监禁。

2019年9月18日欧洲议会通过了一项题为《欧洲记忆对欧洲未来的重要性》的决议。该决议宣称"记忆"对欧洲未来的重要性，强调"二战"是欧洲历史上最具毁灭性的冲突，但同时却指称1939年签订的《苏德互不侵犯条约》是"二战"发生的直接原因，并提出要在整个欧洲拆除所有"极权主义"纪念物，包括向苏联红军致敬的标志物。该决议出台后，在西方尤其是欧洲激进左翼中掀起了巨大的反对声浪，多国共产党通过集会、发表声明等严厉批评和谴责该决议的"反动性"。其主要观点有以下三点。一是认为这是继2006年欧洲委员会会议"强烈谴责极权共产主义政权的罪行"、2009年欧洲议会将8月23日确立为20世纪纳粹和共产主义罪行的全欧洲纪念日之后，欧洲地区性机构做出的又一项反共决议。这项决议旨在将诸多欧盟成员国对共产党及其标志物禁令合法化，是欧盟反共纲领的延伸和升级。二是抨击该决议是一个"反动性怪物"。将共产主义等同于野蛮的纳粹主义以及抹煞苏联对"二战"的贡献是对历史的反动伪造，是一种新的历史修正主义。三是强调人民群众的奋斗史不可逆转，资本的辩护者不能重写历史。除针锋相对地批驳这些错误观点外，多年来发达国家共产党还组织、领导了多种形式的抗议行动。

第二，支持和争取劳动阶级权益的斗争。这是多年来发达国家共产党实践斗争的重中之重。具有代表性的是2008年金融危机尤其是2010年欧债危机爆发后，欧洲各国共产党组织了众多的游行、示威、抗议活动，反对政府的紧缩政策，捍卫劳动者权利。在近些年的群众性反抗运动中，我们也可以看到各国共产党积极奔走的身影。比如，2018年11月以来在法国爆发并蔓延至欧洲多国的"黄马甲运动"中，法国共产党亲身参与运动，提出增加工资、大规模投资公共交通及实现基于社会公正的生态转型等建议。希腊共产党发表支持声明,谴责法国政府对工会行动和民众自由的限制,强调只有实现劳工运动的重组、推进工人的组织化程度、强化阶级导向,才能确保工人和各社会阶层的声音得到重视和响应。2019年12月初,法国爆发了25年来最大规模的罢工,80万人走上街头反对政府的养老金改革计划。法国共产党不仅亲自参与运动,而且提出了"既要生态又要社会""具有效率而非遵循资本主义获利能力逻辑"的诸多重要建议。① 而意大利重建共产党也在意大利积极组织行动呼应法国大罢工,推动构建以工人权利为中心的"另一种运动"② 等。

第三,围绕新政治议题进行行动动员。近年来,发达国家共产党还积极参与到女权、环保、争取移民和同性恋权利等新社会运动中。有些党如比利时工人党参与组织"为同性恋而自豪"大游行,呼吁开展更多行动以实现对多样性的尊重。也有些党如美国、西班牙、意大利共产党等从对"ME TOO"运动、性别平等的关注中,发起对父权制和男性优越论的批判,并将捍卫女性权利与争取社会主义的斗争结合起来。2019年,在3月8日三八妇女节全球大游行和3月15日全球气候大罢工等具有全球性影响的女权主义和生态主义重大行动中,多国共产党积极参与到其中,深刻揭示女权、生态问题出现的阶级根源和经济根源,倡导只有社会主义才是解决女权和生态问题的出路和方向。

第四,开展反右翼民粹主义斗争。近年来随着右翼民粹主义风潮蔓延,发达国家共产党发出了反右翼斗争的动员令。2018年9月13日,美国民主社会主义者伯尼·桑德斯(Bernie Sanders)在英国《卫报》发表文章,呼吁国际进步力量团结起来,以应对"新极权主义轴心"的崛起,构建1%统治的替代力量。欧洲左翼党对此积极回应,表达了与北美左翼寻求沟通渠道和方式,进行富有成效之合作的强烈愿望,强调只有左翼和民主力量团结一致,才能阻止极右翼势力的发展,重启民主发展进程。③ 英

---

① PCF, "Propositions du PCF pour une réforme des retraites digne du 21e siècle", Nov. 27, 2019, https: //www.pcf.fr/propositions_ du_ pcf_ pour_ une_ r_ forme_ des_ retraites_ digne_ du_ 21e_ siecle.

② "Comincia la campagna sociale di Rifondazione in contemporanea con lo sciopero generale in Francia", Dec. 4, 2019, http: //www.rifondazione.it/primapagina/? p = 40293.

③ "The European Left available for International Cooperation with Bernie Sanders", Sep. 30, 2018, https: //www.european-left.org/the-european-left-available-for-international-cooperation-with-bernie-sanders/.

国、奥地利、瑞典、西班牙等多国共产党也发起反对国内极右翼思潮，以及右翼新自由主义政策的街头行动。

第五，在从实践上反对资本主义的同时，发达国家共产党还进一步加大了对马克思主义和社会主义的宣传力度。它们积极利用各种行之有效的方式，尤其是互联网等现代媒体，利用网络平台上一些生动活泼、民众易于接受的形式，传播党的思想主张，扩大社会主义的影响力。比如，一些共产党利用网站上的视频对话等渠道，开展关于社会主义话题的讨论。西班牙共产党采用漫画的形式生动地阐释《资本论》的原理，在党的网站上进行马克思主义大众化宣传，等等。这些以现代传媒为载体的创新性宣传方式，拉近了马克思主义和社会主义理论与普通民众的距离，扩大了共产党的思想覆盖面和接受度，对发达国家共产党的斗争产生了极大推动作用。

## 第二节　发达国家共产党的理论政策调整

苏东剧变后，经历了生死存亡严峻考验而坚持下来的发达国家共产党，在为"生存而战"及谋求进一步发展的过程中，努力适应国内外形势和条件的变化，积极进行理论、战略策略的调整和创新，致力于探索一条摆脱危机、走出低谷的发展道路。在这一过程中，各国共产党围绕马克思主义和科学社会主义、本国未来社会主义发展道路和模式、共产党自身建设、左翼联合等问题，进行了深刻的理论反思，提出了许多新的认识和判断。

### 一　对马克思主义的认识

在20世纪末国际共产主义运动遭受挫折陷入低潮的历史时期，对马克思主义的认识，继续坚持信仰马克思主义、坚持马克思主义基本理论，还是对马克思主义产生怀疑、进而否定拒绝马克思主义，成为西方左翼力量重新分化组合的重要标尺。发达国家共产党仍然是马克思主义的坚定支持者。虽然一些共产党认为列宁的某些基本观点已不适用于他们的国情，因此不再提列宁主义，但所有发达国家共产党都坚持将马克思主义作为党的理论基础，强调回归马克思主义。多数党主张从时代环境出发对马克思主义重新认识和发展，既坚持马克思研究分析问题的方法，又强调不能固守马克思主义的结论，必须重视从本国的一切进步思想和革命传统出发，根据新的情况丰富和发展马克思主义。

美国共产党长期主张马克思主义是工人阶级和民族解放运动的指南，认为马克思主义的有效性是在其成功指导世界各地的社会斗争和革命过程中不断得到验证的。但同时也强调马克思主义不是僵化的教条，而是依赖于科学的方法分析和改变社会，因此它需要随着社会本身的变化不断发展和调整。近年来，围绕如何认识马克思主义尤其是马克思主义与列宁主义的关系问题，美共党内发生争论。2011年2月，美共《政治事务》杂志发表时任党主席萨姆·韦伯（Sam Webb）的长文《21世纪的社会主义政党应该是什么样的?》。[①] 在这篇文章中，韦伯依据苏东剧变后世界社会主义运动的新发展及其对马克思主义理论的反思，对共产党的思想理论结构、方法论、组织结构和政治策略提出批评，强调共产党进行变革的必要性，在此基础上勾勒了社会主义政党应该具有的29个特征，并首先提出了用"马克思主义"取代"马克思列宁主义"的问题。韦伯之所以提出这一问题，是基于两个理由：一是认为列宁主义对普通美国人甚至一些左翼和进步人士而言，带有一种外来的、教条的、非民主的含义；二是认为马克思、恩格斯、列宁及其他早期马克思主义者的著作虽仍然具有不容置疑的分析力，但马克思列宁主义并不等同于经典马克思主义。"马列主义"的说法形成于斯大林时期，是为使意识形态适应苏联党和国家的需要，而对早期马克思主义著作的简单化。无论从理论还是实践上看，这都对美共的工作造成不利影响。韦伯认为，马克思主义要成为一种强大的社会主义转型理论，必须具有历史的、生态的、辩证的、综合性的独立阐释力，而不是某一政党、流派或传统专属的特权。其出发点是工人阶级和人民真正的需要、斗争和利益，它关注的是社会（尤其是阶级）过程、关系、矛盾、错位、对立面和断裂，而非工整的定义和整齐的公式。马克思主义是革命的理论和实践，但并不认为"渐进"和"改良"是肮脏的词汇，也并不认为社会具体发展中的每一政治时刻都具有潜在的激进性和革命性。简言之，马克思主义是工人阶级和人民运动中科学的分析模式、斗争指南。

日本共产党坚持马克思主义，但也注重从本国社会发展实际出发，探

---

① Sam Webb, "A Party of Socialism in the 21st Century: What It Looks Like, What It Says, and What It Does", Feb. 3, 2011, http://politicalaffairs.net/a-party-of-socialism-in-the-21st-century-what-it-looks-like-what-it-says-and-what-it-does/.

索马克思主义在日本的现实发展道路。早在 1976 年日共十三大时,日共就依据斗争需要,将党纲、党章中"马克思列宁主义"的提法改为"科学社会主义",将"无产阶级专政"改为"工人阶级政权"。时至今日,日共一直捍卫科学社会主义作为党的理论基础,并着重强调现代日本的社会现实相较马克思主义创始人及列宁所处的时代已经发生了很大变化,要从日本的现实条件出发,科学地认识和对待马克思主义。2015 年,日共前主席不破哲三发表演讲,系统阐释了日本共产党应该如何发展科学社会主义理论的问题。他强调不能依据后人的阐释,而要注重从文本出发来解读马克思主义。同时,要系统把握相关思想理论提出的历史背景,追溯马克思恩格斯本人的思想演进历程,并充分关联其后的人类历史、自然以及知识的发展变化。不破哲三指出,"马克思如果活着,绝不会满足于眼前成就,必将会继续尝试理解和应对不断发展的现实,并推动理论的发展","生活在马克思去世 130 多年后的 21 世纪,我们可以通过将马克思探寻问题的方法和理论方向结合起来更加深刻地理解当前现实"[①]。

法国共产党 20 世纪末逐渐形成的"新共产主义"理论,提出了"回到马克思"和"超越马克思"的双重命题。法共的"超越马克思"同广义的科学社会主义思路一致,认为取代资本主义应当正确评价资本主义自我更新、自我调整和自我发展的能力,要通过合乎时代潮流和法国国情的政策去调整它,用新的社会制度去超越它,同时也应克服马克思的局限性,要在方法论上"回到马克思",用马克思的辩证方法和阶层分析学说研究法国问题,避免在阶级结构、阶级力量对比和阶级对抗形式已经发生变化后,仍然认为无产阶级要用暴力革命夺取政权并建立无产阶级专政的僵化思路,要继续坚持法国色彩的社会主义从现实出发的正确方向。"回到"不是重复社会主义的某个模式,而是坚持通过对马克思的某些具体观念提出异议,用马克思的批判方法实现"超越马克思"[②]。

意大利重建共产党也主张重新回到马克思,认为从反资本主义的选择出发,重建共必须要追随马克思的思想,重新找回马克思可资利用的财富。这不仅是因为马克思对资本主义及其生产模式的批评性分析方法,而

---

① Tetsuzo Fuwa, "How the Japanese Communist Party Developed its Theory of Scientific Socialism", http://www.jcp.or.jp/english/jcpcc/blog/2016/04/how-the-japanese-communist-party.html.
② 参见李周《法国共产党的"新共产主义"理论与实践》,中国社会科学出版社 2006 年版。

且是因为马克思就革命的范畴,即向一个不同的社会秩序的历史性过渡这一思想,达到了其思想总结的最高点,所以只有利用它,才能达到政治的最高点。① 2013年重建共九大通过的新党章,继续强调党是以社会主义的基本原理和卡尔·马克思的思想为指导的工人阶级的自由组织,是"通过把资本主义社会改造成共产主义社会而解放人类的所有劳动者,青年和知识分子的自由组织"。

新意大利共产党在党章中称,党以马克思列宁主义、原意共领导人葛兰西(Gramsci·Antonio)和陶里亚蒂(Palmiro Togliatti)丰富的思想为指导,以科学社会主义、国际共运和意大利共产主义运动和工人运动历史中最宝贵的经验为借鉴,秉承抵抗运动和反法西斯运动,以和平主义、反帝国主义、环保主义、反种族主义等为价值理念,致力于构建意大利唯一的一支共产党,成为意大利所有为社会主义和共产主义而奋斗的人们的先锋队。新意共党章还提出,全体党员应该认识到劳资冲突仍处于中心位置,应该认识到工人阶级团结的重要意义以及葛兰西霸权理论的突出价值,应在政治活动中坚持国际主义原则。新意共与以往共产党人党的明显区别,是在马列主义基础上加上了科学社会主义。②

希腊共产党强调必须以马克思列宁主义的世界观为指导。它认为,马克思列宁主义作为科学理论被证明是超越时空的,作为分析、认识和革命性地变革社会的工具起着不可替代的作用。马克思列宁主义关于社会主义和共产主义社会必将胜利的论断,关于社会主义革命的理论,不但没有过时,而且随着时间的推移,将被证明是继续有效和富有生命力的。党要在总结工人运动和人民运动经验的基础上努力掌握并创造性地发展这一理论。在希共十七大的政治决议③及纪念"十月革命胜利90周年"④和"《共产党宣言》发表160周年"⑤等一系列讲话中,希共再次强调,虽然

---

① 肖枫主编:《社会主义向何处去》,当代世界出版社1999年版,第585—586页。
② 李凯旋:《论意大利共产主义政党的碎片化困境与发展前景》,《马克思主义研究》2016年第12期。
③ "Political Resolution", Feb. 2005, http://inter.kke.gr/Documents/17cong/polit-resolut-17thcong/.
④ "On the 90th anniversary of the Great October Socialist Revolution in Russia (1917)", Jul. 30, 2007, http://inter.kke.gr/TheSocial/.
⑤ "160 Years of the Communist Manifesto: Its Importance for the contemporary revolutionary strategy", Apr. 6, 2008, http://inter.kke.gr/TheSocial/.

当代社会条件发生了变化，但马克思列宁主义关于资本主义的分析仍然有效。当代资本主义面临的深刻危机，劳资矛盾的激化，帝国主义的压迫，科学技术的飞速发展，生产力的巨大进步，将不能容忍资本主义的剥削关系存在。资本活动的国际化，从民族的、国家垄断的调节向多国调节的发展，也充分体现了资本主义的生产力和生产关系之间的矛盾。马克思列宁主义"为工人阶级的斗争开启了一个新的时代"，"它们在当代仍然富有生命力"。20世纪社会主义的历史教训表明，党必须坚定不移地秉持"马克思列宁主义意识形态"，并"根据现代形势发展的需要，推动意识形态的理论发展"。

葡萄牙共产党仍然坚持自己的理论基础是马克思列宁主义，认为马克思列宁主义是辩证唯物主义的世界观，是科学分析现实的工具，是行动的指南，是批判地改造社会的意识形态。葡共指出，马克思列宁主义既不是与其他政党相区分的标签，不是空虚的口号，也不是为生活发展所废弃的过时的理论、概念和思想，但也强调在具体实践马克思列宁主义的过程中，不能犯教条主义的错误，提出"那些把理论原则当作永恒真理的人，并不是好的马克思列宁主义捍卫者"①。2008年底召开的葡共十八大一以贯之地强调指出，应该把马克思列宁主义看作一个开放的体系，其理论和概念应该在实践中、在与其他理论的批判性对话中发展。因此，与教条化和机会主义地修正基本原则和概念的做法不同，葡共要求把马克思列宁主义与生活实践紧密联系起来，提出马克思列宁主义要在斗争实践中不断丰富、更新和发展。② 2012年底葡共十九大通过的新党章继续坚定认为，马列主义"是辩证唯物主义的世界观，是分析现实的科学工具，是行动的指南"，但同时马列主义应该是不断丰富和更新的，从而能够为发展中出现的新现象、过程和倾向提供答案。

澳大利亚共产党的指导思想是马克思列宁主义，并一直强调必须从现实实践出发不断发展马克思主义理论和政策。其2005年党纲指出，澳共以马克思和恩格斯创立并由列宁进一步发展的科学社会主义为指导，但马列主义是活的科学而非教条，随着社会发展以及新问题的不断出现，意识

---

① "16th Congress of the PCP, Speech by Carlos Carvalhas", Dec. 8, 2000, http://www.pcp.pt/english.

② "Theses-Draft Political Resolution", October 13, 2008, http://www.pcp.pt/english.

形态和理论必须随之有所发展。任何答案都必须适应新形势的需要，理论因而必须成为每一党员日常活动的组成部分。2013年澳共十二大进一步强调，要坚持马克思主义理论就必须与实践结合起来，指出理论不是教条，而是行动的指南，这就要求研究现实问题，并正确运用马克思主义理论。理论与实践在每一发展阶段都必须结合起来，任何政策和策略必须经过实践结果的验证。没有理论的实践是盲目的，没有实践的理论是贫瘠的。

德国共产党2006年通过的党纲指出，党的政策基础和政治指南是由马克思、恩格斯和列宁建立并由其他马克思主义者继续发展的关于科学社会主义、唯物辩证法、历史唯物主义和政治经济学的知识。德国的共产党将这些马克思主义理论运用于我们这个时代的阶级斗争的环境中，并正在为其进一步发展做贡献。

加拿大共产党2010年修订的新党章指出，加共是致力于实现社会主义的、工人阶级的马列主义政党。它是一个具有类似思想的、在政治上最先进及其他受垄断资本剥削、为实现工人阶级国家政权和建立社会主义的加拿大而奋斗的人们的自愿组织。

1992年成立的荷兰新共产党提出自己是一个以马列主义，即马克思、恩格斯以及列宁等进一步发展的科学世界观为基础的反资本主义政党。马列主义深入洞察生产关系、经济发展和人类历史。以这些原理为基础，荷兰新共产党遵循荷兰共产主义运动最积极的发展传统，积极捍卫人类利益。①

比利时工人党强调马克思主义是党的世界观和方法论。工人党认为，马克思主义的基础是由马克思、恩格斯和列宁奠定的，而且如今随着资本主义的充分发展，马克思主义甚至比200年前更加具有相关性。2008年危机揭示了马克思主义危机分析理论在阐释危机原因及其发展进程方面的有效性。工人党将马克思主义作为资本主义的解释框架，同时也以之为构建替代社会的工具，是进行基本社会变革的社会行动和目标的指南。在对待马克思主义理论问题上，工人党强调应该尤其注意两种危险倾向。一是低估研究理论的重要性。要认识到马克思主义不是自发实现的，需进行深入研究。理论对于构建原则、战略和策略非常重要。只有能够进行正确的理论分析，才能在不同环境下提出正确的口号、组织形式和行动建议。二是

---

① "Nieuwe Communistische Partij – NCPN", http://www.ncpn.nl/.

将研究与实践割裂开来。工人党主张研究的目的是推动实践。马克思主义是活的科学，而非现成的公式，需要彻底掌握理论并创造性地应用于当前条件，才能使理论变得更加丰富和多样。也只有通过大量的试错实践，才能推动社会进步。①

近年来，一些共产党从自身实际出发，不断进行意识形态调整，对以往的一些主张重新认识。比如，西班牙共产党最近就重新恢复了"列宁主义"的指导思想地位。自1978年西共九大取消"列宁主义"的提法之后，西共党章一直以"革命的马克思主义"来指称党的指导思想，直到2009年西共十八大仍然强调"以革命的马克思主义和实现解放的理论、政策和文化为基础"②，2013年西共十九大党章有所变化，提出"以革命的马克思主义为基础，同时运用马克思、恩格斯、列宁和其他马克思主义思想家的理论著作"③。2017年12月西共二十大通过的新党章第一条中，明确将党的指导思想更新为"以马克思主义—列宁主义和科学社会主义作为现实分析和政治实践的基础"。2018年初，二十大后新当选为西共总书记的恩里克·圣地亚哥（Enrique Santiago）在党报《工人世界》刊文，大力支持西共重提列宁主义和民主集中制。④ 他强调，对于一个共产主义政党来说，将马克思列宁主义作为党的指导思想，是一件非常自然的事情，而自20世纪70年代欧洲共产主义确立以来，西共一直在回避对这一问题的讨论。实际上，随着苏联解体、两大集团对立终结，欧洲共产主义客观上已经不再存在。因此，避免回归一种源于政治斗争和夺取政权史、作为国际共产主义运动标志的意识形态界定，是毫无意义的。马克思主义是基于社会阶级间矛盾来分析世界，以及以替代社会模式解决这些矛盾的政治学说。而列宁主义则是马克思主义者通过正确分析资本主义制度夺取政权，并将其改造为建立在新型无产阶级国家基础上的社会主义制度的政治学说。这种意识形态界定并非一些人所指责的那样，是脱离实际或开历史的倒车，与

---

① 8th Congress Workers Party of Belgium, "A Principled Party, A Flexible Party, A Party of Working People"，相关材料为比利时工人党国际部提供。

② Estatutos del Partido Comunista de España, 6, 7 y 8 noviembre 2009, http://www.pce.es/xviiicongreso/pl.php?id=3444.

③ Estatutos Partido Comunista de España, 15, 16, 17 noviembre 2013, http://www.pce.es/descarga/20131115_17_docpce_xix_cong_estatutos_def.pdf.

④ Enrique Santiago, "XX Congreso del PCE: un Partido para la acción, un proyecto de Revolución", 29/01/2018, http://www.mundoobrero.es/pl.php?id=7741.

西共构建"21 世纪的社会主义"的纲领不合拍。相反,马列主义是分析现实的工具,从中能够得出适应当前发展的夺取政权的策略,而且这一意识形态界定本身并非终结,也在不断更新分析方法。

　　需要看到的是,在倡导回到马克思的同时,不少共产党也对马克思主义进行了重新解读,出现了一些新的倾向,比如把马克思主义归结为抽象的人道主义,用抽象的自由、民主、博爱、人道等概念取代马克思主义的革命性内容,认为马克思的早期学说,特别是人文主义思想,才是马克思主义的思想精华。比如,法国共产党认为自己倡导的"新共产主义"的实质就是人道主义,法共的政策就是以人为中心的人道主义政策。它强调共产主义与人道主义是一致的,认为共产主义不是拉平的"集体主义",不是简单的"平均主义",而是政治上民主的社会,是一个"男女自由、联合和平等","没有失业、没有压迫、没有就业不稳定、没有不公正、没有暴力和没有武器"的社会和世界。正是从这种认识出发,法共在谈论资本主义时虽然也讲资本和劳动的对抗,但更多的是从伦理根源和价值层面揭示资本主义的不合理性,如认为资本主义使社会大多数人"深受异化之苦","它的机制违背了社会,引起了痛苦和倒退,造成了'野蛮和粗暴',扩大了贫富差距"等;在分析"新共产主义"对资本主义的"超越"时,更多的是侧重于人的自由、民主、公正等价值的诉求和实现,而且不是"通过颁布法令或把现存社会打个落花流水的方式突然消灭资本主义",而是在"现有社会结构内部"进行逐渐"超越",等等。但无论如何,发达地区的共产党总体上仍然是马克思主义或马克思思想的坚决捍卫者。在当前国际共产主义运动依然面临困境的情况下,发达国家共产党对马克思主义的坚持和发展,有助于马克思主义的传播,有助于世界社会主义理论的丰富与创新,对世界社会主义运动走向新的振兴也具有积极意义。

## 二 探索本土化社会主义发展道路

　　"二战"后很长一段时间里,由于苏联共产党对社会主义阵营的影响很大,不少发达国家共产党存有照抄照搬、盲目追随的倾向,从而在一定程度上阻碍了它们依据自己的国情和条件对社会主义理论和实践进行创造性探索。20 世纪六七十年代"欧洲共产主义"的兴起,推动了发达地区共产党独立自主意识的觉醒。苏东剧变的发生,一方面使发达国家共产党受到了巨大冲击;但另一方面也为其探索适合本国实际的活动和斗争方式创造了条件，发达国家共产党迎来了社会主义思想、理论创新发展的新时期。三十年来，发达国家共产党一直在不断探索适合各自国情党情的社会主义理论。西欧地区最大的共产党——法国共产党，在 90 年代中期提出了"新共产主义"理论，倡导通过对资本主义进行"结构性变革"来"超越资本主义"。2006 年召开的法共三十三大，又提出"21 世纪共产主义观"，进一步丰富和阐释了"新共产主义"理论。美国共产党从自身实际出发，提出了建立"权利法案社会主义"的基本思想。近年来美共还多次发起社会主义大讨论，对社会主义的认识不断丰富和深化。西班牙共产党延续"欧洲共产主义"的发展思路，在以往理论的基础上，提出了一个新的概念——"21 世纪的社会主义"，并将其树立为当前西共一面新的理论旗帜。比利时工人党基于创新性的"原则性与灵活性"相结合战略，提出了构建"21 世纪 2.0 版社会主义"的新模式。这些新的思想探索，成为苏东剧变后发达国家共产党本土化社会主义发展道路的代表性成果。

（一）法国共产党的"新共产主义"及其新阐释

"新共产主义"是法国共产党在 20 世纪 90 年代中后期提出的重要思想理论。80 年代末 90 年代初苏东剧变发生后，面对国际政治形势的遽变，以及苏联社会主义失败而带来的对传统社会主义模式的一些质疑，法共在进行深入思考后，逐渐走上了变革调整之路。其最重要的表现，就是在 1994 年党的第二十八次代表大会上，罗贝尔·于担任党的领袖，开启了以"新共产主义"理论为核心的改变党的传统形象的彻底"变革"进程。"新共产主义"理论的提出，始于 1995 年罗贝尔·于的撰著《共产主义的变革》。该书以"对法共的特性进行深刻变革"为目标，全面阐述了"新共产主义"的基本理论主张。1999 年，罗贝尔·于又出版了《共产主义新规划》一书，对"新共产主义"做了进一步的补充和说明。"新共产主义"理论的核心，是提出了两个"超越"观，即"超越马克思"和"超越资本主义"，在一些重大问题上与传统共产主义理论具有方向性的重要转变，后来在法共的一系列文件中也做了进一步阐发，其理论观点主要表现为以下三个方面。

第一，"新共产主义"认为在资本主义和共产主义之间并不存在一个过渡阶段，因此主张放弃"社会主义"这一称谓，而用"新共产主义"取而代之。"新共产主义"也与马克思的共产主义不同，它主要表现为对资本主义的超越过程。尽管这一理论没有放弃"新共产主义"仍然是"另一种社会组织"，但主要强调实现"新共产主义"的过程是"在现有的资本主义社会的框架内实行深刻的社会变革,依靠发展现有社会的'成果、需求和潜力',来否定乃至取消资本主义的'剥削、异化和统治'"。"新共产主义"就是一种"超越",是一种"社会变革进程的观念"。"法共不赞成那种为了'建设'一个在理论上事先设计好的新社会而'消灭'现有社会秩序的做法。法共主张的超越资本主义是一个'过程'。"① 同时,与现代人道主义相一致,"新共产主义"认为共产主义社会是人人自由平等、团结互助、充分尊重个人能力和个人发展的社会。2006年法共三十三大进一步阐述了共产主义社会的新特点,即共产主义是深层次高水平发展的社会阶段,它反对现时的政治格局和政治强权,要求变革现行的监督组织和机构;共产主义是替代资本主义金融市场控制的逻辑,走向强大和高效的社会;共产主义是女权主义的,即保护妇女的人身自由、就业、财产、避孕等权益,反对男性中心控制权;共产主义是一种生态经济,环境保护是其组成部分;共产主义将使人类得到永久的和平,是在社会学意义上对人性的尊重;共产主义是填平了经济鸿沟的中产阶层的文明,是人类共同富裕的状态;共产主义是和平主义的,和平文化促进了新的世界自由和公正,也宣告了另一种社会模式的可能性。② 总之,"新共产主义"既不放弃向另一个社会过渡的目标,但也不主张用暴力方式突然消灭资本主义。其"革命性的变革"观,是通过人民的斗争和投票,和平、渐进地实现一个"更加人道、更加诚信、更加公正、更加自由"的社会③。

第二,"新共产主义"理论摒弃了"工人运动中心主义",代之以"公民干预",建立了一种没有领导权和多样化的新联盟的主张。"新共产主义"不是要求优先考虑某一个阶级的利益,而是围绕这一选择目标,把一切身受资本主义之害的多种多样的人们联合起来。罗贝尔·于认为,正是基于对法国大革命和战后工人阶级新变化的思考,法共提出了"公民干预"的新主张。长期以来,工运和共运怀疑"公民"概念,宁可使用"劳动者""人民群众"和"工人阶级"等概念,并且把"阶级斗争"归于"革命者"所有,关于"人"和"公民"的"甜言蜜语"则属于资产阶级所有。这样就把"公民性概念固有的那些'权利'和'自由'拱手送给

---

① 肖枫主编:《社会主义向何处去》(下卷),当代世界出版社1999年版,第558页。
② 李周:《发展中的法共"新共产主义"理论与实践》,《国外社会科学前沿》2006年。
③ 李周:《法国共产党"新共产主义"理论评析》,《理论月刊》2006年3期。

统治阶级","低估法兰西伟大革命传统所做的政治贡献,以致人们在思想上把反对资本主义剥削的斗争同争取公民性和人权的斗争割裂开来"。在现时代,共产党必须努力在公民之间、在公民同左翼政党之间建立"进步联合公约",开展反对右翼的斗争,向右翼夺取一切可以夺取的东西,并开展人民运动,同各进步政党与力量进行对话和会晤。

第三,"新共产主义"从基本上完全肯定转向完全否定苏联东欧经验。过去法共与苏共联系密切,曾经在西欧无条件地维护苏联共产党的地位和声誉,追随苏联的政策。即便在20世纪70年代实行"欧洲共产主义"时期,也在总体上肯定苏联共产党和苏联的社会主义。直到苏联解体后的一段时间,法共的态度也没有重大转变。因此法共总书记马歇(Geoges Marchais)被一些人视为"顽固、僵化"的代表。但1994年法共二十八大罗贝尔·于接替马歇成为党的总书记后,法共立场发生重大变化。二十八大发表的《宣言》指出,苏联东欧社会是建立在一党制、完全的统制经济和国家强制作用的基础上,共产党成为一种与公民民主国家干预相对立的执政和管理的工具。1995年罗贝尔·于在参加总统竞选活动时发表的讲话中说苏联模式是"共产主义的蜕变",其经验总结"从总体上说不是积极的"。1995年11月,他在著作《共产主义的变革》中,强烈批判了斯大林主义,指出它是"共产主义的悲剧",它体现的是一种集权主义、官僚主义和平均主义的社会组织形式,一种中央高度集权、军队与警察机构拥有无限权力并实行专制与恐怖统治的国家政权。苏联解体证明,苏联缺乏民主和公民干预,其结果不仅不能超越资本主义,而且导致了资本主义的复辟。2000年3月法共三十大重申与斯大林主义和苏东模式决裂,法共对这段历史进行深刻反思并彻底"超越"。此后,法共又多次对苏联模式的社会主义进行了严厉批评,指出20世纪失败的并不是共产主义,而是苏联模式的共产主义。这种社会主义模式存在极大缺陷,不能回答和解决当今世界提出的许多问题。它认为,正是因为这一模式导致了法共理论与实践的盲目性,阻碍了党的发展。因此,法共要生存和发展,必须摆脱这一模式的束缚和影响。

尽管"新共产主义"变革被视为"不过只是'一种表面功夫'[1]",但这一"变革"之初,似乎的确成功地延缓了法共衰落的步伐,甚至在一些

---

[1] Luke March, *Radical Left Parties in Europe*, Routledge, 2011.

传统的边缘性地带强化了党的存在。但在进入 21 世纪之后，尤其是随着法共与社会党联盟失败之后，法共党内一些固有的矛盾和问题逐渐暴露出来。2001 年法共三十一大玛丽·乔治－比费当选党的全国总书记之后，随即开始改变罗贝尔·于的一些"变革"举措，法共从而进入了一个重建的新阶段。比费时期的法共展现出更为"激进化"的特点。尤其是 2003 年三十二大比费全面主持党的工作后，这种"左转"倾向更加明显。其突出表现一是开始疏远同社会党的关系，不再在选举中追随社会党，而是强调要与其他左翼力量建立选举联盟和进行政治合作；二是强调以"人民运动为中心"，将工作重心从谋求入阁转移到工厂、工会斗争，投入到反削减福利、反欧盟宪法条约的斗争中，致力于通过"在民众中开展广泛工作，动员人民反对右翼政府新自由主义改革的斗争，从而重建法共的社会影响"[1]。同时，法共也开始对罗贝尔·于时期的一些主张进行调整，比如在对待苏联模式问题上，开始倾向于辩证地认识斯大林主义和现实社会主义问题。法共三十三大这样指出，"我们对斯大林的批评主要在于他的强权政治否定了人权和公民干预，这样会加深经济和政治矛盾，加大资本主义的攻击性，而我们并不批评斯大林的本质，因为 1917 年的俄国革命实际上是世界大战的产物，它也是人民的希望"[2]。此外，通过积极参与 2005 年反对《欧盟宪法条约》运动，以及同其他左翼力量一起成功击败了希拉克提出的"新就业协议"，极大改善了法共的社会形象。2008 年底召开的法共三十四大延续了此前几年的重建方向，虽然仍继续强调党需要变化，要建立一个更广泛的、振兴的法共，要"恢复法共在各层面的活力"，但已经不再提法共的"变革"，不再呼吁进行组织的"蜕变"。与此同时，比费大力倡扬法共的左翼色彩，强调实现共产主义仍然是党的根本斗争目标，尤其指出党在经济危机形势下的战斗性和斗争精神，呼吁进行社会变革，实现左翼团结和联盟，并把展开反对资本主义和现政府政策的斗争提至党在当前阶段的首要任务[3]。2010 年 6 月召开的法共三十五次代表大会，继续高举左翼阵线旗帜，并充分肯定了比费担任全国总书记以来党的重新定位。在这次会议上，《人道报》主编皮埃尔·洛朗（Pierre Laurent）接

---

[1] Luke March, *Radical Left Parties in Europe*, Routledge, 2011, p. 126.
[2] 李周：《发展中的法共"新共产主义"理论与实践》，《国外社会科学前沿》2006 年。
[3] Marie-George Buffet, "Vouloir un Monde Nouveau, le Construire au Quotidien", Dec. 17, 2008, http://www.pcf.fr/IMG/pdf/TEXTE_ADOPTE_34EME_CONGRES_DEF.pdf.

替比费担任法共最高领导人。

此后几年,在洛朗领导下,法共继续高举左翼联盟旗帜,主张"克服"野蛮竞争的资本主义,呼吁建立平等、人道主义和民主的替代制度,强调人类解放以及实现每个人自由发展和幸福的平等权,等等,总体上仍然保持着比费时期的"激进"特色。2016年6月3—5日,法共召开第三十七次代表大会,通过了题为"新一代的共产主义规划"的大会文件。文件在分析当代资本主义现状和危机的基础上,提出了"构建一个属于普通人的世界"的规划和设想,倡导发起"共产主义新一代"运动,对"资本宗教"的政治和意识形态展开进攻。法共强调这一运动不是孤注一掷地寻求(黑夜站立运动的)"大黑夜"或社会自由主义管理,而是要实现建立在思想斗争和权力争夺基础上的社会转型过程。换言之,就是要寻求构建新的生产、社会和环境发展模式,这种模式关注实现性别平等、个人独立及其对知识、信息、艺术和文化的所有和分享权,从而实现法兰西共和国的重建。在21世纪,主要目标是终结所有形式的剥削、统治和异化,以实现零失业,建立一个共享社会;实现所有人拥有的并被承认的工作权;保障就业、培训和社会保护;实现职业的性别平等、青年自治。①

在2017年大选失败后,法国共产党于2018年11月召开第三十八次特别代表大会。在这次大会上,法比恩·鲁塞尔(Fabien Roussel)当选法共新一任全国总书记,取消了党徽上传统的镰刀和斧头图案而以欧洲左翼党的五角星标志代之。经过激烈讨论,通过了题为《21世纪共产党宣言》的文件,激辩法共的衰退及21世纪共产主义前景,重提共产主义的未来目标,呼吁加强党的团结和战斗精神,开展以捍卫购买力、打击避税、推动生态变革为主题的积极行动,推动了法共发展的新征程。②

(二)美国共产党:从"权利法案社会主义"到"现代、民主、和平与绿色的社会主义"

苏东剧变后,美国共产党致力于进行理论和战略策略调整,对美国如何实现社会主义的思考是其中一个重要方面。在美共二十六大上,时任党主席霍尔(Gus Hall)首次提出了建立"权利法案社会主义"的思想,随

---

① "Le temps du commun", http://congres.pcf.fr/81675.
② PCF, "Les travaux du Conseil national du 13 décembre", Dec.17, 2018, http://www.pcf.fr/article_ 20181217.

后几次代表大会，对这一主张进行了系统完善和阐释。在 2005 年美共二十八大通过的新党纲中，全面阐述了"权利法案社会主义"的重要主张。

何为"权利法案社会主义"？美共新党纲认为，所谓"权利法案社会主义"就是人民和自然高于利润，建立一个无论财产多寡，不分宗教、种族或民族，所有人都能参与的国家。在这个国家中，所有移民都享有与在本国出生的公民同样的人权，多民族、多种族的几代工人阶级有能力解决我们面临的与人类利益息息相关的各种问题，能够创造可持续发展的经济优先于赚取利润、优先于公司大肆污染的"权利"，妇女享有充分的和有切实保证的平等权利，民族和种族团体有充分保障的平等权利和公民权利，能够为儿童提供全部资助的高素质教育和计划。换言之，"权利法案社会主义"将维护和扩大"权利法案"所规定的各项民主权利。

为什么要提出"权利法案社会主义"？在美共看来，一方面，美国宪法虽然为美国的民主制度奠定了基础，但在实践中又极力限制人民的民主权利。美国的历史，就是一部统治阶级力图限制人民的民主权利而广大人民坚持不懈地争取和扩大人民民主权利的历史，而《权利法案》就是广大人民争取民主权利斗争的成果。另一方面，为了回应反共宣传，纠正人们对于社会主义与民主不相容的错误认识，只有通过维护《权利法案》并进行扩大民主权利的斗争，才能赢得广大人民的信任。

那么，如何实现"权利法案社会主义"？美共认为，实现它将主要经历三个发展阶段：在第一阶段，美共的主要任务是以工人阶级为核心，团结一切被压迫、被剥削的人民和进步的社会力量，建立最广泛的全民阵线，与最反动的跨国垄断资产阶级支持的极右翼势力做斗争；在第二阶段，美共的主要任务是建立广泛的反垄断联盟，集中力量打击整个跨国垄断资产阶级；在第三阶段，随着广大人民社会主义觉悟大大提高并形成革命的绝大多数，可以通过实施宪法和《权利法案》建立真正的民主和平等，进而全面建设社会主义。①

在提出"权利法案社会主义"之后，近年来美国共产党还围绕社会主义问题多次展开大讨论，进一步推动和深化对社会主义的理解。2014 年三十大前夕，为澄清对社会主义理论相关认识，美共组织全体党员围绕"21 世纪社会主义与共产党"展开广泛讨论。美共时任主席萨姆·韦伯（Sam

---

① 姜琳：《美共二十八大全力推进"权利法案社会主义"》，《当代世界》2005 年第 11 期。

Wedgbury)提交了一份题为《通向一个现代的、成熟的 21 世纪共产党》的报告。在这份报告中,韦伯从进入 21 世纪后尤其是金融危机以来美共面临的新形势出发,全面阐释了美国共产党的特征、性质和作用,围绕社会主义实现方式途径,就加强工人阶级联盟、和平过渡以及实现社会主义的复杂性、长期性等问题重申了美共主张。

2015 年末美国总统选举后,"社会主义"一词因桑德斯的"民主社会主义论"而引发热议。对于何为社会主义,美国主流思想界的解读带有政治偏向性,彻底或部分否定了实现社会主义替代的可能性。美国共产党为此再次发起社会主义大讨论,组织左翼学者、政治活动家开展意识形态斗争,批驳错误观点,深入探讨社会主义的真正含义、本质承诺及其实现途径等问题,致力于澄清以及深化在社会主义问题上的理解和认识。在讨论中,美国共产党新任党主席约翰·巴切特尔(John Bachtell)提出了建立美国式"现代的、以人为中心的、民主的、和平与绿色的社会主义"新概念,这体现了美共在社会主义问题上的新发展。其社会主义新主张主要包含三个方面的核心内容。[①]

第一,人道主义和非暴力行动。巴切特尔认为当前时代是一个过渡的时代,强调在这一时代进行革命重组以建立一个以人为中心、民主、和平、与自然和谐相处的社会的必要性,但也指出总罢工或经济内爆不是发动社会革命的唯一方式。在他看来,社会主义革命不是由松散片段构成的事件,也并非不可避免,而是复杂斗争的产物,是真正的人自觉或创造性地塑造其生存条件,以使其生活更加宜居、安全、舒适和具有意义的一种过渡。其实现将跨越多个激进的体系性经济、政治、社会、文化变革过程。没有人能够准确预测其具体过程以及新社会的最终状态。这一过程在每个国家都将因环境、挑战、历史和传统而有所差异。对美国而言,社会主义前景和过渡道路,必将充满着高度伦理和人道主义价值。引导实现过渡和建立新社会的运动,必须深深植根于民主、合作与包容,将人的物质、思想和精神需要及自然置于高于一切的位置。

第二,绝大多数人进行的持续性变革。巴切特尔承认多样化、多种族

---

[①] John Bachtell, "Envisioning a modern, democratic, peaceful, and green socialism", Jun. 15, 2016, http://www.peoplesworld.org/article/envisioning-a-modern-democratic-peaceful-and-green-socialism/.

工人阶级的核心地位，但也强调绝大多数美国人民是实现社会主义变革的决定性力量。他认为，美国人民可以从丰富的斗争历史中采撷经验，在当前和长远的激进经济、政治和社会变革中实现包括社会主义意识在内的意识觉醒。其日常斗争将成为塑造政治、文化和生活各方面的统治性力量。革命过程通过包括思想文化领域内的非暴力行动等群众性抗议形式释放民众的创造性能量，而这些行动形式将与选举领域的投票和动员辩证联系起来，从而推动劳工领导的联盟与普通劳动者进入各层面的执政机构。这些联盟及其政治觉醒程度将决定其是否能够进行改革，抑制资本家权力，甚至推动美国走上社会主义道路，最终消灭阶级，建立自治政府。

第三，生态危机决定了资本主义向社会主义过渡的必然性。巴切特尔认为，气候和生态危机既是全人类的危机，也是不能有效应对气候变化并提出可持续发展模式的资本主义的危机。向可持续经济转变意味着对"自由市场"实施更大程度的国家调控，而这将最终使得所有自然资源和能源生产转归民主政府管理下的公共所有制，并对全部社会支出进行激进地再分配以重建国家基础设施。这也意味着需要保障那些在这一过渡中被替代的人的基本收入和新工作再培训，意味着分配一些必要的资源应对全球变暖带来的不可避免的变化。而所有这些只有通过财富的再分配才能实现。这必然要求开展一场针对资本家阶级的自觉而有决定意义的斗争。他呼吁，为拯救地球，民众不能坐等全球向社会主义的过渡，必须现在就开始在经济和社会领域进行深刻而激进的变革。

（三）西班牙共产党"21世纪的社会主义"

西班牙共产党是"欧洲共产主义"的创始党，自1950年代后一直致力于探寻一条不同于俄国革命的、"在和平与民主自由中走向社会主义"的道路。苏东剧变后，西共的意识形态和理论政策基本上沿袭了"欧洲共产主义"的发展思路，比如强调不能把马克思主义当作僵硬的教条和刻板的理论，根据时代的发展对马克思主义、对党自身进行更新；主张民主在实现社会主义和共产主义目标以及现实资本主义改造中的作用；倡导推进男女平等，使女性能参与政治、经济、社会和文化生活；以及在实际斗争中加强左翼力量团结，建立左翼联盟甚至欧洲联盟等。

2009年11月召开的西共第十八次全国代表大会，在以往理论的基础上，提出了一个新的概念——"21世纪的社会主义"。作为"欧洲共产主义"理论在新时代条件下的延伸，"21世纪的社会主义"成为西共一面新的理论旗帜。①

总的来说,"21世纪的社会主义"是西共围绕如何从现实资本主义过渡到共产主义社会构建的一种发展模式。西共之所以提出建设"21世纪的社会主义"问题,主要基于以下几个方面的考虑②。首先是变革资本主义的需要。资本主义不仅是这次危机的始作俑者,同时也是食物、能源、水资源、医疗教育等现实问题的主要责任者。西共认为需要关注现实斗争,提出应对资本主义危机的短期而具体的替代方案,但同时也不能放弃变革资本主义体制的斗争,因为"充分的民主发展与资本主义不能兼容"。其次是推动工人运动发展的需要。当前阶段资本主义统治机制正在不断完善,工人必须从主观和客观上推进资本主义体制的改进,但同时必须明确,关于阶级斗争已经消失的说法是错误的。现在面临的主要问题,是工人阶级缺乏一种集体意识,难以使斗争达到更高水平,因此有必要明确设计一个资本主义的替代方案,以组织和协调反新自由主义政策和整个资本主义体制的斗争。再次是确立斗争方案的需要。反资本主义斗争应该有具体的政治、社会和文化方案,而不是抽象地反对权力和保守主义。如果民众不能获得任何具体建议,单纯地发出反权力呼求将毫无意义。只有提出一个多数民众能够参与其中的政治解放计划,才能实现必要的变革。最后,在资本主义危机的关键时刻缺乏有效的替代模式。欧洲左翼力量在对资本主义的全面批判中,未能提出一种以社会主义为目标的替代社会模式,这极大制约了欧洲反帝、反资本主义斗争和抗议的发展,因而需要对欧洲工人在政治、意识形态和组织等方面战略方向的缺失进行反思。

"21世纪的社会主义"的提出,也建立在西共对当代资本主义革命方式转变的认识基础之上。在西共十八大上当选西共总书记的森特利亚(José Luis Centella)指出,在当代资本主义条件下,通过职业革命家夺取政权已经不再可能,通过游击队发动革命进而建立革命的人民军队来夺取政权也不存在成功的可能性。真正的革命过程,是在广泛的社会基础上最大可能地动员民众参与人民政权的建构,参加社会运动成为革命的主角。这一过程的起点是参与资本主义体系强制推行的一些规则,即使是"虚伪

---

① Raúl Martínez Turrero, "From 'Eurocommunism' to Present Opportunism", *International Communist Review*, Issue 2, 2010–2011.

② PCE, "Documento Político XVIII Congreso PCE", 06–08/11/09.

的"选举体制,西共也可以首先设法通过选举进入政府。但是,进入政府是一回事,而掌握政权又是另一回事。因此,寻求最广泛的参与以及渗入国家机构(包括军队),应该成为转型战略的重要组成部分。①

那么,什么是"21世纪的社会主义"?在西共看来,"21世纪的社会主义"就是过渡到共产主义的一种民主过程,"是民主的连贯发展和充分实现过程"。在这一过程中,必须承认和保障个人自由的价值,坚持世俗国家原则和多元政党的民主衔接、工会自治、宗教和个人信仰自由以及保证质询、艺术和文化活动的充分自由。

民主是"21世纪的社会主义"方案的核心内容。西共认为,断言社会主义作为一种发达的民主形式,是民主思想传统和民主实践的产物。民主是任何一种社会主义定义的必要组成部分,无论是从人民权力还是绝大多数人的意义上理解都是如此。"21世纪的社会主义"不是将人类还原或标准化为原子化的消费者,而是视之为人的各方面能力及独特性发展的必要条件。"21世纪的社会主义"计划的实现需要依赖各个层面的参与和民主决定,任何政治和社会运动提出的各种措施需要在各个运动层面达成一致,并通过运用国家的民主机制清除其实现的障碍。而马克思主义理论的深化(包括在理论方面的发展、发展社会主义的经验及推进当前的社会主义革命进程),以及关于经济和公民充分参与构建无剥削社会的具体建议,是构建社会主义社会的基本要素。

此外,建立"21世纪的社会主义"也需要加强国际团结。西共强调,拉美和亚洲的政治和经济解放进程,是一个积极因素,是人民反帝斗争历史上的重要时刻,同时也极大促进了人类的全球解放。因此,欧洲为建立社会主义的斗争必须比以往更加具有国际视角,在平等互利基础上与其他各洲的社会主义运动建立一种新型合作关系。

由于近20多年间,西共一直以"联合左翼"为载体开展各种活动,而且西共也是"联合左翼"中唯一占主导地位的政党,因此"联合左翼"的政策主张在很大程度上都是西共立场的翻版。在2011年11月的全国议会选举中,联合左翼提出了"反对危机,为建立社会替代和真正民主动员起来"的选举纲领。该纲领在反对新自由主义霸权的共识基础之上,提出

---

① José Luis Centella, "Building socialism in the XXI century", July 2009, http://www.pce.es/agora_pl.php?id=3292.

了"七大革命"的基本主张,这些主张可以看作西共"21世纪的社会主义"理论的短期目标,其内容主要包括①:

1. 经济革命。这被视为全球资本主义替代的基础,核心观点是认为目前正在发生的危机是资本主义体系的全球危机,其全球特征表现为经济、金融体系、环境、原材料、食物、能源以至政治、文化和意识形态等多层面危机。各种抗议斗争的客观目标,是解决当前占统治地位的新自由主义社会、政治和文化模式,为最终消灭资本主义创造条件。

2. 民主革命。即替代左翼力量必须在联邦、共和制和以团结一致为基础的国家中推动实现发达民主,从而扩大自由和参与,保证公民获得经济、社会和文化福利。联合左翼认为,社会及其决策结构的民主化正是西班牙实现社会生态和可持续发展的出发点。

3. 生态革命。即建立一个能够推动人类发展,以及能够保证生态系统完整性的人类与自然和谐的社会,因而必须改变自然资源的过度耗费以及日益增加的气体排放,等等。

4. 公共服务革命。强调左翼面临的任务是捍卫社会福利体系和建立一种发达的社会国家模式,教育、医疗、公共交通和文化等不是商品,而是依赖于国家责任的公共服务。诸如此类的服务必须导向公众需要,而非经济利益,因此必须反对这些领域的私有化。

5. 平等革命。女性主义是联合左翼的语言、行动和政治实践的哲学依据,也是其转型社会政策的支柱,因此它支持同性恋和异性恋的平等关系,反对一切歧视或建立在性别偏好基础上的统治。

6. 文化革命。呼吁建立一种新的政治文化,支持文化工作以及不同收入者都能接触文化。强调如同教育一样,文化工作不应再受市场机制影响。

7. 和平革命。认为人类的危机是资本主义和帝国主义体系发展的结果,采用暴力手段、违背国际法、国际军事贸易的增长等,都是争夺资源的工具。这种争夺阻碍了许多国家的发展,令无数人遭遇死亡、饥饿和贫困威胁。因此,联合左翼呼吁全面改革联合国,批评欧盟的民主赤字。

---

① Dominic Heilig, "The Spanish United Left", in Birgit Daiber, Cornelia Hildebrandt and Anna Striethorst ed., *From Revolution to Coalition-Radical Left Parties in Europe*, Rosa-Lxemburg Foundation, 2012, pp. 265 – 266.

（四）比利时工人党"21 世纪的 2.0 版社会主义"

2008 年实现理论"更新"、努力寻求"原则性与灵活性"相结合战略的比利时工人党，在 2015 年党的第九次代表大会上，提出努力构建一种与本国实际相结合的新的社会主义范式。①

工人党的目标仍然是建立社会主义制度，即寻求将所有人组织起来，建立一个没有人剥削人、能够实现生态可持续发展的社会主义社会。在其看来，资本主义尽管曾经取得过历史成就，但已不再能够确保人类与自然的未来。在 21 世纪，人类社会面临着深刻的经济、生态、民主和文化危机，面临着诸如贫富差距日益扩大、战争威胁、全球气候变暖等新问题新挑战。这些事态发展到处引起民众的反抗。人们开始再次积极寻求更美好的未来，以及有能力保证未来的社会形式。但解决这些问题需要提供一个全球性的答案。这一方案绝非是对一个注定失败的体系进行细枝末节的修补，而是需要一种新的范式转变，一种理解世界、人类和自然的替代方式。为此，工人党提出了构建"21 世纪的 2.0 版社会主义"的构想，认为这种社会主义不仅可能而且必要。

工人党描绘了 2.0 版社会主义的美好蓝图，包括有尊严的生活、高质量的社会保障、平等的权利和机会、多样性而非限制性的教育、健康的退休生活、安全的环境、丰富的文化发展、言论与出版自由、洁净的自然环境、多样性的拓展、经济发展与自然资源保护相协调等。2.0 版社会主义并不是新自由主义者所谓"危险的虚幻"，工人党为之设计了建立在人的社会性及人的活动作为历史推动力理论基础上的一整套实践框架，比如对经济杠杆的社会化、有计划的发展、可持续的社会模式、积极政治参与的实现、基本权利和自由的保障、文化发展和繁荣乃至在国际层面的实现可能性，都进行了细致而详实的阐释和论证。

以经济杠杆的社会化为例。在工人党的构想中，国家关键部门应掌握在社区手中。因为某些领域不可能无节制地"赚钱"，尤其是一些"大而不能倒"的部门，在逻辑上应该掌握在公众手中。亦即在社会主义解决方案中，社会的主要经济杠杆应"社会化"，置于公有制之下，由社区接管。其目标将不再是最大化股东的利益，而是根据社会需求组织生产，进行有

---

① Solidarity Congress 2015, "Broadening, Uniting, Deepening", 相关材料为比利时工人党国际部提供。

计划的发展并尊重社会和环境标准。然后，生产的收益将流回社区。当国家成为其最大股东时，上市公司不能像拥有 CEO 的私人公司那样运作。上市公司不应由官僚或政治家经营，而应委托给积极致力于社会利益的人们。控制权必须掌握在工人、工会和终端用户手中。社会化是改变这些部门的必要措施。其目标不再是让股东获得 12% 或 13% 的回报，而是提供公共服务，使这些部门成为社会驱动而不是利润驱动。对于能源行业，目标是以可持续的方式为社会提供能源。对于银行业，这意味着在必要时提供信贷，而不是在股票市场上进行投机。关键部门因而成为服务于公共和生态目的的国家机构。

工人党关于重要部门社会化的构想，建立在对公共服务的基本功能认知基础之上，强调公共服务的核心使命就是为社区提供服务。因此，公共服务应基于市场使用的"使用价值"（公民的利益），而不是"交换价值"（其可以产生的利润）。比如，公共服务可以决定以比其实际生产成本便宜的价格提供某些满足人们基本需要的商品和服务。这就要求社会对这些商品和服务实行垄断。民众从而可以享受越来越多的"社会收入"——集体生产的一部分财富，然后再投资于集体的公共服务，这些服务是每个人都能负担得起或免费的。在工人党看来，现代公共服务是 2.0 版社会主义的基石，社会只有如此组织，才能从结构上保证每个人的基本权利。

与之类似，工人党从经济、政治、社会、文化、生态等各层面对 21 世纪 2.0 版社会主义进行了全方位设计，形成了关于 21 世纪社会主义发展的一个完整体系框架。当然，工人党也指出，2.0 版社会主义不是历史的终结，而是在新基础上建立一个无剥削社会的开始，其最终目标是构建一个无阶级社会，换言之真正集体性社会或共产主义社会。

### 三 完善党的自身建设

党的建设问题历来是各国共产党进行理论探索的重要问题。为适应国内政治活动和党本身发展的需要，发达国家共产党在党的建设问题上展开了新的思考，对党的性质、作用、组织原则等提出了新的认识，并进行了广泛实践。

（一）关于党的性质

多数发达国家共产党坚持共产党的阶级性，强调自己是工人阶级的利益代表和先锋队组织。但为适应国内政治活动和党本身发展的需要，发达国家共产党也致力于增强党的社会基础,一些党提出自己代表其他劳动者以及受资本主义剥削和压迫的所有阶层的利益,也有一些党更进一步宣称自己是国内全体"公民"或"国民"的群众性的党,是反对资本主义的一切进步力量的联合组织。

比如,作为前一主张代表的希腊共产党,继续坚持自己是工人阶级先进的、有觉悟的、有组织的队伍,但同时也强调社会主义建设不单是执掌政权的革命先锋队的事业,共产党必须依靠工人阶级和全体人民。葡萄牙共产党认为,21世纪的葡共"不仅是工人阶级和全体劳动者的政党,同时也提出了反映其他非垄断阶级和阶层根本利益的变革政策的政党"①。葡共十八大进一步明确表明,葡共"作为工人阶级和全体劳动者的先锋队,它的阶级性质反映在其构成,反映在其与工人阶级、全体劳动者和全体人民的密切联系中"②。美国共产党在党章中鲜明指出,"美国共产党是为美国工人阶级利益服务的美国工人阶级的政党","美国工人阶级的构成具有多种族和多民族特点","我们党是非洲裔、墨西哥裔、波多黎各裔及其他拉美裔、土著、亚裔美国人和其他一切受到种族和民族压迫的人民的政党,同时也是妇女、青年人和其他所有劳动人民的政党"③。

日本共产党指出,"日本共产党是日本工人阶级的政党,同时是日本国民的政党,是对所有为实现民主主义、独立、和平,为提高国民生活水平,以及实现日本进步的未来而努力奋斗的人敞开大门的政党"④。澳大利亚共产党强调,澳共是一个工人阶级政党,承认工人阶级在社会变革中的主导地位。党的成员包括工人、学生、职员、小商人、农民和领养老金者。所有这些人团结起来努力满足澳大利亚工人阶级的利益和需要。

比利时工人党捍卫自身工人阶级政党的身份特征,强调这一选择较之以往更为重要。在对工人阶级的认识上,工人党坚持马克思主义的经典界定,即以出卖劳动力为生的雇佣劳动者,但基于团结而非分裂的价值认知,工人党强调工人阶级不仅指工厂工人,还包括白领、公务员、失业者、青年、知识分子、自雇者在内的广泛社会阶层。因此,它认为比利时

---

① "16th Congress of the PCP, Speech by Carlos Carvalhas", Dec. 8, 2000, http://www.pcp.pt/english
② "Theses-Draft Political Resolution", October 13, 2008, http://www.pcp.pt/english.
③ 刘洪才主编:《当代世界共产党党纲党章选编》,当代世界出版社2009年版。
④ 刘洪才主编:《当代世界共产党党纲党章选编》,当代世界出版社2009年版。

工人阶级在某种意义上不是萎缩而是扩大了。但较之以往工人阶级出现了一些新的变化，比如工人阶级变得更加多样和分散，劳资矛盾仍然存在，但是变得更加隐蔽、更不集中，工人阶级未能意识到自己作为一个阶级并具有改变社会的能力，等等。在这一形势下，工人党的重要任务就是向分散化的工人阶级灌输阶级意识。

此外，西欧地区的一些小共产党也较为坚持传统的关于党的性质的界定。如芬兰共产党宣称自己是建立在马克思主义基础上的工人阶级革命党。挪威共产党强调自己是马列主义基础上的工人阶级革命政党。英国共产党和新英国共产党主张自己是一个马克思主义的政党，代表工人阶级和全体劳动阶级的利益。德国共产党认为自己是一个工人阶级的革命政党，在为实现社会主义而斗争的道路上，争取工人阶级和大多数其他劳动者支持这一目标是德国共产党的宗旨。

在后一主张中，法国共产党的主张具有代表性。"新共产主义"的重要内容之一，就是认为当今应该变革有关党的作用的传统观念，不宜自称是"领导党"。党必须适应新形势的挑战，同所有希望改造现行社会的组织和个人对话，在增强人民的自由参与能力和争取文明的新进步中起推动作用。共产党不是"让群众跟随自己，团结在自己周围"，而是和全体公民"共同思考和探索"。它主张共产党要竭力摆脱所谓"领导党"的旧观念，恢复和重建人们在行动中的联系，全力改造现行社会，为千百万公民参与政治创造条件，同法国人民一道为建设人道和博爱的社会而斗争。近年来，随着法共的左转，逐渐对"新共产主义"的党的性质的界定进行了重新反思，转而强调党是劳动者利益的代表者。比如，法共三十二大重申要更加关注社会最底层劳动者的生活状况，认为只有代表这些人的利益去参政，法共的力量才能重新发展壮大，也才能重新成为人民真正拥护的党，才不会在法国政治风云变幻中被人们遗忘。2006年的法共三十三大，进一步把探索发展先进生产力和改变劳动者生存环境相联系的新形式作为法共的近期目标，以纠正那种认为法共热衷于生产关系和上层建筑改革，昔日的工人阶级先锋队已经变成了退休工人、小职员、手工业者的代言人，难以在发展先进生产力上发挥作用的看法。[1]

意大利重建共产党在党的性质和作用问题上，有同法共类似的地方。

---

[1] 李周：《发展中的法共"新共产主义"理论与实践》，《国外社会科学前沿》2006年。

它宣布自己是一个新的群众性政党，是"意大利工人阶级、劳动者、所有男女青年、知识分子和公民的一个自由的政治组织"。它强调党的革新和开放，主张改变过去党存在和活动的方式。重建共在 2002 年 4 月党的第五次代表大会文件中指出，在重建替代性左翼的过程中，"党一方面要独立自主，同时又要投身于运动中，作为运动的一个组成要素"；"开放要求我们抛弃党与社会之间的一维关系，建构一种多维关系"；"永远抛弃党以革命先锋队自居的态度，向各种运动开放，向各种斗争经验开放，向不同的抗议文化开放"[①]。重建共 2013 年通过的新党章中，指出党是工人阶级、工人和雇员、男性和女性、青年人、知识分子、所有公民的自由的政治组织，它致力于改造资本主义社会，通过建立共产主义社会实现人类的解放。

（二）关于党的组织原则

发达国家共产党关于党的组织原则的观点，主要体现在对待马克思主义民主集中制原则的态度上。这主要体现为三种情况：一是仍然坚持民主集中制原则，并随着时代的发展赋予这一原则以新的内容；二是不提或公开宣布放弃民主集中制，而代之以民主原则，强调党内的自由讨论和多样性；三是在放弃民主集中制原则后长期按照民主原则运转，后又重新转向支持民主集中制。

在第一种情况中，希腊共产党提出要坚决贯彻党的民主集中制原则，认为苏联东欧执政的共产党垮台的一个重要原因，是共产党组织松散无力，党的组织原则和行动准则已经失灵，民主集中制遭到践踏，直接民主制和代议民主制之间的关系受到歪曲，从而导致党丧失了领导作用。希共吸取这些教训，强调，"民主集中制是社会主义国家赖以建立和运转的基本原则，是发展社会主义民主的基本原则，是每一生产单位和社会服务单位管理的基本原则"[②]。但在坚定贯彻民主集中制原则的前提下，希共也强调要加强党内民主和集体决策与运作。希共始终关心党的集体领导和党内民主生活的发展，培养和充分利用非党组织的主动性，有效地进行自上而下尤其是自下而上的监督，坚持党内的批评和自我批评。

---

① 5<sup>th</sup> PRC Congress Preparatory Paper, "Opening and Innovation: Changing ourselves to transform society", April 7, 2002, http：//www. rifondazione. it.

② "Theses of the CC on Socialism", Feb. 18 – 22, 2009, http：//inter. kke. gr.

葡萄牙共产党也同样坚持民主集中制原则，并强调这是以深入的党内民主、统一的总的指导方针和统一的中央领导为特点的。在党的各级领导机构中，实行集体工作（集体领导）的制度，不允许主要领导人个人说了算。鉴于党内外反对派对党的组织原则的攻击，葡共特别指出，葡共党内并不存在永恒不变的运行规则；葡共过去和现在一直谴责并反对在传统的民主集中制的保护伞之下进行独裁、官僚主义的集中；真正的党内集中，不是通过党的等级结构的纯粹集中化运作，而是通过有意识的思想交锋、通过经常性的民主参与来实现；深化党内民主，在日常工作中是指加强党员权利、强调和推广集体领导和集体行动以及责任的分散化。[①] 为实现这些方针路线，葡共还去掉了原来党章中写入的"少数服从多数，下级服从上级"的内容，将党员"无条件服从"党的决议改为"自觉服从"，以增强党内民主和自由，尊重和保护党员的个人权利不受侵犯。

加拿大共产党强调民主集中制作为党的组织原则的重要性。加共指出，为领导工人阶级实现社会主义目标，领导人民进行斗争，党必须建立在坚定的意识形态、政治组织团结以及与工人保持密切联系的组织行动之上。为此，必须实行民主集中制。民主集中制能够使党员最大限度地民主讨论、参与党内生活及自觉遵守党的决定，并由选举产生的、能够领导全党的中央领导层执行这些决定。这使党在斗争条件下能够结成一个统一的整体。党的团结源自赞成党的社会主义纲领，承认在变化的条件下如何推进纲领目标等问题上可能会产生差异，但一经多数投票通过必须采取一致行动。因此，在这一基础上党是一个团结、战斗的组织，派别、分裂活动必须被禁止。

日本共产党党章第三条提出，党是按照党员自发的意志而组成的自由结社，以民主集中制为组织原则。其基本内容包括：党的决定要经过充分民主讨论，最终由多数党员决定；决定的事情全体都要执行；行动统一是公开的政党对国民的责任；所有领导机关要通过选举产生；党内不分帮分派；不得因意见不同进行组织性排挤。

美国共产党也仍然坚持民主集中制。2001年二十七次全国代表大会通

---

① "Portuguese Communist Party-Constitution"，25 June，2008，http：//www.international.pcp.pt.

过的党章明确指出，党的组织制度建立在民主集中制的基础之上，即党的决议和政策通过民主程序制定，而最终的决议一旦做出，全体党员都有义务执行。民主集中制能够把最大程度上允许党员参与政策制订及民主选举领导机构，与党中央按照共同认可的路线和政策协调指导全党行动结合起来。团结是劳动人民在实现其利益的斗争中最有力的武器，党员坚定地团结在党的行动纲领周围，就能增强党的力量，帮助工人阶级和人民运动更好地团结起来。集体主义是党的基本工作作风，通过集体讨论和行动，能够努力制定并实施最好的方案来实现劳动人民的利益。

其他一些共产党，如芬兰共产党、芬兰共产主义工人党、瑞典共产党、挪威共产党、英国共产党等，也主张以民主集中制作为党的最高组织原则。但根据国内政治条件和党内情况的变化，对这一原则加以调整和丰富，强调要更加重视党内的民主建设。比如，英国共产党就提出，作为一个民主政党，英共不仅要注重每个党员积极性、创造性的发挥，而且要关注发展其各部分之间的密切关系。挪威共产党指出，民主原则将赋予所有党员充分机会在中央和地方参与党的政策和行动指南的规划。在党内，党员有权发表自己的观点。党内讨论是党的机体健康的最重要条件。批评、自我批评和公开讨论，是阻止武断和随意决策、任人唯亲、纵容倾向的必要条件。

第二种情况，主要包括法共、意大利重建共等调整幅度较大、以政治选举为重要活动的共产党，尤其以法共为典型。苏东剧变后的最初几年，法共仍然坚持民主集中制。从 1990 年法共二十七大起，党内就有人提出了取消民主集中制的主张，但党内对此意见分歧较大。1993 年，当时的法共总书记乔治·马歇以个人名义提出放弃民主集中制，此后法共对这一问题展开了长达半年的激烈讨论。到 1994 年党的二十八大召开的时候，党内多数人基本达成一致，在修改的党章中，正式放弃了民主集中制原则。法共的理由是，长期以来民主集中制作为党的组织原则，发挥了重要的积极作用，适应于革命斗争时期，但现在已经不能反映党内日益重要的民主生活方式，所以必须超越它。在 1996 年法共二十九大上，以全国书记罗贝尔·于为首的法共，强调民主和多样性，认为党按民主方式运转是变革法共和实现新共产主义的重要内容。党内生活必须尊重多样性。多样性是一种财富，是与民主的政治概念不可分割的财富。法共特别强调党的基层组织和党员个人的作用，要求每个参加代表大会的人都发表意见，在此基础上形成纲领。允许保留少数人、甚至是集体的意见的权利，不能认为个人和少数人保留自己的意见就是无效的。党内要增加透明度，反对个人独断。为体现集体领导的原则，法共在组织机构上做了调整，把原来的中央委员会、政治局、中央书记处和总书记职位改为全国委员会、全国局、全国书记处和全国书记。比费上台后，鉴于党内严重的组织混乱状况，废除了1997年确立的主席—全国书记二元领导结构，重新建立了全国书记的单一领导地位，推动法共的中央领导权力从分散回到相对集中的轨道上来。这种强化个人地位的做法引起了党内各派的严重不满。尤其是随着法共在几次大选中接连受挫，各派斗争愈趋激烈。为缓和党内矛盾，比费逐渐采取了一些加强集体领导、推进党内民主的措施。2007年1月，提出组建"五人核心领导小组"的倡议，并在年底组织召开非常代表大会，围绕党面临的新的政治形势、党的理论和组织创新问题在党内展开不设禁区的讨论。2008年法共三十四大上，比费第四次当选全国书记。但比费表示自己将在两年内卸任，并提出任命"6—8人的集体领导"来实现这一过渡。2010年法共三十五大上，皮埃尔·洛朗接替比费成为法共全国书记。

　　意大利重建共在革新和开放中，一直强调要增强党的政治争论和立场观点的透明性，要展开真正自由的讨论。[①] 2008年召开七大，在通过的文件中继续强调要推动和鼓励多元的政治和理论讨论，指出要围绕非暴力、当代资本主义发展形态和新的阶级构成等议题展开深入分析和讨论，承诺新的领导层要大力推进党的改革，尤其要改变党的单一性和政治分裂的特征。在党内民主建设问题上，提出鉴于党的各级领导层可能出现的内部争论，党的统一领导必须理解为一种决策的参与过程而非多数党员对所做决策的批评权。民主不仅是一种形式，它要求其成员真正参与党的生活，参与政治规划和决定的形成，而不能化约为内部计数的官僚工具。民主需要自由、非形式化地参与重要政治议程和抉择的决策过程。各层级的领导集体不是遵循精英逻辑，而是建立在责任原则基础之上。今后一段时间新领导集体发展的主要目标是：责任的翻转，以避免党与制度性政府角色的责任重叠；经常性地更新党自身，以改变其单一的特征；引入与特权行为相

---

① "Opening and Innovation: Changing Ourselves to Transform Society, 5ᵗʰ PRC Congress Preparatory Paper", April 7, 2002, http://www.rifondazione.it.

关的道德准则。①

西班牙共产党是第三种情况的代表。西共自转向欧洲共产主义后，在是否坚持民主集中制问题上一直存在争论。直到1991年党的十三大正式取消民主集中制，转向实行党内民主原则。此后很长时间里，西共虽然也指出党员有维护党的政治团结的义务，这是党员政治觉悟的体现，即党员要尊重并严格执行多数人做出的决定，但强调党的内部组织制度是以充分行使民主自由为基础的。党内生活的原则是民主、自由、互助和公正，实现所有人的平等和尊严，消除各种形式的歧视，要避免负责工作集中于一个人或一部分人身上。党员言论自由唯一的界限是要尊重人的自由与平等原则。比如，2009年西共十八大通过的新党章在论述党的组织原则时，强调党的运行遵循民主原则。这一民主原则包括四个组成部分，即党内民主、集体领导、联合行动和党内团结。其中决策的制定和实施，应是各方面意见整合的结果，是党的积极分子自由参与自下而上和自上而下讨论的结果；批评和自我批评虽然会导致必要的政治争论，但最终结果并非仅仅是多数意见的强制推行，而是能够实现对立统一，所有党员一律平等；在事关党的战略发展方向等重大议题上，要举行全党公决。② 但在2017年党的二十大通过的新党章中，西共重新引入"民主集中制"取代"民主运作"，并在党章第十八条分十个方面进行全面阐释，强调"民主集中制"原则建立在广泛参与集体讨论的言论自由、批评与自我批评、体现各种观点、所有职位可撤销及斗争行动的集体方向和团结基础之上，其目的是"确保全党拥有一个总的发展方向以及唯一的中央指挥部"。

### 四　加强共产党之间及同其他左翼政党的联系

苏东剧变后，面对总体实力削弱以及多数党在国内政治中的边缘化困境，发达国家共产党致力于寻求与其他左翼力量加强合作，建立选举联盟、左翼论坛，以在国家政治中赢得发言权。同时，发达国家共产党与其他地区共产党间的跨国、跨地区联系与合作也日益发展起来。

---

① "Let'sstart again：A Shift to the Left"，July 27th，2008，http：//home. rifondazione. it/xisttest/content/view/3431/310/.

② Estatutos del Partido Comunista de España，6，7 y 8 noviembre 2009，http：//www. pce. es/xviiicongreso/pl. php？id = 3444.

（一）发达国家共产党与其他左翼政党的国内联合斗争

20世纪90年代以来，发达国家共产党根据政治实践和斗争形势的发展变化，不同程度地对其"左翼联合"政策进行了调整或革新。发达国家共产党的"左翼联合"实践进入了一个多样化发展的新时期。以其主要联合对象为依据，发达国家共产党的"左翼联合"可以分为两种情况。

一是同主流社会党或社民党的选举结盟或政府合作。这以法国共产党和意大利重建共产党为代表。1997年大选前夕，法共抛却了在马约和欧盟问题上的根本分歧与社会党进行选举合作，在历史上第三次参加政府。但在2002年6月国民议会选举中传统右翼的压倒性胜利，彻底打破了社会党再次入主政府的希望，从而宣告了社会党、共产党第三次政府合作的终结。在意大利，正是在重建共的支持下，左民党领导的"橄榄树联盟"才最终在1996年大选中胜出，组建起战后意大利的首届中左政府。但这次议会合作以破裂而告终，并直接导致了2001年大选中左翼联盟的失利和贝卢斯科尼中右政府的上台。2006年大选，普罗迪领导的中左翼联盟以微弱优势赢得胜利，获得5.84%支持率的重建共加入了普罗迪内阁。但对于加入普罗迪内阁，重建共党内产生了巨大分歧。同时在实践中，加入普罗迪政府的重建共也遭遇诸多政策选择困难。尤其是由于不能对政府政策进行有效制约，使人们对重建共参与政府的价值和必要性产生了质疑。这样，以法、意两党为代表的这种联盟形式在21世纪初不同程度地遭受挫折。

二是与其他左翼政党合作建立左翼联盟。在遭遇同社民党联盟失败后的法共、意大利重建共产党，以及西班牙、葡萄牙等共产党在不同时期、不同程度地进行了这种左翼联盟实践。

实际上，早在2000年党的三十大上，法共已经开始思考建立一个左翼进步力量联盟的可能性，提出联合包括社会党、绿党、左翼激进党和群众运动发起反对右翼的斗争，以建立一个新的多数派和真正实行改革的政府。[①] 法共三十一大到三十三大，进一步完善了这一进步力量创新式联盟

---

① "Globalization, International Challenges and the Action of the French Communist Party", http://www.international.pcf.fr/fcp/30congress.

的左翼联盟概念。① 2008 年 12 月，法共召开第三十四次全国代表大会。在这次会议上，法共向与会全体左翼力量呼吁，号召适应斗争形势需要，建立一个"捍卫自由和民主的进步阵线"②。随后的欧洲议会选举成为法国各派激进左翼力量凝聚到一起的契机。为在 2009 年欧洲议会选举中壮大激进左翼力量，法共、左翼党及一个在新反资本主义党建立之初就脱离出来的小党"团结左翼"（GU, Gauche Unitaire），共同组建了名为"左翼阵线"（Front de Gauche）的选举联盟。随后几年，"左翼阵线"取得了很大发展。特别是在 2012 年总统首轮选举中，作为"左翼阵线"候选人的梅朗雄支持率一举达到 11%，创下自 1981 年后法国激进左翼的最好选举战绩。但近年来，受发展战略、内部分歧等因素影响，左翼阵线几近破裂。

同样，在参与普罗迪政府失败后，重建共与共产党人党等激进左翼小党建立了一个名为"彩虹左翼"的左翼联盟并参加了 2008 年大选。这次选举令意大利激进左翼遭遇前所未有的惨败，支持率仅有不到 3.1%，甚至未能跨过 4% 的议会门槛。在意大利共和国历史上，这是宣称代表社会主义或共产主义的政党第一次在议会中没有获得任何议席。此后，重建共与共产党人党、社会主义 2000 等小党组建了一个名为"反资本主义名单"的选举联盟，参加 2009 年欧洲议会选举，未能收获任何议席。在 2013 年全国大选中，重建共参加了"公民革命联盟"，获得了 2.2% 的选票，仍然没有得到任何议席。2014 年，重建共作为"欧洲其他选举名单"的一部分参加欧洲议会选举，获得了一个议席。2018 年，重建共与意大利共产党以及其他一些左翼小党和运动共同组建"权力属于人民"联盟参加全国大选，仅获得 1.1% 的支持率。尽管如此，重建共仍然对"权力属于人民"寄予厚望，希望其从选举联盟转型为一个能够团结、接纳各种左翼力量的联合组织。

1986 年，西班牙共产党与一些同持反对加入北约立场的激进小党，比如西班牙人民共产党、进步联盟、社会主义行动党、共和左翼建立了一个政治联盟，建立了以西共为主体、包括上述激进左翼组织参加的一个正式的选举联盟——"联合左翼"（IU）。1992 年，"联合左翼"公开登记为一

---

① 李周：《发展中的法共"新共产主义"理论与实践》，《国外社会科学前沿》2006 年。
② Marie-George Buffet, "34ème congrès: Discours de clôture de Marie George Buffet", Dec. 17, 2008, http://www.pcf.fr/spip.php?article3310.

个政党。在此后 20 多年间,联合左翼兴衰起伏,但一直是西班牙政治舞台上重要的激进左翼政治力量之一。2014 年后,伴随民粹主义左翼政党西班牙"我们能"党的兴起,联合左翼在激进左翼政治光谱中的地位受到很大冲击。2016 年,联合左翼选择与"我们能"党进行合作,共同组建了名为"我们能联盟"的选举联盟,二者开启了相互合作的新时期。

自 1974 年通过"康乃馨革命"实现民主政治转型后,"缺乏团结与相互合作意愿"一直是葡萄牙左翼的显著特征。由于意识形态分歧和差异,在对待 1999 年组建的激进左翼政党——葡萄牙"左翼集团"问题上,葡萄牙共产党一直持有一种质疑和否定态度,从而使得二者的合作斗争一直未能实现。2015 年葡萄牙立法选举,成为打破这种政治常态的转折点。12 月,在中右联盟赢得多数议席但却未能达到大多数的情况下,为阻止右翼政党执政,葡萄牙共产党和"左翼集团"两大激进左翼政党采取共同的政策立场,首次一致支持社会党少数政府提出的执政纲领。2016 年 3 月,两党进而支持社会党建议的预算法,并在作为总统直接咨询机构的国务委员会中获得代表席位,推动葡萄牙左翼联合实现了超越传统的重要转向。

(二)发达国家共产党的跨国、跨地区联系与合作

苏东剧变后,面对国际垄断资本的强大攻势,发达国家共产党提出了相关国际联合的许多有价值的观点和主张。

法国共产党改变了其 20 世纪几代领导人独立探索法国式革命道路、不与国外各种左派结盟的战略,逐步确立了欧洲左翼联盟的观念。在 2006 年的三十三大上,更是明确提出法共将成为欧洲左翼联盟最重要的政党之一。法共认为,这是新的形式发展,即国际政治多极化、经济全球化、文化多样性,法共自身的矛盾处境,以及反对自由主义和种族歧视、战争、保护生态等社会改革目标提上议事日程的需要。在这种情况下,需要联合存在一致性的政党力量,才能提高欧洲左翼的整体实力,共同推进左翼目标的实现。为此,法共明确提出要以实际行动积极参与欧洲左翼联盟活动并发挥重要作用。[①]

葡萄牙共产党一贯强调无产阶级国际主义的重要性,认为葡共在本国的使命同国际主义的义务是密不可分、相辅相成的,主张用无产阶级国际主义指导党员的行动,与各国共产党、革命进步力量进行合作,声援世界

---

[①] 李周:《发展中的法共"新共产主义"理论与实践》,《国外社会科学前沿》2006 年。

各国人民为反对政治的、社会的、民族的剥削和压迫,为反对帝国主义、殖民主义、种族主义、排外主义和法西斯主义,为争取自由民主、社会进步、民族独立、和平和社会主义而进行斗争。近年来,葡共更加积极地强化与其他共产党的关系,这尤以 2006 年在里斯本召开的共产党和工人党国际会议为标志;同时积极参与各种社会论坛,以扩大同其他政党和运动的关系。①

希腊共产党也强调国际联合的重要性,主张重建国际共运团结,加强共产党和工人党的联合行动。希共认为,苏联和东欧的剧变使国际共产主义运动陷入严重的危机,加之面对帝国主义嚣张的反动气焰,如果共产主义运动组织上和思想上是涣散的,反帝和争取社会主义的斗争就不可能取得实质性的成功。为摆脱危机和倒退,国际共运需在马克思列宁主义、无产阶级国际主义和统一战略基础上恢复团结②。在实践中,希腊共也加强了相应的行动,如通过经验交流、理论议题讨论、共同斗争中的合作、加强同更多政党的接触等方式,继续发展共产党和工人党间的双边和多边关系;积极确保共产党和工人党国际会议的召开,1998 年以来有七次会议是在希腊雅典召开等。

除了在思想理论上提出新的认识,各国党的跨国、跨地区联系与合作实践也出现了丰富多彩的局面。21 世纪以来,发达国家共产党间的联合斗争主要表现在以下几个方面。

第一,地区议会中的联合与合作。具有代表性的是欧洲共产党在欧洲议会党团中的联合行动和共同斗争。1989 年由原意共、西班牙联合左翼、丹麦社会主义人民党和希腊左翼联盟协商创立的欧洲联合左翼(European United Left,GUE),是共产党与其他左翼在欧洲议会中进行联合斗争的党团组织。在创建初期,其势力小、影响弱。但在 90 年代后,该党团迅速发展起来,法共、意大利重建共、希共等西欧主要共产党相继加入其中;1995 年随着北欧诸国并入欧盟,瑞典左翼党和芬兰左派联盟也成为该党团的成员党,它们与丹麦社会主义人民党一起在党团中组建了北欧绿色左翼组织(Nordic Green-left,NGL)。此后不久,该党团正式更名为欧洲联合左翼—北欧绿色左翼(GUE/NGL)。1999 年选举后,GUE/NGL 成为拥有来

---

① "Theses-Draft Political Resolution",October 13,2008,http://www.pcp.pt/english.
② "Theses of the CC for the 18th Congress",Feb. 18 – 22,2009,http://inter.kke.gr/.

自10个国家、15个不同政党、42名议员的欧洲议会第五大党团。一些新党，如德国民主社会主义党、意大利共产党人党、荷兰社会党等加入其中。进入21世纪，GUE/NGL的规模和影响进一步扩大。2002年，该党团获得创纪录的发展，拥有来自10个国家的49名议员，成为欧洲议会中第四大党团。2004年欧洲议会选举，GUE/NGL获得38席。到2007年时，GUE/NGL的41名议员来自10个国家，代表着900万欧洲人。2009年欧洲议会选举后，GUE/NGL的议员数是35人，代表着来自13个国家的18个左翼政党，德国左翼党的洛塔·比斯基（Lothar Bisky）成为新任党团主席。2012年，同样来自德国左翼党的加布里埃尔·泽梅尔（Gabriele Zimmer）被选为党主席，成为欧洲议会各党团中唯一一位女性主席。① 2014年欧洲议会选举后，党团议员数增加了50%，达到52人。欧洲激进左翼在2019年欧洲议会选举中遭遇挫折，党团议员数减少到40人，来自"不屈的法国"的曼农·奥布里（Manon Aubry）和德国左翼党的马丁·希尔德曼（Martin Schirdeman）目前是党团的联合主席。

第二，地区性议会外的跨国性联系框架。这主要体现为欧洲当前存在的两个跨国性政党组织——欧洲左翼党与共产党和工人党"倡议"。

欧洲左翼党成立之前，欧洲共产党的议会外重要联系方式，是1991年成立的"新欧洲左翼论坛"。它是在西班牙联合左翼的倡议下成立的。起初论坛缺乏明确的角色和身份定位，只是各国共产党、左翼政党之间进行小范围联系、交流的非正式组织，后来随着影响不断扩大，加入其中的左翼政党不断增加，论坛逐渐发展成为跨西欧范围的共产党以及其他左翼力量进行对话、交流，共同决定行动方案和开展联合斗争的重要渠道。论坛主要通过每年举行两次成员党会议进行协调和沟通。2000年后，随着欧洲左翼党的筹建，新欧洲左翼论坛的吸引力不断下降。目前作为一个独立的地区性左翼组织虽然仍旧存在，但重要性已经被欧洲左翼党取代，其作为欧洲地区左翼联合斗争的过渡形式基本也画上了句点。

欧洲左翼党是共产党和其他激进左翼政党为主要代表力量的左翼政党创建一个泛欧洲左翼政党的尝试，是目前欧洲规模最大、参与政党最多的跨国性激进左翼组织。其成立经过了漫长的筹备阶段。早在20世纪90年

---

① GUE/NEL, history, http://www.guengl.eu/group/history.

代中期，关于将欧洲左翼的角色和身份协调起来，构建一个整合、统一的政党组织实体的想法，就已开始在"新欧洲左翼论坛"和"欧洲联合左翼—北欧绿色左翼"的一些政党中孕育。1998年6月，德国民主社会主义党邀请欧盟国家的20个左翼政党在柏林集会，探讨欧洲左翼政党在1999年欧洲议会选举准备工作中的新的合作方式和途径。时任德国民社党主席的比斯基在这次会议上提出要在欧洲议会内的合作方式和"新欧洲左翼论坛"等形式之外寻求一种新的合作方式，这一倡议为欧洲左翼党的建立奠定了基础。1999年1月，法国共产党在巴黎主办由13个左翼政党参加的会议，各党基本达成了共同的政治理念框架，即联合起来建立一个左翼的欧洲。此后，经过2002年哥本哈根和巴黎"新欧洲左翼论坛"的深入讨论，以及2003年发起工作小组的组织会议，成立一个泛欧洲左翼党的相关政治文件、章程和组织结构框架基本准备就绪。2004年1月，柏林会议发起了建立欧洲左翼党的倡议。5月，来自欧洲14国的共产党和其他左翼政党在罗马建立了统一的欧洲左翼政党组织——"欧洲左翼党"，意大利重建共产党、西班牙联合左翼、法国共产党、希腊左翼运动和生态联盟等15个左翼政党成为欧洲左翼党成员，意大利重建共总书记贝尔蒂诺蒂（Fausto Bertinotti）当选为欧洲左翼党主席。在2010年第三次代表大会上，法国共产党全国书记皮埃尔·洛朗当选欧洲左翼党新任党主席。通过修改党章，党的副主席增加至四位，从而很大程度上保证了更广泛地域范围的代表性，以对左翼党进行"更加积极和动态的管理"。经过几年发展，随着新党不断加入其中，欧洲左翼党的规模也在不断扩大，至2019年末共拥有26个成员党、9个观察员党和6个合作党。

由于基本理念存在根本差异，希腊和葡萄牙共产党既没有加入欧洲左翼党，也没有成为其观察员党。相反，在希腊共产党的倡议下，一些激进左翼政党于2013年10月1日建立了一个新的欧洲范围内的跨国性政党联合组织——共产党和工人党"倡议"（INITIATIVE），包括英国新共产党、丹麦共产党、挪威共产党、瑞典共产党、西班牙人民共产党在内的来自欧盟和其他欧洲国家的29个共产党和工人党加入其中。其成立宣言指出，"倡议"建立的目的是研究和阐释欧洲议题，以及协调各成员党的行动。①

---

① "The INITIATIVE of Communist and Workers' Parties of Europe was founded", http://inter.kke.gr/en/articles/The-INITIATIVE-of-Communist-and-Workers-Parties-of-Europe-was-founded/.

"倡议"的意识形态基础是科学社会主义，各党联合起来的目标是建立一个没有人剥削人，没有贫困、社会不公和帝国主义战争的社会。"倡议"对欧洲左翼党持强烈否定态度。它强调，欧洲左翼党支持欧盟及其基本的战略立场，它所支持的是一个愈益反动和危险的资本联盟，而贬斥马列主义基本原理和世界观，因此"倡议"各党不会选择加入其中。"倡议"成立后，围绕移民、乌克兰问题、欧洲国家的反共行动等问题发表了系列声明，阐明了联盟的立场观点。

第三，组织或参加各国共产党和工人党国际会议。20世纪90年代末，为了加强联系和交流，在希腊共产党的倡议下，一些共产党开始组织召开世界共产党和工人党国际会议。会议采取年会制形式，从1998年举行第一次会议至2019年，已经召开了十八次会议（2001年除外）。发达国家共产党一直是世界共产党和工人党国际会议的主要组织者和参加者。前七次会议的举办地都是希腊雅典。第八次、第十五次会议由葡共筹办，2011年的第十三次大会再次回归会议发源地希腊雅典。历次大会虽然会议主题各不相同，但探讨的内容却主要集中在一些具体方面，如资本主义的发展变化、国际形势分析、全球化、工人政党的任务等。各国党在独立自主的基础上交流彼此经验，分析当前形势，明确了自身任务。该会议已成为目前世界共产党合作交流最重要的渠道。

第四，当前发达国家共产党还保持着其他一些畅通的相互联系渠道。比如，通过多边、双边左翼政党的国际和地区性会议交流联系。比利时工人党主办的国际共产主义者研讨会（International Communist Seminar），已经逐渐发展成为世界共产党聚会交流的重要平台。这一会议自1992年以来每年在布鲁塞尔召开（一直举办到2014年），先后有来自世界各大洲约150个马克思主义政党和组织参加其中。同时，一些共产党也经常性地组织召集共产党人会议，共同探讨社会主义理论和地区性斗争实践等问题。此外，一些共产党的党报节，也是各国共产党和左翼政党间相互沟通、交流的重要渠道。在各党报节中，具有重要影响的是拥有八十余年历史的法国共产党《人道报》节及葡萄牙共产党的《前进报》节。此外，一些共产党还积极搭建网络互动交流平台。具有代表性的，是希腊共产党尝试建立的"团结网"（www.solidnet.org）。网站内容丰富，涉及各国党重要活动、召开的会议、发表的声明、对国际问题的看法等内容，目前已成为对国际共产主义运动进行在线通报和协调的重要平台。

## 第三节　发达国家共产党面临的问题与挑战

苏东剧变后的 30 年间，发达国家共产党在极端困难的情况下，坚持捍卫党的存在，积极进行理论思考和探索，对推动低潮中世界社会主义运动的继续和发展做出了重要贡献。但不能否认的是，当前发达国家共产主义运动尚未走出困局。尤其是在资本主义危机爆发、明显有利于左翼和社会主义运动大发展的外部条件下，发达国家共产党并未如料想般实现突破式发展，有的党在议会政治中甚至还出现了力量和影响的迅速下滑。显然，发达国家共产党仍然面临着巨大的发展困境。总体上看，这种发展困境既受制于共产党自身的因素，也有外部环境变化的冲击和影响。直面这些困难和挑战，是发达国家共产主义运动当前面临的主要任务。

### 一　坚持与创新理论战略的发展路径

如何对待和确定党的理论战略，对于无产阶级政党和社会主义运动的成败具有至关重要的意义。列宁早就指出，"没有革命的理论，就不会有革命的运动"。只有以先进的理论为指导，结合各国各党具体实际制定正确的战略策略，无产阶级政党才能在实践斗争中有所作为。当今世界，无论是执政还是非执政的共产党概莫能外。

当前发达国家共产党的首要挑战，是如何正确坚持与发展创新党的理论和战略策略。20 世纪 90 年代以来，为赢得生存和发展空间，发达国家共产党大都把理论革新和政策调整提上了日程。在这个过程中，形成了所谓"传统"和"现代化"两种截然不同的发展路径：前者以一些相对激进的共产党，如希腊共产党、葡萄牙共产党等为代表。这些党继承社会主义传统的东西较多，理论政策上比较具有连续性和稳定性，作为"左翼之左翼"的身份特征浓厚，是资本主义制度内和议会内的激进反对派。后者如法国共产党、意大利重建共产党、西班牙共产党等变革幅度比较大，出台了以"新共产主义""21 世纪的社会主义"理论为代表的、尝试与发达资本主义议会民主环境相适应的各种理论战略。

近 20 多年来，围绕对社会主义理论的认识，发达国家共产党之间分歧明显，发生了两次引发广泛关注的争论。首先是 2011 年因由美国共产党前主席萨姆·韦伯在美共政治事务网站上发表长文《21 世纪的社会主义政党应该是什么样的?》而引发的辩论(主要内容见前文)。该文刊发后,不仅在美共党内外,在世界共产主义运动内部也引发了激烈反应,以希共和德国的共产党为代表的一些西欧共产党纷纷撰文批驳韦伯的观点。① 这场争论发生两年后,国际共产主义运动的理论选择困扰再次充分暴露出来。2013年11月,在葡萄牙里斯本召开的第十五次共产党和工人党国际会议上,以希腊共产党为代表的一些共产党,将各国共产党内部的矛盾和冲突公开化,批评其他多数党背离了马克思主义,拒不同意签署《共同声明》。同时,希共还在会后与东道主葡萄牙共产党平行发表了一个内容完全不同的《新闻公报》,凸显了希共等在社会主义运动的理论和策略问题上与其他共产党迥然相异的立场和主张。

这两次争论是近几十年间发达国家共产党理论分歧的集中爆发,"体现了对共产党在当今世界中的作用和政策上的深刻分裂"②,反映了西方共产党在一些深层次理论问题上的困惑和迷茫。比如,到底应该如何正确处理保持党的独特身份和独立行动与扩大社会支持之间的关系;如何处理好党的具体政治行动策略和党的长远发展战略之间的关系等。无论希腊共产党引发争议的"单一发展道路"是否可行,它确实提出了一个非常紧迫的理论问题,共产党究竟应该坚守传统界定,还是为适应环境需要不断发展创新理论? 当前,这种选择困境已经带来了严峻的实践问题。无论以希腊共产党为代表的"传统"或"保守"的共产党,还是法共、意重建共等"现代化"或"改革"的共产党,都遭遇很大的发展困难。这表明,当前发达国家共产党所实践的这两种理论策略都是存在问题的,或至少其具体实践出现了偏向。

前者的问题是过于僵化,将"坚守"等同于"固守",停滞不前,在一些攸关党的发展前途的重要问题上未能结合时代环境变化做出相应调整和改变。比如,在当前国际共产主义运动中饱受非议的希腊共产党。近年来由于在理论纲领、政策主张方面过度拘泥于传统界定,无论与其他国家共产党还是国内其他激进左翼力量的关系都处于一种紧张状态,在国际共

---

① "Greek Communists Criticize Sam Webb's 'Party of Socialism for the 21st Century'", Apr. 13, 2011, http://mltoday.com/greek-communists-criticize-sam-webbs-qparty-of-socialism-for-the-21st-centuryq.

② Susan Webb, "World communist parties debate strategy for the road ahead", Feb. 12, 2014, http://www.politicalaffairs.net/world-communist-parties-debate-strategy-for-the-road-ahead.

产主义运动内部受到了颇多指责和批评。从实践看,尤其是国际金融—经济危机以来,希共积极领导反紧缩抗议,在制度外的反资本主义和新自由主义斗争中发挥了很大作用,但在议会政治中的影响力下降很快。这其中当然不乏激进左翼联盟崛起的因素影响,但受制于其本身的原因更大。思想理论过于教条化、程式化和脱离实际,极大地限制了希共的发展步伐,导致其在希腊和欧洲政治中的发展空间愈益狭窄。

后者的问题则是理论战略过于灵活,过分强调理论的实用性,在进行理论调整时妥协过多,自身特色保持不足,导致党原有的一些鲜明特征逐渐弱化。比如法共、意大利重建共等变化幅度较大的共产党,在苏东剧变后的政治实践中,不断弱化阶级立场,着力塑造自身的新形象,淡化党的意识形态色彩,逐渐抛弃了一些带有鲜明政治特征的观点和主张,使体现共产党特色的革命性、激进性遭到消解。用西方学者的话来说,就是所谓反体系性的消褪,即虽然反建制但很大程度上不再反体制,几乎已经成为完全融入体制内的政治实体。过分专注于议会政治实践,导致其在参与执掌政权后,比如1997—2002年的法共,以及20世纪90年代初和21世纪初的意大利重建共,改变自由民主现行体制的兴趣和动力明显不足。[①] 而这种政治角色的错位,也在很大程度上造成了共产党传统选民的流失,使原本属于共产党的大量社会底层选民倒戈转向其他激进左翼或右翼力量。

显然,从历史和现实实践看,无论是故步自封、裹足不前,还是"去阶级化""去激进化",都不利于党的长远发展。发达国家共产党要摆脱困境,在理论战略上需将坚持传统与不断发展创新有机结合起来。到底何为正确的坚持传统?而又何为正确的理论发展与创新?换言之,需要坚持的是什么,而需要发展创新的又是什么?这是需要辩证思考和认识的问题。对于现阶段的发达国家共产党来说,把握好思想理论上"变"与"不变"的关系,要从"回头看"和"向前看"两个维度入手。所谓"回头看",就是要正确对待共产主义运动的历史、理论和实践。既要承认马克思主义科学社会主义的理论价值及其对于推动人类社会进步的伟大作用,也不能否认各国共产党在将理论落实到具体实践过程中曾经出现的失误甚至是错误。既不能抱着毫无原则完全肯定的立场,也不能随意贬低过去、割裂历

---

① Marco Damiani and Marino De Luca, "From the Communist Party to the Front de gauche. The radical left from 1989 to 2014", *Communist and Post-Communist Studies*, No. 49, 2016.

史,更不能采取一种"过度断裂"的态度。所谓"向前看",就是要认清共产党的历史使命和责任担当,正确处理好当前目标与长远目标的关系。在选择现阶段战略策略时,要避免两种极端倾向:一是忽视客观环境,过于强调实现最终目标的重要性,反对一切与目标不相适应的议会政治和左翼联合实践,反对任何与传统理论不相符合的理论发展与创新,将制度框架内的任何突破都贴上"社会民主主义"标签,从而只能空有理想而无所作为;二是抛弃党的政治属性,将共产党推翻旧制度、建立社会主义乃至最终实现共产主义的历史使命抛诸脑后,过于重视选票争夺,轻视议会外的社会运动和群众性斗争,丧失自身先进性,在议会政治的陷阱中不能自拔。

总之,苏东剧变以来,在不利于共产主义和社会主义运动发展的环境下,发达国家共产党从实际出发,在理论策略问题上进行了积极思考和探索。作为这种思考和探索的结果,无论各党选择何种战略策略,都应该充分肯定其积极意义。但不能否认的是,正确处理坚持与发展的关系是一个大问题。墨守成规、缺乏变革的信心和勇气,最终会迟滞党的发展;而步子迈得太大、理论特色抹杀过多,则存在党的"改性"与"变向"风险。对于西欧共产党来说,如何实现理论坚定性与战略策略灵活性的有机结合,需要进行深入广泛的讨论和争鸣。

## 二 左翼联合的实践困境与走向

20世纪90年代以来,发达国家共产党相互之间以及与其他左翼力量的联合,无论在形式上还是范围上都得到了迅速发展。这些国家内、地区内甚至国际性的联合斗争,直接推动了各国共产党之间、共产党同其他各种左翼力量之间的联系和沟通,以及在相关问题上的协调行动和共同斗争,在世界社会主义运动的低潮中为西方社会主义和左翼力量开辟了新的斗争舞台与活动空间。通过左翼联合,各国共产党和社会主义力量顶住了苏东剧变后国内和国际反共、反社会主义势力的进攻,逐渐稳住了阵脚,并随着左翼团结影响的增大而强化了自身的政治存在,为谋求进一步发展打下了坚实基础。

但需要看到的是,除共产党和工人党国际会议外,各国共产党尚未形成自己具有广泛意义的联合力量。地区内的联合形式仍然较为松散,比如在欧洲地区,共产党并没有一个常设的全欧性组织机构。无论是作为欧洲议会党团的"欧洲联合左翼—北欧绿色左翼",还是欧洲左翼党,都是共产党与其他激进左翼政党的联合组织。而在这类组织中,由于意识形态上存在巨大差异,共产党与其他左翼政党的共存是非常脆弱的。比如,除了在批判21世纪新自由主义资本主义的特定政策方面能够达成共识外,在"欧洲联合左翼—北欧绿色左翼"的多边联合声明和行动中很少涉及理论和意识形态方面的内容。[1] 同时,在欧洲一体化前景以及战略目标实现方式,比如是深化欧洲一体化还是彻底摒弃当前的欧洲建构模式等方面,各党间仍然存在很大分歧。因此,"欧洲联合左翼—北欧绿色左翼"很大程度上仍然只是一个类似于邦联的组织,尤其是相对于欧洲议会中的其他左翼党团,比如社会党和绿党党团来说,其整合程度非常低。2014年6月欧洲议会选举后,作为共产党党团中矛盾分歧核心一方的希腊共产党宣布退出新一届欧洲联合左翼—北欧绿色左翼党团,使得共产党地区性左翼联合的矛盾冲突公开化。而在欧洲左翼党内,围绕左翼党的角色和定位等问题的持续性党内争论,加之对一些具体问题如欧盟宪法化的分歧,也在不断消耗着左翼联合斗争的实际效力。

同时,共产党内部间的矛盾和对立同样存在。特别是以希腊共产党为代表的一些在意识形态上更为激进的共产党,与法共、意重建共、西共等改革幅度较大的共产党之间,在国际联合问题上存在着难以弥合的理论冲突和观点分歧。当前争论的问题关键是应该如何建立国际联合。这并非确立"领导中心"和"领导党"的问题。在世界多极化时代,在西方社会主义发展道路多样化及各国共产党平等自治已成为基本共识的条件下,国际共产主义运动不可能再走回头路,"统一中心""领导国"和"领导党"不具备现实的可能性。正如葡萄牙共产党所言,"建立一个'领导中心'将对共产主义运动力量的增强及其团结造成危害"。对于发达国家共产党乃至世界共产党来说,更迫切的是确立跨国合作的实践基础问题:是必须建立在统一的意识形态和战略之上,还是在反资本主义斗争中实现最低程度的团结一致。前者是以希腊共产党为代表的一些更为激进的共产党所坚持的国际联合观。它们认为,共产党的联合应该在马克思列宁主义、无产阶级国际主义以及统一的现代革命战略基础上实现更深层次的政治—意识

---

[1] Giorgos Charalambous, *European Integration and the Communist Dilemma: Communist Party Response to Europe in Greece, Cyprus and Italy*, Ashgate, 2013, p.37.

形态团结，而非一些具体议题上最低层次的共识。后者则是多数"改革的"西方共产党秉持的国际联合理念，即承认差异和尊重自主，搁置意识形态分歧，在坚持反资本主义和新自由主义斗争的大方向不变的前提下，尽可能地将各种左翼力量团结起来，形成联合斗争的力量。

解决这些矛盾和分歧在理论上并不困难。秉承相互尊重，求同存异的国际主义观，承认各国政治社会条件的差异性以及实现社会主义道路的多样性，在独立自主基础上发展相互关系、进行联系合作，显然是问题的根本化解之道。然而理论转化为有效实践远非易事。诚如意大利共产党人党中央委员弗朗西斯·马林乔（Francesco Maringiò）在谈到意大利共产党人党和重建共产党之间合作的可能性时所指出的，"共产党思想、组织方面的统一，是一项很复杂的工作。虽然存在着合作的可能性，相关方面也在努力沟通，但由于差异太大，通道狭窄，最终实现合作非常困难"[1]。这一判断同样适用于当前西方共产主义运动。在左翼联合问题上，发达国家共产党仍然面临着严峻考验，要实现根本性改观还有很长的路要走。

### 三 加强与工会组织和社会运动联系的路径

当代西方政党政治研究的一个重要观点认为，在过去几十年间，随着社会和科学技术的巨大变革，作为公民偏好与政治过程相联系之双向协调机制的政党，越来越依靠媒体运动和国家资助来确保其选举生存，因此与工会和其他市民社会组织、运动的联系逐渐弱化了[2]。但对于在政治舞台上大多处于边缘地位的西方共产党而言，由于缺乏资金、媒体等的显著支持，其生存和发展实际上更需要加强与市民社会，尤其是工会组织以及社会运动的紧密联系。正如有学者所言，西方共产党的合法性"根本上要依靠意识形态的连续性以及代表或积极参与特殊的社会和政治群体"[3]。

从西方共产党的历史看，工会曾经被视为共产党的"传送带"。在一些主要国家，共产党与重要工会组织，比如法国共产党与法国总工会、意大利共产党与劳工总联合会、西班牙共产党与工人委员会、葡萄牙共产党

---

[1] 2014年4月17日，马林乔访问中国社会科学院与相关科研人员的座谈。

[2] E. H. Allern and T. Bale, "Political parties and interest groups: disentangling complex relationship", *Party Politics*, Vol. 18, No. 1, 2012.

[3] Myrto Tsakatika and Costas Eleftheriou, "The Radical Left's Turn to Civil Society in Greece: One Strategy, Two Paths", *South European Society and Politics*, Vol. 18, Issue1, 2013.

与工人联合会，长期保持着一种特殊的密切联系。尽管没有具体的章程规定，但二者分享着共同的意识形态、斗争议程甚至重叠的领导层。但在20世纪70年代后，随着一些共产党政治影响力下降以及工会自治倾向加强，共产党与工会间的这种紧密联系逐渐弱化。当然在不同国家，这一解构过程或快或慢，在程度上也存在差异。苏东剧变后，一些共产党从党的生存和发展实际出发，尝试重新确立党在工会中的存在，以及探寻新的工会参与或动员方式。在实践中，有的党比如葡共继续强化与传统工会稳固而密切的联系，及对工会政策导向的影响力。有的党比如意大利两个共产党试图重建与工会的关系，建立一种类似于70年代意共与劳工总联合会之间的共生关系。有的党则创立了自己的新的阶级工会，如希腊共产党在90年代末创立"全国工人斗争阵线"（PAME），并确立了共产党在工会中的主导地位，二者的口号和政治立场几无差别，主要机构合作密切，"全国工人斗争阵线"秘书处以及地方委员会的几乎所有职位候选人都由希共做最终决定，二者有时还共同发布政策文件，等等。

但总体上，共产党与工会间的这种联系通常是非正式的，大都建立在两个组织间的个人联系，即通过在党内和工会交叉任职等方式发挥党的影响，而缺少一种组织上正式的或固定的结构。有的党与工会的联系仍然相对较弱，比如意大利两个共产党，党员均是以个人名义加入工会，对工会的影响力非常有限。国际金融经济危机以来，发达国家共产党及其阶级工会大都是各国罢工抗议运动的积极组织、参与和支持者，有的党在全国、部门和地区层面通过相关工会组织了大量罢工，在反紧缩斗争中发挥了较为重要的作用。但共产党工会与各国其他工会组织的关系普遍较为紧张，少有合作与共同行动。有的工会比如"全国工人斗争阵线"，甚至故意与国内两个最大的工会组织——劳工总会（GSEE）和公职协会（ADEDY）组织的罢工隔离开来，制约了罢工斗争的效力，不利于共产党扩大在工人运动中的影响。

从共产党与社会运动的关系看，尽管一些共产党对后物质主义表现出一定关注度，承认社会运动的作用以及加强共产党与社会运动联系的必要性，比如法国共产党、意大利的两个共产党就认为共产党应该与社会运动保持一种特殊的关系，在重视强化党的传统组织结构与意识形态信仰的同时，将一些社会运动议题，如全球正义、和平、环境和妇女解放等价值诉求纳入党的纲领和政策主张中，呈现出较为明显的群众性政党＋运动主义政党战略策略导向。但整体上，发达国家共产党与社会运动的关联度仍然保持在较低的层次和水平上。来自双向的障碍性因素限制了二者的充分结合。

一方面，当代西方社会运动展现出很强的反政党性，反对政党参与其中。比如，世界社会论坛的原则性章程明确指出，政党代表不能参加论坛，"接受章程条款的政府领导人和议员只能以个人身份参与其中"①。2011年欧洲一些国家的"愤怒者运动"中也提出了"左翼离开广场""政党离开广场""工会离开广场"等口号。因此，不少共产党只有选择通过个人或一些理论机构（比如法国的马克思园地）、左翼平台（比如欧洲左翼党的"变革！"）参与运动。

另一方面，二者的斗争主题各有侧重。相较社会运动对新政治议题的关注，共产党对经济领域问题的兴趣更为突出，比如更加强调其反资本主义导向，重视捍卫能源、交通、银行、工业等战略部门的国有化战略，以及国家在社会经济领域的干预政策，关注传统社会政策领域，如工人和退休人员的权利、医疗和教育政策等，二者难以形成协同一致的斗争指向。

同时，不少共产党如希共、葡共等，对社会运动持有一种怀疑态度，认为社会运动只是一种暂时性、不稳定、无组织结构的动员形式，缺乏实现政策变革的真正能力。因此，这些共产党大多自觉疏远、拒斥社会运动。国际金融经济危机以来，这些共产党赋予传统的动员形式，如工会组织的反紧缩罢工等以更大的优先性，而对一些通过互联网和社会网络组织起来的自发的政治参与形式，比如就业相关议题、社会保障、公共服务等采取一种批判立场，质疑这种动员的整合能力及其对政治体系的影响，认为这些抗议大都建立在缺乏阶级意识的异质性运动基础之上，没有明确目标，其重要性被新闻媒体和舆论决策者夸大了。这些运动只是一些短期性的动员形式，决不可能对紧缩措施产生影响。

有西方社会学家从与现代个人主义的关系来解释全球正义运动等社会运动的兴起以及传统左翼政党尤其是共产党的衰落。在他们看来，21世纪个人主义的特征主要是自我封闭、漠视他人、拒绝集体参与，但同时这也是强调个体责任的个人解放的驱动力。这种个人主义导致政治承诺不再可

---

① Kate Hudson, *The New European Left：A Socialism for the Twenty-First Century?*, Algrave Macmillan, 2012, p. 177.

能在传统政党及其意识形态框架内实现,人们更加倾向于同情与现代个人主义具有内在一致性的全球正义运动,从而也说明了包括共产党在内的传统左翼政党党员数下降的原因。[①] 尽管这种解释相对片面,但也从一个角度提出了共产党加强与社会运动联系的必要性问题。从近些年的发展看,社会运动中的这种缺位很大程度上限制了共产党的多样化发展,及其在制度外政治中社会影响的扩大。显然,如何保持与市民社会层面的紧密联系,需要发达国家的共产党进行更加深入的思考和探索。

### 四 民粹主义政党兴起对共产党的冲击与影响

民粹主义早已有之,并非经济危机的独特产物,但2008年金融危机后西方经济的大衰退却促进了民粹主义的强势兴起。从政党政治层面看,民粹主义政党的异军突起成为当前西方政治发展的一道奇特景观。尤其是在欧洲政治舞台上,民粹主义政党从左、右两翼冲击中左中右翼大党,一些国家的执政党垮台,多个国家的传统政治秩序遭遇挑战。

当前欧洲政治中的民粹主义政党主要有三类。一是左翼民粹主义政党。最成功的莫过于希腊激进左翼联盟和西班牙"我们能"党。2015年1月议会选举后,激进左翼联盟上台执政(尽管在2019年大选后失去执政地位),是欧洲政坛目前最具影响力的民粹主义左翼政党之一。而西班牙"我们能"党经过2015和2016年两次选举,目前成为国内第三大党,成功挑战了人民党和工人社会党的执政地位。二是右翼民粹主义政党。右翼民粹主义在欧洲不是新现象,早已成为建制性政党,经济危机以来其整体影响力迅速提升。其中具有代表性的是法国国民阵线、英国独立党、奥地利自由党等。2016年5月总统大选,奥地利自由党候选人在最后关头惜败,险些成为欧洲飞出的第一只黑天鹅。独立党充当了英国脱欧的急先锋,在英国脱欧公投中发挥了不可替代的作用。而作为法国第三势力的国民阵线在法国政坛也一直占据着重要地位。三是新兴的民粹主义议题化政党。这类党持反建制立场,不以传统的左右翼范式划界,组织化程度很低,"运动性"远大于政党性,但在欧洲成熟的议会政治框架内却取得了重大成就。其突出代表就是意大利五星运动党,在意大利修宪公投失败

---

[①] Uwe Backes and Patrick Moreau (ed.), *Communist and Post-Communist Party in Europe*, Vandenhoeck & Ruprecht, 2008, p. 599.

后，该党成为最高政治权力的最有力竞争者。

民粹主义政党的兴起，对各国共产党形成巨大冲击和挑战。比如，在希腊，长期以来希腊共产党一直是国内最主要的激进左翼政党，历次议会选举中希腊共产党一直遥遥领先。激进左翼联盟的强势崛起对希共影响很大。经过2012年5月和6月两次议会选举，希共迅速从第三大党退居至第七位，且随着激进左翼联盟上台执政，二者间这种主从地位的演变在短期内已不可能扭转。在西班牙，"我们能"党的耀眼光芒已经完全掩盖了联合左翼在危机以来的部分复兴。在意大利，两个共产党力量的进一步下滑也与"五星运动"党的急速"蹿红"形成鲜明对照。

从政治主张看，这些迅速崛起的民粹主义政党尤其是左翼民粹主义政党的现实政治吁求，与共产党有很多相似之处。比如，它们都反对新自由主义，反对美国主导的世界，捍卫劳动者利益，对富人增税，削减军事支出，提高最低工资水平，加强社会保障等等。同时，无论危机中兴起的左翼民粹主义政党还是共产党，无一例外都是"疑欧"政党，尽管其"疑欧主义"存在程度差异，但"反紧缩"或"退出欧元区"是其鲜明的政治"标签"。这种拒绝欧盟和反危机政策的态度，也与经济危机以来出于对经济发展前景的悲观失望以及对执政党的不满，欧洲民众中的"疑欧""脱欧"倾向相契合。

在同样的政治社会背景之下，民粹主义政党显然比共产党获得了更多的社会支持。据统计，民粹主义政党不仅分流了共产党传统的下层阶级选票，更获取了大量作为中左中右政党传统拥趸的中产阶级选民的"抗议票"。关于2015年希腊大选的研究显示，激进左翼联盟获胜的关键动力是得到了下层中产阶级的大力支持。这个社会阶层受危机冲击最为严重，不再诉诸传统的政治吁求，从社会保守倾向转向激进的政治替代，因而激进左翼联盟的获胜，实际上是"中产阶级危机"的结果。对法国国民阵线支持群体的分析也指出，最倾向于支持玛丽娜·勒庞（Marine LePen）的，恰恰是那些位于贫困线之上的人群，他们拥有工作、住宅和一定技能，但也惧怕失去其辛苦所得，害怕从社会阶梯上掉下来。[①]

---

[①] "Far-right Front National: from protest vote to 'first party in France'?", Mar. 19, 2015, http://www.theguardian.com/world/2015/mar/19/front-national-secret-welcome-provincial-france-elections.

为什么资本主义危机下共产党与新兴民粹主义政党呈现两种相异的发展结果？换言之，发达国家共产党为什么未能如那些崛起的民粹主义政党般最大化地获得危机红利呢？从总体上看，这一状况的出现有外部方面的因素，比如发达国家长期不利于共产主义运动发展的外部环境，民粹主义政治兴起的国际潮流，但更多还是受制于共产党自身的一些因素，尤其与上文谈到的共产党在主观上面临的问题，比如党内严重的分裂，缺乏行之有效的发展战略，以及与现实社会运动和工人运动的脱节等密切相关。这也从一个侧面证明了共产党捍卫党的团结，改革创新以塑造党的新形象、新理论和新实践的重要性。

　　总而言之，经过苏东剧变后 30 年的发展，发达国家共产党仍然面临很大困境。这些困境不仅使各国共产党发展的外部环境依然严峻，也使其自身理论建设和实践进程受到重重阻碍。发达国家共产党在整体上要想实现大的突破和发展，还有很长的路要走。而在新的全球化和资本主义危机条件下，制定出适合本国国情的革命战略与策略，仍是当前发达国家共产党及其他社会主义力量面临的迫切而艰巨的任务。

# 第五章　原苏联东欧地区的社会主义运动

德国统一、苏联和南斯拉夫解体、捷克和斯洛伐克分裂之后，在原苏联和东欧地区出现了一系列新的独立主权国家。在原苏联的领土上，新出现了15个独立主权国家。它们分别是俄罗斯、乌克兰、白俄罗斯、哈萨克斯坦、乌兹别克斯坦、吉尔吉斯斯坦、土库曼斯坦、塔吉克斯坦、阿塞拜疆、格鲁吉亚、亚美尼亚、立陶宛、爱沙尼亚、拉脱维亚和摩尔多瓦。在原东欧社会主义国家的领土上，新出现了13个独立主权国家，它们分别是保加利亚、匈牙利、波兰、罗马尼亚、斯洛伐克、捷克、阿尔巴尼亚、波黑、马其顿、塞尔维亚、斯洛文尼亚、克罗地亚和黑山。在苏联解体、东欧剧变之前，这些国家都是社会主义国家，都属于社会主义阵营；苏联解体、东欧剧变之后，这些国家纷纷走上了社会制度转轨之路。社会制度转轨，就其实质而言，就是去社会主义。从那时起时至今日，将近30年的光阴已经流逝，这些国家的转轨都产生了这样或者那样的问题，社会主义在这些国家也没有消失殆尽，相反，社会主义思想、社会主义运动、社会主义实践在这些国家都顽强地生存下来，在某些方面还有一定程度的新发展。甚至在新自由主义制度实践不断产生这样或者那样问题的时候，很多国家还一度出现了"折回"的想法和趋势，企盼向社会主义寻求解决方案。本章拟对苏联解体、东欧剧变以来，成为独立主权国家的这28个国家的社会主义思想、运动和实践进行一个全景式的概括介绍和分析。

## 第一节　原苏东地区社会主义运动发展状况

苏联解体、东欧剧变前夕，原苏东地区出现了"向西转"的强烈愿望。这一时期，这些国家向新的"后雅尔塔"和"后社会主义"阶段过渡的国际政治、经济条件都十分有利。转轨地区与美国和老"欧盟"联系在一起意味着变成世界的政治经济中心。加入北大西洋公约组织也是毋庸置疑的。北大西洋公约组织可是由经济发达、拥有大量现代化武装力量的国家组成的国际军事政治组织。① 我们暂且放下外因,从内因的角度来分析,正是在"加入西方,变成西方那样的国家"的考量下,原苏联东欧地区爆发了苏联解体、东欧剧变这样的"20 世纪最大的地缘政治灾难",社会主义在短短两三年的时间里,像"多米诺骨牌"一样,被一个又一个国家抛弃。

因此,可以说,该阶段是原苏东地区左翼溃退、蜕变、分化,为谋求生存而苦斗的阶段。在右翼高奏凯歌和恣意进攻面前,左翼处于守势和被动。此前在这些国家执政的共产党,要么被禁止活动,进而转入地下活动或秘密活动状态;要么改旗易帜,更名为社会民主党、社会党。为适应变化了的生存环境和条件,多数左翼首先做的事情,就是否定过去,与过去划清界限。有的共产党组织蜕变为社会民主党组织,而社民党组织也纷纷告别自己的"老旧"形象,淡化左翼意识形态色彩,有的特别注意与"共产主义"和"社会主义"标识脱钩,整体上从抗争到服从,从激进到温和,从左移向右,是以总体退却、否定自己谋求生存的阶段。大多数原苏东地区国家的执政共产党转变为一个或者几个社会民主主义或社会主义派别的左翼政党。②

当然,在这个阶段,有像全联盟布尔什维克共产党、波罗的海沿岸三国共产党这样固守传统、坚持立场的,也有像第四国际托派组织这样从苏联解体、东欧剧变中证明自己激进左翼路线正确的,但这改变不了左翼整体陷入低潮的局面。该时期该地区国家政治舞台上主要出现了四种出身的左翼政党:"一是改建党,即由原来执政的共产党改建而来的社会党和社会民主党;二是老党,即二战前就已存在的社会党或社会民主党,二战后部分不愿与共产党合并的党员流亡海外,东欧剧变前后回国并恢复活动;三是新建党,即在 1989 年前后作为共产党的反对党组建起来的社会民主

---

① Науч. Рук. В. Г. Барановский. Мир 2020:российская и центрально-восточноевропейская перспектива. М. : ИМЭМО РАН. 2010. С. 44.

② Науч. Рук. В. Г. Барановский. Мир 2020:российская и центрально-восточноевропейская перспектива. М. : ИМЭМО РАН. 2010. С. 49.

党；四是重建党，即对共产党的改建持不同态度的党员另行建立的共产党。"①

波兰著名的持不同政见者、团结工会的领导人之一 A. 米赫尼克（А. Михник）将1989年称为"神奇的一年"。在评价20年后的中东欧国家的后社会主义历史时，他写道："……实际上，游戏结束了，莫斯科'输牌了'……我记得自己同著名美国政治家的谈话。他们不能理解发生了什么，无法想象共产党主义独裁破裂了，对苏联发生的进程提出了不正确的预见，完全不能想象——顺便说一下，像波兰人一样——苏联也会有瓦解的时候。莫斯科的改变是决定性因素，改革解放了新生力量。俄罗斯发生的历史事件具有重大意义，不仅执政精英未能预见，连中东欧的反对派力量也无法预见。"②

苏联解体、东欧剧变之后，原苏东地区的社会主义运动经历了其发展历史上真正的"寒冬"，在该地区，"社会主义""共产主义"一夜之间变成了"洪水猛兽"，整个社会政治思潮大规模向右转，共产党的活动被禁止，党的资产遭到查封和没收，共产党人从引领社会发展的精英阶层变成了大家唯恐避之不及的"恶"的化身。在这种情况下，在该地区执政的共产党纷纷下台，普通党员纷纷退党，大部分党的精英加入了新兴的右翼党派或者组建新的包容资产阶级思想的社会民主党，一小部分信仰坚定的共产党人被迫转入地下秘密活动状态。但是，这种情况持续的时间并不长，也就五六年的时间，原苏东地区转轨国家的社会主义运动就出现了复苏的迹象。其主要原因在于以下三点。首先，新上台的右翼势力允诺，通过其所执行的类似于西方的新自由主义政策会将各个转轨国家引向西方式的"幸福的康庄大道"，转轨国家的民众将享受到西方的富裕、自由、福利和平等，然而这个"美丽的允诺"仅仅维持了五六年的时间就破灭了。右翼的新自由主义未能引领转轨国家走向"幸福的康庄大道"，反倒使该地区深陷经济危机，经济发展停滞，民众生活水平持续下降，失业率大幅攀升，贫富两极分化不断加剧。其次，社会开始理性地反思苏联解体、东欧剧变的历史，精英和民众都不再被一时的热情冲昏头脑，开始理性地对待

---

① 高歌：《中东欧国家政治舞台上的左翼政党》，《中国社会科学报》2015年6月24日。
② А. Михник. Annvs mirabilis. Росссия в глобальной политике, №5. Сентябрь-Октябрь, 2009.

制度选择，开始反思苏联解体、东欧剧变的利弊得失。最后，立场坚定的共产党人坚持不懈地为理想和信念进行奋斗，不断地为共产党争取生存空间。在这种背景下，转轨国家的社会主义运动开始逐步地走出低谷，出现复兴迹象。重建或新建的共产党开始在该地区不断地出现，一个国家至少有一个共产党开始公开、半公开或者秘密活动，有些国家甚至出现了两个以上甚至多个共产党。20世纪90年代中期到21世纪初，该地区的社会主义运动曾一度如火如荼。在一些转轨国家，共产党上台执政，如摩尔多瓦共和国；在另一些转轨国家，共产党成为议会第一大党团，牵制右翼总统和政府，捍卫民众利益，如俄罗斯。整体上，社会主义思想、社会主义运动、社会主义实践又以一种全新的面貌呈现在原苏联东欧地区。鉴于原苏东地区，新独立的主权国家多达28个，还有存在争议的波斯尼亚（没有政治实体）和科索沃（不被我国政府承认），使得该地区社会主义运动具有整体性趋势的同时，还存在着因具体国情不同而导致的各国自身的特殊性。考虑到历史、国情差异、地缘政治等诸多因素，这里按照原苏联地区和原东欧地区两个部分展开论述。

### 一 原苏联地区的共产党

在原苏联地区，现有15个独立的主权国家，几经分合，现有30多个共产党在开展活动。在俄罗斯，现在就存在十二个共产党，它们分别是俄罗斯联邦共产党、俄罗斯联合劳动阵线（俄罗斯共产主义工人党）、全联盟布尔什维克共产党、社会公正共产党、联合共产党、左翼阵线、革命工人党、另一个俄罗斯政党、俄罗斯毛主义党、俄罗斯工人党、"左翼俄罗斯"共产党、无产阶级专政党和萨马拉罢工委员会。在白俄罗斯有三个共产党，1996年11月2日成立由塔季扬娜·戈卢别娃（ТатьянаГеннаДьевнаголубева）领导的白俄罗斯共产党和白俄罗斯"公正的世界"联合左翼党（系1991年成立的白俄罗斯共产党人党，于2009年变更政党名称），以及未曾在白俄罗斯司法部注册的白俄罗斯劳动者共产党。在乌克兰，1993年6月19日由П. И. 西蒙年科领导重建了乌克兰共产党，因乌克兰政局突变，右翼民粹主义政党上台执政，2015年4月9日，乌克兰最高拉达通过《关于乌克兰谴责共产主义和国家社会主义纳粹等极权主义并禁止宣传其标识的法案》，导致乌克兰共产党目前处于半合法状态。在摩尔多瓦有三个共产党，1994年4月27日在沃罗宁领导下成立的摩尔多瓦共和国共产党人党;1992年8月11日在维克托·莫列夫领导下成立的摩尔多瓦社会主义党;此外,在摩尔多瓦有争议的德涅斯特河左岸地区还有一个德涅斯特河左岸共和国共产党,德涅斯特河左岸共和国未得到国际社会的认可,仅有俄罗斯等少数国家承认其为主权国家。在波罗的海沿岸三国,有四个共产党,它们是爱沙尼亚共产党(因爱沙尼亚当局禁共,处于地下活动状态),1994年由阿尔弗雷德·鲁比克斯领导成立的拉脱维亚社会主义党,阿尔贝特·列别杰夫领导的拉脱维亚共产党人联盟(秘密活动),米科拉斯·布罗卡维秋斯领导的立陶宛共产党(秘密活动)。在高加索三国中,格鲁吉亚有两个共产党:一个是1994年9月成立的由H. Ш. 阿瓦利阿尼领导的格鲁吉亚统一共产党,其现任领导人为皮皮亚·捷穆尔;另一个是格鲁吉亚共产党。要了解"格鲁吉亚两个共产党在全国舞台上的政治影响力,可以看2016年10月8日的格鲁吉亚议会选举的结果,它们在选举中分获1469(0.08%)和1773(0.1%)张选票,自然未能进入议会"①。尽管格鲁吉亚统一共产党因加入"共产党联盟—苏联共产党"组织而在国际舞台上更活跃,但在格鲁吉亚的政治舞台上没取得什么特别的成就。在亚美尼亚有一个共产党:鲁边·托夫马相领导的亚美尼亚共产党。在阿塞拜疆有两个共产党,它们是1993年成立的由劳夫·古尔巴诺夫领导的阿塞拜疆共产党和由阿塞拜疆"新生代"共产党、阿塞拜疆共产党及阿塞拜疆共产党(马克思列宁主义派)三党联合之后产生的阿塞拜疆共产党联盟。此外,在格鲁吉亚和俄罗斯接壤处,因2008年俄罗斯和格鲁吉亚战争,原属格鲁吉亚的两个地区——南奥塞梯和阿布哈兹宣布独立,国际社会未予承认,但俄罗斯承认它们为主权国家,在这两个地方,各有一个共产党,它们是1993年成立的由斯坦尼斯拉夫·科奇耶夫领导的南奥塞梯共产党和1994年成立的由列夫·努尔比耶维奇·尚巴领导的阿布哈兹共产党。在中亚五国,共产党的基本情况如下:在哈萨克斯坦有一个共产党,即1991年9月成立的由加济兹·阿尔达姆扎罗夫领导的哈萨克斯坦共产党,该党在2004年分裂,其一部分保留了哈萨克斯坦共产党的名称,直到2015年法院禁止其继续活动;另一部分改称哈萨克斯坦共产主义人民党,在继续开展活动,在2016国家议会选举中获7.14%的得票率,在议会的107个议席中获得7

---

① [俄]爱·根·索洛维约夫:《后苏联地区的社会党和共产党:变革因素与转变方向》,陈爱茹译,《世界社会主义研究》2020年第3期。

个议席。在吉尔吉斯斯坦有两个共产党,即吉尔吉斯斯坦共产党和1992年9月17日成立的由布马伊拉姆·马马谢伊托娃领导的吉尔吉斯斯坦共产党人党,在塔吉克斯坦,塔吉克斯坦共产党活动禁令消除后,1918年1月建党的由绍吉·达夫利亚托维奇领导的塔吉克斯坦共产党恢复公开活动,这是目前原苏联地区唯一一个没有经历重建的党,在乌兹别克斯坦,1994年成立由卡赫拉蒙·马哈茂多夫领导的乌兹别克斯坦共产党(秘密活动),在土库曼斯坦,1998年重建(1992年开始成立重建组委会)由拉希莫夫·萨尔达尔·塞特穆拉多维奇(2002年12月被判25年监禁)和A.阿纳耶夫领导的土库曼斯坦共产党(秘密活动)。

在理论层面上,原苏联地区15个国家的30多个共产党在意识形态上都宣布信仰马克思列宁主义,认为马克思列宁主义是党的理论基础,后苏联地区共产党人都秉持重建社会主义的方针,将实现社会主义和共产主义视为党的奋斗目标。这些共产党都宣称要捍卫、保护并发展马克思主义。

在意识形态领域,这些国家的共产党在信仰马克思列宁主义方向上没有原则性的差别,但是,在对待斯大林和苏联社会主义制度的问题上,则存在一定分歧。该地区的大多数共产党对苏联的社会主义制度和斯大林持肯定态度,但是,也有少数几个共产党对苏联的社会主义制度和斯大林持否定态度,比较典型的是摩尔多瓦共和国共产党人党。

在实践层面上,由于原苏联地区15个国家的具体国情不同,因此,该地区的共产党之间存在较大差异。尽管原苏联地区15个国家有30多个共产党,但是,并不是所有的共产党都能在国内、国际事务中发挥较大的作用。该地区在国内、地区和国际事务中比较有影响的政党有俄罗斯联邦共产党和白俄罗斯共产党。

俄罗斯联邦共产党实际上应该被认定成立于苏联解体前的1990年,这一年,戈尔巴乔夫的"改革"陷入绝境,苏共党内分化日趋严重,联盟国家面临解体的威胁。在当年7月举行的苏共二十八大上,苏共党内的派别斗争达到了最高峰,叶利钦等人退出了苏共。俄罗斯苏维埃联邦社会主义共和国共产党在苏共二十八大召开前夕宣告成立。苏联"八一九事件"后,俄罗斯联邦总统叶利钦颁布法令,中止俄罗斯苏维埃联邦社会主义共和国共产党的活动,并颁布总统令禁止共产党活动。1992年11月30日,俄罗斯联邦宪法法院取消了上述禁令,1993年2月13—14日俄罗斯共产党人举行了第二次非常代表大会,会上俄罗斯苏维埃联邦社会主义共和国共产党以俄罗斯联邦共产党的名称重建，久加诺夫被选为俄罗斯联邦共产党中央执行委员会主席团主席，瓦·阿·库普佐夫、尤·巴·别洛夫、斯·彼·戈里亚切娃、米·伊·拉普申、维·伊·佐尔卡利采夫、伊·彼·雷布金任副主席。大会通过的文件宣告了苏联共产党、俄罗斯苏维埃联邦社会主义共和国共产党和俄罗斯联邦共产党之间的继承性。俄共强调自己忠实于社会主义和人民政权思想，主张建立计划市场经济、发展联邦制，在独联体框架下签署新的国家协议，希望实现人民的愿望：在自愿基础上恢复统一的联盟国家。① 这次代表大会具有里程碑的意义。它标志着曾经是执政党——苏联共产党的一个组成部分的俄共由执政党转变为在野党，开始了谋求生存与斗争的艰苦历程。届时，俄共有基层组织1.4万个，是俄政坛上仅次于统一俄罗斯党的第二大议会党和最大的反对党。俄罗斯联邦共产党当时有拥护者400多万，建有共青团和少先队组织，组建了由近30个工会、妇女、青年等组织参加的社会抗议活动总部。主要通过参加议会即国家杜马选举的形式参与国家政治生活。今天，俄罗斯联邦共产党名义上是俄罗斯国家杜马第二大党团，是当局不妥协的反对派，但是就其在俄罗斯政治舞台上所能起到的实际影响，从第七届国家杜马的选举结果来看，日益式微。在短期内，对俄罗斯的内外政策所能施加的影响力极其有限。

就目前的整体状况来看，如俄罗斯科学院世界经济与国际关系研究所后苏联研究中心主任爱·根·索洛维约夫所言，"后苏联地区左翼思想发展的另一个方向是试图通过细微的思想变化战略并依靠传统选民争取最多的支持，俄罗斯联邦共产党在实施这种战略上最具代表性"②。今天的俄罗斯联邦共产党不仅在独联体国家人数最多，约16.2万人，在俄罗斯开展活动的所有政党和政治运动中也是最大的。该党是传统的群众性政党，具有广泛的组织和群众基础，近25年来拥有众多选民和稳定的支持率，尽管随着时间流逝而不断减少。该党两次在按政党提名进行的国家杜马选举中赢得第一名（1995年和1999年），俄共于1993年、1995年、1999年、2003年、2007年、2011年、2016年参加了七届国家杜马选举，分别获得

---

① ［俄］爱·根·索洛维约夫：《后苏联地区的社会党和共产党：变革因素与转变方向》，陈爱茹译，《世界社会主义研究》2020年第3期。

② ［俄］爱·根·索洛维约夫：《后苏联地区的社会党和共产党：变革因素与转变方向》，陈爱茹译，《世界社会主义研究》2020年第3期。

65、157、113、54、57、90 和 43 席。来自该党的总统候选人两次成为总统竞选胜利者首要的、真正的对手（1996 年和 2000 年总统选举）。此后，俄共影响式微，通过对比其历次参加国家杜马选举获得的席位数可以一睹端倪。

俄罗斯联邦共产党是在俄罗斯苏维埃联邦社会主义共和国共产党基础上成长起来的，采取将爱国主义与传统苏联方案相结合的方针，提出了俄罗斯人民向往社会主义的思想。① 久加诺夫在其一系列著作中尝试将马克思列宁主义同希望国家成为强国的爱国主义、共产主义价值观以及俄罗斯文明价值观结合起来。他没有放弃建立一个"国家爱国主义"力量民族阵线的想法，其目标是把俄罗斯从"世界主义者""叛徒"和"西方代理人"手中解放出来。② 他在 1994 年出版的《强国》一书中宣称，俄罗斯社会的政治斗争不是发生在无产阶级和资产阶级之间（如马克思主义理论所要求的那样），而是发生在爱国主义者——国家主义者与俄罗斯执政的非爱国主义者——崇欧派之间，前者捍卫俄罗斯强国的实力，后者出卖民族利益且实际上是西方代理人。他强调，俄共致力于将"红色"的社会公正理想与民族国家观念结合起来，其民族解放斗争应主要以和平、非革命的形式进行（参加议会选举和各个州的选举等），因为"俄罗斯已经用尽了发动革命的限额"③。

除吸收爱国主义和强国价值观外，1992 年后俄罗斯联邦共产党的意识形态演变还包括采用了一些不属于传统马克思主义社会政治话语体系的概念（比如，地缘政治结构和某些"可持续发展"理念），分析当前情况也背离了马克思主义的章节和方法论原则（尽管在文件中保留了对马克思和列宁的礼节性回溯），用久加诺夫的话说是"其拥护者为照顾到生活中的所有要素，不应该仅遵循一种分析方式或方法"④。他还指出，马克思主义中有许多需要修正的地方，纳入俄共思想体系的爱国主义价值观和"可持续发展"理念，没有被看成是对马克思列宁主义的修正，而是被看成是对

---

① ［俄］爱·根·索洛维约夫：《后苏联地区的社会党和共产党：变革因素与转变方向》，陈爱茹译，《世界社会主义研究》2020 年第 3 期。
② ［俄］爱·根·索洛维约夫：《后苏联地区的社会党和共产党：变革因素与转变方向》，陈爱茹译，《世界社会主义研究》2020 年第 3 期。
③ Зюганов Г. Держава. М.，1994，с. 102.
④ Оппозиция，1994，№11，с. 2.

其的发展和丰富。共产党人承认个人的权利和自由是最高价值，承认政治和思想多元化、多党制，新共产党的建设活动的条件已然迥异——竞争性政治体制，宪法规定的民主、社会、法治国家原则，所有这些思想和意识形态混合的结果，导致俄共的意识形态按"社会发展方向"标准评价是左的，按其他方面评价（比如，对待国家制度、爱国主义的态度）则极其接近右翼保守主义。①

1995 年通过的俄共纲领试图将传统俄罗斯保护主义与社会民主主义的口号、传统共产主义的概念和神话乃至于"可持续发展"理念结合起来，是党内各派别妥协的结果。纲领确定党的任务是"将社会阶级运动和民族解放运动合并为一个统一的群众抵抗运动"②，人民政权（"意味着通过苏维埃和其他形式的人民民主自治联合起来的绝大多数劳动者享有立宪权"）、公正（基本社会权利可以得到保障）、平等（消灭了人对人的剥削）、爱国主义、公民对社会的责任和社会对公民的责任、"具有适应当前生产力发展水平、生态安全、人类所面临任务特征的革新的社会主义在未来宪法中确定下来"，宣称"共产主义是人类历史的未来"③。

20 多年来，俄罗斯联邦共产党的外交政策一直是可以预见的。共产党反对"新世界秩序""帝国主义全球化"和外界干预俄罗斯联邦的内政和外交，宣布对外政策的首要事项是恢复苏联，国内买办机构和西方沆瀣一气使苏联遭到了破坏。与当代俄罗斯的自由民主力量形成鲜明对比的是，共产党人开诚布公地承认苏联在"冷战"中失败了，其结果是形成以美国为中心的世界秩序，"北约扮演着世界宪兵的角色"，该世界秩序给俄罗斯联邦安排的是很差的"半殖民地"角色，④ 但其外交定位在原则和战略方向上与国内政治精英的官方喜好并没有太大差异。国内政治精英在 1997 年前夕开始使用"国家利益"术语，至此还提出了关于多极世界和多极世界秩序的"普里马科夫理论学说"⑤。

国际舞台可能出现的重大场景再现了久加诺夫早已提出的"世界独

---

① ［俄］爱·根·索洛维约夫：《后苏联地区的社会党和共产党：变革因素与转变方向》，陈爱茹译，《世界社会主义研究》2020 年第 3 期。
② Программа Коммунистической партии Российской Федерации. М., 1999, с. 4.
③ Программа КПРФ. М., 1999, с. 4 – 5.
④ Зюганов Г. География победы. Основы российской геополитики. М., 1997, с. 75 – 76.
⑤ ［俄］爱·根·索洛维约夫：《后苏联地区的社会党和共产党：变革因素与转变方向》，陈爱茹译，《世界社会主义研究》2020 年第 3 期。

裁""全球动荡"和"利益平衡"景象。① "世界独裁"指以美国为中心的"新世界秩序"②，全球动荡是"世界独裁"的一种映衬，并且"在西方金钱乌托邦轰然倒塌的情况下，这种情况最有可能成为现实"③，其实质是如果西方土崩瓦解抑或西方增长速度显著放缓（对西方而言，停止等同于死亡），就会出现最强烈的内部系统性危机，而西方崩溃将在全球引发连锁反应，导致现有冲突加剧并引发新的冲突。打破"世界独裁"的出路在于，"要在全面加强国家体制，坚持思想、政治、经济和军事自给自足的道路上谋发展"。现有条件下最好的、冲突最少的发展方案是："存在若干个权力中心的多极化，这些权力中心可以在法律上加固现有的力量平衡，并采纳对各方皆有约束力的统一游戏规则。"④ 革新的俄罗斯（"在融合了古老的精神传统、苏维埃人民政权和当代电子技术时代成就的基础上，战胜危机并巩固自己的国家制度"）可以扮演"平衡"世界的一个担保人。⑤

　　索洛维约夫认为，俄共在国家杜马的实际行动表明，俄共领导层——尽管其有反体制言辞——已经深深地融入了现有政治制度，他们不断强调俄共是个"建设性反对派"政党。从俄共思想家视角看，贯穿20世纪90年代的"历史性妥协"思想是俄共政治战略和战术的主导思想，其实质与其说是致力于全面执掌政权，毋宁说是在和国家主要社会和政治力量达成战略妥协的基础上参政议政。主要的社会和政治力量首先指在俄罗斯政治和商业精英中占主导性地位的派别和集团，对此类立场可以有很多种解释，一些解释着眼于政治和经济领域，另一些解释着眼于心理学领域。俄共推动高层干部同制度妥协，党的领导层意识到恢复旧制度是不可能的，有些党的领导政治意志薄弱，国家强调俄共的意识形态与激进共产党人不同，其宗旨不是破坏国家，而是要巩固国家。结果俄共领导人及其团队实际上已经成为俄罗斯政治统治集团的组成部分。⑥

---

① См. об этом: Зюганов Г. А. Россия и современный мир. М., 1995, с. 74 – 79.
② Зюганов Г. География победы, с. 79 – 80.
③ Зюганов Г. География победы, с. 81.
④ Зюганов Г. География победы, с. 77.
⑤ ［俄］爱·根·索洛维约夫：《后苏联地区的社会党和共产党：变革因素与转变方向》，陈爱茹译，《世界社会主义研究》2020年第3期。
⑥ ［俄］爱·根·索洛维约夫：《后苏联地区的社会党和共产党：变革因素与转变方向》，陈爱茹译，《世界社会主义研究》2020年第3期。

俄共对类似全球化这样的现象所持的立场令人关注。在俄共第七次代表大会（2000年12月召开）上，专门通过了"关于对待帝国主义全球化的立场"的决议，在决议中全球化被视为一个充满矛盾的进程。一方面，俄共理论家认为，全球化导致经济、科学、教育和信息一体化的深化；另一方面，"当代资本主义利用这些趋势作为推动'新世界秩序'获得全面认可的工具"，全球化的实施形式"保障跨国资本时代的帝国主义的利益"，导致人类分裂为"金十亿"人口和其他人口，并且有固化趋势。俄共呼吁拒绝"全球化的掠夺性和帝国主义本质，防止其破坏国家主权和领土完整以及每个民族的民族认同、文化认同"①。久加诺夫把按照"世界主义者"方案实行的带有"掠夺性""抢劫性"的全球化称为"帝国主义发展的最高阶段"②，认为"今天的国际社会不过是美国领导的帝国主义的别名"③。富裕国家的少数人口与地球上大多数贫困人口之间的差距日益扩大，这让久加诺夫提出了"全球种族隔离"是"新世界秩序"的主要形式这一观点。

根据党的现行纲领，信仰问题是俄共的主要议题："拯救祖国——只能依靠恢复苏维埃制度并遵循社会主义发展道路。"俄共清楚党的任务是将社会阶级运动和民族解放运动联合成统一的人民阵线④，因而为左翼政党提出了一个相当新颖的纲领，在国家的根本特征和社会的根本特征、爱国主义和无产阶级的国际主义之间建立起联系。⑤ 俄共建议，向苏联的过去而不是未来寻找摆脱危机的方案，如果把共产党人提出的万能公式简化，可以将其归结为1917年加米涅夫的那个著名的公式——"只有社会主义才能解决工人阶级的问题"。但已经清楚的一点是，这个公式不太适合当代时局，在过去10—15年间俄共影响力不断下降，党员人数从21世纪初约50万下降到约16.2万，并且该数据是2016年1月1日俄共网站公布的，此后再未更新，可以推测，下降趋势仍在继续。⑥ 尽管有一些有利于共产党的外部环境，但俄共的选民基础没有增长，全国议会选举的最新

---

① Очередные задачи КПРФ. М., 2000, с. 49 – 51.
② Зюганов Г. А. Глобализация: тупик или выход. М., 2001, с. 29.
③ Зюганов Г. Глобализация и судьба человечества. М., 2002, с. 149.
④ Программа партии//https://kprf.ru/party/program
⑤ См. об этом: Зюганов Г. А. Наша формула будущего – это Святая Русь, российская державность и советская справедливость/Выступление Г. А. Зюганова 10 октября 2019 г. //https://kprf.ru/party-live/cknews/188562.html.
⑥ https://kprf.ru/party/.

结果是 9.5% 的得票率，这让该党在国家杜马仅获 43 个席位（俄国家杜马共计有 450 个席位）。①

俄罗斯联邦共产党创办的影响较大的刊物有：《真理报》《苏维埃俄罗斯报》和《政治教育》，为加强政治宣传，俄共新建了两个网站：http://www.politpros.com 和 http://www.politpros.TV。自苏联解体以来，在原苏联地区的共产主义政党中，俄罗斯联邦共产党曾是最具影响力的共产主义政党之一，不仅在俄罗斯国内政治生活中占有过十分重要的地位，整合该地区共产主义力量的任务也基本上是由俄罗斯联邦共产党承担。

俄罗斯联邦共产党积极与后苏联地区的志同道合者合作，这弥补了国内政治领域某种程度上的失败。1993 年在莫斯科举行了苏共第二十九次代表大会，来自原苏联地区的各共产党组织 416 名代表参加了会议。大会根据原苏联各共和国共产党活动的现实条件暂时决定，在新的苏维埃社会主义共和国联盟重建前，将苏共更名为"共产党联盟—苏联共产党"，并通过了纲领和章程，选举了舍宁领导的党的委员会。代表大会宣布，"共产党联盟—苏联共产党"是苏联共产党的继承党，在苏联境内开展活动的共产党是苏共各个共和国组织的继任党。在 1993—1995 年期间，除土库曼斯坦外，所有苏联的原有共和国共产党都恢复了活动，一些共和国以苏共党员为基础，出现了几个共产党。到 1995 年 7 月，原苏联地区有 26 个共产党和共产主义组织在活动，其中 22 个共产党团结了 130 万共产党员，都是"共产党联盟—苏联共产党"成员。②

直到今天，原苏联地区一些国家都是有几个共产党在活动，由领导人的野心、意识形态差异和其他原因造成的共产主义民族组织队伍的分裂始终未被战胜。因此，"共产党联盟—苏联共产党"的活动通常带有名义性甚至是模拟的性质，旨在展示原苏联地区各国家共产党的互动，而且起初认为这可让左翼力量的代表面对面，将苏联传统转变为后苏联一体化的要素，并带动欧亚大陆的一体化进程，然而这并未发生。③

---

① ［俄］爱·根·索洛维约夫：《后苏联地区的社会党和共产党：变革因素与转变方向》，陈爱茹译，《世界社会主义研究》2020 年第 3 期。
② ［俄］爱·根·索洛维约夫：《后苏联地区的社会党和共产党：变革因素与转变方向》，陈爱茹译，《世界社会主义研究》2020 年第 3 期。
③ ［俄］爱·根·索洛维约夫：《后苏联地区的社会党和共产党：变革因素与转变方向》，陈爱茹译，《世界社会主义研究》2020 年第 3 期。

在历经复杂的斗争后，2001年俄共领导人久加诺夫被选为"共产党联盟—苏联共产党"的领导人。"共产党联盟—苏联共产党"的存在提高了俄共的国际威望，但总体来讲并没有打造出党对独联体其他国家局势和其他党组织施加影响的工具。迄今为止，有15个共产党加入"共产党联盟—苏联共产党"（其中3个来自未获国际社会全部认可的共和国——阿布哈兹、南奥塞梯和德涅斯特河左岸共和国），其中只有俄罗斯和白俄罗斯的共产党有议会代表和相对宽泛的选民基础。今天，塔吉克斯坦和德涅斯特河左岸共和国的共产党在议会各有一名议员，而其他国家的共产党还都处在政治边缘地位。[1]

因此，长远来看，企图创造性地修改共产主义立场来解决原苏联地区当前的政治任务无法取得成功。原苏联地区的共产党人更喜欢诉诸苏联时代的社会文化原型和历史传统，在苏联解体近30年后苏联国家社会的大部分并未领会这一点。随着社会基础遭到侵蚀（产业工人和工程技术人员数量普遍缩减）、年轻人对共产主义理想持冷漠态度以及左翼试图依靠其他政治力量——太可怕了，其中竟然包括中亚的伊斯兰分子——来抓住广泛的劳动者阶层争取社会和政治权利的主动性，原苏联地区各国共产党谋求积极发展的可能性相对较小。[2]

苏联解体后的几十年间，左翼力量未能成功扭转不良发展趋势，被推离了政治领域。甚至在危机期间，尽管社会党人和共产党人取得了一定的选举成就，原苏联地区也未出现公众意识向左转的情况。原苏联地区所有国家的新自由主义改革轻松战胜了左翼的抵制，实施了各种私有化计划，减少了社会保障，提高了退休年龄，等等。[3]

原苏联地区的左翼政党正经历艰难的时期。这些政党在很多方面开始变得"包罗万象"，甚至加入联合政党——在联合政党框架下，政治家被看成是职业的政治剧团老板，与其他政治专业人士进行争夺选票的斗争。原苏联地区左翼政党往往缺乏核心思想体系，它们（诸如俄共）即使有核

---

[1] ［俄］爱·根·索洛维约夫：《后苏联地区的社会党和共产党：变革因素与转变方向》，陈爱茹译，《世界社会主义研究》2020年第3期。
[2] ［俄］爱·根·索洛维约夫：《后苏联地区的社会党和共产党：变革因素与转变方向》，陈爱茹译，《世界社会主义研究》2020年第3期。
[3] ［俄］爱·根·索洛维约夫：《后苏联地区的社会党和共产党：变革因素与转变方向》，陈爱茹译，《世界社会主义研究》2020年第3期。

心思想体系，也完全无法适应21世纪的政治斗争环境。全球化和后苏联的去工业化的结果是，左翼政党的社会基础——那些最初利益明确、具体的社会阶级或阶层（工人、劳动者）——持续遭受侵蚀。在失去了大部分工业后，原苏联地区以往的工人阶级力量及其明确的组织机构——工会和政党——客观注定要失败。对左翼力量而言，脱离民众是致命的。①

还有一种趋势会让人产生乐观情绪。原苏联地区在传统上，在精神和思想政治层面上，都是面向欧洲的国家。但是，在世界经济和政治发生深刻变化的影响下，近年来越来越多地开始关注亚洲主要的马克思主义政党，首先当然是中国共产党的经验。如果说欧洲左翼思想和政党普遍处于危机状态，那中国共产党已经成为一个成功的样板，中国发展模式的吸引力明显增强。更好地理解中国在发展上无与伦比的思想和战略非常值得，可能会赋予左翼力量以思想和政治创造的新动力，在选择政治理论和实践转向时成为鼓舞士气的榜样。②

白俄罗斯共产党是原苏联地区各个国家共产党中生存条件最好的政党，白俄罗斯共产党不是当局的反对派，与白俄罗斯总统卢卡申科建立了良好的互动关系，支持总统的内外政策，在白俄罗斯议会有自己的党团。但是，当前政党政治在白俄罗斯陷入危机，白俄罗斯所有政党都面临着局部危机，包括信任危机、领袖危机、思想契合度危机。③ 在白俄罗斯民众意识中，政党与他们毫不相关，彼此处在两个平行世界，从未有过交集。政党没有为民众的生活、他们碰到的问题、他们的苦恼做过任何事。人们对政党没有现实需求，这就意味着白俄罗斯社会不需要政党。根据白俄罗斯科学院社会学研究所的调查，目前信任政党的白俄罗斯民众占比9%，不信任的占比39%。④ 政党政治在民众中的认可度逐年下滑，民众认为，所有的白俄罗斯政党都长着"一样的面孔"，都是正确的、安静的、顺通的。白俄罗斯政党政治受民众质疑，主要原因在于政党政治在白俄罗斯运

---

① ［俄］爱·根·索洛维约夫：《后苏联地区的社会党和共产党：变革因素与转变方向》，陈爱茹译，《世界社会主义研究》2020年第3期。
② ［俄］爱·根·索洛维约夫：《后苏联地区的社会党和共产党：变革因素与转变方向》，陈爱茹译，《世界社会主义研究》2020年第3期。
③ https：//yandex.ru/turbo? text = https%3A%2F%2Fnaviny.by%2Frubrics%2Fpolitic%2F2012%2F03%2F28%2Fic_articles_112_177329.
④ https：//yandex.ru/turbo? text = https%3A%2F%2Fnaviny.by%2Frubrics%2Fpolitic%2F2012%2F03%2F28%2Fic_articles_112_177329.

作的效果没能获得社会民众认可，绝大多数民众用不参与来抵制，仅有4%的白俄罗斯民众认为参与政治生活有助于解决其所遇到的现实生活中的问题。① 此外，选入议会的人民代表未能在高层国家机关真正代表选民和拥护者的利益，而是成为政党高层和挚爱亲朋的代言人等。在这样的大背景下，白俄罗斯的三个共产党中，获得最高支持率的是白俄罗斯共产党。但是，它获得的支持率从1991年3月的52.1%跌到2017年7—8月的2.6%，再一路下滑到2019年的0.9%。② 可见，如何站在民众的立场上，解决民众的关切问题，是今后白俄罗斯的三个共产党亟待解决的时代课题。

摩尔多瓦共和国共产党人党在苏联解体之后曾在一段时间内在国际舞台上引起轰动，从2001年到2009年，摩尔多瓦共和国共产党人党通过选举上台执政，并且连续赢得2届议会大选，执政8年，执政期间，党领导人沃罗宁当选为国家总统。当时，国际舞台上甚至用"红色"摩尔多瓦来为摩尔多瓦共和国共产党人党上台欢呼，摩尔多瓦共和国共产党人党也让转轨国家的共产党、工人党和左翼党看到了通过议会选举道路上台执政的希望和远景。但是，在摩尔多瓦共和国共产党人党执政期间，就有左翼学者根据其在国内推行的经济政策，指责其不是真正的马克思列宁主义政党，而是倾向于社会民主主义。2009年7月29日，在摩尔多瓦非常议会选举中，摩尔多瓦共和国的右翼政党联盟上台执政，摩尔多瓦共和国共产党人党变成了当局的反对派政党，届时，摩尔多瓦共产党人党保住了议会101个议席中的48个议席，尽管是少数派，但是，依然在社会上有50%的支持率，此后，丧失执政地位的摩尔多瓦共和国共产党人党，不断有议员退党，议席数量不断减少。2010年提前议会选举，获42个席位，2014年摩尔多瓦议会选举中，获得21个议席，2015年12月21日，21个议员中的14位议员宣布退出摩尔多瓦共和国共产党人党议会党团。12月24日，14位议员与摩尔多瓦民主党一起宣布，组建"捍卫摩尔多瓦民主社会主义派别"。当前，在摩尔多瓦议会，摩尔多瓦共和国共产党人党仅余6个议席。③ 摩尔多瓦共和国共产党人党影响力也在不断下滑。伴随摩尔多瓦共和国政局的变化，摩

---

① https：//news.tut.by/economics/569360.html.
② https：//news.tut.by/economics/569360.html.
③ http：//www.e-democracy.md/ru/parties/pcrm/.

尔多瓦德涅斯特河左岸地区的德涅斯特河左岸共和国共产党也开始遭受打压，其领导人奥列格·霍尔然在 2018 年 11 月被判处四年半监禁，目前还在狱中。

在 2014 年之前，乌克兰共产党在乌克兰最高拉达有自己的议会党团，乌克兰共产党在国内政治生活中也比较有影响力，原因在于乌克兰最高拉达中的各个右翼政党彼此对立、相互倾轧，在这种情况下，乌克兰共产党与谁结盟，在某些时候就可以起到"二两拨千斤"的决定性作用。但是，2014 年乌克兰政局发生剧变。起因在于 2014 年 2 月以来，乌克兰在西方压力之下，试图加快融入欧盟的脚步，这引起社会动荡和分裂，亲欧亲美势力取代亲俄的亚努科维奇总统而临时上台执政。对于乌克兰国内政局的变化，乌共批评当局无视乌克兰东部人民的诉求，不能掌控局势，给俄罗斯提供可乘之机，丢失克里米亚。乌共领导人多次在最高拉达呼吁，鉴于国内的紧张局势，修改宪法，允许各地区享有就本地区事务举行全民公决的权利，可以考虑实行联邦制以保持国家的统一。但乌克兰当局及其主流党派认为乌共是站在俄罗斯的立场上说话，是乌克兰东部分离主义的幕后策划者，欲将之置于死地而后快。从 2014 年 2 月起，先是查封乌共中央大楼，后放火焚烧大楼；当乌共领导人西蒙年科在最高拉达上发言时，关闭其麦克风，将其推搡出会场；西蒙年科在辩论会上发言后，受到蒙面人的围追堵截；乌共东部某州委书记被打成重伤；最后，2014 年 4 月 9 日，乌克兰最高拉达通过《关于乌克兰谴责共产主义和国家社会主义纳粹等极权主义并禁止宣传其标识的法案》，乌政府责成有关部门向法院起诉乌共，乌共被判禁止活动。乌克兰执政的右翼不断打压乌克兰共产党，导致乌克兰共产党党员数量由 10 万人锐减到当前的 5 万人。尽管乌克兰官方不断设置障碍，但是西蒙年科领导乌克兰共产党继续进行捍卫社会主义价值观的斗争。乌克兰共产党网站依然正常运行，西蒙年科也在 2020 年 1 月 27 日前往欧洲委员会议会大会欧洲左翼党小组分会上介绍乌克兰的近况，在国际上谋求支持。①

中亚地区有三个共产党在本国、本地区事务中有较大影响：哈萨克斯坦共产主义人民党、吉尔吉斯斯坦共产党人党和塔吉克斯坦共产党。这三

---

① http：//www.kpu.ua/ru/95061/vystuplenye_ petra_ symonenko_ na_ zasedanyy_ gruppy_ obedynennyh_ evropejskyh_ levyh_ v_ pase_ strasburg_ 27_ janvarja_ 2020_ goda.

个共产党成员人数较多，但在原苏联地区和国际事务中影响力有限，具有地区性特征。在中亚地区，哈萨克斯坦共产主义人民党影响较大，现有党员约 10 万人，党中央书记为阿赫梅特别科夫。该党自称为建设性反对派，党员主要为工人、学生、知识分子、退休人员、企业家等。党内既有拥有丰富工作经验的曾在苏联共产党内工作过的老党员，也有充满活力的年轻党员，但由于受执政党——祖国之光的压制，所以影响力受到限制。吉尔吉斯斯坦共产党人党在 2010 年 4 月之前在地方和国家议会里都有党团，后因国家政局发生变化，数千反对派上街，政局无法控制，总统巴基耶夫（Kurmanbek Bakiyev）无奈出走莫斯科，吉尔吉斯斯坦共产党人党此后的处境也开始极其艰难，时至今日，也未有改观。塔吉克斯坦共产党影响力也呈现出不断下滑趋势。在 1995 年议会选举中，获议会 183 个议席中的 60 个议席，系议会多数派。在 2000 年议会选举中，获议会 63 个议席中的 13 席，2005 年获议会 63 个议席中的 4 席，2000 年和 2005 年在议会为第二大政党。在 2010 年的议会选举中，获得 63 个议席中的 2 个议席，在议会排名第三，在 2015 年的议会选举中，获得 63 个议席中的 2 个议席，在议会排名第五，现任领导人为阿卜杜洛伊。

除上述相对比较有影响的共产党之外，原苏联地区的其他共产党无论在国内事务中，还是在国际事务中，影响力都极为有限。在高加索地区，苏联时期有三个加盟共和国——阿塞拜疆、亚美尼亚和格鲁吉亚。阿塞拜疆共产党和亚美尼亚共产党是当局的建设性反对派，格鲁吉亚统一共产党是当局的不妥协的反对派。在高加索地区还有南奥塞梯共产党，是南奥塞梯共和国的议会党，南奥塞梯共产党全面支持俄罗斯联邦对该地区的政策，支持南奥塞梯共和国总统的对内、对外政策，支持把南奥塞梯从格鲁吉亚分离出来。阿布哈兹共产党的情况与南奥塞梯相类似，是议会党，支持当局政策，谋求从格鲁吉亚独立出来。

在原苏联地区，各国独立后，各国共产党的境遇也呈现冰火两重天的状态。比如，尽管摩尔多瓦共和国共产党人党现在也变成了反对派，影响力大不如前，退党浪潮风起云涌。但是，历史上，摩尔多瓦共和国共产党人党曾通过议会选举上台执政八年（2001—2009 年）；而在波罗的海沿岸三国，自独立之初，就开始严厉地打压社会主义、共产主义意识形态，打压共产党，迄今未有改变。波罗的海沿岸三国的当局逮捕、迫害知名的共产党领导人，致使该地区很多知名共产党人流亡莫斯科。但是，即便处境艰难，仍有信念坚定者为社会主义事业奋斗。这种情况也造就了波罗的海沿岸三国共产主义运动的情况比较特殊。在该地区有共产党组织存在，但是人数少，影响有限，处于半地下状态。外界喜欢把三国看成是一个整体，其实三国情况各不相同。波罗的海沿岸有三个国家：爱沙尼亚、拉脱维亚和立陶宛。在苏联解体的过程中，1990年3月11日立陶宛率先宣布独立，爱沙尼亚和拉脱维亚也相继于1991年8月20日和8月21日宣布独立。与苏联解体后新成立的所有主权国家一样，波罗的海三国在独立之初就首先取缔了共产党并没收共产党的财产。但是，这三国与其他原苏联加盟共和国不同，大多数独立后的原苏联加盟共和国，在成功地由一党制政体转变成欧洲主流的多党制议会选举制后，在共产党人的积极争取下，相继在20世纪90年代中期先后废除了禁止共产党活动的相关法令，但是，波罗的海沿岸三国对共产主义、社会主义意识形态的禁令一直没有解除。尽管如此，波罗的海沿岸三国共产主义运动并没有销声匿迹，信念坚定的共产党人通过各种斗争形式，为争取社会主义、共产主义的实现而奋斗。目前，三国的共产主义政党主要有五个：爱沙尼亚共产党、拉脱维亚社会主义党、拉脱维亚共产党人联盟、立陶宛共产党和立陶宛社会主义人民阵线。受诸多因素影响，独立后三国政府一直对共产主义运动采取高压政策。在拉脱维亚，法律明文规定禁止宣传共产主义思想，并禁止共产党活动，原共产党党员不能被提名为国家议会和地方政府的候选人。在立陶宛，公开左倾的"每一个勇敢的人"都会被当局登记，他们在工作中会受到惩罚，他们的亲人会遭到威胁和恐吓。因此，在议会选举中，老牌民族主义者轻易就能把左翼政党或左翼团体击败。在爱沙尼亚，自苏联解体至今尚未有一个共产主义政党公开活动。三国大多数共产主义政党都处在秘密活动状态，仅有拉脱维亚社会主义党和立陶宛社会主义人民阵线积极参与本国的政治和社会生活。三国共产主义政党还面临一个共同问题——党员人数少，有的政党成员仅有五六百人；成员老龄化严重。因此，扩大社会主义思想在三国的影响及提高三国社会对社会主义思想的认同，壮大党组织，并吸引年轻人入党，解决党的老龄化问题，是三国共产主义政党普遍面临的亟待解决的问题。尽管面临诸多困难，但各社会主义政党坚持不懈探索，在坚持中谋求突破，在逆境中着眼发展。比如，拉脱维亚社会主义党自成立起，就积极参加拉脱维亚议会选举，是目前波罗的海沿岸三国共产主义政党中唯一的议会党。而且，该党非常讲究参加议会选举的策略。面对不利的国内外环境，拉脱维亚社会主义党通过与其他政党、组织组建选举同盟，争取尽可能多的议会席位。1999—2003 年组建"在统一的拉脱维亚争取人权"政治组织联盟，参加议会选举。从 2005 年起，参加"和谐中心"政治组织（政党）联盟，争取尽可能多的议会席位。由于策略得当，拉脱维亚社会主义党参加历次议会选举都取得了可喜的成果，近年来影响逐渐扩大。"和谐中心"政治组织（政党）联盟是里加和拉脱维亚议会的第二大党团，联盟领导人尼尔·瓦列里耶维奇·乌沙科夫 2009 年被选为里加市市长。拉脱维亚社会主义党领导人卢比科斯是欧洲议会议员。立陶宛和爱沙尼亚情况复杂。立陶宛通过宪法禁止共产党活动。立陶宛共产党与国外共产党保持联系，但在其本国国内生存艰难，没有影响力。立陶宛左翼政党组建的立陶宛社会主义人民阵线目前在立陶宛比较活跃，但因其成立时间较短，发展态势还有待跟踪观察。爱沙尼亚共产党在特殊条件下开展工作，处于地下活动状态。

整体上看，原苏联地区的共产党普遍呈现出如下的几个特点。

一是皆呈不断萎缩态势。该态势在该地区的所有政党 20 余年的发展进程中都可以观察到，主要表现在党员人数不断减少，成员老龄化现象严重，不能吸引青年人加入。比如，格鲁吉亚统一共产党，在格鲁吉亚"玫瑰革命"前夕，成员数一度达到 8 万人，"玫瑰革命"后，格鲁吉亚统一共产党成员数一路下滑，当前仅有成员 3000 人，且活跃成员仅 1500 人，另 1500 名成员尽管没有退党，但是处于"休眠"状态[①]。在其他各个政党，也可以观察到，尤其是 2015 年以来，整体情况更加不容乐观，党员人数不断缩减。

二是呈不断分裂态势。在多个国家发生一个共产党裂变为多个共产党的情况。探其主要原因，应在于基本理论问题分歧大，创新能力弱，难以达成共识，导致党内派别林立，党内派别发展到最后，就是分裂党。党的分裂反射到国际社会主义运动、左翼运动层面，就是国际社会主义运动、左翼运动的分裂。关键性理论问题在于，苏联解体、东欧剧变之后，国际形势发生巨变，人类发展面临百年未有之大变局，什么是百年未有之大变局？如何把握百年未有之大变局？百年未有之大变局对各国共产党产生了

---

① 格鲁吉亚统一共产党中央主席皮皮亚·捷穆尔曾于 2018 年 11 月 2—3 日前来北京参加"第九届世界社会主义论坛"，曾围绕格鲁吉亚统一共产党的相关问题做主题报告。

怎样的影响？百年未有之大变局下，资本主义制度和社会主义制度是什么关系？其关系的实质是什么？共产党如何在百年未有之大变局下发展？在百年未有之大变局中各国共产党应该如何作为？等等，将马克思主义基本原理同当前现实结合起来的理论创新力，在原苏联地区各国的共产党身上都极为欠缺，既表现为理论创新能力欠缺，也表现为缺少能够宏观地把握历史发展脉搏的优秀理论家，理论落后于实践，落后于时代。

三是该地区共产党所处国内政治环境不断恶化。伴随着北约东扩的不断推进，原苏联地区各国右翼力量不断抬头，同时，西方斥巨资在该地区推动颜色革命、培植反对派力量，导致很多国家政权在"颜色革命"中变更，新上台的亲西方派，甫一掌握权力，首先就是打压共产党，禁止共产主义意识形态，在意识形态取向上，向西方看齐，大搞历史虚无主义，违背历史常识，置国家历史事实于不顾，将共产主义和法西斯主义相提并论。这种状况，在格鲁吉亚"玫瑰革命"之后，吉尔吉斯斯坦的"郁金香革命"之后，2014年乌克兰"尊严革命"之后，都有明显表现。此外，摩尔多瓦共和国共产党人党也因国内骚乱下台。可见"颜色革命"在原苏联地区"屡次发生，不是简单和普通的政治事变。从20世纪80年代开始的苏联、东欧历史性剧变的轨迹来看，这依然是这场苏联、东欧剧变的延续和整个链条中的关键环节，是苏联、东欧政变大地震后的余震"①。

四是缺少培育社会主义和共产主义价值观的思想"土壤"。苏联解体前后，十月革命时期培育起来的社会主义价值观遭到解构。"亲西方、仇俄集团占领了苏联所有的主流大众媒体，并打着'公开性'的旗号，大肆加工社会舆论，在加速苏联乃至国际社会主义阵营解体的过程中，发挥了远非次要的作用。把俄罗斯人民和国家塑造成为一个虚拟的'敌人形象'，导致社会主义阵营的毁灭和苏联解体。"② 待到苏联解体之后，国内外反共势力更是沆瀣一气，"利用最新的电信技术和影响群众的精巧方法，展开有目的地改变社会舆论的特别行动，发挥的作用之大，不亚于军事威胁或经济讹诈"③。用久加诺夫的话来说："只要回顾一下1993年时的情景就足

---

① http://www.wyzxwk.com/Article/guoji/2013/10/307961.html.
② Зюганов, Геннадий Андреевич. Россия под прицелом глобализма. Москва: Эксмо, 2018. С. 95.
③ Зюганов, Геннадий Андреевич. Россия под прицелом глобализма. Москва: Эксмо, 2018. С. 95.

够了：当时对苏维埃大厦被炮击的现场直播和屏幕上的民主安息日，确实以反苏、仇俄的歇斯底里'感染'了整个国家。历史在1996年重演：总统大选期间的反共产主义的歇斯底里，以及针对国民的'即将镇压'的恫吓，达到了前所未有的尖锐程度。这些行动的目的是显而易见的：镇压人民的抵抗意志，维护政权，摧毁国家传统的文化和精神价值观。"[1]

尽管原苏联地区15国的30多个共产党的发展受到内部的、外部的、主观的、客观的、历史的、现实的等诸多因素的影响和限制，但是，这些国家的共产党也有自身的优势：

一是政党的组织结构完整。这些国家的共产党基本上都沿袭了苏联共产党的组织结构，苏联共产党经过74年的建设，建立了十分科学、严整的政党组织结构，因此，该地区的共产党，从代表大会、党代表会议、中央委员会、中央委员会主席团、书记处、中央监察委员会及基层党组织，设置都十分完善；

二是拥有深厚的马克思主义理论沉淀和积累。苏联曾历经74年的社会主义建设，在整个建设过程中，一直十分重视对马克思主义理论的宣传和研究，既从学术上对马克思主义进行理论积累，又不断地在实践中进行检验，不断地丰富和发展马克思主义，因此，这些党通过继承苏联共产党的理论遗产，都有了深厚的马克思主义理论积淀；

三是不断谋求丰富和发展马克思主义。各个共产党都积极顺应时代要求，根据国内国际局势的变化，随时调整党的政策、主张和实践活动，这是该地区的共产党迫于生存压力，积极面对挑战的一种方式。苏联解体以来，该地区的共产党一直试图在理论上进行突破，"新社会主义""革新社会主义""21世纪的社会主义"思想是其进行理论创新的新尝试，亟待国内学界进行相关的跟踪研究。

## 二　原东欧地区的共产党

在原东欧地区，情况跟原苏联地区又有所不同。在这里，既有坚持传统名称的共产党，也有由共产党易名而来的社会民主主义政党或者民主社会主义政党。不过，西方对这些国家由共产党易名而来的社会民主主义政党或者

---

[1] Зюганов, Геннадий Андреевич. Россия под прицелом глобализма. Москва: Эксмо, 2018. С. 96.

民主社会主义政党并不认同，认为它们不过是改了名字，其实质还是原来的共产主义类型的政党。因此，在这部分，我们既关注中东欧的共产党，也关注中东欧地区的社会民主主义类型的政党。此外，需要说明的是，苏联解体、东欧剧变后，国际政治中"东欧"的提法也发生了变化，对这一地区新的称谓是"中东欧16国"，即在原东欧社会主义国家的领土上新出现了13个独立的主权国家：保加利亚、匈牙利、波兰、罗马尼亚、斯洛伐克、捷克、阿尔巴尼亚、波斯维亚和黑塞哥维亚、马其顿、塞尔维亚、斯洛文尼亚、克罗地亚、黑山，再加上因苏联解体而独立出来的波罗的海沿岸3国——立陶宛、爱沙尼亚、拉脱维亚，总计16个国家，它们就是当今国际社会的中东欧地区16国。因波罗的海沿岸三国，其前身曾是苏联的社会主义苏维埃加盟共和国，这三国共产党的状况，我们在原苏联地区的共产党章节中对其中一部分进行了介绍，因此，在两个部分都会有涉及。

(一) 深陷谷底：苏联解体、东欧剧变前后的原东欧地区国家共产党

苏联解体、东欧剧变前夕，原苏东地区出现了"向西转"的强烈愿望。这一时期，这些国家向新的"后雅尔塔"和"后社会主义"阶段过渡的国际政治、经济条件都十分有利。转轨地区与美国和老"欧盟"联系在一起，意味着变成世界的政治经济中心。加入北大西洋公约组织也毋庸置疑，北大西洋公约组织可是由经济发达、拥有大量现代化武装力量的国家组成的主要国际军事政治组织。① 我们暂且放下外因，从内因角度分析，正是在"加入西方，变成西方那样的国家"的考量下，原苏联东欧地区爆发了苏联解体、东欧剧变这样的"20世纪最大的地缘政治灾难"，社会主义在短短两三年的时间里，像"多米诺骨牌"一样，被一个又一个国家抛弃。波兰著名的持不同政见者、"团结工会"领导人之一 A. 米赫尼克 (A. Михник) 将 1989 年称为"神奇的一年"。在评价 20 年后中东欧国家的后社会主义历史时，他写道："……实际上，游戏结束了，莫斯科'输牌了'……我记得自己同著名美国政治家的谈话。他们不能理解，发生了什么，无法想象，共产主义的威权统治破裂了，对苏联发生的进程提出了不正确的预见，完全不能想象——顺便说一下，像波兰人一样，——苏联也会有瓦解的时候。莫斯科的改变是决定性的因素，改革解放了新生力

---

① Науч. Рук. В. Г. Барановский. *Мир 2020*: *Российская и Центрально-восточноевропейская Перспектива*. М. : ИМЭМО РАН. 2010. С. 44.

量。俄罗斯发生的历史事件具有重大的意义，不仅执政精英未能预见，连中东欧的反对派力量也无法预见。"①

在这种背景下，原苏东地区的社会主义运动经历了其发展历史上真正的"寒冬"。在该地区，"社会主义""共产主义"一夜之间变成了"洪水猛兽"，整个社会政治思潮大规模"向右转"，共产党的活动被禁止，党的资产遭到查封和没收，共产党人从引领社会发展的精英阶层变成了大家唯恐避之不及的"恶"的化身。在这种情况下，在该地区执政的共产党纷纷下台，普通党员纷纷退党，大部分党的精英加入了新兴的右翼党派或者组建新的包容资产阶级价值观的社会民主党，一小部分信仰坚定的共产党人被迫处于地下秘密活动状态。

但是，这种情况持续的时间并不长，也就是五六年的时间。此后，中东欧转轨国家的社会主义运动就出现了复苏的迹象。其主要原因在于以下四点。

首先，右翼力量执政后，无力兑现承诺，反让国家深陷经济泥淖。右翼的新自由主义上台执政以后，并未能马上引领转轨国家走向"幸福的康庄大道"，反倒使该地区深陷经济危机，经济发展停滞，民众生活水平持续下降，失业率大幅攀升，贫富两极分化不断加剧。苏联解体、东欧剧变之初，新上台的右翼势力纷纷允诺，通过其所执行的类似于西方的新自由主义政策会将各个转轨国家引向西方式的"幸福的康庄大道"，转轨国家的民众将享受到西方的富裕、自由、福利和平等，然而，这个"美丽的允诺"就像飘浮在空中的气泡，很快就消失得无影无踪。中东欧国家的经济，从苏联解体、东欧剧变时期开始，一直在不断地下滑，直到 2000 年前后，国民生产总值才相继恢复到改革前夕的水平。此后，平均每年 4.5% 的经济增长率也仅仅维持到 2008 年资本主义经济危机爆发的前夕，经济危机爆发以后，中东欧国家经济再一次陷入下滑和波动。②

其次，回归理性的人们对苏联解体、东欧剧变进行反思。随着时间的流逝，社会开始理性地反思苏联解体、东欧剧变的历史。精英和民众都不再被一时的热情冲昏头脑，开始理性地对待制度选择，开始反思苏联解

---

① A. Михник. *Annvs Mirabilis. Росссия в Глобальной Политике*，№5. Сентябрь-Октябрь，2009.

② Под редакцией Г. Н. Цаголова，*Новое Интегральное Общество：Общетеоретические Аспекты и Мировая Практика*，С. П. Глинкина，Н. В. Куликова，*Страны Центрально-Восточной Европы：Сбывшиеся Надежды и Утаченные Иллюзии*，URSS，2016，C. 238.

体、东欧剧变的利弊得失。

再次，立场坚定的共产党人为社会主义理想和信念而进行不懈奋斗。立场坚定的共产党人坚持不懈地为理想和信念进行奋斗，不断地为共产党争取生存空间，与此同时，他们还致力于将马克思主义与当代的时代特征相结合，对社会主义进行理论创新和理论突破，让社会主义带有鲜明的21世纪的特征。

最后，中国化马克思主义的榜样作用。中国一直秉承将马克思主义与本国国情相结合，通过不断地探索，总结出独具特色的中国化马克思主义发展道路——中国特色社会主义。中国化马克思主义发展道路，不仅在苏联解体、东欧剧变中，破解了社会主义国家坍塌的"多米诺骨牌"迷咒，而且在进入21世纪以来，引领中国取得了巨大的发展成就，成为世界第二大经济体，向世人展示了发展中国家欲谋求发展，只有依靠社会主义制度，才能够真正突破层层封锁，实现国家和民族的复兴。中国共产党领导广大中国人民，通过不断地改革，富民强国，向世界展示共产党领导的社会主义国家"立党为公""执政为民"的制度优越性。中国在共产党的引领下，通过改革开放，经济科技实力迅速增长，成功实现和平崛起，在国际舞台上发挥的作用越来越大，现在中国已被举世公认为可以为世界和平发展作出重大贡献的社会主义强国。与此同时，作为世界上的第二大经济体，作为世界舞台上的一个大国，中国高举马克思主义和社会主义旗帜，展现出了一个负责任大国的姿态。比如中国提出的"一带一路"倡议，用中国国家主席习近平的话来讲，就是"'一带一路'倡议不是地缘政治工具，而是务实合作平台；不是对外援助计划，而是共商共建共享的联合发展倡议"。再比如，中国提出构建"人类命运共同体"，地球就好比一艘大船，190多个国家就是这艘大船的一个个船舱。世界各国只有相互尊重、平等相待，合作共赢、共同发展，实现共同、综合、合作、可持续的安全，坚持不同文明兼容并蓄、交流互鉴，承载着全人类共同命运的"地球号"才能乘风破浪，平稳前行。① 这表明，中国在自身发展起来的同时，希望引领和带动"一带一路"沿线的国家、与地球上所有国家一起谋求共同发展、共同致富，希望为世界开创更美好的未来。事实胜于雄辩，中国

---

① https://baike.baidu.com/reference/1096715/35e4RrhagKnBpcoroqgVgvy7kCoccj9TwgtJbBSPWF-yEBdpD6o_ Yfgxd89QdA2p1nEO2YQBsYdpAeOo7xLqnTTPQF9g6g9pN8mljMxjov6cf8KJyIjGRpv5xos.

用其在国际舞台上的一系列实际行动,展示了其作为一个大国的包容和担当,中国特色社会主义的昭示作用毋庸讳言。因此,世界绝大多数国家的共产党,乃至于一些资产阶级类型的政党都表示要学习中国共产党,为建设国家而努力奋斗。

在这种背景下,中东欧转轨国家的社会主义运动开始逐步地走出低谷,出现缓慢地复兴迹象。重建、改建或新建的共产党开始在该地区不断地出现,一个国家至少有一个共产党开始公开、半公开或者秘密活动,有些国家甚至出现了两个以上、甚至多个共产党。

(二) 机遇难现:世界经济危机之后的原东欧国家共产党

2008年资本主义金融危机的爆发,原本应是为共产党提供了前所未有的机遇。根据历史经验,资本主义世界爆发经济危机,右翼路线受挫,是左翼崛起的良好时机。但是,在此次资本主义经济危机中,极右翼民粹主义崛起,宣扬"美国优先"的特朗普荣登美国总统宝座,英国脱欧,"英国公投脱欧和特朗普当选美国总统两大事件,标志着西方于2016正式进入右翼民粹主义的政治元年"。"一般来说,在传统的西方政治中,左翼和中左翼通常是中产阶级和中下层劳动人民的代表,而右翼和中右翼通常是资本和权势的代表。而现在我们看到,今天的西方右翼民粹潮流中第一个景观表现突出,西方中右翼甚至极右翼政党成了传统中产阶级和底层人民的代言人。"[①] 而且右翼民粹主义不断扩大影响,在欧盟多个国家的选举中,希望延续欧盟的传统派都与民粹主义派别进行了激烈的角逐,直到法国"国民阵线"的灵魂人物、宣称"法国优先"的玛丽娜·勒庞在法国大选中败给金融精英的代表人物马克龙,民粹主义得以在欧洲被阻击成功,整个欧盟才算长舒一口气。然而,整个欧美思潮的走向与1929—1933年资本主义世界经济大危机之后的国际形势惊人的相似。在20世纪30年代的危机之后,各国争相采取以邻为壑的保护政策,结果导致经济交往阻断,危机进一步加深,当时的美国也通过了贸易保护法案。"二战"后,正是汲取了20世纪30年代经济危机的教训,构建开放的市场成为美欧国家积极推进的目标,并日益形成当今世界的全球化潮流。特朗普当选美国总统和英国"脱欧",以及两国推行的政策都表明,当今世界出现了一股"去全球化"的潮流。

---

① http://www.aisixiang.com/data/107580.html.

由于民粹主义夺取了原东欧国家共产党的传统支持者，社会主义思想和共产主义思想的载体陷入危机。因此，与民粹主义相比，中东欧 16 国共产党在资本主义经济危机的大背景下，表现一般，只能是尽力守住传统影响范围，但却面临不断收窄的困境。该时期，在中东欧 16 个国家中，每个国家都至少有一个共产党组织存在，一些共产党能够参与本国的议会和总统选举，并获得一定的支持率，开始逐渐地在本国的政治舞台上发挥一些作用。相较于苏联解体、东欧剧变以来中东欧地区共产党的际遇，可以说，共产党在该地区依然延续艰难发展的处境。

现今，根据可以查到的资料统计，中东欧 16 国总计有 23 个共产党。它们分别是保加利亚共产党、保加利亚共产党人党、匈牙利工人党、波兰共产党、罗马尼亚社会主义党、罗马尼亚共产党、斯洛伐克共产党、捷克和摩拉维亚共产党、阿尔巴尼亚共产党、波斯尼亚和黑塞哥维亚工人共产党、马其顿共产党、塞尔维亚新南斯拉夫共产党、塞尔维亚共产党人党、斯洛文尼亚的"争取民主社会主义倡议"、斯洛文尼亚的"劳动民主党"、斯洛文尼亚的"生态社会主义和斯洛文尼亚稳定发展党"、克罗地亚社会党、黑山社会主义者民主党、黑山社会主义人民党、爱沙尼亚共产党（因爱沙尼亚当局禁共，处于地下活动状态）、拉脱维亚社会主义党、拉脱维亚共产党人联盟（秘密活动）、立陶宛共产党（秘密活动）。

通过梳理中东欧 16 个国家共产党的状况，我们可以发现，从苏联解体、东欧剧变开始，时至今日，中东欧 16 国出现了 23 个共产党。根据这一状况，我们可以得到如下两个方面的信息：一方面是，每一个中东欧国家都有至少一个共产党组织存在；另一方面，有的国家出现了两个或者两个以上的共产党，这是苏联解体、东欧剧变，中东欧各国获得独立，纷纷采用西方的多党制议会政体后，允许多党制的最直接后果，同时，也是这些共产党在新的态势下，对历史、现实、社会主义的本质、社会主义的未来发展存在不同的认识和解读，又无法达成共识而导致左翼力量分裂的现实。

中东欧国家的这 23 个共产党，尽管都在中东欧地区，但是各个党的境况大相迥异。在中东欧地区 23 个共产党中，可以根据其在本国的政治地位和政治境况划分为执政党、参政党、在野党和地下党等几个大的类别。在中东欧国家，有一个共产党在本国担任执政党，它是黑山社会主义者民主党。在黑山独立后，黑山社会主义者民主党绝大多数时间都是黑山的执政党。参政、议政党主要出现在两个国家,即捷克和斯洛文尼亚。捷克的捷克和摩拉维亚共产党和斯洛文尼亚三个社会主义政党联合而成的斯洛文尼亚左翼联盟是其本国的参政党,在本国议会中具有相应的席位,能够对国内政策、立法等产生一定的影响。其他13个国家的18个共产党,或者曾参加本国议会选举,但得票率极低,无法在政治舞台上发挥大的作用;或者影响力极小;又或者由于其本国的右翼执政势力比较强势,对共产党和共产主义意识形态持续地执行打击和压制的政策,使共产党无法正常地参加本国的政治活动。在这些国家中,有4个国家,即波罗的海沿岸的三个国家——立陶宛、拉脱维亚、爱沙尼亚和波兰对共产党和共产主义意识形态一直高压打压,这几个国家的共产党都处于地下秘密活动状态,共产党的领导人大多流亡在俄罗斯。

从中东欧整体的状况观察,该地区的共产党力量相对还比较薄弱。与其他政党相比,人数少,国内外政治影响力较弱。尽管如此,也可以发现,自2008年西方发达国家深陷资本主义周期性经济危机以来,新自由主义思潮的影响力日渐衰落,新的思潮暗流涌动,共产主义、社会主义思潮的影响力有一定程度的缓慢提升。社会上对共产党、社会主义和共产主义认同的人也逐渐地多起来。这也是最近斯洛文尼亚左翼联盟可以通过议会选举进入议会,2010年罗马尼亚社会主义党申请改名为共产党①,铁托之孙约瑟普·约什卡·布罗兹组建塞尔维亚新南斯拉夫共产党的时代大背景。

但是,当前中东欧国家共产党要想获得更好的发展,面临着一系列困境和难题。制约中东欧国家共产党发展的困境和难题主要有以下几个因素。

从内部因素来看,在东欧剧变时期,执政共产党遭受重大打击,尽管在剧变之后,中东欧各国纷纷重建、恢复、新建了共产党,但是,组织小、人数少、成员老龄化现象等问题短期难以克服。

从外部因素来看,从20世纪七八十年代到东欧剧变、苏联解体前夕,资本主义借助于新自由主义政策,经济发展迅猛,让很多共产党执政的前社会主义国家精英丧失了前瞻性的历史眼光,开历史的倒车,纷纷欲改行

---

① 2010年罗马尼亚社会主义党申请更改党的名称为罗马尼亚共产党,但因罗马尼亚法院不予批准,未能成功。

西方资本主义制度，这在导致东欧剧变的同时，也使得共产主义意识形态在这些国家遭打压、被排斥或者通过立法禁止，由此导致的后果就是共产党难以正常开展活动，国内的右倾大氛围也制约着民众，尤其是青年人加入共产党，遏制了共产党的发展和壮大。

从主观因素来看，在东欧剧变、苏联解体前夕，整个社会主义阵营不重视马克思主义基本理论学习，党的思想僵化保守，不能接受理论上的创新，更不容许在社会主义建设过程中践行新的建设思路和方法，导致理论落后于实践，理论不能随着时代的发展与时俱进，最终导致共产党领导的社会主义建设事业遭受重创。

从客观因素来看，通过社会主义制度建设实现共产主义理想，在人类历史上，始于1917年十月革命后的苏联。社会主义制度建设着眼于最广大人民群众的利益，与此前人类历史上的奴隶制度、封建制度、资本主义制度有天壤之别，第一次将大多数人的利益纳入了国家制度的视野，国家不再是统治阶级的机器，国家成为最大多数民众利益的捍卫者和保护者。但是，人类历史上新制度的建设，是开天辟地的第一次，没有经验可以借鉴，需在摸索中前行，因此，可能会出现失误，出现暂时性的失利和退却。

从历史因素来看，在社会主义制度建设过程中，囿于诸多因素的影响，走了很多弯路，如阶级斗争扩大化，将计划经济和市场经济当作是社会主义和资本主义的本质属性等错误认识，伤害了一部分民众的感情，使其对社会主义制度产生了错误认识，常常不能理性地、客观地对待社会主义，而是将社会主义与具体国家社会主义建设过程中的错误和失误画等号，这些都是当前共产党必然要直面的历史包袱，想要重新获得民众的理解和认同，必须要以实际行动证明，共产党的宗旨是"立党为公、执政为民"。

从现实因素看，苏联解体、东欧剧变以来，国际共产主义运动一直处于低潮，始于20世纪90年代初期的共产党、社会主义和共产主义思想受压制和排挤的社会现实依然严峻，社会对共产党、社会主义和共产主义思想的误解和质疑在现实中依然不容回避，这些都成为制约共产党拓展党员队伍、提升影响力的干扰性因素。

综合来看，中东欧国家共产党和社会主义运动的复兴还受到多重因素的制约，短时间内难以有不俗表现，中东欧国家共产党若想恢复影响力，需立足于创新马克思主义理论，并在获得政权后，切实落实社会主义"为民谋利"的本质内涵。

与此同时，我们也应该看到，中东欧国家共产党具备一些其他政党所不具备的优势。

第一，中东欧国家共产党有先进的马克思主义作为指导思想。马克思主义是关于全世界无产阶级和全人类彻底解放的学说。它是马克思、恩格斯在批判地继承和吸收人类创造的各个学科的优秀成果基础上，于19世纪40年代创立的，并在实践中不断地丰富、发展和完善的无产阶级的科学思想体系。正因如此，1917年列宁依靠马克思主义，引领俄国被压迫阶级，突破资本主义的"卡夫丁峡谷"，创立了人类历史上第一个社会主义国家，并在第二次世界大战之后，引领一众国家摆脱了殖民地半殖民地状态，将社会主义由一国扩展到多国。尽管在社会主义国家建设、发展的历史进程中，一些国家出现了对马克思主义和科学社会主义的误读，致使社会主义建设事业遭受了暂时的挫折，但是，并不能据此否认马克思主义的科学性、先进性和进步性。

第二，中东欧国家共产党继承了该地区原执政共产党完整、严密的组织基础和党建经验。中东欧国家共产党是原东欧地区执政党的继承党，他们基本上都沿袭了剧变前原来执政时期共产党的组织结构，原来的执政共产党曾进行过多年的政党建设，建立了十分科学、严整的政党组织结构，因此，该地区的共产党，从代表大会、党代表会议、中央委员会、中央委员会主席团、书记处、中央监察委员会及基层党组织，设置都十分完善，这些政党继承了原执政党完整、严密的组织基础和党建经验。

第三，身处逆境的中东欧国家共产党人是真正的马克思主义者。中东欧国家共产党经历了失去政权的苦痛，今日中东欧共产党的成员，入党无法升官发财，在中东欧反共产主义大环境下，处境艰险，所以，今日中东欧国家共产党成员对共产主义是真信仰，其理想信念是为人类的未来理想社会而奋斗。

由此可见，假以时日，如果中东欧共产党人能够真正地为民众谋利益，或早或晚，必将能够获得中东欧国家民众的认可和尊重，正义的事业是人类社会的必然指向，在邪恶与正义的较量中，正义必胜，正义的"星星之火"必可成燎原之势。但是，还应该关注到中东欧16国共产党发展的大历史背景，中东欧16国的共产党注定要经历艰难的历史考验，要走过漫长的暗黑时刻。2019年9月19日，新当选的欧洲议会通过反共决议，将共产主义与纳粹等同起来，并指责苏联是"二战"的发动者。该法案一出台，即遭到共产党人、左翼和进步人士的谴责和批评。葡萄牙共产党指责该法案是"对现代历史的极大篡改"[①]。

(三) 当前原东欧地区国家共产党的基本状况

在罗马尼亚，"罗马尼亚共产党"这个名称消失了20多年，2010年又重新出现。2010年，原社会主义联盟党召开非常代表大会，在会上做出了更名决定。新罗马尼亚共产党主席罗塔鲁，在1992—1996年间，曾任罗马尼亚议会的众议员。罗塔鲁指出，如果说罗马尼亚共产党在20世纪50年代冒犯了私有财产，则20世纪90年代后的新政权对公共财产的冒犯，有过之而无不及。新罗马尼亚共产党表示，对原罗马尼亚共产党将持扬弃的态度，继承并发扬原罗马尼亚共产党的一切优良传统，主张确保每个家庭居有其屋，保障就业，保障人人享受高质量的公费医疗和免费教育等；鼓励通过劳动平等致富。新成立的罗马尼亚共产党现拥有党员5万余名，该党重新进入政坛主流的可能性很大。罗马尼亚共产党重建的事实说明：正如罗马尼亚国内的一些分析人士所指出的，与其说这是在肯定过去，倒不如说是在否定今天，它表明了人们对转轨以来的国家政治、经济发展的不满和对当今现实的失望，有一些人希望从马克思主义、社会主义思想和理念中寻找摆脱经济发展危机、建设公平正义社会的"密码"。

在斯洛伐克，斯洛伐克共产党于1992年新建，它是斯洛伐克共产党—91和斯洛伐克共产主义联盟合并后的产物。约有成员1.9万人。斯洛伐克共产党主张建立法治型社会主义社会，提出要全面消除失业现象，保障社会有劳动能力人口的充分就业，主张斯洛伐克加入欧盟，但是反对斯洛伐克加入北约。斯洛伐克共产党的现任主席是约瑟夫·赫尔德利奇卡。在斯洛伐克2002年举行的议会大选中，斯洛伐克共产党获得了6%的选票，在斯洛伐克议会获得11个席位。在2006年的斯洛伐克议会大选中，斯洛伐克共产党获得3.88%的选票，未能获得议会中的席位。该党是欧洲左翼党的观察员。

---

① https：//user.guancha.cn/main/content? id =185247&s = fwzxfbbt.

在捷克，捷克和摩拉维亚共产党，由原捷克斯洛伐克共产党位于捷克共和国的党组织发展而来，"是中东欧国家中唯一未改名换姓并保留马克思列宁主义特点的政党"①。在欧洲议会中，捷克和摩拉维亚共产党属于欧洲联合左派—北欧绿色左派。1989年，捷克斯洛伐克共产党党代表大会通过决议，在捷克地区设立单独的共产党。1990年3月31日，捷克和摩拉维亚共产党正式成立。1990年10月13—14日，捷克和摩拉维亚共产党代表大会在捷克的奥洛摩茨举行。大会通过党纲并选举斯沃博达为党主席。1990年11月28日，捷克和摩拉维亚共产党正式在捷克内政部登记。1992年12月12—13日，在克拉德诺，捷克和摩拉维亚共产党举行党代表大会，通过了新的党纲，很多表述与此前于1990年在奥洛摩茨大会上通过的党纲有所不同。1992年，捷克和摩拉维亚共产党发生分裂，分裂后产生的主要政党是"民主左翼党"与"左翼集团"，与此同时，还分裂出其他一些政党。之后，"民主左翼党"与"左翼集团"再次合并，成为民主社会主义党，在政治舞台上，多次与捷克和摩拉维亚共产党进行合作。发生分裂之后，捷克和摩拉维亚共产党于1992年举行全体党员公决，通过决议，保留捷克和摩拉维亚共产党的名称。2002年捷克议会大选，捷克和摩拉维亚共产党获得18.5%的选票，获得41个议席，成为捷克此届议会第三大党。2004年6月，捷克和摩拉维亚共产党在欧洲议会选举中成为第二大党，获得24个席位中的6个议席。2006年捷克大选，该党得票率12.8%，获得26个议席。作为政府的反对派，该党在国内政治舞台上一直抵制其国内主流，2008年，其青年组织——社会主义青年联盟被迫解散。2008年11月，捷克参议院表示捷克和摩拉维亚共产党的纲领与《捷克宪法》抵触，要求捷克最高法院解散该党。38位出席的参议员中有30位同意，表示该党党纲未否认将暴力当做夺取权力的手段，并且采纳《共产党宣言》的主张。捷克和摩拉维亚共产党主席表示会上诉法院。2009年欧洲议会选举，捷克和摩拉维亚共产党获14.18%的得票率，在22席位中获得4个席位。2010年捷克举行大选，该党获得捷克众议院26个议席，参议院2个席位，欧洲议会4个席位。2012年4月，捷克和摩拉维亚共产党成为国内最受民众信任和支持的第二大党派。2017年10月，捷克议会选举，捷克和摩拉维亚共产党获得15个席位，2018年7月与巴比斯领导

---

① https：//www.sohu.com/a/280076115_100116571.

的右翼政党"ANO2011"联合组阁，这是东欧剧变30年，捷克和摩拉维亚共产党首次重返政坛。① 捷克有约70万人支持共产党。② 其进一步的发展变化，还有待跟踪研究。

捷克和摩拉维亚共产党提出的政治纲领如下。

1. 在关系民生和国家安全的经济领域实行公有制经济（银行、交通、电信、能源、采掘业等），发展现代化农业经济；

2. 反对加入北约；

3. 赞同欧洲一体化；

4. 主张在经济、政治、文化中创造性地应用马克思主义理论。创造更多就业机会保障就业、推行更公平的工资政策、采取相应的政策保护弱势群体；

5. 强调生产资料所有制以社会主义为基础，努力构建一个法治、平等、自由的民主社会。

在阿尔巴尼亚，阿尔巴尼亚共产党于1991年成立，希斯尼·米洛希（2012年去世）任党的领导人，该党是在阿尔巴尼亚劳动党更名为社会党以后，一些党员退党后组建的新政党。原阿尔巴尼亚劳动党总书记恩维尔·霍查的遗孀内什米耶·霍查是该党党员。1998年，阿尔巴尼亚共产党在阿尔巴尼亚中央选举委员会正式注册。2002年，该党发生分裂，一部分党员离开该党，重组阿尔巴尼亚劳动党。在2005年议会选举中，阿尔巴尼亚共产党获得了8901张选票，占总选票的0.7%。2006年，包括阿尔巴尼亚劳动党在内的一些共产主义小党重新并入阿尔巴尼亚共产党。再次选举希斯尼·米洛希为该党领导人。在2013年6月的议会选举中，阿共仅获得899张选票，政治影响力急剧下滑。

在马其顿，1990年初，马其顿的原执政党马其顿共产主义者联盟更名为马其顿共产主义者联盟—马其顿民主改革党，该党逐渐地偏离了社会主义、共产主义发展路线，变成了一个社会民主主义流派的政党。1991年4月，在党代表大会上，该党改名为马其顿社会民主联盟。马其顿社会民主联盟对内主张建立民主国家、认同市场经济发展原则，奉行

---

① http://news.sina.com.cn/o/2018-07-13/doc-ihfhfwmu6630903.shtml.

② Науч. рук. В. Г. Барановский. *Мир 2020*: *российская и центрально-восточноевропейская перспектива*. М.：ИМЭМО РАН. 2010. С. 49.

国际和平主义政策，致力于加入欧盟和北约。该党曾长期执政，1998年11月在马其顿议会选举中失利，沦为在野党。主席为布兰科·茨尔文科夫斯基。

1992年，少数不赞同马其顿社会民主联盟立场的党员退党并成立了马其顿共产主义者联盟—争取自由运动。该党参加1998年马其顿议会选举，获得2756张选票，占比0.25%。

在塞尔维亚，现在有两个共产党在活动。一个是新南斯拉夫共产党，另一个是塞尔维亚共产党人党。2009年11月22日，前南斯拉夫总统铁托的孙子约瑟普·约什卡·布罗兹当选为新成立的塞尔维亚新南斯拉夫共产党主席。约什卡·布罗兹是在诺维萨德市召开的塞尔维亚共产党联合大会上当选的。他在当选后表示，新成立的共产党由诺维萨德社会民主联盟、兹雷尼亚宁新共产党以及其他具有共产主义倾向的小党联合而成。他说："我相信，到明年1月底共产党将征集到1万个注册签名。塞尔维亚有60%的选民政治取向不明确，我们的目标群体是其中的10%。"约什卡·布罗兹说，塞尔维亚共产党将是一个现代左翼政党，致力于欧洲一体化和塞尔维亚的私有化。

在黑山，有两个共产主义类型的政党。一个是黑山社会主义者民主党。另一个是由黑山社会主义者民主党分裂出来的黑山社会主义人民党。黑山共产主义者联盟1991年6月改名为黑山社会主义者民主党。黑山共产主义者联盟1990年在黑山多党选举中获胜执政，并与塞尔维亚社会党在南联盟联合执政。1998年3月，该党发生分裂。原来的党主席、黑山总统布拉托维奇为首的一派成立了"黑山社会主义人民党"。同年5月，黑山共和国举行议会选举，黑山社会主义者民主党与其他几个政党结盟参选，获得议会多数赞成继续作为执政党。主席为米洛·久卡诺维奇。2006年9月，黑山举行议会选举，由社会主义者民主党和社会民主党组成的竞选联盟再次获胜。

在匈牙利，1989年2月匈牙利社会主义工人党决定在匈牙利实行多党制，并提出要建立"民主社会主义的新模式"。同年5月，卡达尔被免去党主席和中央委员的职务。6月，涅尔什当选为党中央主席，并增设由涅尔什、格罗斯、内梅特和波日高伊4人组成的党中央主席团。1989年10月，匈牙利社会主义工人党召开第十四次（非常）代表大会。会上以多数票通过决议，将匈牙利社会主义工人党改建为匈牙利社会党。社会党的党纲、党章表明自己与过去的匈牙利社会主义工人党"彻底决裂",不再是以马克思列宁主义为指导思想、以共产主义为奋斗目标的工人阶级先锋队组织了。但是,还有一批党员反对改变社工党的名称和性质,造成了党的分裂局面。1989年12月17—18日,匈牙利社会主义工人党的一部分党员,以党的前总书记格罗斯,前政治局委员、中央书记拜赖茨等人为核心,重新召开匈牙利社会主义工人党十四大,来自全国各地的近800名代表出席。格罗斯在会上发表讲话,强调匈牙利社会主义工人党没有解散,它依然存在并在进行活动。大会通过的政治声明说,社会主义工人党是为工人和其他劳动者服务的党,它将"创造性地运用马克思主义和列宁主义的理论""坚持走社会主义道路"。大会选举前党的总书记格罗斯的外交顾问蒂尔默·久洛为党主席。重新组织起来的匈牙利社会主义工人党有党员6.5万人(分裂前的匈牙利社会主义工人党有72万党员)。1990年3月匈牙利社会主义工人党参加了匈牙利国民议会选举,未获得4%的选票门槛,按选举法规定不能进入国会。同年9月,经过地方议会选举,匈牙利社会主义工人党共有近70名党员进入各级地方政权机关,其中5名当选乡长或镇长。1991年4月,匈牙利社会主义工人党主管国内问题的中央书记乌德沃尔海伊·拉斯洛宣布退党。随后同从社会主义工人党中分离出来的一些人一起,成立了一个名为"左派联合运动"的组织。社工党机关报是《自由报》。1993年,该党更名为匈牙利工人党,党内实力派仍然坚持原党名匈牙利社会主义工人党。2005年11月12日,该党更名为匈牙利共产主义工人党,党内部分成员脱离并组建匈牙利工人党(2006),领导人为亚诺什。该党反对匈牙利加入北约,同时于1996年,该党在全国范围内发起反对加入北约的签名活动,但是无法阻止匈牙利加入北约。该党先后反对匈牙利军队参与北约军事行动以及北约配合美国入侵伊拉克的战争。其他对外政策包括支持和平与公正地解决中东冲突,支持一个进步的阿拉伯世界;主张匈牙利政府积极同他国建立良好的国家关系;支持匈牙利加入欧盟。2005年,由于与匈牙利工人党分裂,该党将名字改为匈牙利共产主义工人党。2006年4月9日,该党在匈牙利国会选举中,获得了0.41%选票。2009年5月1日,该党退出欧洲左翼党。2013年5月14日,该党再将名字改为匈牙利工人党。由于匈牙利政府于2013年1月开始禁止公开使用20世纪极权政府的名字,匈牙利工人党为了公开地与资本主义抗衡,决定更改名字。当前,匈牙利工人党是匈牙利为了劳动人民利益而进行斗争的共产主义类型非议会政党。① 可以说，在东欧剧变后，匈牙利共产党成功地转型为了一个"草根政党"②。2018年12月8日，匈牙利工人党召开了第二十七次代表大会，对当前的形势进行了分析，对未来党的任务进行了展望。蒂尔默·久洛再次当选为党主席，任期4年。③

波兰④，在1989年以前的社会主义国家时期，实行的是民主的多党合作制。波兰统一工人党作为执政党，在波兰议会中占55%议席。除此之外还有其他党派：首先是联合农民党（ZSL），占30%议席，因为波兰人口中农民人口占很大比例；其次是基督教组织和党派，在议会中占10%议席，因为波兰90%的人口是天主教信徒；最后是在城市的工厂里组建的一些小的民主党派，它们在议会占少量席次。这些党派在执政党——波兰统一工人党的领导下，以社会主义制度和波兰人民共和国国体为基础，进行参政议政。可以说，波兰在社会主义国家时期实行的是非常民主的国家体制，同时也保持着社会主义性质。波兰曾经是第二次世界大战后形成的社会主义阵营中的一个国家，也是在苏联解体、东欧剧变后改旗易帜的一个国家。波兰共产主义运动在1989年遭受严重失败后，一些坚定的共产主义者坚持运用马克思主义立场、观点和方法观察社会，思考波兰社会问题，反思波兰共产主义运动失败的原因并总结教训。对1989年波兰国家性质的剧变及其影响，他们给出了自己的分析。他们指出，波兰共产主义运动在1989年失败，波兰的社会主义政权崩塌，拥有350万党员的波兰统一工人党下台并解散。波兰统一工人党解散后，改组成两个社会民主党，其中一个是由亚历山大·克瓦希涅夫斯基担任主席的波兰共和国社会民主党，另一个是社会民主联盟。1991年波兰第一次自由选举前，波兰共和国社会民主党、社会民主联盟与其他社会主义和社会民主主义政党组成左派政党联盟"民主左派联盟"。1999年，民主左派联盟改组成单一政党。许多民主左派联盟的政治人物都来自前波兰统一工人党，除了克瓦希涅夫斯基外，还有担任过波兰总理的莱舍克·米勒和约瑟夫·奥莱克西。

---

① http：//www.munkaspart.hu/2015 - 09 - 24 - 10 - 18 - 02/1215 - 2016 - 11 - 02 - 14 - 15 - 29.html.
② http：//www.wyzxwk.com/Article/guoji/2017/09/383547.html.
③ http：//www.wyzxwk.com/Article/guoji/2019/03/399788.html.
④ 有关波兰共产主义运动的信息，参考了丁俊萍、吴筱筠2014年发表在《马克思主义学报》上的《波兰共产主义的过去和现在——基于同波兰学者格涅夫·维克多的交流》。

在波兰基督教盛行地区，还有一些基督教性质的社会民主党。大约在统一工人党解散一年以后，波兰国内还新成立了共产主义党派波兰"无产阶级"共产联盟，这是个非常小的党派。党的支部分布在华沙、上西里西亚、波兰南部中心，也就是一些矿业、重工业、机械工业、轻工业中心。在波兰的社会主义政权崩塌、统一工人党下台并解散后，波兰引入了残酷的资本主义。之所以称其为"残酷的"，是因为它使波兰工人的生活日趋艰难。举例来说，在社会主义时期（波兰人民共和国），波兰没有失业的现象，但现在有15%的失业率，也就是说有250万失业人口，但这还只是官方数据，不是全部。除此之外，还有250万青壮年不得不出国远赴英国、加拿大、斯堪的纳维亚半岛等地工作。这意味着在波兰总共有500万人口没有工作，而这些失业者中不乏受过良好教育的、具备专业技术的人才，包括教师、技师、工程师等，他们都不得不出国找工作，因为在波兰没有就业机会，就业和生活都非常艰难。波兰面临着类似西班牙、希腊、意大利等欧洲国家所面临的严峻的经济局面，这是反共产主义运动和引入残酷资本主义造成的结果。60%的工业衰退主要集中在上西里西亚等工业地区，有大约100万人因此失业，其中有很多人就近移民去了德国。高失业率和工业衰退造成了很大的经济问题。建筑业也有所衰退，在华沙，新住房造价高达每平方米3000美元。以前只有150万家庭没有住房，但现在这个数字达到400万。在资本主义支配波兰20多年来，很多波兰民众怀念以前的社会主义时期。现在的波兰，总体上的政治局面更加艰难。波兰是欧盟的成员之一，法国、德国所代表的大资本主义势力扩张到了原来的社会主义国家，波兰深受其影响和危害。

## 第二节 "新社会主义"思想在原苏东地区兴起

在原苏东地区的转型国家中，新自由主义的资本主义制度已经发展了1/4个世纪有余，但是，它未能给原苏东地区带来看得见希望和前景的发展道路。在这种背景下，该地区转轨国家中的各个左翼政党，结合20世纪社会主义制度实践的经验和教训，开始对社会主义进行新思考和新探索，它们纷纷以"21世纪社会主义""革新社会主义""新社会主义"等阐述对社会主义的新思考和新探索。在原苏东地区转轨国家的左翼政党的纲领中纷纷使用"21世纪社会主义""革新社会主义""新社会主义"等概念，在社会主义之前冠以"21 世纪""新"的限定性词汇，显然是要与 20 世纪曾经走过很多弯路的社会主义制度进行切割和划分。因此，其对社会主义的解读带有鲜明的 21 世纪时代特征，需要学界进行深入的跟踪研究。此外，除了共产党、工人党等左翼政党在苏联解体、东欧剧变之后尝试对社会主义进行新的阐释和解读之外，原苏联东欧地区各转轨国家知识分子群体亦开始对社会主义进行新探索和再思考，亦纷纷使用"新社会主义""21 世纪社会主义"的概念，且队伍呈不断扩大之势。在原苏东地区，"新社会主义""21 世纪社会主义"思潮缓慢回潮的背景、具体状况是怎样的，这一回潮昭示着什么，这是亟须关注的问题。与此同时，苏联解体、东欧剧变后，该地区的国家作为一个既进行过社会主义制度建设，又进行过资本主义制度建设的国家，其学者和左翼对社会主义的新探索和再思考，是"他山之石"，值得我们认真研究，看看它能够为 21 世纪中国特色社会主义建设提供哪些有益的思考。

## 一 "新社会主义"思潮缓慢回潮的根本原因

苏联解体之后，原苏联地区各国的共产党，纷纷开始对社会主义进行新阐释、新解读、新分析。比如，俄罗斯联邦共产党提出了"21 世纪社会主义"、乌克兰共产党提出了"革新社会主义"等。这些新社会主义理论，以 20 世纪苏联的社会主义建设实践为基础，根据苏联解体、东欧剧变之后的新情况、新特点，总结分析苏联社会主义建设的经验和教训，提出各国共产党在新的历史时期的奋斗目标，阐释并分析对一些重大历史人物、历史事件的新认识。本部分以俄罗斯为例，将新社会主义思想产生的基本原因进行介绍和分析。

苏联解体之后，俄罗斯改行的新自由资本主义改革路径受挫，社会期望与社会现实脱节，由此引发的民众对俄罗斯当前资本主义制度的不满，是当今俄罗斯"新社会主义""21 世纪社会主义"思潮缓慢回潮的根本原因。苏联解体之后，俄罗斯弃社会主义制度，改建资本主义制度，倍受国际社会瞩目。借苏联解体之机复辟的资本主义制度，历经二十五年的发展，在俄罗斯结出了什么样的"果"，已经逐渐变得清晰。俄罗斯历经二十五年的资本主义建设阶段，根据其政治、经济、文化和社会整体状况，基本上可以得出一个结论，即俄罗斯向资本主义制度转轨的路径选择并不成功，俄罗斯并未建成其社会各界曾寄予厚望的繁荣、富强、自由、民主、公正、平等的公民社会。

俄罗斯新自由主义改革路径失败，主要体现在：俄罗斯国际地位不断下滑，国际影响力逐年下降，地缘政治影响力不断萎缩，严重依赖能源出口的经济结构使其经济发展受制于石油、天然气等能源的国际价格，国际石油、天然气价格下滑，俄罗斯经济深陷危机。俄罗斯科学院经济研究所的 В. И. 达西切夫指出，"俄罗斯经济建立的石油天然气模式是没有发展的增长模式"①。社会公平缺失，社会阶级阶层结构固化，社会流动性受阻，社会贫富两极分化不断扩大②。社会贫富两极分化加剧，俄罗斯社会变成了极少数的巨富和不多的中间阶层，以及大多数贫困和相对贫困阶层的金字塔型结构。这种社会状况得到了以俄罗斯科学院社会学研究所的专家、学者为首的社会学研究团队研究成果的印证。他们进行的研究表明，苏联解体后，俄罗斯社会发生了剧变。首先表现在社会结构上，俄罗斯由苏联时期的两个阶级、两个阶层（指工人、农民、知识分子和国家公职人员——笔者注）裂变、分化为：寡头、执政"精英"、资产阶级、中产阶级、小资产阶级、工人、农民、知识分子、临时工等阶级阶层。社会结构的变化彻底改变了俄罗斯，根据俄罗斯科学院社会学研究所通讯院士托先科提供的数据，2014 年，俄罗斯 110 个寡头掌控了 35% 的国民财富，3% 的人掌握了 70% 的国民财富，而且这一指标在稳步扩大。而在 2004 年，俄罗斯最富有的 10% 人口控制着 30% 的国民财富，仅十年间，俄罗斯国民财富向少数人手中集聚的速度和规模都超乎想象。当今俄罗斯社会，一方面，是 110 个寡头，是最富有的 10% 的人口拥有 87% 的国民财富；另一方面，俄罗斯中产阶级发展受挫，临时工阶层处境悲惨，大多数公民生活艰难。③ 此外，各级政府官员贪污受贿现象十分严重，人民强烈不满。根据俄罗斯大众传媒的报道，俄罗斯的有组织的刑事犯罪已变成俄罗斯社会政治形势不稳定的一个因素，他们甚至认为，有组织刑事犯罪情况已经成为"社会政治发展的决定性环节"。

社会上对新自由主义改革路径的质疑之声日盛。尽管俄罗斯总统普京不断在国际政治舞台上发声，接受克里米亚重返俄罗斯、出兵叙利亚，

---

① В. И. Дашичев：Капитализм и социализм с судьбах России. Москва Институт экономики, 2010. С. 30.
② 陈爱茹：《裂变与分化：俄罗斯社会阶级阶层的演变》，《国外社会科学》2015 年第 6 期。
③ 陈爱茹：《裂变与分化：俄罗斯社会阶级阶层的演变》，《国外社会科学》2015 年第 6 期。

但在俄罗斯社会内部,对俄罗斯当前选择的新自由资本主义发展模式的质疑之声此起彼伏。用俄罗斯马克思主义学者 E. Ф. 苏利莫夫的话讲,"新的俄罗斯统治者以欺骗的方式上台。向人民许诺社会民主化、改革、摆脱危机状况并复兴俄罗斯,他们没有完成甚至从没有打算完成这一系列重要任务之中的任何一个"[1]。E. Ф. 苏利莫夫指出,社会民主化、改革、摆脱危机状况并复兴俄罗斯,是"噪音一般的宣传装饰",而实际发生的变化具有与此相反的性质。取代真正的民主化,重生的俄罗斯资产阶级建立了霸道的寡头制度。取代真正的改革,人民获得的是日常生活中典型的反革命国家政变。取代摆脱社会经济危机状况的是灾难性危机的不断深化。允诺的改善劳动人民生活变成了国家90%的人口都空前的贫穷。掠夺性的私有化和周期性的通货膨胀剥夺了人民此前所拥有的一切。执政当局所倡导的自由、人权变成了普通劳动者面对执政当局、官僚、投机分子、企业主、银行家和重生的俄罗斯资产阶级的其他代表和中产阶级,完全不受保护。普通公民不仅与所有权、政权、参与管理国家和社会事务完全隔绝,而且是用犯罪性的恐吓、恫吓让他们与所有权、政权、参与管理国家和社会事务完全隔绝。普通公民无论在哪里都感受不到自己是安全的。人数很少的一个篡夺政权的阶层掠夺了人民所拥有的一切,甚至物质生活有保障和能够获得自由的想法。普通公民失去了发展前景和对美好未来的向往。取代对美好未来的向往,"没有良心、不受法律约束的、野蛮的地主老爷们"、俄罗斯寡头及其政权的地主老爷们取得了合法的政权[2]。正是因此,俄罗斯社会对其当前的资本主义制度建设的不满意度居高不下。根据俄罗斯尤里·列瓦达研究中心掌握的数据,在社会对改革(指叶利钦、盖达尔时期的改革)的态度部分中,完全地、无保留地支持市场改革的人所占的比重很小,在改革的最初几年,它没有增加,有时候反而下滑了。稍晚些时候,有了一定程度的增长,但是并不稳定。不接受改革的公民的占比相比支持改革的人而言,是稳定的。到叶利钦总统任期结束的时候,不接受改革的公民数量超过了人口的3/4。2009年有48%的居民认为改革给国家带来了更多

---

[1] Е. Ф. Е. Ф. Сулимов Социализм-миф или будущее человечества? УРСС. Москва. 2001. C. 99 – 101.

[2] Е. Ф. Е. Ф. Сулимов Социализм-миф или будущее человечества? УРСС. Москва. 2001. C. 99 – 101.

的危害，在27%感到难以回答的情况下，25%的俄罗斯人果断地认为这场改革带来了"更多的利益"，引起了关注。有48%的商人认为改革给国家带来了"更多的利益"。在受过高等教育的人群中，给出这样答案的也占主要份额，达到了40%。让人感兴趣的是，有41%受过高等教育的人声称，由于改革，自己利益受损了，但他们依然认为改革对国家有利。甚至在商人中，支持改革的份额也高于认为自己因改革而获益的人的份额。① 根据尤里·列瓦达研究中心2010年3月获得的数据，7%的俄罗斯成年居民认为，这场改革"对经济产生了绝对正面的影响"，24%的认为改革"没有任何必要"，22%认为它们"给经济带来了破坏作用"。也就是说，认为改革是必要的和有益的占到30%以上，而对其持否定观点的占到46%。② 事实证明，俄罗斯新自由资本主义改革路径失败是当代俄罗斯"新社会主义""21世纪社会主义"思潮缓慢回潮的根本原因。

## 二 "新社会主义"思潮缓慢回潮的主要原因

以俄罗斯联邦共产党为代表的俄罗斯共产党、工人党等左翼政党对社会主义思想的坚守是当今俄罗斯"新社会主义""21世纪社会主义"思潮缓慢回潮的主要原因。在苏联解体之初，俄罗斯社会主义理想和信念坚定的共产党、工人党等左翼政党就旗帜鲜明地反对国家走资本主义道路。从苏联解体迄今，在国际共产主义运动深陷低潮的大背景下，共产党、工人党等左翼政党不畏环境艰险，坚持理想信念不动摇，为俄罗斯保留了社会主义"火种"。

当代俄罗斯的共产党、工人党等左翼政党，作为21世纪社会主义思想的积极倡导者和践行者，纷纷在纲领中提出"新社会主义""21世纪社会主义"等理念，在新条件下，针对如何争取社会主义革命和建设的成功，应该制定什么样的战术和战略，选择什么样的路径和方式方法，它们也进行了阐释和分析。比如，俄罗斯联邦共产党纲领中阐释的"21世纪社会主义"、公正俄罗斯党阐释的"新社会主义"。此外，俄罗斯共产主义工

---

① ［俄］阿列克谢·格奥尔吉耶维奇·莱温松：《对20世纪90年代初改革的社会评价》，《观察与思考》2014年第11期。原文见 Новая история России，www.ru-90.ru。

② ［俄］阿列克谢·格奥尔吉耶维奇·莱温松：《对20世纪90年代初改革的社会评价》，《观察与思考》2014年第11期。原文见 Новая история России，www.ru-90.ru。

人党、全联盟布尔什维克共产党、全联盟共产党（布尔什维克）、俄罗斯共产党—苏共、社会公正共产党、俄罗斯共产党人党、联合共产党、俄罗斯联合劳动阵线等政党的纲领中，都对社会主义有新的阐释和解读。除了共产党、工人党等左翼政党的纲领之外，各个左翼政党的领导人和主要理论家也纷纷发表文章，批判资本主义制度，反思苏联解体的原因和教训，阐释"新社会主义""21世纪社会主义"思想和理论。比如 Г. А. 久加诺夫在《我们的同时代人》上发表的《社会主义是摆脱危机的出路》①，各主要左翼政党的网站②上对"新社会主义""21世纪社会主义"也都有各自的解读，等等。

俄罗斯的共产党、工人党等左翼政党始终谋求建立一个公正的社会，积极采取各种实践活动为广大劳动者阶级谋利益。比如，俄罗斯联邦共产党领导人久加诺夫认为，建立公正社会的理想，早在马克思之前就已经出现，不同思潮的拥护者，从基督教社会党人到无政府主义者，都希望建立公正社会。在苏联时期，世界上建立起来的社会主义制度有缺陷，这是由内因和外因、主观因素和客观因素等多种因素造成的。因此，久加诺夫在重建俄罗斯联邦共产党初年强调，俄罗斯联邦共产党主张建立一个"革新"的社会主义，即未被扭曲、没有犯致命错误、集中体现当代人类社会一切美好事物的社会主义。③ 以久加诺夫为代表的俄罗斯共产党人所阐释的公平正义思想与马克思、恩格斯、列宁、斯大林等社会主义革命先驱所追求的公正、平等的社会主义社会、共产主义社会具有一脉相承性。久加诺夫领导俄罗斯联邦共产党坚持践行的是马克思主义的社会主义、共产主义理想和信念。而公平正义是内含于马克思主义基本理论之中的。如果不是对公平正义的执着追求，也就不会有马克思主义，不会有马克思之后列宁领导的底层民众进行的十月社会主义革命的胜利和社会主义制度从一国到多国的实践。马克思主义从理论到实践，从实践到制度，其发展、变化

---

① Г. А. Зюганов Выход из кризиса-социализм，Наш современник，№ 6，Июнь 2009.

② Программа Коммунистической партии Российской Федерации . http：//kprf. ru/party/program. Программа Справедливой России. http：//www. spravedlivo. ru/1 _ 13. html. Программа Российской коммунистической рабочей партии . http：//rkrp-rpk. ru/content/category/2/20/47/. Программа всесоюзной коммунистической партии. большевиковhttp：//www. vkpb. ru/index. php/programma-vkpb. И так далее.

③《久加诺夫谈社会主义的经验教训和俄罗斯的社会走向》，《科学社会主义》1996年第4期，原文见《苏俄报》1996年5月4日。

的整个过程，都体现了人们对公平正义的追求。所以，尽管20世纪80年代末90年代初期发生了东欧剧变、苏联解体，导致马克思主义、国际共产主义运动遭遇挫折，陷入低潮，但是，像久加诺夫这样的意志坚定的马克思主义者，并没有放弃对社会主义和共产主义的信仰，而是在逆境中执着地坚守着社会主义、共产主义理想和信念。像久加诺夫这样的当代共产党领导人，以及众多普普通通的共产党员，他们正举起前人曾高举的红旗，为前辈曾毕生追求的公平、正义、平等、自由的社会而进行不懈的努力和奋斗。

俄罗斯的共产党、工人党等左翼政党在坚守社会主义思想的同时，对资本主义制度展开了深刻批判。比如，俄罗斯联邦共产党指出，俄罗斯的资本主义是反动的和买办的。在2014年10月18日久加诺夫为俄罗斯联邦共产党中央全会所做的政治报告中，首次对俄罗斯资本主义的整体性特征进行了概括。他指出，第一，当今的俄罗斯社会是反动的，倒退的社会。工业品生产仅达到发达国家的1/5。农村遭到破坏。金融信贷制度瘫痪。各个经济和管理部门工作人员的职业素养急剧下滑。与官方的宣传相反，俄罗斯的工业状况持续恶化。一些企业遭强制停工。很多企业缩减工作周，压低工资并拖欠工资。第二，俄罗斯建立起来的是寄生的资本主义。今天的俄罗斯国家机关是整个苏联时期的二倍。健康劳动力的大部分都集中在私人保安公司。与2000年相比，工业领域工人的数量缩减了200多万人。但是，在不动产行业和银行金融部门就业的人数几乎增长了300万。所有与投机相关的人都是寄生在实体经济生产上。第三，俄罗斯资本主义的买办性。新出现的"具有战略眼光的所有者"立刻就认定，只有成为能源的所有者，他们才能在全球资本主义体系中拥有一席之地。从那时起，俄罗斯经济中占主导地位的只有两个部门：能源出口部门和银行部门。其他部门，尤其是科研部门，被残酷无情地摧毁了。最近一段时间，买办资本涉足的区域进一步拓宽。俄罗斯内部市场被迫接受外部的供货。主要商业网络都掌控在跨国公司手中。甚至军工体系都依赖成套的进口。买办资本主义从俄罗斯榨取巨额资金。2014年已经有900亿美元流往俄罗斯境外。这比2013年同期多出一倍。这些钱通常是流往对俄罗斯实行制裁的那些国家。全球资本主义一体化让俄罗斯处在遭受奴役的地位。今天有很多"统一俄罗斯党人"抨击美国国务院，但是，正是他们在国家杜马通过了法律，让俄罗斯经济处于外部力量的监督下。为了法国的"米斯特拉利航空母舰",日本的"丰田汽车",意大利的皮鞋和土耳其的西红柿,俄罗斯支付的不仅仅是石油美元,还有本国经济破坏的代价。第四,俄罗斯的资本主义具有寡头性。大资本和中等资本天生都与官僚紧密地交织在一起。区别仅仅在于,全俄罗斯范围的寡头都被列入了《福布斯》杂志,而中等精明能干的人和兄弟们都在"地区层面上"。买办资本内部的冲突刚好凸显了其寡头的本质。国家强力政权的拥护者——大资本家与权力结盟,打算在私有化的过程中,攫取一块新肥肉。另一边是拥护自由主义的资本家。这些人在20世纪90年代得到宠爱,但是,在重新分配财产的时候又排挤了他们。资产阶级的两个分支都竞相压榨劳动人民。他们之间的斗争让民众看清了国家矛盾的实质。而且也无法偷换概念。谁也无法欺骗社会发展的历史规律。因此,俄罗斯资本主义是反动的、寄生的、寡头的和买办的。它是没有生命力的,历史上注定了要失败。……由此可见,社会主义生活方式被毁掉。对劳动人的尊敬曾是社会主义人道主义价值观的核心。在资本主义国家,劳动崇拜被宣扬懒散、消费主义和贪婪取代。原来在劳动集体中受到崇拜的互助和合作被消解殆尽。社会各个阶层之间的异化正在形成。资本主义导致国际冲突增多。雇佣工人在争夺工作岗位的斗争中争吵。基督教和伊斯兰教之间的冲突被激化。这一切打击了多民族的俄罗斯。新的矛盾与十月革命前俄国原有的矛盾纠缠在一起。西方的制裁让国家的需要与其所执行的方针之间的冲突更加明晰。[①]

可以说,如果没有共产党、工人党等左翼政党对社会主义理想和信念的坚守,没有共产党、工人党等左翼政党对社会主义思想和理念的宣传,没有共产党、工人党等左翼政党对劳动者阶级的切身利益的维护和捍卫,社会主义思想没有先进的政党作为载体,"新社会主义"思潮的缓慢回潮也势必难以出现。

### 三 "新社会主义"思潮缓慢回潮的直接原因

苏联解体的进程,也是俄罗斯义无反顾地投向西方怀抱,改行西方政治制度的进程。但是,西方并未对俄罗斯敞开怀抱。尽管俄罗斯从成为一

---

① Положение рабочего класса в России и задачи КПРФ по усилению влияния в пролетарской среде, 18 октября 2014. http://kprf.ru/official/2014/10/19/vi-oktiabrskii-plenum-tsk-kprf/.

个独立的国家开始,就积极地进行政治制度的改革,向西方社会靠拢,但是,西方对俄罗斯一直是采用"双重标准",并始终不断打压。这是俄罗斯社会主义思潮缓慢回潮的直接原因。俄罗斯社会向西方转,一方面,不被西方接受;另一方面,找不到国家发展的希望。这也可以解释在2016年9月18日举行的俄罗斯第七届国家杜马选举中,尽管统一俄罗斯党在此前执政的五年间,经济下滑,民众生活水平不断下降,但是,统一俄罗斯党为何却依然赢得国家杜马多数席位,主要是国际政治舞台上的状况给俄罗斯内政带来的影响。首先,当前,俄罗斯急需维护领土的完整和统一。俄罗斯面临领土分裂问题,从车臣战争就可以看出来,如果不是普京果断出兵,北高加索从俄罗斯分裂出去就可能成为事实,且会造成不良后果,其他联邦主体也可能竞相效仿。其次,俄罗斯希望保住其在原苏联地区的影响力。格鲁吉亚战争、乌克兰危机,都是俄罗斯为此而进行的战斗,且在乌克兰危机中,普京承认克里米亚共和国全民公决结果,接受克里米亚半岛入俄,用让美欧有苦难言的"合理合法"的方法,将具有重大战略意义的克里米亚半岛收归俄罗斯,且当前正在修建俄罗斯本土与克里米亚半岛的跨海大桥。普京在捍卫俄罗斯统一、恢复俄罗斯在原苏联地区影响力的作为,俄罗斯民众有目共睹,这也是俄罗斯民众尽管难以忍受经济下滑、生活水平下降,依然支持统一俄罗斯党的一个十分重要的因素。毕竟对于一个国家而言,保证领土完整、避免战乱的安全需要是本国民众的首位需要。最后,在国际生活中,起主导性作用的西方国家,对待俄罗斯屡屡使用"双重标准",世人有目共睹,俄罗斯民众透过乌克兰危机已经嗅到了战争的味道,这也成为促使很多知识分子反思资本主义道路的重要因素。

在这种背景下,知识分子群体开始更深入地对社会主义进行新探索和再思考,这是俄罗斯社会主义思潮缓慢回潮的直接原因。知识分子群体对社会主义的新探索和再思考,从苏联解体之初就已经开始,只不过囿于当时的具体情况,人数少、影响小。从2011年起,围绕着"苏联解体20年之后"这个主题,俄罗斯社会开始形成一个对"转轨"进行反思的思潮。在这轮反思思潮中,以"新社会主义""社会主义之后的社会主义""21世纪社会主义"等为主题,阐释对社会主义的新观点、新认识和新看法的专家和学者人数不断增多,队伍不断壮大。通过观察俄罗斯学界期刊上发表文章的观点,可以发现,知识分子群体"向左转"正成为当前俄罗斯学界的一个主要变化方向，这直接带动了"新社会主义""21世纪社会主义"思潮在俄罗斯的缓慢回潮。

在苏联解体初期，信仰马克思主义、社会主义的学者就谋求成立"全俄罗斯社会主义取向的学者协会"。1994年10月，俄罗斯马克思主义学者组织——全俄罗斯社会主义取向的学者协会成立，在成立大会上，共有来自48个地区分支机构的226名代表和29名受邀请者参会，其中院士5人，博士95人（其中哲学博士30人，经济学博士22人，历史学博士14人，物理—数学博士11人，法学博士9人，技术学博士1人，地理学博士1人，医学博士1人，社会学博士1人，化学博士1人），101名副博士。1999年，俄罗斯社会主义的学者组织开始组建国际组织，致力于研究"21世纪社会主义"问题，其分支机构高达76个。时至今日，俄罗斯社会取向的学者组织一直坚持其社会主义理想和追求，参与学者人数不断增加，影响区域和范围不断扩大，不断地发声支持国家的社会主义建设方向。① 除"全俄罗斯社会主义取向的学者协会"，左翼学者在1994年还成立了一个"现实主义者联盟"，他们建立了"争取新社会主义俄罗斯运动"社会统一联盟，该联盟的主要领导人后来创建了"俄罗斯社会主义统一党"，2007年该党并入"公正俄罗斯党"，"公正俄罗斯党"作为"争取新社会主义俄罗斯运动"的继承者，活跃在当今俄罗斯政坛。② 二十多年过去了，他们作为俄罗斯"新社会主义"思想的"领头雁"，终于引领起一大批觉醒者，使俄罗斯"新社会主义"演变成一股社会思潮。

在当今俄罗斯，"新社会主义""21世纪社会主义""社会主义之后的社会主义"等提法成为学界研讨会的主题，比如俄罗斯科学院经济研究所和"选择"基金会联合举办的"社会主义之后的社会主义"学术研讨会③；或者作为专门网站的名称，比如"新社会主义"网站④；在期刊文

---

① Российские учёные социалистической ориентации. http://onfront.narod.ru/WorksRU-SO.htm. Наш курс-социализм Российских учёных социалистической ориентации. http://kprf-arh.ru/uploads/agit/image/4/pdf.

② Программа Справедливой России. http://www.spravedlivo.ru/1_13.html.

③ Под редакцией М. И. Воейков Социализм после социализма, Санкт-Петербург Алетейя 2011 г..

④ 俄罗斯"新社会主义"网站的网址为：http://novsoc.ru。

章和学术专著中，社会主义的主题也频频出现。①

  俄罗斯的很多学术研究，都立足于当今俄罗斯社会不公正的现实，运用马克思主义辩证唯物主义、历史唯物主义以及阶级分析的方法，对当前俄罗斯资本主义展开了深刻批判。比如，俄罗斯科学院社会学研究所，持续关注俄罗斯社会阶级、阶层的演变，关注当今俄罗斯贫富两极分化的现状，关注俄罗斯临时工阶层，用笔做武器，以文章为载体，批判当代俄罗斯资本主义。在《间接材料》《自由思想》《社会科学与当代》《全球政治中的俄罗斯》《近现代史》等学术期刊上，可以查到大量与社会主义主题相关的文章。② 这些文章关注的主要议题为：21世纪社会主义与资本主义的关系、社会主义与市场的关系、社会主义建设中的宏观调控问题，社会主义与公平正义的关系，社会主义与十月革命和苏联，社会主义与中国特色社会主义，社会主义在21世纪面临的挑战和应答，等等。此外，有很多对社会主义进行再思考和新探索的学术专著发表，主要有 Е. Ф. 苏利莫夫的《社会主义——神话还是人类的未来？》③；斯拉温的《俄罗斯和社会主义》④；布兹加林的《社会主义的复兴》⑤；莫洛科夫的《二十一世纪的东正教和社会主义》⑥；《1917年十月：21世纪的挑战》⑦；《社会主义

---

  ① 俄罗斯一些期刊发表了大量与"新社会主义""21世纪社会主义"主题相关的文章，探讨苏联解体之后，俄罗斯向何处去？社会主义是否应该成为俄罗斯社会未来发展路径的选择？等等问题，同时，还探讨关于社会主义的基本理论问题，比如社会主义是后资本主义社会，还是可以与资本主义并行的社会，通过议会斗争是否能够实现社会主义等诸多理论问题。这些期刊主要有《Неприкосновенный запас》《Свободная мысль》《Россия в глобальном мире》《Общественные науки и современность》《Новая и новейшая история》，等等。与"新社会主义"主题相关的专著也比较多，主要有：Е. Ф. Сулимов Социализм-миф или будущее человечества? УРСС. Москва, 2001. Б. Ф. Славин Социализм и Россия. М.: Книжныйдом "ЛИБРОКОМ", 2013. А. В. БузгалинРенессанс социализма. УРСС. Москва, 2003. А. Е. Молотков Православие и социализм в XXI веке. -СПб, 2007. Под общей редакцией А. А. Сорокина Октябрь 1917: вызовы для XXI века. М.: Леланд, 2009. Ф. Н. Клоцвога 《Социализм. Теория. Опыт. Перспективы》/Изд. второе, переработанное дополненное. М., 2008. коллективный труд ученых во главе с И. М. Братищевым 《Исторический опыт социализма и его развитие в XXI веке. Анализ, реальность, перспективы》М., 2009. В. С. Шевелухи 《Социализм и условия его возрождения в России》М., 2012. Под редакцией М. И. Воейков Социализм после социализма. Санкт-Петербург, Алетейя, 2011. В. И. Дашичев Капитализм и социализм в судьбах России. Москва Иститут экономики, 2010.

  ② 笔者通过检索统计，此类文章有近50篇。

  ③ Е. Ф. Сулимов Социализм-миф или будущее человечества? УРСС. Москва, 2001.

  ④ Б. Ф. Славин Социализм и Россия М.: Книжный дом "ЛИБРОКОМ", 2013.

  ⑤ А. В. Бузгалин Ренессанс социализма УРСС. Москва, 2003.

  ⑥ А. Е. Молотков Православие и социализм в XXI веке. -СПб, 2007.

  ⑦ Под общей редакцией А. А. Сорокина Октябрь 1917: вызовы для XXI века М.: Леланд, 2009.

理论经验和前景》①；《社会主义的历史经验及其在 21 世纪的发展》②；《社会主义和其在俄罗斯复兴的条件》③；等等。

原苏东转轨国家的"新社会主义""21 世纪社会主义"思潮，将该地区未来社会发展道路的找寻和人类社会的未来发展方向契合为一体，以当代转轨国家"新社会主义""21 世纪社会主义"思潮的方式体现出来。关注俄罗斯的"新社会主义""21 世纪社会主义"思潮，解读当代原苏东左翼政党和马克思主义、社会主义学者对"新社会主义""21 世纪社会主义"的阐释和解读，提炼并总结其对社会主义理论的新发展、新思路、新理论、新贡献，对 21 世纪中国特色社会主义道路的发展，不无裨益。

## 第三节 原苏东地区共产党对苏联解体的认识

苏联解体、东欧剧变转眼已经过去了 30 年。原苏东地区的大多数左翼政党也开始逐渐地摆脱 20 世纪 80 年代末 90 年代初所处的"四面楚歌"之境地，从争得正常的政党地位到逐步地参与政治生活，甚而成为议会党、执政党。谋求未来的新发展，也是这些党必然要面对的选题。在这种背景下，深刻总结原苏东地区各个国家红旗纷纷"倾倒"的原因，才能为共产党、社会主义党等左翼政党未来的发展提供更好的发展前提。本节以前苏东地区部分国家的共产党——俄罗斯、白俄罗斯、乌克兰、摩尔多瓦四国的五个共产党，即俄罗斯联邦共产党（以下简称"俄共"）、白俄罗斯共产党（以下简称"白共"）、白俄罗斯共产党人党（以下简称"白俄共"）、乌克兰共产党（以下简称"乌共"）、摩尔多瓦共产党人党（以下简称"摩共"）④ 为例，探析它们是如何认识、如何反思苏联解体的。

---

① Ф. Н. Ф. Н. Клоцвога 《Социализм. Теория. Опыт. Перспективы》/Изд. второе, переработанное дополненное. М., 2008.
② Коллективный труд ученых во главе с И. М. Братищевым 《Исторический опыт социализма и его развитие в XXI веке. Анализ, реальность, перспективы》 М., 2009.
③ В. С. Шевелуха 《Социализм и условия его возрождения в России》 М., 2012.
④ 相关资料参见俄共、乌共、摩共、白共、白俄共网站：http://kprf.ru/；http://www.kpu.net.ua/；http://www.alegeri.md/ru/；http://www.comparty.by/。中文资料详见：戴隆斌译：《俄罗斯联邦共产党纲领》，《当代世界与社会主义》2009 年第 2 期；孙凌齐译：《白俄罗斯两个共产党纲领》，《国外理论动态》2009 年第 1 期；2009 年第 2 期。文中所引各党观点均参见其纲领，恕不一一列出。

### 一 苏联共产党自身存在的问题导致苏联解体

五个共产党都一致认为,苏联共产党自身存在问题是导致苏联解体的一个非常重要因素。对于苏联共产党自身出现的问题,既是它们关注的重点,也是它们深刻剖析的对象。正如俄共纲领所写:20 世纪 90 年代初,"损害苏联社会的危机在很大程度上是由党本身的危机造成的"。苏联共产党自身存在的问题可以归纳为以下几点。

(一)党的队伍丧失了自身的纯洁性

可以说,党的队伍的纯洁性一直是早期布尔什维克领导人关注的一个重点。列宁在 1905 年的《党的组织和党的出版物》一文中,写道:"党是自愿的联盟,假如它不清洗那些宣传反党观点的党员,它就不可避免地会瓦解,首先在思想上瓦解,然后在物质上瓦解。"[①] 而在苏联共产党的发展历程中,由于各种各样的原因,党内混入投机分子和小资产阶级思想的代表。

俄共指出:"不少假革命分子和没有任何思想的投机钻营分子混入了执政的共产党内。"

白共指出:"不少缺乏思想的投机分子和小资产阶级思想的代表混进执政的共产党内,对社会主义造成严重危害。"单纯"追求党员队伍数量,缺乏领导干部的更替和年轻化机制削弱了苏联共产党。政治上成熟的党员不能对领导层的活动进行必要的影响,也没能防止越来越多的阶级敌对分子混入党内。对已经发生的进程的危险性估计不足、对权力和意识形态的垄断以及一部分党的领导人的蜕化变质,使苏联共产党变成了'骄傲自大的党'。党的领导人与千百万党员和劳动者之间的鸿沟越来越深"。

乌共指出:"苏联共产党内对构成其组成成分的阶级原则形成了一种形式主义的态度,列宁坚持清党,以防蜕化变质分子、不忠诚的人、立场不坚定的人钻入党内,列宁的这一要求未被重视。党的生活的基本原则——民主集中制的原则被歪曲。党的高层中断了列宁的民主传统。在不需要的时候,坚持严格的集中制,限制了共产党员的权力,党的领导机关及其工作人员摆脱了监督,党机关的影响过大,实际上,不仅排在选举出来的党的机构之上,而且排在整个管理机关之上。合理的更迭机制和领导

---

[①] 《列宁全集》第 12 卷,人民出版社 1987 年版,第 95 页。

干部年轻化机制的缺乏，不容许健康的党的组成部分行使自己对党内高层的监督权并战胜追名逐利者向党内的不断钻入。"在这样的情况下，混入党内的投机分子和敌对阶级的代表，在苏联存在的这些年间，"努力营造一种社会政治和思想氛围，以便损害社会主义的声誉并促使取消社会主义。借口'改革'破坏国民经济管理体制。在伪善的'各种所有制形式平等'的话语背后，实质上弱化了全民和集体所有制的作用。在复兴'合作社'的掩盖下，为'影子'资本的合法化和发展创造条件。""它能够在我们的体制核心产生，是由于社会主义的基本原理被歪曲，借口'改革'在社会主义经济中使用资本主义市场经济原理，削弱计划方法的作用，弱化对劳动手段和消费方式的监督。社会主义准则的破坏导致的劳动人民生活水平的降低突出证明了社会主义经济制度的无效性，而劳动人民的不满也指向了反对社会主义和共产党。想方设法地煽动民族矛盾和民族冲突。在上面的支持下，产生了复辟资本主义的政党和运动。为逍遥法外的反社会主义力量的活动、分离主义运动和瓦解苏维埃国家的活动打开了闸门。"

正是党内成分的复杂化，导致了党自身性质的改变，成为最终促成苏联解体和苏共败亡的重要因素之一。

（二）党内严重的官僚主义现象

列宁在其生前所写的最后几篇文章中，对官僚主义深感忧虑。列宁病逝后，以托洛茨基为代表的布尔什维克党内高层领导同党内的官僚主义趋势和官僚主义现象进行了不可调和的斗争，谱写了20世纪二三十年代最复杂、最惊心动魄的反官僚主义、争取党内更多民主的斗争历史。但是，官僚主义没有被遏制住。苏联解体之后，当代的共产党人在反思时，深感官僚主义依然是苏联共产党自身存在的一个顽疾，是不能不吸取的一个深刻的教训。俄共指出：随着苏联社会的发展，党内的"官僚主义增长了，人民的自治组织受到压制，劳动人民的社会积极性和首创精神下降"。20世纪60年代"摆在社会面前的主要任务是，从过去很多方面尚不完善的社会主义形式向较为成熟的形式过渡，保证现实社会主义按其自身原则在苏联发展。……苏联人民意识到了变革的必要性，但是国家的领导者们拖延通过必要的决议，对决议的实施没有表现出必要的坚定决心。因此，困难、问题和敌对的趋势在社会中积聚了下来。它们妨碍了社会主义制度优越性的发挥，扭曲了社会主义制度，抑制了发展。这引起了许多人的失望和困惑"。

白俄共指出,"国内战争、外国干涉、法西斯入侵欧洲等极端严重的情况以及在实践中庸俗化和简单化地运用阶级斗争和无产阶级专政理论,致使国家政权的关键部门集中在共产党少数高层领导人的手里。由于在国内粗暴地取消了政治监督、在各级苏维埃代表选举中实行无差额选举,结果导致政权官僚主义化,降低了政权的效率"。

乌共指出:苏联由于"被推翻的剥削阶级的强烈反抗和因他们而导致的阶级斗争的极端尖锐性,处于资本主义包围下的持续不断的军事进攻的威胁,必须尽快地消除国家的经济和文化落后性,客观上都要求严厉的中央集权制的、动员型的社会管理体制,特别是在社会主义建设的初级阶段。正是借助于这样的体制,在极短的时间里实现了国家的工业化,战胜了法西斯主义,振兴了被战争破坏的经济。同时,全面实现了生产资料国有化,政治和社会生活超集中化,权力集中在一个人数不多的领导集团、乃至一个人的手中,他们不受党和人民的监督,对苏维埃作用的贬低及其工作的形式主义促使劳动人民对当局和生产方式产生某种疏远,促使官僚主义影响过度增长,导致了权力的滥用"。

摩共指出,"当到达政权高层的共产党员,自己变成了思想上的法官,并借用该名义把自己的同事和同志推离权力。当打着共产党的招牌,有时,就本质而言,起反动政治集团的作用,其发展方向是某个永不复返的过去,是推行孤立主义并压制自由,当一些教条的共产主义者,昨天的党的领导者热心地领导着对共产主义思想的生硬破坏,在这种条件下很难评价思想政治传统"。

尽管五个共产党都认为,党内严重的官僚主义是党自身存在的严重问题之一,但是,对于斯大林时期的社会主义建设,俄共、白共、白俄共和乌共都进行了辩证的分析和评价,承认其取得的社会主义建设成就,同时,又指出了其中存在着一些严重的问题。在该问题的认识上,唯独摩共明确表态,认为20世纪30年代建立的是一种与社会主义完全不相干的极权制度。摩共纲领明确指出:"是的,我们记得,30年代极权制度是怎样根除并消灭了那个具有创造力的,在三次俄国革命的逼攻下,挣脱了沙皇帝国深深束缚的社会、政治和文化自由。我们记得,在停滞时代,以口是心非的党的在册干部为代表的新统治阶级厚颜无耻地压制平等思想,把自己置身于规则之外,但是却让贝阿干线工程的建设者、集体农庄庄员、矿工、工程师及所有的劳动者遵守规则。我们记得,在80年代,还是那些在册干部想方设法地靠自己民族的不动产及奉献主权发财致富,损害兄弟情谊,昨天还忠实于国际主义理想的人,全都加入了民族之间的混战。我们看到,正是这个权力和镇压金字塔的最令人讨厌的部分在后苏联空间占主要地位,他们不断地对财产再分配,培植排外性、民族仇恨并挥舞着同共产主义和共产党人斗争的大旗。"

(三) 党内教条主义思想严重

教条主义的一个表现就是理论脱离实践。五个共产党在反思苏联解体时,都关注到了苏联共产党内严重的教条主义思想。对此,俄共指出,"苏联共产党在理论上长期停滞不前"。

白俄共指出,苏联"没有在建立起来的社会主义模式框架内解决好大多数劳动者同所有制和权力的异化问题,以及经常用往往是错误的观点为苏联领导人进行辩护,取代对理论和实践问题的科学研究"。"伟大的十月社会主义革命提出并得到人民支持的'工厂——归工人,土地——归农民'的口号实际上变成了生产资料极端国有化,在这种情况下,劳动人民事实上成为雇佣劳动者,而不是生产资料和自己劳动成果的主人。也没有实现'全部政权归苏维埃!'这个革命口号所体现的思想——把全部国家政权交给劳动人民选举出来的代表"。

乌共提到,"对革命理论的鄙视态度给社会主义事业带来了巨大的损失,对革命理论漠不关心的态度,对马克思列宁主义学说的教条化,把革命理论归纳为一套无可争议的规律和真理,庸俗化,以及资产阶级自由主义对马克思列宁主义本质的曲解。党的思想理论基础被摧毁,革命理论能够提供并生成的力量消失了。很多党的工作人员逃避对意识形态工作的直接参与,把自己的活动限制在纯经济和行政领域,同时对国家干部和经济干部进行偷换。党不能果断地回击国外反社会主义力量鼓动并引导的破坏行动,他们向人们的思想意识展开了疯狂的进攻"。

摩共谈到,"当客观的科学分析在伪科学的教条主义面前退缩的时候,社会解放理论家提出的理论假说就会变成干涩的教条——那时,宗教专制和暴力就会庆祝胜利,不给共产党人留下变成本质上是为自由服务的人的机会。""为保住政权,共产党人在原来剥削制度的废墟上建立起以党的在册干部——官僚为代表的新的统治阶级的金字塔的时候,——那么,我们的政治世界观的客观性就会受到足以阉割掉任何革命和进步性的粗俗的政治文化和残酷的国家机器的压制而被摧毁"。

### (四) 党的部分领导人背叛了共产主义事业

五个共产党一致指出，党的部分高层领导人的背叛导致了苏联的解体。在社会主义建设出现问题，需要进行改革和变革的关键时刻，背叛的领导人将国家引向了资本主义复辟。俄共指出，党内"为争取列宁主义方针和真正的社会主义而进行的斗争从来也没有停止过……党内的列宁主义者渴望解决最终已经成熟的问题，抑制社会中积聚起来的负面倾向，迈入新的领域。但是，这个愿望被社会主义的叛徒以欺骗的手段利用了"。"80年代下半叶，他们口头上假惺惺地宣布了'更多的民主，更多的社会主义！'这一口号，但实际上却展开了消灭它的工作。千方百计损害社会主义基础——公有制的作用，歪曲劳动集体和合作社的作用。在杜绝'影子经济'方面没有采取任何必要的措施。削弱国家的作用、放弃计划原则，导致国民经济和消费市场的混乱。人为制造的商品'短缺'引发了居民的抗议，大众传媒工具被有意地交给了持资产阶级观点的代表手中。他们使用心理战的方法，向群众灌输大量恶意中伤苏联和俄罗斯历史的信息，对反苏维埃政权和统一的联盟国家的'影子资本家'、民族主义者、反人民的力量听之任之。""政治上层乐意利用其地位以攫取全民的财产。当他们的行动遭到要求保存社会主义制度和苏联的真正的共产党员的反抗时，蜕化变质分子就于1991年8—12月实行了反革命政变，禁止了共产党活动。"

白共指出，"苏联社会先进阶层在国内开展酝酿成熟的变革和迈进新阶段的尝试被反社会主义的力量出于反人民的、反国家的目的加以利用。他们口是心非地宣布各种所有制形式是平等的，但实际上破坏了最有生命力的公有制的作用，歪曲了合作社的实质和形式。落入诽谤者和挑拨者手中的大众传媒工具对社会主义和苏联历史大肆污蔑，为影子资本和反对苏维埃政权及联盟国家的力量开辟道路，于1991年8—12月实现了反革命的国家政变"。苏联"社会注意到建设中出现的失误，尝试用资本主义方式解决某些问题，党和国家一部分领导人的叛卖行为以及私有化和自由化的方针毁了苏联，使苏联各族人民经受了民族灾难"。

乌共指出，官僚主义化了的苏联共产党"歪曲列宁同干部的工作原则，在选拔干部时忽视他们的思想政治和道德品质。结果形成了脱离人民、脱离普通党员的在册干部精英。没有原则的人，口是心非的人，不少直接仇视党的人攫取了最重要的岗位，包括苏联共产党中央委员会政治局中的岗位，甚至于中央总书记的岗位。在祖国命运最困难的时刻，显贵的'在册干部们'背叛了培养他们的党，投身到社会主义的凶恶敌人的阵营，没有经过战斗就把国家出卖给了贪婪成性的、犯罪的资本，使劳动人民注定遭受赤贫和苦难。一部分'党的精英'巴结'新权贵'，寄希望于它的'仁慈'，参与洗劫社会主义的财产，深深地陷入商业等机构"。"同其他国家一样，乌克兰的反社会主义转折是在党和国家机构中占领导地位的叛徒和胆小鬼的直接活动和参与下完成的，这一转折导致反人民的力量掌权，开辟了资本主义复辟的道路，这一转折毁掉了社会生活所有领域的社会主义基础，摧毁了苏维埃的人民政权形式，推行资本主义、民族沙文主义思想。"接着，乌共指出，"事件的这一转变不是不可避免的，也不符合历史规律。它能够发生，首先是因为在世界社会主义面临着重大问题的转折时刻，需要勇敢的、创新性决议的时候，导致资本主义复辟的灭亡性方针打着'改革'和'完善社会主义'的幌子被强加给党和人民。"

摩共指出，当苏联"社会主义的精神、科学、政治方向与政治优越性没有同新时代产生矛盾以前，它是具有现实意义的。对新时代而言，没有最广泛的公民自由、没有公开性和竞争，则社会和文化需求的进一步实现就是不可思议的、不能实现的。重要的是理解——这既是社会主义自身的危机——又是某种不同于西方发展模式的、跳跃型的、跳过客观进化阶段的、以赶超的速度进行发展并实现现代化的工业社会模式的危机。对社会财富、教育、文化、科学进行的巨额投资最终导致苏联产生了一个无论是对当局低水平的管理，还是政治生活的调节及与外界的隔绝都不满意，也不可能满意的积极的社会阶层。这是一场危机，在这场危机中，苏联社会内部客观形成的价值——个人的创作自由、多元论、个人生活自主性、民族文化同一性、信息权等等——与确立起来的社会经济、政治和意识形态体制相矛盾。情况使显而易见的局势变得复杂，处于制度性意识形态危机和制度性经济危机条件下的社会，提议把民主化的目标同大量的社会成就、文明的市场和团结一致精神进行有机结合之后，却不具有能够及时防止灾难的发展方案。这是我们可以战胜、但却没有战胜的发展危机，自然而然，以垮台告终。国家官僚们充分地利用了这种情况。作为最有组织的、团结一致的等级结构，它厚颜无耻地、没有任何的理论和观点也能够实现自己的历史性纲领——给自己的积极分子分割国有财产之后，实现自己享有的特权地位的合法化。本质上，这是一场真正的政变，没有伴随任何的经济崩溃和民主危象,但是,相反,它牢牢地巩固了最没有原则并行动迅速的行政命令制度代表们的政权——并且是在已有的可控民主框架下,在重新分配私有财产并且全民赤贫的情况下。正是他们,典型的过时体制的代表,成了那些行政命令社会主义所特有的,而原本意义上的社会主义所没有的恶的关系的化身。正是他们曾经是、现在是、将来也会是我们的政治论敌,我们所面临的是同他们进行不妥协的斗争"。

鉴于以上诸多因素,作为劳动人民政治先锋队的苏联共产党丧失了其先锋队的作用,其灭亡不可避免。白俄共指出,"苏联共产党逐渐丧失了劳动人民政治先锋队的作用,在很多情况下变成了某些人实现生活目标的工具。这就使大量为了捞取个人的私利、而不是坚定思想信念的人混入党内。这导致党的队伍中不仅有毫无用处的人,还有不怀好意的人,结果这在很大程度上损害了党的威信和影响"。乌共指出,"很多党的领导人'专横跋扈',他们没有能力批判地评价国家仅有的一个政党的垄断地位,导致苏联共产党逐渐地失去了作为一个政治组织的'形式',变成了一个'自高自大的党',从一个有战斗力的、充满活力的政治力量,公认的人民的先锋队变成了成员上千万,但政治和思想松散、无组织的机构,这个机构在各种政治力量尖锐对抗的条件下,不能保住政治领导地位。领导高层越来越和普通党员相脱离"。

## 二 苏联经济自身的落后性问题

在这些共产党的党纲中,可以发现,对苏联经济自身的落后性在苏联解体中的作用,也给予了很大的关注。众所周知,十月革命是在一个小农经济占主导地位的落后的俄国取得胜利的。当时俄国的工人阶级仅占总人口的 2.5%。其经济状况相对于建设社会主义制度的落后性是毋庸置疑的。经济落后性问题解决得好不好,自然是苏联社会主义建设的关键问题。

俄共认为,在经济方面,苏联"没有及时地使经济结构与生产力的要求相适应"。

白共认为,苏联社会主义发展过程中,"没有充分发挥人民自由首创的精神以及人民的社会能量和主动性。没有全部实现'一切都是为了在科技革命基础上更加全面地满足劳动人民日益增长的需求'这个完全正确的口号,没有把科技革命的成就同社会主义的潜力结合在一起。这样就无法完成社会主义的主要任务:为人民创造比资本主义更高的生活质量,发展生产力，劳动集体实行自我管理，利用更有效的劳动生产率的激励和刺激因素"。

白俄共认为，"由于党的理论保障工作水平不高，对自身能力的估计过高，结果通过了一些不现实的政治决定，动摇了苏联人民对实现预定目标可能性的信念。1961年第二十二次党代表大会通过的苏联共产党党纲提出了20年内完成建设共产主义物质技术基础的任务，这个党纲产生了极其不良的影响。30年后，当初预定的目标并没有实现。现实的结果同预定的目标不相适应，这败坏了共产主义思想的声誉，给社会主义的敌人提供了有力的武器"。

乌共认为，苏联"所经历的现实的历史条件使社会主义的确立和发展变得复杂化。社会主义革命是在一个相对落后的国家取得胜利的，整个70年的苏联政权全部打上了这一烙印。列宁承认，社会主义革命较容易在一个落后的国家里取得胜利，但是，随后进行的社会主义建设意味着更大的困难。尽管具有很高的发展速度，苏联还是不能保障在经济上超越最发达的资本主义国家，尽管两者之间的裂缝不容置疑地缩小了。出现了一个紧张时期，该时期的历史任务就是消除经济落后性，解决因战争而造成的巨大损失并恢复被破坏的经济，但是，由于必须划拨很大一部分经济用来保障国防，并支撑同敌对的帝国主义世界的军事战略平衡，以及没能充分地利用世界科技革命的成就，苏联和最发达的资本主义国家之间在居民生活水平上的差距没被缩减，还变得比它们之间的经济差距更大了。而这一点被社会主义的敌对力量用来损害社会主义的声誉并对其进行破坏。因国家的落后而产生的小资产阶级思潮对社会主义建设的进程和结果产生了重要影响。它在从内部提供支持的同时，滋养着异化于社会主义的趋势，对共产党和国家的结构起到分解的作用"。

### 三 西方的和平演变起了推波助澜的作用

对社会主义制度的敌对势力——西方在苏联解体中的重要作用，有三个共产党在纲领中进行了分析。俄共指出，"美国及其盟友、西方的特务机关是我国反苏维埃力量的鼓舞者。在他们的庇护下在我国建立了'第五纵队'，在它的领导参与下，完成了反革命的转变，使强加给俄罗斯人民的资本主义得到了巩固并暂时有了稳定的保障"。

白俄共指出，"由于国外社会主义的敌人利用大量信息手段对社会意识进行心理战,致使大量苏联公民,其中包括共产党员,在20世纪80年代末90年代初被解除了意识形态武装,不准备在思想上捍卫当时存在的社会经济体制。而且大多数劳动者当时错误地认为,只要把共产党员从政权中清理出去,实行市场改革,他们就会生活得更好"。

乌共指出,苏联的解体正是"在西方情报机构的参与下,在国际资本、反动流亡人士的全面支持下,详细地计划并组织了反对苏联和苏联共产党,反对整个的社会主义和睦共处的全面进攻。它刺激国内的社会主义敌人实施破坏活动。在党内高层叛徒的帮助下,被资产阶级复辟分子控制的大众传媒在这方面起了非常具有破坏性的作用。流言污蔑、反共产主义宣传、猛地砸向劳动人民,其目的是在居民中形成苏联共产党应对所有的消极面承担'罪责'的体系,败坏党的名声,把党同人民隔绝开来"。因为"资本主义世界的统治集团在谋求世界主导地位的同时,从来没有停止弱化社会主义、并最终破坏社会主义、消灭社会主义的努力。正是出于这样的目的,在第二次世界大战结束之后,他们立刻发动'冷战',强迫我们接受繁重的军备竞赛。资本主义利用社会主义建设过程中的错误和允许的一些变形,新社会建设的客观困难,苏联共产党一些领导人物的背叛,培育了在社会主义国家复辟资本主义秩序的土壤。用犯罪的方式,违背1991年3月17日全民公决表述的人民的意志,毁掉了伟大的苏维埃国家——苏维埃社会主义共和国联盟。社会主义共同体瓦解。继续坚持走社会主义道路的中华人民共和国、朝鲜民主主义人民共和国、越南社会主义共和国和古巴共和国遭受的政治和经济压力增强。我们的政治敌人非常清楚这一点。同样,就像19世纪中叶,旧世界所有的反动力量团结起来进行反对'共产主义幽灵'的斗争一样,今天,在20世纪与21世纪之交,国家资本将自己的全部力量和资源都用于疯狂迫害社会主义的追随者、共产主义的拥护者。制造出所需效果的同时,其领导集团及投靠他们的背叛共产主义的叛徒,害怕无法遏止的历史发展进程和社会主义的必然胜利,宣布社会主义是'人类发展的死胡同',宣告社会主义已经'死去'"。

### 四 失败的是过时的社会主义形式,而不是社会主义本身

五个共产党一致肯定了伟大的十月革命在开启人类历史上的社会主义新时代中的重要作用。俄共指出,"没有列宁及其所领导的布尔什维克党的活动,人类奔向原则上不同的社会制度的理想就不会实现,群众历史性

创造出来的新的政权形式——苏维埃共和国就不会得到巩固"。白共指出，"伟大的十月社会主义革命是20世纪具有划时代意义的事件。它开创了转向社会主义的进程，为人类指出了通往社会和民族平等的道路，揭示了工人阶级、农民和劳动知识分子的创造能力，使苏联人民在最短的历史时期内，在教育、科学和文化、工农业生产领域跃居先进行列，把人类送上了太空"。白俄共指出，"给俄罗斯帝国人民带来自由和自决权的伟大的十月社会主义革命使白俄罗斯成为世界版图中一个独立的主权国家"。乌共指出，"伟大的十月社会主义革命是20世纪的一个主要历史事件，它开启了一个新纪元，两种社会制度——资本主义和社会主义的历史竞赛由此展开"。摩共指出，"马克思、恩格斯、列宁、布哈林、葛兰西的理论著作中的概念和范畴……直到现在仍然是经济学家、社会学家、政治学家最有效的分析工具"。可见，对于十月革命，这些共产党都一致给予肯定的评价。

苏联解体只是原有的社会主义形式的失败，并不代表社会主义的失败，资本主义和社会主义两种制度的角逐远未结束。俄共指出，苏联解体是"通过欺骗和暴力，使国家回到了资本主义。这是一条导致民族灾难和我国文明毁灭的社会倒退之路"。"在苏联和其他一系列国家已经发生的资本主义复辟意味着社会主义暂时的退却。但是，失败的并非作为社会制度的社会主义，而只是以前的社会主义形式。"乌共也明确指出"一系列欧、亚国家社会主义的暂时失败并不意味着社会主义的崩溃。两种体制历史上的原则性角逐并没有结束，它只是在质上过渡到了一个新的阶段"。

原苏东地区的共产党和左翼政党，要在新世纪谋求新发展，必须以深刻地总结苏联解体、东欧剧变的经验和教训为基础，找出此前苏联共产党和东欧各个国家的执政共产党到底为何失去了政权，结合新时代的新特征，进行理论创新和实践创新，开拓进取，才有可能为取得进一步的发展奠定基础。

# 第六章 亚非拉地区的社会主义运动

亚非拉社会主义运动是世界社会主义运动的重要组成部分。苏东剧变以来,世界社会主义整体上陷入低潮,但在亚洲、非洲和拉丁美洲却出现了一些区域性社会主义运动发展的小高潮,以至于有学者提出了"三南"概念,对这些发展中国家社会主义运动的新发展给予高度评价。① 本章选取了具有代表性的南亚东南亚共产党、非洲共产党、拉美共产党和拉美"21世纪社会主义"进行概述评析。

## 第一节 21世纪南亚东南亚的社会主义运动

南亚地区的印度、尼泊尔、孟加拉国、斯里兰卡、巴基斯坦和阿富汗诸国均有共产主义政党,具有浓厚的共产主义运动传统。南亚共产主义运动集频繁分裂的复杂性、长期遭受围剿的残酷性以及反封建反官僚资本主义任务的艰巨性于一体,是全球共产主义运动的一个缩影。在20世纪60年代"中苏大论战"中,南亚共产党几乎全部分裂了。21世纪的南亚共产主义运动几经整合和演变,在经过短暂的理论焦灼和组织上的整理之后,其历史进程主要按照两条路线推进:一条是武装斗争道路;另一条是议会道路。前者仍然遵循着马克思列宁主张的暴力革命路线,主张借鉴中国革命经验,坚持武装斗争;后者主张通过和平改良和议会斗争,渐进地实现社会主义,实现从资本主义到社会主义的"和平过渡"。

东南亚地区的印度尼西亚、马来西亚、菲律宾、越南、老挝、泰国、柬埔寨和缅甸历史上活跃着共产党组织,然而在经历了20世纪60年代到80年代中期的东南亚社会主义运动高潮后,除了1945年夺取政权的越南

---

① 高放:《当今世界共产主义运动的三大热点问题》,《江苏行政学院学报》2008年第2期。

共产党和 1975 年获得政权的老挝革命党之外,菲律宾共产党及其领导的革命运动是 21 世纪东南亚社会主义运动仅存的硕果。

## 一 21 世纪南亚毛主义运动

20 世纪 90 年代以来,国际共产主义运动的各种探索均陷入困境,各种共产党力量不断衰败,力量越来越弱小。与此截然相反,国际"毛主义运动"却呈现出力量不断蓬勃增长的"奇观"。越来越多的反抗力量转向了对解决第三世界的农民土地问题、民族解放问题、民主革命问题和经济发展问题非常有吸引力的理论武器——"毛泽东主义"。如今,南美的秘鲁、哥伦比亚,东南亚的菲律宾,西亚的土耳其,以及整个南亚地区都存在毛主义政党领导的"持久人民战争"。其中,南亚地区的毛主义运动规模最大,力量最为集中。世界社会主义运动是对资本主义全球化负面后果的必然回应。资本主义全球化在"二战"后尤其是在朝鲜战争后逐步进入新殖民主义阶段,而世界毛主义运动则是新殖民主义时代最显著的反抗性力量。南亚新一轮毛主义运动承继自 20 世纪六七十年代以印度"纳萨尔巴里运动"为里程碑的第一波毛主义运动,其直接世界背景是中苏大论战。苏联解体后,新自由主义席卷全球,南亚成为重灾区。正是在这一时代背景下,由于尼泊尔革命的直接带动,21 世纪南亚地区的毛主义力量重新整合,掀起了新一轮运动高潮。

(一)南亚毛主义运动的历史溯源

"冷战"时期,作为重要的地缘政治枢纽,南亚地区曾客观上受惠于美苏的争霸,例如,印度在美苏间左右逢源,获得了来自双方的不少经济援助。然而,由于没有经过社会主义革命,南亚的土地问题、种姓问题等传统社会的沉疴深深地阻碍着南亚的发展,因此从 50 年代初,不少南亚共产主义力量就主张借鉴中国革命模式来解决自身的问题。

20 世纪 60 年代末 70 年代初的第一波南亚"毛主义运动",是国际共产主义运动大分裂大整合的产物,进而又极大地影响了南亚乃至整个世界共产主义运动的版图。在 20 世纪 60 年代的"中苏大论战"中,南亚共产党几乎全部分裂为"莫斯科派"和"北京派"。"莫斯科派"主张通过和平改良和议会斗争,渐进地实现社会主义,实现从资本主义到社会主义的"和平过渡";"北京派"则仍然坚持从马克思到列宁的暴力革命路线,主张借鉴中国革命经验,坚持武装斗争,即所谓"毛主义道路"。各国共产党中的"北京派",即今日毛主义共产党的前身,领导了当时南亚各国的毛主义运动。在原有的深受苏联共产党影响的南亚共产主义运动内部,分化出了实力强大的毛主义力量,一大批共产党干部和知识分子开始扎根基层农村和工厂,夯实自己的阶级基础。这一波毛主义运动席卷了南亚绝大多数国家,包括印度、尼泊尔、斯里兰卡、东巴基斯坦(现孟加拉国)、阿富汗和巴基斯坦。其中,印度、斯里兰卡和孟加拉国的毛主义运动均对所在国政权造成强劲冲击。

然而,这一波毛主义运动后来基本上都走入了低谷。六七十年代高潮过后,由于领导毛主义运动的各毛主义政党内部的意识形态分歧和组织问题,各党分裂频仍。

1. 印度的"纳萨尔巴里运动"

1967年5月,在西孟加拉邦北部大吉岭县纳萨尔巴里地区爆发了一场农民起义,这场斗争很快席卷全国,并成为南亚毛主义运动历史上的标志性事件。时任印度首席部长兼内政部长的阿乔伊·穆克吉(Ajoy Mukherjee)马上派出1500名警察协助地方治安部队围剿起义者,仅两个月的时间,政府逮捕了1300人,其中包括此次起义的大多数高级领导人。[①] 由于印度共产党(马克思主义者)中央坚持议会道路,中途收回了对"纳萨尔巴里运动"的支持并在印度中央政府围剿起义时采取了默许的态度,1967年9月,几个邦发生了脱党事件,统称为纳萨尔巴里派的革命党人在安得拉邦和西孟加拉邦大批地退出了印共(马)。1969年4月22日,激进派组建的印度共产党(马克思列宁主义)宣告成立,当时印共(马列)在全国有两三万名党员,并在大学生和城市中等阶级中吸收了活动分子。1972年,轰轰烈烈的纳萨尔巴里运动转入低潮,但纳萨尔巴里运动的影响此后在印度乃至南亚地区延续了几十年,改变了整个南亚次大陆共产主义运动的发展态势。

2. 尼泊尔的"贾帕运动"

尼泊尔毛主义运动是在印度"纳萨尔巴里运动"的直接影响下出现的。1971年,在"纳萨尔巴里运动"的鼓舞下,尼泊尔东部特莱平原地区的贾帕县尼泊尔共产党青年党员成立了尼泊尔共产党柯西区域委员会

---

① [美]弗朗辛·R. 弗兰克尔:《印度独立后政治经济发展史》,孙培钧等译,中国社会科学出版社1999年版,第433页。

（后改称尼泊尔全国革命委员会（ML））。1971年5月16日，这些青年激进派在贾帕县的吉米尔噶边村（Jymirgadi）发动武装起义，后起义遭到残酷镇压，大批党员牺牲。"贾帕运动"即尼泊尔毛主义运动的前身。

3. 斯里兰卡的毛主义运动

锡兰共产党成立于1943年7月3日。历史上斯里兰卡的共产主义运动一度十分富有生机。1963年，锡兰共产党决定"通过议会实现社会主义"。党内激进派领袖 N. 桑穆加塔桑（N. Shanmugathasan）批评认为，"建设议会团结阵线的策略不过是一种幻想，也是一种危险的倾向；只有通过不屈不挠的武装斗争来反对新殖民主义，才能得到胜利的果实"①，并在党内开展了一系列抗议活动。1963年10月28日，桑穆加塔桑发表声明说："我被以非民主和不合乎党章规定的方式开除出了这支我参与创建的党。"② 1964年1月21日，桑穆加塔桑领导的反对力量召开了三天大会，从原来的锡兰共产党中分裂出来，成立了一支新的锡兰共产党。该党拒绝原书记的领导，并选举了中央委员会。为了与原来的锡兰共产党相区别，外界称这支党为"锡兰共产党（北京派）"。1964—1978年间，锡兰共产党（北京派）在斯里兰卡南部、东北部以及高山地区领导了革命武装斗争，这些斗争深深影响了当地的工人、农民、贱民、妇女以及年轻人等受压迫民众。但后来几经波折，该党经历了数次分裂。最重要的一次分裂是罗汉·维杰韦里（Rohana Wijeweera）从锡共（北京派）中分裂出来，另组"斯里兰卡人民解放阵线"（JVP）。维杰韦里曾任锡共（北京派）下属的锡兰红旗青年联合会组织书记，由于其号召立即执行更为激进的军事武装斗争政策，而于1966年4月被开除出党。随后，他组建了游击队组织——"斯里兰卡人民解放阵线"。该组织曾于1971年4月和1986—1989年间两度对斯里兰卡政权造成冲击。

值得一提的是，20世纪60年代锡共（北京派）的一支力量曾经在泰米尔北部地区组织群众武装斗争。但这些运动很快就由日益高涨的泰米尔分离运动所替代了。尽管"民族解放斗争"口号最早是毛主义者提出的，

---

① Dayan Jayatilleka, "The Maoist Movement in Sri Lanka," *INAS Insights*, No. 103, June 2, 2010, http：//www. isas. nus. edu. sg/Attachments/PublisherAttachment/Insights_103_-_Email_-_Maoist_Movement_in_Sri_Lanka_02062010172105. pdf.

② Kevin Devlin, "Rival Communist Parties in Ceylon," *Radio Free Europe*, January 28, 1964, http：//storage. osaarchivum. org/low/22/3e/223e0511-99ea-45cd-8f04-42c70cff6348_l. pdf.

但是没有任何一支泰米尔独立武装运动是毛主义式的，除了一支很小的、很短命的，叫作"泰米尔独立国家解放阵线"的组织。

4. 孟加拉国的毛主义运动

1966年，东巴基斯坦共产党分裂为"莫斯科派"和"北京派"。在"纳萨尔巴里运动"的带动下，1967年斯拉吉·斯卡德尔（Siraj Sikder）带领一批青年共产党人组建了"毛泽东思想研究中心"，1968年该"中心"转变为"东孟加拉工人运动"。1971年6月3日，在"东孟加拉工人运动"的基础上，诞生了"东孟加拉无产阶级党"。这支激进的毛主义政党曾对刚刚从巴基斯坦独立出来的孟加拉国产生重要影响，该党主张通过武装斗争，发起二次革命推翻资产阶级政府，建立社会主义国家。东孟加拉无产阶级党在理论上、军事上和组织上成了执政党孟加拉国人民联盟的最大挑战。但在1972年一大之后，东孟加拉无产阶级党内部陷入矛盾纷争，外部持续遭受执政党的严酷镇压。1975年该党领导人斯拉吉·斯卡德尔被捕并惨遭杀害后，东孟加拉无产阶级党陷入危机，开始分裂并持续衰落。

5. 阿富汗的毛主义运动

1965年10月6日"青年进步者协会"的成立是阿富汗毛主义运动的起点。该组织高举马列毛主义旗帜，拒绝"议会呆小症"和资本主义政策。该组织创办的刊物《永恒光辉》（Sholaye Jawid）在塑造成千上万阿富汗青年人的思想方面发挥了重要作用，赢得了激进青年、知识分子以及相当数量进步工人的支持。但由于外部遭受所谓"假共产主义""正统伊斯兰势力""宗教激进主义势力"的打压，以及严重的内部分歧——内部接连遭受"冒险主义""右倾主义"的挑战以及著名领导人阿卡拉姆·雅日（Akram Yari）身患重病等事件打击，"青年进步者协会"在1972年解散。尽管"青年进步者协会"解散了，但毛主义者们仍继续留存在阿富汗不同类型的左翼政治组织中。

6. 巴基斯坦的毛主义运动

历史上的印度共产党支持一个独立的巴基斯坦，将其看作是穆斯林群众的自决运动。巴基斯坦与印度分割之时，一场非正式的分割也开始在印共内部进行。一些重要的穆斯林党员得到指令，移民巴基斯坦，协助创建巴基斯坦共产党。然而，巴基斯坦共产党命运多舛，几乎遭到巴基斯坦历届政府的严酷镇压。1951年，巴基斯坦政府总理里亚库特·阿里可汗

(Liaqut Alikhan)宣布政府挫败了一起共产党人及其同情者推翻国家政权的阴谋。① 与此同时,政府对左翼政党和组织的活动限制进一步加深了。然而,共产党人和亲共知识分子继续在巴政治中发挥重要作用。1953年巴基斯坦共产党地方大选的成功刺痛了巴基斯坦政府。巴基斯坦政府再次宣布巴共卷入了推翻政府的阴谋,并于1954年7月推出一项禁令,宣布巴共为非法组织。与此同时,与巴共有关的组织,如全国学生联合会、进步作家运动和铁路工人联盟也失去了合法地位。1958年,全巴基斯坦农民协会也被禁止。

20世纪60年代,国际共运发生大分裂。由于巴基斯坦在政治和军事上将印度视为最大的敌人,而苏联采取各种方式对印度进行支援。因此,在与中国关系密切的巴基斯坦的政治修辞中,亲苏被视为"不爱国","亲中"则相反。② 这一时期的毛主义政党和组织被允许发展,但必须限定在较小的组织规模。

1968年,"巴基斯坦工人与农民党"成立,这是一支注重农民问题的毛主义政党,是亲苏联政党"国家人民党"分裂的产物。之前,国家人民党中的一些左翼党员同时也活跃于"农民委员会",但是该党的地主成员反对该党党员加入农会组织。于是,1968年5月1日,一部分党员脱离了国家人民党,成立了工人与农民党。20世纪六七十年代,巴基斯坦工人与农民党领导了西部边境省份的农民起义,但运动遭到了地主私人武装和政府军队的双重镇压。1978年,由于内部意识形态分歧和组织问题,巴基斯坦工人与农民党再次分裂了。

(二)21世纪南亚毛主义运动的现实图景

进入80年代后,新自由主义势力在世界范围内兴起,以苏联共产党蜕化、变质并随之崩溃为标志,国际共产主义运动整体上也陷入低潮。新自由主义模式迅速影响南亚各国主流执政党,和封建残余一样成为南亚进

---

① Ishtiaq Ahmed,"The Rise and Fall of the Maoist Movement in Pakistan", *ISAS Insights*, No. 102, May 26, 2010, http://www.isas.nus.edu.sg/Attachments/PublisherAttachment/ISAS_ Insights_ 102_ -_ Email_ -_ The_ Rise_ and_ Fall_ of_ the_ Maoist_ Movement_ in_ Pakistan_ 27052010102351. pdf.

② Ishtiaq Ahmed,"The Rise and Fall of the Maoist Movement in Pakistan", *ISAS Insights*, No. 102, May 26, 2010, http://www.isas.nus.edu.sg/Attachments/PublisherAttachment/ISAS_ Insights_ 102_ -_ Email_ -_ The_ Rise_ and_ Fall_ of_ the_ Maoist_ Movement_ in_ Pakistan_ 27052010102351. pdf.

一步发展的桎梏。例如在孟加拉国，1991年，主张私有化、取消行政干预和建立自由市场经济的孟加拉民族主义党上台执政；1992年9月，原来坚持社会主义的孟加拉国另一主要政党孟加拉人民联盟全国理事会修改了党章，放弃了公有制原则，实行市场经济，引进自由竞争机制。同样的变化出现在其他南亚国家，更具标志性的是印度的变化。1991年7月初，印度拉奥政府宣布新经济政策，标志着印度国内右翼资产阶级主张的新自由主义理念正式获得统治地位，印度原来宣称的第三条道路正式终结。拉奥总理1994年2月在柏林洪堡大学所作的讲演中指出，"我们正在对过去45年的政策实行转轨。我们将要实行一种市场导向的国内经济和自由的贸易体制"①。其具体政策有：以资本自由化推动竞争、国企逐步私有化、大力引进外资、降低关税推动贸易自由化等，以充分的资本主义市场经济体系融入美国资本所主导的全球化。

　　苏联的崩溃和解体及新自由主义的进攻，给南亚共产主义运动中"莫斯科派"和"北京派"的争论基本上画上了休止符，这对南亚毛主义政党来说表面上看是"坏事"，但从根本上看却是"好事"——越来越多的共产主义力量选择了"毛主义"。新自由主义模式不仅没有解决南亚地区原本存在的矛盾和问题（如土地问题、种姓问题等），反而在更大程度上激发了两极分化问题和阶层阶级矛盾。总体上看，南亚毛主义政党在苏联解体这场大冲击中很快就站稳了脚跟，在90年代就基本恢复了元气，并在21世纪迎来了革命的高潮，南亚地区的共产主义运动出现了大突破。

　　1996—2006年间，尼泊尔共产党（毛主义者）领导了震惊世界的"十年人民战争"，并成功占领尼泊尔80%的领土，尼共（毛）在政治上和军事上已经取得了压倒性优势，但是由于忌惮印度与美国进行武力干涉，才迟迟没有攻占加德满都。印度共产党（毛主义者）的总书记贾纳帕蒂曾经表示："南亚各国的毛主义共产党，都极大地受益于尼泊尔革命。"② "锡兰共产党（毛主义者）中央重组委员会"曾致信尼共（毛），盛赞该党以往的成绩："尼共（毛）在南亚乃至全世界毛主义

---

① 孙培钧等：《印度：从"半管制"走向自由化》，武汉出版社1995年版，第28页。
② Ganapathy, "South Aisa is Indeed Becoming a Storm Center of World Revolution", *The Worker*, No. 10, May 2006, pp. 41–50.

运动中扮演了一个鼓舞人心的革命先锋角色，重燃了纳萨尔巴里精神之火。这项历史性的进步将南亚毛主义者革命力量团结了起来，加速了世界革命运动的高涨。"[1]

在尼泊尔人民革命的带动下，21世纪南亚地区的毛主义运动出现复兴。2003年前后，在尼共（毛）的帮助下，不丹共产党（马列毛主义者）成立；2004年，印共（马列）人民战争集团和印共中心合并成立了印度共产党（毛主义者），阿富汗三支毛主义政党合并成立了阿富汗共产党（毛主义者）；21世纪以来，传统毛主义力量十分强大的斯里兰卡境内的锡兰共产党（毛主义者）和分散在孟加拉国的十几支毛主义共产党开启了重组进程；而巴基斯坦的传统毛主义政党——"巴基斯坦工人与农民党"也开始恢复了活跃和生机。南亚地区毛主义政党整体性复兴的另一个标志性事件，是2001年旨在"更好促进南亚地区蓬勃发展的持久人民战争形势"的"南亚毛主义政党和组织协调委员会"（CCOMPOSA）的成立。

1. 21世纪南亚毛主义政党的四种类型

根据其在国内乃至世界的软硬实力、影响力及成熟程度，21世纪南亚地区的毛主义政党可以划分为四种类型。

第一种类型是具有全国性乃至世界性影响力，有实力问鼎中央政权的政党——尼共（毛）和印共（毛）。尼共（毛）在21世纪新一轮南亚毛主义运动的复兴中扮演了旗手和先锋的角色。从1996年尼共（毛）起事至今近二十年的时间里，尼共（毛）领导的尼泊尔人民革命可以划分为前后两个时期："十年人民战争"和"十年议会道路"。尼共（毛）领导的"十年人民战争"引起世界的强烈关注，并一度被誉为后"冷战"时代最成功的共产主义革命。然而，在巨大的争议下，尼共（毛）于2006年放下武装转入尼泊尔议会政治。在经历了短暂的大选胜利后，尼共（毛）放弃武装、交还战争期间占领的土地、党内发生大分裂，并于2013年大选失利。尼共（毛）急转直下的革命形势对原本蓬勃发展的南亚毛主义运动造成理论和实践上的巨大冲击。

南亚毛主义运动的领导地位如今开始逐步转移到更具潜力和影响力的

---

[1] Comrade Surendra, "To the Communist Party of Nepal-Maoist (CPN-M): Revolutionary Greetings from the Ceylon Communist Party-Maoist", *Bannedthought*, 2008, http://www.bannedthought.net/SriLanka/CeylonCP-Maoist/CCP-M-ToCommunistPartyOfNepal-2008.pdf.

印共（毛）身上。2004年9月21日印共（毛）成立，并由此开启了"将武装斗争拓展至全国"的进程。印共（毛）武装力量如今分布在印度境内的22个邦，其中包括数万正规武装力量和无法统计的大量民兵。印共（毛）迅猛的发展态势成为印度政府的最大威胁。2009年，在美国和以色列等国情报部门的协助下，印度政府采用美国的"低烈度战争"战略出动大规模的军队对印共（毛）进行剿灭，其中包括利用信息技术优势对其领导层进行斩首行动。然而，剿灭行动并未触及印共（毛）的根本，在一些地区印共（毛）的力量甚至还有所发展。

第二种类型是历史悠久，有潜在的实力，但目前还未能真正发展起来，一旦有合适的气候和环境就极有可能迅速壮大的政党。这一类政党的代表是斯里兰卡的锡兰共产党（毛主义者）和十几支力量整合尚未完成的孟加拉国马列毛主义共产党。1991年，锡兰共产党（北京派）召开大会并宣布重组为"锡兰共产党（毛主义者）"。桑穆加塔桑凭借其个人威望领导该党直至其1993年逝世。2008年3月，锡兰共产党（毛主义者）发表了一封题为《致真正革命共产党的公开信》，信中分析认为，锡兰共产党（毛主义者）内部分崩离析的局面是"长期缺乏一条正确的革命路线、集体领导和强有力的组织"的结果，斯里兰卡客观革命条件良好，但主观条件特别是党的领导滞后了。信中呼吁斯里兰卡真正的革命力量重建锡兰共产党（毛主义者）——在继承桑穆加塔桑建立的锡兰共产党（毛主义者）这份共同的历史遗产和坚持马列毛主义的基础上。[①] 然而，由于内外阻力，锡兰共产党（毛主义者）的重组尚在进行之中。

2004年，东孟加拉无产阶级党中的一些年轻同志组建了"东孟加拉无产阶级党（毛主义者统一团结）"，该组织的成立对于该国的共产主义运动具有重大意义。"然而，该组织尽管在理论上有所突破，但真正的重建实践并未完成"。2012年"孟加拉国马列毛主义者共产党"成立。该党要继承斯拉吉·斯卡德尔及其领导的东孟加拉无产阶级党的遗产，重建一支新型的马列毛主义共产党。该党以马列毛主义为指导思想，革命目标是：在无产阶级政党领导下，以工农联盟为基础，通过发动新民主主义革命，推翻帝国主义、官僚资本主义和封建主义，在孟加拉国建立人民民主共和

---

① Comrade Surendra, "Open Letter to Genuine Communist Revolutionary Force", *Thousand Flowers*, vol. 1, March 2008, pp. 76–77.

国,并将发动人民战争作为中心任务,将持久人民战争道路作为孟加拉国革命的主要道路。① 尽管有一些成绩,但孟加拉国毛主义政党的整合和重组面临重重阻力。

第三种类型是历史悠久,具有很强的生命力和韧性,但一直维持有限规模的政党。这类政党的代表是阿富汗共产党(毛主义者)和巴基斯坦工人与农民党。阿富汗新共产主义运动的兴起源自1984年"世界革命运动(RIM)"的成立。"世界革命运动"带动了阿富汗一批毛主义组织的兴起和整合。1991年阿富汗共产党的成立是将阿富汗毛主义力量整合为一支党的努力尝试,但成效不大。"9·11"事件之后,联合抵抗美国及其盟友对阿富汗的占领再次成了阿富汗毛主义力量整合的一个重要契机。2004年5月,阿富汗共产党、阿富汗解放斗争组织(皮亚卡)和阿富汗革命工人团结三个毛主义组织合并成立为阿富汗共产党(毛主义者)。在成立之初,阿共(毛)向阿富汗的马列毛主义力量发出呼吁,要求一切马列毛主义力量加入,并得到热烈响应。该党的成立是人民抵抗美国及其盟友进攻阿富汗的一个成果,该党高举马列毛主义的旗帜,有清晰的党纲和路线。该党团结的基础是:作为意识形态和指导思想的马列毛主义,以及将新民主主义革命作为党的最低纲领,通过新民主主义革命实现社会主义,最后实现共产主义。其团结的基础也包括对"人民战争"达成共识,积极准备人民战争已经成为该党最迫切的任务。②

"巴基斯坦工人与农民党"(PMKP)于2010年8月7日召开七大。七大的召开标志着该党恢复到20世纪60年代毛主义者马杰尔·艾斯拉克·穆罕默德建党的初衷。巴基斯坦工人与农民党将自己定位为"巴基斯坦一切受压迫人民的先锋"。新党纲认为,巴基斯坦尚处于半封建和半殖民地社会,巴基斯坦人民受到落后的亲帝国主义和国内官僚买办资产阶级以及封建统治精英的统治。新纲领还强调:巴基斯坦的半殖民地因素是"解放生产力以及国家进步的主要障碍"。因此,受到沉重压迫的农民是"在无

---

① The Central Committee of Communist Party Marxist Leninst Maoist Bangladesh, "Communist Party Marxist Leninst Maoist Bangladesh Declaration & Program", *Bannedthought*, May 1, 2012, http://www.bannedthought.net/Bangladesh/index.htm.

② The Unity Congress of the Communist (MLM) Movement, "Afhanistan Maoist Unite in a Single Party", *Shola Jawid*, May 1, 2004, https://www.sholajawid.org/english/main_english/maoists_unite.html.

产阶级领导下进行民主革命的主要力量"。巴基斯坦仍有48%人口从事农业生产，有55%的无地人口，这是巴基斯坦人民战争的基础。而如果毛主义者不领导人民进行斗争，伊斯兰力量将继续为帝国主义力量所利用，继续压迫民众。①

巴基斯坦工人与农民党认为，巴基斯坦革命也会影响并促成地区乃至世界政治的历史性转变。就地区层面而言，巴基斯坦革命潮流将会席卷南亚并更深层次地影响伊斯兰世界。这将打破那些"教权法西斯主义者"对"反帝国主义"的垄断，其本质上并非反对帝国主义，而只是为了达到其机会主义及自我吹捧的目的。就世界层面而言，巴基斯坦的革命共产主义潮流将会对帝国主义"反恐战争"的意识形态基础造成重大打击。在西方帝国主义国家，穆斯林已经成为转移民众注意力的替罪羊——从帝国主义北约联盟的真正的地缘政治和经济目的（掠夺全世界、剥削被压迫民众）上转移开来。西方民众受到误导，从而支持帝国主义推翻阿富汗塔利班政权的扩张战争。但是，反对塔利班的战争——一场针对国内反对派和剥削阶级的战争，只能是被压迫人民的阶级战争。②

此外，2010年5月1日，巴基斯坦工人与农民党在巴基斯坦西北部省的边界上举行了支持尼泊尔革命的集会和游行。巴基斯坦工人与农民党还表示，将与阿富汗共产党（毛主义者）和伊朗共产党（毛主义者）共同推动西亚和南亚的反对帝国主义的人民战争。

第四种类型是边缘化的、发展趋于停滞的、在短时间内极小有可能获得大发展的政党。这一类政党的代表是不丹共产党（马列毛主义者）。不丹共产党（马列毛主义者）是不丹主要的毛主义共产党组织，其武装侧翼组织为"不丹猛虎部队"。与南亚乃至全世界其他毛主义共产党相比，该党的特殊性在于：最初是由不丹尼泊尔族的难民问题派生而出，最终由民族议题上升为"民族解放和阶级斗争"议题。

---

① The Seventh National Congress of the Pakistan Mazdoor Kissan Party, "The Significance of the Refoundation of the Maoist Movement in Pakistan", *Beyond Highbrow*, August 12, 2010, https://robertlindsay.wordpress.com/2010/08/16/the-significance-of-the-refoundation-of-the-maoist-movement-in-pakistan/.

② The Seventh National Congress of the Pakistan Mazdoor Kissan Party, "The Significance of the Refoundation of the Maoist Movement in Pakistan", *Beyond Highbrow*, August 12, 2010, https://robertlindsay.wordpress.com/2010/08/16/the-significance-of-the-refoundation-of-the-maoist-movement-in-pakistan/.

2003年不共（马列毛）发布《宣言》表示：不共（马列毛）以马列毛主义为指导思想，在不丹进行新民主主义革命，发动持久人民战争，推翻不丹君主制，进而在不丹建设社会主义。该党将不丹视为印度的殖民地。该党宣称其主要敌人是以不丹旺楚克王朝为代表的封建主义、帝国主义和印度扩张主义。2007年3月22日，在不共（马列毛）向不丹政府提出的"十三点要求"中，其政治诉求发生重大变化——强调用"人民民主"代替"君主制"，在不丹施行"多党民主制度"。①

不共（马列毛）是在尼共（毛）的帮助下成立和逐渐发展壮大的，在该党成立初期尼共（毛）曾为其提供了宝贵的思想资源和军事支持。2006年尼共（毛）路线的转变对不共（马列毛）的路线造成震荡并引发了不共（马列毛）的分裂。该党分裂为毕冉特（Birat）派和威卡帕（Vikalpa）派（威卡帕由于其"机会主义"倾向于2008年1月被赶出党的核心领导层）。

关于不共（马列毛）现状，2011年"南亚毛主义政党和组织协调委员会"第五次年会报告指出："不共（马列毛）的斗争没有太大起色。"② 2014年"南亚恐怖主义门户网"所做的一份评估报告显示：2008年不丹发生了十几次与不共（马列毛）相关的冲突，但这仅仅是不丹极左翼力量最后的示威。③ 不丹社会也在发生深刻改变：不丹国王"自废君主制"，2008年3月不丹举行国民议会（下院）选举，首次通过选举产生议会民主制下的政府。此外，较之南亚其他国家，不丹社会矛盾并不特别突出。

2. 21世纪南亚毛主义运动的组织和协调者——"南亚毛主义政党和组织协调委员会"

"南亚毛主义政党和组织协调委员会"由尼共（毛）和"印共（马列）人民战争集团"倡议发起成立，"世界革命运动委员会"（CoRIM）在筹建过程中也发挥了积极的作用。2001年参加"南亚毛主义政党和组织协调委员会"第一次年会的政党有：东孟加拉无产阶级党（中央委员会）、

---

① TP Mishra, "Rise of Red-army in the Last Shangri-La", *News Feature*, May 23, 2010, http://www.bhutannewsservice.com/feature/rise-of-red-army-in-the-last-shangri-la.
② Co-CCOMPOSA, "Press Release on Conclusion of the 5th Conference of CCOMPOSA", *bannedthought*, March 23, 2011, http://www.bannedthought.net/International/CCOMPOSA/index.htm.
③ "South Asia Assessment 2014", *Satp*, 2014, http://www.satp.org/satporgtp/southasia/index.html.

东孟加拉无产阶级党（毛主义布尔什维克重组运动）、孟加拉共产党（马列主义者）、印度毛主义共产党中心、印共（马列）人民战争集团、印度革命共产党中心（马列毛主义者）、印度革命共产党（中心）、尼泊尔共产党（毛主义者）、锡兰共产党（毛主义者）。①

"南亚毛主义政党和组织协调委员会"2002年发布宣言表明，该组织成立的目的在于以下三点。第一，在世界无产阶级革命加速推进的背景下，团结和协调南亚毛主义政党和组织的行动，以更好应对该地区蓬勃发展的持久人民战争形势。"我们决心将马列毛主义的旗帜插遍南亚次大陆，并升起在壮丽的喜马拉雅山之巅。"不仅将持久人民战争之火燃遍南亚次大陆，还要延伸到南亚地区以外的地方，与秘鲁、菲律宾和土耳其正在如火如荼进行的持久人民战争汇合。这将是具有深远意义的历史性的一步。第二，历史使命是摧毁帝国主义体系和通过持久人民战争道路完成新民主主义革命，最终实现社会主义和共产主义。第三，呼吁南亚地区所有毛主义力量加入，推进正在尼泊尔和印度进行的持久人民战争。在南亚各国实现新民主主义革命的胜利。"我们呼吁一切反帝国主义力量支持我们，加强反帝国主义和反印度扩张主义的日益高涨的人民群众的斗争。"②

"南亚毛主义政党和组织协调委员会"章程规定，该组织运行的一般原则是：每个党或组织独立决策并将之施行于各自的革命实践。所有组织成员都是平等的。因此，任何适用于某支党或者组织的办法在此并不适用。所有参加党或者组织都必须在各自国家领导人民战争，抑或积极筹备人民战争。因此，该组织的主体必须在地下秘密运行。必须牢记，组织原则和条例，绝不能替代意识形态和政治斗争，决不能作为解决问题主要途径。该组织的运行基于共识的基础之上。成员必须在各自国家领导或者积极准备人民战争，决不能无限拖延。鉴于一些成员党或者组织发生分裂，"南亚毛主义政党和组织协调委员会"不会马上吸纳分裂的分子，而必须由常委会调查其纯正性，再由大会决定是否吸纳。组织在"共识"的基础

---

① CCOMPOSA Press Statement, "Coordination Committee of Maoist Parties and Organisations of South Asia", *People's March: Voice of the Indian Revolution*, Vol. 2, No. 9, Sept. 2001, http://www.mediander.com/connects/2671558/coordination-committee-of-maoist/#.

② Co-CCOMPOSA, "Declaration of CCOMPOSA", *Satp*, August 2002, http://www.satp.org/satporgtp/countries/india/maoist/documents/papers/ccomposa2002.htm.

上运行，特别是关于"意识形态"和"政治事务"方面，关于"技术"和"实践"层面的问题，如未达成全体一致，各自成员可保有自己的立场。

（三）南亚毛主义运动的理论焦点

20世纪六七十年代，引发南亚共产党普遍分裂的理论问题——"议会政治"还是"武装斗争"，作为一个绕不开的理论难题和实践瓶颈，再次以新的形式出现在了新一轮南亚毛主义运动当中。迄今为止，尼泊尔人民革命将近二十年的历史可以划分为前后两个时期："十年人民战争"（1996—2006年）和"议会道路"（2006年至今）。支撑"武装斗争"向"议会道路"转变的是该党以"普拉昌达路线"为名的一系列理论创新。作为尼泊尔人民革命的实践总结，"普拉昌达路线"自2001年以来逐渐形成，以发展了的马克思主义的名义，与马列毛主义并列作为尼共（毛）指导思想。该理论创新引发了南亚乃至世界范围内毛主义运动的"大辩论"。印共（毛）曾多次写公开信对"普拉昌达路线"表示质疑。印共（毛）认为，该"理论创新"干扰了正在蓬勃发展的世界毛主义运动，在毛主义政党和无产阶级群众中造成了对战略战术和时代特征认识的大混乱。

1. 尼共（毛）转向议会政治的理论基础

2006年，在占有巨大军事优势的情况下，尽管尼共（毛）做出了"通过武装斗争1—2年内会完全夺取全国胜利"的判断，但尼共（毛）终究没有进一步推进斗争，而是在推翻封建君主制的背景下，选择与其他资产阶级政党妥协和合作建立资产阶级共和国。尼共（毛）政治路线上的突变与该党2001年以来的一系列理论创新密切相关。

第一，"21世纪民主问题"。2003年尼共（毛）中央委员会通过了一份题为《全面发展21世纪民主》的报告。在这份报告中，尼共（毛）提出"当所有党派都在反帝反封建的框架下，和平的多党竞争是存在的"①。后来，尼共（毛）对于工人阶级在夺取政权之前多党竞争是否可行的问题开始采取规避和模糊的态度。2006年，普拉昌达在接受《印度教徒报》采访时表示，"我们正告知其他的议会政党，我们准备与你们进行和平竞争"，而"做出多党民主的决定在战略上和理论上都是成熟的"，并赋予多

---

① Central Committee of CPI (Maoist), "Letters to the CPN (Maoist) from the CPI (Maoist)", *Revcom*, July 20, 2009, https://www.revcom.us/a/160/Letters.pdf.

党民主普遍性意义,声称这是发展马列毛主义的一次尝试。①

第二,"半殖民地半封建国家的革命道路——融合理论"。首先,是农村包围城市的持久人民战争(中国革命模式)与城市武装起义(苏俄革命模式)的融合。其次,是革命战略与和谈、斡旋、外交战略的融合。最后,是转变成议会政治,与其他资产阶级政党和平竞争。2001年尼共(毛)第二次全国会议刚刚结束后,以普拉昌达名义颁布的新闻公报明确声称:"科学技术,尤其是电子领域技术的迅速发展已经给各个国家和世界带来一种革命的全新模式,基于上述分析,我们提出了把持久人民战争模式和全面武装起义相融合的一种新战略。"② 在2005年中央委员会全体会议上,尼共(毛)认为,"在不同国家推行的持久人民战争正陷入困境的时候,或者随着帝国主义已尝试把干涉主义的镇压战略重新定义为'长期战争',以及在持久人民战争处于战略进攻阶段之后,人民军队会遭到清洗。在这种情况下,如果革命者不惜任何代价仍机械地坚持人民战争的'持久性',那么在本质上是故意为帝国主义和反动派谋方便"③。最后,"融合理论"进一步发展,到2006年之前,尼共(毛)的融合理论变成了与资产阶级政党和平竞争和向人民民主和社会主义和平过渡的理论。

第三,"对世界形势的估计——马列毛关于帝国主义和无产阶级革命的理论已经滞后,帝国主义的性质已经发生根本性变化"。2006年12月26日,在关于21世纪帝国主义和无产阶级革命的国际研讨会上,尼共(毛)提交了一份报告,尼共(毛)认为:"帝国主义在本质上已经改变,帝国主义在其发展进程当中已经获得了新的形式和形态。帝国主义最初的殖民形式已经改变为新殖民主义。现在新殖民主义的这种变化自然要考虑进来。"④ 2005年11月尼共(毛)的一份中央委员会学习文件表示:"一个重要的前提是今天全球化的帝国主义已经导致列宁和毛泽东同志关于帝

---

① Siddharth Varadarajan, "From People's War to Competitive Democracy", *Thehindu*, February 9, 2006, http://www.thehindu.com/todays-paper/tp-opinion/from-peoples-war-to-competitive-democracy/article3175754.ece.

② "CPN-Maoist Is The Flip-side of UCPN (M): Both Giving Up The Struggle And Opposing People's War Strategy!" *Sarbaharapath*, February 15, 2013, http://sarbaharapath.com/?p=400.

③ "Epochal Ten Years of Application and Development of Revolutionary Ideas", *Klementgottwald*, 3 Aug, 2006, http://klementgottwald.blogspot.com/2006/08/epochal-ten-years-of-application-and.html.

④ 《印共(毛)在2006年12月26日毛主义政党及组织举行的国际会议上提交的报告》,http://review.youngchina.org/archives/154。

国主义和无产阶级运动的战略分析落后了，这就像马克思和恩格斯对欧洲自由竞争资本主义时期革命的分析一样，已经滞后于一战前帝国主义的发展形势。"①

第四，"尼泊尔革命的发展阶段"问题。尼共（毛）在其纲领文件中曾经对尼泊尔革命目前所处阶段为新民主主义革命做出了明确的评估。然而，巴特拉伊在 2005 年 3 月关于新民主主义阶段的理解发生了急遽变化，即提出了所谓"民主共和国的次阶段"问题。2006 年普拉昌达在接受 BBC 的一次访谈时，谈到了建立新的尼泊尔并不需要粉碎旧的国家，以和平民主方式选举出来的民主共和国将会解决尼泊尔所面临的问题。② 2006 年 11 月在接受意大利报纸《快报》（*L'espresso*）的访谈中，普拉昌达进一步阐述了他对未来尼泊尔的展望，即要把尼泊尔变成像瑞士一样的资产阶级民主共和国。③

2. 尼共（毛）放弃"武装道路"引发南亚毛主义阵营激烈的争论

尼共（毛）回归议会政治并逐渐放弃"新民主主义革命"的主张激起了南亚地区和世界范围内左翼针对尼共（毛）的革命道路及其战略战术的大辩论。南亚毛主义政党普遍认为，尼共（毛）的新政治路线直接冲击了各国毛主义政党在时代主题、革命战略战术等方面的共识，其中包括如何认识帝国主义和无产阶级革命，如何制定正确的政治路线和军事战略等重大问题。

作为南亚毛主义运动的中坚和核心力量，印共（毛）对尼共（毛）的新政治路线进行了系统性批判。印共（毛）于 2009 年 7 月 20 日致信尼共（毛）④认为，在实践上，尼共（毛）与七党联盟、参与议会选举，同买办封建政党一起组建政府，放弃根据地、解散人民解放军和共青团，对帝国主义尤其是美帝国主义和印度扩张主义采取绥靖政策，均违背了马列毛主义的基本原则，在革命群众中造成了混乱，削弱了革命阵营；在理论

---

① "2005 - 12 - 15 document CPN-M", *Nepalconflictreport*, 15 December 2005, http://nepalconflictreport. ohchr. org/html/documents/2005 - 12 - 15_ document_ cpn-m_ eng. html.

② Charles Haviland, "Prachanda Interview: Full Transcript", *BBC*, 13 February 2006, http://news. bbc. co. uk/2/hi/south_ asia/4707482. stm.

③ Alessandro Gilioli, "Prachanda: Our Revolution Won", *L'espresso*, 09 Nov. 2006, http://espresso. repubblica. it/internazionale/2006/11/09/news/prachanda-our-revolution-won-1. 1900.

④ Central Committee of CPI (Maoist), "Letters to the CPN (Maoist) from the CPI (Maoist)", *Revcom*, July 20, 2009, https://www. revcom. us/a/160/Letters. pdf.

上，尼共（毛）所采取的政治路线和政策不符合马列毛主义的基本原则，其以创造性运用马列毛主义的名义提出的几个具体议题，如"21世纪民主"或者"多党民主"概念、"融合理论""全球帝国主义""普拉昌达路线"等，都违背了马列毛主义。

第一，关于尼共（毛）的"21世纪民主"理论。印共（毛）认为，尼共（毛）把做出多党民主的决定描述成是战略上、理论上都是成熟的做法，突出了这样一个危险的论点：用与统治阶级政党和平共处的道路取代通过革命推翻统治阶级的道路，通过所有议会政党（包括充当帝国主义和外国反动势力傀儡的统治阶级在内的）在所谓的议会选举中和平竞争，放弃未来建立社会主义的目标，从而为封建、买办反动分子的上台打开大门。而封建、买办反动分子会利用群众的迟疑，以及来自国内外反动分子或资产阶级和小资产阶级势力的大力支持，绑架整个社会发展议程，并在民主和国家主义的名义下使社会主义方向转变为资本主义方向。总的说来，普拉昌达关于多党民主的结论在群众中制造了对资产阶级民主和宪法的幻想。

印共（毛）表示，只有在经济基础和上层建筑领域进行坚定的、毫不妥协的反对帝国主义和封建主义的斗争，完成新民主主义革命的任务，才能实现真正的民主。个人领域的自由，如同马克思说的，在于对必然的认识；政治层面的自由在于必须打碎绑缚在人民身上的帝国主义枷锁。

印共（毛）认为，尼共（毛）并未吸取印度尼西亚、智利、尼加拉瓜、萨尔瓦多和其他国家共产党参与所谓的议会民主的经验教训，反而采取与上述国家政党相同的路径。

印共（毛）的理论杂志《人民进行曲》在2006年刊发的一篇文章中，指出参与资本主义议会选举是徒劳无益的："即使毛派政党通过选举上台，让自己的武装部队与旧国家军队合并，这个政权也有可能通过军事政变被推翻……若毛派政党想成为议会游戏的一部分，则必须遵守其规则，而不能独立自主地实施其反帝反封建的政策。司法独立被认为是议会游戏必要的一部分，那么在毛派政党上台后，司法独立是可以阻碍毛派政党启动的每一项改革的。……此外，还会有一些独立的机构存在，如司法机构、选举委员会、帝国主义支持的人权委员会、媒体、各种各样的艺术文化甚至是宗教机构和非政府组织等。如果谁声称投身于多党民主，那么它就不可能不赞成成立这些所谓的独立机构。而其中许多机构是以多样化而又微妙狡猾的方式效力于反革命目的的。谁也不能忘记西方机构渗透和颠覆东欧国家，甚至是苏联所采取的微妙狡猾的方式。"①

第二，印共（毛）批评尼共（毛）的"融合理论"，认为20世纪80年代后世界形势的变化并没有为将两种完全不同的战略融合成"新"的混合战略提供任何新的基础。原因很简单，印度和尼泊尔的社会经济体系并没有发生本质变化。在一切像尼泊尔和印度的落后国家，毛主义的持久人民战争战略从来不排斥在革命过程当中使用城市起义策略，这也可以从中国革命的进程当中看到。实际上，"二战"后社会形势发生急剧的变化：城市人口剧增，劳动阶级高度集中于城市。所在国的毛派武装当然更应该重视城市问题并把城市起义作为毛主义持久人民战争战略的一部分，为城市起义做好准备。但是，这并不意味着持久人民战争就成了"旧的"和"保守的"模式，这两种战略应该"融合"为一个。

印共（毛）在信中尖锐地批评道："你们所采取的政治军事战略并不如你们所说的是新东西。任何一支革命政党都不会认为仅通过军事战略就能夺取革命胜利。政治战略战术是毛派政党采取的总战略战术中重要的一部分。虽然人民解放军非常强大，但是毛泽东同志一直重视政治战略战术，而不仅仅只是军事战略。孤立主要敌人，与所有的反帝反封建力量建立统一战线，组织在城市和平原地区的劳动阶级和劳苦大众，已经成为毛泽东领导下的中国共产党和当今一些毛派政党议程中不可或缺的一部分。毫无疑问，这些政党的文件证明了这一点。"②

因此，印共（毛）认为，问题不在于是否意识到城市工作的重要性或者是否缺乏政治战略，而在于正在实施的政治军事战略的性质和在半殖民地半封建国家农村与城市地区工作的优先顺序。如果以政治战略战术为借口，把粉碎国家机器尤其是军队和其他武装力量降级到不重要的位置，如果为了设法维持统一战线而以牺牲无产阶级和备受压迫的人民阶级利益为代价做出妥协，那么实际问题就来了。即便在控制80%领土以后，尼共（毛）面临的最重要的任务也将是巩固群众基础和政权机关，增强人民解放军的力量和粉碎敌人的核心力量。这个任务是极其艰巨的。如果没有正

---

① "10<sup>th</sup> Anniversary of the Launching of the People's War in Nepal", *People'march—Voice of the India Revolution*, Vol. 7, No. 3, March 2006, Rs. 12.

② Central Committee of CPI (Maoist), "Letters to the CPN (Maoist) from the CPI (Maoist)", *Revcom*, July 20, 2009, https://www.revcom.us/a/160/Letters.pdf.

确理解人民战争的持久性,则很可能会在战略反攻阶段犯严重的错误。

第三,关于尼共(毛)的"全球化国家"理论。印共(毛)认为,"全球化国家"的这个结论是与辩证法相悖的,因为它把帝国主义内部矛盾降到不重要的地位,而试图把帝国主义当成一个力量均匀的整体。尼共(毛)这一想法的提出是在与七党联盟之后的 2006 年 12 月底,随后便走上了议会道路。"所有这些都源于你党对帝国主义的错误估计以及得出帝国主义已采取全球化国家形式的结论。这样的估计必然导致得出走和平通往人民民主和社会主义的道路和和平过渡到人民民主和社会主义的结论。然而,这一估计与卡尔·考茨基(Karl Kautsky)1912 年提出的超帝国主义理论类似,列宁同志曾经揭露过这一点。融合理论最终导向的是和平过渡的理论!……在一个极其落后的半殖民地半封建国家,在受半封建社会关系束缚的农民占总人口将近 90% 的情况下,提出这样折中主义的融合理论真是一个悲剧。……它不是让全体党员为旷日持久的人民战争做准备,而是在全体党员中制造迅速获取胜利的幻想。"①

第四,关于尼泊尔革命的发展。"没有任何一个毛泽东主义者会说建立共和国,推翻君主专政的斗争是错误的。同样,也没有毛泽东主义者会反对团结那些特定时间内的次要敌人力量,建立统一战线。不用说,这样的统一战线在性质上是纯粹战术性的,并且在任何情况下不能,也不应该决定革命本身的道路和方向。尼共(毛)的理论问题在于把对抗专制变成新民主主义革命的次阶段,更为糟糕的是,对抗专制的次阶段主导甚至决定了革命的方向和道路。在尼共(毛)发起武装斗争之前所制定的新民主主义革命的纲领和策略,推翻的目标,甚至根据当时革命推进的情况所作出的具体的阶级分析,现在都服从于所谓的尼泊尔革命的次阶段需要了。这就是'尾巴摇狗,本末倒置'。资产阶级民主共和国的次阶段已经成为决定一切的因素。这一切包括把持久人民战争搁置一边,而把多党民主或者与资产阶级、封建主义政党进行政治竞争作为最重要的战略,甚至是尼泊尔革命的道路。"② 印共(毛)批评认为,"反对君主制或国王已经成为了最重要的事情——尼共(毛)领导人的终极目标了。新民主主义革命,

---

① Central Committee of CPI (Maoist), "Letters to the CPN (Maoist) from the CPI (Maoist)", *Revcom*, July 20, 2009, https://www.revcom.us/a/160/Letters.pdf.

② Central Committee of CPI (Maoist), "Letters to the CPN (Maoist) from the CPI (Maoist)", *Revcom*, July 20, 2009, https://www.revcom.us/a/160/Letters.pdf.

社会主义和共产主义学说已经退居次要地位，并被包含在了反对国王的次阶段学说中了"①。

第五，印共（毛）对尼共（毛）提出所谓"普拉昌达路线"、冠以对马列毛主义的"丰富和发展"的名义及赋予其普遍性提出了批评。在尼共（毛）第二次全国会议上，"普拉昌达路线"被定性为长达五年的伟大人民战争丰富经验的理论总结。在这次会议上，尼共（毛）认为"普拉昌达路线"既是国际意义与国家特性，又是普遍性与特殊性，整体与局部，一般与特殊的不可分割的辩证统一，还认为尼泊尔革命经验的总结将会服务于世界无产阶级革命和无产阶级国际化。

印共（毛）批评认为，建立盲目的个人崇拜从长远来说对党和革命不利。并举了印共（马列）在查鲁·马宗达（英文名）（Charu Majumdar）时期的例子，建议尼共（毛）不要反复灌输对个人的盲目信仰。"我们一贯的观点是这些主义、道路和思想等经过实践证明是正确的，同时认为是具有明确科学依据之后还要经历漫长的时间才能够确立。我们建议你们不要仅仅因为尼泊尔人民战争夺取了某些重大胜利后，在论及新道路新思想时就可以太草率。"②

印共（毛）进一步批评认为，"在目睹了普拉昌达路线的全盛发展时期后，各地的毛派革命者现在已经明白了一件事：列宁和毛泽东主义的确已经成为了普拉昌达和尼共（毛）实施其改良主义和右倾机会主义方案的障碍。他们需要抛弃列宁主义的国家与革命学说和帝国主义与无产阶级革命的思想。他们需要扔掉毛泽东关于在半殖民地半封建国家的新民主主义和革命两阶段论，而且用人民战争和起义相结合或相融合的折中主义策略取代持久人民战争策略……普拉昌达路线在本质上与赫鲁晓夫的和平过渡理论无异"③。

（四）南亚毛主义运动必须回应的四大挑战

从整体上看，南亚地区毛主义运动仍然处于大整合、大转折的历史阶

---

① Central Committee of CPI (Maoist), "Letters to the CPN (Maoist) from the CPI (Maoist)", *Revcom*, July 20, 2009, https://www.revcom.us/a/160/Letters.pdf.
② Central Committee of CPI (Maoist), "Letters to the CPN (Maoist) from the CPI (Maoist)", *Revcom*, July 20, 2009, https://www.revcom.us/a/160/Letters.pdf.
③ Central Committee of CPI (Maoist), "Letters to the CPN (Maoist) from the CPI (Maoist)", *Revcom*, July 20, 2009, https://www.revcom.us/a/160/Letters.pdf.

段，尤其是尼共（毛）的路线调整给来之不易的南亚毛主义运动的联合态势蒙上了新的阴影。如今，南亚毛主义运动面临着统一思想理论和政治路线、实现各国毛主义力量的内部团结及整个南亚地区毛主义力量的整合、在新时代条件下进行理论和战略战术创新等四大挑战。

第一，从历史到现实，"议会道路"还是"武装斗争道路"的理论焦灼始终干扰着南亚毛主义运动。这一现象的背后是深刻的历史逻辑及其延伸的理论逻辑。首先，与俄国革命和中国革命的时代背景不同，"二战"后整个资本主义体系发生了一定的改变，在共产主义运动和民族解放运动的强大压力下，资本主义世界体系无论从中心到外围都进行着某些局部调整，其中包括部分的政治、经济改良，如政治上允许共产主义倾向的左翼政党参与议会政治，再如经济上社会福利保障制度的初步建立等。在这种背景下，部分左翼政党的确会产生通过参与议会政治和平改变资本主义进入社会主义的憧憬。其次，"二战"后，以美国为首的资本主义阵营更加有组织化、系统化、全面化地加强了对各国共产主义运动尤其是其领导阶层的经济收买和思想渗透，诱使后者蜕变乃至叛变。最后，"冷战"结束后，新自由主义兴起，"冷战"期间资本主义迫于社会主义阵营的压力被迫进行的改良成果毁于一旦，走议会路线的各国左翼政党普遍陷入了一定程度的困境。在以上三点原因的影响下，两条道路之间势均力敌的斗争可能会长期存在。

第二，长期和频繁的分裂困扰着南亚毛主义运动。20世纪六七十年代以来，国际共产主义运动开始出现频繁分裂，毛主义政党也概莫能外。在第一波毛主义运动陷入低潮后，南亚各毛主义政党基本上都支离破碎了。21世纪南亚毛主义运动出现复兴，一批毛主义政党开始重新整合。曾经整合成功的范例有印共（毛）[①]、尼共（毛）、阿共（毛）和"南亚毛主义政党和组织协调委员会"的诞生。但是2012年6月一度扮演南亚地区毛主义运动领导者角色的尼共（毛）内部发生大分裂。而2011年后，担任新一轮南亚毛主义运动"组织和协调者"的"南亚毛主义政党和组织协调委

---

[①] 有迹象显示，印共（毛）已与印度东北部的民族分离势力联合。在印共（毛）的支持下，印度东北部的曼尼普尔邦于2012年成立了一支毛主义共产党——曼尼普尔共产党（毛主义者），印共（毛）将该党引为战略同盟，并赞誉该党的成立是印度革命和南亚革命历史上"具有战略意义的重要事件"。2014年5月1日，"印共（马列）纳萨尔巴里"合并入印共（毛），印共（毛）实力进一步增强。印共（毛）表示，将进一步团结和整合印度真正的毛主义力量。

员会"活动停止。① 孟加拉国境内的十几支毛主义政党和斯里兰卡的毛主义政党的整合十几年来始终未能完成。

出现这种局面的原因是，南亚各国都缺乏一个拥有成熟的领导阶层、成熟的思想理论和战略战术，并为实践所检验和证明的力量中心，来整合和团结该国毛主义力量。上升到地区层面，整个南亚也需要有这样的一支力量和中心。印共（毛）是目前南亚地区毛主义当中表现相对成熟的一支政党，该党不仅在整合印度毛主义力量中发挥了重大作用，有一定实绩，也逐渐在南亚毛主义运动的组织和团结中发挥重要作用。从整合到分裂再到整合，从高潮到低潮再到高潮，共产主义运动一路就是这样走过来的。马克思、恩格斯早在《共产党宣言》中就曾指出："无产者组织成为阶级，从而组织成为政党这件事，不断地由于工人的自相竞争而受到破坏。但是，这种组织总是一次又一次地重新产生，并且一次比一次更强大，更坚固，更有力。"②

第三，在印度扩张主义和帝国主义支持下的各国统治阶级的残酷围剿始终对南亚毛主义运动形成巨大的压力。自 20 世纪 80 年代以来，美国在如何反对第三世界国家革命战争的研究和应对方面达到了一个新的高度。1986 年 7 月，美国的一个由 20 多名专家组成的军事智囊团在巴拿马秘密研究"低烈度战争"理论。他们研究了世界各大军事理论和军事家，包括从克劳塞维奇到切 - 格瓦拉、列宁和毛泽东的军事思想，又研究了美国在地区性冲突上的对策，随后他们形成了《战争理论的技巧》的报告，认为美国应大力推行"低烈度战争"。③"低烈度战争"战略在日后剿灭第三世界国家"游击战"和"持久人民战争"中发挥了重大作用，并且在施行的过程中不断得到完善。该战略大体具有以下几个特征：一是军事、社会、

---

① 2012 年东孟加拉无产阶级党（毛主义者统一集团）和曼尼普尔（康雷帕克 kangleipak）共产党分别成立，并联合发表了一份题为《为一个新的"南亚毛主义政党和组织协调委员会"铺平道路》的联合声明。该声明表示，"'南亚毛主义政党和组织协调委员会'的不复存在对新一代南亚共产党产生了深刻的影响"，"新一代南亚共产党强烈需要一个地区性的受压迫民众的协调性组织"。因此，东孟加拉无产阶级党（毛主义者统一集团）和曼尼普尔（康雷帕克 kangleipak）共产党赞成开启一个组建新的"南亚毛主义政党和组织协调委员会"的进程。这次会议组建了一个筹备委员会，进行物质上的筹备工作，孟加拉国的珀拉斯和曼尼普尔的亚比林分别为会议召集人和共同召集人。

② 《马克思恩格斯选集》第 1 卷，人民出版社 1972 年版，第 260 页。

③ 梅运忠等：《多极科技政治格局的崛起》，安徽人民出版社 1989 年版，第 104 页。

政治、经济和心理手段综合并用的全面战争、长期战争和消耗战争；二是"信息心理战"是战略的关键，目标旨在"控制人民的思想"；三是进行经济上的封锁，切断革命运动的经济来源和战争供给；四是"情报"是重要的战略武器；五是针对革命运动领导人发动"斩首行动"，迫使革命运动陷入群龙无首和四分五裂的混乱之中。

21世纪的美国垄断资产阶级及其全球盟友对各国劳动人民的思想控制达到了史无前例的巧妙而严密的程度，这是当年列宁领导的俄国革命和毛泽东所领导的中国革命所没有遇到过的新挑战、新问题。因为"二战"之前，大众传媒对劳动人民思想的控制程度还远远没有达到今天的程度。"9·11"事件以来，美国借"反恐"之名，将一些共产党组织列入"恐怖主义组织"名单。如何突破美国垄断资产阶级及其全球盟友对南亚毛主义政党的"舆论围剿"和"军事围剿"，在理论上和实践上有所创新，摆脱孤立的局面，赢得生存和发展的空间，是南亚毛主义运动面临的最大挑战。

第四，垄断资产阶级的信息技术挑战。在俄国革命和中国革命过程中，垄断资产阶级和无产阶级及劳动人民之间的技术差距都得到一定程度的解决，通过各种方式，无产阶级和劳动人民的武装力量所拥有的军事技术实力，在战争过程中可以和敌对阶级产生一定程度的抗衡。在21世纪的今天，两大阶级间的技术鸿沟更大了。信息技术的特征是投资规模巨大、集成化程度高，尤其是需要一个庞大的技术阶层支撑。例如，在"绿色狩猎行动"中，印度政府在美国的帮助下可以利用信息技术优势对印共（毛）领导层的通信信号进行监控并采取斩首行动。在整个信息产业和整个互联网核心技术都被美国控制的背景下，连中国和俄罗斯这样的大国都面临着美国的网络战争和信息战争的不对称威胁。南亚各国的毛主义政党要想摆脱当前的不利局面，困难程度是很大的。

由于上述问题的存在，南亚毛主义政党在短期内还很难成为该地区支配性的力量。但是深受封建残余和新自由主义模式毒害的南亚地区，必然在长期范围内成为毛主义运动的温床。毫无疑问，在全球经济进一步走向大萧条的背景下，未来十几年内毛主义政党在南亚各国和各地区将扮演越来越重要的角色，再次出现类似尼泊尔革命那样的毛主义运动高潮也将是大概率事件。

## 二 南亚共产党的议会成就及政治瓶颈——以印共（马）为代表

印度共产党（马克思主义者）是南亚地区规模最大的共产党组织，也是国际共产主义运动"议会道路"的典型代表。1957年，印共（马）在喀拉拉邦上台执政，创造了共产党通过议会选举获得地方政权的先例。在国际共产主义运动的顶峰时期，印共（马）及其领导的左翼民主阵线在喀拉拉邦、西孟加拉邦和特里普拉邦长期执政，成为印度政坛上仅次于国大党和印人党的"第三大力量"。印共（马）长期执政的三个邦被誉为"左翼运动的堡垒"。"左翼运动的堡垒"以广泛普及的教育、惠及中下层人口的政策和独特的政治结构，人文指数长期接近发达国家水平，成为国际共产主义运动中非常独特的经验和案例。

（一）印共（马）议会斗争路线的确立及其成就

1947年印度独立后，印度共产党（南亚地区历史最悠久和最大的共产党）执行了列宁主义的议会斗争策略，将合法斗争与非法斗争结合，把议会当成宣传共产党主张的讲台和"群众运动的训练场"，利用一切机会揭露政府的政策，为人民的疾苦慷慨陈词，并且提出具有宣传作用的法案。议会斗争是作为辅助性的革命手段存在的。1957年4月，印共在喀拉拉邦通过选举获得邦政权，激发了一部分印度共产党人的憧憬，即通过"和平—议会手段"获得政权不再是一个不切实际的"理论概念"，而是"可行的战略"。早在特伦甘纳农民起义之后，尼赫鲁（Jawaharld Nehru）认识到，要用暴力扑灭共产主义运动之火几乎是不可能的。1958年4月24日，尼赫鲁访问特里凡得琅时曾表示，印度共产党终于采取了一个"非常合理的途径"。将共产主义运动导入和平民主的轨道，不仅是尼赫鲁政府的意愿，也是全世界资产阶级政府的诉求。1958年3月，已经退出美国共产党的作家霍华德·法斯特在会见马丁·阿格龙斯基（与美国政界高层关系密切的资深记者）时表示："共产党并不是什么可怕的东西，而它也不是任何武力或者暴力所能消灭得了的。共产党是靠武力和暴力滋养长大起来的。""只有善于冷静地衡量它，并以民主方式采取对策，才能消灭它。这才能使它退出我们的舞台，而它就不会再留在这个舞台上了。"[①]

---

① ［美］琴·D. 奥佛斯特里特、马歇尔·温德米勒：《印度共产主义运动》，1958年内部发行，第8页。

1957 年的胜利鼓舞了相当一部分印度共产党人投诸议会道路的热情。几经分裂整合和演变，1964 年与印共分裂后，印共（马）替代印共逐渐成长为全印度，乃至整个南亚地区的最大共产党组织。在对时代特征和印度社会矛盾认识的基础上，印共（马）制定了实现社会主义和共产主义的最终战略目标。但由于考虑到印度的经济发展水平，工人阶级及其组织的政治思想成熟程度，以及印度垄断资本主义统治与种姓、社群和部落机制的独特结合的现状，印共（马）《党纲》规定，现阶段的革命是"反封建反帝反垄断性质的、由工人阶级组织和领导的新型人民民主革命"。印共（马）主张采取议会和议会外斗争相结合的"和平手段"完成现阶段革命任务。印共（马）认为，印度现在的议会制度虽然是资产阶级统治的一种形式，但也体现了进步。为人民维护自身利益以及在一定程度上干预国家事务以及民主和社会进步提供了机会。除了通过选举直接在中央和邦政府执政外，印共（马）还主张利用那些摆在面前的机会来使现任政府为广大人民提供救济，努力在现有的条件下推行替代性政策。①

自 1967 年以来，印共（马）及其领导的左翼阵线在喀拉拉邦、西孟加拉邦和特里普拉邦长期执政，成为印度政坛仅次于国大党和印人党的"第三大力量"。左翼阵线长期执政的三个邦被外界誉为印度"左翼运动的堡垒"。长期以来，左翼阵线和国大党在喀拉拉邦的分支交替执政。在左翼阵线的牵制下，国大党上台后也会执行相对"左倾"的邦路线政策。印共（马）领导的左翼阵线在西孟加拉邦连续执政 35 年，但在 2010 年，左翼阵线在选举中败给了地方政党草根国大党，遭受重大打击。自 1993 年起，印共（马）及其领导的左翼阵线在特里普拉邦连续执政 25 年。

（二）左右为难——从事议会斗争印共（马）所面临的政治瓶颈

在印共（马）执政的三个邦中，西孟加拉邦是面积最大和人口最多的邦（人口 9000 万），而另外两个邦喀拉拉邦和特里普拉邦都属于人口较少和面积较小的邦（人口分别为 3000 万和 300 万）。2011 年及 2016 年在西孟加拉邦接连两次的选举失利，对印共（马）来说是非常重大的打击。

2011 年邦大选中，作为最坚决反对印共（马）的旗手和代言人，民粹主义倾向的草根国大党爆出冷门，成功收割了印共（马）的选票，赢得大选胜利，并获得单独一党组建政府的资格。2011 年，草根国大党得到了

---

① CPI（M）：Party Programme，http：//cpim.org/party-programme.

184席和44.1%的选票，印共（马）只得到40席和39.1%的选票。① 印共（马）的失败遍布全邦，包括那些一度被认为是左翼传统票仓的地方，印共（马）在农村的基础也被草根国大党获取。2015年，印共（马）二十一大报告承认，西孟加拉邦的丢失对印共（马）的影响是全局性的："由于西孟加拉邦和喀拉拉邦的选举失败，在全国层面上，党处于弱势。"②

2016年邦议会选举中，印共（马）未能如外界所期待的那样，重新夺回西孟加拉邦的领导权，再次败给草根国大党。印共（马）在西孟加拉邦35年执政期间曾经给当地人民尤其是底层农民带来其他邦农民无法获得的土地及其他宝贵的福利，然而，2011年及2016年两次邦大选中，印共（马）都因为曾经试图利用资本和市场发展工业而丧失民心丢失选票，败给并不真正代表农民和人民利益的走煽动主义路线的草根国大党。而印共（马）之所以采用某种新自由主义措施发展工业，很大程度上正是由于它是通过选举方式上台的，其权力非常有限。这充分显示了选举政治的结果，并不一定真正代表人民的根本利益。

在印共（马）失去西孟加拉邦之后，2013年特里普拉邦大选的成功显得特别"弥足珍贵"。左翼民主阵线得到60个席位中的50席，52.3%选票，其中印共（马）独得49席位和48.1%选票，以压倒性的优势赢得胜利。③ 与其他的军事叛乱频发且无法控制的印度东北邦不同，左翼政府治下特里普拉邦的突出特点是，军事叛乱得到了有效控制。作为1947年印巴分治的余波，特里普拉邦成了孟加拉人的天然庇护所。来自毗邻的东孟加拉的孟加拉人的大量涌入，改变了特里普拉邦的人口构成，外来的孟加拉人占据了人口多数，土生土长的部落民成了少数民族。特里普拉邦也是印度唯一一个移民数量超过土著民的邦。一项研究数据表明，超过40%的部落民土地被政府拿走用于难民安置。对特里普拉邦有限土地资源的争夺引发了孟加拉移民和土生土长的部落民之间持久的激烈对抗。20世纪70年代末80年代初，部落民武装反抗大量涌现，影响最大

---

① Bidyut Cbakrabarty, *Left Radicalism in India*, Routledge Taylor and Francis Group (London and New York), 2015, p.117.
② CPI (M), *21st Congress Political Resolution*, April 14-19, 2015, Visakhapatnam, http://cpim.org/documents/21ed congress political resolution.
③ Bidyut Cbakrabarty, *Left Radicalism in India*, Routledge Taylor and Francis Group (London and New York), 2015, p.89.

的是 1978 年成立的旨在驱逐孟加拉移民的"特里普拉民族志愿军"和 1989 年成立的要求特里普拉邦从印度独立出去的"特里普拉民族解放阵线"。

　　印共（马）通过经济和政治手段，逐渐消除了武装暴力。一方面，印共（马）帮助部落民引进了大规模橡胶种植，使部落民增加了生计来源和稳定的收入。① 特里普拉邦跻身印度第二大橡胶生产基地。另一方面，在农村建立"潘查亚特制度"的同时，还建立了保障部落民权力和身份的"特里普拉部落地区自治区域委员会"（TTAADC）。该组织成立于 1982 年，是一个创造性的设计，将边缘化的部落民纳入政治主流，其意义在于赋予部落民自治权。特里普拉邦也是东北邦中唯一一个部落民加入议会政府的邦。此外，印共（马）能在特里普拉邦长期执政也部分归因于主要对手国大党长期内部分裂和虚弱的现状。

　　作为全世界第一个通过选举上台的共产党政府，印共在喀拉拉邦的执政充满波折。1959 年 7 月 31 日，印共领导的邦政府被中央政府强行解散。1964 年，印共（马）与印共分道扬镳后，印共（马）在喀拉拉邦的实力很快超过了印共，并于 1967 年组建了邦政府，但 1969 年左翼政府再次被强行解散。1980 年印共（马）领导的左翼民主阵线胜选，但于 1981 年 12 月被迫下台；1987 年再次胜选；1991 年失败；1996 年胜选；2001 年失败；2006 年胜选；2011 年失败；2016 年胜选。印共（马）领导的左翼政府在喀拉拉邦未能和西孟加拉邦和特里普拉邦的左翼政府一样实现长期连续执政，一个最重要的原因是，喀拉拉邦的反对派实力强劲，印共（马）领导的左翼民主阵线和国大党领导的团结民主阵线在喀拉拉邦势均力敌，而在其他两个邦，对手长期四分五裂、力量很弱。左翼民主阵线并未像在其他两个邦那样成为邦主导性政治力量。

　　印共（马）领导的三个邦以广泛普及的教育、惠及中下层人口的政策和独特的政治结构，人文指数长期接近发达国家水平，成为世界上共产党地方执政的独特经验和案例。然而，进入新世纪后，印共（马）的地方治理面临瓶颈。在建国后一段漫长时期内，印度经济都保持着 3% 的"印度发展速度"。1991 年开启新自由主义进程后，特别是 2003 年以后，印度经

---

① Bidyut Cbakrabarty, *Communism in India: Events, Processes and Ideoogies*, Oxford University Press, 2014, p. 23.

济出现快速增长。相比其他地区经济快速发展，印共（马）执政的三个邦的经济发展速度相对滞后。20世纪90年代以来，印共（马）执政的邦面临的最突出矛盾和问题是，如何进一步推进工业化和进一步发展经济。印共（马）既无法像之前的苏联和中国那样搞社会主义的工业化，也无法有效地利用强有力的政府驾驭市场经济来促进工业和经济的发展。西孟加拉邦左翼政府也试图通过新自由主义改革发展经济和再工业化，突破经济发展瓶颈，但遭遇了失败。2011年印共（马）遭遇雪崩般的失败，原因是并没有真正的强有力的社会主义政权，印共（马）的工业化计划只能通过吸引外资及依赖私人资本来完成，这就得罪了原有的政治基础——农民和底层工人。此外，由于工业化政策推行过程当中的失误，使原本四分五裂的反对派团结了起来，对印共（马）的失误大肆渲染和攻击利用。虽然与其他政党的执政效果相比有很大的进步性和成就，但与苏联和中国的社会主义革命政权相比，印共（马）在印度的三个地方政权存在明显的先天劣势。

  印共（马）早期的阶级基础的建立是通过初步的土地改革实现的，但是土改红利用完后，印共（马）所面临的问题是怎样进一步按照列宁主义原则，在经济上和政治上组织民众，以形成真正的政治和阶级基础，这必然需要进一步推动社会主义的政治经济进程，将社会主义浪潮推向前进，而不是仅仅聚焦于选举。印共（马）在西孟加拉邦执政三十五年，只因极个别的征地事件处理不当，就导致选民的大量流失，这说明其依靠选举模式所取得的政治基础并不牢固。选举政治具有脆弱性，选民具有多变性，选民与选票并不完全等同于阶级基础，但是印共（马）又太依赖选举。问题在于，资产阶级政党并不仅仅依靠选举，在选举背后还控制了经济、科技、教育、媒体、智库乃至军队暴力工具等各种强大的社会资源，印人党背后还有在印度根基异常深厚的宗教系统，在大选时可以调动全部力量投入选举。而走议会路线的无产阶级政党在经济、媒体等各方面占有的资源显然处于极端不对称状态，即便是通过选举上台，形成的也是权力非常有限的政府。印共（马）在西孟加拉执政35年，但是农村并没有形成合作化，在城市也没有建立强大的公有制工业和经济，因此，整个社会其实一直停留在一种改良的资本主义框架中。印共（马）通过利用资本和市场的方式发展工业的思路惨遭失败后，印共（马）处于某种左右为难的境地。

（三）印共（马）对自身战略战术的反思

进入21世纪后，印共（马）及其领导的左翼阵线接连遭受重创，政治空间遭到挤压，在三个邦的政治基础岌岌可危。在此背景下，印共（马）对长期执行的战略战术进行反思是十分必要的。

针对2014年印人党赢得选举胜利以及印共（马）在选举中的不佳表现，2015年1月，印共（马）中央委员会出台了《政治路线审查报告》，对党的长期战略进行反思。

1. 印共（马）批评"作为一种改良主义观点的议会主义思想"。"这种思想主张把党的活动限制在议会选举上，并且将党参加议会选举曲解为'党主要是通过竞争性选举保证先进性的'。"印共（马）批评认为，议会主义的错误观点导致了"对群众运动、党的建设和开展思想斗争工作的忽视"。在未来工作中，要把"议会和议会外工作结合起来，加强群众运动和政治斗争"①。

2. 片面追求选举联合，降低了左翼阵线的准入标准。印共（马）总结认为，35年来除了"左翼堡垒"之外，"并没有成功地在全印度范围内形成左翼阵线"。关于这一点，《审查报告》实事求是地指出，"应该在政治战略路线内部寻找原因"。问题根源在于，印共（马）曾经断定"全印度左翼阵线是一个难以实现的远期目标"。党从十三大（1988年）开始建设左翼和世俗力量的统一。左翼阵线降格为宣传口号，而实际上执行的是"左翼民主世俗联盟"②。

3. 印共（马）分析认为，左翼阵线无法建立的重要原因是，"印共（马）在全印度整体实力的难以提高"。党在提高"独立性"方面一直没有进展。"在过去25年里，党员数量和群众组织数量稳步上升。党员人数从十四大时的58万增加到二十大时的104.5万。群众组织人数从十四大时的2880万上升到二十大时的6100万。但上述增长主要集中在喀拉拉邦、西孟加拉邦和特里普拉邦。这三个邦的党员人数占目前总党员人数的73%。这三个邦群众组织人数占党在全印群众组织人数的76%。"这就出现一个现象，"党员和群众组织人数增长，党和群众组织的号召力以及党

---

① CPI (M), *Political Tactical Line*: *Draft Review Report*, January 19 – 21, 2015, Hyderabad, http://cpim.org/documents/Political tactical line draft review report.

② CPI (M), *Political Tactical Line*: *Draft Review Report*, January 19 – 21, 2015, Hyderabad, http://cpim.org/documents/Political tactical line draft review report.

的选举能力却并未提高。整体状况是，党在一些邦维持强大实力，但在党的力量弱小的邦和地区实力还有所下降"①。

4. 左翼政府未能处理好新自由主义问题。在印共（马）执政期最长的西孟加拉邦，由于在贯彻"新自由主义"政策时，未能处理好向农民征地的问题（在全印度层面，这种现象被视为在新自由主义政权下，企业掠夺土地议程的一部分），导致了政权的丧失。印共（马）反思认为，"在西孟加拉邦，这个问题使我们付出了沉重的代价，损害了党在全印度的形象"。"左翼阵线政府必须对过去十年中所采取的政策进行严格的审查和反思。我们必须吸取教训，以便在未来有更恰当的应对。"②

### 三 东南亚地区社会主义运动的仅存硕果：菲律宾共产党的现状与未来前景

2016年5月30日，罗德里戈·杜特尔特（Rodrigo Duterte）高票当选菲律宾新一届总统。种种迹象表明，杜特尔特有比较明显的左翼社会主义倾向，而菲律宾共产党也史无前例地对杜特尔特这任总统保有善意。在过去近五十年内，菲律宾的寡头家族不仅没有消灭菲共这支革命力量，后者反而在近二十年里越来越壮大。伴随着菲共与杜特尔特政权的和谈、合作与博弈，菲共过去五十年所积累的政治、文化、军事力量将在菲律宾主流政坛和社会逐步浮出水面，并将对菲律宾的内政外交产生影响。

#### （一）菲律宾共产党的历史与现状

菲律宾共产党成立于1930年，1967年发生分裂，后于1968年在何塞·西松（Jose Maria Sison）的指导下重建，即信奉毛泽东思想的"新菲共"。"新菲共"有两大武器：一是"武装斗争"——1969年3月29日成立的"新人民军"；二是"统一战线"，即1973年4月24日成立的"菲律宾全国民主阵线"。后者在菲律宾公开合法地存在，并对主流社会产生了非常广泛和深入的影响。

2014年2月20日，西松在接受巴西《新文化杂志》的采访时透露："菲共的下一步革命战略目标是，将目前的战略防御阶段推进至战略相持

---

① CPI（M），*Political Tactical Line: Draft Review Report*，January 19 – 21, 2015, Hyderabad, http://cpim.org/documents/Political tactical line draft review report.

② CPI（M），*Political Tactical Line: Draft Review Report*，January 19 – 21, 2015, Hyderabad, http://cpim.org/documents/Political tactical line draft review report.

阶段。下一步计划将红色游击区增加至 200 个,党员人数提高到 25 万人,将拥有自动步枪的红色战斗人员增加至 2.5 万人。"在 2016 年的一份庆祝新人民军建军 47 周年的文件中,菲共指出,所谓新人民军从 1986—1987 年的峰值 2.5 万人,降至几千人——是敌人编造的巨大谎言。事实上,那时的新人民军只有 5600 人。时至今日,新人民军较之历史上任何一个时期,战斗人员的数量都更多,武器更加精良,战斗人员素质更高。新人民军领导下的民兵数量已达数万人,工人、农民、妇女和青年组成的群众自卫组织已达到几十万人规模。新人民军的游击阵线覆盖菲律宾超过 71 个省,并且可以在菲律宾 80% 的领土上自由穿梭。新人民军得到了全国民主阵线领导下的上千万规模的群众组织积极而广泛的支持。①

在建军之初,新人民军制定的战略部署规划"以两种方式分散敌人兵力:一种是在全国范围;另一种是贯穿群岛。分散敌人兵力后,再对敌人进行各个击破。为了达到这个目标,须在吕宋、米沙鄢和棉兰老岛建立农村根据地。党和军队在全国范围内拓展力量,必须基于上述考虑"②。新人民军作战单位分为四种类型:常规作战部队、游击队、民兵或者自卫队以及城市武装游击队。根据发展的阶段和条件,新人民军通过土地改革建立群众基础和进行武装斗争。新人民军执行的最低土地改革纲领内容包括,减租、销毁高利贷、提高农业工人工资、提高农产品产量及价格;最高土地改革纲领内容包括,没收地主手中的土地,并将土地平均分配给穷苦农民和低等中农。与此同时,新人民军在人民中建立了政权,并在工人、农民、知识分子、妇女、青年、儿童、文化活动家和其他群体中建立了群众性组织。"数百万农民群众从全国的全部地区,从最低和最高土地改革纲领中获益。"这不仅夯实了新人民军的群众基础,为新人民军提供了后备力量,也激励了人民参与革命斗争的热情。新人民军从人民那里得到了情报、通信、食品支援和战略进攻和防卫的救助和支持。

阿罗约政府 2001 年启动的"奥普兰计划 1"是美国在全球反恐的背景下鼓动菲律宾政府制定,并由美国政府直接参与和实施的剿灭计划。其目标是遏制革命运动在农村的扩张,并计划于 2006 年彻底击败菲共领导的

---

① NPA Celebrates 47th anniversary, *ANG BAYAN*, vol. XLVII, No. 7, April 7, 2016, www. philippin erevolution. net.

② The People's Army and Its Fighting Tasks. *ANG BAYAN*, Special Issue March 29, 2016, www. philippinerevolution. net.

革命运动。"该计划导致了1000多名进步人士被非法暗杀、刑囚、失踪……还残酷导致100多万民众流离失所。这些被迫流离失所的民众被驱逐到了外国人开办的矿山、种植园和娱乐场所。"然而,"奥普兰计划1"在摧毁新人民军这一点上失败了。根据菲共资料显示,"自从2001年起,没有一支游击阵线被击败,更何况是红色革命力量的整体衰减"。与官方在媒体上宣传的"奥普兰计划1"取得巨大战绩相反,2006年9月,从官方和警察内部流出的一份国内安全评估报告显示,菲官方已经承认"奥普兰计划1"失败了。2007年,阿罗约政府发动了比"奥普兰计划1"更为残酷的"奥普兰计划2"。阿罗约政府将超过35支军队和警察战斗营部署在棉兰老岛,据估计该数量占到了所部属武装力量的50%—60%。阿基诺三世时代延续了"奥普兰计划2",但削减革命力量的战略目标远未能达成。由于菲律宾亲美的寡头家族及军队无法消灭菲共及其新人民军,因此,菲共与杜特尔特左翼政府的和谈和解策略就有了一定的空间。

(二)菲律宾共产党对杜特尔特政权的看法

对于大选中杜特尔特自称是一名"社会主义者",菲共认为"语言是廉价的——特别是在竞选中,他必须通过行动证明自己"①。菲共也一度澄清和回应了杜特尔特是新人民军官方候选人的说法,批驳这种报道为"纯粹的谎言"②。

杜特尔特当选后,2016年6月12日菲共领导的菲律宾全国民主阵线国际信息办公室发布消息,赞誉菲律宾即将迎来的杜特尔特政府为菲律宾人民反对美帝国主义和促进菲律宾的民族解放斗争创造了有利的条件。菲共认为,"作为一名公开宣称的'左派',杜特尔特有望成为菲律宾历史上第一位不是作为傀儡而受美国控制的总统"。菲共同时认为,杜特尔特的勇气还有待检验——他能否彻底反对美帝国主义和在国内施行真正的土地改革以及国家工业化政策。③

对于杜特尔特当选菲律宾总统,菲共的分析评价有以下几点。

首先,杜特尔特当选标志着菲律宾现行政治体系危机的不断加深。杜

---

① Editorial, Advance the People's Democratic Revolution under the Duterte Regime, *ANG BAYAN*, vol. XLVII, No. 10, May 21 2016, www.philippinerevolution.net.

② CPP statement, Share on Tumblr, 05/2016.

③ Editorial, Advance the People's Democratic Revolution under the Duterte Regime, *ANG BAYAN*, vol. XLVII, No. 10, May 21 2016, www.philippinerevolution.net.

特尔特之所以有能力从民众手中获取选票，是由于他表达了民众的不满和终结剥削和贪腐政治的强烈愿望。杜特尔特拆穿了美国及其在菲傀儡利用自动投票系统窃取选票的图谋。此外，杜特尔特的当选也是统治阶级内部派系冲突和矛盾的产物。在选战中，杜特尔特依靠了大资本家及其政治团体、君主制拥立者、宗教教派、军事集团以及其他利益团体。这些利益团体在杜特尔特的总统竞选中下注，以期将来得到政治经济回报。政治精英支持杜特尔特，希望利用他推行的反犯罪运动建立一个警察国家。背后的深层原因是，他们渴望寻求更为严厉的手段对工人和农民进行镇压，以便更有效地剥削和掠夺菲律宾的人力和自然资源。

其次，杜特尔特政府也面临着强劲的挑战。菲律宾的绝大多数政治精英是亲美国和赞成美国对菲军事和政治干涉的。可以毫不夸张地说，美国中央情报局和美国军方及其代理人仍然控制着菲律宾政权的主要方面，特别是菲律宾的军队。美国仍然控制着菲律宾的国会、法院、金融机构、媒体和文化组织。就连杜特尔特本人使用的经济智囊团队也包含了亲美国和国际货币基金组织及世界银行的专家。

最后，基于杜特尔特坚决的反美立场和左倾的、社会主义的倾向，菲共也表达了与杜特尔特政府在一个民族团结、和平、发展的框架内建立政治联盟的强烈愿望。菲律宾共产党、新人民军和全国民主阵线将联合菲律宾的进步、爱国力量，为菲律宾人民的民族民主权力斗争。菲共表示，人民和革命力量可以从接下来六年的资产阶级民主改革中受益。

（三）杜特尔特伸出的和谈橄榄枝及菲律宾共产党的回应

1. 和谈的邀请及准备。2016 年 5 月 29 日，杜特尔特表示，上任后会马上恢复与菲共的和平谈判，并将为流亡荷兰的菲共旗帜人物西松提供回国的"安全通道"。

菲共对杜特尔特提出的和谈邀请持开放态度。菲共认为，和谈应基于主权独立和社会公正的基本原则，此外，还应包括真正的土地改革，国家工业化和经济发展，以及驱逐美国在菲律宾的军事基地。菲共认为，杜特尔特的言行中包含着进步的方面，他承认菲共的实力以及革命运动武装力量的政治合法性，并且有过与棉兰老岛革命运动合作的历史，这促使和谈成为可能。而和谈成功与否，取决于杜特尔特政权在多大程度上能兑现其承诺——释放菲律宾全国民主阵线顾问和全部政治犯，以及杜特尔特能否成为一位真正的"社会主义者"和左翼总统。菲律宾全国民主阵线主席刘易斯·贾兰多尼（Luis G. Jalandoni）敦促杜特尔特释放政治犯，以迈出积极的和谈第一步（在543名政治犯中，有88名年迈且疾病缠身，另外有18名是和谈顾问）。

菲共表示，根本性的变革唯有通过武装斗争推翻压迫人民的半殖民地半封建统治。但菲共欢迎有诚意的和平邀请，并在会议上交流根除武装斗争的根源。菲共指出，站在战略的和历史的高度看，菲律宾和无产阶级人民深知，只有人民民主革命可以决定性地、彻底地终结帝国主义和国内大官僚大地主政权，但是和谈本身也可以成为一个重要手段："和谈是与统治阶级斗争的另一个领域，和谈也可以使民众获益。如果辅以千百万工人游行，在诸如追求国家工业化，增加就业，提高工资，制定国家最低工资，终止合同工和其他灵活用工政策方面。此外，千百万农民也要动员起来……使和谈成为一个表达真正土地改革诉求的平台。"

2016年5月16日，杜特尔特公开表示将为菲共提供4个内阁席位：劳工部部长、社会福利和发展部部长、农业改革部部长、环境和自然资源部部长。2016年7月20日，杜特尔特政府宣布与新人民军单方面停火，以显示"追求和平的决心"。

菲共欢迎杜特尔特提供4个内阁席位，并且认为，这是对菲共革命力量的实力以及政治立场的承认和肯定。2016年5月18日，菲律宾全国民主阵线主席贾兰东尼回应了杜特尔特的邀请，并表示阵线将向政府提供出任内阁的候选人名单，候选人将可能来自合法的民主组织，而不一定是菲共。除非达成最终的政治共识并组建一个联合政府，新人民军成员不会加入内阁。而西松公开宣布，他不会接受任何出任内阁部长的邀请，他还有大量和谈工作要做。

2. 和谈进程极其曲折。2016年8月22—26日，菲政府与菲律宾全国民主阵线的首轮谈判在挪威奥斯陆举行。2016年10月6—9日，双方进行的第二轮谈判再次在挪威奥斯陆举行。2017年1月19—25日，第三轮谈判在意大利罗马举行。第三轮谈判后，双方约定于2017年4月初在挪威奥斯陆进行第四轮谈判。

第一轮谈判开局良好。2016年8月19日，杜特尔特政府释放了数十名菲共政治犯，包括2014年在宿雾省被捕的菲共主席贝尼托·狄安森和总书记威玛·狄安森。菲政府与菲律宾全国民主阵线的第一轮和谈于2016年8月22—26日在挪威奥斯陆举行。菲总统顾问表示："双方冲突进行了

40多年，谈判超过了30多年。结束冲突的时候到了。历史出现了一个新的契机，给目前这轮和谈带来成功的希望，这个契机就是杜特尔特总统。"① 菲共认为，杜特尔特政府的和谈邀请与阿基诺和阿罗约政权有显著不同。在前两任政权下，和谈主要是作为心理战的一部分，是为镇压和剿灭革命战争服务的。菲律宾共产党期待此次和谈能取得历史性的进展。菲共表示，和谈追求的目标是满足人民的民主利益，赋予人民以民主权力。菲共的两大主要社会经济需求是民族工业化和真正的土地改革。

菲共指出，和谈成功与否，取决于杜特尔特政权可以在多大程度上兑现其承诺——释放菲律宾全国民主阵线顾问和全部政治犯，以及杜特尔特能否成为一位真正的"社会主义者"和左翼总统。菲共认为，和谈应基于主权独立和社会公正的基本原则，此外，还应包括真正的土地改革，国家工业化和经济发展，以及驱逐美国在菲律宾的军事基地。

经过5天谈判，谈判小组完成6个谈判内容：（1）确认之前签署的协议；（2）重新构建"安全和豁免担保联合协议"名单；（3）加快和平谈判进程；（4）释放政治犯；（5）特赦宣言；（6）双方签订无限期停火协议。

全国民主阵线首席顾问西松积极评价此次和谈，并且乐观地表示："如今菲律宾和谈的主客观条件较之以往都更为有利。""在菲律宾历史上首次出现了这样一位总统——通过使用街头俚语和群众运动的手段，强烈批判寡头政体及其对外国力量的奴性依附。他骄傲地将自己描述为菲律宾首位左派总统和一名社会主义者，强烈寻求与菲律宾共产党和全国民主阵线的共同点与合作。""菲律宾共产党、新人民军和全国民主阵线将与杜特尔特政府合作，共同追求反对外国和封建势力，实现民族和社会解放的正义事业。"②

第二轮谈判的焦点是围绕"释放政治犯"展开的谈判斡旋。全国民主阵线敦促菲律宾政府遵照《关于尊重人权和国际人道主义法律全面协议》，

---

① Peace talks resume in Oslo, 22/08/2016, http：//www.sunstar.com.ph/davao/local-news/2016/08/23/peace-talks-resume-oslo-norway-493134.

② Jose Maria Sison, Remarks at the opening ceremony of the resumption of formal talks in the GPH-NDFP peace negotiations in Oslo, August 22, 2016, http：//www.redspark.nu/en/peoples-war/philippines/jose-maria-sisons-opening-remarks-at-peace-talks-between-ndfp-and-philippine-government-in-oslo-norway-on-8222016/.

释放其所提供名单上的全部"政治犯"。此外,双方谈判内容还包括:双方"社会和经济改革工作委员会"会谈。在经过数个谈判回合之后,在双方各自计划草案的基础上,形成了《关于社会和经济改革的全面协议》的基本框架和构想;双方"政治和宪法改革工作委员会"会谈。双方讨论形成了一个关于政治和宪法改革工作的基本框架。

第三轮谈判所取得的成就包括,谈判双方就遵照《关于尊重人权和国际人道主义法律全面协议》释放全部政治犯、还诸在马科斯政权下遭受政治迫害的牺牲者们以公正、指控"奥普兰计划"严重侵犯人权、就联合监督委员会的增补指导方针交换了观点和看法。也开启了用"双边停火协议"置换"单边停火协议"的讨论。推进和平进程的最大成就包括交换了《关于社会和经济改革的全面协议》的全部草案,完成了《关于政治和宪法改革的全面协议》草案。

第三轮谈判结束后的第6天,2017年1月31日,新人民军发言人卡·奥利斯(乔治·马德罗)宣布新人民军将于2月10日中止单边停火,理由是去年8月双方宣布停火期间菲政府军并未中止剿灭新人民军的"奥普兰计划",对新人民军和人民的屠戮仍在继续,而总统杜特尔特也并未兑现其释放400名政治犯的承诺。

2017年2月3日,针对新人民军的"废止单边停火声明",盛怒之下的杜特尔特宣布"菲共、新人民军和全国民主阵线为恐怖主义组织"(而就在数天前,菲政府谈判小组已经同意要求美国将菲共、新人民军以及西松教授从所谓"恐怖主义名单"去除)。杜特尔特先发制人,抢在新人民军2月10日解除单边停火协议之前,宣布马上与菲共"进入全面战争"。杜特尔特还要求被释放的参加和谈的政治犯自行返回菲律宾监狱。如果不按时返回,他将通知情报部门追踪其踪迹,并通知国际刑警注销其护照。

杜特尔特表示,他不能满足菲共释放400名政治犯的要求,菲共要价太高。"你明白,那样巨大的一个数字,只能通过总统特赦,但菲律宾政府也不是我一个人的……我必须咨询军方和警察。""如果我释放了全部政治犯,那菲共还会在乎谈判吗?我手中还有政治筹码吗?""如果在新人民军攻击了政府军之后,我仍然进行谈判,那么军队会杀死我。如果我死了,谁来和你们谈判?"

对于未来重启谈判的可能性,杜特尔特表示"菲共像被宠坏的孩子",他已经为和谈做了一切,除非有"不可抗拒的原因(为了国家和菲人民的利益），否则很难重返谈判桌"。杜特尔特表示自己任上原本是共产党和政府结束冲突的黄金机遇期——但是接下来将发生什么取决于共产党自己的选择。

全国民主阵线首席顾问西松教授遗憾地表示，第三轮和谈成就被杜特尔特总统的激烈反应蒙上了阴影。西松对杜特尔特"迫于"总统身份的表态也表示了理解。"出于对菲政府和军队利益的关切做出言语和行动上的回应是其职责所在。"但西松认为"他应当保有克制——为了推进和平谈判的进程"。西松强烈要求杜特尔特"重返沟通渠道，以便澄清误解和解决亟待解决的问题"，克服反对和平进程的"搅局者"的破坏。最后，西松强调"尽管武装冲突重新开始，和谈能够也必须继续——努力加强《关于社会和经济改革的全面协议》和《关于政治和宪法改革的全面协议》，及双边停火协议、大赦和释放政治犯。尽管战争仍然继续，但在拉莫斯政权下仍签署了超过 10 个协议"。

全国民主阵线呼吁"边打边谈"，在拉莫斯时代有过这样的先例。全国民主阵线表示将尊重和平进程，《海牙联合声明》和其他协议，并希望继续延续 2016 年 8 月第一次和谈开启的光明前景。菲共推荐的内阁成员仍然参加了杜特尔特总统 2 月 6 日召开的内阁会议。他们表态称："我们将继续留在内阁中效力，完成未完成的职责。"他们向杜特尔特总统的政治理想致敬，称其使和谈取得了历史性的进展，也使政府和菲共前所未有地靠近。他们认为，双方在分享社会理想方面前所未有地契合——消除贫困和社会不公的根源，两党在和谈中的关切始终是菲律宾人民的利益，消除贫困的根源和达成持久的和平。

杜特尔特的当选以及中菲关系缓和面临的良机，是世界经济危机背景下菲律宾左翼社会主义力量得到增强的产物，而菲律宾共产党及其领导下的新人民军，无疑是菲律宾左翼社会主义力量的核心。随着杜特尔特的上台，菲共外围组织及其和平抗争活动，获得了更大的发展空间，菲共推荐的人员也史无前例地进入了杜特尔特的内阁。杜特尔特如果不能根本改变菲律宾国家政权的性质，那么他就无法从根本上消除菲律宾国内的危机，更不可能在与菲共新人民军的"战争"中获得比前任更大的成绩。因此，在杜特尔特任期内，菲律宾共产党及菲律宾左翼社会主义运动，包括和平抗战方面和武装斗争方面，很有可能在整体上获得更大程度的发展，并对中菲和美菲关系产生重大而深远的影响。

## 第二节 非洲国家共产主义政党的历史经验和新发展

非洲国家共产主义政党是非洲各国建立的以马克思列宁主义为信仰，以争取建立社会主义为目标的政党组织。从非洲第一个共产主义政党——南非共产党于1921年7月成立至今，非洲国家共产主义政党马上就有整整一百年的历史了。在这百年间，非洲国家共产主义政党为实现民族独立与解放，为实现社会主义理想进行了长期艰难曲折的斗争。这期间，非洲国家共产主义政党几经兴衰，出现过两次"红色浪潮"的兴盛，遭受过苏东剧变后的衰退，也有南非共产党在新时期取得新发展。

自1921年非洲国家第一个共产主义政党——南非共产党成立至今，非洲先后出现过大约50个共产主义政党。由于各国政府的残酷镇压、苏东剧变的影响、自身存在严重不足等，有些非洲国家共产主义政党自行消亡，如成立于"二战"爆发后不久的利比亚共产党、成立于1936年10月的阿尔及利亚共产党和成立于1941年的南罗得西亚共产党等；有些为了合法活动的需要，先更改名称，后放弃共产主义，如突尼斯共产党1993年改名为"突尼斯革新运动"，之后宣布放弃共产主义；有些党保留了下来并取得新发展，如南非共产党、留尼旺共产党等。

目前，非洲的共产主义运动总体特点是共产主义政党数量很少，活跃的只有五六个，主要分布在北非和南非地区，而东非、中非、西非地区国家中则没有活跃的共产主义政党存在。在保持活跃的非洲共产主义政党中只有南部非洲的南非共产党和留尼旺共产党具有重要政治影响力，尤其南非共产党目前是南非最重要的参政党，在南非国内政治中发挥着举足轻重的作用。南非共产党的新发展被认为是处于低谷中的当今世界社会主义运动和国际共产主义运动的一个亮点。留尼旺共产党是法国留尼旺省最重要的参政党，在法国留尼旺省具有重要政治影响力。摩洛哥进步与社会主义党拥有国会席位，是摩洛哥的参政党，在国内具有一定影响力。苏丹共产党、突尼斯共产党、埃及共产党是未获得议会议席的合法在野党。除此之外，非洲再难以听到其他国家共产主义政党的声音。

**一　非洲国家共产党的兴起**

（一）共产主义政党在非洲兴起的原因

马克思主义在非洲传播、共产主义政党在非洲兴起的原因是多方面的，"十月革命"的鼓舞、欧洲国家共产党的影响和社会主义国家的影响与吸引等外在因素以及非洲特定的文化传统和社会历史条件等内在因素是其中最为重要的原因。外部因素固然重要，但是，最终起决定作用的还是非洲社会内在的传统文化、传统思想观念，漫长的被殖民、被掠夺的屈辱历史，以及独立后的非洲国家渴望发展富强这些内因。

1. 十月革命胜利的鼓舞

十月革命的胜利，极大地震撼了世界，加速了马克思列宁主义在包括非洲在内的全世界的传播，随着马克思列宁主义思想的传播，非洲一些国家成立了马克思主义小组和共产主义小组，为非洲国家共产党的成立奠定了思想基础和组织基础。例如，十月革命胜利后，南非各地建立起一些积极传播马克思主义的革命团体，这些团体的成立为南非共产党的成立打下了组织基础：1918年在开普敦成立的南非工业社会主义者联盟，于1919年开始发行月报《布尔什维克》，宣传马克思列宁主义理论、介绍世界革命形势；1918年8月，德班成立了马克思主义俱乐部；1920年，约翰内斯堡成立了共产主义者联盟。在十月革命的影响下，1918年，埃及的亚历山大港、开罗、塞得港等大城市都建立起社会主义小组和共产主义小组，这些小组于1920年联合成立了埃及共产党的前身埃及社会党。

2. 欧洲国家共产党的影响

欧洲国家共产党，主要是葡萄牙共产党、意大利共产党、法国共产党等对马克思主义在非洲的传播和非洲国家共产党的成立产生了很大的影响。

20世纪30、40年代成立的一批非洲国家共产党，都与欧洲国家共产党的关系极为密切，有的党最初就是欧洲国家共产党的支部，后来才独立出来成立共产党，如1936年10月成立的阿尔及利亚共产党，1937年成立的突尼斯共产党，1943年11月成立的摩洛哥共产党等；有的非洲国家共产党是在欧洲国家共产党的直接影响下成立的，如第二次世界大战爆发后不久成立的利比亚共产党，1941年成立的南罗得西亚共产党和1946年成立的苏丹共产党等。

### 3. 社会主义国家的吸引和影响

第二次世界大战后,"马克思主义的正确性和它的革命威力得到进一步证实",大批社会主义国家诞生,尤其是以苏联和中国为代表的社会主义国家在政治、经济、社会等各方面的建设都取得很大成就,国家富强,人民生活水平提高,显示出了社会主义制度的巨大优越性,增强了社会主义对非洲国家的吸引力。另外,社会主义国家,主要是苏联、古巴、中国三个社会主义国家在20世纪60、70年代通过提供外交援助、军事援助等方式支援非洲国家的民族解放运动,扩大了马克思主义在非洲的影响,促进了马克思主义在非洲的传播。

### 4. 反帝反殖民主义斗争的影响

英国、法国、德国、比利时、葡萄牙和意大利等欧洲列强的入侵、疯狂掠夺和长达400年的罪恶的奴隶贸易给非洲带来了沉重灾难,给非洲人民造成了巨大的痛苦。苦难的历史使非洲人民认清了资本主义的罪恶本质,正如塞内加尔民族解放运动领导人桑戈尔(Léopold Sédar Senghor)所说:资本主义不仅破坏了欧洲社会,而且破坏了整个非洲社会,资本主义是一种罪恶的制度,非洲不可能赞成资本主义。因此,在取得民族独立后,非洲国家领导人和非洲人民不愿意走资本主义道路。贝宁的马蒂厄·克雷库说贝宁人民"选择以马列主义为基础的社会主义发展道路,只有这条道路才是贝宁人民彻底摆脱外来统治,消灭剥削制度的道路"。因而,很多非洲民族主义领导人乐于接受马克思主义,把马克思主义视为巩固和加强民族独立的指导思想。

### 5. 非洲传统思想文化的影响

非洲传统文化和思想观念为马克思主义在非洲的传播提供了重要的思想基础。平等和正义是非洲传统思想观念的组成部分,没有劳动分工,没有等级差别,没有阶级,没有剥削是非洲传统社会的重要特性,非洲传统村社的特点是"共产主义的,或合作社的"。非洲传统社会的这些特性与马克思主义公平正义、机会均等观念有某种程度的切合,因而,非洲国家领导人和民众比较容易接受马克思主义。

### 6. 国际国内环境的影响

非洲国家独立后,在选择什么样的发展道路、建立什么性质的国家政治体制的问题上,难免会受当时国际大形势的影响。当时的国际格局是美苏争霸,资本主义和社会主义两大阵营对抗。出于对西方殖民主义者的憎恨，也由于这些国家不愿意再次沦为西方帝国主义的附庸，成为被奴役的对象，非洲国家独立后，普遍不愿意走西方资本主义道路。另外，社会主义国家苏联、古巴、中国等在非洲国家独立之前就开始给予非洲国家各种形式的援助，使社会主义对非洲国家产生了吸引力。

（二）非洲国家共产党的兴起

1. 首批共产党成立

20世纪20年代初共产主义政党开始在非洲兴起。20世纪20年代成立的非洲共产主义政党有两个显著的特点。一是与非洲社会主义组织有着密切的联系，有的社会主义组织作为重要的创始组织之一，如南非共产党；有的是由社会党直接改名而来的，如埃及共产党。二是20年代的非洲国家共产主义政党成立后都遭到当局的镇压和遏制，生存环境恶劣，被迫转入地下活动，如南非共产党和埃及共产党。

马克思主义在非洲的传播最早始于20世纪初，最初是在经济比较发达、工人比较集中的北非和南非地区。20世纪20年代，非洲国家共产党首先在这两个地区建立起来，这个时期建立的非洲国家共产党主要有南非共产党和埃及共产党。

南非共产党是非洲的第一个马克思列宁主义政党。十月革命胜利后，一些革命团体在南非各地建立。1918年，南非工业社会主义者联盟在开普敦成立，该联盟1919年开始发行月报《布尔什维克》宣传马克思列宁主义理论、介绍世界革命形势。1918年8月，德班成立了马克思主义俱乐部。1920年，约翰内斯堡成立了共产主义者联盟。这些革命团体积极传播马克思主义思想，为南非共产党的成立打下了组织基础。1921年7月30日至8月1日，开普敦共产党、德班马克思主义俱乐部、开普敦犹太人社会主义学会、约翰内斯堡犹太人社会主义学会等在开普敦召开大会，成立了南非共产党。

南非共产党最初主要关注白人工人的利益，1924年，南非共产党决定取消党员的种族限制，组织黑人运动，发展了大批黑人党员，党的队伍迅速扩大。20年代后期，南非共产党开始扩大斗争目标，积极支持黑人工人的民族解放斗争，并开始投入反法西斯斗争。南非共产党在创建之初就与苏联共产党建立了联系，加入了共产国际。20世纪二三十年代，由于共产国际的错误影响，南非共产党党内出现了左倾主义和宗派主义错误，导致大批黑人党员退党，几乎断送了党。南非共产党从20世纪30年代开始致力于推进南非民族解放力量的团结,参与组建民族解放组织"非洲人联合阵线",有些党员担任了阵线领导人。南非共产党与志同道合的其他群众组织建立了联系,锻炼了队伍,提高了影响力,为党的进一步发展奠定了广泛的社会基础和群众基础。但是,当时执政的极端种族主义政党——南非国民党于1950年制定了《镇压共产主义法》,准备对南非共产主义者进行残酷镇压。为了保存力量,南非共产党在《镇压共产主义法》正式实施之前宣布自行解散。1952年南非共产党秘密重建,党的工作转入地下。[①]

埃及共产党是由埃及社会党改名而来的。1918年,在埃及的亚历山大港、开罗、塞得港等大城市出现了社会主义小组和共产主义小组。1920年,这些小组联合成立了埃及社会党。1922年,埃及社会党改名为埃及共产党。埃及共产党成立后积极开展工人运动,进行反对帝国主义殖民统治、争取民族独立的斗争,联合了100个工会组织成立了埃及劳动总同盟,会员人数达6万人。到1924年初,埃及共产党发展到2000多人,这引起了埃及政府的恐慌,同年3月,埃及政府下令解散埃及共产党及其领导下的劳动总同盟,埃及共产党被迫转入地下。1943年,苏联卫国战争胜利,埃及共产党受到鼓舞,在开罗、亚历山大等地组建共产主义组织,在各地发行《黎明报》,宣传共产主义,党员人数明显增加。

2. 新的一批共产党成立

20世纪30、40年代,非洲共产主义运动的活动范围扩大,影响力增强。这一时期,非洲国家新成立了一批共产党,1936年10月,阿尔及利亚共产党成立;1937年,突尼斯共产党成立;第二次世界大战爆发后不久,利比亚共产党成立;1941年,南罗得西亚共产党成立;1946年,苏丹共产党成立。这一时期成立的非洲国家共产党最明显的特点是与欧洲国家共产党关系密切,有的党最初是欧洲国家共产党的支部,后独立成立共产党。这一特点也导致了这些非洲国家共产党对欧洲国家共产党的依赖性比较大,忽视独立自主地探索适合本国国情的革命道路,脱离本国民族民主革命实际,如阿尔及利亚共产党、突尼斯共产党等在这方面的问题比较严重,这影响了这些党的发展壮大。

---

① 程光德:《种族主义制度废除后南非共产党对社会主义的新探索》,博士学位论文,华中师范大学,2012年,第9页。

1924年，法国共产党阿尔及利亚支部成立，成员主要是法国工人，1928年开始吸收阿拉伯工人入党。1936年10月阿尔及利亚共产党成立，继续与法国共产党保持密切联系，组织上仍然受法共领导。1939年阿共遭到政府迫害，转入地下。1943年，阿共恢复合法地位。之后，阿共发展较快，在国内政治舞台的影响力不断提高，曾一度在阿议会选举中获得选票总数的22%。但是由于阿共过分依赖法国共产党，脱离本国实际，忽视与国内民族解放力量的联合与团结，在国内民主斗争中处于被孤立地位。直到1954年，阿尔及利亚民族解放武装斗争爆发后，阿共才改变策略，努力与国内其他民主党派团体建立良好的党际关系，积极联合各民主力量共同斗争。

　　1921年，法国共产党突尼斯支部成立，出版报纸、宣传册等宣传马列主义，建立统一的工会，领导工农进行反帝斗争。1925年，支部遭到政府镇压。1936年，法共突尼斯支部独立。1937年，突尼斯共产党正式成立。1939年5月，突尼斯共产党召开第一次代表大会。同年9月，突尼斯共产党遭到法国殖民当局镇压。1943年5月，突尼斯共产党重新公开活动，发行党报，进行革命宣传，组织和领导工会运动。但是，重新公开活动的突尼斯共产党并没有得到明显发展，这主要是由于突尼斯共产党长期忽视国内民族民主解放问题，脱离民族解放斗争。直到突尼斯民族解放运动即将胜利时，突尼斯共产党才改变策略，改进党在民族解放斗争方面的工作。突尼斯获得民族独立后的次年，即1957年12月，突尼斯共产党召开第六次代表大会，大会通过了新党纲《突尼斯通向社会主义的道路》，强调了党巩固国家独立，保护劳动人民的利益的立场。但是，不久后突尼斯共产党发生组织分裂事件。

　　在埃及开罗的苏丹留学生于1944年成立了"苏丹民族解放运动"，1946年改名为苏丹共产党，苏丹共产党主张通过武装斗争争取民族独立。1951年，苏丹共产党被殖民当局取缔。1956年1月1日，苏丹独立，苏丹共产党获得合法地位，主张通过议会斗争的和平方式过渡到社会主义社会。1956年3月，苏丹共产党召开三大，制定了党的纲领——"苏丹走向加强独立、民主与和平的道路"，主张"组织工人阶级领导的联合农民的民族民主力量，依靠人民大多数，获得政权，对苏丹社会进行根本改革，为向社会主义过渡做准备"[①]。

---

① 中共中央对外联络部：《各国共产党总览》，当代出版社2000年版，第503—511页。

### 二　非洲国家共产党的发展

20世纪50年代末至80年代初期是非洲国家共产主义政党的发展时期，在这一长达30多年的时期，非洲共产主义运动在兴盛与衰退、成功与失败的交替中前行。20世纪60年代初，非洲掀起第一次"红色浪潮"，非洲国家共产党获得发展；1965年至1974年非洲第一次"红色浪潮"衰退，非洲共产主义运动陷入低谷；1974年至20世纪80年代初期，非洲出现第二次"红色浪潮"。

（一）第一次"红色浪潮"

1. 第一次"红色浪潮"兴起

非洲第一次"红色浪潮"的发生与非洲国家的民族解放和民族独立运动有着密不可分的关系。第二次世界大战结束后，非洲国家民族独立运动蓬勃兴起，大规模的反帝、反殖民运动此起彼伏。受到1955年亚非会议召开和1956年埃及成功收回苏伊士运河的鼓舞，20世纪50年代中期到60年代末期，非洲民族独立运动轰轰烈烈地开展起来。大规模的非洲民族独立运动首先从北非地区开始，进而席卷整个非洲。从50年代中期开始，大批非洲民族获得独立，1960年更是出现了12个国家独立的情况。在非洲国家民族独立运动的浪潮中，一批阅读过马克思主义著作，受到马克思主义影响的民族主义领导人，领导本国人民经过英勇斗争，在20世纪50年代末60年代初，获得民族独立，如1957年恩克鲁玛领导加纳获得独立，1958年塞古·杜尔领导几内亚获得独立，1960年莫迪博·凯塔领导马里获得独立等。在这种有利的形势下，非洲国家成立了一批新的共产党或者宣称以马克思主义为指导的新党，之前已经成立的非洲国家共产党取得新发展。

这一阶段，一大批新的共产党或者宣称以马克思主义为指导的政党在非洲建立，其中有的是由欧洲国家共产党的支部独立而来，如留尼旺共产党；有的是在已经成立的非洲国家共产党的帮助下成立的，如莱索托共产党是在南非共产党的帮助下制定了党的纲领和章程；有的由多个民族主义组织合并而成，在民族独立斗争中接受了马克思主义，成为共产主义政党，如莫桑比克解放阵线、马达加斯加独立大会党等。1955年10月，安哥拉共产党成立；1956年12月，安哥拉人民解放运动—劳动党成立；1958年11月8日，马达加斯加独立大会党成立；1959年，留尼旺共产党成立；1962年5月5日，莱索托共产党成立；1962年6月25日，莫桑比克解放阵线成立；1963年，尼日利亚社会主义劳动党成立；1969年12月31日，刚果劳动党成立。①

已经建立的一些非洲国家共产党在这一阶段采取灵活的战略策略积极开展斗争，取得新发展，如南非共产党。1953年，南非共产党秘密重建，党员有1000人左右。重建后，南非共产党一方面继续进行秘密斗争，另一方面利用南非非洲人国民大会（非国大）和工会等合法组织进行活动。1955年，南非共产党与非国大等四个群众组织一起建立"人民大会联盟运动"，致力于反对南非白人种族主义压迫和统治的斗争。南非共产党通过参与起草"人民大会联盟运动"的纲领文件——《自由宪章》，把党的政策主张贯穿到该文件中，从而把南非共产党的主张贯彻到南非民族解放运动中。1960年至1963年间，南非国民党政府加大了对南非共产党的打击力度，南非共产党的一些中央领导人被捕，党组织遭受沉重打击，总部被迫迁往国外，党的领导人也被迫流亡国外。在国民党政府的残酷镇压下，20世纪60年代，南非的民族解放运动陷入低潮。面对严酷的国内现实，南非共产党积极调整战略，抛弃了自创建以来的非暴力斗争策略，转向武装斗争，希望通过武装斗争来推翻白人对南非人民的殖民种族主义统治。1961年11月，南非共产党和非国大共同创建秘密武装组织"民族之矛"，以武力对抗国民党的残酷统治，袭击当局的军事目标、经济目标和政府机构等。从60年代初开始到80年代，南非共产党与非国大密切合作，共同组织工人进行武装斗争。

2. 第一次"红色浪潮"衰退

20世纪60年代中期至70年代中期，非洲共产主义运动遭受内忧外患的双重打击，陷入低潮。60年代中期，非洲的"红色浪潮"渐渐褪色，有些原本同社会主义国家建立了密切联系的非洲国家，与苏联和中国等社会主义国家的关系恶化；有些有马克思主义倾向的非洲国家政府被军人政变推翻。1961年苏联驻几内亚大使被驱逐；1965年中国驻布隆迪大使被驱逐；1971年7月，苏丹总统尼迈里决定不再与苏丹共产党以及苏联合

---

① 兰瑛：《非洲社会主义小词典》，华东师范大学出版社1992年版，第76、102、99、96、116、122、83页。

作；1972年，埃及总统萨达特勒断绝了与苏联的军事联系，命令几千名苏联军事顾问立即离境。1965年6月阿尔及利亚倾向于马克思主义的本·贝拉政府被军人推翻，政变领导人胡阿里·布迈丁强烈反对马克思主义；1966年2月，加纳信奉马克思主义的恩克鲁玛被军人政变推翻下台；1968年，马里倾向于马克思主义的凯塔政府被军人推翻。

但是，黑暗中也有点点星光闪烁，刚果和索马里的共产主义运动在这一阶段的新发展为低谷中的非洲共产主义运动的复兴带来了希望。1969年，刚果成立了非洲第一个正式把马列主义作为国家官方意识形态的人民共和国。同年，穆罕默德·西亚德·巴雷在索马里建立激进政权，1974年与苏联签订友好合作协议，这是非洲第一个与苏联签订这类条约的国家。

(二) 第二次"红色浪潮"

20世纪70年代中期至80年代初，非洲革命形势好转，非洲共产主义运动再次兴盛，非洲迎来了第二次"红色浪潮"，一批非洲国家把马列主义作为官方意识形态，一些共产主义新党成立。

1974—1975年是非洲共产主义运动的一个转折点，在大约一年半的时间里，一批受到马克思主义影响的领导人在非洲多个国家掌握了政权，把马列主义作为官方意识形态，如安哥拉、埃塞俄比亚、莫桑比克、马达加斯加、刚果、贝宁和索马里等国家；有很多非洲国家和地区奉行某种社会主义，如利比亚、阿尔及利亚、几内亚、圣多美和普林西比、坦桑尼亚、几内亚比绍、赞比亚、佛得角群岛和塞舌尔群岛等国家和地区。

这一阶段，非洲国家新成立了一批共产党或者具有共产主义色彩的政党，主要包括：1980年5月，多哥共产党成立；1981年，乍得团结和社会主义行动党成立；1981年8月9日，塞内加尔独立劳动党成立；1981年10月3日，纳米比亚共产党成立；1983年，埃塞俄比亚提格雷马列主义联盟成立；1984年9月12日，埃塞俄比亚工人党成立。这些新成立的非洲国家共产党或者具有共产主义色彩的政党共同的特点是：规模小，政治影响力小。

非洲革命形势在这个阶段发生转折的原因是多方面的，最主要的原因还是非洲国家领导人和非洲人民思想的变化，非洲国家的民族独立运动发展到20世纪70年代中期，已经进行了十多年，非洲民族运动领导人和非洲人民在长期的斗争中积累了一定的经验和教训，逐渐认识到过去的民族主义观念无助于民族独立，因而逐渐变得激进，愿意接受马克思主义思想。另外，社会主义国家和资本主义国家对非洲国家民族独立运动的迥然不同的态度也是促使共产主义运动在非洲再次兴起的重要原因，中国、苏联等社会主义国家积极支持非洲国家的民族独立运动，向非洲国家提供军事、外交援助，甚至直接派人员参与战斗，给了非洲国家极大的物质和精神援助；西方资本主义国家虽然迫于国际形势，表面声称支持非洲国家的民族独立，但是却鲜有实际行动，甚至暗地里支持殖民主义者，如美国等利用北大西洋公约组织对葡萄牙殖民主义者给予支持等，进一步引起了非洲人民对资本主义的不满和抵触。

### 三　苏东剧变使非洲共产主义运动遭受重创

从20世纪80年代中期开始，由于国内外反动势力的双重攻击和破坏，非洲共产主义运动的第二次"红色浪潮"逐渐衰退，宣称以马克思主义为官方意识形态的政权下台，很多非洲国家共产党被反动政府取缔。20世纪80年代末90年代初，苏东剧变使非洲共产主义运动雪上加霜，很多非洲国家共产党改旗易帜，自行放弃了马克思主义信仰，非洲共产主义运动跌入低谷。

（一）苏东剧变的巨大影响

由于非洲共产主义运动的兴起与发展与苏联等社会主义国家有着密不可分的关系，因此苏东剧变对非洲共产主义运动的冲击是巨大的，大多数非洲国家共产主义政党在指导思想和组织上都发生了很大的变化。苏东剧变后，失去了苏联等国家思想理论指导和经济援助，很多宣称以马克思主义为指导、奉行社会主义的非洲国家政党放弃了马克思主义信仰，放弃了社会主义道路。例如，莫桑比克解放阵线1989年第五次全国代表大会决定把党的性质由"马列主义先锋党"改为"全民党"；贝宁人民革命党党中央于1989年12月宣布不再以马列主义作为指导思想，宣布放弃社会主义道路；刚果劳动党1990年6月26日至7月4日召开九届二中全会，决定向社会多阶层开放，改一党制为多党制，不再提以马克思列宁主义为基础；1990年埃塞俄比亚工人党正式宣布放弃马克思主义；刚果劳动党1990年12月，召开第四次特别代表大会修改党纲和党章，放弃马克思主义指导思想，放弃科学社会主义，把党的性质由"先锋队"改为"群众党"；1991年，埃塞俄比亚提格雷人民解放阵线领导层宣布解散提格雷马列主义联盟；1991年，埃塞俄比亚放弃了社会主义。有些非洲国家共产党为了改善生存环境，改变了党的名称和主张，如突尼斯共产党改名为"革新运动"。有些非洲国家共产党党内出现了短期的剧烈波动。例如，南非共产党受苏东剧变的影响，党内思想出现混乱，有些党员甚至产生解散的思想倾向。1990年，一些南非共产党党员不再参加党的组织活动，包括南非前总统、南非共产党中央委员姆贝基（Thabo Mbeki）在内的多位南非共产党领导人脱党，南非共产党党员人数骤减，从1989年的5000人减少到2000人。

苏东剧变对非洲共产主义运动的影响是深刻而深远的，非洲国家的社会主义运动没有了苏联等社会主义国家的支持和援助，狭隘的地区主义和民族主义将在很多原奉行社会主义的非洲国家占据主导地位。

（二）苏东剧变影响巨大的原因

苏东剧变之所以对非洲国家共产党和非洲国家共产主义运动产生如此深刻的影响，是因为非洲国家共产党和非洲国家共产主义运动从萌芽到兴起再到后来的发展、壮大始终受到苏联等社会主义国家的影响。苏联等社会主义国家在安哥拉、莫桑比克等国的民族解放运动中留下了深深的烙印，这些国家在获得民族解放后，继续与苏联保持密切联系。苏联、古巴、东德等社会主义国家通过提供援助，一方面巩固和提高了苏联等国在非洲的影响力；另一方面，也帮助这些非洲国家稳定了政权，帮助这些国家进行组织制度建设，建立革命先锋党，培养了大量马克思主义者。从某种程度上说，苏联等社会主义国家的援助是非洲共产主义政党生存和发展的一个重要因素。

从20世纪70年代开始，苏联与安哥拉、埃塞俄比亚、莫桑比克等非洲国家签订友好条约，双方在军事、文化、科学、贸易和经济合作等方面达成协议，确立了援助体系。通过提供援助，苏联巩固了与这些非洲国家的关系，这些非洲国家在联合国就关键问题投票表决时支持苏联。苏联于1976年10月与安哥拉、1977年4月与莫桑比克、1978年11月与埃塞俄比亚分别签订为期二十年的友好合作条约。东德于1979年2月与安哥拉和莫桑比克分别签订类似条约，1979年11月与埃塞俄比亚签订友好合作条约。苏联、古巴、东德三国根据各自的优势对非洲国家进行援助，苏联主要是提供军事援助和出售或者提供军火，东德主要是帮助训练警察和治安人员，古巴则直接派遣军事人员和技术人员进行支援。①

---

① ［美］戴维·奥塔韦、玛丽娜·奥塔韦：《非洲共产主义》，戴培忠等译，东方出版社1986年版，第14页。

多数非洲国家共产党与苏联共产党长期交往，受到苏联共产党非常深刻的影响。埃及共产党同苏联共产党长期保持联系，曾派代表团参加苏联共产党第二十六次和第二十七次代表大会。苏丹共产党与苏联共产党一直保持往来，曾派代表团参加苏联共产党第二十三次、第二十四次、第二十六次和第二十七次代表大会。摩洛哥进步与社会主义党与苏联共产党关系密切，除在苏联入侵捷克和阿富汗等问题上对苏联共产党有所不满外，对苏联关于国际形势和国际共产主义运动重大问题的观点和政策均表示支持。南非共产党同苏联共产党早在20世纪20年代就建立了密切联系，苏联给南非共产党提供了物资和财政援助，南非共产党曾派代表团参加了苏联共产党的历届代表大会，支持苏联共产党关于国际共运的方针政策，很多南非共产党的领导人还曾在苏联留学或培训过。

**四 苏东剧变后非洲国家共产党的新发展**

（一）非洲国家共产党的反思、调整

在苏东剧变的强力冲击下，经过一段时间的混乱，留尼旺共产党、摩洛哥进步与社会主义党、苏丹共产党、南非共产党等非洲国家共产党开始对苏东剧变的原因和性质进行反思，对社会主义的前途和命运进行思考。

留尼旺共产党经过反思，认为苏东剧变不是共产主义的终结，苏东剧变的根本原因是苏东国家领导人出现错误，这些国家背离了马克思主义，对阶级斗争过分夸大，党政不分，党的机构工作不力，陷入瘫痪；帝国主义国家的渗透、颠覆和破坏也是苏东剧变的原因；各国共产党都应该吸取苏联和东欧国家失败的教训，避免犯同样的错误。[①]

摩洛哥进步与社会主义党一贯强调党的独立自主，认为党不是"苏联的代理人"。摩洛哥进步与社会主义党对于苏联改革初期是肯定的，认为在戈尔巴乔夫（Михаил Сергеевич Горбачёв）执政后期苏联共产党已经蜕变。苏东剧变后，摩洛哥进步与社会主义党认为是戈尔巴乔夫加速了苏东社会主义阵营的失败和崩溃；对马列主义的偏离和歪曲是导致苏东剧变的原因；苏东剧变是"某种社会主义模式的失败"，"不是科学社会主义的崩溃"，科学社会主义理论仍然有效，"当前中国等社会主义国家"结合本国

---

① 中共中央对外联络部：《各国共产党总览》，当代世界出版社2000年版，第521—525页。

国情"仍坚持科学社会主义理论"。①

苏丹共产党对苏东剧变和社会主义的发展历程进行了反思，认为苏东剧变是由于"列宁关于社会主义的理论被歪曲"，"社会主义理论在思想和行动上出现了分歧"，需要重新实现社会主义的"真正价值"；苏东剧变并不是资本主义的胜利，不是"科学社会主义及其理论的破产"，"公正、民主和人权"的社会主义是"人类社会发展的唯一合理制度"，70多年社会主义建设的"历史功绩"不能被抹杀，有必要对社会主义70多年的历史经验和教训进行总结、科学分析和研究。

为了统一党内思想，稳定党员队伍，南非共产党就苏东剧变的原因和教训展开了大讨论，深刻分析苏东剧变的原因，总结教训。南非共产党认为苏联解体，东欧社会主义国家剧变，是世界历史发展进程的一次大倒退；苏东剧变的原因是多方面的，既有外因也有内因，外因主要是帝国主义国家的破坏，而起根本作用的还是内因，内因主要是苏东国家的改革和建设严重背离了马克思主义和社会主义的基本原则；社会主义实践过程中遇到的问题是由于曲解和滥用马克思主义理论造成的，苏联共产党犯有严重的教条主义、宗派主义和极权主义错误，破坏了社会主义民主；苏联放松了意识形态斗争，造成国内意识形态混乱；戈尔巴乔夫的改革出现严重失误，破坏了苏联社会主义经济基础；苏东剧变不是社会主义制度本身的失败，不能借机否认十月革命和苏联社会主义建设所取得的伟大成就。同时，南非共产党认为对世界共产主义者来说，苏东剧变是一场严重的打击，也是一次重新认识和发展马克思社会主义理论的机会，马克思主义是科学的，但是不能教条地对待马克思主义。

（二）非洲国家共产党基本理论主张的主要变化

1. 对社会主义认识的深化

苏东剧变使世界社会主义运动和国际共产主义运动遭受沉重打击，"社会主义崩溃论""历史终结论"等曾一度甚嚣尘上，非洲国家共产党在对苏东剧变进行反思的同时，对社会主义的相关问题也进行了深度思考，获得了关于社会主义的新认识。

1991年，留尼旺共产党认为各国共产党应根据本国的实际情况制定适合本国国情的社会主义政策，只有这样才能丰富马克思主义；认为"和平

---

① 中共中央对外联络部：《各国共产党总览》，当代世界出版社2000年版，第516页。

共处"是"世界发展的基础","社会主义制度可以通过和平的方式战胜资本主义制度"。党的领导人保罗·维尔吉斯认为只有共产主义才能真正实现人类对自由平等的追求,留尼旺共产党的奋斗目标是争取人类"真正的平等与发展"①。

突尼斯革新运动认为市场经济不是资本主义所特有的,社会主义也需要市场经济,按市场经济规律办事是符合社会主义理论的。②

南非共产党在苏东巨变后对本国社会主义建设道路进行了深入思考,在巩固民族民主革命、努力推进社会主义的实践中,对社会主义产生了独特的见解。南非共产党对社会主义的认识经历了一个不断深化和丰富的过程。1991年12月南非共产党召开八大,通过了党纲《南非共产党宣言》和新《党章》,新《党章》规定南非共产党的最终奋斗目标是建立没有剥削的、按需分配的共产主义社会,在建立共产主义社会之前,需要经过一个按劳分配的社会主义过渡阶段。③ 1995年4月南非共产党召开九大,第一次比较系统地阐述了南非共产党关于未来社会主义的理论。南非共产党认为未来社会主义社会的主要特征是"民主、平等、自由和主要经济部门的社会化"④;社会主义是包括南非人民在内的整个人类唯一的未来;南非需要先取得民族民主革命的胜利,再向社会主义过渡,当前南非仍处于民族民主革命的巩固和深化时期;提出"未来属于社会主义,但建设自今日始"的口号;强调通过自身参政党的地位以及党对非国大的影响,把社会主义的目标渗透到国家的各项政策中,使国家政策有利于人民的利益。1998年7月南非共产党召开十大,对社会主义进行了进一步的阐述,认为资本主义发展到自身"极限"的帝国主义阶段,不仅给人类造成各种灾难,而且自身也陷入不可克服的危机,只有社会主义才是人类文明的唯一出路。2002年7月,南非共产党召开十一大,进一步深化了对社会主义的认识,认为社会主义在经济上是过渡性的、多种所有制并存的混合经济;政治上是工人阶级领导的统治联盟在人民群众的支持下治理国家;就发展

---

① 中共中央对外联络部:《各国共产党总览》,当代世界出版社2000年版,第521—525页。
② 王淼:《当代国外共产党对社会主义本质和基本特征的探索》,《科学社会主义》2013年第5期。
③ Joe Slovo, "Has Socialism Failed?" January 1990, http://www.sacp.org.za.
④ 程光德:《种族主义制度废除后南非共产党对社会主义的新探索》,博士学位论文,华中师范大学,2012年,第55页。

进程来说，社会主义不是民主革命完成后才开始的阶段，而是在民主革命阶段就开始把社会主义的因素融入政府的政策中。2007年7月，南非共产党召开十二大，强调社会主义是一种过渡性的公有制占主导地位的经济形式，社会主义阶段仍然还有资本主义的经济成分存在，但是占主导地位的是各种形式的公有制；社会主义将逐步消灭资本主义市场和商品；社会主义应重视可持续发展。

2. 对资本主义和资本主义危机的认识深化

2008年发端于美国的金融危机引发资本主义世界的经济危机后，南非共产党等非洲国家共产党通过对资本主义和资本主义危机的深入分析，深化了对资本主义本质和危机根源的认识。

南非共产党认为这场资本主义经济危机本质上是一场周期性危机、结构性危机，是一场文明的危机。这次危机是一场非常严重的资本主义经济危机，是繁荣——萧条循环的典型的资本主义周期性危机；是资本主义经济结构调整，资本积累中心由欧美、日本"向东南亚转移造成的，是一场结构性危机；是资本主义过分追求经济效益，过度消耗自然资源，严重破坏自然环境，造成的人类文明危机"[①]。

南非共产党2012—2017年政治纲领指出：资本主义是造成环境破坏、农村和城市大量人口生活贫困的根源；资本主义的过度积累是造成经济危机的根源，资本主义经济危机是多领域的综合性的制度性危机。当今世界经济被极少数帝国主义跨国公司主导，经过几个世纪的资本扩张和资本积累，全球资本主义已经在"物质、生物、人类、社会和经济"等一系列方面达到了极限。资本主义的过度积累导致了资本主义一次次的经济危机，当前的经济危机是"一场多领域的系统性危机"。世界资本主义的危机威胁到自然、生物和人类社会的可持续性，要解决可持续问题，唯一的出路在于建设社会主义。资本主义的这场危机涉及各个领域，但是危机过后，不会必然诞生新世界。美国经济大国地位虽然在不断下降，但是在一定时间内仍会保持其资本主义经济霸主地位。世界更加向多极化发展，多极化给了南方更多的喘息机会和选择，但是资本主义国家为了摆脱危机而采取经济刺激计划，减少对南方国家的直接投资，南方国家将承受经济危机带

---

[①] 聂运麟、周华平等：《社会主义才是未来——第十三次共产党和工人党国际会议述评》，《红旗文稿》2012年7月。

来的负担。一些充满活力的发展中国家,如巴西、印度和中国受此次经济危机的影响较小,但是世界上没有哪一个经济体能够完全逃脱此次危机的影响。要建立可持续的世界,唯一的解决办法就是彻底过渡到社会主义,在社会主义社会中,"包括生产在内的人类活动越来越多地处于社会的管控之下",社会需求将优先于个人利益。①

3. 非洲国家共产党在党的建设方面的发展与变化

苏东剧变,社会主义阵营崩溃,世界政治力量对比呈现出"资强社弱"的格局,2008年开始的世界金融危机、经济危机,引发资本主义世界的全面危机,西方各地涌起"马克思热",为世界社会主义运动和国际共产主义运动的发展提供了机遇。跌宕起伏的世界局势对世界各国政治产生深远影响,面对变化的国际国内局势,非洲国家共产党——主要是南非共产党适时地在党的建设方面进行了调整。

(1) 组织建设方面的发展与变化

在国际社会的强大压力之下,南非国民党政府不得不做出让步,经历了四十年的地下斗争之后,南非共产党终于在1990年获得合法地位,克服了苏东剧变造成的困难之后南非共产党迅速发展。1994年,民主新南非政府成立,作为三方执政联盟的一员,南非共产党成为南非最重要的参政党。在完成了从"非法"到"合法",从"革命党"到"参政党"的转变后,南非共产党的身份和地位发生了变化,面临的国内政治、经济、社会形势发生了变化,自身发展的需要也发生了变化。面对新形势、新情况,南非共产党调整了党的组织发展策略。2002年南非共产党第十一次代表大会正式提出建设大众化先锋党的建党目标,从此,南非共产党致力于建设群众性的先锋党,一方面强调党是工人阶级的先锋队,工人阶级是党的根基,党始终坚持在先进理论和先进思想的指导下,领导南非民族民主解放运动继续深入发展,推进社会主义事业;同时,强调党的群众性,在工人阶级和社会民主力量中间进行广泛的宣传工作,传播社会主义思想,发展社会各阶级、各阶层、妇女、青年等的先进分子入党。

南非共产党采取了一系列措施来建设群众性的先锋党:严把质量关,坚持"求质不求量"的原则,严格按照党章规定发展新党员;扩大党的群

---

① 《我们为什么选择社会主义?——南非共产党2012—2017年政治纲领》(节选),舒畅译,《红旗文稿》2013年10月。

众基础，积极吸收工人、知识分子、进步青年、妇女、农民中积极为社会主义事业奋斗的先进分子入党；建立健全党的各级组织，明确各级组织的职能和责任，党的建设委员会定期召开会议，研究解决党的建设方面的问题；要求党员干部一切以党的利益为重，要求在非国大、工会、政府部门任职的南非共产党的中央委员要把党的利益放在第一位；加强对各级党员干部参政教育和培训；制定筹款计划和措施，广泛争取国际国内力量的援助和支持，多渠道筹措发展经费，举办活动、出售商品、出版杂志、刊物等筹措资金，为党的持续发展提供经济保障。[①]

（2）党的纲领、方针、政策的调整

为了应对新挑战，提高党员质量，加强党的团结和统一，增强战斗力，2012年7月南非共产党十三大对党的章程进行了大幅修改、补充和完善，内容涉及党的战略目标、指导方针、组织原则、组织结构、组织运行机制、入党誓词和党员义务、共青团的作用和地位等方面。2012年新党章在指导方针方面增加了两点：一是补充了党要特别重视联合各个阶层的工人阶级的条款；二是补充了反对"仇外主义"的条款。新党章第一次明确提出了党的基本组织原则是"民主集中制"。新党章以独立条款的形式对南非共青团和街道委员会的相关内容进行了明确规定，规定了南非共青团的性质、同南非共产党的关系以及团员年龄等方面的内容，规定了街道委员会的成立及运行机制。新党章规定了包括中央委员会、政治局在内的各级党组织的日常运行机制，还对党的纪律处分原则、标准和范围以及党章的修改程序等进行了规定。新党章还规定了党员的义务和入党条件，增加了党员入党誓词。[②]

（三）苏东剧变后的非洲共产主义政党的发展状况

苏东剧变给国际共产主义运动造成了灾难，非洲共产主义运动受到剧烈冲击，但是很多非洲国家共产主义政党还是经受住了考验，党员队伍保留下来，并取得新发展，如南非共产党、突尼斯共产党、留尼旺共产党、摩洛哥进步与社会主义党等，其中南非共产党在1994年之后还取得了突破性发展。

---

① 程光德：《南非共产党：建设群众性的先锋队政党》，《上海党史与党建》2013年第6期。
② 王建礼：《从新党章看南非共产党的新发展》，《社会主义研究》2014年第4期。

摩洛哥进步与社会主义党,在 20 世纪 80 年代末时拥有 2 个众议院议席[①]。1995 年 7 月,摩洛哥进步与社会主义党召开第五次全国代表大会,通过了新党章和政治经济社会纲领,强调党的全民性,选举 109 人组成中央委员会,16 人组成政治局。通过召开这次大会,摩洛哥进步与社会主义党扩大了党的群众基础,加强了党的中央领导力量。苏东剧变后,摩洛哥进步与社会主义党迅速稳定下来,在国内的政治影响力逐步上升,在 1997 年的议会选举中获得 18 个席位,多位党员在政府中担任部长、副部长。1999 年,摩洛哥进步与社会主义党发展到 140 多个党支部,党员人数达到 5 万多人。[②] 到 2001 年,摩洛哥进步与社会主义党拥有 7 个参议院席位,9 个众议院席位,在国内政治舞台具有一定影响。

由于党的纲领和工作重点符合留尼旺人民的切实要求,留尼旺共产党得以发展成为留尼旺的主要参政党,在法国议会也拥有席位。在充分分析法国国内和留尼旺当地现实状况的基础上,留尼旺共产党把为留尼旺居民争取与法国本土公民在政治、经济和文化等方面的平等权利作为党的重要工作。在 1992 年留尼旺地方议会选举前,留尼旺共产党提出了"平等、发展、民主、环境"的新竞选纲领,赢得了选民的支持,在地方选举中获得留尼旺省议会 47 个议席中的 9 个,法国国民议会议员、留尼旺共产党领导人(1993 年 2 月起担任党主席)保罗·维尔吉斯当选为留尼旺地区议会的第一副议长,还有两名党员分别当选为第 3 和第 6 副议长;在 1998 年的地方议会选举中,留尼旺共产党赢得 47 个席位中的 13 个,是拥有省议会议席最多的政党,党主席保罗·维尔吉斯当选留尼旺省议会议长。同时,留尼旺共产党在法国国民议会拥有 3 个席位,在参议院拥有 1 个席位。[③]

苏丹共产党在 20 世纪末时发展到 9000 人,成为国内重要的反对党。但是,近年来苏丹共产党在国内政治舞台被边缘化,这是由于一方面苏丹国内战乱不断,经济困难,失业严重,很多来自社会中下层的党员为了生计远走他乡,使苏丹共产党党员流失严重;另一方面,苏丹共产党的斗争策略存在问题,苏丹共产党把奋斗目标定为谋求国内和平,实现政治民

---

[①] 周应:《西亚北非地区政党政治新特点》,《当代世界》2001 年第 7 期。
[②] 李兴中:《二十一世纪经济文化不发达国家社会主义的前途和命运》,《理论前沿》1999 年第 2 期。
[③] 中共中央对外联络部:《各国共产党总览》,当代世界出版社 2000 年版,第 521—525 页。

主、经济发展,放弃了对政治权力和政治地位的追求。①

突尼斯共产党加强了党的基层组织建设。到20世纪末,突尼斯共产党在全国一半的地方建立了党组织,党员发展到900人。

埃及共产党在苏东剧变后积极谋求发展,于1992年5月2日至24日参加了第四次东地中海、中近东及红海地区共产党和工人党会晤,就当时的国际形势和地区形势及各党进行协调、合作的方针等方面同与会各党进行了交流。②

南非共产党是苏东剧变后世界范围内获得快速发展的为数不多的共产党组织之一。在1990年到1993年的4年时间里,南非共产党的经历可谓跌宕起伏,有重获合法地位的喜悦,有苏东剧变的沉重打击,也有迅速调整后的快速发展。1990年2月,当时的南非国民党政府迫于国际国内压力取消党禁,南非共产党在被禁40年后重新获得合法地位。历经艰难终于可以重新合法活动的南非共产党迎头遭到苏东剧变的打击,处于危机关头的南非共产党在以总书记斯洛沃为首的党中央领导下,冷静地分析苏东剧变的原因,对社会主义的前途以及南非共产党的战略策略等重大理论和现实问题进行了深入讨论,统一了全党思想,巩固了党的团结,赢得了人民群众的理解和支持,迅速恢复了党的建设和发展。1991年南非共产党召开八大时,党员人数由1990年的2000人激增10倍达到21000人,1992年又翻了近一番,达到40000人,1993年时党员人数达到了50000人。1993年11月,由南非非国大和南非共产党领导的民主力量与南非国民党之间的"制宪谈判"取得重大进展,12月22日,南非议会正式通过了《南非共和国宪法草案》,从法律上结束了南非白人种族主义统治。

1994年是南非共产党取得突破性发展的一年,由南非共产党、非国大和南非工会大会组成的三方执政联盟赢得大选,包括总书记斯洛沃在内的7位南非共党员在新政府中担任部长职务,南非共产党在南非议会400个议席中大约占到1/5的席位,成为南非最重要的参政党,在国内的地位仅次于执政的非国大。时任非国大的总书记和副总书记都是南非共产党党员,当时非国大权力机构全国执行委员会的委员有1/3是南非共产党党

---

① 严庭国、廖静:《阿拉伯国家共产党的发展历程及影响》,《当代世界社会主义问题》2010年第4期。

② 中共中央对外联络部:《各国共产党总览》,当代出版社2000年版,第501页。

员，因而南非共产党能够对非国大产生巨大影响，通过多种方式使南非政府的各项政策的制定和实施有利于南非工人阶级和穷苦大众的利益，从此，南非共产党在南非政治、经济和社会生活中发挥着重要而独特的作用。

到2012年，南非共产党已发展到16万人，共产党员占全国总人口的比例达到3.5%。目前，南非共产党在东开普敦省、自由省、豪登省、摩西·马比哈达省、林波波省、普马兰加省、北开普省、西北省和西开普省等9个省建有省级组织①。南非共产党对党的基层组织建设和青年团的建设也非常重视，2012年十三大通过了新修订的党章，规定了党的社区委员会和执行委员会的成立和运行机制，对南非共产主义青年团的一系列问题进行了明确规定，包括团员年龄、团的决策机制、青年团在南非共产党组织结构中的地位等方面。通过党的基层组织建设和青年团建设，为党的持续发展奠定了坚实的基础。

2017年7月10日至15日，南非共产党第十四次全国代表大会在约翰内斯堡召开，来自南非共产党在全国的7000多个分支机构及南非共产主义青年联盟的1819名代表参加了大会。大会宣布南非共产党的人数比十三大时的人数增加了接近一倍，达到了284554名。

南非共产党十四大通过了决议，要求在今后的工作中既要重申原则性战略，又要推进具体措施的实施。南非共产党重申其战略是把民族民主革命激进的第二阶段作为实现社会主义南非的最直接的途径。为了加强和具体实施这一战略，十四大决定采取诸多具体干预措施。具体措施包括：与战略盟友南非工会大会密切合作，在全国就业紧急峰会召开之前，共商方针，制定以就业为中心的经济政策；以发展黑人小型农场为主要动力，大力推动土地改革，对在外的土地主和大型农场征收土地税，推进公有制土地使用权民主化，包括废除具有宗族特点的土地所有制；加强《竞争法》的实施，要求竞争管理机构不仅要处理市场勾结问题，而且处理私人垄断资本对市场的支配问题；对处理经济转型的方式进行重大的重新定位，改变对黑人私人所有制的过度关注，更加重视赋予公众和社会所有权；决定面对时代的挑战，不断进行组织革新；继续努力加强和巩固同非国大的联盟；继续在巩固由工人阶级和进步力量组成的人民阵线方面发挥领导作

---

① 南非共产党网站：http://www.sacp.org.za/main.php?ID=3404。

用,深化和维护民主和国家主权;决定在即将召开的中央委员会扩大会议上制定一份明确的巩固人民阵线的路线图。另外,经过大会期间的大量辩论,南非共产党决定参加选举,但是确切的参加方式,还需要通过对具体现实的具体分析、通过积极与工人和进步力量的合作来确定。

南非共产党之所以能够在苏东剧变后得到迅速发展,与南非共产党顺应国际国内革命趋势,适时地进行党的组织政策的调整密切相关。苏东剧变后南非共产党的组织政策调整主要有两点。(1)把建设"群众性的先锋党"作为党的建设的关键任务,一方面努力扩大党的社会基础,在工人领袖、知识分子、社区负责人和广大妇女中发展党员,在工人阶级和社会民主组织中宣传社会主义思想,加强对工人阶级和基层社区组织的领导,加强与工会的联系;另一方面,非常注重党员干部素质的培养和提高,保证党员质量。(2)建立健全党的各级组织机构,1991年南非共产党八大通过的新党章对党的中央、地方和基层各级组织机构及其职责权限进行了明确规定,南非共产党按照新党章的规定,建立健全了党的各级组织,之后一直保持党的各级组织的"严密性和稳定性"[①]。

### 五 非洲共产主义政党面临的问题、挑战与发展趋势

(一)非洲国家共产党面临的问题与挑战

1. 面临不利的"资强社弱"的国际政治格局

苏东剧变,世界政治呈现"资强社弱"的格局,世界社会主义运动和国际共产主义运动陷入低潮,世界局势不利于社会主义和共产主义运动的发展,资本主义国家的整体实力在政治、经济、军事、文化等诸方面均强于社会主义国家。资本主义国家在苏东剧变后进一步加强了对包括非洲共产主义运动在内的世界社会主义运动和国际共产主义运动的攻击和打压。例如,在美国利益集团和个人出资资助下,南非国内有些团体和个人企图按照美国总统初选的模式改造南非共产党的领导人选举。一些主要由国外基金资助的"民间团体"妖魔化南非政府,企图诋毁甚至推翻南非政府。

2. 经济落后,多数非洲国家传统工业不发达

由于欧洲列强长期的殖民掠夺和统治,非洲国家的经济发展模式普遍存在高度的依附性问题,传统产业未能发展起来,很多非洲国家至今仍是

---

① 张平:《冷战后南非共产党的新变化》,《当代世界与社会主义》2006年第2期。

落后的农业国,具有较高阶级意识和阶级觉悟的产业工人人数少,共产主义运动发展的阶级基础薄弱。

3. 全球经济危机加重了非洲经济的困难,贫困和失业造成工人分层现象严重

经济危机使全球经济遭受重创,资本主义国家采取救市措施,把危机负担转嫁给本国民众和第三世界发展中国家,非洲国家的经济雪上加霜,失业和贫困困扰着工人阶级。工人阶级内部出现了"阶层分化"现象。例如,南非工人阶级出现了"核心行业工人"等五个不同的工人阶层,每个阶层有着不同的利益诉求,对南非共产党的态度和立场也不同,增加了南非共产党开展工作的难度。

4. 非洲国家共产党自身建设存在问题

非洲国家共产党自身存在一些不足。例如,南非共产党内部出现比较严重的腐败问题、无法解决与非国大在重大问题上的矛盾等。联合执政曾使南非共产党获得突破性发展,但是,执政联盟内部存在矛盾,各方在长远发展目标上存在分歧,在国家发展道路、利益分配政策和经济发展方向等重大问题上分歧逐步扩大,南非共产党和南非工会大会主张加大力度维护工人阶级的权益,对国民经济的关键部门实行国有化,而非国大则主张实行自由市场经济政策。目前,南非共产党尚无法解决与非国大的分歧。

(二) 非洲国家共产党未来发展趋势展望

1. 非洲共产党面临发展机遇,但是整体难以有大发展

资本主义危机,为处于低谷中的世界社会主义运动的发展提供了机遇,非洲共产主义运动同样面临机遇,但是,在多数非洲国家,共产主义运动的社会基础和阶级基础薄弱的问题没有解决,非洲国家共产党难以取得进一步发展。

2. 非洲国家共产党的进一步发展值得期待

最为活跃的两个非洲国家共产党,南非共产党和留尼旺共产党的进一步发展令人期待。政策灵活是留尼旺共产党的一大优势,由于制定的纲领政策符合留尼旺省人民的利益,留尼旺共产党得到了选民的广泛支持,成为留尼旺省最有影响力的政党,留尼旺共产党的优势会继续保持。作为南非最重要的参政党的南非共产党由于南非工人阶级分层的影响以及自身建设存在的问题,目前还没有能力谋求独立执政,联合执政会继续。但是,由于南非共产党与非国大在根本发展道路的选择方面存在分歧,南非共产党未来难免会谋

求独立执政，独立执政将是南非共产党的又一次突破性进展。

## 第三节 拉丁美洲共产主义运动的历史经验和新发展

从1918年拉美国家第一个共产党——阿根廷共产党成立至今已有100多年的时间了，在这100多年间，拉美国家共产主义运动历经挫折和磨难，经历了从兴起到巩固发展，到陷入困境、遭受苏东剧变的冲击，再到反思调整后转危为安、取得新的发展。

### 一 拉美共产党的兴起

19世纪70年代，逃亡到拉美国家的第一国际成员把马克思主义带到了拉美，在拉美国家进步工人和知识分子中间传播，为马克思主义政党在拉美国家的成立奠定了思想基础，拉美国家工人阶级政治意识增强、工人运动的发展为拉美共产党的成立奠定了阶级基础，马克思主义小组和社会党的成立为拉美共产党的成立奠定了组织基础。十月革命的胜利对拉美共产主义运动产生了巨大的推动作用，从1918年到1928年，一批拉美国家共产党纷纷成立。

（一）拉美国家共产党兴起的背景

1. 欧洲社会主义思想和马克思主义思想的传播为拉美共产党的成立奠定了思想基础

逃亡到拉美的欧洲社会主义者和移民或到欧洲旅游的拉美国家进步分子把马克思主义和社会主义思想传播到了拉美国家，为拉美共产党的成立提供了指导思想和理论武器。法国巴黎公社的失败以及德国政府对社会主义者的残酷镇压使欧洲的社会主义者纷纷移民到拉美的阿根廷、智利、墨西哥等国，这些移民把社会主义思想也带到了拉美国家。例如，拉美第一个共产党之所以在阿根廷成立，要归功于第一国际在阿根廷的活动，以及马克思、恩格斯的直接指导和帮助。1872年1月28日，在移民阿根廷的原巴黎公社社员爱弥尔·多马士的倡议下，第一国际布宜诺斯艾利斯法国支部成立。之后，从布宜诺斯艾利斯法国支部分出来一部分核心成员组成了意大利支部。1873年，布宜诺斯艾利斯西班牙支部成立。这三个支部各选派两名代表成立了六人联合委员会，协调各支部的活动。布宜诺斯艾利斯法国支部与第一国际保持密切联系,曾派代表参加 1872 年 9 月 2 日第一国际海牙会议,参加会议的代表会后同马克思、恩格斯保持通信联系,经常得到马克思、恩格斯直接指导。巴西知识分子从 19 世纪 70 年代初就开始熟悉马克思的名字,法国巴黎公社起义开始后,巴西的一些报刊刊载了第一国际的文章,《改革报》《三月六日报》《美洲回声》杂志等都刊登了有关马克思的文章。巴黎公社起义失败后,逃亡到巴西的巴黎公社社员、第一国际成员与恩格斯保持联系,经常得到指导和帮助,他们在巴西积极传播马克思主义思想。[①] 移民或到欧洲旅游的拉美国家进步分子在欧洲接触了欧洲社会主义。例如,到欧洲旅游或者移民到欧洲的智利进步分子通过与欧洲社会主义者接触逐步接受了社会主义思想,进而把欧洲社会主义思想传播到智利。

2. 拉美国家工人阶级政治意识增强为拉美共产党的成立奠定了阶级基础

20 世纪初,拉美国家经济困难,人民生活困苦,对政府产生强烈不满,国内阶级矛盾激化,工人阶级对资本主义剥削的仇恨为他们积极接受马克思主义奠定了良好基础,这为共产党的成立奠定了阶级基础。例如,1918 年智利经济出现危机,劳动人民生活状况不断恶化,对政府不满情绪不断上升,工人阶级政治意识增强,开始积极参加政治活动,要求公正分配国家财富,工人和知识分子中的先进分子开始积极寻求革命理论的指导。而当时的智利劳工联合会领导人无政府思想严重,联合会带有比较严重的行会习气,联合会会员人数较少,影响力有限,难以承担起领导工人运动,维护工人阶级利益的重任,社会现实呼唤工人阶级政党。第一次世界大战为阿根廷国内外的资本家和大商人、大地主带来了发财机会,他们为了攫取巨额财富,加大了对工人的压榨和剥削。1914—1917 年间,工人的工资没有增长,但是劳动时间不断延长,工作时间最短的首都布宜诺斯艾利斯的工人每天工作也长达 9 小时,有的省份工人的工作时间每天长达 16 小时。残酷的剥削和压榨激起了阿根廷人民的反抗,首都布宜诺斯艾利斯不断有工人罢工,一个工厂的工人罢工往往能得到其他工厂工人的支持。"一战"后,巴西经济衰退,人民生活状况不断恶化,各个工业城市

---

① 祝文驰、毛相麟、李克明:《拉丁美洲的共产主义运动》,当代世界出版社 2002 年版,第 39—40 页。

工人罢工浪潮不断。

3. 社会主义小组、马克思主义小组和社会党的成立为拉美共产党的成立奠定了组织基础

拉美第一批共产党的成立与工人运动有着密不可分的联系。十月革命激发了拉美各国人民摆脱封建资本主义统治的斗志，阿根廷、古巴、智利、乌拉圭、墨西哥、巴西等国的工人运动在十月革命的影响下轰轰烈烈开展起来，在革命斗争过程中，造就了一批杰出的工人领袖，同时，无产阶级在斗争中队伍快速壮大，工人领袖同工人密切联系，不断总结斗争的经验、教训，最终彻底抛弃无政府主义思想，接受了马克思主义思想，成立了工会，建立了社会主义小组、马克思主义小组，成立了社会党，为马克思主义政党的建立奠定了组织基础。

4. 十月革命的胜利推动了拉美共产党的成立

十月革命对拉美国家的影响是巨大的，它推动拉美国家进步人士向马克思主义转变，激发了广大工人阶级的阶级觉悟。十月革命胜利后，很多拉美国家的进步人士大量撰写文章宣传十月革命的意义。1924—1930年，巴西、墨西哥、阿根廷、古巴、智利、乌拉圭等国共产党纷纷出版报刊大力宣传十月革命。第二次世界大战期间和战后，古巴、阿根廷、智利等国出版了一系列著作论述十月革命和共产主义。这些宣传工作极大地促进了拉美国家广大人民的思想意识，深刻影响了工人阶级的阶级觉悟。随着共产党人对十月革命的宣传，阿根廷人民群众对十月革命的认识加深，阿根廷左翼政治家开始转向马克思主义。乌拉圭共产党的党报《先锋报》和《社会主义者》《战斗》《论战》等工人报纸对十月革命进行了广泛的报道，报道在工人阶级中产生了巨大反响。1918年成立的巴西"布尔什维克联盟"大力宣传马克思主义思想和苏维埃政权，巴西的进步人士对十月革命给予高度评价，对十月革命的世界意义进行论述，鼓舞了巴西人民的斗志，激励和教育了青年一代。[①]

（二）首批拉美共产党成立（1912—1928年）

1918年到1928年是拉美共产党兴起时期，阿根廷共产党、墨西哥共

---

① 祝文驰、毛相麟、李克明：《拉丁美洲的共产主义运动》，当代世界出版社2002年版，第62—63页。

产党、智利共产党、巴西共产党、乌拉圭共产党、古巴共产党①、巴拉圭共产党、秘鲁共产党等先后成立。这些早期的拉美共产党的成立方式虽然多种多样，但是大都与社会党有着密不可分的关系，有的是革命者首先成立了社会党，然后把社会党改名为共产党，如智利共产党、阿根廷共产党、墨西哥共产党、秘鲁共产党等；有的是从社会党分裂出来的多数派组成新的共产党，如乌拉圭共产党等。早期的拉美共产党成立后，大多加入共产国际或者与共产国际建立了联系，如智利共产党、阿根廷共产党、墨西哥共产党、巴西共产党、乌拉圭共产党、巴拉圭共产党等。

1. 智利共产党

1912年6月4日，智利工人领袖路易斯·雷卡瓦伦组建了社会主义工人党，1922年1月社会主义工人党召开第五次代表大会，决定加入共产国际，并改名为共产党，雷卡瓦伦当选为党的总书记。大会通过的宣言表明了智利共产党的奋斗目标是：消灭资本主义制度，建立工人阶级专政，建设共产主义。

2. 阿根廷共产党

阿根廷共产党是由1918年成立的阿根廷左翼社会党——国际社会党转变而来的。1918年1月6日阿根廷左翼社会党在布宜诺斯艾利斯召开大会，通过了大会宣言和党的章程，成立国际社会党。大会宣布了国际社会党的政治主张：支持十月革命，反对机会主义，开展群众工作，加强工会工作，无产阶级组织起来通过革命维护自身利益，获得自身解放，消灭私有制，代之以公有制。国际社会党的成立标志着阿根廷无产阶级政党的诞生，也标志着马克思主义战胜了修正主义和无政府主义。国际社会党成立后积极开展革命活动，参加了一系列的无产阶级革命，包括1919年的布宜诺斯艾利斯一月革命。1919年4月国际社会党召开第二次代表大会，会议决定同第二国际决裂，加入第三国际。1920年12月，国际社会党召开特别代表大会，通过决议，决定为阿根廷共产党，并加入共产国际。

3. 墨西哥共产党

到1918年，墨西哥很多城市都成立了社会主义小组和共产主义小组。在首都墨西哥城社会主义小组领导人、卷烟厂工长何塞·阿连的倡议下，1919年8月25日至9月5日在墨西哥城召开了墨西哥社会主义小组第一

---

① 古巴共产党在第三章已进行详细分析，本章不再赘述。

次全国代表大会，不仅社会主义小组派代表参加了大会，支持十月革命的人员也参加了大会，改良主义组织也派代表参加了会议，大会成立了马克思主义的社会党。1919 年 11 月 24 日至 29 日，该党全国代表大会决定改名为墨西哥共产党。墨西哥共产党成立后，马上呼吁拉美国家召开工人代表大会谴责第二国际，支持第三国际，按照第三国际的原则制定党的斗争纲领。

4. 巴西共产党

巴西产业工人在 20 世纪初就已经达到 30 万人，工人阶级为维护自身的权益不断进行斗争，随着马克思列宁主义在巴西的传播，以及十月革命的影响，社会主义小组和共产主义小组在巴西各大城市相继成立。1922 年 3 月 25 日，来自巴西各个共产主义小组的 9 名代表在里约热内卢召开代表会议，成立了巴西共产党，制定了党的纲领和章程，决定加入第三国际，通过了《告巴西劳动人民书》，号召共产党和工会团结起来为劳动人民的解放共同斗争。巴西共产党成立之初，人数较少，而且党内还存在无政府主义思想，党的力量很弱小，但是巴西共产党努力传播马克思主义。1922 年 7 月 25 日，新成立的巴西共产党被政府宣布为非法，党的工作被迫转入地下。1924 年 7 月，巴西共产党正式成为共产国际的成员。①

5. 乌拉圭共产党

乌拉圭共产党是由 1904 年成立的乌拉圭社会党分离出来的多数派组成的。1919 年，因对是否参加共产国际等问题社会党内部出现分歧，支持参加共产国际的人员占据多数。1920 年 9 月 20 日，支持参加共产国际的多数派召开代表大会，大会对党的领导机构进行了改组，决定成立共产党，并加入共产国际。1921 年 4 月，多数派新的领导机构召开特别会议，把党的名称改为乌拉圭共产党。1922 年，乌拉圭共产党成为共产国际正式成员。

6. 巴拉圭共产党

19 世纪末，巴拉圭工人运动兴起，但是影响较小。1918—1922 年，拉美其他国家共产党成立后，加强了对巴拉圭的宣传工作。巴拉圭的一些进步工人和知识分子开始建立共产主义小组，1928 年 2 月 19 日，共产主义小组代表在亚松森召开会议，成立了巴拉圭共产党，同年，加入共产国

---

① 中共中央对外联络部：《各国共产党总览》，当代世界出版社 2000 年版，第 718 页。

际。巴拉圭共产党成立不久就被政府取缔了，但巴拉圭共产党坚持开展活动，努力争取合法地位；1936年积极参加二月革命党人发动的军人起义，起义成功后，获得15天短暂合法地位，1946年，参加少壮派军官发动的起义，获得半年的合法地位。1941年，巴拉圭共产党召开第一次全国代表大会，健全了中央领导机构，制定了党纲。

7. 秘鲁共产党

1919年底，秘鲁专制政府将著名的革命人士马里亚特吉驱逐出国，马里亚特吉在意大利与社会党人和共产党人建立了联系，在秘鲁移民中成立共产主义小组。秘鲁首批马克思主义小组1922年在秘鲁南部地区库斯科省成立。1923年，马里亚特吉回到秘鲁，从思想上和行动上为建党做准备。1928年10月7日，秘鲁社会党成立，马里亚特吉当选为总书记。1930年3月，秘鲁社会党加入共产国际，同年5月，改名为秘鲁共产党。

总之，拉美第一批共产主义政党是在相同的时代背景，类似的社会环境下诞生的，因而表现出某些共同的特点：在十月革命的影响和鼓舞下创建，重视发展同苏联和共产国际的关系，与社会党有着程度不同的历史渊源，重视工人运动，创建初期大多主张把议会斗争和议会外群众斗争相结合，通过和平的非暴力的途径来实现党的目标，把参加竞选作为党的重要工作内容之一，在国内政治舞台影响力很小，对政府决策尚无法产生有效影响。

## 二 拉美国家共产党巩固和发展阶段（1929—1945年）

1929年到"二战"结束可以看作是拉美国家共产党的巩固和发展阶段，这一时期，拉美共产党的工作重点有三个方面：一是加强拉美地区共产党的交流与合作；二是积极投身工人运动的领导工作；三是积极开展拉美地区工人阶级和广大劳动人民的联合斗争，建立反帝人民联盟。通过一系列的活动，拉美首批成立的共产党得到巩固和发展，有些国家共产党开始转向武装斗争，一些国家还新成立了共产主义政党。但是，这一时期，拉美共产党也遭受了挫折，受到美国白劳德主义的严重影响。

（一）召开拉美共产党地区会议，加强拉美地区共产党的交流与合作

首批成立的拉美共产党在这一时期加强了相互之间的交流与沟通，先后召开了四次拉美地区共产党会议，讨论重大问题，制定共同行动策略，积极谋求联合行动，壮大力量，扩大影响。

1929年5月，拉美15个国家近50个工会组织在乌拉圭的蒙得维的亚召开了为期14天的代表大会，成立了拉美工会联合会，在随后的5年中领导拉美工人运动，取得很好成果。拉美共产主义运动随着工人运动的高涨而不断发展，为了巩固和加强党的组织建设，加强对工人运动的领导，共产国际决定召开拉美共产党会议。1929年6月1—12日，拉美共产党第一次地区会议在布宜诺斯艾利斯召开，14个国家的共产党派代表参加了会议，共产国际、美国共产党、法国共产党也派代表参加了会议。会议广泛讨论了国际形势、拉美形势、种族问题和反帝斗争、党的战略策略问题等与共产主义运动有关的问题。会议就拉美革命的性质和革命的目标形成决议，决议指出：拉美革命是反帝民主土地革命，革命目标是消灭帝国主义和地主阶级的压迫和剥削，开辟社会主义革命道路。会议号召各国共产党密切联系群众，组织群众为维护自身的利益而斗争。关于拉美共产党第二次地区会议，鲜有资料记载。

20世纪30年代初，帝国主义国家加大对共产主义运动的打压，美国对拉美推行睦邻政策，德国法西斯开始盛行。为了应对挑战，拉美共产党在乌拉圭首都蒙得维的亚召开第三次地区会议。会后，拉美共产党积极开展轰轰烈烈的斗争，并取得了初步成果。古巴共产党在议会取得席位，扩大了政治影响。智利共产党通过斗争，促使智利短时间建立了社会主义共和国。巴西共产党组织了拉美共产党领导的首次武装斗争。30年代末，国际形势发生了重大变化，战争阴云密布，拉美共产党认识到国际形势的变化，决定于1939年7月在美国纽约召开第四次地区会议，重点讨论动员群众，组织反法西斯统一战线。

(二) 积极投身工人运动的领导工作，取得工人联合会的领导权

作为工人阶级先锋队的共产党，只有和工人阶级密切结合，发挥对工人阶级的领导作用，才能使党的发展拥有牢固的阶级基础，才能增强党的生命力和战斗力。第二次世界大战期间，拉美工人运动快速发展，拉美各国共产党领导本国建立了一批全国性的工人联合会。例如，1942年乌拉圭工人总同盟成立，1943年哥斯达黎加工人联合会成立，1944年秘鲁工人联合会、巴拿马工人联合会、厄瓜多尔工人联合会等相继成立。[1] 拉美各

---

[1] 祝文驰、毛相麟、李克明：《拉丁美洲的共产主义运动》，当代世界出版社2002年版，第133—138页。

国工人联合会大多由共产党掌握领导权。拉美工人联合会的领导权也由共产党掌握，1944年12月拉美工人联合会第二次代表大会选出的12名执委会成员中7名是共产党员，其余5名执委中有3人支持共产党，只有2人是反对共产党的，由此，共产党全面掌握了拉美工人联合会的领导权。

（三）建立反帝人民阵线

20世纪30年代中期，随着法西斯主义的盛行，帝国主义战争危险加剧，拉美共产党响应共产国际的号召，积极开展拉美地区工人阶级和广大劳动人民的联合斗争，建立广泛的反帝人民阵线，例如巴西、智利、阿根廷、墨西哥等国共产党。由于反帝人民联盟这一战略符合当时的国际国内局势，拉美共产党采取的政策适合当时的国内环境，各国共产党得到了很大的发展，党组织不断扩张，几乎所有拉美国家都建立了共产党，党的队伍迅速壮大，在地区和国内政治影响力迅速提高，接近半数的共产党取得了合法地位，有些共产党虽然没有取得合法地位，但是可以公开活动。有些共产党在国内选举中取得好成绩，例如智利、巴西等国的共产党。

智利共产党在这一时期虽然遭遇了党组织分裂的挫折，但是智利共产党抓住时机，积极开展工人联合、人民阵线的斗争，参加议会选举，在国内的政治影响力不断提高，取得了工人联合会的领导权，在智利人民阵线中具有重要影响，选举取得好成绩，成为继古巴共产党、厄瓜多尔共产党之后第三个参政的拉美共产党。智利共产党内部很早就存在支持共产国际的正统派和反对共产国际的非正统派之间的斗争，1931年7月，两派之间的矛盾公开化，智利共产党组织发生分裂。1932年9月，智利达维拉政府垮台，在随后举行的大选中，智利共产党两派都获得了议会席位。1936年智利工人联合会成立，智利共产党和社会党为争取联合会的领导权进行了长期的斗争。1939年，智利共产党通过斗争取获得了联合会副总书记的领导职务。1935年，治理社会党、民主左翼党、激进社会主义者组成左翼集团。1936年，智利共产党、激进党、智利工人联合会加入左翼集团，成立了拉美第一个人民阵线。共产国际派人到智利协助智利共产党在人民阵线的工作。1937年4月，人民阵线在智利议会选举中获得参议院25个席位中的10席，众议院146席位中的66席。智利共产党获得1个参议院席位，7个众议院席位。1938年的总统大选，在智利共产党协调下人民阵线提出的候选人获得大选胜利，当选总统。1941年的大选中，智利共产党获得3个参议院议席，17个众议院议席。1946年，智利总统选举中，智利共产党支持的候选人当选，智利共产党因此有 3 人入阁，担任部长。智利共产党成为参政党，在国内的政治影响力显著增强。

1932 年成立的巴西整体主义运动是一个法西斯性质的组织，不但公开支持意大利和德国的法西斯主义，而且公开宣称要在巴西建立法西斯统治。面对这种危险，巴西共产党号召全国人民组成统一战线，开展反帝、反封建、反法西斯的斗争，得到 70 多个群众组织的积极响应。1935 年 1 月，巴西共产党和尉官派领导的人民统一战线首批支部建立，3 月，巴西国内人民统一战线组织——民族解放联盟成立。通过领导罢工和民族解放联盟等一系列革命活动，巴西共产党队伍不断发展壮大，从 1929 年的五六百人发展到 1934 年的 5000 人，在国内政治舞台占有重要地位。民族解放联盟成立后制定了纲领，在全国建立了 1500 个支部，发展会员 150 多万人。领导工会成立了巴西联合会，会员人数达 30 万人。政府下令取缔民族解放联盟，巴西革命形势紧张。被取缔后的民族解放联盟，在共产党和部分尉官的领导下，继续革命，领导了一系列的罢工，如 1935 年 10 月北里约格朗德州铁路干线大罢工；11 月 23 日，巴西第 21 步兵营武装起义；11 月 25 日，墨西腓人民武装起义，里约热内卢、圣保罗州等武装起义。11 月 27 日，各地武装起义被瓦加斯政府派大批军队镇压，起义失败，大批共产党员、民族解放联盟成员，同情起义的进步人士被捕入狱，直到 1945 年 4 月 21 日，瓦加斯政府迫于国内外压力才释放了这些政治犯。此时，巴西共调整了斗争策略，转而支持瓦加斯政权，开始了新的发展。[①]

（四）拉美共产党队伍壮大

这一时期，一批新的拉美共产党成立，例如委内瑞拉、厄瓜多尔、萨尔瓦多、哥伦比亚等国新成立了共产党，拉美共产党的队伍不断壮大。

1926 年 5 月 16 日，厄瓜多尔社会党成立，1927 年，社会党领导人帕雷德斯参加了社会主义革命胜利十周年庆祝大会和共产国际第六次代表大会，社会党被共产国际接受为正式会员。1931 年 10 月，社会党召开第二次代表大会，改名为共产党。厄瓜多尔共产党成立之后，一直处于非法状态。1944 年，参加了推翻阿尔约·德里奥政府的斗争，胜利后获得合法

---

[①] 祝文驰、毛相麟、李克明：《拉丁美洲的共产主义运动》，当代世界出版社 2002 年版，第 105—107 页。

地位。

1930年3月28日萨尔瓦多共产党是在墨西哥共产党和危地马拉共产党的帮助下建立起来的。1925年危地马拉共产党派人到萨尔瓦多帮助组建共产党。1930年3月28日,萨尔瓦多马克思主义者奥古斯丁·马蒂领导召开共产党成立大会,成立了萨尔瓦多共产党。萨共成立后一直处于非法状态,但是积极开展斗争,1932年11月领导农民武装起义,有4万人参加。起义遭到马丁内斯军政府的残酷镇压,包括马蒂在内的萨共大多数中央领导人,共计约3万人被残酷杀害,党组织遭到毁灭性打击。1935年,国内外形势好转,萨共重新发展组织,1946年4月召开第二次代表大会,制定了新纲领,逐步恢复了工作。

1928—1930年间,委内瑞拉成立了共产主义小组,1931年4月,在共产国际的帮助下,开始组建党支部,1937年,委内瑞拉共产党正式成立。委共成立后,积极开展工会工作,鼓励农民运动,夺取土地,号召人民开展反帝斗争。共产国际七大接受委内瑞拉共产党为正式成员。

1926年,哥伦比亚革命社会党成立,1927年,加入共产国际,1930年秋改名为哥伦比亚共产党,与共产国际建立了密切联系。

(五) 白劳德主义对拉美共产党产生严重影响

第二次世界大战后期和战后初期,拉美共产党受到白劳德右倾机会主义错误的影响。由于很多拉美国家共产党在建党之初受到美国共产党的指导,对美国共产党的政策策略相当重视,拉美共产党受到的影响尤其严重。1944年白劳德解散了美国共产党,代之以"美国共产主义政治协会",拉美共产党纷纷效仿,有的拉美共产党更改了党的名称,如古巴共产党改名为人民社会党,巴拿马共产党改名为人民党,哥伦比亚共产党改名为社会民主党;有的直接解散,重组新党,如哥斯达黎加共产党解散,重组新的人民先锋党;有的共产党内部出现取消共产党的思潮,如巴西共产党。白劳德主义对拉美共产党的影响,不仅体现在更改名称上,而且对拉美共产党的政治主张产生影响,有的共产党放弃了阶级斗争,如哥斯达黎加共产党,有的共产党甚至主张放弃社会主义革命目标,如墨西哥共产党。1944年,墨西哥共产党召开第九次代表大会,大会认为美国资本主义是进步的,有利于墨西哥工业化,主张放弃社会主义目标,停止工人罢工斗争,主张由资产阶级来领导民族解放运动,解散企业和工会的党组织,全民支持政府等。

### 三 拉美共产党在困境中坚持斗争（"二战"结束至苏东剧变前）

从1947年到1991年，以苏联为首的社会主义阵营与以美国为首的资本主义阵营进行了长达45年的"冷战"，处在"冷战"的国际大环境中，拉美共产党的发展受到诸多因素的影响，有战后初期的有利形势、古巴革命胜利的鼓舞，也有"冷战"造成的极端困难。这一时期，拉美国家共产党主要进行了两方面革命活动：一是领导国内的反帝反独裁斗争；二是声援、支持其他拉美国家的反帝斗争。

（一）20世纪40年代末到50年代末，拉美共产党在困境中奋进

1. 领导拉美反帝反独裁斗争

"二战"末期及战后初期，拉美各国人民在反法西斯战争胜利的鼓舞下，革命热情高涨。战后，以美国为首的帝国主义国家，加强了对拉美国家的控制、干涉和掠夺，激起拉美国家人民的强烈反抗。在拉美共产党的领导下，拉美人民掀起了反帝反独裁斗争的热潮，反帝运动此起彼伏，其中，影响最大的有1944年4月萨尔瓦多人民起义、6月危地马拉反独裁斗争、1945年10月委内瑞拉起义等。拉美共产党在战后拉美的反帝反独裁斗争中发挥了重要作用，是斗争的中坚力量，共产主义运动是整个拉美人民反帝反独裁斗争的重要组成部分，极大地推动了整个斗争，其中古巴革命的胜利和尼加拉瓜革命的胜利是拉美反帝反独裁斗争运动的突破性胜利，极大地鼓舞了拉美人民的斗志，为拉美反帝反独裁斗争指明了方向。

2. "冷战"给拉美共产党造成严重困难

在"冷战"的影响下，20世纪50年代初期，拉美国家的反帝民主运动呈现出新的特点：一是普遍遭受挫折，美国和拉美国家投机分子勾结发动政变，建立独裁政府，镇压民族民主运动。海地、玻利维亚、古巴、巴拿马、委内瑞拉、哥伦比亚、危地马拉、巴拉圭等国在美国的扶持下纷纷建立了独裁政府；二是拉美国家的民族民主革命开始进行武装斗争，影响力最大的是卡斯特罗领导的古巴革命。

"冷战"使拉美共产党的生存环境恶化，这一阶段拉美共产党的发展遇到了严重困难，很多国家共产党的领导人和广大党员被杀害、被捕入狱、流亡国外，党组织遭到破坏；多国共产党遭到政府镇压，被迫转入地下；担任公职的共产党员被开除公职，党员的选举权被剥夺，共产党的政治影响力严重下降；与工会等关系疏离，对工人运动的领导权削弱。

50 年代中期,以美国为首的帝国主义国家掀起了反共逆流,利用拉美各国保守力量策动拉美国家军事政变,建立亲美的独裁政府,对共产党进行打击、镇压,使共产党遭受重大损失,几乎所有拉美共产党都被迫转入地下。1955 年阿根廷庇隆政府被军事政变推翻后,阿根廷共产党被迫转入地下;1948 年秘鲁奥德里亚军政府上台,对共产党等进步力量进行镇压,秘鲁共产党被迫转入地下;1947 年 5 月,多米尼加特鲁希略政府宣布多米尼加人民社会党(1965 年 8 月改名为多米尼加共产党)非法,逮捕了大批的党员和领导人,包括党的总书记在内的许多人被杀害,幸存者大多逃往国外,党组织解体;1953 年,古巴共产党被巴蒂斯塔政府宣布为非法;1948 年,委内瑞拉军人发动政变上台,委内瑞拉共产党转入地下,1950 年 5 月,委共领导石油工人大罢工,遭到镇压,之后被宣布为非法,1958 年 1 月,委共参加推翻希门尼斯独裁统治的人民起义,起义胜利后,获得合法地位,在年底举行的大选中获得 2 个参议院席位,7 个众议院席位;第二次世界大战后,智利魏地拉政府走上了亲美的独裁道路,在 1948 年把智利共产党排除出政府,对智利共产党进行镇压,智利共产党被迫转入地下。

这个时期,共产党在拉美工会中的影响力下降了,有的共产党失去了对工人联合会的控制权,如秘鲁共产党失去了对秘鲁工会的控制权,担任秘鲁工人联合会总书记的共产党员胡安·卢纳被撤职;有的国家由其他政党成立了新的工人联合会,使共产党领导的工人联合会受到严重冲击,如委内瑞拉民主行动党领导成立了新的工人联合会,原委内瑞拉共产党领导的工人联合会受到很大冲击;有的国家的宗教领导人成立了新的工人联合会,如哥伦比亚和哥斯达黎加;有的国家工人联合会发生严重分裂,共产党被开除或者退出工人联合会,非共产党人在新的工人组织中占据主要地位,如墨西哥、乌拉圭、智利和古巴等国家。

面对"冷战"造成的困境,拉美各国共产党调整斗争策略,采取的一项重要策略是建立民族民主统一阵线,如巴西共产党、智利共产党、墨西哥共产党等,这一策略取得了成效,使各国共产党保存了队伍,党的影响力得到恢复和发展。巴西共产党于 1980 年提出建立民族民主统一阵线后,积极推进这一策略,到 1958 年,巴西共产党在全国建立党组织,党员人数发展到 20 多万人。墨西哥共产党于 1950 年 12 月提出实行民族民主统一阵线策略。智利共产党于 1956 年与治理社会党共同组建人民行动革命阵线，推动了反动法令《保卫民主法》的废止，赢得了合法地位。

3. 建立广泛的爱国统一战线

50年代中后期，拉美共产党根据国际国内形势，制定新的斗争策略：在理论上明确了本国的社会性质，确定了革命任务是进行民族民主革命。在革命实践中，建立广泛的爱国统一战线；采取灵活的斗争方式，有些国家的共产党支持爱国的资产阶级代表人物参加大选，如阿根廷共产党，有些国家的共产党领导的统一战线组织直接参加竞选，如智利共产党；加强工农联盟，开展农村工作，开展农民运动等。在拉美共产党的努力下，拉美国家民族民主革命掀起新的高潮，这次革命高潮呈现出新特点：规模扩大，发展成群众性运动，有些国家民族资产阶级也参加了民族解放运动，同工人、农民结成民族运动统一战线，越来越多的国家进行了武装斗争，如古巴、巴西、哥伦比亚、玻利维亚等，很多国家爆发大规模的群众性反帝反独裁运动，参加人数众多，有的运动几万人参加，有的参加人数多达几百万人。在这种形势下，一批拉美国家独裁政府被推翻或被迫下台，如巴拿马雷蒙独裁政府、秘鲁奥德里亚政府、危地马拉阿马斯政府、委内瑞拉希门尼斯政府等。

4. 声援古巴革命

1959年，古巴革命胜利后，美国政府极力破坏、颠覆，拉美各国共产党提出"保卫古巴革命"的口号，拉美国家跨越国界的反帝声援运动不断发展。1960年9月，拉美十五国共产党和工人党发表声明，谴责美国，声援古巴，号召拉美人民支持古巴革命。60年代初，拉美人民在墨西哥城、哈瓦那、巴西尼泰罗伊等地多次举行国际会议，支持古巴革命。

5. 一批新党成立，拉美共产主义政党队伍壮大

这一时期还新建了一批共产党组织，包括危地马拉共产党、玻利维亚共产党、圭亚那人民进步党、瓜德罗普共产党和马提尼克共产党等，新党的建立扩大了共产党在拉美的覆盖范围，增强了共产党对拉美的影响力。

1949年9月28日，危地马拉共产党成立，1951年获得合法地位，1952年改名为危地马拉劳动党。1952年12月，党的二大提出把民主革命运动转变为反帝反封建的革命。该党支持政府的土地改革法，领导工人联合会等群众团体进行民族民主革命斗争。1954年危地马拉军事政变后，被宣布为非法，党组织遭到毁灭性破坏，被迫转入地下活动。1957年，党的组织活动逐步得到恢复。

1950年1月17日,玻利维亚一批脱离革命左派党的青年马克思主义者组建了玻利维亚共产党,2月被利维安军政府宣布为非法。1952年4月,玻利维亚共产党参加民族主义革命运动领导的武装起义,起义推翻了利维安政府,玻利维亚共产党获得合法地位。

1950年圭亚那人民进步党成立,主张统一行动,领导圭亚那人民进行了民族民主革命运动,进行社会改革,在1953年和1957年的选举中获胜,成为执政党,但是执政过程中由于受到国内外反对势力的阻挠和破坏困难重重。

瓜德罗普共产党成立于1944年,最初是法国共产党在海外的支部,1958年脱离法共独立。该党领导了瓜德罗普省争取自治的运动。

马提尼克共产党最初是成立于1936年的法共海外支部,1957年9月脱离法共独立,60年代初,该党成立后领导了马提尼克地区人民争取自治的运动,曾一度成为马提尼克的第一大党。

(二) 20世纪50年代末到70年代末,拉美共产党探索多样性的发展道路

因为大论战的影响,拉美共产党发生组织分裂,拉美国家出现两个或多个共产主义政党并存的情况。这一时期拉美各国共产党革命道路具有多样性,以武装斗争为主,武装斗争中最引人注目的是古巴革命和尼加拉瓜革命的胜利;同时也有一些国家进行了议会道路的和平方式的革命探索,如智利等国。

1. 50年代末,拉美共产党的发展有所回升

50年代后期,在社会主义国家和亚非各国民族民主革命运动的影响下,拉美国家国内政治局势趋向激进,各国共产党的发展有所回升,地区间党际交流与合作有所加强。1958年,智利共产党和委内瑞拉共产党重新获得合法地位。1957年和1960年分别召开了两次共产党和工人党国际会议,1957年有17个拉美国家共产党派代表参加了会议,1960年由22个拉美国家共产党派代表参加了会议。

2. 大论战导致组织分裂

50年代后期开始,国际共运内部出现争论,到60年代初期发展到公开的大论战,影响非常巨大,涉及面非常广泛,世界各国共产党几乎都参与了论战,拉美各国共产党也纷纷参与了论战,大论战使拉美共产党普遍发生分裂,形成了老党和新党并存的现象,有些国家还出现了两个以上的

共产主义政党或组织并存的现象。如巴西出现巴西的共产党和巴西共产党并存；智利出现智利共产党、智利革命共产党（马列）、智利革命党三党并存；墨西哥出现墨西哥共产党和墨西哥左派共产主义联盟并存；玻利维亚共产党1965年发生分裂，一部分党员另外组建了玻利维亚共产党（马克思列宁主义）；阿根廷出现阿根廷共产党、阿根廷革命共产党、阿根廷共产党（马列）等。这种多个共产党并存的现象有的国家一直持续到今天。老党和新党，在总目标上是一致的，都坚持反对帝国主义对拉美侵略的立场。

3. 游击运动蓬勃发展

大论战使国际共运"左"倾思潮高涨。在这一大背景下，1959年古巴革命胜利进一步激发了拉美各国革命者的斗志，拉美各国的武装斗争此起彼伏，武装斗争是这个阶段拉美共产主义运动的一大特点。60年代初开始，很多国家的共产党等左翼组织就组织武装力量，进行游击活动，1967年以前，拉美国家的游击活动主要发生在农村地区，如60年代初组建的阿根廷"人民革命军"和1966年组建的玻利维亚"民族解放军"等主要在本国农村开展游击斗争。从1967年到70年代中期，拉美国家的游击活动主要在城市展开，如1967年成立的乌拉圭的"图帕马罗斯"等。拉美武装斗争处于最高潮时有20多个国家和地区建立了上百支游击队伍，这些队伍人数少的几十人，多的有几百人、几千人，但是，这些武装斗争未能充分地发动广大人民群众，因此，绝大部分武装斗争都失败了。

从60年代末到70年代中期，拉美的政治形势发生了很大变化，拉美国家出现军人政变浪潮，各国文人政府被推翻，建立了军政府，实行军事独裁；拉美各国的游击运动遭到军政府的残酷镇压，游击力量损失惨重，支持游击运动的左派人士也受到迫害；美国大力支持拉美国家的军政府，为军政府培训军队，提供武器，支持军政府采取高压政策镇压游击运动；苏联和古巴对拉美国家的游击运动的态度发生了变化，由支持游击运动，变为倾向于同拉美军政府建立良好的关系。拉美游击运动陷入低潮，但是，尼加拉瓜、危地马拉、哥伦比亚等国的游击队仍然坚持斗争。

4. 探索多样性的发展道路

这一时期拉美各国共产党革命道路具有多样性的特点，武装斗争是主要的革命形式，其中较为引人注目的是尼加拉瓜革命的胜利；除了武装斗争以外，还有一些国家进行了议会道路的和平方式的革命探索，如智利等国。

（1）尼加拉瓜革命胜利，桑解阵执掌政权

游击运动领导人桑地诺1934年被杀害后，尼加拉瓜革命陷入低潮，直到1956年尼加拉瓜独裁者老索摩查被刺杀后，尼加拉瓜人民革命斗争活跃起来，在这种形势下，原尼加拉瓜社会主义党（共产党）党员卡洛斯·丰塞卡与其他革命者一起在尼加拉瓜爱国青年联盟、尼加拉瓜革命青年、新尼加拉瓜运动等组织的基础上建立了尼加拉瓜桑地诺民族解放阵线（简称"桑解阵"）。桑解阵在成立之初具有明显的游击中心主义倾向。1969年，桑解阵发表了第一个政治纲领，指出桑解阵的性质是政治军事组织，战略目标是推翻独裁政府，建立以工农联盟和一切爱国力量为基础的革命政府。[①] 1974年底开始，桑解阵内部在战略战术方面出现意见分歧。1976年，丰塞卡牺牲后，桑解阵分裂为三个派别：无产者派，主要成员是原社会主义党人，主张以城市工人阶级为工作重点；持久人民战争派，主张进行游击战争；起义派，主张联合一切反独裁政府的力量，举行城乡起义，建立多党制民主政府。三派都没有放弃桑地诺的革命思想，没有互相对立，而是各自发挥优势，分工作战。1977年5月，起义派提出了新的政治纲领，宣布"桑解阵是马列主义先锋队"，它将领导人民"通过民主进程走向社会主义"，指出桑解阵当前的目标是"推翻索摩查暴政，建立人民民主革命政府"。同年10月，由尼加拉瓜知识界、宗教界、工商界知名人士组成的"十二人集团"对桑解阵进行了支持和援助，1979年3月，桑解阵三派实现了统一。同年6月，桑解阵、十二人集团、资产阶级反对派代表组成尼加拉瓜民族复兴临时政府。7月17日，索摩查逃亡国外，国民警卫队投降，游击队不战而胜，索摩查独裁政权被推翻，经过20年的武装斗争，桑解阵领导的反独裁革命取得彻底胜利，桑解阵开始了为期十年的执政历程，直到1989年，桑解阵在大选中失利，失去了执政地位。

桑解阵革命的胜利是继古巴革命胜利后，拉美地区共产党领导的通过武装斗争方式夺取政权的又一次重大胜利。桑解阵革命之所以成功，主要源于桑解阵能够以科学社会主义的基本原理作为指导，继承和创造性地发

---

[①] 祝文驰、毛相麟、李克明：《拉丁美洲的共产主义运动》，当代世界出版社2002年版，第254页。

展了桑地诺革命思想，制定了适合尼加拉瓜实际情况的战略战术，广泛地团结和发动社会各阶层参加革命。

桑解阵提出了新桑地诺主义，新桑地诺主义是对桑地诺思想创新性的继承和发展，其创新性体现在：新桑地诺主义把尼加拉瓜民族主义与马克思主义结合起来；新桑地诺主义在桑地诺武装斗争的基础上，创造性地探索出适合本国国情的斗争方式，即"全国起义"，就是把"全国性的群众暴动"、"武装部队"的前线进攻、"全国总罢工"结合起来；创造性地继承和发展了桑地诺的拉美国家团结，共同反帝思想，得到拉美国家人民、革命组织、政府的广泛支持；成功地处理了与宗教的关系，团结革命的宗教界人士参加革命，既对广泛发动群众参加革命产生重要影响，又有助于避免产生极端主义倾向。

（2）智利共产党探索"和平过渡"发展道路

智利共产党自成立后，除了处于非法地位的时期以外，一直主张和平斗争。1962年，智利共产党十二大提出建立广泛的反帝民主联盟，建立"人民政府"的主张。1969年党的十四大提出选举人民政府的主张。1969年12月，智利共产党和社会党、社会民主党、激进党、独立人民行动、统一人民运动等六个左翼党派组成"人民团结"阵线。1970年9月，"人民团结"阵线参加大选获胜，11月，人民团结政府成立，人民团结政府存在了两年十个月的时间，1973年9月被军人政变推翻，其间人民团结政府宣布要把智利建成第一个民主的多元化的社会主义国家，提出了一系列向社会主义过渡的"智利道路"的理论主张，进行了一系列重大改革，取得了成绩，也出现了失误，由于国内反动势力的破坏和美国的颠覆，人民团结政府最终失败。

"智利道路"理论的核心是通过向社会主义和平过渡的模式，在智利建立民主的、多元化的、自由的社会主义。"人民团结"政府的政治纲领指出智利的社会性质是依附性的资本主义，智利革命的目标是"推翻帝国主义、垄断集团、地主寡头的统治，建立社会主义制度"。采取和平的革命道路，通过选举取得政权，执政后，在资本主义法治框架内进行政治、经济、社会改革，在意识形态、政党、经济成分多元化下过渡到社会主义。

"人民团结"政府执政期间，进行了一系列重大改革：在自然资源部门、生产资料部门、银行业大规模实行国有化，短时间内建立了国有、合营、私有三种经济成分并存的经济体制;加速推进土地改革进程,没收地主的庄园和土地,建立大批的国营农场和农村合作社,改变了农村土地占有情况;改善就业状况,增加人民收入,提高社会福利;与社会主义国家建立和加强外交关系,增进与拉美国家和安第斯国家的关系,加强外交独立性和自主性,维护国家主权和民主独立。"人民团结"政府的改革,取得了成绩,1971年智利出现了短暂的繁荣,"人民团结"政府得到人民群众的拥护。但是,改革也出现了失误,主要是在国有化和土地改革中犯了急躁冒进的错误,违背了经济规律,管理混乱、效率低下问题严重;社会福利的提高不是建立在社会生产发展的基础上,难以持续;外交方面与苏联和古巴的关系过于密切,引起国内右翼势力和帝国主义国家的疑虑和不安,加速了破坏和颠覆活动。

智利共产党是"人民团结"阵线的主要推动者,与社会党一起构成了"人民团结"阵线的核心力量,对"人民团结"政府"智利道路"理论和政治纲领的提出发挥了决定性的作用。这一时期的智利共产党在政府、议会、群众组织中具有很强的影响力,在国内政治舞台上具有举足轻重的地位。智利共产党"智利道路"的理论的提出与实践,是智利共产党对社会主义道路模式的有益探索,为拉美共产主义运动提供了可借鉴的成功经验和失败教训。

(三) 20 世纪 80 年代至苏东剧变前的拉美共产党

20 世纪 80 年代至苏东剧变前,获得执政地位的古巴共产党和尼加拉瓜桑解阵继续致力于国内的改革和建设实践,其他获得合法地位的拉美共产党集中力量参加选举,进行合法斗争。

1. 游击运动的胜利为拉美共产党创造了良好的发展环境

在 1979 年尼加拉瓜革命胜利的影响下,拉美国家在 80 年代出现了游击运动的第二次高潮,中美洲一些国家的游击运动获得较大发展,南美洲国家的游击运动也有所发展。这次游击运动高潮吸取了尼加拉瓜革命的经验,在理论和实践中都与第一次高潮有了很大变化。这次游击运动采取了以下战略策略:发动群众、依靠群众;建立广泛的反帝反独裁统一战线;注重各个游击队伍的联合与协同作战;采取灵活的斗争策略和战略战术,把武装斗争和非武装斗争结合起来;加强游击力量的政治思想工作;注重建设革命根据地。由于采取了有效的战略策略,80 年代的拉美游击运动普遍比较成功,"冷战"初期建立的拉美独裁军政府被推翻,成立了文人政府，拉美民主进程取得较大发展。大多数国家的共产党重新获得合法地位，党组织得到恢复和发展，党员数量增加。

2. 处于执政地位的拉美共产党

桑解阵领导的尼加拉瓜民族复兴政府在极其艰难的情况下，执政十年，取得了成就，特别是在执政初期，在稳定政局，恢复和发展经济方面取得很大成绩，但是后来出现政策性失误，在美国的破坏、颠覆下，桑解阵最终丧失了政权。1979年7月桑解阵取得革命胜利建立政权后，面临两项紧迫任务：一是建设新国家；二是抗击美国的颠覆活动。

桑解阵在执政之初提出了建国三原则，即"政治多元化、混合经济和外交不结盟"[1]，建国三原则符合尼加拉瓜当时的实际情况，赢得了其他反索摩查政治力量的肯定，成为尼加拉瓜建国纲领，桑解阵在执政十年中所取得的主要成绩与实施建国三原则密不可分。

桑地诺人民革命胜利后，建立了民族复兴政府，颁布了基本法，按照建国三原则的要求，实行了一系列稳重的政治、经济、外交政策：政治上，废除了一切旧的国家机构，建立了新的国家机构，实行政治多元化，通过了政党法，允许反对党存在和开展活动；经济上，实行混合经济，建立公有制的、国家的、合作的、私人的各种生产方式相结合的经济体制，进行土地改革，废除封建土地制度，在工商部门成立人民工业公司，管理国营企业；外交方面，实行不结盟政策，保卫和平，维护新政权，谋求国际经济援助与合作，争取广泛的国际同情与支持。通过实行一系列的政策，桑解阵在执政之初稳定了政权。

但是，1980年后，桑解阵犯了急躁冒进的错误，工作出现重大失误，导致了一系列严重问题：与资产阶级的统一战线破裂；与教会上层发生矛盾；国家经济政策、对外政策不当，导致国内各种矛盾激化，国际援助大量减少。桑解阵陷入内外交困的境地。为了走出困境，桑解阵从1984年开始调整政策：重申政治多元化，缓和与其他政党、教会、少数民族的关系；在保证战争需要的前提下，调整经济政策；重申不结盟外交政策。这些调整措施虽然未能从根本上解决问题，但在一定程度上缓和了紧张局势。

---

[1] 祝文驰、毛相麟、李克明：《拉丁美洲的共产主义运动》，当代世界出版社2002年版，第260页。

1989年8月5日,根据地区和国内局势,桑解阵同意提前举行大选。1990年2月尼加拉瓜大选,桑解阵出人意料地失利,由14个反对党组成的反对派联盟与反对派武装组成的尼加拉瓜反对派全国联盟获得胜利,桑解阵被迫交出政权。

桑解阵大选失败的原因是多方面的,有竞选策略问题,更主要的是国内国际因素造成的:由于长期内战,尼加拉瓜人民对战争产生恐惧,人民厌战情绪严重,对政府的义务兵役制产生强烈的反感和抵触,很多人担心桑解阵获胜后,内战会继续,所以他们没有投票支持桑解阵;尼加拉瓜大选时,正是世界社会主义运动和国际共产主义运动走向低潮之际,而桑解阵错误地估计了形势,急于推进社会主义革命,脱离了包括工人、农民和少数民族群众在内的广大人民,丧失了与资产阶级团结合作的基础,使自身陷入孤立境地;桑解阵执政时没有集中力量把经济搞好,人民生活水平不升反降,影响了革命对人民群众的吸引力;苏东剧变对桑解阵产生巨大消极影响。

3. 处于非执政地位的拉美国家共产党

20世纪80年代,大多数拉美共产党重新取得了合法地位,开始投入大量精力参加竞选,把合法斗争作为党的主要工作,有些党取得了不错的成绩,如墨西哥共产党和委内瑞拉争取社会主义运动等。在1982年的大选和各级议会选举中,墨西哥共产党成绩斐然,不但取得议席,而且参加了各级政府,成为国内第三大党。墨西哥共产党与其他政党合作组成墨西哥统一社会党参选,获得17个国会议员席位、14个州议会席位,有4人当选市长,80人当选市政委员。委内瑞拉争取社会主义运动在1983年的议会选举中获得1个参议院副议长位置,11个议员席位,成为国内第三大党。

**四 苏东剧变对拉美共产党的影响及其反思与调整**

苏东剧变对拉美共产党造成巨大冲击,使拉美共产主义运动陷入低谷,在经历了剧烈震荡混乱后,拉美共产党进行了反思与调整,这使拉美共产主义运动形势趋于稳定,拉美共产党的队伍保留了下来,多数拉美共产党继续坚持马克思主义为指导,坚持社会主义发展方向,但是没有完全摆脱困境。进入21世纪后,拉美国家共产党取得了一些新发展。

(一) 苏东剧变对拉美共产党的影响

苏东剧变对拉美各国共产党造成严重影响，拉美共产主义运动遭受严重挫折，经过大约3年的动荡与混乱，到1992年拉美各国共产党的情况趋于稳定。

1. 党内各种思潮泛起，思想混乱

苏东剧变后，拉美共产党党内的各种思潮纷纷公开表明观点，主要有三种不同的思潮。

(1) 取消主义思潮。这种思潮对马克思主义和共产党持否定立场，认为苏东剧变是马克思主义和社会主义的失败，主张解散共产党，放弃社会主义，实行资本主义的市场经济和民主代议制的政治制度，阿根廷共产党、哥斯达黎加人民先锋党、智利共产党等都有处于领导地位的党员干部持这种思想。1991年和1992年，几乎所有拉美共产党党内都出现了关于是否更改党的名称、是否删除党章中关于马克思主义指导思想的争论。

(2) 主张实行"民主的"社会主义的思潮。这种思潮认为社会主义是专制独裁，主张党应该转向民主社会主义或社会民主主义，巴西共产党、乌拉圭共产党、玻利维亚共产党等党内均有一些处于领导地位的党员干部持这种观点。

(3) 坚持马克思主义和社会主义的信念。这是拉美共产党的主流思想，拉美多数共产党的领导人和党员坚持这一立场。

2. 党组织分裂

在苏东剧变和世界反共反社会主义潮流的冲击下，一些拉美共产党发生了程度不同的分裂。

(1) 全体或者绝大部分干部和党员主张放弃共产主义理想信念，如圭亚那人民进步党宣布不再是共产主义政党，放弃反帝立场，放弃社会主义道路，全党整体上脱离共产主义；在1992年巴西共产党第十次代表大会上，75%的代表同意改党名为"社会主义人民党"，会后宣布"社会主义人民党"是"工党和社会民主党的混合物"。有一小部分巴西共产党员严厉谴责上述做法，坚持马克思主义和社会主义，宣布建立"巴西的共产党"[①]。

---

① 祝文驰、毛相麟、李克明：《拉丁美洲的共产主义运动》，当代世界出版社2002年版，第329页。

（2）党的主要领导干部脱党，如乌拉圭共产党、哥斯达黎加人民先锋党等。1991年8月，拉美共产党在80年代末90年代初发展最快、影响最大的乌拉圭共产党总书记佩雷斯不顾乌共二十二大坚持马克思主义、无产阶级专政和民主集中制的决议，宣布走民主社会主义道路，遭到部分领导人和基层党员干部的反对，1992年4月至5月，佩雷斯和20名中央委员辞去党内职务，准备建立民主社会主义党。乌拉圭共产党召开全国特别代表大会选出新的总书记，重申了二十二大的决议立场。哥斯达黎加共产党也发生了组织分裂，苏东剧变后，哥共内部出现意见分歧，分成三派：以总书记温贝托·巴尔加斯为首的一派虽然主张坚持马克思主义，但是要走民主社会主义道路；以哥共元老阿诺尔多·费雷多为首的一派认为马克思主义没有死亡，正统的马克思主义理论最终会胜利；以政治委员会领导人奥斯卡·马德里加尔为首的一派认为马克思主义不适合哥斯达黎加，共产党没有必要存在。1991年9月，马德里加尔及党的一些其他领导人退党，9名政治委员会委员中有7人退党，50名中央委员会委员中有40人退党。

（3）半数党员分裂出去，如玻利维亚共产党在1991年8月发生分裂，有一半的党员在原党的中央委员奥·萨拉斯的带领下分裂出去，成立了"民主社会主义抉择党"；1991年9月，瓜德罗普共产党发生分裂，政治局委员亨·邦古等人建立了"民主进步党"。

（4）少数党员分裂出去，如阿根廷、智利、厄瓜多尔、哥伦比亚等国共产党中有少数党员或个别干部主张放弃马克思主义，自行退党或者被清除出党后，建立了社会民主主义性质的小型组织。

3. 党员素质降低

苏东剧变后，拉美各国共产党党内有很多党员消极悲观，对共产主义和社会主义丧失信心，出现纪律涣散的现象，很多党员脱离党的政治生活，甚至自行脱党，党的战斗力明显降低。

（二）拉美各国共产党的调整

1992年拉美共产主义运动形势趋于稳定后，各国共产党进行了总结、反思、调整。

1. 澄清意识形态方面的混乱，整顿党员队伍，统一思想，发展和谐的党内关系

针对苏东剧变后党内出现的意识形态混乱局面，1992年前后，拉美共产党多次召开地区会议和多边会议，绝大多数拉美国家共产党也召开了全

国代表会议，会议主要目的是强调马克思主义的有效性，重申社会主义是拉美唯一出路的立场，澄清意识形态方面的混乱，统一思想，整顿队伍。

巴西共产党1993年制定了《巴西共产党社会主义纲领》，重申了社会主义的优越性，指出社会主义仍然是各国人民的希望和未来。多数拉美国家共产党与巴西共产党的这一信念相一致。过去称赞戈尔巴乔夫"新思维"的智利共产党在苏联"8·19"事件后，立场发生了根本改变，对"新思维"进行了批判。哥伦比亚和玻利维亚等国共产党谴责戈尔巴乔夫是苏东剧变的罪魁祸首。经过整顿，拉美共产党统一了思想，稳定了党员队伍。

2. 探索适合本国国情的社会主义道路

经历剧痛后，拉美共产党一步步成熟起来，开始对党的纲领、目标、活动方式等根本性问题进行反思，对社会主义革命的经验教训进行总结，对社会主义发展模式进行思考，普遍认识到社会主义发展道路没有统一的模式，应该根据本国历史传统、具体国情，独立自主地探索适合本国国情的社会主义发展道路，制定适合本国国情的方针、政策。

加勒比海地区共产党在苏东剧变后，先后三次召开地区会议，讨论社会主义发展模式问题，号召本地区共产党努力探索适合自身发展的社会主义道路。巴西共产党第八次代表大会指出社会主义发展模式应该是多样化的，不能照搬别国模式。智利共产党在1991年制定的纲领中明确指出社会主义没有统一的发展模式，不能照搬照抄苏联模式，在1994年的代表大会上智共提出建设具有拉美特色的社会主义。马提尼克共产党在坚定社会主义信念的基础上提出社会主义没有固定的模式。

3. 克服宗派主义思想，发展和谐的党际关系

苏东剧变使世界社会主义运动陷入低谷，拉美共产党认识到为了生存和发展，必须根据变化的情况，调整政策和策略，改变活动方式。长期存在的宗派主义不但影响了拉美共产党的党内团结，而且影响到拉美共产党与国内各阶级的关系。过去拉美共产党自认为是唯一的革命党，以意识形态划线，严重阻碍了与国内其他政治力量的团结与合作，影响了革命力量的联合，使自身陷入孤立境地，不利于党的发展壮大。苏东剧变后，拉美共产党经过反思，认识到应该把社会主义革命和民族革命结合起来，革命力量应该是多元的，革命力量不只是共产党和革命者，应该包括一切反帝的民主力量。

1990年年底,拉美共产党和工人党召开会议,会议决定彻底根除宗派主义和排他主义,团结最广泛的社会各阶层,建立广泛的联合革命阵线,把社会主义革命和民族独立斗争结合起来。1992年3月,拉美共产党再次召开会议强调革命力量的多元化,强调密切与社会各阶层的联系,建立包括所有社会主义力量、所有和平与民主力量的最广泛的联合阵线。

拉美共产党采取实际行动努力调整、改善与其他政党的关系。苏东剧变后,阿根廷共产党在调整政策的过程中,特别重视克服宗派主义思想和行为,积极发展与国内其他反帝革命力量的关系,与国内十几个政党建立了协商对话机制,建立了和谐的党际关系。拉美各国共产党和社会党建立起了协商合作关系,1990年,巴西工党倡导建立了"圣保罗论坛",论坛包括拉美各国的共产党,以及工党、社会党、左翼民族力量、左翼宗教力量等各种意识形态的左翼政党。论坛召开多次会议,就本地区的形势和加强进步力量的联合交换意见,成为拉美地区力量最大,影响最广泛的政治力量。"圣保罗论坛"的出现是苏东剧变后拉美共运出现的一个不可忽视的重要现象。

在改善和发展国内党际关系的同时,拉美共产党认识到和谐、友好的国家政党关系的重要性,不再反对同中国共产党、拉美地区民族主义政党和团体建立友好关系。

4. 加强党内民主建设

党内民主是指党的全体党员在本党的一切问题上有最终决策的权利。苏东剧变后,拉美各国共产党在反思和调整阶段加强了党的内部建设,对党的领导机构的运行机制、运行方式、领导人的任期、党内存在的弊端、如何处理党内的不同意见等方面做出了新规定,努力完善党内民主,改进党的领导。

### 五 苏东剧变后拉美共产党的新发展

通过反思与调整,拉美共产党走出了苏东剧变所造成的困境,开始了独立自主地探索适合本国国情的社会主义发展道路的阶段。随着拉美左翼运动的兴起,拉美共产党也取得了进步。

(一) 参政的拉美共产党的发展

很多拉美共产党通过单独或者联合的方式参政,对国家政权实施影响。参政的拉美共产党主要有巴西共产党、委内瑞拉共产党、智利共产党、阿根廷共产党、秘鲁共产党（红色祖国）、秘鲁共产党（团结）、萨尔瓦多共产党等，其中最具影响力的是巴西共产党。[①] 苏东剧变后，这些参政的共产党经过反思和调整之后，取得一定的发展。

巴西共产党提高了政治影响力。巴西共产党根据国际国内形势的变化，及时调整了战略策略，最大的变化是改变了对执政的巴西劳工党的态度，由敌对变成结盟。通过与劳工党结盟，巴西共产党赢得了更大的发展空间，壮大了队伍，提高了党的政治地位和影响力，成为巴西有影响力的参政党，在2006年的大选中获得13个众议院议席，1个参议院议席。从2003年1月以来，大约有6000名巴西共产党党员在各级政府部门任职。目前，巴西共产党对巴西政治生活产生相当的影响，对巴西的群众性团体、政治运动也具有较强的影响力，是拉美地区除了古巴共产党之外规模最大、影响力最强的共产党。

委内瑞拉共产党通过支持左翼总统候选人，使党的生存和发展环境获得极大改善。委内瑞拉共产党在1998年的大选中支持查韦斯，查韦斯在1999年就任委内瑞拉总统后，委内瑞拉共产党的生存环境和政治生态有了很大改善，获得了一定的发展，在国内的政治地位提高，影响力增强。2005年的议会选举中委共获得7个议席，2007年获得查韦斯政府的人民参与和社会发展部部长职位。

智利共产党在2009年的选举中，时隔37年后重获议席，获得3个众议院议席。秘鲁共产党（红色祖国）与秘鲁共产党（团结）共同成立了"新左翼运动"，参加2002年的市政选举获得1个大区主席职位、5个市长职位、26个区长职位，2010年与其他左翼力量联合参加选举，在一些省和地区的选举中获得胜利。

（二）在野的拉美共产党的发展

大多数拉美共产党是具有合法地位的在野党，其中有些党拥有议会议席，如哥伦比亚共产党、厄瓜多尔马列主义共产党、多米尼加劳动党、玻利维亚左派革命阵线等。哥伦比亚共产党作为哥伦比亚民主变革中心的成员，2006年支持的民主变革中心的候选人参加选举，得票率为22.5%，

---

[①] 崔桂田、蒋锐：《拉丁美洲社会主义及左翼社会运动》，山东人民出版社2013年版，第118页。

位居第二，哥伦比亚共产党在众议院和参议院各获得一个席位。厄瓜多尔马列主义共产党在1978年成立了人民民主运动，人民民主运动在1994年的中期选举中获得8个议席，位列第三。2002年大选，人民民主运动支持的总统候选人古铁雷斯成功当选。古铁雷斯就职后，人民民主运动获得1个部长职位。由于古铁雷斯政府推行新自由主义政策，人民民主运动停止了与政府的合作。2006年的大选中，人民民主运动推出的总统候选人获得1.33%的选票，位列第九，人民民主运动获得3个议席。有些在野的拉美共产党没有议席，如玻利维亚共产党、厄瓜多尔共产党等。

### 六　拉美共产党面临的挑战与未来发展趋势展望

（一）拉美共产党面临的问题与挑战

目前，拉美共产党已经走出了苏东剧变后最困难的时期，但是，绝大多数拉美国家的共产党所面临的发展环境和政治生态没有根本好转，仍然面临生存危机和发展困难。

1. 全球性的现代化浪潮给党的现代化建设带来挑战

当今世界，全球性的现代化浪潮汹涌澎湃，任何政党都无法免受影响。任何政党的建党模式和活动方式都不可能一直适用，政党必须根据社会客观环境的变化进行变革，才能求得生存和发展。拉美共产党也不能无动于衷，必须顺应时代潮流，适应社会现代化进程的要求，适时地调整党的结构、功能、机制和活动方式，使党的建设不断制度化、规范化、科学化，以便更科学、有效地对政权和政治运作施加影响。

2. 共产国际和苏东剧变的影响还没有彻底根除

共产国际和苏联对拉美共产党的影响非常大，多数拉美共产党是在苏联的帮助下建立起来的，大多加入共产国际，成为共产国际的成员，接受共产国际的领导和指导。大多数拉美共产党长期与苏联保持密切联系，在党的理论、政策方面接受苏联的指导，物质方面接受苏联的援助，组织上接受苏联的安排，对苏联有很大的依赖性。共产国际和苏联模式对拉美共产党的消极影响是根深蒂固的，难以彻底根除。

3. 生产方式的改变引起工人阶级结构的变化

当前，全球新技术革命方兴未艾，新技术革命改变了传统工业集中化、大型化的生产方式，社会生产出现向分散化、个体化、小型化转变的趋势，造成第一产业缩小、第二产业削减、第三产业尤其是信息产业迅猛发展，传统的产业工人大幅减少，中间阶层不断壮大。这对依托工业无产阶级开展活动的共产党来说无疑是极大的挑战。

4. 拉美工人阶级和农民所具有的特点不利于拉美共产党开展工作

与其他地区的工人阶级相比，拉美工人阶级具有成分复杂、流动性强的特点，除了产业工人具有较高的阶级觉悟和阶级意识外，其他行业的工人阶级意识淡薄，流动性强，不利于工人阶级的团结和组织，这给拉美共产党的思想动员、发展党员、开展工人运动等各项工作造成了困难。

5. 拉美共产党自身存在一些问题

拉美共产党本身存在一些不利于党的发展的问题，例如，拉美共产党大多缺乏有能力的领导干部，党内难以形成强有力的领导核心，党的凝聚力、战斗力差。党内宗派主义盛行，影响党内团结，党组织经常发生分裂。所制定的政策往往脱离实际，不能有效解决问题。经费筹集能力弱，苏东剧变后，失去了苏联的经济援助，拉美共产党经常陷入经费不足的困境，阻碍了党的发展。

6. 各种社会思潮造成不利影响

信息革命为各种思想的快速传播提供了最大的便利，各种各样的非马克思主义思潮对拉美共产党的发展构成不小的挑战，各种民族主义、民主社会主义、无政府工团主义等在拉美工人阶级中传播，甚至在拉美共产党党内产生影响，弱化了党的社会基础和组织力量。

7. 国内外敌对势力围剿

拉美共产党成立伊始就陷入国内外敌对势力的重重包围之中，外有以美国为首的帝国主义国家的颠覆、破坏，内有国内反动势力的敌视和镇压。美国一直视拉美为自己的后院，不允许共产主义在拉美存在，因而不断对拉美共产党进行阴谋破坏，甚至直接进行军事干涉。拉美国家的反动势力与美国勾结不断对共产党进行压制，拉美主要的宗教派别天主教对马克思主义持有强烈的敌视情绪。

8. 未能处理好民族民主革命和共产主义奋斗目标的关系

许多拉美共产党急于实现共产主义，未能高举民族民主革命的旗帜，未能提出符合本国实际的民族革命纲领，因而无法赢得多数民众的支持，导致共产主义运动脱离人民，难以取得较大发展。[1]

---

[1] 高放：《拉美共运特点和拉美发展前景》，《拉丁美洲研究》2002年第3期。

## (二) 拉美共产党未来发展趋势

**1. 拉美社会主义运动的新挫折对低潮中逐步回升的拉美共产党造成不利影响**

发端于美国的2008年金融危机充分证实了资本主义制度的局限性，马克思主义重新受到重视，社会主义重新成为人民思考人类社会前途的一种选择，拉美社会主义运动得以复苏发展，拉美的古巴、委内瑞拉、巴西曾一度成为世界社会主义运动发展的新亮点之一，曾为拉美共产党在低潮中的回升创造了有利的地区环境。但是，2015年以来，拉美社会主义运动接连遭受挫折，2015年12月10日，阿根廷新当选的右翼总统毛里西奥·马克里（Mauricio Macri）宣誓就职，执政阿根廷长达12年的左翼执政联盟失去了执政地位；2015年12月8日公布了委内瑞拉议会选举结果，偏右的反对派联盟获得2/3的多数议席；巴西罗塞夫总统陷入贪腐丑闻，2016年8月31日，巴西参议院通过总统弹劾案，罗塞夫被罢免总统职务，2018年10月28日，巴西右翼总统候选人雅伊尔·博尔索纳罗（Jair Bolsonaro）当选新一任巴西总统；玻利维亚现任总统拉莫莱斯无缘连任四届总统。"拉美左派全面崩溃""拉美左派盛世终结""拉美粉红色浪潮退潮"的传言铺天盖地。拉美社会主义运动的新挫折对拉美共产党的负面影响是不言而喻的，拉美共产党的未来发展将面临更大的困难与挑战。[1]

**2. 面临再次陷入低潮的危险**

随着委内瑞拉政权向偏右的反对派转移，委内瑞拉对古巴的经济援助很可能会减少甚至停止，古巴将面临严重打击。现任美国总统特朗普就任后，抛弃了奥巴马的对古政策。2017年6月16日，特朗普在迈阿密演讲时宣布，立即撤销奥巴马政府与古巴签订的"完全不公平"的协议，宣布美国继续执行对古巴的经济、金融封锁和贸易禁运政策，禁止美国企业与古巴军方控制的企业有生意往来，同时收紧对美国公民前往古巴旅游的限制。演讲结束后，特朗普即签署了对古新政行政令。2018年11月，美国再次宣布对古巴进行经济制裁。极度复杂的国内、地区和国际形势、经济困境和深化国内"更新"进程的艰巨任务等严峻挑战将考验古巴新一代领导层的国家治理能力。

---

[1] 庚志坚：《拉美左派没落了吗？》，《世界知识》2016年第1期。

## 第四节 拉美"21世纪社会主义"的兴起与发展

20世纪90年代开始萌芽，21世纪初期在委内瑞拉、玻利维亚和厄瓜多尔等拉美国家付诸实践的拉美"21世纪社会主义"曾经引人瞩目。拉美"21世纪社会主义"实际上是一些拉美左翼学者和左翼领导人为寻求解决拉美政治经济问题而对新的发展模式的探索。2013年3月5日，拉美"21世纪社会主义"的主要实践者委内瑞拉总统查韦斯的去世，使拉美"21世纪社会主义"的发展遭受打击。目前拉美"21世纪社会主义"遇到了困难，曾对"拉美政治走向、经济发展模式调整和制度建设产生重大影响""对世界社会主义运动的发展进程具有重要意义"① 的拉美"21世纪社会主义"将何去何从值得关注。

### 一 拉美"21世纪社会主义"的兴起

（一）拉美"21世纪社会主义"兴起的背景

"21世纪社会主义"在拉美的兴起和发展绝非偶然，是有着深刻的历史和现实背景的。

1. 拉美地区深厚的社会主义思想根源为拉美"21世纪社会主义"的兴起提供了思想基础

拉美地区是当今世界社会主义思潮最为活跃的地区，民族社会主义、科学社会主义、民主社会主义、托派社会主义、基督教社会主义等各种社会主义思潮在拉美大地相互激荡。社会主义思想在拉美有着深厚的思想根源，社会主义思想从19世纪中叶以后开始在拉美地区广泛传播，逐渐成为拉美地区主要的政治思想之一。十月革命胜利后，科学社会主义思想在该地区迅速传播，之后，其他社会主义思想相继在拉美传播开来。20世纪50年代，菲德尔·卡斯特罗领导古巴人民取得革命胜利，建立了社会主义的古巴。古巴革命的胜利推动了拉美社会主义运动和共产主义运动的发展。

---

① 王鹏：《拉美21世纪社会主义理论和实践讨论会综述》，《马克思主义研究》2009年第6期。

2. 拉美左翼学者和左翼领导人探索新自由主义的替代发展模式是解决拉美经济、社会难题的客观要求

新自由主义对拉美国家造成了极大的消极影响，限制了拉美经济的自主发展，误导了拉美国家对政府与市场关系、改革与发展关系的处理，新自由主义不仅没有解决拉美国家长期存在的失业、贫困、两极分化严重的社会问题，反而使拉美经济出现停滞甚至倒退的现象，社会形势不断恶化，社会冲突不断加重。自20世纪80年代以来，新自由主义给拉美国家带来的负面效应越来越明显地显现出来，拉美民众反新自由主义的呼声高涨。90年代开始，拉美国家掀起了声势浩大的反新自由主义社会浪潮，不同种族、不同政治观点的人都加入到反对新自由主义的抗议活动中。例如，阿根廷"拦路者"运动、巴西无地农民运动、墨西哥萨帕塔农民起义、玻利维亚水战、秘鲁、危地马拉等国反对私有化运动等。新自由主义在拉美的失败为拉美左翼的崛起提供了机遇，一些拉美左翼学者和国家领导人开始重新思考国家的发展道路问题。

3. 拉美左翼领导人执掌政权为"21世纪社会主义"的实践提供了政治保障

新自由主义在拉美的失败，为拉美左翼的崛起提供了机遇，20世纪90年代末，一批拉美左翼领导人通过议会选举的和平方式取得政权，包括"委内瑞拉的查韦斯政府、厄瓜多尔的科雷亚政府、玻利维亚的莫拉莱斯政府、尼加拉瓜的奥尔特加政府、巴西的鲁拉政府、阿根廷的基什内尔政府等"①。这些左翼政权都对新自由主义持反对态度，主张探索适合本国国情的资本主义替代发展道路，其中委内瑞拉总统查韦斯、厄瓜多尔总统科雷亚在国内进行"21世纪社会主义"的改革和建设，玻利维亚总统莫拉莱斯在本国进行"村社社会主义"改革和建设。

（二）拉美"21世纪社会主义"的兴起

拉美"21世纪社会主义"一直处于探索发展阶段，没有形成统一的、系统的理论体系，也没有固定的实践模式。拉美"21世纪社会主义"是一个集合性的政治概念，这一概念主要包括三部分内容：一些拉美左翼学者的"21世纪社会主义"思想和理论；一些拉美国家左翼领导人的社会

---

① 贺钦：《试析拉美"21世纪社会主义"的历史源流与本质》，《第三届国际共产主义论坛论文集》，2015年4月。

主义思想；一些拉美国家的"21世纪社会主义"的建设实践。

1. 拉美"21世纪社会主义"的思想来源

拉美"21世纪社会主义"具有鲜明的民主性、包容性和时代性，其思想来源广泛，既吸收了马克思列宁主义的理论原则、毛泽东思想的精华，也吸纳了拉美印第安人的思想和拉美优秀的历史文化传统观念、进步思想，还借鉴了基督教的某些教义。拉美"21世纪社会主义"是基督教教义、拉美印第安主义、玻利瓦尔主义、马克思主义、托洛茨基主义、卡斯特罗思想的混合体。[①]

（1）科学社会主义思想的影响

拉美具有广泛而深厚的社会主义运动传统，拉美左翼人士都不同程度地受到马克思列宁主义、毛泽东思想的影响。查韦斯、莫拉莱斯社会主义思想的形成受到马克思关于未来社会的发展阶段、制度体系构想的影响，查韦斯曾明确表示自己的某些社会主义思想观念就是受到马克思列宁主义著作的启发而形成的，认为"21世纪社会主义"的理论和实践要吸收科学社会主义理论。毛泽东思想和中华人民共和国的成立对拉美进步人士的影响很大。查韦斯、莫拉莱斯等都公开表示他们对毛泽东的推崇。查韦斯的土地革命策略和建立良好的军民关系的思想就是来源于毛泽东思想的影响。拉美左翼领导人查韦斯、莫拉莱斯、科雷亚等长期与拉美唯一的社会主义国家古巴保持密切联合与合作，积极借鉴吸收古巴社会主义革命的经验。[②]

（2）来自拉美著名历史人物思想的影响

一些对拉美民族解放运动做出重大贡献的著名民族民主革命领导人的思想、理论是拉美"21世纪社会主义"的重要思想来源之一。因领导拉美五国——委内瑞拉、玻利维亚、厄瓜多尔、秘鲁、哥伦比亚取得民族独立、建立国家，被誉为"五国之父"的西蒙·玻利瓦尔对查韦斯产生深刻影响。查韦斯对玻利瓦尔极为崇拜，执政后，查韦斯把玻利瓦尔追求自由、平等、拉美国家团结的思想作为探索符合本国国情发展道路的指导思想；厄瓜多尔总统科雷亚根据玻利瓦尔拉美一体化的思想，提出加强厄瓜多尔与巴西、阿根廷、玻利维亚等拉美左翼政权国家的联系，

---

① 徐世澄：《委内瑞拉查韦斯"21世纪社会主义"初析》，《马克思主义研究》2010年第10期。

② 杨瑞：《全球化背景下拉美"21世纪社会主义"》，博士学位论文，武汉大学，2012年，第60—61页。

谋求建立拉美国家经济一体化，维护拉美国家共同利益。阿根廷社会主义革命先驱切·格瓦拉追求平等、公平的精神以及委内瑞拉民族英雄萨莫拉争取民族独立、维护国家主权、维护社会公正的斗争精神都深刻影响着查韦斯、莫拉莱斯等当代拉美左翼领导人。拉美国家其他民族英雄，如智利社会党领袖萨尔瓦多·阿连德、尼加拉瓜民族解放领导人奥古斯托·塞萨尔·桑地诺等人的理论主张也对拉美"21世纪社会主义"的形成产生重要影响。

（3）拉美印第安人思想的影响

查韦斯认为他关于"21世纪社会主义"的构思借鉴了拉美印第安人的集体主义思想。查韦斯的"21世纪社会主义"的集体主义的思想，即要在委内瑞拉建设公正、平等的社会，通过实行国有化和集体所有制来消灭资本主义的剥削，国家发展为人民，尤其是处于社会最底层的人民服务。

（4）拉美宗教教义的影响

基督教教义互助互爱、消灭剥削和压迫、消灭一切特权专制的思想深受查韦斯的推崇，查韦斯认为建设社会主义要借鉴和吸收基督教教义的这些有益思想。基督教经济思想中关于支持多种经济成分共同发展、降低私有制比重的内容对查韦斯的经济思想产生了重要影响。查韦斯曾在就职典礼上公开赞扬基督教，把他关于在2021年前消灭国内贫困的计划命名为"基督计划"，把2009年提出的照顾孕妇和婴儿的社会计划命名为"小耶稣计划"。由于拉美基督教具有深厚的民主主义特点，受其影响，拉美"21世纪社会主义"也具有了民主主义的色彩。

2. 拉美"21世纪社会主义"的兴起

著名德裔拉美左翼学者、墨西哥都市自治大学教授、社会学家、政治评论家海因茨·迪特里希（Heinz Dieterich）自称首创了"21世纪社会主义"。迪特里希于1996年提出"21世纪社会主义"的概念[1]。迪特里希这一构思的主要内容是大多数民众广泛参与国家的政治、经济、文化和军事生活，拥有并行使决策权，实现国家的独立自主。[2] 迪特里希把价值经济作为"21世纪社会主义"经济内容的核心，主张社会主义应该取消市场

---

[1] 刘宁宁、王冀：《海因茨·迪特里希"21世纪社会主义"理论述评》，《当代世界与社会主义》2013年第1期。

[2] 袁东振：《拉美社会主义思想和运动：基本特征与主要趋势》，《拉丁美洲研究》2009年第3期。

经济，建立价值经济，实行等值交换，避免企业主剥削劳动者，保证实现社会公正。① 迪特里希在政治方面强调民主和民众政治参与，认为"21世纪社会主义"应该允许大多数人拥有政治、经济、文化、军事等方面最大限度的决策权。2000年后"21世纪社会主义"的概念和思想开始在世界范围内传播。智利社会学家、政治学家、社会活动家、新闻记者玛尔塔·哈内克（Marta Harnecker）是拉美"21世纪社会主义"的主要理论家。与迪特里希相同，哈内克也强调民主和民众政治参与，哈内克认为"21世纪社会主义"应该是人道主义、民主、团结互助等各种价值观的综合，认为"21世纪社会主义"应该强调民众的政治参与，强调人民和人民组织在国家政治中的作用。拉美"21世纪社会主义"的另一位重要理论家、加拿大西蒙·弗雷泽大学名誉教授、马克思主义经济学家迈克尔·勒博维茨曾担任查韦斯的顾问。

倡导和实践拉美"21世纪社会主义"的拉美左翼领导人，如查韦斯、莫拉莱斯和科雷亚等，都是在寻求新的发展模式、进行社会变革、尝试建立适合本国国情发展道路的过程中转向社会主义的。委内瑞拉前总统查韦斯对拉美"21世纪社会主义"思想的传播和实践发挥了重要作用，被认为是拉美"21世纪社会主义"的开创者。② 查韦斯1998年当选委内瑞拉总统后，为摆脱新自由主义给国家经济造成的灾难，曾尝试过"具有拉美和委内瑞拉特色的""第三条道路"，试图通过社会改良方式解决国家发展问题，但是失败了。经过六年的挫折后，查韦斯的政治立场逐渐激进化，相信"只有社会主义才是出路"。于是，查韦斯调整发展战略，开始提出建设"21世纪社会主义"。2005年1月26日，查韦斯在巴西阿雷格里港世界社会论坛上提出要建设"真正的社会主义"。2005年2月25日查韦斯在加拉加斯第四届社会主义峰会开幕式上明确提出建设"21世纪社会主义"。2005年12月，莫拉莱斯当选玻利维亚总统。2006年1月，莫拉莱斯就职后指出玻利维亚要探索社群社会主义。2006年11月，科雷亚当选厄瓜多尔总统。就任总统后，科雷亚强调建设"21世纪社会主义"，解决厄瓜多尔在政治、经济、社会领域长期存在的严重问题。

---

① 王鹏：《拉美21世纪社会主义理论和实践讨论会综述》，《马克思主义研究》2009年第6期。

② 贺钦：《试析拉美"21世纪社会主义"的历史源流与本质》，《第三届国际共产主义运动论坛论文集》，2015年4月，第61页。

## 二 拉美"21 世纪社会主义"的理论主张

拉美"21 世纪社会主义"是一种动态的、不断变化发展的新社会主义流派,迄今,拉美"21 世纪社会主义"仍处于探索阶段,还没有形成完整、成熟的理论体系。但是,拉美"21 世纪社会主义"在政治、经济、意识形态、社会以及对外关系等方面已经形成了一些基本的观念、主张。

(一)政治上,强调社会主义建设的本土化,注重参与制民主建设

1. 注重与本国历史和现实的结合,强调本土性

拉美"21 世纪社会主义"具有浓厚的本土特色,主张把社会主义与本民族的历史和现实情况结合起来,加强拉美地区的交流与合作。查韦斯明确表示他的"21 世纪社会主义"思想不同于拉美 20 世纪的社会主义,"21 世纪社会主义"更注重与本国实际相结合,在借鉴马克思列宁主义科学社会主义思想的同时,也吸收了拉美历史著名人物的思想、拉美基督教教义、拉美印第安人的思想等拉美本土优秀思想观念。科雷亚强调"21 世纪社会主义"就是拉美的社会主义思想,这个思想不是一成不变的固定模式,是要随实践的不断发展而不断丰富和发展的。莫拉莱斯直接用玻利维亚的基层社会组织"社群"来命名他的社会主义思想主张,决定在玻利维亚推行"社群社会主义"。

2. 拓宽基层民众政治参与渠道,以参与制民主代替代议制民主

拉美左翼政权积极拓宽基层民众的政治参与渠道,推行参与制民主以替代代议制。拉美左翼领导人对拉美长期实行的西方代议制民主的实质进行了揭露,认为拉美长期实行的代议制民主只是形式上的民主,代议制无法真正表达人民的意志,无法保障人民的合法权益,人民并没有获得真正的民主和平等,代议制下,人民获得的所谓的权力只不过是投票权,根本无法参与国家事务的管理。查韦斯、莫拉莱斯、科雷亚等拉美国家左翼领导人积极推动建立人民政权和人民主导的参与式民主以替代代议制。委内瑞拉查韦斯政府建立社区委员会推动基层民众的政治民主参与。玻利维亚莫拉莱斯总统致力于建设"社群社会主义",努力实现社会公正、注重人民的民主参与、尊重种族多样性。厄瓜多尔科雷亚政府 38 个政府部门提出公民参与制民主建设,设立圆桌会议或者行业委员会,与广大民众协商制定社会政策。墨西哥劳动党领导人巴斯克斯认为社会主义建设应该扩大民主形式,由人民来决定主要的公共事务。通过政治参与、社会协商、经

济民主等各种民主形式，拉美国家提高了社会管理的民主化，同时满足了民众政治参与的诉求。

(二) 经济上，改变经济发展模式，推行国有化

1. 反对新自由主义发展模式，主张采取替代模式

拉美左翼领导人对新自由主义的发展模式深恶痛绝，上台执政后即着手探索新的发展道路以取代新自由主义。新自由主义给拉美经济和社会造成严重的破坏，左翼领导人通过议会选举上台执政后，立即调整国家发展策略，加强政府对经济的干预，限制市场的作用，改变新自由主义的发展模式。查韦斯坚决反对新自由主义，主张消灭资本主义生产关系，消灭剥削，建立可持续发展的社会主义。玻利维亚总统莫拉莱斯就任之际即宣布改变新自由主义发展模式，建设以团结、互惠、社群、共识为基础的"社群社会主义"，修改宪法，把"社群社会主义"政策主张写进宪法，用"社会的和团结的经济"取代原宪法中的"市场经济体制"，规定公有制、混合所有制、私有制等多种所有制形式并存，国家保护各种所有制。厄瓜多尔总统科雷亚就职之时也宣布改变国家的发展模式，通过公民革命建设适合本国国情的"21世纪社会主义"。①

2. 推行国有化，由国家控制国民经济命脉

国有化是拉美国家倡导和实施"21世纪社会主义"的一项基本措施。拉美国家左翼政府上台之后，大力推行国有化和土地改革，以改变国家资源和国家财富的占有形式，实现社会公平、正义，消除贫困。委内瑞拉总统查韦斯认为加强国家对经济的控制，由国家掌握生产、流通、销售领域的控制权，是进行经济领域改革的前提，而国有化是实现国家对经济控制的关键。查韦斯认为私有化使财富分配严重失衡，使国家财富流向外国资本家手中，本国人民享受不到国家财富。因而，查韦斯坚决反对私有化，坚持由国家控制能源、资源等具有战略意义的部门。但是查韦斯并不主张消灭生产资料私有制，而是主张建立国有经济占主体，国家所有制、社会所有制、个体所有制并存的混合所有制经济体系。莫拉莱斯认为只有实行国有化，由国家控制能源、资源，才能使国家的能源、资源更好地服务于本国的经济发展，满足本国人民的需要，这样才有利于维护国家主权和独

---

① 柴尚金：《拉美左翼执政党"21世纪社会主义"的实践》，乌有之乡网刊，2015年1月9日，http://www.wyzxwk.com/Article/guoji/2015/01/336312.html。

立。只有实行国有化，才能有效激发生产和流通领域的活力，促进中小企业和其他经济形式的发展，解决人民的就业问题。科雷亚政府坚决摒弃了新自由主义的经济发展模式，实行公有经济、私有经济、混合经济、社区经济、家庭经济等各种所有制经济形式并存的经济体制。

（三）社会建设方面，强调公平、正义，努力缩小贫富差距

由于新自由主义的影响，拉美国家长期政治动荡、经济困难、社会矛盾突出，贫富悬殊、不平等、不公正问题严重。拉美左翼领导人上台执政后，努力推行社会改革措施，力图重建公正平等的社会秩序。拉美三国都通过修改宪法，使社会底层民众的权益得到法律的保护。2008年9月，玻利维亚和厄瓜多尔分别通过了宪法修正案，2009年2月委内瑞拉通过了宪法修正案。三国的新宪法都突出了公正、合理的思想，注重保护处于社会底层的民众的利益。三国还进行医疗、教育改革，提高民众的社会福利，实施男女平等、民族平等政策，例如，委内瑞拉查韦斯政府先后实施"深入贫民区计划"和"住房计划"改善底层民众的医疗和居住条件；玻利维亚莫拉莱斯政府采取措施保障印第安人的权益等。

（四）意识形态方面，注重对公民进行社会主义价值观教育

为了应对国内外敌对势力的颠覆、破坏活动，拉美国家注重全民意识形态教育。委内瑞拉等国家推动公民教育，增强人民对社会主义的了解和认同，帮助公民树立社会主义价值观，提高群众的社会主义觉悟，为"21世纪社会主义"建设打下良好的群众基础；加强思想文化领域建设，对公民进行民族独立斗争史、传统文化等教育，帮助群众树立良好的价值观；加强对反政府的媒体和舆论工具的管制。

（五）对外关系方面，积极发展拉美国家的团结与合作，发展与发展中国家的关系

拉美左翼执掌国家政权后，调整了对外政策。新政策反对霸权主义和强权政治，主张建立民主、平等的国际政治、经济新秩序；强调建立民主化的对外关系，在相互尊重、相互合作、平等互利的基础上，独立自主地发展国与国之间的关系；强调建立多元化的对外关系，加强区域一体化建设，加强与发展中国家的交流与合作，维护共同利益。

总之，由几支内容不完全相同、名称各异的社会主义流派组成的拉美"21世纪社会主义"，虽然还没有形成完整、系统的理论体系，但是在政治、经济、社会、对外关系等方面已经形成了一些具有共同特点的理论观

点：政治上，主张扩大民众的政治参与；经济上，主张强化国家对经济的管理职能，实行"大政府，小市场"，使市场服务于社会，建立可持续发展的经济发展模式；社会建设上，主张提高社会福利，实现社会公平、公正；在对外关系上，主张加强第三世界国家团结与合作，反对帝国主义霸权，主张建立民主的国际关系。①

### 三 拉美"21世纪社会主义"实践

2005年，委内瑞拉总统查韦斯放弃"第三条道路"的尝试，转向社会主义，开始在委内瑞拉实践"21世纪社会主义"。2005年2月莫拉莱斯当选玻利维亚总统，2006年11月科雷亚当选厄瓜多尔总统，他们上台执政后都在本国开始了社会主义实践。委内瑞拉、厄瓜多尔、玻利维亚三国是拉美"21世纪社会主义"的主要实践国家，这三个国家的具体实践在不同的思想理论的指导下呈现出不同的特点，拉美"21世纪社会主义"没有形成典型性的实践模式。

#### （一）查韦斯在委内瑞拉实践"21世纪社会主义"

查韦斯"21世纪社会主义"思想的核心是强调以人为本，其主要内容是：认为"21世纪社会主义"是"一种人高于资本的制度"；建设"21世纪社会主义"就要建设社会化经济，生产的目的是为了满足所有人的需要；建设"21世纪社会主义"就是要实现真正的民主，实现社会正义、分配公平。

在查韦斯总统"21世纪社会主义"思想的指导下，委内瑞拉政府先后采取了一系列措施，进行社会主义改革。1. 建设参与式民主。委内瑞拉建设参与式民主的主要措施是建立社区委员会。2001年，委内瑞拉在全国启动社区委员会建设，2006年制定并颁布实施《社区委员会法》，使社区委员会的建设得到法律保障。通过社区委员会的建设，基层民众能够直接参与涉及自己切身利益的公共事务的管理。2. 加强全民社会主义价值观教育。2007年，委内瑞拉启动了"道德与启蒙"计划和"玻利瓦尔教育课程"计划，前者的目标是培养民众的社会主义价值观，后者的目标是培养大中小学生的社会主义观念。3. 修改宪法，取消总统的连

---

① 王鹏：《拉美21世纪社会主义理论和实践讨论会综述》，《马克思主义研究》2009年第6期。

任限制。2009年2月,委内瑞拉宪法修正案通过,新宪法取消了总统、议员及其他各级民选官员的连任限制,为查韦斯总统的连任清除了障碍,从而为委内瑞拉连续进行"21世纪社会主义"实践提供了政治保障。4. 扩大非私有制经济规模。查韦斯政府通过大规模的国有化运动,把电力、电信、石油、钢铁、银行等事关国家经济命脉的行业收归国有,同时,积极推动国有企业为社会服务、为民众服务。5. 提高社会福利,推动社会公正发展。实施"社会使命计划",改善社会福利,涉及医疗、教育、食品、住房等与民众生活密切相关的领域。6. 推动拉美国家的团结与协作。推动实施"美洲玻利瓦尔替代计划",主张美洲国家"以互补取代竞争、以团结取代支配和以合作取代剥削"[①]。7. 进行土地改革。2001年12月颁布《土地法》,征用闲置土地和利用率低的大片土地,分配给农业合作社耕种。

2007年是委内瑞拉的一个转折点,查韦斯于2007年1月宣称,委内瑞拉已经度过了1999—2006年的革命过渡时期,从2007年开始委内瑞拉进入新的革命阶段,2007—2013年,委内瑞拉将实行"西蒙·玻利瓦尔"计划,这一计划的目标是把委内瑞拉建设成社会主义国家。2009年2月,委内瑞拉宪法修正案得以通过,新宪法取消了总统的任期限制,为查韦斯继续进行社会主义实践提供了政权保障。2012年10月,查韦斯再次连任总统。

但是,查韦斯的社会主义改革并不是一帆风顺的。2008年开始的国际金融危机、经济危机,国际大宗商品价格大幅下跌,使委内瑞拉等依赖石油出口的拉美国家经济状况恶化,不得不削减一些惠民政策性投入,影响到民众的支持率。社会主义实践的群众基础较差,多数民众对"21世纪社会主义"不理解,有些人持不满和反对态度,有时甚至会发生大规模的抗议活动。例如,2010年初,因为政府强行关闭了一家反对派的电视台,在委内瑞拉的一些城市,学生与警察和查韦斯的支持者发生冲突,出现伤亡。2013年3月6日,查韦斯不幸去世,使委内瑞拉的"21世纪社会主义"遭受重大考验。

查韦斯的继任者马杜罗2013年4月当选委内瑞拉总统,继续进行

---

① 王鹏:《拉美21世纪社会主义理论和实践讨论会综述》,《马克思主义研究》2009年第6期。

"21世纪社会主义"实践。但是,马杜罗政府经过两年多的执政后,委内瑞拉经济堪忧,财政发生严重危机,通货膨胀严重,居民日常生活用品严重短缺,人民生活水平急剧下降,国民经济处于崩溃的边缘。经济萎缩,食品短缺、通货膨胀等问题严重,导致民心思变,选民转而支持反对党。2015年12月7日,委内瑞拉国会选举,反对派取得了国会三分之二的多数席位,统一社会党选举失利。2016年1月5日,新一届议会宣誓就职,统一社会党16年来第一次失去了议会的控制权,新就职的议会主席、反对派领导人阿卢普表示将在6个月内推动"政府更迭机制",马杜罗面临被反对派掌权的议会罢免的危机。委内瑞拉的"21世纪社会主义"面临严重威胁。①

(二)科雷亚在厄瓜多尔进行"21世纪社会主义"实践

2007年1月15日,科雷亚就任厄瓜多尔总统。就职后,科雷亚就开始进行"21世纪社会主义"和"美好生活社会主义"实践,提出"公民革命"计划。科雷亚认为"公民革命的实质就是要改变权力关系,以利于大多数民众。要把为少数人服务的资产阶级统治的国家,改变成为公共和普遍利益服务的真正人民的国家"②。科雷亚的基本价值理念是:"21世纪社会主义"是一种方法论,不是发展模式;"21世纪社会主义"不是一成不变的,需要不断革新;建立更加民主的社会主义,通过建立参与式民主,使人民成为社会的主人,不能由市场起决定作用;注重社会公正;重视拉美国家的团结与合作,推动拉美一体化建设。

2006年11月科雷亚当选厄瓜多尔总统,上台执政后科雷亚即宣布建设"21世纪社会主义",实行社会主义制度,解决政治、经济、社会问题,制定了"2007—2010年公民革命计划"。2008年通过了宪法修正案,新宪法扩大了总统权力,为总统推动社会主义的改革提供了保障。在落实新宪法的同时,加强国家对国民经济的宏观调控和指导,严格控制涉及国计民生的战略性部门,加强金融监管等。2008年5月科雷亚总统向私营石油公司施加压力,迫使私营石油公司接受更高额的暴利税,否则,将被国有化。2007年推动拉美国家建立南方银行,主张南美使用统一货币。2009

---

① 《国际观察:委内瑞拉议会选举执政党为何受挫》,新华网,2015年12月7日,http://news.xinhuanet.com/2015-12/07/c_1117384164.htm。
② 徐世澄:《厄瓜多尔科雷亚"公民革命"的成就及其挑战》,中国共产党新闻网,2015年7月8日,http://cpc.people.com.cn/n/2015/0708/c191095-27273211.html,2015年7月16日。

年,科雷亚连任成功,制定"2009—2013年美好生活计划",厄瓜多尔社会主义实践得以继续进行。

但是,任何改革都不会一帆风顺,当改革触动某些人的利益时,就会遇到阻力,甚至充满危险。例如,2010年9月30日,为了抗议厄瓜多尔国民代表大会通过包含削减军人和警察福利条款的《公共服务法》,包括首都基多在内的厄瓜多尔主要城市发生警察骚乱事件,抗议者劫持科雷亚总统,并试图占领国会大厦,经过半个多小时的交战,科雷亚总统才被军队解救出来。

挫折不会阻挡改革者的步伐,脱险后的科雷亚继续进行"21世纪社会主义"实践。2011年5月,科雷亚总统提出的包括司法改革、加强媒体管理、修改宪法、禁止赌博业、强制企业给员工缴纳社会劳动保险等十条政策建议都获得公投通过。2013年2月,科雷亚再次成功连任,任期至2017年。在科雷亚领导下,厄瓜多尔制定"2013—2017年美好生活计划",继续推进社会主义建设。2015年1月5日至9日,科雷亚对中国进行了国事访问,并于1月7日在清华大学进行了演讲,强调经济发展不仅仅要追求数字的增长,而且要减少贫困,提高人民的收入,增强人民的幸福感,还指出了厄瓜多尔今后的发展方向:继续深化公民革命,鼓励知识创新,支持人才发展,努力消除社会不公。①

(三)莫拉莱斯在玻利维亚推进"社群社会主义"建设

莫拉莱斯在玻利维亚2005年的大选中获胜,首次当选总统;2009年12月,莫拉莱斯在玻利维亚新宪法颁布后的首次全国大选中再次获胜;莫拉莱斯在玻利维亚2014年10月举行的大选中再次当选总统,任期至2020年1月。2006年1月22日,莫拉莱斯首次就任总统时宣布在玻利维亚逐步建立"社群社会主义"。莫拉莱斯认为社会主义就是人民在社群中平等地生活,"社群社会主义"是不同于传统社会主义的"建立在团结、互惠、社群与共识基础之上的经济模式"②。

莫拉莱斯"社群社会主义"的基本价值理念是:实现社会公正,建立没有剥削的社会,为社群集体谋利益,不为少数人谋特权;"建立参与式

---

① 《厄瓜多尔总统清华大学演讲:新自由主义是歧途》,新华网,2015年1月8日,http://news.xinhuanet.com/world/2015-01/08/c_127368025.htm。

② 沈跃萍:《莫拉莱斯"社群社会主义"评析》,马克思主义研究网,2011年12月27日,http://myy.cass.cn/news/441371.htm。

民主和社群民主",尊重多民族、多元化文化;"建立有效的医疗服务和教育体系,保护处于社会底层人民的政治、经济、社会、文化权益;实行国有化,维护人民的共同利益而不是某些特权阶层的个人利益"①。

在"社群社会主义"基本理念的指导下,莫拉莱斯在政治、经济和社会等领域进行了一系列的改革。1. 实行资源国有化。2006 年 5 月,莫拉莱斯签署法令,对石油和天然气资源实行国有化,把石油和天然气的控制权和所有权收归国有。2. 进行土地改革,解决长期存在的少数庄园主垄断土地问题。2007 年 11 月颁布新《土地法》,规定政府有权征收闲置土地分配给无地农民。3. 加强拉美国家的团结与合作。2006 年参加"美洲玻利瓦尔替代计划";2007 年推动建立美洲南方银行;2008 年参与发起成立"美洲玻利瓦尔替代计划"银行。4. 制定新宪法,保障公民权利平等。2009 年 2 月,玻利维亚颁布了新宪法,新宪法用 89 个条款对公民的政治、经济、文化、社会等各项权利进行了规定;新宪法对印第安人的权益做出了规定,使印第安人的权益有了法律保障;新宪法对国家机构的民主改革做出了具体规定。莫拉莱斯认为新宪法的特点是所有的公民权利平等。

虽然玻利维亚在 2011 年先后爆发了"燃油涨价风波"、因物价上涨而引起的民众抗议示威及为反对政府修路而举行的大规模游行,但是玻利维亚基本保持了政局稳定、经济发展、贫困率下降。2014 年 10 月,莫拉莱斯第三次连任总统,保证了玻利维亚继续"社群社会主义"的建设。如今,在拉美左翼政权纷纷遭受挫折的时期,莫拉莱斯领导的玻利维亚一枝独秀,莫拉莱斯目前在国内的支持率高达 60%;玻利维亚经济持续保持良好增长,从 2012 年到 2014 年,玻利维亚的年经济增长率均保持在 5% 以上,贫困率从 1999 年的 63.5% 下降到 2012 年的 40.9%,赤贫率从 1999 年的 40.7% 下降到 2012 年的 21.6%。莫拉莱斯表示今后在经济上继续坚持国家主导的发展模式,继续深化工业和国有化改革。②

但是,2016 年 2 月 24 日玻利维亚最高选举法庭公布的玻利维亚全民公投结果显示玻利维亚选民以微弱多数否定了莫拉莱斯在 2020 年第三个

---

① 王鹏:《拉美 21 世纪社会主义理论和实践讨论会综述》,《马克思主义研究》2009 年第 6 期。
② 庾志坚:《拉美左派没落了吗?》,《世界知识》2016 年第 1 期。

总统任期届满后继续寻求连任的宪法修正案。莫拉莱斯和委内瑞拉总统马杜罗都指责美国与反对派在公投前蓄意制造阴谋,"污化"莫拉莱斯,导致莫拉莱斯公投失利。① 由于莫拉莱斯在 2020 年之后无法继续寻求连任总统,2020 年莫拉莱斯卸任之后,玻利维亚能否继续推行"社群社会主义",答案是不确定的。

### 四 拉美"21 世纪社会主义"评价

作为一场具有拉美资本主义替代性质的新型社会主义运动——拉美"21 世纪社会主义"在国际上引起广泛关注,也得到了褒贬不一的评价。对拉美"21 世纪社会主义"的评价主要有三种:赞扬、支持;批评、反对;观望、分析。

(一)拉美国家的左翼领导人和学者以及其他地区的左翼人士是拉美"21 世纪社会主义"的主要赞扬者和支持者

拉美"21 世纪社会主义"主要的实践国家委内瑞拉、玻利维亚、厄瓜多尔等的左翼领导人和左翼学者对"21 世纪社会主义"给予了高度评价。查韦斯认为要超越资本主义必须实现真正的社会主义,实现社会平等和正义。科雷亚认为厄瓜多尔正在进行的"21 世纪社会主义"是"一场公民革命,一场政治、社会和经济结构发生激进变革的、深刻的和迅速的革命"②。巴拉圭总统卢戈对查韦斯、科雷亚、莫拉莱斯的"与历史决裂的勇气"给予高度赞扬。厄瓜多尔左翼学者恩里克·安普罗认为科雷亚的"21 世纪社会主义"是不同于其他拉美国家社会主义模式的具有厄瓜多尔特色的社会主义。拉美唯一的社会主义国家古巴全力支持委内瑞拉、玻利维亚、厄瓜多尔三国的社会主义改革和建设。巴西、阿根廷等国家左翼政权虽然没有公开支持拉美"21 世纪社会主义",但是对查韦斯等人的政治主张持理解和尊重的态度。

大多数拉美国家共产党都支持拉美左翼政府,尤其是委内瑞拉共产党在成为参政党后,大力支持查韦斯的政治改革。巴西著名学者奥托尼奥·多斯桑多斯认为拉美左派的兴起和中国的发展给世界带来了新希望。

---

① 冯俊扬:《拉美政治变局背后的美国之手》,新华网,2016 年 2 月 25 日,http://news.xinhuanet.com/2016-02/25/c_1118157447.htm。

② 刘维广:《拉美"21 世纪社会主义"的国际评价》,《中国社会科学报》2009 年 2 月 10 日第 9 版。

墨西哥国立自治大学教授卡洛斯·安东尼奥·阿居雷·罗哈斯对拉美左翼给予高度评价，认为拉美将为总结世界资本主义体系和美国的霸权做出贡献。

一些西方国家的左翼学者也对拉美"21世纪社会主义"持赞扬的态度。例如，美国《每月评论》联合撰稿人约翰·福斯特撰写了一系列文章抨击新自由主义、新帝国主义，认为古巴社会主义建设和委内瑞拉的政治改革都表明历史没有终结，社会主义在复兴。[①]

（二）拉美右翼反对派和右翼学者、美国等一些国家的右翼学者对拉美"21世纪社会主义"持反对和批判态度

拉美国家左翼政权的右翼反对派不断对"21世纪社会主义"进行诋毁和批判，例如委内瑞拉反对派领导人曼努埃尔·罗萨莱斯和特奥多罗·佩特科夫都指责查韦斯政府是极权政府，罗萨莱斯认为查韦斯是"暴君"，在把委内瑞拉建成披着民主外衣的极权政府，佩特科夫认为查韦斯的"21世纪社会主义"形式上是民主，实质上是极权主义和军事主义。委内瑞拉学者埃梅特里奥·戈麦斯对查韦斯限制市场作用的政策持批判态度。秘鲁著名作家马里奥·巴尔加斯指责查韦斯政府削弱了民主，无法解决贫困和不平等问题。

对拉美"21世纪社会主义"一贯敌视的以美国为代表的西方国家通过多种方式支持拉美右翼势力，图谋推翻查韦斯等拉美左翼政权。西班牙前首相何塞·阿斯纳尔公开宣扬美国、欧洲国家、拉美国家等要团结一致，共同打败拉美"21世纪社会主义"。

（三）拉美等国家的一些左翼学者对拉美"21世纪社会主义"持观望态度，从不同角度对其进行了分析

拉美和其他国家的一些对拉美"21世纪社会主义"持观望态度的左翼学者从不同的角度对"21世纪社会主义"进行了分析。例如，阿根廷左翼学者克劳迪奥·卡茨从社会主义策略的视角分析了拉美"21世纪社会主义"面临的问题、挑战和发展前景，认为拉美社会主义在"生产力成熟条件、力量对比状况、社会变革的主体条件、群众意识、现制度结构和群众组织状况等方面"面临很多问题和挑战，但是，"只要策略运用得当，

---

[①] 杨瑞：《全球化背景下拉美"21世纪社会主义"》，博士学位论文，武汉大学，2012年，第93—99页。

这一地区的社会主义运动必能发展起来"①。委内瑞拉著名左翼学者玛尔塔·哈内克认为全球化给拉美左翼带来了机遇和挑战,拉美左翼应该积极应对。

德裔墨西哥学者海因茨·迪特里希2007年前后对拉美社会主义的态度有很大的变化,2007年之前持积极肯定的态度,2007年开始不断批评和攻击拉美国家的社会主义实践。例如,迪特里希认为古巴如果不深入改革,将发生资本主义复辟;玻利维亚实际上实行的是凯恩斯主义,是"进口替代工业化"道路,并不是社会主义道路;委内瑞拉目前不具备建立社会主义制度的条件。②

(四)拉美"21世纪社会主义"的本质

拉美"21世纪社会主义"不是科学社会主义,缺乏科学社会主义的理论体系,也没有成立无产阶级政党的要求。拉美"21世纪社会主义"具有浓厚的本土性,拉美历史文化传统思想对其形成产生重要影响,其理论主张强调适合本国国情、强调加强拉美地区合作。但是,拉美"21世纪社会主义"与拉美本土传统的社会主义有明显的不同,与世界社会主义运动也没有联系,实质上是一种旨在替代新自由主义发展模式的民族社会主义的发展理念。

## 五 拉美"21世纪社会主义"面临的挑战与前景

(一)面临的挑战

1. 在拉美地区影响力有限

拉美"21世纪社会主义"的实践主要在拉美的中小国家委内瑞拉、玻利维亚和厄瓜多尔进行,在拉美的影响范围小,影响力有限且难以扩大。

2. 以美国为首的西方势力的敌视、破坏

历来视拉美地区为后院的美国无法容忍"21世纪社会主义"在拉美的发展,以美国为首的帝国主义国家与拉美一些国家国内反动势力勾结所进行的各种破坏、颠覆活动对拉美"21世纪社会主义"构成严重威胁。委内瑞拉政府公布的资料显示,在2013年的大选中,美国为了逆转选情,

---

① 杨瑞:《全球化背景下拉美"21世纪社会主义"》,博士学位论文,武汉大学,2012年,第97页。

② 刘维广:《拉美"21世纪社会主义"的国际评价》,《中国社会科学报》2009年2月10日第9版。

阻挠马杜罗当选，曾试图策划暗杀反对派候选人，并嫁祸委内瑞拉政府①。2014 年，委内瑞拉发生大规模反政府抗议后，美国不断加大对委内瑞拉的制裁。2015 年 3 月，奥巴马签署法令进一步对委内瑞拉实行制裁，并宣称委内瑞拉的国内局势对美国构成了严重威胁。美国还以人权问题为借口，在国际上对委内瑞拉反对派进行公开支持。2015 年 12 月，委内瑞拉国会选举，反对派政党联盟赢得 2/3 议会席位后，美国、欧盟等纷纷表示欢迎委内瑞拉国内政坛的变化，并宣称希望委内瑞拉各政治派别能"以建设性的方式通过对话与合作推动本国的民主政治发展"②。据秘鲁《商业报》2 月 22 日报道：22 日，委内瑞拉总统马杜罗斥责美国背后搞鬼，破坏玻利维亚现任总统莫拉莱斯寻求连任四届的公投，破坏莫拉莱斯的执政计划。③

3. 国内右翼反对派的颠覆、破坏

在委内瑞拉、阿根廷、巴西等左派执政的国家，中右派政治力量经过多年的斗争，在不断积聚力量，利用国内经济困境，不断联合，势力越来越强，拉美国家进行社会主义实践与改革受到的阻力很大。近些年，在野的反对派力量不断联合，形成一股强大的政治力量，在选举中结成广泛的竞选联盟，与执政党对抗，改变了国内政治力量的对比状况和选举形势。委内瑞拉 2015 年 12 月举行的国会选举中，29 个反对派政治团体组成的"团结民主联盟"，与马杜罗领导的执政党"统一社会主义党"进行对抗，结果反对派联盟获得了 2/3 的简单多数票，马杜罗继续推行查韦斯提出的"21 世纪社会主义"的难度增加；更为严重的是，反对派议会主席阿卢普就职后表示将启动更换马杜罗政府的机制，马杜罗有被免职的危险。同时，以美国为首的外部势力也很可能通过大力支持反对派来进一步影响委内瑞拉的政治走向，委内瑞拉"21 世纪社会主义"面临被颠覆的威胁。④ 2015 年 11 月，阿根廷大选，执政 12 年的左翼执政联盟失利，中右翼反对派联盟候选人马克里胜出。2016 年 8 月 31 日，巴西总统罗塞夫被弹劾罢

---

① 冯俊扬：《拉美政治变局背后的美国之手》，新华网，2016 年 2 月 25 日，http://news.xinhuanet.com/2016-02/25/c_1118157447.htm。

② 《委内瑞拉反对党赢得议会选举马杜罗未来执政面临威胁》，环球网国际新闻，2015 年 12 月 8 日，http://world.huanqiu.com/hot/2015-12/8125619.html。

③ 《玻利维亚公投反对总统连任四届委内瑞拉总统称美国搞鬼》，《凤凰资讯》，2016 年 2 月 23 日，http://news.ifeng.com/a/20160223/47549223_0.shtml。

④ 《委内瑞拉反对党赢得议会选举马杜罗未来执政面临威胁》，环球网国际新闻，2015 年 12 月 8 日，http://world.huanqiu.com/hot/2015-12/8125619.html。

免总统职务，2018年10月28日，巴西右翼总统候选人雅伊尔·博尔索纳罗当选新一任巴西总统。

4. 经济衰退动摇了执政基础

长久以来，拉美各国经济结构性失衡，对初级产品出口过度依赖，国内需求小，外汇储蓄匮乏，国内投资不足，过度依赖外国投资，缺乏带动经济增长的内生动力。例如，委内瑞拉95%的收入和50%的财政全部依靠石油出口，而近90%的食品和日用品依赖进口。近年来，由于国际经济环境恶化，初级产品国际需求大幅减少，价格急剧下降，致使拉美地区出口大幅下降，拉美国家的经济收入明显降低，政府面临重重经济困难，影响到拉美左翼政府的执政基础。到2015年，拉美地区出口已经连续3年下降，且下降幅度逐年增大，尤其是依赖石油和大宗产品出口的南美国家降幅最为严重，2015年上半年，委内瑞拉出口下降41%，玻利维亚下降32%。另外，由于美国停止量化宽松货币政策，导致拉美地区资金外流，金融动荡，委内瑞拉等国的国际储备严重流失，对外支付能力严重下降，进而导致经济衰退。最近，美联储又启动加息，进一步加重了拉美国家资金的外流。委内瑞拉统一社会主义党在最近一次的议会选举中的失利就是因为国内经济严重衰退，人民生活水平急剧下降，导致人心思变，转而支持中右翼反对派联盟造成的。①

（二）发展前景展望

委内瑞拉、厄瓜多尔、玻利维亚等拉美国家通过实施"21世纪社会主义"，在政治、经济、社会、外交等方面取得了成绩：政治方面，委内瑞拉等拉美国家通过修改宪法，建立参与式民主，扩大了人民民主；经济方面，通过实施国有化，国家强化了对关系经济命脉领域的控制；社会方面，通过实施提高社会公平、提高福利等措施，在社会方面取得很大进步，公民权利保障加强，贫困率降低，医疗状况、教育状况得到改善；对外关系方面，"21世纪社会主义"推动了拉美地区国家的团结与合作，推动了地区内自由贸易的发展。通过"21世纪社会主义"的探索和实验，一些拉美国家得到了发展。但是，由于在进行"21世纪社会主义"实践的三个主要国家内，社会主义只是执政领袖个人的政治理念，没有得到国

---

① 《透视拉美社会政治危机》，新华网新闻，2016年1月19日，http://news.xinhuanet.com/world/2016-01/19/c_128638426.htm。

内民众广泛的认可，缺乏稳定的群众基础和广泛的社会认同，发展前景不确定。而且，倡导并实践"21世纪社会主义"的拉美国家左翼政权，都是通过选举而上台执政的，如果他们在选举中失利、失去政权，社会主义的实践将难以继续。

从拉美"21世纪社会主义"的三个主要实践国家的情况判断，拉美"21世纪社会主义"的前景很不乐观。2015年12月6日，委内瑞拉国会选举，马杜罗领导的统一社会主义党失利，反对派取得了国会三分之二的多数席位。2016年2月24日，玻利维亚全民公投否定了莫拉莱斯寻求连任的宪法修正案，这样，莫拉莱斯在2020年任期届满后将无法再谋求连任。2017年，厄瓜多尔总统科雷亚任期届满，新任总统莫雷诺是在科雷亚大力支持下获胜的，但莫雷诺2017年5月24日就职后，并没有继续科雷亚的"21世纪社会主义"的实践，而是通过和社会各界对话，公开反对前总统科雷亚，2018年7月4日，厄瓜多尔法院下令逮捕前总统科雷亚，理由是他涉嫌参与对政治对手的绑架案①。2018年2月4日，莫雷诺又通过公投，取消政府官员继续连任，从而防止科雷亚东山再起。目前，厄瓜多尔执政党内部严重分裂，莫雷诺派和科雷亚派严重对立，厄瓜多尔各党派正处在重新组合和过渡的阶段。②

但是，一两个国家的政党轮替，至少目前和近期无法改变左翼力量占主导地位的拉美政治格局，即使拉美左翼运动进入低潮期，也不意味着"拉美左派全面崩溃""拉美左派盛世终结"，在总结成功经验，吸取失败教训之后，拉美左翼能够重新振兴，智利左翼执政党在失利三年后重新获得执政地位就是很好例证。智利左翼政党在2010年大选中失利，结束了近20年的执政历史，但是在时隔三年之后的2013年大选中，智利中左翼政党候选人巴切莱特获胜，中左翼政党重新执掌智利政权。即使出现暂时的低潮，拉美"21世纪社会主义"注重社会公平和救助底层的政治理念在拉美地区仍然深受民众的欢迎，仍然具有很强的生命力。

---

① 《厄瓜多尔前总统科雷亚被捕被控"绑架"政治对手》，新浪网，2018年7月05日，http://news.sina.com.cn/w/2018-07-05/doc-ihevauxk6667585.shtml。
② 《厄瓜多尔总统莫雷诺执政一周年回顾媒体议论莫雷诺今后政治走向》，北京时间网，2018年6月17日，https://item.btime.com/m_97a10abdc70ade8a8。

# 第七章 国外左翼学者的社会主义观

国外左翼学者对社会主义的研究既是对资本主义批判的进一步深化和推进，也是对理想社会建构逻辑及其应然状态的探索。缺少了对社会主义的研究会使对资本主义的批判单纯地停留在批判层面，而鲜有革新的目标选择，这样就很容易出现一种误判，认为资本主义是"别无选择"（TINA：there is no alternative）的选择。英国学者特里·伊格尔顿（Terry Eagleton）认为之所以有许多曾经的社会主义者最终选择背弃马克思主义，促使"他们最终下定决心，还是因为看不到除了资本主义之外还有什么别的选择"①。法国学者安德列·高兹（Andre Gorz）曾说："放弃以社会主义为参照意味着我们将同时放弃超越资本主义，将资本主义视为理所当然、不可超越；意味着以天真的理想主义来谈论民主和公平却把资本的经济—物质基体看作可忽视之量，因为资本必然将追求效益放在首位，所以它必然是统治、异化和暴力的源泉。"② 可见，在左翼学者深刻分析、批判、揭露资本主义自身矛盾的基础上进一步探讨其社会主义观有着重要的现实意义，这也是洞悉世界社会主义思潮不可或缺的参照要素之一。

左翼学者对资本主义的批判揭示了改变当代资本主义的必要性，对社会主义理论的探讨也体现了建设一个不同于资本主义社会的更好社会的可能。通过对资本主义内在矛盾和危机的分析，以及对社会主义的理论设计，有助于人们更深入理解社会主义对比资本主义的特点和优势，有助于人们深刻理解社会主义代替资本主义的必然趋势。但必须看到，国外左翼学者的社会主义观更多的还是坐而论道，表现出明显地空想化、改良化、

---

① ［英］特里·伊格尔顿：《马克思为什么是对的》，李杨等译，新星出版社2011年版，第10页。
② ［法］安德列·高兹：《资本主义，社会主义，生态：迷失与方向》，彭姝祎译，商务印书馆2018年版，前言 iv。

书斋化特点，一些观点不免脱离实际和虚幻抽象。因而在看到国外左翼学者关于社会主义观的积极意义的同时，也要对其局限性进行客观、审慎的评析。

习近平总书记指出："对国外马克思主义研究新成果，我们要密切关注和研究，有分析、有鉴别，既不能采取一概排斥的态度，也不能搞全盘照搬。"① 国外左翼学者关于社会主义的新观点新见解，是我们深入研究21世纪世界社会主义理论与实践发展的重要资源，关于他们对社会主义新探索的积极见解，我们要挖掘其启示性内容，加以吸收借鉴。与此同时，他们在探索中的方法和理论局限，我们也要加以认真辨别，在比较中更加坚持科学的立场和方法。关键问题是要以我为主，为我所用，服务于发展当代中国马克思主义、21世纪马克思主义。

## 第一节　国外左翼对资本主义的新审视

### 一　关于资本主义与社会主义问题的探讨

国外左翼学者对资本主义和社会主义的探讨在不同时期、不同阶段、不同历史背景下有着不同的侧重点。他们的关注点伴随资本主义和社会主义在各自发展进程上、在彼此交往中的不同表现会做出相应调整。所以，国外左翼学者对资本主义和社会主义相关问题的探讨，可以折射出资本主义与社会主义发展的现实进程、阶段性特点。20世纪20年代伊始，随着第一个社会主义国家苏联的建立、建设以及"二战"后多个国家走向社会主义道路，特别是在社会主义阵营和资本主义阵营相抗衡的过程中彰显出社会主义制度性优势，使得国外左翼学者更多地关注资本主义国家如何向社会主义过渡，社会主义国家建立的条件、社会主义制度的优越性等，探究的问题多集中在转变的方式与路径，是走暴力革命的道路还是和平转型的道路，是激进地变革还是渐进式地推进，是仿效苏联道路还是走出一条不同于苏联的新路；苏联在建设社会主义进程中存在怎样的弊端，其他国家应如何避免等。在这个过程中，既关注到社会主义的一般性特征，也对各资本主义国家的特殊性给予了更多关注，普遍认为资本主义国家在转向社会主义时不能简单地效仿苏联，应探索符合各国国情的道路。

---

① 《习近平谈治国理政》第2卷，外文出版社2017年版，第67页。

20世纪80年代末90年代初，随着东欧剧变苏联解体，世界上第一个社会主义国家苏维埃社会主义共和国联盟退出了历史舞台，社会主义阵营的发展遇到了重大挫折，世界社会主义运动受到重大冲击。在这一背景下，左翼学者对社会主义和资本主义的关注点也随之发生变化。例如，更注重探讨"苏联为什么会解体"？导致苏联解体的根源何在？苏联模式是社会主义的真实彰显吗？后苏联时代将会怎样？理想的社会主义模式应在苏联模式中借鉴哪些经验？特别是资本主义国家在苏联解体后又经历了较为快速的发展，在不同制度竞争中取得绝对优势，促使左翼学者以不断发展的理论和已有的以及可预期的实践来证明"隧道尽头是社会主义的复兴"，社会主义代替资本主义的必然性不会因这一历史性倒退而改变方向，相反恰恰证明了历史螺旋式前进的发展路径。概括地说，在社会主义整体处于低潮时期，左翼学者关注较多的是社会主义的命运将何去何从。

跨越21世纪不久，资本主义就经历了一场严重危机，这场危机表面上看是次贷危机引起，是资本主义金融体系监管不严等多方面原因所致，但究其本原是资本主义自身矛盾使然。资本主义难以克服的周期性矛盾在继续发挥作用。资本主义此次危机也绝非仅对其经济领域产生影响，而是一场波及民主政治、价值观等各领域的系统性危机。与此同时，以中国为代表的社会主义国家始终坚持和发展适合本国国情的社会主义，坚持中国特色社会主义道路自信、理论自信、制度自信、文化自信，并取得了一系列辉煌的成就。特别是社会主义中国经过改革开放前30年和改革开放后40年的发展，迈入了新时代，成为世界社会主义发展的中流砥柱。社会主义的优越性在发展中得以彰显，西方之乱与中国之治呈现鲜明对比。面对一系列新情况，国外左翼学者对资本主义与社会主义重新进行深入探讨，他们的关注点多集中在资本主义还可以继续维系下去吗？资本主义将何去何从？资本主义还有未来吗？资本主义如何应对系统性危机？系统性变革应该怎样开启？替代资本主义的方案是什么？未来的社会形态将以何种具体方式得以呈现？关于社会主义与资本主义的制度性探讨又重新回到大众视野，自然也成为国外左翼学者关注的重点。相关书籍不断涌现，如牛津大学出版社2013年出版的汇集了五位左翼学者观点的《资本主义还有未来吗？》、萨米尔·阿明的《多极世界与第五国际》、莱斯利·斯克莱尔的《资本主义全球化及其替代方案》、山村耕造的《过剩：资本主义的系统性危机》、大卫·哈维的《资本社会的17个矛盾及其终结》等。

## 二 审视资本主义危机的两种维度

时至今日，2008年爆发的影响全球的资本主义危机已近十年之久，随着时间的推移，此次危机造成的影响和后果已经越发清晰地显现出来。生活在危机爆发旋涡之中的国外左翼学者对资本主义危机的审视与评析，在时间的磨砺与检验中，也越来越客观、理性，越来越揭示深层次的原因，总结出的规律性认识，也更具启发参考价值。

国外左翼学者普遍认为这是一场资本主义的系统性危机，涉及经济、政治、文化、社会、生态等领域，而非某个地区、某个领域、某个环节或某个行业的危机。例如，伊曼纽尔·莫里斯·沃勒斯坦（Immanuel Maurice Wallerstein）、威廉·I. 罗宾逊（Wallam I. Robinson）、克里斯·蔡斯-邓恩（Chris Chase-Dunn）、安东尼·罗伯茨（Anthony Roberts）、伯奇·伯贝罗格鲁（BerchBerberoglu）、山村耕造（Michael S. Koyama）、尼尔·弗格森（Niall Ferguson）等均得出这一结论。尽管他们对结果作出了相同的判断，但分析的角度和依据还是存在很大不同。如克里斯·蔡斯-邓恩和罗伯茨从资本主义经济转圜空间受限的角度进行分析，回顾20世纪30年代和70年代发生在资本主义世界的危机，指出为走出困境，资本加紧了在全球范围内扩散的步伐，资本主义体系不断地将新的地区、新的人员纳入到该体系中来，并且确立了福特主义—凯恩斯主义的资本积累机制。然而，对今天所发生的资本主义危机而言，上述解决方案已经变得十分有限，这预示着资本主义世界体系转型的时刻已经到来。①

威廉·罗宾逊、詹姆斯·佩特拉斯（James Petras）和亨利·维特迈尔（Henry Veltmeyer）等从资本的逐利本质出发进行分析，认为资本的逐利性会使其忽视对生态环境的保护，最终使危机从经济领域转向生态、社会等领域，使危机本身变得日趋繁复错杂，进而对资本主义制度造成冲击。威廉·罗宾逊甚至认为此次危机可能导致资本主义体制（system）的终结，认为"21世纪资本主义危机在规模上将是前所未有的，涉及世界范围的，

---

① Chris Chase-Dunn and Anthony Roberts, "The Structural Crisis of Global Capitalism and the Prospects for World Revolution in the Twenty-First Century", BerchBerberoglu ed. *The Global Capitalist Crisis and Its Aftermath*: *The Causes and Consequences of the Great Recession of* 2008–2009, Ashgate Publishing Limited, 2014, p. 269.

而且生态退化、社会退化方面的问题将变得格外突出"①。

日本学者山村耕造同样认为，资本主义目前面临着经济萧条、民主失灵、社会分化、环境灾难等各种问题，并进一步提出西方国家目前的应对举措是治标不治本，寄希望于通过"箱内"（Inside the box）操作已无力走出困境，唯有通过"箱外"（Outside the box）操作才能改变这一现状。

美国俄勒冈大学社会学教授约翰·贝拉米·福斯特（John Bellamy Foster）同样认为资本主义危机是一场系统性危机。他首先从经济的角度出发，认为当前美国经济已经陷入"停滞——金融化陷阱"，一方面实体经济发展缓慢；另一方面虚拟经济却不断膨胀，进而导致金融体系的膨胀乃至泡沫的积聚和破裂。实体经济发展迟缓而虚拟经济不断膨胀必然带来的结果是对现有利益进行重新分配，因利益分配机制不合理，倒向资本一方，进而导致贫富差距扩大、两极分化严重、社会矛盾凸显，各种冲突也变得越发频繁和激烈。当人们对资本主义的失望达到极限的时候便会走向最终的联合，进而冲击资本主义制度本身。福斯特还特别强调生态危机的严重性，认为环境问题已十分严重，我们已经没有太多的回旋余地了，资本主义的发展危机重重、困难重重，牵涉到各领域、各层面。

法国著名马克思主义思想家、经济学家米歇尔·于松（Michel Husson）认为资本主义正在迈向体制性危机。其原因在于社会需求的转变越来越与资本盈利能力的要求相背离。通过对家庭消费结构和生产结构的变化趋势进行对比，可以看出三种较为明显的变化，体现了社会需求对商品化的抵抗：一是"个人消费——即通过'市场'来满足的消费——的比例在不断下降"，"集体消费"如由公共部分提供的行政服务等弥补了一些必要消费；二是税收负担率在新自由主义推动下虽然在近三十年有所下降，但是较"二战"后资本主义发展的"黄金三十年"仍处于较高水平；三是劳动生产力放缓。于松指出，资本主义在多方面都表现出自我调节能力下降的趋势，既体现在技术层面，也体现在社会层面、地理层面等。从技术层面看，"它已经无法再用高生产率的商品的形式来塑造社会需求"。毕竟

---

① BerchBerberoglu, "The Global Capitalist Crisis and Its Aftermath on a World Scale", BerchBerberoglu ed. *The Global Capitalist Crisis and Its Aftermath: The Causes and Consequences of the Great Recession of* 2008–2009, Ashgate Publishing Limited, 2014, p. 4.

对于多数人来讲，其基本需求已经在公共服务中得到了较大的满足，为了迎合资本持续盈利的本性，它必须借助于收入差距的扩大，以为增长找到新的空间。其带来的必然结果是收入差距、贫富差距的日益扩大，这进而导致在社会层面出现新的问题，即"资本主义已无法再提出一个能被人们接受的'制度化妥协方案'——亦即增长成果的公平分配。它必须以社会领域的倒退为代价才能支撑起资本积累的需要，而这与资本主义在'黄金期'所倡导的相关论调完全是自相矛盾的"。从地理层面来看，纵然新兴国家为发达经济体提供了原料、廉价劳动力、销售市场，但是全球化的"回力镖效应"也十分明显。对此于松认为，福特资本主义作为"'资本主义的最高阶段'，它已经把自己最好的东西奉献出来了。之后，资本主义开始公然索回自己所作出的贡献，此举表明它想获得使社会倒退的实权"①。

还有一些左翼学者侧重强调危机在某一方面的突出表现，较多地集中在经济领域。他们通常认为资本主义危机发生的原因主要是有效需求不足，虚拟经济过度膨胀，进而导致实体经济的发展速度远落后于虚拟经济，需求滞后。加之监管不力助长了金融领域吸金的势头。他们充分表达了对新自由主义的否定，明确表示这场危机已经证明了新自由主义的失败。托马斯·帕利（Thamas I. Palley）在2009年出版的著作《美国模式气数已尽：金融危机与大萧条的宏观经济原因》中就鲜明提出了"支配美国经济过去25年的宏观经济制度安排是造成这次危机的关键因素"②。而这一宏观经济恰恰是建立在新自由主义基础之上的。帕利认为："最重要的是，美国有瑕疵的经济模式导致的宏观经济失灵是金融危机与大萧条的根源。"③ 为此，摆脱危机不仅需要对金融市场进行严格的监管和调整，更重要的是改变金融市场背后的美国的经济模式，因而需要进行更为深入的改革。大卫·科茨（David Kotz）同样将此次资本主义危机视为"又一场新的体制性危机"，认为导致危机发生的根源始于20世纪70年代末80年代

---

① ［法］米歇尔·于松：《资本主义十讲》，沙尔博图、潘革平译，社会科学文献出版社2013年版，第76—77页。
② ［美］大卫·莱布曼：《资本主义，危机，复兴：对一些概念的挖掘》，《当代经济研究》2010年第8期。
③ ［美］大卫·莱布曼：《资本主义，危机，复兴：对一些概念的挖掘》，《当代经济研究》2010年第8期。

初的"新自由主义形式的制度安排"。在新自由主义制度下,资本的逐利手段更加多元化、更加便捷化,但与之相悖的是有效需求明显不足,从而成为剩余价值实现的瓶颈,导致生产过剩危机的发生。加拿大多伦多约克大学政治学系教授格雷格·阿尔博(Greg Albo)同样认为新自由主义对此次危机爆发有着不可推卸的责任,但更应当引起人们注意的是新自由主义并没有因此而退场,反而仍旧扮演着"新的'紧缩时代'的国家经济政策的向导"[①]。

### 三 21世纪初资本主义危机的新表现

21世纪初的危机给资本主义社会带来了直接的冲击,使原本存在的问题更趋凸显和严峻,集中表现在以下几个方面。

**(一)资本收入高悬,劳工价值频遭贬抑**

资本的收入远高于劳动的收入,劳动的价值受到贬抑。英国伯明翰大学学者詹森·海耶斯(Jason Heyes)、保罗·刘易斯(Paul Lewis)和伊恩·克拉克(Ian Clark)认为新自由主义条件下劳动者的地位不断下降,无论是危机爆发前的举措,还是为拯救资本主义于危机之中而先后采取的挽救大型银行免于崩溃以及财政紧缩政策,都是以挽救资方利益,削弱、打压工人利益为核心。因此,在经济危机爆发后会出现令人不解的现象,即资本的收益在许多重量级的产业、行业中不仅没有下滑反而有所增加,如美国通用汽车公司2011年的报表显示,通用汽车公司在这一年中创造了有史以来的最佳业绩,高达76亿美元,超过了之前的最高纪录,即1997年的67亿美元。[②] 法国经济学界70后新锐托马斯·皮凯蒂(Thomas Piketty)在其风靡全球的著作《21世纪资本论》中也谈到"资本收益率显著高于经济增长率是一切不平等的根源,尤其是当经济发展相对进入停滞,因此这种回升势头预示着较为悲观的未来财富分配格局"[③]。财富分配不均,两极分化凸显,劳动创造价值不断受

---

① [加] 格雷格·阿尔博:《资本、危机和国家经济政策:新自由主义的退出?》,金建囯、月梅编译,《当代世界与社会主义》2013年第3期。

② James Petras and Henry Veltmeyer, "The Global Financial Crisis: A Crisis of Capital or for Labor?" BerchBerberoglu ed. *The Global Capitalist Crisis and Its Aftermath: The Causes and Consequences of the Great Recession of* 2008 – 2009, Ashgate Publishing Limited, 2014, p. 87.

③ [法] 托马斯·皮凯蒂:《21世纪资本论》,巴曙松、陈剑、余江等译,中信出版社2014年版,译者序IX。

到挤压，这些都会直接导致社会阶层、阶级流动性的降低，社会固化问题凸显。

华尔街和美国财政部之间已然通过"旋转门"锻造了一个利益共同体。"旋转门"为守卫资产阶级利益提供了其他阶级难以企及的便利。"旋转门"形象地揭露了华尔街与财政部之间的密切关系，仿若一个体系的不同部门与机构，从华尔街步入财政部，又或者从财政部转入华尔街，人员流动十分频繁。私人银行家在财政部就职有利于其在最大程度和范围内满足私人银行的政策诉求，抑制普通民众的诉求。通常在华尔街就职的人员，如果能有幸在财政部工作，那么当他离开财政部再次回到华尔街时迎接他的将是更高的职位。高盛集团和财政部之间的"旋转门"直到今天仍然存在。除了曾任美国财政部长的亨利·保尔森（Henry Paulson）和蒂莫西·盖特纳（Timothy Geithner）外，前高盛合伙人马克·佩特森（Mark Patterson）被任命为盖特纳的首席幕僚。[①] 在这里，法律法规的制定者，同时也是未来的执行者、获利者，既是裁判员又是运动员，其利益导向性就毋庸置疑了。在这样的机制下，试图促成维护劳工利益的政策出台是难以想象的。

（二）金融资本的投机与贪婪：危机爆发的催化剂

扬资本抑劳动的举措催生了新一轮"资本投机"，进而成为资本主义危机持续发酵的催化剂。如法国国家科学研究中心（Centre National de la Recherche Scientifique）研究员雷米·赫拉雷（Ramey Herrera）就认为，"投机行为并非是公司治理的'过火行为'或'错误行为'，它是对付资本主义结构性缺陷的一付魔幻剂，是对利润率下降趋势的一种补救措施，它为大量无法通过投资获利的资本提供了一个出口"[②]。当前西方资本主义国家应对危机的方法，更多的是借助其在全球化中的优势，继续在边缘国家推行新自由主义方略，以期在世界范围内为过剩的短期资本寻找新的替代性投资途径，继续为资本获利榨取空间。然而真正解决危机则必须对生产、分配、消费等领域进行新的调整和变革，"提供一套取代唯利是图的

---

[①] James Petras and Henry Veltmeyer, "The Global Financial Crisis: A Crisis of Capital or for Labor?" BerchBerberoglu ed. *The Global Capitalist Crisis and Its Aftermath: The Causes and Consequences of the Great Recession of 2008 - 2009*, Ashgate Publishing Limited, 2014, p. 89.

[②] ［法］雷米·赫雷拉《当前经济危机的一个马克思主义解读》，彭五堂译，马克思主义研究网，http：//myy.cass.cn/news/747054.htm。

替代性社会方案"。由此可以看出，当前西方资本主义国家所普遍采取的应对危机的方法与真正解决危机的方法背道而驰，正如萨米尔·阿明（Samir Amin）所作出的判断，"无论如何，资本自身只能够管理危机，但绝不能解决危机"①。

（三）资本主义价值理念遭受重创

为促进新自由主义在资本主义世界的推进，西方资本主义从20世纪70年代末80年代初就开始不断为建构支持新自由主义的理念进行意识形态方面的准备，以"建立赞同"。然而随着新自由主义所宣称的使更多人从中受益的公共目标以及"涓滴效应"等同现实日益背离，新自由主义重构阶级力量的实质却越发凸显，人们对新自由主义所倡导的价值理念也产生了质疑和挑战。

1. "自由"的维度屈从于资本增值的广度和深度

当资本处于绝对优势时，"自由"度会尽可能被放大，而当资本处于劣势时，"自由"度则会不断被缩小。政府和华尔街之间在很多方面都表现出"一家亲"的特征。例如，在危机中，面对一些巨型企业濒临倒闭的情况时，财政部和中央银行为这些企业提供零利息贷款，随即，这些企业以高利率贷出，其中一部分资金甚至又反贷给政府。资产阶级国家代表利益集团在危机应对过程中彰显得淋漓尽致，资本主义社会所一贯倡导的"自由市场"在华尔街几近崩溃时期，政府转而认为"太大了以至于不能倒闭"（too big to fail），从而不惜花费巨资（上千万美元）挽救这些企业于危机之中。CEO的收入与工人收入之比从1965年的24∶1跃升为2010年的325∶1。② 包括高盛投资公司、摩根大通、富国银行、花旗集团等在内的大型银行，其利润在经济危机发生后不久的两三年就出现了明显回升，CEO的薪酬也迅速飙升。2012年富国银行董事长兼首席执行官约翰·斯坦普夫（John Stumpf）获得1930万美元的报酬；摩根大通公司首席执行官杰米·戴蒙（Jamie Dimon）的薪酬为1870万美元；高盛集团首

---

① ［埃及］萨米尔·阿明：《全球化时代的资本主义——对当代社会的管理》，丁开杰等译，李智校，中国人民大学出版社2013年版，第84页。

② James Petras and Henry Veltmeyer, "The Global Financial Crisis: A Crisis of Capital or for Labor?" BerchBerberoglu ed. *The Global Capitalist Crisis and Its Aftermath: The Causes and Consequences of the Great Recession of* 2008-2009, Ashgate Publishing Limited, 2014, p.93.

席执行官罗伊德·贝兰克梵（Lloyd Blankfein）的薪酬为1330万美元。①

而经济危机面前的工人阶级不仅收入、社会福利明显下滑，甚至连选择工作的自由度都受到了巨大侵蚀。庞大的劳动后备军在危机时刻更是面临着就业难、弹性化就业增多等问题。至于政府所统计的失业率，通常是排除了临时雇员和因长期失业已对再就业失去信心从而放弃寻找工作的人员，在很大程度上掩盖了真正高失业率的现实。以美国为例，"自2009年6月以来，3年的时间里美国经济共创造了240万个工作岗位。同期，却有330万美国人被认定为是不合格的工人。处在就业年龄段的美国人中，1990年领取长期失业保险的人口比例尚不足3%，而今已增至6%"②。此外，年轻人的失业率上涨在西方各资本主义国家都表现得尤为突出，经济危机发生后，失业率最为严重的时候，希腊、葡萄牙、西班牙等国的失业率高达20%，其中40%—60%都是年轻人。

2. "民主"理念的价值不断被稀释

资本主义的制度性危机还体现在所谓的"民主政治"不断受到挑战，曾经最具光环的"民主"理念受到质疑，弊端频现。

资本主义的民主形式似乎愈发广泛，但是形式的背后或许是某种程度上对真正民主的抹杀和忽视。例如，乔蒂·狄恩（Jodi Dean）对"交往资本主义"的抨击恰恰在于此，看似交往的过程使每个个体都以一种自由、平等的身份参与其中，技术的不断更新升级也促使交往变得更加便捷和普遍，但是在"普遍"参与的背后却是"参与"价值的紧缩和贬值。如同"鲍德里亚所提出的内爆（implosion）一样，当这种观点和意见，以及鼠标的随意点击在博客、微博上推行的时候，实际上带来的不是对意见的重视，相反是由于信息量激增导致的贬值。真正的反抗和批判性意见已经汇聚到大量无用信息的洪流之中，反抗和批判最终被交往资本主义消化"③。可见，虽然民众的参与度大幅提升，民众可接收到的信息也更趋公平、公正，获取信息的渠道也更加多元化，但是伴随信息量的激增，带来的却是

---

① James Petras and Henry Veltmeyer, "The Global Financial Crisis: A Crisis of Capital or for Labor?" in BerchBerberoglu ed. *The Global Capitalist Crisis and Its Aftermath: The Causes and Consequences of the Great Recession of 2008 – 2009*, Ashgate Publishing Limited, 2014, p. 95.

② Niall Ferguson, *The Great Degeneration——How Institutions Decay and Economies Die*, New York: Published in Penguin Books, 2014, p. 3.

③ 蓝江:《新共产主义之势——简论乔蒂·狄恩的〈共产主义地平线〉》，《教学与研究》2013年第9期。

对有用信息的稀释,这样相对激进的变革思想就很难在如此巨大的洪流中激起浪花并引起持之以恒的关注。因此可以说,资本主义在民主实践的过程中,民主的形式同民主的实质形成了鲜明的反差,二者相去甚远。这种悖论式的发展是不可持续的,因而,有理由将其视为资本主义制度性危机的一个表征。

### (四) 西方国家工人阶级意识逐渐复苏

阶级意识是指在一定历史条件下,由社会生产关系决定,并受政治因素、文化因素、社会因素等多种因素影响和制约的,在某一客观存在的阶级中形成的对本阶级历史地位、阶级利益、阶级任务与目标、阶级行动等方面的共同认识。而工人阶级意识特指作为大工业伴生物并与资本家阶级具有根本利益冲突的工人阶级在资本主义雇佣关系条件下必然形成的对本阶级成员构成整体所处历史地位、共同阶级利益、阶级任务与目标、采取何种阶级行动等方面的共同认识。具体而言,成熟的工人阶级意识应该包括这样六方面的内容,即认同阶级的客观存在、阶级归属感、利益认同感、对剥削现状及根源的认知、清晰的斗争目标以及国际主义精神。①

当然,寄希望于此次危机促使工人阶级形成成熟的阶级意识是不现实的,但危机对工人阶级意识的影响是深刻而久远的。经济危机发生之后,工人阶级意识在局部地区较为凸显。工人阶级不仅不满情绪明显高涨,而且还付诸了一系列具体行动,罢工等抗议运动明显增加。作为社会变革的主体,工人阶级在经历了危机的洗礼以及罢工这所"军事院校"的培训后,对资本主义本质的认知也更为客观和清晰,潜存着撼动资本主义制度的砝码。正如恩格斯所言,罢工对工人阶级的重要作用不言而喻,对于工人来说,罢工是一所军事院校,"他们在这里为投入已经不可避免的伟大斗争做好准备;罢工是各个劳动部门关于自己参加伟大的工人运动的宣言"②。

工人阶级的共同遭遇和命运在资本主义危机面前也变得格外清晰,因而有助于其联合意识、阶级归属感与利益认同感的增强。不仅行业内部、跨行业之间,甚至在一定程度上已然跨越了国家的界限,如美国威斯康星州工人的抗议行为就赢来了埃及开罗工人的支持,开罗工人打出了"同一

---

① 童晋:《西方国家工人阶级意识问题研究》,中国社会科学出版社2016年版,第28页。
② 《马克思恩格斯文集》第1卷,人民出版社2009年版,第459页。

个世界,同样的苦难"的标语。① 马克思曾说,"大工业把大批互不相识的人们聚集在一个地方。竞争使他们的利益分裂。但是维护工资这一对付老板的共同利益,使他们在一个共同的思想(反抗、组织同盟)下联合起来"②。随着斗争的深入和工人经验的积累,他们将逐渐认识到"在经常联合的资本面前,对于工人来说,维护自己的联盟,就比维护工资更为重要"③。或许这可能成为新自由主义条件下工人陷入被动境地的一个转折点。劳资之间的本质矛盾决定了工人阶级意识的复苏必然会对资本本身形成冲击和威胁。

### 四 顽症痼疾与自身调整能力:危机应对方案

面对 21 世纪初的这场危机,西方左翼学者在对资本主义自身存在顽症痼疾进行深刻分析和阐释的基础上,也提出了危机应对方案,概括地说大致有两类,一是寄希望于在资本主义体制内进行改革,二是主张超越资本主义制度,以一种更加合理的制度将其取而代之。无论哪种应对方案都需要一个漫长的调整过程,后者尤其如此。

#### (一) 制度内改革:革新资本主义

寄希望于在资本主义体制内实现变革的学者看到了资本主义存在的一些弊端,但认为其仍存在进一步发展的活力,可以通过制度内调整实现变革、化解危机。当然,如果不尽快采取相应举措,资本主义将难以迈出现实窘境。例如,山村耕造在分析资本主义危机的同时提出西方资本主义国家必须进行第三次系统性变革,进而描绘了第三次系统性变革的路线图。在经济领域,要改革税收体制,包括征收财产税;在明确界定奢侈商品和服务的前提下,征收奢侈品税;征收金融交易税以扩大政府税源,缩小贫富差距。在政治领域,改革选举制度以及其他政治体制和运行方式,化解当前政治制度并不符合民主运作的期望,且不具备按照绝大多数选民的需要而进行自我矫正、减少和消除所有反民主行为及其后果的能力等问题。但这一变革方案的目的在于通过这种"刮骨疗毒"式的手术来拯救资本主义,以维持资本主义的获利,因为在他看来,资本主义始终是所有制度中

---

① [美]萨伦·史密斯:《资本主义危机再次打开工人运动的大门》,冯浩译,《马克思主义研究》2011 年第 12 期。
② 《马克思恩格斯文集》第 1 卷,人民出版社 2009 年版,第 653—654 页。
③ 《马克思恩格斯文集》第 1 卷,人民出版社 2009 年版,第 654 页。

最具生产效率且是人们唯一可以接受的最平等的政治制度。

（二）制度外替代：超越资本主义

另一部分左翼学者主张超越资本主义制度本身，以期以一种更加合理的制度将其取而代之。但至于如何超越资本主义，不同学者有着截然不同的主张。

一些学者从马克思主义阶级学说出发，运用阶级的方法分析当前资本主义社会的状况，特别是从劳资变化的角度对资强劳弱、资攻劳守的态势进行分析，进而提出维护工人阶级利益的相应主张。印度学者拜斯德伯·达斯古普塔（Byasdeb Dasgupta）具体剖析了新自由主义制度下资产阶级与工人阶级的状况。新自由主义促使金融资本获得了更加自由、开放、便捷的剥削工人的空间，而工人阶级却在弹性雇佣方式成为主要雇佣模式的情况下变得愈发分散，愈发碎片化，愈发远离政治。为此，达斯古普塔主张首先要从改变劳动者在生产中的地位出发，采取一种有利于劳动者的劳动制度，取代弹性雇员制。

美国西北大学教授乔尔·莫基尔（Joel Mokyr）认为资本主义可以通过自我创新的方式实现对现实资本主义弊端的终结，超越自身。然而这种技术决定论显然忽视了对资本主义创新所带来收益的最终归属的考察。资本主义在创造着一个又一个新的奇迹的同时，其背后劳资关系的冲突与矛盾不但没有缓解，反而在以不同形式、不同程度走向深化、难以弥合。20世纪80年代以来自动化技术的运用却使工人遭遇了前所未有的"去技能化"危机，从事不同行业的工人的不可替代性大幅下跌，进而导致工人与资方谈判的能力明显下滑，利益受挤压情况明显加重，这一切就是最好的说明。

大卫·哈维（David Harvey）在其新著《资本社会的17个矛盾及其终结》（Seventeen Contradictions and The End of Capitalism）中对资本主义的各种矛盾进行了集中揭示和批判，并提出了17条建议，以供未来社会实践参考。例如，优先为所有人提供足够的使用价值，私人占有社会权力被严格限制并受到人们普遍唾弃，通过生产者联合起来以化解资本和劳动者之间的阶级对立等。[①] 这些内容都是直接同摒弃资本主义制度本身相联系

---

① ［美］大卫·哈维：《资本社会的17个矛盾及其终结》，许瑞宋译，中信出版集团2016年版，第328页。

的，因而需要对资本主义进行彻底的变革，才可能跳出危机的周期矛盾与陷阱。

制度内改革与制度外替代在危机应对方面也有许多类似的主张。例如，左翼学者普遍认为必须改变目前以资本盈利为核心的雇佣方式，代之以一种更为合理的、符合可持续发展要求的企业运行方式，在追求企业利润的同时，兼顾整个人类的利益，尤其要考虑到底层民众的利益。又如，左翼学者在扭转新自由主义不断深化问题方面也达成了较高的共识，他们普遍认为新自由主义在不同国家践行的双重标准已经证明，推广新自由主义的目的是促使发展中国家打开市场，放松监管，而以美国为代表的那些在经济全球化中处于优势的国家则从中渔利。

新自由主义为资本在世界范围内自由流转进而获得更多的剩余价值搭建了隐蔽而广阔的平台，之所以它会被以英美为代表的西方国家极力推崇，是因为通过新自由主义可以为其国内的过剩资本寻求出路，开辟新的资本积聚空间。这种理念绝不等同于其国内治理理念，正如保罗·克鲁格曼（Paul R. Krugma）所说，如果用今天中国通常所使用的标准来看，美国起码也应该算作一个"中左"国家。为此，扭转新自由主义的局面势在必行，可是怎样扭转，将新自由主义转向哪里，又成为一个亟待回答的问题。有学者提出，凯恩斯主义或许是一个选择，但不同的声音也十分清晰，福斯特就认为这根本行不通。他说："目前我们拥有一个高度金融化、当然也是全球化的资本主义体制，所以我们实际上拥有一个由垄断金融资本主义占主导地位的资本主义体制，在这种背景下，凯恩斯策略无法发挥其作用，因为凯恩斯策略与真正控制资本主义体制的金融界的利益背道而驰。"[①]

客观审视制度内改革与制度外替代的关系是很有必要的，二者在许多时候并不存在根本上的冲突。制度内改革并不意味着对资本主义进行细枝末节的修改，大动干戈的系统性变革必然会在资本主义社会内部注入更多的社会主义因素，尽管其仍在资本主义制度内寻找方案，但对未来向社会主义的转轨有着积极地、不可忽视的意义。制度外替代纵然主张超越资本主义制度，但这并不等于找到了通向未来理想社会的路径。无论是制度内

---

① ［英］比尔·布莱克沃特：《资本主义危机和社会民主主义危机：对话约翰·贝拉米·福斯特》，韩红军译，《国外理论动态》2013年第11期。

改革还是在制度外替代，真正搭建起从理念通向实践的路还是十分漫长而艰巨的，更多地在探索之中。

就目前西方左翼学者的探讨而言，往往对现实资本主义危机的批判是深刻而富有启发的，但至于如何改变这一状况以达到一种理想的"应然"状态则变得不够有说服力，缺少可行的实践性分析。如法国学者弗雷德里克·博卡拉（FrédéricBoccara）对金融危机原因进行了较全面且深入的分析，抓住了资本过剩积累、有效需求不足背后的突出矛盾，为应对危机需要对信息、货币、生态、人口等领域进行全方位革命，以构建资源共享型社会。[①] 但在如何实现资源共享，以及如何促进资金能够更多地投向有利于公共事业发展领域、能够促使普通民众普遍受益等方面则陷入到一种理想的说教和祈盼。当仅有"应然"而缺少阶级分析方法视阈下对践行"应然"主体的剖析，对"谁应当采取""怎样采取"的分析，那么其主张就会显得脆弱和无力。这也是当前西方左翼人士对资本主义危机分析中存在的主要弱点，即发现的问题与阐释的对策不够匹配。

总之，21 世纪伊始爆发的这场危机使国外左翼学者再度重新审视资本主义，他们在客观分析资本主义危机所带来的一系列影响基础上，对资本主义自身的弊端、资本主义应对危机的方式等内容都有了新的认识和探讨，也越发客观深刻，有的见解直接触及资本主义的本质。即使有些学者对资本主义批判的目的并不在于以新的制度将其取而代之，而主张在资本主义范围内对其进行"系统性变革"，但无论如何，他们的观点为我们更加清晰地认识资本主义现状，并对资本主义未来走向做出更准确的预判提供了较为客观丰富的参考。

虽然西方左翼学者对资本主义危机的考察、分析和阐释有时相去甚远，但从另一个角度看，也为我们呈现出一幅相对完整的资本主义危机示意图。国外左翼学者对资本主义危机发生的原因、产生的影响及其严重后果都给予了许多关注，从不同角度进行解读。从中不难看出，有些学者的分析和观察并没有严守马克思主义阶级分析的方法，因而其分析与所得结论很难穿透危机的现象直指资本主义核心。离开马克思主义的阶级分析方法，很难真正认清资本主义危机本身，对危机发生原因、后果以及应对举

---

① ［法］弗雷德里克·博卡拉：《对当前资本主义危机的马克思主义分析》，赵超译，《国外理论动态》2014 年第 3 期。

措的分析也会缺少说服力和可行性。

21世纪初的这场资本主义危机并非单纯由管理操作方面失灵引起，而是由自身难以克服的基本矛盾所致。受资本主义生产关系的限制，生产的社会化与资本主义生产资料私有制之间的矛盾终将成为制约社会发展的羁绊。随着危机的出现，工人阶级作为资本获得剩余价值的工具以及在雇佣关系中的被动地位、被迫承担危机所带来的一系列苦果都异常清晰地显现出来，工人阶级的联合意识、对资本主义本质的认识、为捍卫自身权利而进行斗争的意识都出现了一定程度的复苏，相应地，劳资之间的矛盾和冲突也必然逐渐走向尖锐。工人阶级变革资本主义制度的使命也将在阶级矛盾日益激化、阶级意识日渐形成、自在阶级转变为自为阶级的过程中得以完成。

尽管资本主义被社会主义所取代的总趋势是不可避免的，但道路却是曲折而漫长的。毕竟，"无论哪一个社会形态，在它所能容纳的全部生产力发挥出来以前，是决不会灭亡的；而新的更高的生产关系，在它的物质存在条件在旧社会的胎胞里成熟以前，是决不会出现的"[①]。因此，纵然"在资本主义社会，社会的理智总是事后才起作用，因此可能并且必然会不断发生巨大的紊乱"[②]，但资本主义经历了时间的洗礼，积累了应对历次危机的经验，西方国家的调节能力在不断成熟，应对危机的手段也日趋多样化。为此，必须"深刻认识资本主义社会的自我调节能力，充分估计到西方发达国家在经济科技军事方面长期占据优势的客观现实"[③]，脱离实际，主观唱衰资本主义只会使我们做出盲目的、错误的判断。我们要运用马克思主义立场观点方法，正确分析资本主义危机的实质、原因以及资本主义的前途命运，及时把握当代资本主义的新变化、新趋势，正确认识和处理当代资本主义与社会主义的关系。

## 第二节　国外左翼学者关于社会主义核心内容的探讨

20世纪末弗朗西斯·福山提出了"历史终结论"，时过境迁，福山的

---

① 《马克思恩格斯文集》第2卷，人民出版社2009年版，第592页。
② 《马克思恩格斯文集》第6卷，人民出版社2009年版，第349页。
③ 中共中央文献研究室编：《十八大以来重要文献选编》（上），中央文献出版社2014年9月版，第117页。

言论已经被时间与实践证明是站不住脚的。历史继续向前发展,资本主义并不是最理想的制度,一系列关涉人类社会发展的重要问题仍然亟待探索和解决。既然历史没有终结,那么后资本主义时代将是一幅怎样的图景?"社会主义"成为众多左翼学者的选择。那么关于"什么是社会主义?"国外左翼学者的看法和意义又是怎样的?国外左翼学者对社会主义相关内容的探讨是丰富且多元的,他们有的将社会主义视为一种学说,有的将其视为一种理想和原则,有的则将其视为一种理论和价值目标,还有的学者将其视为一种运动,又或者将其视为集多种元素于一体的内容。尽管左翼学者对什么是社会主义的探讨是多样的,但对社会主义应包含的核心内容的判断具有一定共识。

## 一 对社会主义核心内容的认识

这里讲的核心内容,是指社会主义蕴含的核心理念,是左翼学者在批判资本主义过程中赋予其构建的合理社会应具备的内容,这些理念或者是资本主义本身所不具备的,或者虽然存在于资本主义社会,但其优势在资本主义条件下却无法充分彰显出来,唯有在社会主义条件下才能得以完全释放。所涉及的内容涵盖计划、民主、公平、团结合作、人与自然和谐相处等等。

### (一) 社会主义与计划

左翼学者普遍认为新自由主义已经引起了全方位的危机,政府或其他组织完全放手、采取不干预的政策并不会带来所谓的自由竞争,更不可能实现公正、有序的发展。在资本主义条件下,以资本积累为目标的激烈竞争,终会导致极端富裕与极端贫困并存,生产率提高与工资收入停滞并存,奢侈品消费高悬与有效需求不足并存,生产过剩与自然环境恶化并存,这一组组矛盾在自由竞争的市场经济环境中是不可能化解的。因此,需要将以利润为导向的无政府状态的生产转向有计划的干预。正如美国约克大学政治学系教授利奥·帕尼奇(Leo Panitch)所说,"计划对于社会主义来讲仍然是非常重要的。日益激烈的资本主义竞争以及随之而来的一次次危机,需要'计划'的干预"①。日本经济学家托马斯·T.关根

---

① Leo Panitch, "RENEWING SOCIALISM: Transforming Democracy, Strategy and Imagination", *Aakar Books for South Asia* 2010, p. 6.

(Thomas T. Sekine)同样认为,为确保提供的商品和服务切实符合民众需求,"国家计划"是重要的元素之一。任教于佛罗里达州大西洋大学的特蕾莎·布雷南(Teresa Brennan)更是认为中央调控是理想社会非常重要的组成部分,为此他甚至主张用"地方主义"(localism)来取代资本主义,以期更好地发挥国家计划的作用。①

当然,计划和市场并不是不相容的,众多左翼学者都十分肯定市场在资源配置方面的高效率特征。"计划不一定要求取消作为调节工具的市场。因为将盈利逻辑强加于人的并不是市场,而主要是这样一个事实,是个人或者说是一小部分社会阶层在根据私人资本的投资战略决定着投资的去向。"② 波兰著名哲学家亚当·沙夫(Adam Schaff)在谈及后工业社会主义社会的特征时认为在经济领域市场与计划不可或缺,二者应该更好地协调以实现最好的发展。强调计划的重要性和可行性,认为"从技术的角度看,实行经济计划也是可能的,即使在全球范围内。同时,我们坚信,在向未来前进的过程中,计划经济正在更加符合实际并趋于完善。这对于未来的社会主义社会无疑是个极其重要的启示"③。为此,应该从更为宏观的范畴来理解计划,而非剥夺市场的积极作用,这里的宏观方面更多地是投资的倾向性。应试图通过更为民主的机制确保投资项目是经过民众集体决策、符合民众普遍需求的领域,这里需要计划的调节,而非交由市场以盈利为唯一和首要目标。

(二)社会主义与民主

一些左翼学者认为,社会主义的民主应具备两大特征,一是真实,二是全面。就民主的真实性来讲,它应是形式与内容的统一。首先,民主形式的多元化是支撑民主内容真实性的必要条件,如果在形式上投票几乎成为民众表达意愿的唯一手段,而一系列对政权具有实质性影响的内容却游离于选举之外,这样的民主必然是空乏的。真正的民主无论在形式上还是内容上都会表现出多样化、多元化的特征。当形式和内容日趋单一化,民

---

① Robert Albritton, Shannon Bell, John R. Bell, and Richard Wesrea (ed.), *New Socialisms: Futures beyond globalization*, Routledge, 2004, p.12.
② [法]米歇尔·于松:《资本主义十讲》,沙尔博图、潘革平译,社会科学文献出版社2013年版,第94页。
③ 《未来的社会主义》,中央编译出版社1994年版,第104页。转引自姜辉《"后工业社会主义"述评——一种酝酿中的社会主义思潮》,《当代世界社会主义问题》1998年第3期(总第57期)。

主就只可能成为少数人的民主。正如法国学者热拉尔·迪梅尼尔和多米尼克·莱维对20世纪70年代末以来新自由主义居于主导地位时的资本主义民主所作的分析，认为民主的形式在这一时期变得越发单一化，从形式上看，投票几乎已经成为大众阶级表达意愿的唯一手段；从内容上看，很多对政权具有实际影响的内容已经"彻底游离于选举之外"。其次，真实的社会主义民主需要打破资本主义所制造的民主与经济的分离，重构民主与经济的统一关系。资本主义社会表现出一个重要的特征就是民众政治权利同资本主义私人占有生产资料的经济基础日渐剥离开来，这里的政治权利，以及所彰显的"民主"是对经济不平等的掩饰，而非对社会经济不平等的实质性矫正。正是因为资产阶级人为促成这种分离，致使公民的权利与其所处的社会经济地位存在模糊地带，一方面"资本主义能够与形式民主共存"，而另一方面"公民平等不会直接影响阶级不平等，形式民主没有从根本上触动剥削"[1]。社会主义民主需要破除资本主义社会中那种个人自由权利增加与公民实质权利贬值同时发生的悖论。加拿大多伦多约克大学政治学教授艾伦·梅克森斯·伍德（Ellen Meiksins Wood）认为，"社会主义所提供的民主是一种旨在使共同体的政治生活与经济重新结合起来的民主"[2]。

就民主的全面而言，左翼学者认为民主的内容应是综合的体现，既包括经济民主也包括政治民主，还有其他方面的民主。

经济民主要求摒弃资本主义以追逐利润最大化、以维护少数人利益为核心的民主规则，从而形成为多数人谋福利的社会主义经济民主。左翼学者对经济民主的设想各有不同侧重，如美国左翼经济学家戴维·施韦卡特（David Schweickart）尤其强调工厂管理中的民主机制，主张工厂民主制，强调工人的民主参与和自我管理。当一个工人被企业雇佣后，他将获得投票选举工人委员会成员的权利，该委员会将进一步产生更高一级的管理机构，并对企业的绝大多数决定予以监督。美国新泽西州独立学者萨缪尔·R. 弗里德曼（Samuel R. Friedman）同样认为，应将包括"投资"在内的关涉市场运行的决定权交由代表性广泛的工人委员会或社区委员会

---

[1] [加] 艾伦·梅克森斯·伍德主编：《民主反对资本主义——重建历史唯物主义》，吕薇洲、刘海霞、邢文增译，重庆出版集团重庆出版社2007年版，第198页。

[2] [加] 艾伦·梅克森斯·伍德主编：《民主反对资本主义——重建历史唯物主义》，吕薇洲、刘海霞、邢文增译，重庆出版集团重庆出版社2007年版，第280页。

(workers' or neighborhood councils)①。经济民主的实现需要在经济全过程实现民主，它包括生产前的资料分配，生产过程中的民主参与和监督，以及生产后的产品合理分配。

米歇尔·于松也特别强调民主在经济领域的重要性，不仅如此，民主在实现社会主义、实现一种更理想的社会制度方面扮演着重要的角色。他认为在资本主义是否能够满足民众真正的需求方面，哪些方面能够满足，哪些方面排在优先位置并不取决于民众本身需求，而是取决于哪些方面的需求能够用商品化的形式来实现。资本主义逐利的特征使得那些与商品化无关的满足方式，如闲暇时间以及免费的东西等等已经被排除在资本主义之外了。因此，即便民众对非商品化的东西有着非常迫切的需求，在现实中这类需求受到重视的可能性也非常低。民众在市场上的选择权是极其受限的，"资本主义的民主从本质上就是一种被切割的民主，因为社会把不同社会需求的选择权交给了私人利益方"②。为此，真正民主的实现需要能够为民众愿望的表达提供条件，"使需求在社会选择中得到具体体现，并确定其中的优先事项。这一切都离不开民主磋商"③。社会主义应该摒弃资本主义这种无限商品化的模式，在肯定市场积极作用的同时，在投资等领域通过集体协商的参与制民主方式，使民众在对决策内容有充分认知的基础上，作出客观、理性的判断，使新的投资更多地投向民众普遍需求的领域，而非以商品化、以盈利的视角满足少数资本所有者的利益。在这个过程中，一步到位很难实现，但可以通过渐进的方式，不断培育民众集体协商的意识，使人们在参与的过程中看到"制度规则和意见交流与碰撞过程的极端重要性。由此人们自然会产生支持非商品化解决方法或建立公共物品之类的想法"④，进而培育对更理想制度的向往，"也为人们产生这样一种观念提供一个难得的机会，即另一个世界还是可能出现的"⑤。政治民主

---

① Samuel R. Friedman, "What Might Socialism Look Like?" *Critical Sociology*, 38（4）599 – 610, 2012.
② ［法］米歇尔·于松：《资本主义十讲》，沙尔博图、潘革平译，社会科学文献出版社2013年版，第85页。
③ ［法］米歇尔·于松：《资本主义十讲》，沙尔博图、潘革平译，社会科学文献出版社2013年版，第85页。
④ ［法］米歇尔·于松：《资本主义十讲》，沙尔博图、潘革平译，社会科学文献出版社2013年版，第95页。
⑤ ［法］米歇尔·于松：《资本主义十讲》，沙尔博图、潘革平译，社会科学文献出版社2013年版，第95页。

的实现应特别强调形式与实质的统一,这就要求具备这样一系列特征。首先,体现在领导者与被领导者的一致性,如美国纽约大学政治学系亚当·普沃斯基(Adam Przeworski)认为,"领导者与被领导者的一致才是民主的本质,包括选举在内的特定制度只是'形式'而已"①。其次,摆脱金钱对民主的制衡。在金钱的干预和影响下,民主的决策总会偏向资产所有者一方,"生产资料的私有制使民主进程取得成果受到了限制"②,在生产资料私有制条件下,其结果必然是实质民主属于资产拥有者,而普通大众却仅拥有有限的、形式的民主。最后,民众能够实质性地参与到民主程序中来,不仅是在程序的最后投票阶段参与其中,而是要具体参与到议题的设定,使民众的声音被候选人聆听到,并有针对性地制定相关议题。意大利政治哲学家诺伯托·博比奥(Norberto Bobbio)提出:"现今如果要评价某个国家民主的发展状况,要问的不是'谁来投票',而是'我们能就哪些议题投票'。"③

(三)社会主义与公平

在左翼学者的视阈中,公平于社会主义而言堪称灵魂性的内容,这是针对资本主义呈现的巨大不公平而论的。对社会主义公平问题的探讨,左翼学者也选择了多种不同的视角,但很多学者都将机会平等作为重要内容之一。例如,美国经济学家约翰·罗默(John E. Roemer)主张社会主义要保障机会平等。"机会平等要求对那些由于自身无法控制的因素引起不利条件的人给予补偿。如果有人认为,人从来不能行使自由意志,人的一切行为都是由超越个人控制的因素诱发的,那么福利机会的平等就降低为福利的平等。但大多数社会主义者和其他人都相信存在着一个意志的王国,因此在'社会主义者需要什么'的任何清单上加上机会这一项是很重要的。"④ 而资本主义社会恰恰缺少脱离资本的机会平等。柏林《德国与国

---

① [美]亚当·普沃斯基:《民主的限度与改进》,宋佳萌译,《国外理论动态》2017年第6期。
② [美]亚当·普沃斯基:《民主的限度与改进》,宋佳萌译,《国外理论动态》2017年第6期。
③ [美]亚当·普沃斯基:《民主的限度与改进》,宋佳萌译,《国外理论动态》2017年第6期。
④ [美]约翰·罗默:《社会主义的未来》,余文烈等译,重庆出版社1997年版,第14页。转引自张一兵主编《当代国外马克思主义哲学思潮》(中卷),江苏人民出版社2012年版,第211页。

际政治报》编辑阿尔布莱希特·冯·卢克（Albrecht Von Lucke）说得很直白，"社会资本"已经"越来越超前地决定了人生的现实机遇。工人家庭的孩子登堂入室和上升的机会越来越少，而资产阶层却变得越来越内部划一"①。因此，社会主义国家应为人们提供平等机会，建立完善的社会保障机制，避免财富在少数人手中积聚，使劳动所创造的价值能够得到切实回报等。

当然，社会主义的平等原则并不仅仅局限于物质领域，而是有着更丰富的内涵，如爱尔兰学者维多里奥·布法切认为"社会主义的平等原则或许更应该通过展现对每个人的关怀和尊重这种更为博大的思想来获得关注"②。他认为，社会主义的基本原则是公平原则和社群原则，"如今的社会主义平等原则包含了对个体的自由、自主性和责任的关注；而社会主义的社群原则则不再被界定为个人主义的反题"③。

（四）社会主义与团结合作

社会主义与团结合作是相伴相随的。首先，社会主义的实现需要合作。哥伦比亚大学教授彼得·马尔库塞（Peter Marcuse）认为，合作有助于弥合工人成员彼此间的分歧和裂痕。在资本主义市场经济条件下，人们已经为各种竞争所累，彼此间的竞争关系、防范意识都在不断提升，"谷仓效应"表现得尤为突出。因为几乎每一个参与到市场中的人都不得不承受来自各方面的压力，如竞争压力、降低成本的压力、提高产品质量的压力、工资下滑的压力、失业压力等等，而且都异常的残酷。在这种情况下，会随之产生一种强大的意识形态取向，促使人们将斗争局限于日常竞争的范畴内，长期围绕彼此间的竞争而展开，相应地忽视了导致这一无休止的竞争产生的原因，忽视了更为深层次的斗争。④

其次，社会主义的建设和发展同样需要团结合作。正如彼得·马尔库塞（Peter Marcuse）所言，工人合作是构建新社会的基础，工人阶级有能

---

① ［德］阿尔布莱希特·冯·卢克：《没有阶级的阶级斗争》，李莉娜译，《国外理论动态》2014 年第 4 期。
② ［爱尔兰］维多里奥·布法切：《21 世纪的社会主义模式：自由社会主义、民主社会主义和市场社会主义》，洪燕妮译，《国外理论动态》2015 年第 1 期。
③ ［爱尔兰］维多里奥·布法切：《21 世纪的社会主义模式：自由社会主义、民主社会主义和市场社会主义》，洪燕妮译，《国外理论动态》2015 年第 1 期。
④ Peter Marcuse, "Cooperatives On the Path to Socialism?" *Monthly Review*, http://monthlyreview.org/2015/02/02/cooperatives-on-the-path-to-socialism/.

力自行管理工厂。在管理过程中应充分发扬"合作"精神，因为工人合作是最贴近社会福利，相较资本主义的企业有着明显的优势："第一，工人可以在自己所期望的范畴内组织生产；第二，工人的幸福指数会明显上升。"① 美国社会活动家米尔顿·菲斯克（Milton Fisk）认为，这种团结意识要"使人们跳出种族、阶级、国家的狭隘范畴，促使人们将他们的能力视为社会资产，而非单纯的个人资产或个人优势"②。

（五）社会主义是人与自然和谐相处

社会主义是对资本主义的超越，必然需要正确处理好人与自然的关系，这一关系在资本主义制度下被无休止地破坏，资本主义从本质上剥夺了人们对绿色环境的渴望和实现的可能。美国学者萨缪尔·R. 弗里德曼认为资本主义国家的环境问题根源于资本主义制度本身。而在工人阶级取得政权后，"关于环境与工作问题之间的讨论也将不再是在敌对的雇主群体与严阵以待的雇员群体之间进行，而将在工人阶级为了创建更为适宜居住的环境的需要以及从事有害环境行业的工人努力采取措施减少污染排放之间共同展开"。自然，社会主义社会也会面临环境问题的众多挑战，但是弗里德曼认为，这同资本主义有着根本的不同，"这些挑战与矛盾是基于内部的真正的民主参与决策，是在人民利益基本一致、着眼于长远基础上呈现的，而非资本和利润同几乎没有抵抗力的分裂的人口之间的矛盾"③。

生态社会主义的代表人物安德烈·高兹（Andre Gorz）认为，只有在社会主义才能实现人与自然的和谐相处，这是因为社会主义将摆脱资本主义以追求利润最大化为目标的生产动机，改变资本主义奉行的必然与生态保护相冲突的经济理性，而代之以生态理性。高兹明确提出了他对社会主义主要生活模式的设想，即"更少地生产，更好地生活"。

（六）社会主义的实现需要变革力量的全新整合以及革命道路的兼容并蓄

社会主义的实现需要工人阶级主体作用的发挥。而工人阶级是一个整

---

① Peter Marcuse, "Cooperatives On the Path to Socialism?" *Monthly Review*, http://monthlyreview.org/2015/02/02/cooperatives-on-the-path-to-socialism/.
② Milton Fisk, "In Defense of Marxism", in Anatole Anton and Richard Schmitt (ed.), *Taking Socialism Seriously*, Lexington Books, 2012, p. 26.
③ Samuel R Friedman, "What Might Socialism Look Like?" *Critical Sociology*, 38 (4) 599 - 610, 2012, p. 604.

体而非个体，工人阶级使命的完成也绝非单个个体所能实现的。因此，克服工人阶级内部的各种差异，促进工人阶级的联合与合作就变得非常重要。利奥·帕尼奇就工人客观存在的差异以及如何整合工人阶级力量提出："工人阶级在文化、经济和社会方面较从前都发生了翻天覆地的变化。问题并不在于工人阶级较从前来讲缺少同质性，进而导致'工人阶级'的政治表述已然不大可能。问题在于工人阶级从来都不曾同质过。一个相关的问题，当然也是一个大难题，就是是否以及如何在工人阶级如此多样化，变化如此深刻的基础上实现工人阶级政治上的团结，或者说如何使工人阶级政治上的团结得以复苏。"[①]

阿兰·图海纳（Alain Touraine）提出通过共同的一致的目标来整合工人阶级以推翻现行资本主义制度，他倡导以"人权"作为推动联合行动以及推翻现行制度的合作基础。他认为，"后工业社会中冲突的多样化（包括经济的，国家间的，性别的冲突等）并不意味着缺少统一联合的原则，而是需要一种更高层面、更为普遍的联合，即人权的联合。阶级斗争作为冲突核心的终结并不代表着社会的完全碎片化，而是代表着一种向着更高层面联合的转型"[②]。不难看出，阿兰·图海纳对现行资本主义制度持否定态度，但同时他在判断社会矛盾的过程中，否定阶级矛盾的现实意义，认为阶级矛盾已经终结，取而代之的是不同社会群体、不同部门的成员、不同文化认知的人们彼此间的差别。因此他所给出的方案是试图在不同的群体、成员以及不同文化认知的人们中间找到某种共识，而"人权"恰恰是共通的，因此他将联合的基点放置于此。

在由资本主义向社会主义转变的过程中，国外左翼学者也提出了两种截然不同的方式，一种认为可以通过和平的方式实现转变。他们认为变革社会的方式在很大程度上决定了新的社会制度得以维系的方式，如果通过和平的方式实现过渡，那么新社会也将呈现出对民主、对和平的珍视；如果通过暴力的方式实现过渡，那么新社会将崇尚暴力，也将在暴力支持下维系社会秩序，进而导致专制现象的出现。持这种观点的学者认为，资本主义国家正在产生社会转变的因素，资本主义的生产方式、资产阶级的权

---

[①] Leo Panitch, "RENEWING SOCIALISM: Transforming Democracy, Strategy and Imagination", *Aakar Books for South Asia*, 2010, p. 5.

[②] Alain Touraine, *After the Crisis*, *Translated by Helen Morrison*, Polity Press, 2014, pp. 17–18.

利日益受到限制。例如，劳工保护法案的通过、最低工资法案的通过、工人组建工会组织权利的广泛认可、环境保护法案的通过等等，通过一系列的法案，将资本主义严密"监管"起来，从而形成有利于全体社会成员的大环境。① 另一种观点则认为，过早地放弃暴力革命方式是非常不理智的行为。上述观点过高地估计了各类法案对资本主义、对资产阶级的约束职能，而过低地估量了资产阶级应对各种法案、抵制各种法案、由守转攻的能力和潜力。理查德·施密特就认为，20世纪七八十年代自撒切尔夫人和里根上台执政以来四十年的实践告诉我们，"资产阶级永远不会忘记，也永远不愿错过任何一个反击各种限制，并进一步扩大自身权利的机会。资产阶级对工会组织的肆意打压，对环境政策的野蛮破坏，对穷人以及普通工人的严重打压表明，尽管民主的进程有时会在一定程度上限制资产阶级，但是资产阶级会倾其全力进行持续的阶级斗争以给予反击"②。

　　国外左翼学者对社会主义核心内容的理解有其科学性和合理性的一面，他们中的很多人生活在资本主义较为发达的国家和地区，因而通过对资本主义现存困境的剖析和解读，力图找到冲破资本主义窘境的方式和方法也更有针对性、更为细化。站在对资本主义现存矛盾和问题进行揭露和批判的基础之上，左翼学者对未来理想社会核心内容的探索达成了较高共识，或许他们所强调的侧重点不同，但他们强调的内容彼此间并不存在实质冲突，反而得到了相互补充和印证。如果说在批判的基础上提出更为合理的社会形态、更为科学的核心内容是相对容易的，那么如何实现理想社会则成为左翼学者共同面临的难题。许多时候，左翼学者对资本主义的批判是客观、深刻且具有说服力的，但在如何实现理想社会这一问题上却显得欠缺和薄弱，甚至有些无助。例如，大卫·哈维在对资本主义的各种矛盾进行集中揭示和批判的基础上提出了对未来理想社会的构想，认为化解这些矛盾，应该"把革命性的人道主义与基于宗教信仰的人道主义结合起来"。但在实践问题上他则转向了人们主观认知的领域，他试图通过为人们描绘一种更为合理的社会，使人们对之产生强烈的向往，进而在主观上首先抛弃当前的社会现状，他明确提出任何革命都应该"首先始于从心理

---

　　① Richard Schmitt, "Twenty-five Questions about Socialism", in Anatole Anton and Richard Schmitt (ed.), *Taking Socialism Seriously*, Lexington Books, 2012, p. 7.
　　② Richard Schmitt, "Twenty-five Questions about Socialism", in Anatole Anton and Richard Schmitt (ed.), *Taking Socialism Seriously*, Lexington Books, 2012, p. 7.

上改变美好生活的理念"。又如，在重新整合变革社会制度的各种力量中，如若抛开"阶级"因素，忽视多种力量在本质上隶属于同一阶级的客观归属，忽视对工人阶级意识整体上的培育，单纯依靠"人权"将不同的力量联合起来，其黏性与合力将是有限的。因而，在探索社会主义代替资本主义的过程中，在探讨未来理想社会的状态时，同样需要运用阶级分析方法予以审视和评析。

## 二 对"什么是社会主义"认识的积极意义

国外左翼学者对社会主义核心价值内容的探索有其积极意义，较为突出地体现在以下方面。

第一，国外左翼学者对社会主义核心内容的判断是观察与审视现实资本主义矛盾与问题、把握资本主义新变化的重要视角，是在客观揭露资本主义弊端基础上呈现的。社会主义作为替代资本主义更高级的社会必然要克服资本主义存在的不足。社会主义的优越性应该体现在能够有效化解资本主义无法克服的矛盾。为此，左翼学者对社会主义的构想同资本主义现实矛盾息息相关。

第二，为我们加深对社会主义的认识，更好地建设社会主义具有推动意义。例如，当回顾改革开放以来关于市场与计划的争论以及对二者关系不断深入的认识过程中，西方左翼学者提出的市场社会主义，其理论中关涉的如何处理好市场与社会主义的关系无疑为我们提供了可资借鉴的内容；又如生态社会主义者关于生态问题的探讨同样为我们加深对可持续发展、科学发展、绿色发展的认知提供了许多可以参考的观点。

第三，对"什么是社会主义"的认识更趋具体、多样和充实，其中既包括体制机制方面的内容，也包括日常生活的相关内容；既包括经济基础，也包括政治、意识形态等上层建筑；既蕴含着过程，也蕴含着对结果的考量。这些内容对于我们认识新的时代条件下社会主义的本质和价值不乏积极启示。

第四，国外左翼学者是抵制资本主义主流价值观的一支重要力量，唤起人们对现实问题更深层次的思考。正如法兰克福学派主要代表人物，德国哲学家、社会学家西奥多·阿多诺所说，"悲观的思想家对人类解放做出的贡献比那些盲目乐观的思想家要大。这是因为他们见证了那些等待我们救赎的社会不公，而如果没有他们，这些不公早已被我们遗忘。他们向我们展示现实的残酷，并以此激励我们着手改变"①。左翼学者对现实社会存在的问题提出了不同于资本主义学者的解答，为解答问题提供了新的、更趋变革性的方式。喀麦隆学者塔塔赫·曼坦（Tatah Mentan）坚信社会主义必然取代资本主义，面对那些扬言资本主义是一种必然的结果，是一种没有替代方案的必然选择——TINA（there is no alternative），曼坦认为，回应是明确的，那就是SITA（Socialism is the alternative），社会主义就是替代方案。② 左翼学者的探讨有助于将人们的目光由主流媒体所渲染的"别无选择"转向理想社会，问题的关键在于如何实现这一替代性的变革，而非悲观地接受所谓"别无选择"的现状。

### 三 对"什么是社会主义"认识的局限

对"什么是社会主义"的探讨其实是一个难度很大的问题，特别是对于生活在资本主义社会条件下的左翼学者而言更是如此。对未来社会主义的预测，他们更多地只能作出宏观展望，很难对细节作出规划，因此相较而言，对"什么是社会主义""怎样发展社会主义"的判断较"什么是资本主义""怎样发展资本主义"而言难度更大，受到的阻碍也更多。为此，国外左翼学者对"什么是社会主义"探讨的局限也很突出。

（一）空想化

很多时候左翼学者能够比较准确深入地剖析资本主义存在的问题和发生的变化，并试图构建出应对变化的举措。但在分析中往往会陷入所发生变化的现象，而逐渐背离了导致变化发生的根源。例如，奥康纳在谈及社会主义的价值原则时认为，"定性的改革实践体现了社会主义的价值原则，即'生产性正义'"，而非代表资产阶级利益的"分配性正义"。奥康纳认为"正义之唯一可行的形式就是生产性正义；而生产性正义的唯一可行的途径就是生态学社会主义"③。奥康纳试图在不触碰资本主义制度本身的情况下，通过民间激进绿色运动化解生态危机，终会流于空想，陷入道德层

---

① ［英］特里·伊格尔顿：《马克思为什么是对的》，李杨、任文科、郑义译，新星出版社2011年7月版，第101页。

② Tatah Mentan, *SOCIALISM*: *The Only Practical Alternative to Contemporary Capitalism*, Langaa Research & Publishing Common Initiative Group, Mankon, Bamenda, 2012, p. xlv.

③ ［美］詹姆斯·奥康纳：《自然的理由——生态学马克思主义研究》，唐正东、臧佩洪译，南京大学出版社2003年版，第538页，转引自曾枝盛主编《后马克思主义——解构还是僭越？》，北京师范大学出版社集团北京师范大学出版社2015年版，第152页。

面的谴责和批判,与我们理解的社会变革在实质上是不同的。

又如罗默虽然对未来社会主义做了较为详细的设计,但最终还是将社会主义的实现落脚于一种包含平等、体谅、合作、互助的社会主义精神的培育。而社会主义精神归根到底是上层建筑层面的内容,是由一定的经济基础、阶级关系等所决定,离开物质生产领域的根本改造,单纯寄希望于社会主义精神的培养只会陷入唯心主义的泥淖。

国外左翼学者对社会主义的研究存在多样却彼此孤立的想象,也会导致因缺少完整的体系构建而陷入空想。他们的理论包容远远多于批判,多样性的发展自然是值得称许的,但是在核心问题上也存在多元化的论说,难以形成较为统一的认识。例如,在对社会革命主体力量的判断,对什么是社会主义这一根本原则性内容的认知方面,纵然从整体角度来看,左翼学者对相关内容的认识提出了不同视角和见解,但彼此的内在联系是缺失的,是碎片化的。国外左翼学者所勾画出的社会主义图景缺失最核心的内部联系。单独看起来似乎合乎理性、合乎正义,但因缺少整体的认知,导致它无从安放自己对理想社会所构筑的图景。

(二) 改良化

首先,国外左翼学者的观点设想很多还停留在对资本主义进行体制内的纠偏和矫正,而非体制外的实质性变革。其次,他们的探究更多的是就局部领域展开,并非从宏观社会整体变革的角度又或者是对社会变革的核心问题进行考量。为此,尽管他们对某一领域的研究较为深入,但在构建社会主义大厦的过程中其关注内容本身应如何发挥作用,又可以发挥怎样的作用,缺少必要的关切,这也是左翼学者探究中存在的较为明显的不足;再次,对资本主义主要矛盾、对阶级斗争的回避,使众多左翼学者对变革资本主义的设想与行动成为无法实现的改良言说。

(三) 书斋化

国外左翼学者对社会主义的研究存在较明显的学院色彩:一是与具体的实际相去甚远,缺少对现实问题的有效回应;二是表现出自说自话的倾向,难以广泛影响民众和社会;三是研究的问题与民众普遍关注的问题、困惑的问题之间缺少必要的连接。

左翼学者的理论并没有真正回答资本主义向社会主义转变过程中迫切需要解答的难题,存在貌合而神离,形似而神异的问题,缺少真正社会变革的理论。他们观点的多样化、多元化恰恰证明了理论对实践解释的乏力，在最核心的问题上左翼学者仍然存在很大差异。

总体来看，国外左翼学者对社会主义核心内容的强调一方面与他们所批判的资本主义缺陷相对应，在深入揭露资本主义弊端的同时针对特定方面提出相应举措，有鲜明的现实针对性和积极意义；但另一方面其局限性也非常突出，他们的研究多局限于某一领域、某一方面，对其他方面的内容存在有意无意的忽略。导致对个体的关注超越对整体的关注，对现象的关注超越对本质的关注，对理论的研究脱离对现实的把握。因此，对国外左翼学者关于社会主义的研究既要看到其积极、合理的一面，又要正确审视其存在的局限和不足，秉持批判地借鉴的原则。

## 第三节　国外左翼学者关于社会主义的蓝图设计

国外左翼学者对社会主义蓝图进行了积极的探索和绘制，形成了几种比较有共识的理论主张，较为突出的有市场社会主义、生态社会主义、后工业社会主义等，并针对资本主义在经济全球化中居于主导地位的背景，提出了替代资本主义全球化的新方案。

### 一　市场社会主义：对社会主义与市场相结合的新设计

（一）市场社会主义的理论主张

市场社会主义对社会主义与市场的结合进行了新的设计。市场社会主义是在综合资本主义实践与社会主义实践基础上形成的对未来理想社会的理论构建，主要探讨西方资本主义国家如何走向社会主义。这其中包含着三层含义。第一，市场社会主义理论的提出是针对资本主义存在的系列弊端，如贫富差距悬殊、民主失衡、公平正义缺失等，究其原因在于资本主义制度本身的矛盾和深层问题，因而改变这一状况，必须针对资本主义制度进行革新，进行一种全新的探索。与此同时，以苏联为代表的社会主义实践中，高度集中的计划经济暴露出效率不高、积极性创新性调动乏力、民主决策不足等问题，为此，需要对高度集中的计划经济进行革新，而资本主义国家所存在的市场，恰恰是可以弥补社会主义不足的一剂良药。通过对现实社会主义与资本主义国家存在利弊的分析，市场社会主义者认同社会主义是未来的发展趋势，但以苏联为代表的社会主义国家并不是理想的社会主义国家类型，必须对其进行革新，而他们给出的方案是引入资本主义国家所采取的市场机制。为此，市场社会主义者必须要证明市场与资本主义并非不可分割的关系，确切地说，资本主义离不开市场，但市场可以离开资本主义与其他不同的社会制度相结合，从而使市场能够更好地发挥作用，市场与社会主义相结合是可行的。将市场等同于资本主义，计划等同于社会主义，是错误地将市场与计划当作社会性质判断的依据，而事实证明市场与计划是资源配置的方式和手段，社会主义国家和资本主义国家都可以采用，而事实上也可以找到无数的例子证明这一点。如西方资本主义国家为应对2008年爆发的经济危机，各国政府频繁出手，通过各种方式和手段试图阻止危机的深度扩展，这绝非单纯的市场行为，而是明显的国家深度干预的表现。第二，市场社会主义是对未来理想社会的理论构建，也仅仅是一种"理论构建"，因为这一理论缺少真正的实践条件，纵然市场社会主义者针对市场和社会主义的结合设想了众多不同的方案，但是其有着共同的缺陷和弱点，即缺少真正的践行者和从现有社会向市场社会主义社会过渡的具体路径和方案。因此，市场社会主义终究带有抹不去的"乌托邦"色彩。第三，市场社会主义主要探讨西方资本主义国家如何实现社会主义，为此，市场社会主义者对资本主义进行了较为深刻的批判，是在批判资本主义弊端基础上有针对性地探讨社会主义的方案。

（二）当代市场社会主义理论存在的不足

1. 当代市场社会主义者对社会主义本质的判断在某种意义上是"倒退"的

市场社会主义理论的萌芽可追溯到20世纪初。到21世纪初，市场社会主义已经有了百余年的历史，而就完整的市场社会主义理论的提出而言，到今天，也已经有近百年的历史了，在这较长的一段时间里，市场社会主义理论经历了一次较为明显的变化，即传统的市场社会主义理论和当代市场社会主义理论的主张者，在对社会主义本质特征的认识方面存在着较大的差异。传统市场社会主义理论学者普遍接受马克思主义理论中关于社会主义本质的评判，将生产资料公有制、将代替资本主义制度本身、实现资本主义的制度性变革，视为实现市场社会主义的前提条件，而当代市场社会主义理论有脱离传统社会主义关于社会主义本质特征的论述，对生产资料公有制持非必要的态度，认为公平与正义、民主与自由等价值要素才是社会主义的本质特征，而生产资料公有制同市场一样，仅是实现民主、自由、公平、正义的方式之一。例如，约翰·罗默就明确表示，"社会主义的目标最好被考虑成一种平等主义，而不是被考虑成一种具体财产关系的实施。换句话说，我的意思是，社会主义者评价财产关系必须根据这些财产关系提供平等主义的能力"①。"在对待财产关系的态度上，社会主义者应该是折中主义者：可能有许多所有制形式比传统的生产资料国家所有制形式更服从于社会主义的目标。"② 爱尔兰考克大学维多里奥·布法切（Vittorio Bufacchi）认为，"社会主义首先是一种道德哲学，它以一系列道德价值和道德原则为基础。在一定程度上，社会主义也是一种经济理论，这种经济理论是次要的、附属于哲学的"③。因此可以说，当代市场社会主义更多追求的是社会主义元素，即在资本主义条件下不断增加社会主义元素，而非社会主义本身的实现，毕竟在众多市场社会主义者眼中，市场社会主义是通向社会主义的过渡阶段。

2. 市场社会主义理论对如何将市场引入社会主义，如何提高社会主义的效率，如何处理社会主义社会中计划与市场的关系问题进行了广泛而深入的讨论。但是在如何实现这些方案方面却缺少可行性对策，因而导致市场社会主义理论始终停留在理论层面，表现出一定的乌托邦色彩。21世纪以来很多市场社会主义者也更加注重思考市场社会主义在现实社会中如何实现，但就具体内容而言，显得较为被动。如英国学者大卫·莱恩（David Lane）认为，"在当前的政治环境中，选举政党制不太可能会带来财产关系的变化，这种变化需要依赖世界资本主义危机的情况。如果资本主义全面崩溃，那么转向市场社会主义是可能的，从而出现集体所有制的竞争性市场"④。

（三）市场社会主义理论的积极意义

1. 市场社会主义对社会主义与资本主义关系进行了重新思考。社会主义是在继承资本主义的一系列优秀文明成果基础之上而成长成熟起来的。资本主义将市场发展到较高、较完备、较充分的程度，实现了资源的高效配置，因而社会主义也可以运用市场进行资源的有效、合理配置。实现市

---

① ［美］约翰·罗默：《社会主义的未来》，张余鉴等译，重庆出版社1997年版，第113—114页。
② ［美］约翰·罗默：《社会主义的未来》，张余鉴等译，重庆出版社1997年版，第6页。
③ ［爱尔兰］维多里奥·布法切：《21世纪的社会主义模式：自由社会主义、民主社会主义和市场社会主义》，洪燕妮译，《国外理论动态》2015年第1期。
④ ［英］大卫·莱恩：《新自由主义、市场社会主义与后资本主义》，黄斐编译，《国外社会科学》2017年第3期。

场和社会主义的有机结合，这一结论是建立在对市场、计划与资本主义、社会主义关系正确认识的基础之上的。市场、计划仅是一种资源配置的方式和手段，而非区分资本主义、社会主义的带有制度性特征的内容。因此，如果实践证明市场能够有效地调节资源，那么社会主义国家也可以而且也必须加以运用。毕竟社会主义脱胎于资本主义，是共产主义的初级阶段。许多市场社会主义者认为他们所主张的市场社会主义尚且未达到社会主义的完全状态，而是资本主义向社会主义过渡时必然经历，也是必须选择的、唯一的路径。

2. 市场社会主义是在对资本主义进行批判和对苏东社会主义反思的基础上逐渐发展起来的。资本主义制度下必然导致贫富差距扩大、社会不公、缺乏真正的民主与自由，苏东社会主义国家的实践又暴露出社会主义计划经济存在的效率较低问题。因而将社会主义民主、自由、公平、正义的价值理念同市场有机结合起来构建不同于资本主义，也不同于苏东社会主义的市场社会主义。应该客观看待市场社会主义者对资本主义深刻揭露以及对社会主义国家在实践中存在问题所提出的批判性内容。21 世纪以来，特别是经济危机发生之后，市场社会主义者更加倾向于通过弥合财富差距，构建更加公平与合理的社会，与此同时将市场社会主义推向更加细化的层面。如苏黎世大学彼得·兹韦菲尔（Peter Zweifel）和加州大学圣塔芭芭拉分校经济系费雷什（H. E. Frech）认为，"存在一种形式的市场社会主义，而且这种社会主义在教育、医疗、健康保险方面尤为重要"，"通过向贫困和高风险消费者支付明确的、政治上透明的补贴，可以实现普及或扩大覆盖面的任务"[①]。

3. 对现实社会主义的实践提供了可借鉴的丰富内容。以我国经济体制改革为例，从计划经济向社会主义市场经济的转变，离不开对计划与市场性质的判断。正是借鉴了市场社会主义理论学者关于市场与计划的关系理论以及我国的具体实践，才能实现社会主义市场经济的落地与扎根。

4. 在东欧剧变、苏联解体后，世界社会主义的发展由高潮转入低潮，国际社会出现较为强烈的唱衰社会主义的声音，"历史终结论"等言论不绝于耳，似乎东欧剧变、苏联解体就意味着社会主义的完全失败。在这种

---

① Peter Zweifel, H. E. Frech, "Market Socialism and Community Rating in Health Insurance", *Comparative Economic Studies*, 2017, 59, (405 – 427), p. 405.

情况下，西方左翼学者提出了市场社会主义理论，力争为社会主义的发展寻找新的路径，否定资本主义的不可替代性，成为推动世界社会主义发展的一支重要力量。

### 二　生态社会主义：对社会主义制度下人与自然关系的新关注

生态社会主义对社会主义制度下人与自然关系给予了新关注。生态社会主义是左翼学者较早提出的对资本主义的替代方案之一。生态社会主义者从生态角度对人与自然关系的恶化进行了深入考察，进而认为，打破人与自然和谐发展的根本原因在于资本主义制度本身，资本主义以追求利润的增加和资本增值为目的的本性必然导致人对自然的掠夺性开发和实践，最终导致对大自然的破坏性开发。资本主义的局限性和弊端彰显无疑。为构建人与自然和谐相处的环境，一些学者提出在资本主义制度范围内寻找方案，例如，有学者认为资本主义可以通过不断提高技术水平以化解生态问题，但生态社会主义者认为，资本主义制度下追求高技术水平的核心目的是为了增加资本积累、实现利润最大化，其根本目的与生态问题的化解最终会背道而驰。为此，生态社会主义者认为，必须超越资本主义制度范畴，构建生态社会主义社会，唯有如此，才能实现人与自然的和谐共生。

生态社会主义是建立在对资本主义批判的基础之上的，对资本主义自身所存在的矛盾进行了较为深刻的揭示和批判，特别是生态社会主义中的生态马克思主义，更是对资本主义生产力与生产关系的矛盾进行了马克思主义的思考和剖析。与此同时，他们对未来理想社会即生态社会主义的构建也是在对资本主义批判的基础上完成的。然而，同对资本主义的批判相比，生态社会主义者对生态社会主义的构建则显得相对薄弱，仍有待细化、系统化。当然，生态社会主义自20世纪60年代逐渐兴起以来，已经有半个世纪的历史了，在这期间生态社会主义者关于生态社会主义应该是一种怎样的状态、具体地应包括哪些必要的元素方面已经有了更多的探讨，从最初以一种相对抽象的语言对理想社会进行描述，渐渐地发展成关于生态社会主义社会较为完整的构想，并依然在不断发展中。纵然不同学者因对资本主义剖析的视角有所不同，侧重点各异，因而其构建的理想社会也会有差异，但均属于生态社会主义社会的范畴，因此从较为宏观的视角仍然可以提炼出生态社会主义者关于社会主义观方面较为普遍性的内容。如，在生态社会主义社会的理想构筑方面，认为"绿色"与"公平"是生态社会主义社会的核心内容。生态社会主义社会应该是全面的可持续发展的社会。在实现生态社会主义社会的主体力量方面，生态社会主义者的思考大致可以概括为三类。一是认为工人阶级仍然是变革社会的主体力量，构建生态主义社会也需要工人阶级发挥核心作用。二是认为传统意义上的工人阶级在资本主义条件下发生了巨大变化，随着资本主义的发展，工人阶级的福利待遇有了较明显的改善，工人阶级在一定程度上认同资本主义制度，转而在资本主义制度内寻找改良主义的变革，为此，一些生态社会主义者认为工人阶级在构建生态社会主义社会的进程中已经不能担负起变革主体的使命，应该在工人阶级之外寻找新的力量。加拿大左翼学者劳丽·阿德金（Laurie E. Adkin）认为，"现实中的社会行为者必须依据其多重的、相互作用的主体地位来理解"，"当代工人运动在与新社会运动的政治结盟关系中并不处于有利地位"[①]。三是认为应促使新社会运动同工人阶级联合起来，而不是不考虑工人的现实利益，将他们推向资产阶级的怀抱。福斯特认为在考察生态环境问题的时候，不仅不能忽视，而且应该注重坚持"以人为本"的原则，这在客观上有助于促进生态社会主义者与工人阶级进行直接对接。福斯特曾举例说，如果生态社会主义者以保护原始森林的名义而完全忽视那些伐木工人的生存，那么最终只会导致伐木工人与管理层站在一起，因为除此之外他们别无选择。事实上，正确认识生态问题与阶级问题之间的关系既是防止生态社会主义者以维护生态的名义将工人阶级推向资产阶级的怀抱，同时也是阻止资产阶级以所谓"生态问题"关闭企业、工厂，侵犯工人的正当权益。而实际上，真正的原因可能是因为阶级斗争，也可能是因为资本为节省成本寻找更廉价的劳动力等资源而进行转移所找的堂而皇之的借口。此外，是否对生态问题与阶级问题之间的关系形成正确认识，还会直接在意识形态领域对民众的认识产生影响，应避免"危机修辞"成为阻碍人类解放的障碍。

### 三 后工业社会主义：对后工业时代新社会文明的新憧憬

后工业社会主义提供了对后工业时代新社会文明的新憧憬。20 世纪

---

[①] 郇庆治：《西方生态社会主义研究述评》，《马克思主义与现实》（双月刊）2005 年第 4 期。

60 年代美国社会学家丹尼尔·贝尔首次提出了"后工业社会"的概念,随着 1973 年其代表作《后工业社会的来临——对社会预测的一项探索》的出版以及对后工业社会进行系统而全面的阐述,使人们对社会变迁带来的阶级结构变化给予了更多关注。丹尼尔·贝尔将社会划分为前后衔接的三个阶段,分别是前工业社会、工业社会和后工业社会。如果说前工业社会是"同自然的竞争",工业社会是"同经过加工的自然界竞争",那么后工业社会就是"人与人之间的竞争"。因而后工业社会是完全不同于工业社会的新的发展阶段,其主要矛盾和意识形态等方面都会发生根本性的变化。一些左翼学者吸纳了贝尔对社会发展阶段和趋势的预测,将其与社会主义理念相结合,从而形成了后工业社会主义。关于"后工业社会"的判断存在许多值得商榷的地方,在理论界也有学者明确表示不赞成这一提法。如日本学者河村望认为,"'后工业社会'论或'信息社会'论企图运用资本主义社会科学技术的发展来说明不同于资本主义社会的另一个社会到来的意义,这只不过是一种否定社会主义社会的未来的资产阶级意识形态"。① 英国学者阿德里安·里特尔认为,之所以"许多左派人士对任何接受后工业主义的企图都持怀疑态度,因为它并未向资本积累的逻辑或劳动市场的分裂提出挑战"②。由于对"后工业"的判断本身就存在众多争议,超越工业阶段步入后工业阶段,在现实社会中也很难找到切实的例证,因此,后工业社会主义更多的是一种社会主义思潮,停留在理论探讨的方面。但后工业社会主义者毕竟看到了科技革命对现实社会发展所产生的实质性影响,并试图将后工业社会与社会主义紧密衔接,探究二者的联系,因而是一种值得探讨的社会主义思潮。就后工业社会主义思潮的内容来讲,主要包含下述内容。

第一,后工业社会主义明确肯定科技革命对社会结构领域产生的实质性影响,将对社会主义的考察置于全新的环境之中。从科技革命的视角审视其对社会所产生的影响,这一点是值得肯定的。科技革命带来的影响是全方位的,使人们的生产生活方式以及意识形态等都发生了全新变化。"后工业社会的临近要求深刻改变社会主义者的基本原则。它使社会主义

---

① [日] 河村望:《"后工业社会"论批判》,若虚译,《国外社会科学文摘》1984 年第 10 期。
② [英] 阿德里安·里特尔:《论后工业社会主义》,郑一明编译,《马克思主义与现实》(双月刊) 2002 年第 2 期。

者关于工业进步是人类走向物质丰富和普遍幸福的道路、关于社会保障政策、关于无产阶级的历史使命的信仰成为问题。""现在可以更确切地说，新的时代破坏了工业社会主义的价值，而使得更一般的、与工业化没有联系的社会主义范式具有现实意义。"①

第二，后工业社会是在否定工业资本主义和工业社会主义基础上构建的新型社会，它"既不是工业资本主义的延续也不是意识形态的终结"。"新型社会主义不是传统的工业社会主义，而是适应后工业时代的具有新的内容和价值的社会主义。"② 在社会主义与资本主义之间，后工业社会主义者无疑选择了社会主义方向，将社会主义置于后工业的大背景下来考察，他们认为工业社会主义和工业资本主义都不是理想方案，也都没有实现人的真正解放和全面发展。一方面批判资本主义以利润集聚、资本积累为导向的生产模式导致人的异化，另一方面又批判工业社会主义在经济领域以增加生产、扩大消费为目标。

第三，关于后工业社会主义实践的主体力量。后工业社会主义者对传统的社会变革主体力量工人阶级的作用产生质疑，认为工人阶级作为传统的实现社会变革的力量在后工业时期将居于次要地位，他们不再能够承担起变革社会的历史使命。随着后工业社会的到来，传统意义上的典型的工人阶级形象发生了变化，联合、团结、共同的身份认同等特征随着分工的细化、科技革命的推广和深化，工人阶级本身的力量在淡化，他们对自身创造价值能力的认同度在下降。工人阶级在工业时代由于异化劳动程度的加深，阶级意识不断被削弱，所从事劳动的价值日渐趋于模糊，工业化生产使工人去技能化现象日益严重，竞次趋势明显，工人阶级呈现出碎片化的倾向。这些都促使工人对自身劳动态度的否定多于肯定，因而工人阶级已无力承担起变革社会的使命，这一主体地位应让位给那些从事具有创造性劳动的群体。为此，在后工业时期，具有创造能力、从事高新技术领域的人才才能成为社会革新的主体力量。正如叶莲娜·萨马尔斯卡娅所说，"在新的后工业社会里，只有精英劳动才能够成为这类追求的承担者"。亚当·沙夫也认为，传统意义上的工人阶

---

① ［俄］叶莲娜·萨马尔斯卡娅：《从工业社会主义到后工业社会主义》，顾家庆译，《当代世界与社会主义》（季刊）1997年第1期。

② 姜辉：《"后工业社会主义"述评——一种酝酿中的社会主义思潮》，《当代世界社会主义问题》1998年第3期（总第57期）。

级正在加速消亡,"中产阶级的社会主义"将取代"工人阶级的社会主义","在新时代知识就是资产,白领知识阶层便是有产者、中产阶层"①。

第四,注重构建和谐的人与自然的关系。工业社会主义较工业资本主义而言有其超越之处,如工业社会主义揭露了"在市场条件下生产和消费屈从于抽象物(金钱、交换价值和利润规律),而质量价值(具体劳动及其具体产品)则处于第二位"。"认识到了经济服从质量标准的重要性。"但仍存在不足,"它还没有达到把整个自然界包括进去的地步"②。在实现人的自身价值的同时维护自然的平衡状态是后工业社会主义追求的目标之一,在这方面同生态社会主义有着较多的相似之处。

第五,后工业社会主义者认为应正确处理好市场和计划之间的关系。主张吸纳市场的优势,使其积极作用得到有效发挥,同时注重国家计划干预的重要性,实行混合经济。应该摒弃工业社会主义因忽略市场的作用,单纯强调计划调控,进而无法实现高效率、提升内部经济活力的模式。后工业社会主义者也认识到了市场存在的弊端,因此,英国学者阿德里安·里特尔认为,市场"应该保持,但是必须将它限定在某些经济合理性适合的领域"③。亚当·沙夫也认为,未来的社会主义,计划和市场缺一不可,所谓的自由市场是不存在的,"自由市场"不过是干预别国的说辞而已,并不存在没有国家计划、干预的市场。

第六,在如何实现后工业社会主义方面也进行了一些积极探索,如布兹加林在谈及实现后工业社会主义民主时应注重保护并促使社会主义萌芽的发展,如集体主义、劳动者积极参与到企业的管理经营中以及互相帮助等,这些都有助于促进后工业社会主义民主的生成。

后工业社会主义有其积极意义,看到了科技革命带来的系列变化和影响,也对资本主义制度本身进行了深刻的批判,同时对社会主义在实践中存在的问题进行了剖析。但仍抹不去其空想色彩,特别是对社会变革主体

---

① 郭增鳞:《沙夫对苏东剧变的反思和关于未来社会主义的构想》(下),《国外理论动态》2001年第10期。

② [俄]叶莲娜·萨马尔斯卡娅:《从工业社会主义到后工业社会主义》,顾家庆译,《当代世界与社会主义》(季刊)1997年第1期。

③ [英]阿德里安·里特尔:《论后工业社会主义》,郑一明编译,《马克思主义与现实》2002年第2期。

力量认识的偏差，使得后工业社会主义在实践方面终将成为空中楼阁。后工业社会主义夸大了科技进步所带来的影响，认为科技进步可以直接改变资本主义生产关系，改变雇佣劳动，以科技革命导致资本主义劳动条件消失、雇佣劳动消失为由，否定工业社会主义相较于工业资本主义的优越性，否定工业社会主义取代工业资本主义的必然趋势。因此可以说，以后工业社会主义将其取而代之，既缺少实践的理论基础，又缺少实践的依托力量。

### 四 全球化的替代方案与举措

左翼学者还提出了替代资本主义全球化的新方案。国外左翼学者对现行资本主义居于主导地位的全球化方案进行批判，认为这是一种不可持续的现代化，是带来普遍矛盾和多数衰退的全球化。他们普遍认为，全球化有不同的实施方案，当前居于主导地位的资本主义全球化只是全球化方案的一种，进而在此基础上提出了新的全球化替代方案。英国学者莱斯利·斯克莱尔（Leslie Sklair）、埃及学者萨米尔·阿明、美国学者埃里克·欧林·赖特（Eric Olin Wright）、威廉·I. 罗宾逊等都提出了构建全球化的新方案。

#### （一）莱斯利·斯克莱尔提出的"人权全球化"替代方案

英国学者莱斯利·斯克莱尔提出了"人权全球化"替代方案，认为"人权全球化"将取代资本主义全球化而成为一种新的全球化模式。资本主义全球化"由于阶级两极分化和生态上的不可持续性，它存在致命缺陷"[1]，而且它的存在客观上推动了反资本主义全球化的社会主义元素的生长，进而将这些积极因素在全球范围内推进，最终以人权为主要内容的新兴社会主义全球化即人权全球化将取代资本主义全球化。

斯克莱尔认为在审视全球化体系时不应将国家视为分析单元，应跳出国家的范畴而强调跨国实践。跨国实践包含三个层面的内容，即经济层面、政治层面、文化—意识形态层面。就资本主义全球化而言，"跨国公司是跨国实践的主要场所；跨国资本阶层是跨国政治实践的主要场所；而跨国文化—意识形态实践的主要场所则可以从消费主义的文化—意识形态

---

[1] ［英］莱斯利·斯克莱尔（Leslie Sklair）:《资本主义全球化及其替代方案》，梁光严译，社会科学文献出版社2012年版，第12页。

当中找到"①。"全球资本主义的文化—意识形态谋划，就是说服人们消费，不只是满足他们生物学上的需要和其他一般需要，而是对人为创造出来的欲望作出响应，以便使以私人利润为目的的资本积累永久化。换言之，就是确保全球资本主义体系永久存在下去。"② 斯克莱尔做了一个形象的比喻，"消费主义文化—意识形态实际上是为全球资本主义发动机提供动力的燃料。驾驶员是跨国资本阶层。而这辆车本身，是庞大的跨国公司"③。

斯克莱尔认为代替资本主义全球化的将是社会主义全球化，对社会主义全球化的分析同样着眼于跨国实践的三个层面，社会主义在"经济上的跨国实践的特有制度形式是各种类型的生产者—消费者合作社（P-CCs），而不是寻求组成卡特尔的跨国性大集团企业"④。政治上"将是自己管治自己的生产者—消费者合作社社区。它们在真正民主决策的基础上纳入更大的政治和（或）经济单元，而不是形成那种专注于组织全球体系来获取利润的跨国资本阶层"⑤。文化—意识形态领域，"将为广泛多样的文化和意识形态实践和价值提供空间，这些实践和价值积极鼓励普遍人权和生态可持续性，而不是将几乎所有实践和价值都从属于消费主义的文化—意识形态"⑥。

如果单纯地设想跨国实践的变化，而缺少促成这种转换的中间环节，那么资本主义全球化向社会主义全球化转变难免陷于空想。斯克莱尔注意到了这个问题，为了避免陷于一种乌托邦，他明确提出在这种转变过程中人权转型将扮演重要的角色。人权在社会主义全球化中将同时兼顾经济、社会和文化权利与公民权利和政治权利。忽视其中的任何一种都是不完整的，也不可能维护真正意义上的人权，因为两方面的内容均会因为一方的

---

① ［英］莱斯利·斯克莱尔（Leslie Sklair）：《资本主义全球化及其替代方案》，梁光严译，社会科学文献出版社2012年版，引言第9页。
② ［英］莱斯利·斯克莱尔（Leslie Sklair）：《资本主义全球化及其替代方案》，梁光严译，社会科学文献出版社2012年版，第73页。
③ ［英］莱斯利·斯克莱尔（Leslie Sklair）：《资本主义全球化及其替代方案》，梁光严译，社会科学文献出版社2012年版，第74页。
④ ［英］莱斯利·斯克莱尔（Leslie Sklair）：《资本主义全球化及其替代方案》，梁光严译，社会科学文献出版社2012年版，第358页。
⑤ ［英］莱斯利·斯克莱尔（Leslie Sklair）：《资本主义全球化及其替代方案》，梁光严译，社会科学文献出版社2012年版，第360—361页。
⑥ ［英］莱斯利·斯克莱尔（Leslie Sklair）：《资本主义全球化及其替代方案》，梁光严译，社会科学文献出版社2012年版，第361页。

缺失而逐渐变弱。在人权转型方面，斯克莱尔认为应转变目前在人权保护方面的权利导向，而更应倾向于责任导向和义务导向。例如，"社会确保社会中的每个人都有足够的东西吃的责任，要比关于个人有权有足够的东西吃的一纸声明更有实际意义"①。在转变过程中，民主、人权、社会主义是这一过渡的中心问题。至于具体实现路径，斯克莱尔倾向于通过试验的方式，而非革命的方式。例如，"最有可能从全球资本主义体系中出现的社会主义，将不是通过革命手段夺取国家权力的结果，而是一个成功的社会试验时期的结果"②。改变消费主义的文化—意识形态也没有现成的模板，"不得不通过试验和失误来创造"③。

斯克莱尔对资本主义全球化的批判是较为全面的，也从新的视角对全球化本身进行了分析，进而得出结论，资本主义全球化不过是全球化的一种形式，必将被社会主义全球化取代。可以自信地说，"历史远远没有终结，历史才刚刚开始"④。但是透过斯克莱尔的阐述，特别是关于两种不同形式的全球化的转变进程和方式，斯克莱尔更多地关注上层建筑方面的内容，特别是对意识领域的关注，通过民众在某一方面的意识被唤醒和认识的大踏步跃进而推动变革的出现。意识领域的变化是很重要的方面，在资本主义全球化体系的维系中，消费主义的文化—意识形态无疑扮演了重要的角色，它仿若一种凝胶，将资本主义的经济、政治更好地融合在一起。但实现根本性的变革、制度上的跨越，经济和政治领域的变迁将占据更为重要的位置。纵然斯克莱尔极力避免使自己所设想的资本主义全球化向社会主义全球化过渡以及社会主义全球化成为一种乌托邦的空想，但是在实践层面的确还是缺少逻辑严谨的举措。

（二）萨米尔·阿明提出超越资本主义全球化的路径：构建第五国际

萨米尔·阿明认为以自由主义为原则的资本主义全球化是以牺牲多数人的利益维护少数人的利益，两极分化是其必然趋势。无论就不同的群体

---

① ［英］莱斯利·斯克莱尔（Leslie Sklair）：《资本主义全球化及其替代方案》，梁光严译，社会科学文献出版社2012年版，第373页。
② ［英］莱斯利·斯克莱尔（Leslie Sklair）：《资本主义全球化及其替代方案》，梁光严译，社会科学文献出版社2012年版，第385页。
③ ［英］莱斯利·斯克莱尔（Leslie Sklair）：《资本主义全球化及其替代方案》，梁光严译，社会科学文献出版社2012年版，第386页。
④ ［英］莱斯利·斯克莱尔（Leslie Sklair）：《资本主义全球化及其替代方案》，梁光严译，社会科学文献出版社2012年版，第387页。

来看，还是就国际社会来看，两极分化都在加剧。阿明认为，南方国家和北方国家的差距不但没有因为南方国家日益实现工业化而逐步缩小，反而因为北方国家在一系列新的领域居于主导地位，这一差距更为明显地扩大。两极分化的程度有实质性的加深，变化的不过是形式而已，旧的对立让位给了新的对立。因此，资本主义并非"不可超越的终极前景"。反对资本主义全球化的力量在逐渐增加，但依然存在分散的挑战，因此能否实现团结是当前摆在反全球化力量面前的一个重大挑战。当前，资产阶级已然成为一个世界范围内有着较为统一行动原则与方针的联合阶级，为此，反全球化的力量也必须进行新的联合。"只有把劳动者和在资本主义制度中非主流但多少占有一席之地的以及受排斥的人们重新团结起来，才能以创造性的思维复兴共产主义。"① 阿明认为，应该本着相对包容的态度，参照第一国际构建的原则，构建第五国际。

（三）超越资本主义的路径：在资本主义国家范畴内的渐进变革

美国威斯康星大学麦迪逊分校社会学系的埃里克·欧林·赖特（Eric Olin Wright）主张在资本主义国家范畴内，在现有经济政治系统内进行可以被统治阶级所接纳的变革，发挥国家赋予民众的有限民主、自由和其他权利，进而不断扩大社会主义元素，增强社会主义力量，以削弱资本主义力量。在维系资本主义正常运行的系统中，既有资本主义独特的要素，例如资本积累、雇佣劳动关系等，也有非资本主义独有的要素，例如民主、公平、自由、可持续发展等，资本主义的运行需要非资本主义独有的这些要素以服务于资本主义目标为导向，但是民众可以利用一系列积极的要素并努力增强这一要素的社会主义方向，削弱其资本主义属性，增加社会主义属性。因为"资本主义国家并非一种用来削弱资本主义的理想工具这一事实，并不意味着我们不能用资本主义国家来完美地达到削弱资本主义的目的"②。赖特认为资本主义制度是不可持续的，也必将被更为理想的社会制度所取代，尽管资本主义制度的灭亡有其必然性，但是更好的制度，如社会主义制度取代资本主义制度的具体方式、时间、进程等都存在许多不确定性，会受到众多偶然性因素的影响，为此，现在可以做些什么呢？单

---

① ［埃］萨米尔·阿明：《多极世界与第五国际》，沈雁南、彭姝祎译，社会科学文献出版社2014年版，第288页。

② ［美］埃里克·欧林·赖特：《持存的现实性：超越资本主义的马克思主义传统》，梅沙白译，《国外理论动态》2018年第10期。

纯地等待是不行的，应该着手从资本主义国家内部开始，促使社会主义力量的不断提升。在这个过程中，赖特格外强调要注重联合集体的力量，培育促进社会变革的主体。工人阶级的同质性随着资本主义生产、组织、统治方式的变化受到了巨大的冲击，工人阶级多元化、碎片化的现象成为突出的问题，如何克服这一挑战是推动社会主义力量提升的关键环节。赖特认为"要为21世纪强有力的反资本主义运动形塑一个具有政治共识的集体行动者，就需要把来自各种经济和社会结构的、身份更为多样化的人们聚集在一起"①。"集体行动者的政治身份必须围绕着民主、平等和团结的价值观、而非单纯的阶级来形构，这就意味着要基于社会结构中处于不同地位的人群来构建这样的集体行动者。"②

（四）反霸权，构建另一种体系是可能的：自下而上的大众社会运动

美国学者威廉·I. 罗宾逊认为全球资产阶级占据统治地位的全球化是不可持续的，它面临着难以克服的两大矛盾。一是生产过剩的矛盾。由于对全球工人阶级的剥削力度不断加大，致使工人阶级的购买力显著下降，一方面是工人阶级的境况不断衰退；另一方面是资本的利润难以实现，这一矛盾是资本主义生产关系所固有的。二是全球资本家阶级与全球工人阶级的矛盾。全球化对这一矛盾起到催化的作用，会使二者之间更加难以调和，范围不断扩大，人数不断增加，烈度不断升级。如何改变这一局面，寻找一种可行性的替代方案是必由之路。罗宾逊认为，要完成这样一场反对资本家阶级霸权的政治革命，需要"两个核心要件：一是与当前社会总体状况全然不同的变革观点；二是经过革新的左翼力量"③，变革社会的理念与变革主体二者缺一不可。由于全球资产阶级的霸权行为是在全球范围内展开的，为此反霸权运动也必须超越民族国家的界限，"反抗运动和对立性霸权，其生命力从根本上来说取决于社会运动和大众力量能够跨越国界联合斗争"④。

---

① ［美］埃里克·欧林·赖特：《持存的现实性：超越资本主义的马克思主义传统》，梅沙白译，《国外理论动态》2018 年第 10 期。
② ［美］埃里克·欧林·赖特：《持存的现实性：超越资本主义的马克思主义传统》，梅沙白译，《国外理论动态》2018 年第 10 期。
③ ［美］威廉·I. 罗宾逊：《全球资本主义论——跨国世界中的生产、阶级与国家》，高明秀译，社会科学文献出版社 2009 年 4 月版，第 228 页。
④ ［美］威廉·I. 罗宾逊：《全球资本主义论——跨国世界中的生产、阶级与国家》，高明秀译，社会科学文献出版社 2009 年 4 月版，第 229 页。

至于替代方案的具体战略，罗宾逊认为，"最有可能发生的情况是，本是为了限制权力的斗争，却发展成了有可能建立一个新的体系"①。这可以理解为在行动中的拓展与深化。最初，自下而上的反霸权运动更多地是要求对资产阶级的霸权行为加以限制，而在具体行动中很可能发生实质性的变化。某种程度上可以理解为是量变到质变的积累。"全球化时代的反霸权社会变革的真正前景，应该是一场自下而上的全球化运动，这场运动试图通过跨国家、跨区域地联合反霸权力量，在一个不断扩张的跨国公民社会中挑战全球精英的力量。"② 改变全球资本家阶级统治的局面，实现社会发展的可持续性，必须改变当前全球生产和再生产的统治方式，"人类社会的希望存在于跨国社会对全球生产与再生产的统治方式中，这是为弱势大众群体实现财富和权力再分配的第一步"。"要实现国际社会的民主化，只能夺取跨国资本及其机构对人类社会物质和文化资源的控制权。"③ 对未来理想社会的构建，罗宾逊明确提出民主社会主义是最佳选择，"建立在普遍民主基础之上的民主社会主义也许是人类'最终、最好'而且也许是唯一的希望。反对跨国资本的全球反霸权斗争必须演变成争取民主社会主义的全球性斗争。"④

## 第四节  21世纪初国外左翼学者的主要观点及其评析

### 一  主要观点及其特点

21世纪初，伴随资本主义自身出现的新情况，以及资本主义与社会主义关系的新变化，左翼学者对社会主义的研究呈现出以下新特点。

（一）对社会主义的认识更具国际视野

随着全球化的不断深入，国外左翼学者审视社会主义时的国际视野更

---

① [美]威廉·I. 罗宾逊：《全球资本主义论——跨国世界中的生产、阶级与国家》，高明秀译，社会科学文献出版社2009年4月版，第230页。
② [美]威廉·I. 罗宾逊：《全球资本主义论——跨国世界中的生产、阶级与国家》，高明秀译，社会科学文献出版社2009年4月版，第231页。
③ [美]威廉·I. 罗宾逊：《全球资本主义论——跨国世界中的生产、阶级与国家》，高明秀译，社会科学文献出版社2009年4月版，第231页。
④ [美]威廉·I. 罗宾逊：《全球资本主义论——跨国世界中的生产、阶级与国家》，高明秀译，社会科学文献出版社2009年4月版，第232页。

为突出。如印度学者范达娜·希瓦（Vandana Shiva）提出了地球民主（earth democracy）的概念，认为人类如果希望能够在地球上再度找到家园般的感觉，就必须努力构建地球民主。"地球民主的基础是创造能够保护地球生命并为所有人提供基本需求和经济安全的生存经济。它是建立在包容性的生活民主基础之上的。"①"地球民主运动蕴含着超越经济三重危机的承诺：即经济不公正、不平等的危机，生态不可持续的危机，以及民主的衰退和恐怖主义上升的危机。"②

哈佛大学教授尤查·本科勒（Yochai Benkler）所提出的"共同对等生产"模式对未来社会主义建设有着积极的启示意义，他认为这一模式有助于促进全球正义的实现。全球正义应该让世界上每一个人都能够利用已有的物质条件创造人类更繁荣的未来。而医疗条件和充足的营养保证是两个最重要的先决条件。"共同对等生产"模式可以很好地实现相关科学知识以及必要的营养物资和医疗物资在贫困地区的生产与自由分配。③ 至于如何实现公平的全球秩序，加拿大学者凯·尼尔森（Kai Nielson）认为唯有以社会主义的政治经济秩序代替资本主义政治经济秩序才能解决全球范围内财富分配不均、公平正义失衡等问题。经济全球化背景下公平正义的实现必须建立在不同国家彼此合作协商的基础之上，而非某一国家居于主导地位的秩序，为此，在资本主义秩序范畴内不可能实现真正意义上的公平正义。

就变革主体而言，经济全球化条件下资产阶级的"自为状态"与工人阶级的"自在状态"形成鲜明对比。为凝聚全球范围内变革主体的力量，有学者提出"普遍人权"的概念，试图通过所谓普遍的人权以凝聚起工人内部不同的力量，弥合工人内部的差异，以期实现全球范围内工人的彼此认同和联合。威廉·I. 罗宾逊认为生产模式不断由世界经济向全球经济转型，为此对阶级的考量必须跨越国界，审视全球资产阶级和全球工人阶级的客观形成，从经济全球化角度来揭示阶级重构问题。这里特别需要提及

---

① Vandana Shiva, "Earth democracy", Robert Albritton, Shannon Bell, John R. Bell, and Richard Westra (eds.), *New Socialisms: Futures beyond globalization*, London: Routledge, 2004, p.65.
② Vandana Shiva, "Earth democracy", Robert Albritton, Shannon Bell, John R. Bell, and Richard Westra (eds.), *New Socialisms: Futures beyond globalization*, London: Routledge, 2004, p.65.
③ Tony Smith, "Is Socialism Relevant in the 'Networked Information Age'?: A Critical Assessment of The Wealth of Networks", in Anatole Anton and Richard Schmitt (eds.), *Taking Socialism Seriously*, Plymouth: Lexington Books, 2012, p.163.

的是，经济全球化不同于世界化，是较世界化而言更为深层次的内容，是从贸易领域全球化向生产领域全球化的转换和升级。

在对资本主义弊端及其阶级力量进行全球视角分析的前提下，改变资本主义全球化代之以新的方案是左翼学者的一种普遍声音。前文已经提到的包括英国学者莱斯利·斯克莱尔、埃及学者萨米尔·阿明、美国学者威廉·I. 罗宾逊等所提出的替代资本主义全球化的观点就是很好的说明。

（二）从多元化向经济及社会制度性质回归

左翼学者对社会主义的界定逐渐由多元化向经济、政治、社会制度回归，强调社会主义与民主政治、公平正义、团结合作等之间的必然联系。西蒙弗雷泽大学经济学名誉教授迈克尔·A. 莱博维茨（Michael A. Lebowitz）对 21 世纪的社会主义进行了畅想。例如，他认为，"21 世纪的社会主义不是人们出卖自己劳动力的社会，也不是受制于人，从而为其他人的利益而非人类的真实需要而工作的社会；它也不是生产资料的所有者通过分化工人和团体以实现降低工人工资并增加工人劳动强度，进而加大剥削力度的社会"①。

美国芝加哥洛约拉大学哲学系教授戴维·施韦卡特（David Schweickart）也曾从社会主义不是什么的角度，对社会主义的经济及制度性特征进行了概述。他认为，"社会主义不是反宗教的""社会主义不是反对自由和个体差异的""社会主义不是反对民主的""社会主义也不反对因对国家做出不同的贡献而产生的差异"。社会主义所反对的是"'因钱生钱'所导致的巨大的不平等"。在这个过程中体现的是对金钱价值的肯定，而非对人的价值、对劳动的价值的肯定；"社会主义并非全盘用合作代替竞争"，而是将二者置于一种平衡状态中，既有很好的合作，同时又不乏提高工作效率、改进工作方式等一系列创新，反对那种在工人内部制造的竞次竞争以及为争夺资金、单纯以消费为导向的竞争等。② 在此基础上，对社会主义核心价值理念进行了梳理，包括四个主要的方面，即"有意义的

---

① Michael A. Lebowitz, "What Is Socialism for the Twenty-First Century?", https://monthlyreview.org/2016/10/01/what-is-socialism-for-the-twenty-first-century/.

② David Schweickart, "But What Is Your Alternative?: Reflections on Having 'Plan'", Anatole Anton and Richard Schmitt (eds.), *Taking Socialism Seriously*, Plymouth: Lexington Books, 2012, pp. 47 – 48.

工作""代际间的合作与互助""参与式的自治权""生态可持续性"①。因为只有获得了有意义的工作,工人才能够在工作的体验中加深对自身的认同,认可自身所创造的价值以及对社会的贡献。和谐的社会需要代与代之间彼此的照顾与呵护,这种合作与互助是人的成长发展不可缺失的。参与式自治权更多地体现在对那些关涉民众自身利益的决策,应赋予利益相关人以决策权,而非只是结果的承担者。

(三) 重新强调阶级主体及工人阶级的历史地位

社会变革的主体力量是搭建现实世界与未来理想社会的桥梁。对于主体力量的探讨在科学社会主义理论领域,是一个十分重要的主题。后工业时代,资本主义国家的阶级结构、劳资关系、工人阶级生产生活状况的改变使曾经清晰的阶级对抗变得模糊,更具隐蔽性。曾经明确的变革主体——工人阶级自身也发生了巨大变化,工人阶级意识明显弱化,尽管在一些方面也表现出阶级意识复苏的迹象,但弱化的趋势并没有真正得以扭转。为此,很多学者试图在阶级之外或工人阶级之外寻找变革主体。然而,21世纪以来,特别是2008年经济危机以来,国外左翼学者对社会变革主体力量的判断有了一些新的变化。

首先,注重变革力量的集体化倾向日益明显。对社会主义主体的再认识,表现出一种集体化趋势。越来越多的左翼学者认为变革社会的主体必须能够采取集体行动,凝聚集体力量。德国学者阿尔布莱希特·冯·卢克(Albrecht Von Lucke)就认为"只有认识到必须采取集体行动才能使个人有所成就,才能争得成功的真正前景"②。意大利学者安东尼奥·奈格里(Antonio Negri)认为资本已然跨越生产领域渗透到日常生活的各个方面,因此作为反抗主体的工人阶级应该让位于比工人阶级范围更广泛的"大众"主体。工人阶级这一概念具有排外性,不能包括日渐趋同的整体,为此大众将代替工人阶级成为革命的主体。英国学者大卫·哈维(David Harvey)认为,应极力促成传统工人运动与新社会运动的结合,二者的结合潜藏着变革社会的力量源泉。实现联合的前提是正视分歧,化解分歧,

---

① David Schweickart, "But What Is Your Alternative?: Reflections on Having 'Plan'", Anatole Anton and Richard Schmitt (eds.), *Taking Socialism Seriously*, Plymouth: Lexington Books, 2012, p. 49.

② [德] 阿尔布莱希特·冯·卢克:《没有阶级的阶级斗争》,李莉娜译,《国外理论动态》2014年第4期。

资本显然已经在全球范围内开始谋篇布局，然而工人运动与新社会运动却更多地局限于地区范围内，且因多样化的要求与实用主义的导向使他们彼此间的分歧远大于认同。为此，再造共同关注点、再造共同目标，逐渐使尤为突出的资本剥夺性积累成为传统左翼运动与新社会运动共同关注的主要矛盾、共同斗争的目标，从而在两者之间搭建连接的纽带，这成为当前的重要任务。

其次，重新强调阶级性及工人阶级的历史地位。众多因工人阶级自身发生变化而"告别工人阶级"的学者试图在工人阶级或阶级之外寻找社会变革力量，他们的共同点在于试图超越或放弃阶级分析以寻找变革力量，但其结果往往得不偿失。因未能如愿找到变革社会的主体，所以其激进理论与方案不得不重归书房。离开阶级分析方法，离开工人阶级来探讨社会主义的变革终会变成天方夜谭。随着时间的推移和实践的证明，特别是在21世纪初资本主义危机发生之后，左翼学者对社会主义主体的认识逐渐向阶级范畴回归、重新强调工人阶级的历史地位。

伊格尔顿认为"阶级问题谈论的是你在某一特定生产模式中所处的位置"①，与依据受教育程度、收入水平、审美、职业等将工人阶级划分归属不同的阶层与群体有着质的区别。资本主义由工业资本主义向后工业资本主义、消费主义资本主义、后现代资本主义等的转变，改变的只是资本主义的形式，其财产关系以及雇佣关系的性质并没有发生质的转变。以雇佣形式的变化、表象的不同代之以资本主义生产模式的变迁，从而否定工人阶级的存在或者冠之以工人阶级的消解是经不住推敲的。内华达大学社会学系主任、教授伯奇·伯贝罗格鲁（BerchBerberoglu）认为，资本主义终将成为过去，但是未来社会又将走向何方？对"这一问题的答案无疑要到那些受持续地全球资本主义危机影响最严重的人们当中去寻找，即全球工人阶级以及世界范围内其他受剥削、受压迫的同盟者，他们意识到自身所处的窘境，也有能力组织起来担负起改变历史和社会的领导责任。未来我们将见证这一切的发生"②。加拿大约克大学政治学教授利奥·帕尼奇

---

① ［英］特里·伊格尔顿：《马克思为什么是对的》，李杨等译，新星出版社2011年版，第164页。
② BerchBerberoglu, "Conclusion: The Global Capitalist Crisis and Class Struggle", BerchBerberoglu (ed.), *The Global Capitalist Crisis and Its Aftermath: The Causes and Consequences of the Great Recession of 2008 - 2009*, VT: Ashgate Publishing Limited, 2014, p. 316.

(Leo Panitch)认为工人阶级较从前发生了很大的变化,更趋多样化,为此克服其内部差异,促进彼此联合是问题的关键所在。此外,在分析方法方面特别强调阶级分析方法的重要性,认为"只有恢复阶级分析方法,才能真正理解这些问题;而且只有运用阶级分析方法才能使劳工形成一种新的阶级策略以代替旧有的具有局限性的阶级政治"①。

(四)突出对经济平等与正义的强调和回归

左翼学者对未来社会的认识逐渐转向经济平等与正义,强调经济领域的平等有更为基础性的作用。这同资本主义国家严重财富分配不均,收入分配失衡直接相关。法国著名经济学家托马斯·皮凯蒂(Thomas Piketty)在《21世纪资本论》一书中,对资本主义世界财富分配状况进行了纵向的梳理,从而使资本主义的经济不平等、非正义等问题以无可辩驳的数据凸显出来。

左翼学者对经济平等与正义的关注一方面着眼于国内外不同阶级或阶层之间收入及财富分配不均的现状,另一方面则着眼于国际范围内引发不平等非正义的原因。纽约城市大学亨特学院社会学教授约翰·哈蒙德(John L. Hammond)认为"社会主义应是包括公平、自由、公正和团结等普遍价值得以践行的社会"②。加拿大曼尼托巴大学地缘政治经济学研究中心主任拉迪卡·德赛(Radhika Desai)认为,虽然第三世界有所发展,但实际上仍然受一些西方国家的间接剥削,一些占据优势的国家仍然把世界秩序视为主导与非主导的关系。她提出,第三世界国家应该去挑战这种残余的殖民模式,谋求新的国际秩序。英国剑桥大学教授大卫·莱恩(David Lane)认为社会主义最重要的成就就是实现了较为平等的收入。他说,在苏联,消除贫困是其取得的主要成就之一,1932—1986年间,收入差距很小,东欧国家情况也同样如此。

从20世纪70年代末80年代初到21世纪初资本主义新的危机爆发这段时间,新自由主义在西方主要资本主义国家中几乎都居于主流地位。在不到三十年的时间里,资本主义国家的贫富差距骤然扩大,甚至已经超过了1929年那场资本主义世界严重危机爆发之前的状况。面对这般棘手的

---

① Leo Panitch, *RENEWING SOCIALISM: Transforming Democracy, Strategy and Imagination*, Delhi: AAKAR BOOKS, 2010, p. 151.
② John L. Hammond, "Social Movements and Struggles for Socialism", in Anatole Anton and Richard Schmitt (eds.), *Taking Socialism Seriously*, Plymouth: Lexington Books, 2012, p. 214.

现状如何改变？法国学者热拉尔·迪梅尼尔（Gerard Dumenil）和多米尼克·莱维（Dominique Levy）主张，要重新整合金融业与实体经济的关系，改变金融业对生产服务业的侵蚀，重新让金融业为生产服务。此外，社会主义应该合理搭建生产能力与人们生活质量之间的对应关系。资本主义制度下这一关系是缺失的，因为生产的目的是为了获取剩余价值，为了资本积累，而非为改善人民的生活，为此，加拿大学者艾伦·梅克森斯·伍德（Ellen Meiksins Wood）认为"社会主义方案将会把消灭生产能力和生活质量之间的这种不一致作为主要的目标之一"①。

（五）更加突出社会运动本身带来的推动效应

在前文所谈及的左翼学者关于社会变革方式的讨论方面就可以清晰看出他们对社会运动本身所带来的推动效应的关注。例如，主张通过和平方式实现社会转变的学者认为，和平、民主的方式直接关涉新社会的构建，直接影响人们组建新社会的模式。

又如阿根廷政治学家和社会学家阿蒂略·阿尔贝托·博龙（Atilio Alberto Borón）认为，"21 世纪的社会主义究竟会以什么样的形式呈现，更多地取决于现实中人们的斗争，而非社会学者概念化的研究又或是控制中心发布的指令"②。约翰·哈蒙德力图在社会运动与实现社会主义的奋斗进程中建立彼此的关系，认为前者在实现后者的进程中发挥着重要作用。应当对目前普遍存在的社会运动给予足够重视，这里的社会运动并不是一种单一的参与到某种集体活动中来，而是"一种活动的集合体，它蕴含着一种主动的参与、一种集体意识的培育和联合组织的构建，并且塑造着他们所生活其中的社会的文化"③。具体来说，社会运动从四个方面对社会主义的实现提供积极支撑：一是缔造一种权利获得感（Empowerment），即便是那些认为他们的力量微不足道的人们，在参与社会运动的过程中也坚信他们的行动是为了他们共同许下的诺言；二是象征一种对未来的预想（Prefiguration），在集体参与的社会运动中预示着一种在社会主义社会中将会占

---

① ［加］艾伦·梅克森斯·伍德：《民主反对资本主义——重建历史唯物主义》，吕薇洲等译，重庆出版集团重庆出版社 2007 年版，第 141 页。

② Atilio A. Boron, *TWENTY-FIRST CENTURY SOCIALISM: Is There Life After Neoliberalism?*, Translated by Susan Ashdown, Nova Scotia and Manitoba: Fernwood Publishing, 2014, p. 77.

③ John L. Hammond, "Social Movements and Struggles for Socialism", in Anatole Anton and Richard Schmitt (eds.), *Taking Socialism Seriously*, Plymouth: Lexington Books, 2012, p. 213.

据主导地位的社会关系；三是文化转型（Cultural shift），即通过社会运动促使人们对某些事物的认知、观念发生变化，从而对社会主义社会某一方面形成较为成熟的构思，例如环境运动、民主运动所带来的积极影响便是如此；四是政治影响（Policy impact），即社会行动对国家政策、政府行为产生影响，进而推动社会公正的实现。①

**二 积极意义与局限**

国外左翼学者对社会主义的探讨既有不可忽视的积极意义，同时又存在着亟待克服的局限。

（一）积极意义

1. 国外左翼学者对资本主义现象及其本质的揭示与批判，以及对社会主义理论的探讨为人们认识世界、改造世界提供积极的引导力量。左翼学者对资本主义的批判揭示了改变当前世界的必要性，对社会主义理论的探讨彰显了改变当前世界的可能。左翼学者关于资本主义和社会主义的一系列新探讨，使资本主义的矛盾、痼疾以更加清晰的模样呈现出来，并将其与未来可能的状态衔接起来。左翼学者一方面描述了资本主义的新特征和新变化，这就必然引起人们对资本主义进行新的审视；另一方面，关于社会主义理论的探讨也在逐渐改变人们思考的方式，使民众逐渐认识到，要想改变现状似乎并不必然在资本主义范畴内寻找解决方式，问题的答案或许在制度之外，又或许只能在制度之外。这一推进革新的努力多少带有马克思"解放理论"的色彩，即既提供了对现状的描述，同时也为超越现状提供了新思考新方案。毕竟推进社会革新首先要让人们更多了解现实社会存在的矛盾和问题，进而分析产生系列矛盾的原因，揭示其本质，但这仅仅迈出了革新社会的第一步，更为艰巨的任务是如何改变现状以及将其改造成一个怎样的理想社会。

2. 国外左翼学者对社会主义的探讨日趋细化，也更为强调微观层面的内容，丰富了社会主义理论。马克思和恩格斯等经典作家对未来理想社会更多地是做框架式的勾勒和宏观趋势的判断，这一方面与他们当时所面临亟待解决的任务有关，即以历史唯物主义和辩证唯物主义观点对资本主义

---

① John L. Hammond, "Social Movements and Struggles for Socialism", in Anatole Anton and Richard Schmitt (eds.), *Taking Socialism Seriously*, Plymouth: Lexington Books, 2012, pp. 219 – 234.

进行彻底批判，对资本主义矛盾予以彻底揭露，为资本主义被社会主义取代的必然历史趋势做出客观、严谨推理，而至于资本主义之后应该具体怎样建设社会主义社会并不是经典作家探讨的重点。伊格尔顿认为"对马克思来说，乌托邦主义描绘出的社会蓝图分散了人们对现实生活中政治任务的注意力。那些投入畅想美好未来中的精力，如果用在政治斗争中将会更有成效"①。"马克思认为，重要的不是对于理想未来的美好憧憬，而是解决那些会阻碍这种理想实现的现实矛盾。"② 另一方面，也同资本主义和社会主义发展的成熟程度有关，资本主义的发展始终没有跳出其固有矛盾，没有摆脱资本主义周期性危机的规律，反而使这一矛盾更为凸显，进一步证实了马克思恩格斯等经典作家对资本主义的批判及其未来命运的预测。与此同时，社会主义快速发展，创造了一个又一个奇迹，在经历了由弱小到强大，由思潮、思想、理念转向社会主义制度，由高潮转向低潮、进而迎来新的崛起，由社会主义重心始于西欧转向东欧，再到中国，加之世界范围内的社会主义运动和思潮不断丰富和发展，所有这些都为社会主义理论的探讨和发展提供了19世纪难以企及的宝贵经验和证明，为左翼学者对社会主义的微观勾勒提供了众多具有说服力的生动实践和现实材料。

3. 国外左翼学者对社会主义的探讨是建立在对当前资本主义深刻批判基础之上的。从对资本主义系统性危机或局部危机的不同观测点，对社会主义进行理论构建，使社会主义较资本主义的优越性更为突出地彰显出来，有助于深刻理解社会主义代替资本主义的必然趋势。任何一场变革都需要立足于现实的出发点，而非理想中的"纯洁无瑕"的出发点，历史进程中的变革更是如此。缺少对现实资本主义发展新特点、新趋势的准确判断，以幻想和想象代替现实，最终只能庸庸碌碌，无所作为。国外左翼学者注重对资本主义最新状况的跟踪研究，对资本主义危机进行系统梳理，使资本主义弊端在危机中表现得尤为清晰。与此相应，社会主义作为资本主义的替代方案，势必需要解决这些难题，在各个方面提出不同的方案和选择，切实回答为什么社会主义可以避免这些危机及如何避免这些危机等问题，直视资本主义现实并为超越现实提供理论支撑、创造积极条件。

---

① ［英］特里·伊格尔顿：《马克思为什么是对的》，李杨等译，新星出版社2011年版，第72—73页。
② 同上书，第73页。

（二）理论局限

1. 国外左翼学者对社会主义的探讨时而以超越马克思主义的名义自居，但实际上却抽离了马克思主义理论中核心的内容，导致某种程度的倒退。安东尼奥·内格里认为在帝国时代非物质劳动已经代替物质劳动占据主体地位，为此，曾经的以从事物质生产劳动为主要内容的革命主体的优势也逐渐地让渡给非物质生产者。这一判断应该说有其积极意义，因为他看到了生产领域中发生的变化及其复杂性特征，再度将劳动视为寻找革命主体力量的出发点，试图循着非物质劳动代替物质劳动占据主导地位这一线索揭示革命力量的转换，而非单纯地从上层建筑等意识形态的内容中寻找主体力量。就这一点而言，同西方马克思主义者更多地注重意识形态领域的问题相较，内格里的分析无疑是对劳动的一种回归。因此，非物质劳动的提出有其进步意义。然而，看似对马克思劳动观点的发展，实际上却是对马克思关于生产与劳动内容的歪曲，简单地把马克思所讲的劳动等同于物质劳动。将原本在马克思主义相关理论中所蕴含的东西剥离出来，再以重新发现的名义将其视为对马克思主义理论的发展，这本身就存在对马克思主义的误读。此外，内格里以帝国超越帝国主义，本身也存在着对列宁所提出的帝国主义是资本主义的最高阶段的曲解。在寻找社会变革主体方面，内格里主张以"大众"代替工人阶级。而"大众"的特征在于主观上保持对创造新社会的期待和对现有统治秩序的反抗，是超越阶级领域的非物质劳动生产者。其中的内容抽离了社会变革主体的真正价值，使其在遇到同资产阶级相抵抗的具体问题时陷入抽象、模糊和泛化的境地，最终导致主体的缺失。

恩格斯曾说，"一切社会变迁和政治变革的终极原因，不应当到人们的头脑中，到人们对永恒的真理和正义的日益增进的认识中去寻找，而应当到生产方式和交换方式的变更中去寻找；不应当到有关时代的哲学中去寻找，而应当到有关时代的经济中去寻找"[①]。缺少了阶级分析方法，缺少了对生产方式、交换方式等的关注，理论的说服力和可行性难免受限。

2. 理论的深度及其对实践的指导意义仍显不足。真正的马克思主义者始终都是围绕着具体的实践而展开理论研究的，理论服务于实践，经过实践的检验进而推动、指导实践。马克思、恩格斯、卢卡奇、葛兰西、哈

---

① 《马克思恩格斯选集》第3卷，人民出版社2012年版，第654—655页。

里·布雷弗曼等都是在书斋外进行活动的，他们能够把握社会主义运动最真实的情况，了解工人阶级最切实的变化。习近平总书记在纪念马克思诞辰200周年大会上的讲话中指出，"马克思的一生，是为推翻旧世界、建立新世界而不息战斗的一生。恩格斯说，'马克思首先是一个革命家'，'斗争是他的生命要素。很少有人像他那样满腔热情、坚韧不拔和卓有成效地进行斗争'。马克思毕生的使命就是为人民解放而奋斗。为了改变人民受剥削、受压迫的命运，马克思义无反顾投身轰轰烈烈的工人运动，始终站在革命斗争最前沿"[①]。弗兰茨·梅林曾说，"无疑的，马克思之所以无比伟大，主要是因为思想的人和实践的人在他身上是密切地结合着的，而且是相辅相成的。同样无疑的是，在他身上，作为战士的一面是永远胜过作为思想家的一面"[②]。同样，我们可以设想，如果恩格斯没有深入英国工人阶级这一群体本身，了解工人的生产、生活、意识状况，也不可能完成巨著《英国工人阶级状况》。如果没有卢卡奇、柯尔施、葛兰西等对发达资本主义国家如何走出一条适合西方国家道路的实践和理论探索，也不可能为西方马克思主义注入最鲜明的底色。如果哈里·布雷弗曼（H. Braverman）没有十余载在工厂生活的经历，也不可能在《劳动与垄断资本》一书中从劳动过程的角度对工人阶级的最新变化、分化情况、心理状态等进行深入研究和客观剖析。遗憾的是，随着西方进入相对和平稳定的发展时期，特别是美苏争霸，最终以苏联解体而告终的宏大背景下，多数左翼学者日益退回到书斋中去了，而真正重新转向书斋之外，是在2008年经济危机发生之后。

2008年经济危机之后左翼学者逐渐从书斋走向对社会运动的关注，但是仅仅是起步，还存在着严重的理论和实践结合不足的问题。这表现在许多方面，如左翼学者关于社会主义理论的探讨求异胜过求同，对普遍原则的认定缺少共通的认知，致使在具体指导实践的过程中缺少说服力、影响力和感召力。又如，左翼学者对现象层面的关注超越了对本质理论的探究，对细节的关注超越了对整体的宏观判断。以21世纪发生的资本主义危机为例，对危机发生后所出现的新现象，如民众反抗意识的增强等，国

---

[①] 习近平：《在纪念马克思诞辰200周年大会上的讲话》，人民网，2018年5月4日，http://politics.people.com.cn/n1/2018/0504/c1024-29966121.html。

[②] ［德］弗·梅林：《马克思传》，樊集译，人民出版社1972年版，序言第4页。

外左翼学者给予了较多关注,特别是对以占领华尔街运动为代表的集体行动及其在世界范围内波及之广进行了较多评析,而对于导致集体抗议的根本原因为何,以及这一抗议行为为什么没有成为真正意义上的革命,它对于推动社会主义的进程又起着怎样的作用,在这个过程中又凸显了哪些不足等问题,虽有部分左翼学者进行了探讨,但其理论深度仍有待加强。许多学者在分析"占领"运动最终并未取得实质性进展的原因时将其归咎为民众缺乏有力的指导、缺乏具体明确的行动目标等,但是究竟谁来担负起领导力量、如何拟定符合民众普遍要求的行动纲领,对此缺乏具有推动意义的论述。马克思曾说,"人类始终只提出自己能够解决的任务,因为只要仔细考察就可以发现,任务本身,只有在解决它的物质条件已经存在或者至少是在生成过程中的时候,才会产生"[①]。面对越发活跃、规模越发庞大的群众运动,面对1%和99%这样带有强烈对抗意味的口号,其中蕴含了怎样的变革社会要求,这些仍亟待左翼学者做出深刻分析。

通过对国外左翼学者社会主义观的探讨可以看出,左翼学者对社会主义的研究随着社会主义与资本主义关系的变化,随着资本主义自身发展出现新情况、新问题,随着社会主义发展进程中所彰显出的活力和影响力而不断发生变化。通过对左翼学者社会主义观的研究可以反映出不同社会制度发展的阶段性特征,以及两种制度在发展中的比较优势,对社会主义的构想也更趋丰富和饱满。但左翼学者对社会主义的理论探讨要想真正转变为无产阶级运动的理论还任重道远,唯有深入考察无产阶级完成解放事业所需的历史条件及这一伟大事业的性质本身,"从而使负有使命完成这一事业的今天受压迫的阶级认识到自己的行动的条件和性质"[②],才能自信地讲,在推进无产阶级运动的理论中发挥了积极而有效的作用。

---

[①] 《马克思恩格斯选集》第2卷,人民出版社2012年版,第3页。
[②] 《马克思恩格斯选集》第3卷,人民出版社2012年版,第671页。

# 第八章 世界社会主义发展与建设的历史经验

苏东剧变30年来,世界社会主义在发展进程中积累了丰富的经验。深入总结这些经验,将为推进世界社会主义运动走出低谷提供重要借鉴。

## 第一节 坚持理论联系实际,探索本国化革命与建设道路

马克思主义是科学的理论,创造性地揭示了人类社会发展规律,揭示了人类社会发展的一般规律,揭示了资本主义运行的特殊规律,为人类指明了从必然王国向自由王国飞跃的途径,为人民指明了实现自由和解放的道路;马克思主义是人民的理论,第一次创立了人民实现自身解放的思想体系,指明了依靠人民推动历史前进的人间正道;马克思主义是实践的理论,指引着人民改造世界的行动,为人民认识世界、改造世界提供了强大精神力量;马克思主义是不断发展的开放的理论,始终站在时代前沿,能够永葆美妙青春,不断探索时代发展提出的新课题、回应人类社会面临的新挑战。

马克思主义的运用与发展,必须与各国的具体实际结合起来。恩格斯早就指出:"马克思的整个世界观不是教义,而是方法。它提供的不是现成的教条,而是进一步研究的出发点和供这种研究使用的方法。"① 列宁也指出:"我们决不把马克思的理论看作一成不变的和神圣不可侵犯的东西;恰恰相反,我们深信:它只是给一种科学奠定了基础,社会党人如果不愿落后于实际生活,就应当在各方面把这门科学推向前进。我们认为,对于

---

① 《马克思恩格斯选集》第4卷,人民出版社2012年版,第664页。

俄国社会党人来说，尤其需要独立地探讨马克思的理论，因为它提供的只是总的指导原理，而这些原理的应用具体地说，在英国不同于法国，在法国不同于德国，在德国又不同于俄国。"① 斯大林也指出："马克思主义不承认绝对适应于一切时代和时期的不变的结论和公式。"②

中国共产党的历任领导人都坚持把马克思主义与中国实际相结合。毛泽东早在延安整风时就强调："中国共产党的二十年，就是马克思列宁主义的普遍真理一经和中国革命的具体实践日益结合的二十年。""马克思列宁主义的普遍真理和中国革命的具体实践相结合，就使中国革命的面目为之一新。"③ "马克思列宁主义是科学，科学是老老实实的学问，任何一点调皮都是不行的。"④ "要有目的地去研究马克思列宁主义的理论，要使马克思列宁主义的理论和中国革命的实际运动结合起来，是为着解决中国革命的理论问题和策略问题而去从它找立场，找观点，找方法的。""应确立以研究中国革命实际问题为中心，以马克思列宁主义基本原则为指导的方针，废除静止地孤立地研究马克思列宁主义的方法。"⑤ 中华人民共和国成立后，毛泽东提出要实现马克思主义普遍原理与中国具体实际实现新的结合，创造新的理论，发展马克思主义。邓小平指出："马克思去世以后一百多年，究竟发生了什么变化，在变化的条件下，如何认识和发展马克思主义，没有搞清楚。绝不能要求马克思为解决他去世之后上百年、几百年所产生的问题提供现成答案。列宁同样也不能承担为他去世以后五十年、一百年所产生的问题提供现成答案的任务。真正的马克思列宁主义者必须根据现在的情况，认识、继承和发展马克思列宁主义。"⑥ "我们坚信马克思主义，但马克思主义必须与中国实际相结合。只有结合中国实际的马克思主义，才是我们所需要的真正的马克思主义。"⑦ 江泽民指出："马克思列宁主义、毛泽东思想一定不能丢，丢了就丧失根本。同时一定要以我国改革开放和现代化建设的实际问题、以我们正在做的事情为中心，着眼于马克思主义理论的运用，着眼于对

---

① 《列宁全集》第 4 卷，人民出版社 2013 年版，第 161 页。
② 《斯大林选集》下卷，人民出版社 1979 年版，第 538 页。
③ 《毛泽东选集》第 3 卷，人民出版社 1991 年版，第 795—796 页。
④ 《毛泽东选集》第 3 卷，人民出版社 1991 年版，第 800 页。
⑤ 《毛泽东选集》第 3 卷，人民出版社 1991 年版，第 801—802 页。
⑥ 《邓小平文选》第 3 卷，人民出版社 1993 年版，第 291 页。
⑦ 《邓小平文选》第 3 卷，人民出版社 1993 年版，第 213 页。

实际问题的理论思考,着眼于新的实践和新的发展。离开本国实际和时代发展来谈马克思主义,没有意义。静止地孤立地研究马克思主义,把马克思主义同它在现实生活中的生动发展割裂开来、对立起来,没有出路。"[1] "坚持马克思主义,绝不能采取教条主义、本本主义的态度,而应该采取实事求是、与时俱进的科学态度,坚持一切从发展变化着的实际出发,把马克思主义看作是不断随着实践的发展而发展的科学。"[2] 胡锦涛指出:"只有改革开放才能发展中国、发展社会主义、发展马克思主义。"[3] "马克思主义只有与本国国情相结合、与时代发展同进步、与人民群众共命运,才能焕发出强大的生命力、创造力、感召力。"[4] 习近平总书记2011年在中国共产党建党90周年时就指出:"推进马克思主义中国化,一定要科学对待马克思主义,正确处理坚持和发展、一脉相承和与时俱进的辩证统一关系。党的指导思想和基本理论与时俱进的历程说明,每一次理论创新都是把马克思主义基本原理同中国具体实际相结合而不断追求真理、大胆探索的结果。这个结合,是坚持马克思主义和发展马克思主义的统一。能不能实现这个结合,关键在于能不能真正掌握马克思主义,能不能深刻认识中国国情,并把两者正确地统一于革命、建设、改革的实践之中。认识中国国情,最重要的是认识对中国革命、建设、改革有重大影响的一切有利和不利的条件和因素,特别是要认识中国社会的性质和发展阶段,认识社会主要矛盾、主要任务和它们的变化。掌握马克思主义,最重要的是掌握它的精神实质,运用它的立场、观点、方法和基本原理分析解决实际问题。马克思主义基本原理,体现马克思主义的根本性质和整体特征,体现马克思主义世界观和方法论的科学性、革命性的高度统一。相对于在特定的历史环境中所作的个别判断和具体结论而言,基本原理是对事物本质和发展规律的概括,具有普遍和根本的指导意义。我们说老祖宗不能丢,很重要的就是马克思主义基本原理不能丢。推进理论创新,必须坚持马克思主义基本原理不能动摇。这是发展马克思主义的基础和出发点,否则就会迷失方向走上歧途。同时,必须随着实践发展不断丰富马克思主义,不断赋予马克思主义新

---

[1] 《江泽民文选》第2卷,人民出版社2006年版,第12页。
[2] 《江泽民文选》第3卷,人民出版社2006年版,第337页。
[3] 《胡锦涛文选》第2卷,人民出版社2016年版,第619页。
[4] 《胡锦涛文选》第2卷,人民出版社2016年版,第621页。

的生命活力，以更好地把马克思主义坚持下去。"①

世界各国把马克思主义基本原理与本国实际相结合，走出本国特色的社会主义革命和建设道路。各国共产党坚持科学社会主义基本原则的同时，把科学社会主义基本原则与各国具体实际结合起来，在实践中寻求具体结合形式。列宁曾经指出："现在一切都在于实践，现在已经到了这样一个历史关头：理论在变为实践，理论由实践赋予活力，由实践来修正，由实践来检验。"② 这样才能真正推进科学社会主义在各国变为现实。判断中国特色社会主义是否坚持科学社会主义，不能教条式地理解，要从中国现阶段国情出发，看是否在本质上体现了科学社会主义的基本原则，是否坚持了科学社会主义的发展方向。

在早期社会主义实践中，马克思主义者就明白一个道理，社会主义理论必须与实际条件相结合，必须在实践中寻找最合适的实现方式，不可能一步建成纯而又纯的社会主义社会，不能犯"左"的错误，急躁冒进，急于求成，超越社会主义发展阶段，急于向共产主义过渡。世界社会主义、中国社会主义建设在这方面都有过惨痛的教训。在苏联，20世纪30年代斯大林宣布建成社会主义，还要过渡到共产主义，后来赫鲁晓夫提出20年基本建成共产主义。在中国出现1958年"大跃进"，提出"跑步进入共产主义"。这些都违背了经济发展规律，严重影响了人民生活水平的提高。

列宁把马克思主义革命学说与俄国实际相结合，通过发动十月革命，夺取了政权，建立了世界上第一个社会主义国家。十月革命后，在战胜资本主义国家的干预以后，又通过新经济政策，探索具有俄国特色的社会主义建设道路。列宁逝世以后，在斯大林的领导下，形成建设社会主义的"苏联模式"。虽然这个模式存在很多问题，但是在探索社会主义建设道路上为其他国家提供了有益的经验教训。越南、古巴、朝鲜、老挝都结合本国实际，探索适合本国的社会主义建设道路。特别是越南，坚持社会主义方向基本原则，通过"革新"，取得了越南社会主义建设重大成就。

中国共产党把马克思主义基本原理与中国实际相结合，走出了中国特色的革命和建设道路。在新民主主义革命时期，通过农村包围城市，实行

---

① 《中国共产党90年来指导思想和基本理论的与时俱进及历史启示》，《学习时报》2011年6月27日。

② 《列宁选集》第3卷，人民出版社2012年版，第381页。

工农武装割据，夺取了全国政权，中国共产党成为全国执政的政党。中华人民共和国成立以后，通过社会主义改造，特别是通过和平赎买，建立了社会主义基本制度。社会主义改造以后，中国共产党通过艰辛探索，在改革开放时期，开辟和发展了中国特色社会主义道路。从其处于社会主义初级阶段实际出发，中国提出建设有中国特色的社会主义。中国特色社会主义之所以是社会主义而不是别的什么主义，就在于它始终坚持以科学社会主义的基本原则为理论源泉和理论核心。邓小平在改革开放之初就明确指出，现在我们搞四个现代化，是搞社会主义的四个现代化，不是搞别的现代化；公有制为主体、按劳分配、共同富裕等，"我们就是要坚决执行和实现这些社会主义的原则"。科学社会主义创始人对社会主义的设想和他们提出的科学社会主义基本原则的最终实现，需要一个过程。中国共产党始终将其作为核心理念，始终将其作为进行改革开放和实践创新、理论创新、制度创新的"魂"。这样的理念，这样的"魂"，鲜明地体现在改革开放新时期中国共产党所制定的路线、方针、政策中。

中国特色社会主义是当代中国的科学社会主义，其鲜明在于它的"中国特色"。中国正处于并将长期处于社会主义初级阶段，这是中国最大的国情，也是建设中国特色社会主义的总根据。中国正处于并将长期处于社会主义初级阶段，这个论断包括两层含义：第一，中国社会已经是社会主义社会。必须坚持而不能离开社会主义。这就与否定社会主义道路的各种错误思潮划清了界限；第二，中国的社会主义社会还处在初级阶段。社会主义初级阶段，是在经济文化落后的中国建设社会主义现代化不可逾越的历史阶段。这就与各种超越阶段的错误思潮划清了界限。中国的社会主义建设，必须从中国的国情出发，走中国特色社会主义道路。

中国在探索社会主义道路时，始终坚持科学社会主义的基本原则。始终坚持公有制原则。生产资料公有制是社会主义与资本主义的本质区别。放弃了生产资料公有制原则，就放弃了社会主义。中国在完成社会主义改造后，始终坚持生产资料公有制原则。中国宪法第六条明确规定：中华人民共和国的社会主义经济制度的基础是生产资料的社会主义公有制，即全民所有制和劳动群众集体所有制。社会主义公有制消灭人剥削人的制度，实行各尽所能、按劳分配的原则。国家在社会主义初级阶段，坚持公有制为主体、多种所有制经济共同发展的基本经济制度，坚持按劳分配为主体、多种分配方式并存的分配制度。第七条规定，国有经济，即社会主义全民所有制经济，是国民经济中的主导力量。国家保障国有经济的巩固和发展。第八条规定，国家保护城乡集体经济组织的合法权利和利益，鼓励、指导和帮助集体经济的发展。

改革开放以来，中国共产党始终强调要坚持公有制的主体地位，发挥国有经济主导作用，反对私有化。邓小平多次强调要坚持社会主义公有制主体地位。1985年8月，邓小平在同外宾的谈话中说："我们现在讲的对内搞活经济、对外开放是在坚持社会主义原则下开展的。社会主义有两个非常重要的方面，一是以公有制为主体，二是不搞两极分化。公有制包括全民所有制和集体所有制，现在占整个经济的百分之九十以上。"他还说："总之，我们的改革，坚持公有制为主体，又注意不导致两极分化，过去四年我们就是按照这个方向走的，这就是坚持社会主义。"

党的十八大以后，以习近平同志为核心的党中央多次提出要坚持公有制主体地位，把国有企业做大做强做优。2013年11月9日，习近平总书记在《关于〈中共中央关于全面深化改革若干重大问题的决定〉的说明》中强调："坚持和完善基本经济制度必须坚持'两个毫不动摇'。"[①] 2013年12月12日，习近平在中央城镇化工作会议上的讲话中指出，"土地公有质性质不能变"，"要尊重农民意愿、保障农民权益，防止土地过度集中到少数人手里，防止土地用途发生根本性变化，造成农村贫富差距过大"[②]。2014年3月"两会"期间，习近平指出，深化国企改革是大文章，国有企业不仅不能削弱，而且要加强。他还强调，发展混合所有制经济要有利于巩固公有制主体地位和发挥国有经济主导作用，"国有资本、集体资本、非公有资本等交叉持股、相互融合的混合所有制经济，是基本经济制度的重要实现形式，有利于国有资本放大功能、保值增值、提高竞争力。这是新形势下坚持公有制主体地位，增强国有经济活力、控制力、影响力的一个有效途径和必然选择。""这将推动非公有制经济健康发展"[③]。

中国特色社会主义始终坚持共同富裕。中国共产党走出了一条"先富

---

[①] 中共中央文献研究室编：《习近平关于全面深化改革论述摘编》，中央文献出版社2014年版，第58页。

[②] 中共中央文献研究室编：《习近平关于全面深化改革论述摘编》，中央文献出版社2014年版，第64页。

[③] 中共中央文献研究室编：《习近平关于全面深化改革论述摘编》，中央文献出版社2014年版，第58—59页。

带后富"的道路。邓小平提出"让一部分人、一部分地区先富起来"最终也是为了实现"共同富裕"。2012年11月15日,习近平在当选总书记后与记者的见面会上旗帜鲜明地提出坚定不移走共同富裕的道路。2014年3月27日,他在中法建交五十周年纪念大会上的讲话中指出:"我们的方向就是让每个人获得发展自我和奉献社会的机会,共同享有人生出彩的机会,共同享有梦想成真的机会,保证人民平等参与、平等发展权利,维护社会公平正义,使发展成果更多更公平惠及全体人民,朝着共同富裕方向稳步前进。"① 2017年中共十九大勾画了实现共同富裕的时间表和路线图。

## 第二节 立足时代和实践发展,创新发展社会主义理论

恩格斯指出,社会主义社会"不是一成不变的东西,而应当和其他任何社会制度一样,把它看成是经常变化和改革的社会"②。社会主义从来都是在开拓中前进的,必定随着时代、实践和科学的发展而不断发展,不可能一成不变。中国特色社会主义是不断发展、不断前进的。对社会主义的认识,对中国特色社会主义规律的把握,已经达到了一个前所未有的新的高度,这一点不容置疑。同时,中国特色社会主义是当代中国的科学社会主义,但绝不是科学社会主义的终结,还需要不断向前拓展。一方面,这是客观实际发展的需要。当前,中国特色社会主义所面临的内外环境更趋复杂,每前进一步都会遇到新的问题。必须直面并及时回答客观实际发展所提出的新课题。另一方面,这是科学理论自身发展的需要。中国社会主义还处在初级阶段,面临很多没有弄清楚的问题和待解的难题,对许多重大问题的认识和处理都还处在不断深化的过程中,这一点也不容置疑。对事物的认识是需要一个过程的,而对社会主义这个只搞了几十年的东西,我们的认识和把握也还是非常有限的,还需要在实践中不断深化和发展。中国特色社会主义毕竟只搞了四十多年,对其客观规律的认识和把握还处在不断深化、提高的过程中。坚持和发展中国特色社会主义是一篇大文

---

① 中共中央文献研究室编:《习近平关于全面深化改革论述摘编》,中央文献出版社2014年版,第102页。

② 《马克思恩格斯全集》第37卷,人民出版社1974年版,第443页。

章。现在，中国共产党人的任务就是继续把这篇大文章写下去。社会主义必须随着时代和实践发展，在改革开放的实践中与时俱进创新发展社会主义理论。

创新发展社会主义理论，必须坚持科学社会主义基本原则。坚持科学社会主义基本原则是根本，若丢了科学社会主义基本原则，就不是科学社会主义，就不能说是社会主义国家。

马克思恩格斯创立的科学社会主义是有着其本质规定的。科学社会主义是建立在对资本主义的科学认识基础上，是从最顽强的事实出发的。恩格斯曾经指出："为了使社会主义变为科学，就必须首先把它置于现实的基础之上。"[①] "不应当从头脑中发明出来，而应当通过头脑从生产的现成物质事实中发现出来。"[②] 马克思、恩格斯一再声明："我们对未来非资本主义社会区别于现代社会的特征的看法，是从历史事实和发展过程中得出的确切结论；脱离这些事实和过程，就没有任何理论价值和实际价值。"[③] 19世纪中叶，随着资本主义社会化大生产的不断发展，工人阶级作为独立政治力量登上历史舞台，马克思恩格斯深入考察资本主义经济、政治、社会状况，批判地继承德国古典哲学、英国古典政治经济学和法国、英国空想社会主义的合理成分，创立了唯物史观和剩余价值学说。唯物史观实现了人类历史观的伟大变革，使科学地考察人类社会历史成为可能；剩余价值学说的创立，"这个问题的解决是马克思著作的划时代的功绩。它使明亮的阳光照进了经济学领域，而在这个领域中，从前社会主义者像资产阶级经济学家一样曾在深沉的黑暗中摸索。科学社会主义就是以此为起点，以此为中心发展起来的"[④]。正是唯物史观和剩余价值学说这两大理论基石，使社会主义实现了从空想到科学的伟大飞跃。

马克思恩格斯从生产力和生产关系、经济基础和上层建筑的矛盾运动角度来说明资本主义产生、发展、灭亡的历史必然性，从社会化大生产同生产资料私人占有之间的矛盾来分析无产阶级的历史使命，提出无产阶级是最革命的阶级、资本主义的掘墓人和共产主义的建设者。马克思恩格斯在批判旧世界的基础上，对未来社会主义社会的发展过程、发展方向、一

---

① 《马克思恩格斯选集》第3卷，人民出版社2012年版，第789页。
② 《马克思恩格斯文集》第3卷，人民出版社2009年版，第547页。
③ 《马克思恩格斯全集》第36卷，人民出版社1975年版，第419—420页。
④ 《马克思恩格斯选集》第3卷，人民出版社1995年版，第548页。

般特征作了科学预测和设想。他们认为,社会主义社会和资本主义社会决定意义的差别包括:一是在生产资料公有制基础上组织生产,满足全体社会成员的需要是社会主义生产的目的;二是对社会生产进行有计划的指导和调节,实行等量劳动领取等量产品的按劳分配原则;三是合乎自然规律地改造和利用自然;四是无产阶级革命是无产阶级进行斗争的最高形式、必须由无产阶级政党领导、以建立无产阶级专政的国家为目的;五是通过无产阶级专政和社会主义生产力高度发展最终实现消灭阶级、消灭剥削、实现人的全面而自由发展的共产主义社会等等。这些构成了科学社会主义基本原则,也是科学社会主义的质的规定性。1992年邓小平在南方谈话中界定的社会主义本质是:解放生产力,发展生产力,消灭剥削,消除两极分化,最终实现共同富裕。这一界定,是对科学社会主义原则的高度概括。

这些原则的提出,标志着社会主义实现了从空想到科学的历史性飞跃。马克思曾深刻地分析了这一飞跃:"正如经济学家是资产阶级的学术代表一样,社会主义者和共产主义者是无产者阶级的理论家。在无产阶级尚未发展到足以确立为一个阶级,因而无产阶级同资产阶级的斗争尚未带政治性以前,在生产力在资产阶级本身的怀抱里尚未发展到足以使人看到解放无产阶级和建立新社会必备的物质条件以前,这些理论家不过是一些空想主义者,他们为了满足被压迫阶级的需要,想出各种各样的体系并且力求探寻一种革新的科学。但是随着历史的演进以及无产阶级斗争的日益明显,他们就不再需要在自己头脑里找寻科学了;他们只要注意眼前发生的事情,并且把这些事情表达出来就行了。当他们还在探寻科学和只是创立体系的时候,当他们的斗争才开始的时候,他们认为贫困不过是贫困,他们看不出它能够推翻旧社会的革命的破坏的一面。但是一旦看到这一面,这个由历史运动产生并且充分自觉地参与历史运动的科学就不再是空论,而是革命的科学了。"①

马克思恩格斯提出的这些原则建立在严密的科学论证和现实基础上,使社会主义建立在对社会发展规律的科学认识之上,克服了空想社会主义者从道德和理性原则出发批判资本主义及从头脑中构思未来理想社会的根本缺陷,是对资本主义理性认识的结晶,是科学的设想,是近代以来探索

---

① 《马克思恩格斯文集》第1卷,人民出版社2009年版,第616页。

人类理想社会最有科学依据、最有生命力、最有群众影响的改造社会的理论。这些原则,从总体上说是科学体系、科学理论,经过了历史的检验。从此以后,"社会主义现在已经不再被看作某个天才头脑的偶然发现,而被看作两个历史地产生的阶级即无产阶级和资产阶级之间斗争的必然产物"①。"共产主义对我们来说不是应当确立的状况,不是现实应当与之相适应的理想。我们所称为共产主义的是那种消灭现存状况的现实的运动。这个运动的条件是由现有的前提产生的。"②在科学社会主义指导下,社会主义运动越出了少数思想家的狭小范围,变成了一个群众性的社会运动,并在20世纪在众多国家成为一种社会制度,进行了波澜壮阔的实践,极大地推动了人类进步。

对待科学社会主义的基本原则,应像恩格斯在《共产党宣言》1872年德文版序言中指出的:"这些原理的实际运用,正如《宣言》中所说的,随时随地都要以当时的历史条件为转移。"③恩格斯晚年反复强调:"马克思的整个世界观不是教义,而是方法。它提供的不是现成的教条,而是进一步研究的出发点和供这种研究使用的方法。"④这些原则的具体运用,一定要与各国具体实际相结合,经典作家并没有提出具体的药方。列宁指出:"科学社会主义其实从未描绘过任何未来的远景,它仅限于分析现代资产阶级制度,研究资本主义社会组织的发展趋势,如此而已。……例如《资本论》这部叙述科学社会主义的主要的和基本的著作,对于未来只是提出一些最一般的暗示,它考察的只是未来的制度所由以长成的那些现有的因素。"⑤恩格斯明确指出:"无论如何,共产主义社会中的人们自己会决定,是否应当为此采取某种措施,在什么时候,用什么办法,以及究竟是什么样的措施。我不认为自己有向他们提出这方面的建议和劝导的使命。那些人无论如何也不会比我和您笨。"⑥

总结社会主义发展经验,结合各国具体实践,在社会主义运动中创新社会主义理论必须坚持以下科学社会主义基本原则。

---

① 《马克思恩格斯选集》第3卷,人民出版社1995年版,第739页。
② 《马克思恩格斯文集》第1卷,人民出版社2009年版,第539页。
③ 《马克思恩格斯文集》第2卷,人民出版社2009年版,第5页。
④ 《马克思恩格斯选集》第1卷,人民出版社2012年版,第166页。
⑤ 《列宁全集》第1卷,人民出版社2013年版,第154页。
⑥ 《马克思恩格斯全集》第35卷,人民出版社1974年版,第145—146页。

发展社会生产力原则。生产力的巨大增长和高度发展，是建立社会主义社会必需的实际前提。如果没有生产力的巨大发展，社会主义社会就将没有任何物质前提，它将建立在纯粹的理论上面，就是说，将纯粹是一种怪想。没有生产力的巨大进步和普遍交往的发展，"那就只会有贫困的普遍化；而在极端贫困的情况下，就必须重新开始争取必需品的斗争，也就是说，全部陈腐的东西又要死灰复燃"①。社会主义的根本任务是发展社会生产力。发展社会生产力，是科学社会主义的基本要义，也是社会主义战胜资本主义的根本保证。因此，共产党在夺取政权后，一定要把创造高于资本主义社会的社会经济制度的根本任务提到首位。这个根本任务就是提高劳动生产率。只有创造出比资本主义更高的劳动生产率，才能彰显社会主义的优越性，增强社会主义的吸引力，才能为最终过渡到共产主义社会打下牢固的物质基础，这是社会主义战胜资本主义最根本的东西。中国共产党坚持科学社会主义的这一原则，改革开放以后，将其与当代中国的具体实际结合起来，聚精会神抓建设，一心一意谋发展，促进了中国的崛起，创造了人类历史上的发展奇迹，极大地增强了社会主义力量，将科学社会主义推向新的阶段。苏东剧变的最深层次原因就是在发展生产力方面出了问题。特别是东欧国家，在与欧美资本主义国家竞争中，生产力方面出现了很大差距，为西方和平演变提供了机会。当今世界存在的几个社会主义国家中，古巴、朝鲜、老挝生产力发展长期处于不发达状态，影响了世界社会主义形象。

生产资料公有制原则。公有制是社会主义的最重要特征。社会主义社会与资本主义社会具有决定意义的差别是在生产资料公有制基础上组织生产。公有制决定了社会主义生产的根本目的是满足全体社会成员的需要。私有制不能普遍改善人民生活，从根本上讲是为少数人服务的，是贫富两极分化的制度根源。空想社会主义创始人、英国思想家托马斯·莫尔早在《乌托邦》中就指出："任何地方私有制存在，所有的人凭现金价值衡量所有的事物，那么，一个国家就难以有正义和繁荣。""如不彻底废除私有制，产品不可能公平分配，人类不可能获得幸福。私有制存在一天，人类中最大的一部分也是最优秀的一部分将始终背上沉重而甩不掉的贫困灾难

---

① 《马克思恩格斯全集》第3卷，人民出版社1960年版，第39页。

的担子。"① 马克思主义认为，生产资料所有者同直接生产者之间的关系是基本的生产关系。"这些一定的分配形式是以生产条件的一定的社会性质和生产当事人之间的一定的社会关系为前提的。因此，一定的分配关系只是历史地规定的生产关系的表现。"② 不同的所有制决定了不同的分配方式。社会占有生产资料是社会主义社会的最基本特征，社会主义社会的其他特征都是由其决定的。在社会占有生产资料的条件下，社会"通过有计划地利用和进一步发展一切社会成员的现有的巨大生产力，在人人都必须劳动的条件下，人人也都将同等地、愈益丰富地得到生活资料、享受资料、发展和表现一切体力和智力所需的资料"③。

共同富裕原则。共同富裕是社会主义的本质特征，是社会主义与资本主义的本质区别。在马克思看来，建立社会主义社会，就是为了让全体人民生活得更好。共同富裕不等同于再分配，不是简单的"公平的分配"。马克思当年就对其进行了驳斥，他指出："在所谓分配问题上大做文章并把重点放在它上面，那也是根本错误的。""消费资料的任何一种分配，都不过是生产条件本身分配的结果；而生产条件的分配，则表现生产方式本身的性质。例如，资本主义生产方式的基础是：生产的物质条件以资本和地产的形式掌握在非劳动者手中，而人民大众所有的只是生产的人身条件，即劳动力。既然生产的要素是这样分配的，那么自然就产生现在这样的消费资料的分配。如果生产的物质条件是劳动者自己的集体财产，那么同样要产生一种和现在不同的消费资料的分配。庸俗的社会主义仿效资产阶级经济学家（一部分民主派又仿效庸俗社会主义）把分配看成并解释成一种不依赖于生产方式的东西，从而把社会主义描写为主要是围绕着分配兜圈子。既然真实的关系早已弄清楚了，为什么又要开倒车呢？"④

无产阶级专政原则。无产阶级专政实际上就是实现以工人阶级为领导的人民当家作主。《中华人民共和国宪法》第一条庄严宣布：中华人民共和国是工人阶级领导的，以工农联盟为基础的人民民主专政的社会主义国家。人民民主专政是中国共产党把马克思主义无产阶级专政学说与中国实际相结合的产物。人民民主专政的实质是无产阶级专政，但它不是单一的

---

① ［英］托马斯·莫尔：《乌托邦》，戴镏龄译，商务印书馆1982年版，第21页。
② 《马克思恩格斯文集》第7卷，人民出版社2009年版，第998页。
③ 《马克思恩格斯文集》第1卷，人民出版社2009年版，第709—710页。
④ 《马克思恩格斯文集》第3卷，人民出版社2009年版，第436页。

无产阶级的专政,而是以工人阶级为领导的、以工农联盟为基础的,包括最广泛同盟者的对少数敌人的专政。① 人民民主专政是中华人民共和国立国的四项基本原则之一。毛泽东指出:"中国人民在几十年中积累起来的一切经验,都叫我们实行人民民主专政。""对于胜利了的人民,这是如同布帛菽粟一样地不可以须臾离开的东西。这是一个很好的东西,是一个护身的法宝,是一个传家的法宝。"② 邓小平强调:"坚持社会主义就必须坚持无产阶级专政,我们叫人民民主专政。在四个坚持中,坚持人民民主专政这一条不低于其他三条。"③ 江泽民强调指出:"用人民民主专政来维护人民的政权,维护人民的根本利益。在这个问题上,要理直气壮。我们社会主义政权的专政力量不但不能削弱,还要加强。在这个问题上,切不可书生气十足。"④ 胡锦涛提出:"人民民主是我们党始终高扬的光辉旗帜。""人民民主是社会主义的生命。"⑤ "必须坚持人民主体地位。"⑥ 2012年12月4日,习近平在首都各界纪念现行宪法公布实施30周年大会上指出,"工人阶级领导的、以工农联盟为基础的人民民主专政的国体"是宪法确立的我们必须长期坚持的制度。⑦

无产阶级政党领导原则。从世界社会主义发展来看,世界社会主义运动的历史,就是各国共产党建立、发展、壮大和为社会主义事业、共产主义事业奋斗的历史。没有共产党的领导,世界社会主义运动就会名存实亡。坚持共产党的领导,世界社会主义运动才会蓬勃发展。现实社会主义国家的实践充分证明共产党的领导对于社会主义社会的决定性意义。党的领导是中国特色社会主义最本质特征。特别是对处于社会主义初级阶段的中国来说,社会主义公有制基础还在不断壮大过程中,坚持共产党的领导,就为坚持社会主义提供了强有力的政治保障。共产党坚持实现共产主义的远大理想,使社会主义有了明确方向和奋斗目标;共产党以马克思主义为指导,使社会主义有了科学的理论基础;共产党按照民主集中制组织起来,由无产阶级先进分子组成,具有严密的组织体系,很强的组织力

---

① 王伟光:《坚持人民民主专政并不输理》,《红旗文稿》2014年第18期。
② 《毛泽东选集》第4卷,人民出版社1991年版,第1475、1502—1503页。
③ 《邓小平文选》第3卷,人民出版社1993年版,第365页。
④ 《江泽民文选》第3卷,人民出版社2006年版,第223页。
⑤ 《十八大以来重要文献选编》(上),中央文献出版社2014年版,第19页。
⑥ 《十八大以来重要文献选编》(上),中央文献出版社2014年版,第11页。
⑦ 《十八大以来重要文献选编》(上),中央文献出版社2014年版,第88页。

量，富于献身精神，使社会主义有了牢固的组织基础；共产党集中体现和代表无产阶级与广大人民群众的利益，密切联系群众，全心全意为人民服务，支持和保证人民当家作主，使社会主义能够始终代表最广大人民的根本利益。因此，否定共产党的领导对社会主义的重要意义，割裂党的领导与社会主义的关系，是对世界社会主义历史的无知体现，对共产党领导本质的歪曲。

创新发展社会主义理论，必须通过改革开放来不断坚持和完善社会主义制度。改革是一个国家、一个民族的生存发展之道。在人类社会发展过程中，革命和改革是推动社会前进的两种因素。革命是一个社会阶级矛盾尖锐的产物。改革是革新的意思，从某种意义上说也是一种革命，一般是指统治阶级有领导、有步骤、明确地对国家和社会某些不合理的制度进行的革命性的变革。纵观古今中外，改革创新是推动人类社会进步的根本动力，是大势所趋、人心所向，是浩浩荡荡的历史潮流，顺之则昌、逆之则亡。中国40多年改革开放特别是党的十八大以来发生历史性变革，给社会主义国家提供的一条最重要的历史启示就是：一个国家、一个民族要振兴，就必须在历史前进的逻辑中前进、在时代发展的潮流中发展。

改革是社会主义社会发展的直接动力。在社会主义社会，改革是指在共产党和政府领导下，有计划、有步骤、有秩序地对生产关系中不适合生产力发展的某些环节和方面，上层建筑中不适应经济基础的某些环节和方面，进行根本性的变革，进一步解放和发展生产力。改革是社会主义制度的自我完善和发展，是社会主义社会发展的客观要求。改革是社会主义制度下，共产党领导的一场自我完善的伟大社会革命。世界社会主义发展的历史经验表明，只有改革开放才能发展马克思主义、发展社会主义。邓小平1992年在南方谈话中掷地有声地指出："不坚持社会主义，不改革开放，不发展经济，不改善人民生活，只能是死路一条。"[①] 改革开放40多年，特别是党的十八大以来，中国正是依靠改革创造了人类历史上的发展奇迹，使科学社会主义在21世纪的中国焕发出强大生机活力，在世界上高高举起了中国特色社会主义伟大旗帜。越南革新事业大大改变了越南的面貌，也充分证明了改革的必要性。古巴、朝鲜、老挝也都开始了或正在进行改革事业。

---

① 《邓小平文选》第3卷，人民出版社1993年版，第370页。

改革是实现社会主义各国民族发展的关键一招。中国改革开放历史证明,"改革开放是党在新的历史条件下领导人民进行的新的伟大革命,是决定当代中国命运的关键抉择"①,"改革开放是我们党的历史上一次伟大觉醒,正是这个伟大觉醒孕育了新时期从理论到实践的伟大创造"②。改革开放是当代中国发展进步的活力之源,是中国共产党和中国人民大踏步赶上时代的重要法宝,是中国共产党最鲜明的旗帜,是坚持和发展中国特色社会主义的必由之路。1978年,以中国共产党的十一届三中全会为标志,中国开启了改革开放历史征程。从农村到城市,从试点到推广,从经济体制改革到全面深化改革,中国人民用双手书写了国家和民族发展的壮丽史诗。回顾中国改革开放以来的40多年历程,每一次重大改革都给中国共产党和中国发展注入新的活力、给事业前进增添强大动力,中国共产党和中国人民的事业在不断深化改革中波浪式向前推进。党的十八大以来,在以习近平同志为核心的党中央领导下,广大干部群众积极投身改革,汇聚起全面深化改革的强大正能量,谱写了改革新篇章,推动了中国特色社会主义进入新时代。中国40多年来的快速发展靠的是改革开放,决胜全面建成小康社会、全面建设社会主义现代化国家、实现中华民族伟大复兴也必须坚定不移地依靠改革开放。其他社会主义国家要实现本民族发展,也必须进行改革。

改革开放只有进行时没有完成时,停顿、倒退没有出路。深化改革关系共产党和各国人民事业前途命运,关系共产党的执政基础和执政地位。没有改革开放,就没有中国的今天;离开改革开放,也没有中国的明天。中国借纪念改革开放40周年东风,深化对改革开放规律性的认识,高举改革开放大旗,继续解放思想,坚持正确的改革方法论,坚持以问题为导向、系统、整体、协同、法治思维和法治方式、顶层设计与基层良性互动推进改革,将改革进行到底,奋力开拓中国特色社会主义更加广阔的前景!

牢牢把握改革的正确方向,推进社会主义制度自我完善和发展。方向问题至关重要。坚持什么样的改革方向,决定着改革的性质和最终成败。社会主义国家改革是有方向、有立场、有原则的。社会主义国家的改革是

---

① 《习近平关于全面深化改革论述摘编》,中央文献出版社2014年版,第1页。
② 《习近平关于全面深化改革论述摘编》,中央文献出版社2014年版,第2页。

在各国特色社会主义道路上不断前进的改革，既不走封闭僵化的老路，也不走改旗易帜的邪路。习近平强调："推进改革的目的是要不断推进我国社会主义制度自我完善和发展，赋予社会主义新的生机活力。这里面最核心的是坚持和完善党的领导、坚持和完善中国特色社会主义制度，偏离了这一条，那就南辕北辙了。"① 回顾中国40多年的改革历程，改革之所以能够顺利推进并取得历史性成就，根本原因就在于中国共产党始终坚持正确的改革方向和改革立场，排除各种干扰，确保改革不变质、不变样。在新时代推进全面深化改革，中国共产党始终注意把握好坚持和发展中国特色社会主义的根本政治方向。中国40多年改革开放最主要的成果是开创和发展了中国特色社会主义，为社会主义现代化提供了强大动力和有力保障。中国特色社会主义就是当代中国的科学社会主义，坚持中国特色社会主义就是坚持社会主义，坚持改革的正确方向就是要牢牢坚持中国特色社会主义道路。"我们全面深化改革，不是因为中国特色社会主义制度不好，而是要使它更好；我们说坚定制度自信，不是要固步自封，而是要不断革除体制机制弊端，让我们的制度成熟而持久。"② 全面深化改革的总目标是完善和发展中国特色社会主义、推进国家治理体系和治理能力现代化，这两句话是一个整体，前一句话规定了中国特色社会主义道路的根本方向，后一句话规定了在根本方向指引下完善和发展中国特色社会主义制度的鲜明指向。一些敌对势力和别有用心的人摇旗呐喊、制造舆论、混淆视听，把改革定义为往西方政治制度的方向上改，否则就是不改革。对此，要洞若观火，保持政治定力，明确政治定位。我们不断推进改革，是为了推动党和人民事业更好发展，而不是为了迎合某些人的"掌声"，不能把西方的理论、观点生搬硬套在自己身上。"我们不仅要防止落入'中等收入陷阱'，也要防止落入'西化分化陷阱'"③。不实行改革开放是死路一条，搞否定社会主义方向的"改革开放"更是死路一条。有些不能改的，再过多长时间也不改，决不能在根本性问题上出现颠覆性错误。在涉及道路、理论、制度、文化等根本性问题上，在大是大非面前，必须立场坚定、旗帜鲜明，不讲模棱两可的话，不做遮遮掩掩的事。

---

① 《习近平关于全面深化改革论述摘编》，中央文献出版社2014年版，第18页。
② 《习近平关于全面深化改革论述摘编》，中央文献出版社2014年版，第22页。
③ 《习近平关于全面深化改革论述摘编》，中央文献出版社2014年版，第22页。

必须坚持和加强共产党的全面领导。改革开放是共产党在新的时代条件下带领各国各族人民进行的新的伟大革命。加强和改善共产党对改革的集中统一领导，是现实社会主义国家最广泛、最深刻社会变革取得成功的根本保证。中国改革开放40多年的实践证明，党的领导是改革开放取得成功的关键。中国共产党是改革开放的领导者和推动者，没有中国共产党的全面领导，中国改革开放不可能走到今天，更不可能取得如此辉煌的成就；没有中国共产党的坚强领导，中国改革开放很可能迷失方向，要么回到封闭僵化的老路上去，要么走到改旗易帜的邪路上去。党的十八大以来，党中央对全面深化改革做出一系列重大战略部署，习近平运筹帷幄、总揽全局，亲力亲为谋划指导改革的顶层设计、总体布局，统筹协调、整体推进、督促落实，形成了集中统一的改革领导体制、务实高效的统筹决策机制、上下联动的协调推进机制、有力有序的督办落实机制，不仅保证了全面深化改革的正确方向，而且领导全面深化改革取得重大突破性进展。在中国特色社会主义新时代，将全面深化改革进行到底，必须充分认识到加强和改善党对全面深化改革领导的极端重要性，充分发挥党总揽全局、协调各方的领导核心作用，把准政治方向、政治立场、政治定位、政治大局，坚持中国特色社会主义道路不动摇，坚持社会主义基本制度不动摇，坚持党的领导不动摇，提高党的全面领导水平和执政能力，确保中国改革开放始终沿着正确方向前进，确保改革取得成功。

紧紧依靠人民推动改革，始终代表最广大人民根本利益。尊重人民主体地位，发挥群众首创精神。人民是历史的创造者，是改革的主体，是共产党人的力量源泉。古今中外历史反复证明，没有人民的支持和参与，任何改革都不可能取得成功。中国的改革开放之所以得到广大人民群众衷心拥护和积极参与，最根本的原因在于中国共产党一开始就把改革开放事业深深扎根于人民群众之中。群众是真正的英雄，基层是最好的课堂。改革的根本力量在于群众，办法来自基层。中国改革开放40多年的实践一再证明，正是基层和群众的探索实践、创新创造，推动着改革开放车轮滚滚前行。从大包干到股份制，从农业规模经营到混合所有制经济发展，改革开放中每一个新生事物的产生和发展，改革开放每一个方面经验的创造和积累，无不来自亿万人民的实践和智慧。没有人民支持和参与，任何改革都不能取得成功。无论遇到任何困难和挑战，只要有人民支持和参与，就没有克服不了的困难，就没有越不过的坎。社会主义国家改革，必须坚持以人为本，尊重人民主体地位，发挥群众首创精神，把群众作为共产党人推进改革的主心骨，动员激励群众，充分调动群众推进改革的积极性、主动性、创造性，把最广大人民群众智慧和力量凝聚到改革上来，制定改革方案要广泛听取基层和群众意见，遇到改革难题要虚心向基层和群众请教问计，切不可自说自话、关起门来搞改革，更不能异想天开、拍脑袋凭主观愿望行事，同人民一道把改革推向前进。

实现好、维护好、发展好最广大人民根本利益。全心全意为人民服务是共产党的根本宗旨，人民对美好生活的向往是共产党的奋斗目标，增进人民福祉、促进人的全面发展是改革的出发点和落脚点。中国改革开放40多年，从根本上讲就是为了满足人民群众日益增长的物质文化需要，为了发展人民的经济权益、政治权益、文化权益、社会权益、社会权益、生态权益，让广大人民群众更好更公平更广泛地共享改革发展成果，最终实现共同富裕。如果改革不能给老百姓带来实实在在的利益，如果不能满足人民对美好生活的需要，甚至导致人民利益受损，那么社会主义国家改革就失去意义，就走到邪路上去了。改革本身就是利益调整的过程，触及深层次的社会关系和利益调整。推进任何一项重大改革，都要把以人民为中心谋划推进改革作为价值取向，都要站在人民立场上把握和处理好涉及改革的重大问题，都要从人民利益出发谋划改革思路、制定改革举措，要让群众从改革中得到更多实惠，把群众满意与否作为衡量改革工作进展的重要尺度，努力使我们的改革符合客观实际、经得起群众检验。

创新发展社会主义理论，必须坚持共产主义远大理想与阶段性发展的统一。

共产主义远大理想的实现是由一个一个阶段性目标组成的漫长的历史过程。社会主义是共产主义的第一阶段，各国在坚持社会主义道路时，必须坚持共产主义远大理想与阶段性发展的统一。

"功崇惟志，业广惟勤。"理想指引人生方向，信念决定事业成败。没有理想信念，就会导致精神上"缺钙"，就会得"软骨病"，就可能导致政治上变质、经济上贪婪、道德上堕落、生活上腐化。坚定的信仰是一个人站稳立场、抵御诱惑的决定性因素。共同的理想是一个政党紧密团结的纽带。人民有信仰，民族有希望，国家有力量。一个国家，一个民族，一个政党，要同心同德迈向前进，必须有共同的理想信念作支撑，让理想信念的明灯永远闪亮。2015年9月11日，习近平总书记在中共中央政治局就践行"三严三实"集体学习时强调，我们共产党人的根本，就是对马克思主义的信仰，对共产主义和社会主义的信念，对党和人民的忠诚。习近平的这段论述，高扬了共产主义理想旗帜，旗帜鲜明地表明了共产主义是共产党人的最高理想，为全体中国共产党人指出了最终的归趋，对于中国共产党立根固本和全社会筑魂强体具有重大指导意义，也揭示了社会主义发展的一般规律和共产党建设的规律。

共产主义代表了人类社会发展的必然趋势。信仰共产主义崇高理想是共产党人的根本。共产主义代表了人类未来发展的必然趋势，表达了人们对未来社会的美好构想，是共产党人的最高理想。人类历史发展是有规律的，历史进程受内在一般规律支配，是按照历史的逻辑由低级向高级发展的。肯定历史前进的规律，就是要肯定共产主义取代资本主义是历史发展的必然。马克思主义认为，共产主义不是教义，而是运动。它不是从原则出发，而是从事实出发。共产主义者不是把某种哲学作为前提，而是把迄今为止的全部历史，特别是这一历史目前在文明各国所造成的实际结果作为前提。共产主义的产生是由于大工业以及由大工业带来的后果，是由于世界市场的形成，是由于随之而来的不可遏止的竞争，是由于目前已经完全成为世界市场危机的那种日趋严重和日益普遍的商业危机，是由于无产阶级的形成和资本的积累，是由于由此产生的无产阶级和资产阶级之间的阶级斗争。共产主义作为理论，是无产阶级立场在这种斗争中的理论表现，是无产阶级解放的条件的理论概括。

共产党人要始终高举共产主义理想大旗，共产主义对我们来说不是应当确立的状况，不是现实应当与之相适应的理想。我们所称为共产主义的是那种消灭现存状况的现实的运动。这个运动的条件是由现有的前提产生的。坚定共产主义理想信念，坚守共产党人精神追求，始终是共产党人安身立命的根本。对马克思主义的信仰，对社会主义和共产主义的信念，是共产党人的政治灵魂，是共产党人经受住任何考验的精神支柱。实现共产主义绝不是一句口号，共产党人从来没有用这个口号欺骗人民，而是始终高举共产主义理想大旗。

中国共产党从诞生之日起就把马克思主义写在自己的旗帜上，把实现共产主义确立为最高理想，一代又一代共产党人为之不懈奋斗。马克思主义、共产主义是共产党人的命脉。在中国共产党 99 年的历史中，一代又一代共产党人为了追求民族独立和人民解放，不惜流血牺牲，靠的就是一种信仰，为的就是一个理想——实现共产主义。尽管他们也知道，自己追求的理想并不会在自己手中实现，但他们坚信，只要一代又一代人为之一直努力，一代又一代人为此做出牺牲，崇高的理想就一定能实现，正所谓"砍头不要紧，只要主义真"。无数共产党人的牺牲，换来了新民主主义革命的胜利和中华人民共和国的建立，为社会主义制度的建立奠定了基础，打开了通向共产主义理想社会的通道。中华人民共和国成立后，中国共产党人通过社会主义改造，建立了社会主义基本制度，为社会主义社会的最终建立奠定了制度基础。无数中国共产党人通过艰辛探索，探索社会主义建设道路，改革开放后开辟了中国特色社会主义道路。中国特色社会主义，实现了人类近代以来快速发展的"中国奇迹"。2010年，中国经济总量超过日本，位居世界第二。中国道路的成功，归根到底是科学社会主义的成功。中国特色社会主义的成功，使占世界五分之一的人口告别了贫困，推进了世界和平与发展，打破了历史终结在资本主义的神话，提振了世界社会主义运动，为第三世界国家树立了"别样的发展道路"。2014年5月，阿富汗前总统卡尔扎伊在访华期间接受记者采访时表示："如果阿富汗有机会重新选择的话，一定会走中国式的发展道路。因为它行动高效，决策果断，以结果为导向，是一个很好的模式，为所有人带来积极的结果。""阿富汗渴望发展。我们想发展教育，推动基础设施建设，在这些方面我们非常落后。阿富汗失去了30年的发展时间。中国模式是最好的选择。"中国特色社会主义将推动世界社会主义走向复兴，最终为实现共产主义打下牢固的物质基础。正如邓小平所指出的，这不但是给占世界总人口四分之三的第三世界开辟出了一条路，更重要的是向人类表明，社会主义是必由之路，社会主义优于资本主义。中国特色社会主义的成功，是社会主义道路的成功，是共产主义基本原则的成功。

社会主义发展方向是共产主义。在坚持和发展各国特色社会主义过程中，要处理好坚定共产主义远大理想和坚持各国特色社会主义共同理想的关系。对马克思主义的信仰，对社会主义和共产主义的信念，是共产党人的政治灵魂，是共产党人经受住任何考验的精神支柱。共产党的最高理想和最终目标是实现共产主义。实现共产主义是一个非常漫长的历史过程，必须立足党在现阶段的奋斗目标，脚踏实地推进社会主义事业。如果丢失了共产党人的远大目标，就会迷失方向，变成功利主义、实用主义。革命理想高于天。没有远大理想，不是合格的共产党员；离开现实工作而空谈远大理想，也不是合格的共产党员。一些人由于缺乏历史唯物主义观点，认为共产主义是可望而不可即的，甚至认为是望都望不到、看都看不见的，是虚无缥缈的。

社会主义的终点是共产主义。对于中国共产党来说，现在坚持和发展中国特色社会主义，就是向着最高理想所进行的实实在在的努力，就是为了最终实现共产主义远大理想。在坚持和发展中国特色社会主义过程中，要处理好坚定共产主义远大理想和坚持中国特色社会主义共同理想的关系。党的最高理想和最终目标是实现共产主义。我们必须认识到，现在的努力以及将来多少代人的持续努力，都是朝着最终实现共产主义这个大目标前进的。强烈反共的美国学者布热津斯基也不能不承认："共产主义不仅仅是对人们所深切关注的问题的一种情绪激昂的回答，也不仅仅是自以为是的仇视社会的信条，它还是一种通俗易懂的思想体系，似乎对过去和将来都提供了一种独特的见解。……因此，共产主义对于头脑简单和头脑复杂的人都同样具有吸引力：每一种人都会从它那里获得一种方向感，一种满意的解释和一种道义的自信。"中国特色社会主义是党的最高纲领和基本纲领的统一。中国特色社会主义的基本纲领，就是建立富强民主文明和谐美丽的社会主义现代化国家。这既是从中国正处于并将长期处于社会主义初级阶段的基本国情出发的，也没有脱离中国共产党的最高理想。既要坚定走中国特色社会主义道路的信念，也要胸怀共产主义的崇高理想，矢志不移地贯彻执行中国共产党在社会主义初级阶段的基本路线和基本纲领，脚踏实地做好当前每一项工作。

共产党人要坚定共产主义远大理想。目前，从总体上看，世界社会主义运动还处于低谷状态，实现共产主义还是一个相当漫长的过程。但是，共产主义理想并不是虚无缥缈的空想，而是体现在每一个共产党人的具体行动和日常生活中。对于共产党人来说，坚定共产主义远大理想，更显得可贵，更能反映一个共产党人的政治本色。

当前世界范围内各种思想文化交流交融交锋更加频繁，在社会深刻变革和对外开放不断扩大的条件下，各种社会矛盾和问题相互叠加，人们思想活动的独立性、选择性、多变性、差异性明显增强。特别是在市场经济的负面作用下和互联网等新技术日新月异条件下，社会原子化趋势明显，拜金主义、享乐主义、极端个人主义日益滋长，大量的精致的个人主义者出现。在我们社会中，信仰缺失是一个需要全社会引起高度重视的问题。

在一些人那里，有的以批评和嘲讽马克思主义为"时尚"、噱头；有的精神空虚，认为共产主义是虚无缥缈的幻想，"不问苍生问鬼神"，热衷于算命看相、求神拜佛，迷信"气功大师"；有的信念动摇，把希望寄托于国外，给自己"留后路"，随时准备"开溜"；有的心为物役，信奉金钱至上、名利至上、享乐至上，心里没有任何敬畏，行为没有任何底线。在这种情况下，失却共同的理想信念的支撑，就很难形成基本的共识，做不到同心同德迈向前进，中华民族又会出现一盘散沙的局面，导致中华民族伟大复兴的中国梦变成南柯一梦。中华民族面临千年复兴的关键时期，机会稍纵即逝。中国是社会主义国家，人民根本利益是一致的，这就为确立共同的理想信念奠定了坚实的共同基础。中国共产党人作为具有共产主义觉悟的先锋战士，更应该高举共产主义理想大旗，践履共产主义道德。

马克思主义、共产主义是共产党人的命脉。放弃马克思主义，共产党就会土崩瓦解。没有远大理想，不是合格的共产党员；离开现实工作而空谈远大理想，也不是合格的共产党员。共产党员特别是共产党员领导干部要做共产主义远大理想和各国特色社会主义共同理想的坚定信仰者和忠实践行者，把践行各国特色社会主义共同理想和坚定共产主义远大理想统一起来。

革命理想高于天。共产党人要坚定共产主义理想信念。共产主义决不是"土豆烧牛肉"那么简单，不可能唾手可得、一蹴而就，但我们不能因为实现共产主义理想是一个漫长的过程，就认为那是虚无缥缈的海市蜃楼，不去做一个忠诚的共产党员。实现共产主义是我们共产党人的最高理想，而这个最高理想是需要一代又一代人接力奋斗的。如果大家都觉得这是看不见摸不着的东西，没有必要为之奋斗和牺牲，那共产主义就真的永远实现不了了。共产主义是共产党人的根和本。立根固本，就是要坚定这份信仰、坚定这份信念、坚定这份忠诚，只有在立根固本上下足了功夫，才会有强大的免疫力和抵抗力。一些人认为共产主义是可望而不可即的，甚至认为是望都望不到、看都看不见的，是虚无缥缈的。这就涉及是唯物史观还是唯心史观的世界观问题。一些同志之所以理想渺茫、信仰动摇，根本原因就是历史唯物主义观点不牢固。为了坚定共产主义理想信念，要加强对党员特别是领导干部进行马克思主义基本原理和共产主义远大理想教育，发扬社会主义新风尚，带头践行社会主义核心价值观，提倡共产主义道德。

共产主义理想的实现体现在日常工作和生活中。今天，衡量一名共产党员、一名领导干部是否具有共产主义远大理想，是有客观标准的，即看他能否坚持全心全意为人民服务的根本宗旨，能否吃苦在前、享受在后，能否勤奋工作、廉洁奉公，能否为理想而奋不顾身去拼搏、去奋斗、去献出自己的全部精力乃至生命。一切迷悟迟疑的观点，一切及时行乐的思想，一切贪图私利的行为，一切无所作为的作风，都是与此格格不入的。对于中国共产党来说，要教育引导广大党员、干部把践行中国特色社会主义共同理想和坚定共产主义远大理想统一起来，做到虔诚而执着、至信而深厚。有了坚定的理想信念，站位就高了，眼界就宽了，心胸就开阔了，就能坚持正确政治方向，在胜利和顺境时不骄傲不急躁，在困难和逆境时不消沉不动摇，经受住各种风险和困难考验，自觉抵御各种腐朽思想的侵蚀，永葆共产党人政治本色。

共产主义理想是共产党人的最高价值，也是共产党人的终极关怀。每个共产党员都是工人阶级的有共产主义觉悟的先锋战士。每个党员在入党时，都庄重地宣誓，全心全意为人民服务，不惜牺牲个人的一切，为实现共产主义奋斗终身！这是每个党员的郑重承诺。只有坚定共产主义远大理想，才能克服市场经济的负面影响，有效引导和驾驭资本，超越物欲，才不会有失衡心态，让自己活得有价值，让人生更精彩，做一个合格的党员，自觉做人民的公仆，觉得做官就是奉献，最终找到人生的价值！一个人的生命是有限的，为人民服务是无限的。实现共产主义是一个漫长的事业，需要一代又一代共产党人的接力奉献。当共产主义理想大厦最终建成时，我们的后人都会为我们的奉献流下高尚的眼泪！

## 第三节　坚持马克思主义政党领导，不断提高领导水平

共产党是社会主义事业的领导核心，处在总揽全局、协调各方的地位。从社会主义国家实践来看，社会主义国家内部没有大于共产党的政治力量或其他什么力量。一个国家、一个政党，领导核心至关重要。马克思曾经指出，一个单独的提琴手是自己指挥自己，一个乐队就需要一个乐队指挥。中国共产党早在 20 世纪 60 年代初就指出："国际共产主义运动的一个最重要经验是：革命能不能得到发展和胜利，取决于有没有一个无产

阶级的革命党。"① 苏联在改革过程中，放弃了马克思主义政党的领导，导致了苏联解体、苏联共产党垮台。中国改革开放之所以创造人类历史上的发展奇迹，根本原因在于始终坚持中国共产党的领导。社会主义国家建设发展的正反经验表明，要保证社会主义事业的正常发展，必须毫不动摇坚持共产党对社会主义事业的核心领导。

习近平在党的十九大报告中强调，党要团结带领人民进行伟大斗争、推进伟大事业、实现伟大梦想，必须毫不动摇坚持和完善党的领导，毫不动摇地把党建设得更加坚强有力。习近平的这个重要论断，既强调了全面坚持和加强党的领导对社会主义建设事业的重大意义，又指出了全面加强党的领导的有效举措。这也是社会主义实践的一条重要经验。

在社会主义中国，党政军民学，东西南北中，党是领导一切的，是最高的政治领导力量。中国共产党是执政党，党的领导是做好党和国家各项工作的根本保证，是中国政治稳定、经济发展、民族团结、社会稳定的根本点，绝对不能有丝毫动摇。

坚持马克思主义政党的全面领导，发挥党总揽全局、协调各方的领导核心作用，是中国社会主义市场经济体制的重要特征。改革开放四十多年来，中国经济社会发展之所以能够取得世所罕见的巨大成就，中国人民生活水平之所以能够大幅度提升，中华民族之所以能够迎来从站起来、富起来到强起来的伟大飞跃，都同中国坚定不移坚持共产党的领导、充分发挥各级党组织和全体党员作用是分不开的。在中国，党的坚强有力领导是政府发挥作用的根本保证，也是克服市场失灵的政治保证。在推进"四个伟大"过程中，在中国特色社会主义新时代，在全面建成小康社会决胜阶段，必须坚持和发展中国共产党的政治优势，以中国共产党的政治优势引领和推进社会主义事业，调动各方面积极性，推动中国特色社会主义制度不断完善，开辟中国特色社会主义事业新局面。中国最大的国情就是中国共产党的领导。什么是中国特色？这就是中国特色。中国共产党领导的制度是中国人民自己的，不是从哪里克隆的，也不是亦步亦趋效仿别人的。实践已经反复证明，历史和人民选择中国共产党领导中华民族伟大复兴的事业、领导社会主义事业，是正确的，必须长期坚持、永不动摇。中国共

---

① 中共中央文献研究室编：《建国以来重要文献选编》第 16 册，中央文献出版社 1997 年版，第 461 页。

产党的领导，是中国特色社会主义最本质的特征，是中国特色社会主义制度的最大优势。办好中国的事情，关键在党。中国有了中国共产党执政，是中国、中国人民、中华民族的一大幸事。坚持和完善党的领导，是党和国家的根本所在、命脉所在，是全国各族人民的利益所在、幸福所在。只要深入了解中国近代史、中国现代史、中国革命史，就不难发现，如果没有中国共产党领导，中国国家、中华民族不可能取得今天这样的成就，也不可能具有今天这样的国际地位。在市场经济条件下，在世界资本主义汪洋大海包围中，只有中国共产党这个无产阶级政党，才能既能克服市场失灵，又能克服政府失灵，才能始终高举共同富裕大旗，以消灭两极分化和剥削为己任；才能保证一切权力属于人民，实现人民当家作主，才会决不依据地位、财富、关系分配政治权力；才会不断满足人民精神生活的需要，使人民从各种精神奴役下解放出来，成为独立自主、精神充实的人群！任何人以任何借口虚化、弱化甚至动摇、否定中国共产党领导和中国社会主义制度，都是错误的、有害的，都是违反宪法的，都是违背人民意愿的，都是绝对不能接受的。如果没有中国共产党的领导，中国就会出现各自为政、一盘散沙的局面，不仅确定的目标不能实现，而且必定会产生灾难性后果，这对中国人民、中华民族、世界人民来说，都将是历史的悲剧。在坚持中国共产党的领导这个重大原则上，脑子要特别清醒、眼睛要特别明亮、立场要特别坚定，绝不能有任何含糊和动摇！中国共产党在中国的作用表明，其他实践中的社会主义国家也要坚持共产党对社会主义事业的领导。

全面加强共产党的领导，必须提高共产党的领导水平，善于发挥共产党总揽全局、协调各方的领导核心作用，坚持依法治国基本方略，坚持科学执政、民主执政、依法执政，善于使共产党的主张通过法定程序成为国家意志，善于使党组织推荐的人选成为国家政权机关的领导人员，善于通过国家政权机关实施党对国家和社会的领导，支持国家权力机关、行政机关、监察机关、审判机关、检察机关依照宪法和法律独立负责、协调一致地开展工作。全面加强共产党的领导，就要坚持党中央集中统一领导，维护党中央权威。坚持党中央集中统一领导，确立和维护党的领导核心，是社会主义国家全党全国各族人民的共同愿望，是推进全面从严治党、提高党的创造力凝聚力战斗力的迫切要求，是保持党和国家事业发展正确方向的根本保证。中国共产党的历史、中华人民共和国发展的历史告诉我们：

要治理好中国共产党这个大党、治理好中国这个大国，保证党的团结和集中统一至关重要，维护党中央权威至关重要。党中央制定的理论和路线方针政策，是全党全国各族人民统一思想、统一意志、统一行动的依据和基础。只有党中央有权威，才能把全党牢固凝聚起来，进而把全国各族人民紧密团结起来，形成万众一心、无坚不摧的磅礴力量。如果党中央没有权威，党的理论路线方针政策可以随意不执行，大家各自为政、各行其是，想干什么就干什么，想不干什么就不干什么，党就会变成一盘散沙，就会成为自行其是的"私人俱乐部"，党的领导就会成为一句空话。因此，全党要强化政治意识、大局意识、核心意识、看齐意识，确保在思想上政治上行动上始终同党中央保持高度一致。

全面加强共产党的领导，就要全面从严治党，始终保持马克思主义政党本色。全面从严治党永远在路上。要推动全面从严治党向纵深发展，把全面从严治党的思路举措搞得更加科学、更加严密、更加有效，落实党的建设总要求，提高党的建设质量，把党建设得更加坚强有力，确保共产党永葆旺盛生命力和强大战斗力，带领人民应对重大挑战、抵御重大风险、克服重大阻力、解决重大矛盾，确保共产党始终同人民想在一起、干在一起，引领承载着社会主义国家人民伟大梦想的航船破浪前进，胜利驶向光辉的彼岸。面对改革开放和执政的考验，在日益复杂的国际国内环境下坚持共产党的全面领导，需要一代又一代的共产党人继续做出回答。

## 第四节　正确处理两制关系，不断增强社会主义优越性

世界社会主义发展表明，社会主义要发展，要正确处理好社会主义与资本主义关系，要使资本主义发展服务于社会主义，不断增强社会主义的优越性和显著优势。

首先要正确看待当代资本主义。资本主义不是人类的最好理想，人类的未来不可能终结在资本主义社会。资本主义社会是人类社会最后一个剥削阶级社会，资产阶级生产关系是社会生产过程的最后一个对抗形式。资产阶级生产关系的基础是生产资料的资本家私人所有制。资本主义生产方式是以生产剩余价值为目的的生产方式，它的存在以两个社会阶级的存在为前提：一方面是占有生产资料的资本家阶级；另一方面是失去生产资

料、仅有自己的劳动力可以出卖的无产阶级。资本和雇佣劳动的关系决定着这种生产方式的全部性质。剩余价值的占有是资本主义剥削的实质，因而资本主义生产关系是对抗性的生产关系。这种对抗从本质上说不是个人的对抗，而是个人生活于其中的社会关系的对抗。生产的社会性和生产资料的资本主义私人占有之间的矛盾是资本主义生产方式固有的基本矛盾，它包含着资本主义社会中一切阶级冲突的萌芽，决定了资本主义的历史命运。

资本主义生产关系曾极大地推动了生产力的发展，马克思、恩格斯高度肯定过资本主义的这种历史作用。马克思、恩格斯在《共产党宣言》中指出："资产阶级在历史上曾经起过非常革命的作用。""资产阶级在它的不到一百年的阶级统治中所创造的生产力，比过去一切世代创造的全部生产力还要多，还要大。自然力的征服，机器的采用，化学在工业和农业中的应用，轮船的行驶，铁路的通行，电报的使用，整个大陆的开垦，河川的通航，仿佛用法术从地下呼唤出来的大量人口，——过去哪一个世纪料想到在社会劳动里蕴藏有这样的生产力呢？"

资本主义灭亡是人类社会发展的必然要求。社会生产力发展到一定阶段，就不可避免地同狭隘的资本主义私有制发生冲突，达到资本主义外壳不能相容的地步，要求炸毁这个外壳。虽然资产阶级可以在资本主义生产方式容许的范围内通过对生产关系作某些局部的调整来缓和矛盾，但终究不能从根本上克服这种矛盾和对抗。在资产阶级社会的胞胎里发展起来的强大的社会化的生产力，为全社会占有生产资料和共同组织社会化生产准备了物质经济条件；同时，资本主义越发展，无产阶级的力量就越壮大，资产阶级社会造就了置自身于死地的社会力量。因此，资本主义生产方式固有的矛盾决定了它的历史过渡性质，它必然为社会主义社会所代替。资本主义社会是人类历史上最后一个内在地包含着对抗性的社会基本矛盾和阶级结构的社会形态。马克思、恩格斯在《共产党宣言》中指出："资产阶级的灭亡和无产阶级的胜利是同样不可避免的。"

事实一再告诉我们，马克思、恩格斯关于资本主义社会基本矛盾的分析没有过时，关于资本主义必然消亡、社会主义必然胜利的历史唯物主义观点也没有过时。这是社会历史发展不可逆转的总趋势，但道路是曲折的。资本主义最终消亡、共产主义最终胜利，必然是一个很长的历史过程。要深刻认识资本主义社会的自我调节能力，充分估计到西方发达国家在经济军事方面长期占据优势的客观现实，认真做好两种社会制度长期合作和斗争的各方面准备。在相当长的时期内，初级阶段的社会主义还必须同生产力更发达的资本主义长期合作和斗争，还必须认真学习和借鉴资本主义创造的有益文明成果，甚至必须面对被人们用西方发达国家的长处来比较社会主义发展中的不足并加以指责的现实。必须有很强大的战略定力，坚决抵制否定和抛弃社会主义的各种错误主张，自觉纠正超越阶段的错误观念。最重要的是，要坚定资本主义必然灭亡、共产主义必然胜利的信念，坚信随着世界社会主义运动的发展，特别是随着社会主义不断发展，社会主义制度必将越来越成熟，社会主义制度的优越性必将进一步显现，社会主义道路必将越走越宽广，社会主义对世界的影响必将越来越大，共产主义最终会在全人类实现。我们要有这样的道路自信、理论自信、制度自信、文化自信，真正做到"千磨万击还坚韧，任尔东西南北风"，集中精力办好自己的事情，不断壮大我们的综合国力，不断改善我们人民的生活，不断建设对资本主义具有优越性的社会主义，不断为我们赢得主动、赢得优势、赢得社会主义的未来打下更坚实的基础。邓小平在1992年春的南方谈话中指出："封建社会代替奴隶社会，资本主义代替封建主义，社会主义经历一个长过程发展后必然代替资本主义。这是社会历史发展不可逆转的总趋势，但道路是曲折的。"共产主义一定会在社会主义充分发展和高度发达的基础上实现！

其次要正确利用资本主义。在世界社会主义历史上，建立社会主义制度都是在经济落后的国家开始的。这样，现实的社会主义国家面临着利用资本主义发展生产力的问题。在这个过程中，就需要处理好与国内资本主义的关系，既要利用资本主义长处，又要引导非公有制经济向社会主义方向健康发展。对中国来说，由于中国正处于并将长期处于社会主义初级阶段，非公有制经济将在中国长期存在，非公有制经济是中国社会主义市场经济的重要组成部分。不能因为需要利用发展非公有制经济来发展壮大生产力，就像一些人所鼓吹的"现代社会主义并不是马克思、恩格斯所设想的后资本主义时代的社会主义，而是与资本主义相结合的新型社会主义"。这实际上是在玩概念游戏，是自欺欺人。对于非公有制经济，应该将私有经济的性质与作用分开来分析。只要是私人占有生产资料，雇佣和剥削劳动者，它的性质就属于资本主义经济，不是社会主义的，不属于社会主义经济的组成部分。对于私有经济的作用，要看具体历史条件。在中国社会主义初级阶段，非公有制经济适合生产力发展，具有积极作用。在看到非公有制经济积极作用的同时，也要看到其挑战公有制经济的消极一面。因此，在鼓励、支持非公有制经济发展的同时，还要正确引导其发展方向，规定其发展什么，不能发展什么。如果任其发展，"到一定的时候问题就会出来"，"两极分化自然出现"①。引导非公有制经济，要靠发展和壮大公有制经济。如果公有制主体地位动摇，就无法通过经济基础来引导非公有制经济服务于社会主义制度。当前，在公有制经济主体地位受到挑战情况下，发展和壮大公有制经济就非常迫切。同时，引导非公有制经济沿着社会主义方向发展的一个重要问题就是正确看待私营企业主的阶级属性。关于私营企业主的阶级属性，目前中国理论界认识不一致。中国共产党中央将其定位为"中国特色社会主义事业建设者"是现实可行的，但又是不够的。用马克思主义基本原理分析，这个群体是雇佣者。在社会主义制度条件下，又具有两重属性，既有剥削劳动者一面，又具有建设性作用。在社会主义之光普照下，其积极作用远大于消极作用。要因势利导，克服其消极性，发挥其积极性。要充分肯定其积极作用，在支持、鼓励、团结的同时，要加以引导、教育，防止这个社会群体发展为挑战社会主义制度的资产阶级。

　　第三要坚持独立自主，避免出现颠覆性错误。社会主义国家必须吸收人类一切进步文明成果，关起门来是建设不好社会主义的。社会主义国家必须对外开放，吸收资本主义的长处。同时，在开放的同时，必须坚持独立自主，维护国家的主权安全和社会主义的制度安全。

　　当前，从国际上看，人类正面临两种制度并存、共处、竞争和斗争的新时代。因此，社会主义国家对外开放过程中如何处理与国际资本主义关系，应对发达资本主义国家和民主社会主义的挑战，防止全盘西化，警惕民主社会主义化，对坚持和发展社会主义是一个至关重要的问题。

　　防止全盘西化。长期以来，国际资本主义势力从来没有放弃敌视和颠覆社会主义制度的根本立场，国际间渗透与反渗透、颠覆与反颠覆斗争是长期性的。在这种情况下，闭关自守是不可能的，必须一方面要充分利用资本主义的文明成果，另一方面在对外开放和与西方和平共处、合作、竞

---

① 中央文献研究室编：《邓小平年谱（1975—1997）》（下），中央文献出版社2004年版，第1364页。

争的过程中，要坚持独立自主，维护国家的主权、安全与利益，不能迁就与退让，对西方腐朽、反动的思想与文化进行抵制与批判，防止全盘西化，同时加快国内问题的解决，做到尊重社会发展规律与尊重人民主体地位的统一、为崇高理想奋斗与为最广大人民谋利益的统一、完成党的各项工作与实现人民利益的统一，避免让西方和平演变找到可加利用的突破口。

**警惕民主社会主义化。**国际上一些反共反社会主义势力和社会主义国家一些自由势力妄图利用社会主义改革开放机会把共产党民主社会党化，把各国特色社会主义民主社会主义化。2007年一篇题为《只有民主社会主义才能救中国》的文章在网上得到许多人的喝彩就是证明。由于"民主社会主义"挂着"社会主义"旗号，具有一定迷惑性和欺骗性，因此，中国改革开放要高度警惕中国特色社会主义民主社会主义化。在防止中国共产党社会民主党化、中国特色社会主义民主社会主义化的同时，对国际上的各类社会主义政党也要采取团结的政策，结成广泛的统一战线，就像恩格斯在1848年写成的《共产主义原理》中所提出的："应当和这些社会主义者达成协议，并且要尽可能和他们采取共同的政策。当然，共同行动并不排除讨论存在于他们和共产主义者之间的分歧意见。"①

## 第五节　制定正确战略策略，加强与进步力量的团结合作

无产阶级的事业从来都是国际性的。马克思、恩格斯在《共产党宣言》中就大声疾呼：全世界无产者，联合起来。在帝国主义时代，列宁又提出全世界被压迫民族要团结起来。世界社会主义发展历史说明，为了推动世界社会主义事业的发展和人类社会的进步，要加强世界范围内社会主义及进步力量的团结和联合，并在不同的历史时期，适应不同的历史任务，适时制定正确的战略策略。

世界社会主义运动内在地要求全世界社会主义及进步力量的团结联合。在人类历史上，"过去的一切运动都是少数人的或者为少数人谋利益的运动。无产阶级的运动是绝大多数人的、为绝大多数人谋利益的独立的

---

① 《马克思恩格斯选集》第1卷，人民出版社2012年版，第311页。

运动"①。工人阶级政党代表无产阶级及全人类的共同利益,"被剥削被压迫的阶级(无产阶级),如果不同时使整个社会永远摆脱剥削、压迫和阶级斗争,就不再能使自己从剥削它压迫它的那个阶级(资产阶级)下解放出来"②。共产党的最终使命是推动人类社会建立共产主义,实现全人类的解放,必须团结一切追求进步的力量。自从科学社会主义诞生以来,在马克思、恩格斯、列宁、斯大林的推动下,从第一国际、第二国际,到共产国际、世界反法西斯统一战线、社会主义阵营,在不同时期制定了不同的战略和策略,积累了丰富的团结和联合经验,也留下了一些深刻的教训。但正是世界社会主义和进步力量的团结和联合,推动人类社会的不断进步。从世界近代以来历史发展来看,资本主义国家特别是发达国家不断在协调全世界范围内资本主义国家之间的矛盾,加强全世界资本主义国家之间的合作和联合。尤其是第二次世界大战结束以来,伴随着资本全球化,资本主义国家形成了以美国为首的团结,联合起来对付世界社会主义和进步力量。苏联解体、东欧剧变,是资本主义国家联合起来对社会主义国家和平演变的结果。面对发达资本主义国家的联合,面对资本主义国家对世界社会主义和进步力量的打击,要推动世界进步,推进世界社会主义事业,必须加强对全世界社会主义及进步力量的团结和联合。中国共产党历来主张全世界社会主义及进步力量要加强团结和联合。中国共产党是在十月革命的影响和共产国际的支持下成立的。在长期的革命、建设、改革中,中国共产党坚持无产阶级国际主义和爱国主义相统一,维护并加强在马克思列宁主义和无产阶级国际主义基础上的团结。在 20 世纪 60 年代初,中国共产党提出:"没有无产阶级国际主义的联合和团结,任何一个国家的革命事业,都是不可能取得胜利和巩固团结的。""中国共产党历来认为,社会主义国家阵营的团结和国际共产主义运动的团结,是各国人民革命胜利的可靠保证,是反对帝国主义及其走狗的斗争胜利的可靠保证,是争取世界和平、民族解放、民主和社会主义事业的可靠保证,是共产主义在全世界范围内取得胜利的可靠保证。"③ 20 世纪 60 年代,中国共产党为了维护社会主义阵营的团结,进行了艰苦的斗争。改革开放以后,中国

---

① 《马克思恩格斯选集》第 1 卷,人民出版社 2012 年版,第 411 页。
② 《马克思恩格斯选集》第 1 卷,人民出版社 1995 年版,第 252 页。
③ 《在莫斯科宣言和莫斯科声明的基础上团结起来》,《人民日报》1963 年 1 月 27 日。

共产党积极与各国社会党交往，支持世界进步事业发展。党的十八大以后，提出构建人类命运共同体，始终不渝走和平发展道路，促进"一带一路"国家合作，推动建设相互尊重、公平公正、合作共赢的新型国际关系，推动全球治理体系朝着更加公正合理的方向发展，建设持久和平、普遍安全、共同繁荣、开放包容、清洁美丽的世界。

加强世界社会主义及进步力量的团结和联合，要建立在无产阶级国际主义的基础上，建立在相互联合和独立平等的基础上。社会主义国家之间的关系，是一种新型的国际关系。"社会主义国家之间，不论大国或小国，经济发达或不发达，必须把相互关系建立在完全平等、尊重领土完整、尊重国家主权和独立、互不干涉内政的原则的基础上，必须建立在无产阶级国际主义的相互支持和相互援助的原则的基础上。"① 各国共产主义政党之间的国际团结，是人类历史上一种完全新式的关系。"各国共产主义政党必须联合，同时必须保持各自的独立。历史的经验表明，如果不把这两个方面正确地统一起来，而忽视任何一个方面，就不能不犯错误。当各国共产党相互间保持平等的关系，经过真正的而不是形式上的协商而达到意见和行动的一致，它们的团结就会增进。反之，如果在相互关系中把自己的意见强加于别人，或者用互相干涉内部事务的办法代替同志式的建议和批评，它们的团结就会受到损害。"② 世界范围内的进步力量，需要求同存异，要有利于世界进步事业，合乎世界人民的利益，可以进行各方面的团结和支持。中国共产党在 20 世纪 60 年代初就提出："社会主义各国根据完全平等、互相尊重独立和主权、互不干涉内政、互利和同志式相互援助的原则进行政治、经济和文化的合作。各国共产党都是独立的、平等的，同时，必须本着无产阶级国际主义的精神，遵守各兄弟党在会议上共同制定的有关反对帝国主义、争取和平、民族解放、民主和社会主义斗争的共同立场，在共同的事业中团结一致和相互支持。"③

坚持国际主义和爱国主义相结合，反对大国沙文主义和狭隘民族主义。恩格斯早就指出："首先必须维护真正的国际主义精神，这种精神不

---

① 《关于国际共产主义运动总路线的建议》，《人民日报》1963 年 6 月 17 日。
② 《再论无产阶级专政的历史经验》，《人民日报》1956 年 12 月 29 日。
③ 《中国共产党第八届中央委员会第九次全体会议关于各国共产党和工人党代表会议的决议》（1961 年 1 月 18 日），《人民日报》1961 年 1 月 21 日。

容许产生任何爱国沙文主义,并且欢迎无产阶级运动中任何民族的新进展。"① 马克思主义从来就坚持无产阶级的国际主义同各国人民的爱国主义相结合。一方面,各国共产党必须用国际主义的精神教育党员和人民,因为各国人民的真正的民族利益要求民族的友好合作。另一方面,各国共产党人又必须成为本国人民的正当的民族利益和民族感情的代表者。共产党人从来是真诚的爱国主义者,他们深知,只有在真正地代表民族利益和民族感情的时候,才能受到本国广大人民真正的信任和爱戴,才能有效地在人民群众中进行国际主义的教育,有效地协调各国人民的民族感情和民族利益。各个社会主义国家、各个共产党,卓有成效地把本国的社会主义建设好、把本国人民的利益维护好,才能增强世界社会主义的整体威力,才能增强援助国际无产阶级事业的能力。朝鲜人民的领袖金日成说过:"生在朝鲜的人,有义务在朝鲜进行革命,建设社会主义和共产主义。朝鲜革命是分配给朝鲜人的国际主义义务。因此,朝鲜人首先搞好朝鲜革命,才算忠实执行了国际义务。"② 中国共产党领导中国人民通过改革开放,使中国成为世界第二大经济体,极大彰显了社会主义制度优势,增强了社会主义吸引力,推动了世界社会主义从低谷走出。在世界范围内加强社会主义和进步力量团结时,要相互尊重各国的民族利益和民族感情,对存在的分歧,应该本着国际主义的精神,平等、协商一致地解决。

恩格斯说:"只要进一步发挥我们的唯物主义论点,并且把它应用于现时代,一个强大的、一切时代中最强大的革命远景就会立即展现在我们面前。"③ 前进道路上,我们要高扬马克思主义伟大旗帜,让马克思恩格斯擘画的美好前景在世界大地上生动展现出来!

---

① 《马克思恩格斯全集》第18卷,人民出版社1964年版,第567页。
② 转引自《刘少奇主席在平壤各界欢迎大会上的讲话》,《人民日报》1963年9月19日。
③ 《马克思恩格斯文集》第2卷,人民出版社2009年版,第597页。

# 第九章　世界社会主义面临的机遇、问题与挑战

## 第一节　资本主义危机与世界社会主义

21世纪初世界社会主义的发展出现了许多新亮点，呈现许多新特征，取得了许多新进展，在新一轮资本主义危机的环境背景下面临着走出低谷、重新振兴的机遇，同时也面临着与世界资本主义进行更为激烈复杂的较量与竞争的挑战。总的来看，21世纪世界社会主义的新发展以事实打破了苏东剧变后关于"资本主义重新一统天下"的狂言妄论，粉碎了资本主义战略家们苦心孤诣长期推行的"不战而胜"和平演变图谋，终结了所谓"西方自由民主制臻于人类社会的终点"的"历史终结论"的神话，并在整个世界范围内有力而持续地印证着共产主义必然代替资本主义的客观历史规律，重新恢复与提振着马克思主义真理的力量。

21世纪初的资本主义危机，提出了如何看待资本主义发展前途的问题。三十多年前东欧剧变、苏联解体的时候，世界处处都在议论"社会主义的危机"，有人弹冠相庆，有人忙着撰写"社会主义讣告"，有人信心满满地宣布"历史的终结"。当时是一场多么轰轰烈烈、声嘶力竭的反社会主义"大合唱"！然而在从历史尺度看来"瞬间"都还算不上的三十年之后，历史老人却又"开玩笑"地把"危机"塞进了资本主义这个"房间"。当然，历史绝不是这样简单的，在"开玩笑"这样的形象比喻后面，却是历史规律客观地、严格地、严肃地发生作用，历史的必然性总是不可遏制地通过各种偶然性为自己开辟道路。

经济危机是观察和研究资本主义一个非常重要的途径和方式。自2008年金融危机爆发以来，世界各地和各领域人士，甚至资本主义的重量级人物，像萨科齐、格林斯潘、索罗斯、威廉森，以及达沃斯论坛，都在公开

谈论资本主义的"危机""拯救""调整"和"改进",更不用说左翼人士的激烈抨击和愤怒声讨了。这次资本主义发生的危机,有着非常不同的内容、特点和形式,也有着不同的意蕴、影响和趋势。许多人士包括资本主义的维护者,都在议论"这一次不一样"。那么,今天资本主义"危"在何处?它还有没有再次逃生的机会?我们怎样正确看待社会主义发展与资本主义危机的关系?

## 一 资本主义无法祛除的"魔咒"与"绝症"

自1825年英国发生第一次全面的经济危机以来,资本主义每隔数年就周期性地发生危机,资本主义人士总是认为资本主义自身能够克服危机,总是把危机说成资本主义正常的"周期调整"。他们希望人们相信,繁荣、衰退、萧条、复苏,是资本主义经济的必然循环,如同四季交替、潮起潮落,再自然不过。号召人们危机时节衣缩食,共渡难关,为的是迎来新的繁荣。有的人甚至还宣扬,每一次危机都会使资本主义"洗心革面""再造再生",今天也有一些资本主义的辩护者说这次危机将使资本主义"浴火重生""凤凰涅槃"。

为了减缓危机的冲击和后果,经济学家们发明创造了形形色色的反危机理论和措施,如财政政策、货币政策、国家干预、宏观调控、刺激消费、平衡供需等等。然而,资本主义无法祛除的"魔咒"是:一方面,资本主义总是一次次在危机中涉险过关,劫后逃生,并改变自己的存在形式,继续肆意扩张;另一方面,资本主义无论怎样改头换面,怎样扩张狂进,都会一次次又落入危机的魔网。

其实,透过笼罩在资本主义历史上的迷雾,拨开资本主义的神秘面纱,马克思揭示的资本主义社会的基本矛盾,即生产的社会化与生产资料私人占有的矛盾,便是这无法祛除的"魔咒"。这个基本矛盾,总是通过危机的爆发呈现出来。经济危机对于资本主义来说,有着双重作用。一方面,解决危机的尝试和调整,可以暂时恢复生产力并有可能取得比危机前更大的发展;但另一方面,由于基本矛盾所决定和制约,资本主义必然灭亡的趋势,也就是与生俱来的"绝症",总是以更严重的病症暴发形式展示其必然灭亡的历史命运。

然而,资本主义经济学家、历史学家和政治家们,总是有意或无意地回避、抹杀资本主义的这一矛盾,就像一些患了癌症的病人或者不愿直接提起这"绝症",或者讳疾忌医,或者总觉得自己有着继续活下去的希望和机会。他们有的认为危机并非必然,都是因资本主义一次次"失误"所致。这种"失误论"最具代表性的,莫过于发明"奥肯定理"的美国经济学家阿瑟·奥肯(Arthur Okun),40 多年前他在《繁荣的政治经济学》中这样讲:"衰退从根本上说是可以防止的,它们就像飞机失事而不像飓风。但我们从来没有能够从地球上消除飞机失事,当然也不清楚是否有足够的智慧和能力去消灭衰退。危险并未消失,那些可以导致周期性衰退的因素仍然潜伏在飞机的两翼,等待着飞行员的某种失误。"而在表述这次危机的原因时,各色各样的人士又推出了各种理由:监管不力、金融诈骗、过度投机、少数人贪婪,等等。其中最有意思且耐人寻味的,是英国和美国两个国家的元首或名义元首在危机中对资本主义经济学家和政治学家"集体智力"的怀疑。这无疑表明了资本主义辩护者们对资本主义基本矛盾的无奈、回避和掩盖!离开了问题的实质和核心,所有化解危机的努力,都无异于塞万提斯笔下的堂吉诃德同风车作战!

## 二 资本主义"危"在何处

可是,历史绝不是简单地往复循环。资本主义制度确立 300 多年来,虽然它总是在繁荣与危机交替中似乎经历着恒定不变的轮回,但历史发展的辩证法总是在人们看来不变的表象中、突发的偶然中、持续的量变中,毫不留情地推动着实质性的变化、必然规律的实现、阶段的质变。每一次危机,都为人们对资本主义命运的考察增添新的启示,都对超越资本主义制度本身的历史性解决办法增添新的意义。那么 21 世纪初这场资本主义危机,究竟有哪些是"不一样"的?它于资本主义与社会主义本身,意味着什么呢?

危机更突出地表明资本主义生产方式在逐渐丧失历史合理性。资本主义生产方式,说到底,就是其基本矛盾所推动的对资本的无限积累,对利润的无限索取。马克思在《资本论》中曾引用英国工会活动家托·约·邓宁的话来形容:"资本害怕没有利润或利润太少,就像自然界害怕真空一样。一旦有适当的利润,资本就胆大起来。如果有 10% 的利润,它就保证到处被使用;有 20% 的利润,它就活跃起来;有 50% 的利润,它就铤而走险;为了 100% 的利润,它就敢践踏一切人间法律;有 300% 的利润,它就敢犯任何罪行,甚至冒绞首的危险。如果动乱和纷争能带来利润,它就会鼓励动乱和纷争。"① 如今，这种生产方式为了追求更大的利润，用投机赌博代替了组织生产，用虚拟经济摧毁了实体经济，用赤裸裸的掠夺代替了"文明治理"，用"做空"整个民族国家的方式代替对个人或群体的剥削。这种生产方式，已经不仅仅是践踏法律、鼓励纷争，而是1%的人为追求高额利润而要毁灭整个世界！当然，这样也同时会摧毁资本主义制度本身。难怪美国大投资人格兰瑟姆（Jeremy Grantham）哀叹："资本主义威胁到了我们的生存。"

危机更突出地表明资本主义正逐渐失去自我调节创新的能力和空间。纵观资本主义历史，为了从一次次危机中解脱并谋求新的发展，谋求更大的利润，资本家们总是使资本主义制度处于不断变化更新中。这些拯救和调节手段包括技术创新战略、扩大地理空间战略、产业升级战略等。资本家们也不愧为"优秀的创新家"，可以说每一项战略都在资本和利润驱动下达到极致。正是由于资本的趋于达到极限的运动，在历史上总是使资本主义从一次次危机中逃生并迅速发展起来。然而也正是由于这样的资本运动，同样导致全面而更猛烈的危机发生，使其防止危机的手段越来越少。每一件应对危机的武器，都反过来对准自身。比如，不断的技术创新导致资本有机构成也不断提高，利润率下降规律作用更为显著，于是资本被迫通过金融化狂热逐利，虚拟经济严重脱离实体经济而变成难以驾驭的"魔鬼"。这种通过"金融创新"的法术呼唤出来的"魔鬼"更具"夺命力"，资本主义对此难以支配和驾驭了。随着资本在全球范围内天马行空地扩张，其基本矛盾及各种矛盾也在国际范围内愈演愈烈，发达国家向国外"转嫁危机"的办法现在也遭到全球抵制，于是矛盾同时又折回国内，遭遇了西方"占领华尔街运动"那样的激烈反抗。由此可见，资本主义自我调节和创新的能力和空间都成了严重问题。

危机更突出地表明资本主义正逐渐失去发展的多样性。综观资本主义几百年的历史，可以说资本主义同其他社会形态一样，是多样性的统一。在不同的历史时期，在不同的国家和地区，产生了不同的资本主义模式，比如"盎格鲁—撒克逊模式""莱茵模式""瑞典模式"等等。然而经过30多年国际垄断资本主义的全球扩张，新自由主义大行其道，整个资本主义总体上又趋归于原始的积累与统治形式。特别是在这场危机中，暴露出

---

① 《马克思恩格斯文集》第5卷，人民出版社2009年版，第871页。

资本主义趋向单一发展模式的严重弊端。新自由主义模式已声名狼藉，除了极少数极端辩护者外，其他资产阶级拥护者唯恐避之不及，连法国前总统萨科齐、曾鼓吹"历史终结"的福山，都认为这种自由至上的资本主义必须改变。而对于其他形式的资本主义模式来说，由于30多年来逐渐被新自由主义侵蚀、同化，资本主义已经失去了特有的基础、理念和优势。比如社会民主主义模式通过所谓的"第三条道路"革新，逐渐适应、接受并靠拢转向新自由主义模式，并把发展手段和自身命运的赌注都压在了新自由主义道路上，这样当新自由主义在危机中垮台、西方主流经济学丧失信誉之后，资本主义究竟向何处去，目前仍然是一片茫然。

### 三 关于资本主义命运的纷争

在反思资本主义的过程中，许多政治家、理论家对资本主义的未来命运作出判断和预测。下面列举一些代表性的观点：

左翼人士：著名的世界体系分析理论创始人伊曼纽尔·沃勒斯坦认为，资本主义的发展走到了极限，进一步扩张的动力已经衰竭殆尽。他预言，资本主义世界体系还有四五十年的寿命，之后将出现分野，有两种可能的发展方向：一种是以更强的等级制、压迫性为特征的世界体系；一种是更加倾向于平等和正义的世界体系。他表示倾向于后一种。

温和右翼人士：美国资深记者迈克尔·舒曼（Michael Schuman）认为，"大衰退"后的资本主义都将改头换面。不过，无论变革的呼声多么响亮，资本主义都不会消失。但面临的挑战是如何改革资本主义。其结果将决定资本主义在今后二三十年的命运。当然，这类人士中有些人的忧患意识更强烈些。

保守右翼人士：美联储前主席格林斯潘（Alan Greenspan）认为现在资本主义需要调整，但不应随意"改进"其模式。美国哈佛大学教授劳伦斯·萨默斯（Lawrence Summers）撰文否认要对资本主义进行改革，他说一旦宏观经济政策调整到位，当前的许多担忧都烟消云散。当代经济中最需要改革的，并非资本主义色彩最浓的部分，而是资本主义色彩最淡的部分。

可以说，这次危机使资本主义作为一种整体的社会制度，自"二战"以来第一次遭到了整个世界范围的、大规模的质疑或反抗。"占领华尔街运动"是半个多世纪以来第一次将资本主义整体作为主要批判目标的大规模群众性运动。这使得资本主义各种矛盾趋于尖锐化,资本主义自身固有的弊端,特别是最深层次的弊端都暴露出来。因而说,列宁在一百年前所揭示的资本主义的寄生性、腐朽性、垂死性,今天在全球资本主义时代再次集中地显现出来。

如何科学理解资本主义寄生性、腐朽性和垂死性?这首先需要我们树立历史眼光、世界尺度和辩证思维。我们讲资本主义寄生和腐朽,并不是简单地理解为它根本不能发展了,而是像列宁一百年前理解帝国主义一样,是停滞的趋势与快速发展的趋势并存。应正确地理解为:资本主义从本质上在逐渐失去其历史合理性和生命的活力,其作为一种社会形态的历史局限性和暂时性经常被全面危机这样的历史现象集中地呈现出来,而其拥护者所鼓吹的完美性和永恒性则一次次在历史考验中破灭。

对于世界社会主义运动而言,危机造成有利于社会主义发展的新形势和新条件,但危机不一定就带来社会主义的复兴。正如20世纪70年代的资本主义危机,危机过后来临的不是世界社会主义的发展,相反却是世界社会主义运动的衰落;而资本主义经历危机后奋力突围调整,造成了后30年的全球扩张。历史的辩证法就是这样:资本主义危机与发展这两种趋势并存,本质上丧失历史合理性但自我调节修复能力仍然很强。哪个时期哪种趋势和力量占优势,取决于各种条件的综合作用。但社会主义最终代替资本主义的历史规律不会改变。

### 四 资本主义危机说明了什么

从上述对资本主义危机的分析中,关于资本主义危机与社会主义运动之间的关系,可以得出三点结论。

第一,在当前资本主义危机时期,马克思主义关于资本主义危机与社会主义革命之关系的原理仍然具有重要的现实指导意义。然而,这个原理的实际运用,要以时代和实践的变化、各种社会条件的变化为转移。危机为社会主义运动造成不同于正常时期的机遇和条件,但危机不一定带来社会主义革命的高涨,这取决于主客观条件和因素的共同作用。那种认为"乘其之危"进行一次"毕其功于一役"的打击以实现世界性社会主义革命性改造的想法,是犯了幼稚病的错误。历史事实告诉我们,马克思主义关于资本主义社会基本矛盾的分析没有过时,"两个必然"的历史唯物主义观点没有过时。但资本主义向社会主义过渡是长期的、曲折的、复杂的历史过程。

第二，资本主义经过近百年的变革和调整，其应对危机能力、创新能力、调控能力、适应能力以及统治战略策略，都完全不同于马克思恩格斯时代的资本主义。资本主义危机发生的方式、规模、周期、强度和影响等，也都完全不同了，对社会主义运动和革命的影响也发生了复杂而深刻的变化。21世纪资本主义进入国际垄断资本主义阶段，国际垄断资产阶级的统治范围、力量都得到巩固和加强，资本主义的自我调节和创新能力还很强，资本主义力量处于绝对优势。世界社会主义运动在相当长的时间内总体上仍将处于低潮。正如习近平指出的："我们要深刻认识资本主义社会的自我调节能力，充分估计到西方发达国家在经济科技军事方面长期占据优势的客观现实，认真做好两种社会制度长期合作和斗争的各方面准备。在相当长时期内，初级阶段的社会主义还必须同生产力更发达的资本主义长期合作和斗争，还必须认真学习和借鉴资本主义创造的有益文明成果，甚至必须面对被人们用西方发达国家的长处来比较我国社会主义发展中的不足并加以指责的现实。"①

一般来说，资本主义发生危机，对于世界社会主义运动而言，必然会造成一定程度的有利于社会主义发展的新形势和新条件。但是，这些形势和条件是否转化为有效的社会运动及预期后果，历史可能性是否转化为历史现实性，则是各种社会力量、各种社会因素综合作用的结果。

马克思和恩格斯认为，资本主义经济危机是资本主义生产方式的特有产物，集中地暴露了资本主义经济和社会的一切矛盾。一方面，危机给无产阶级和广大劳动人民带来了深重灾难；但另一方面，危机会激起被剥削被压迫阶级更强烈的反抗，推动其反抗资产阶级的社会主义运动走向高涨。从历史发展规律看，最终会导致无产阶级及广大劳动人民推翻资产阶级的统治，建立新的社会主义生产方式和社会主义社会。时至今日，马克思主义关于资本主义危机与社会主义革命之关系的原理仍然具有重要的现实指导意义，然而这个原理的实际运用，随时随地要以时代和实践的变化、各种社会条件的变化为转移。

危机造成不同于正常时期的机遇和条件，但危机不一定就必然带来

---

① 习近平：《关于坚持和发展中国特色社会主义的几个问题》，载《十八大以来重要文献选编》（上），中央文献出版社2014年9月版，第117页。

社会主义革命的高涨。马克思恩格斯当年认为资本主义严重经济危机的到来会带来社会主义运动的高潮。他们认为每一个对旧危机的重演有抵消作用的因素，却包含着更猛烈的未来危机的萌芽。马克思恩格斯去世后，时代发生了重大变化，资本主义也发生了很大变化，资本主义经过了重大的变革和调整，应对危机能力、创新能力、调控能力、适应能力以及统治战略策略，都完全不同于马克思恩格斯时代的资本主义。资本主义危机发生的方式、规模、周期、强度和影响等，也都完全不同了，对社会主义运动和革命的影响也发生了复杂而深刻的变化。在 21 世纪初的这次资本主义危机中，资本主义遭受了重创，但社会主义迄今还没有被当作一种可供选择的解决问题的替代方案被广泛地提出。当前，资本主义进入国际垄断资本主义阶段，国际垄断资产阶级的统治范围、力量都得到巩固和加强，资本主义的自我调节和创新能力还很强，资本主义力量处于绝对优势。世界社会主义运动在相当长的时间内仍将处于低潮。

第三，在资本主义危机中把握社会主义事业的复杂性和长期性。当前的形势和社会条件，让我们想起恩格斯去世之前对 1848 年革命时期进行反思的情况和深刻论述。他在 1895 年在《卡尔·马克思〈1848 年至 1850 年的法兰西阶级斗争〉一书导言》中这样写道："历史清楚地表明，当时欧洲大陆经济发展的状况还远没有成熟到可以铲除资本主义生产的程度；历史用经济革命证明了这一点。……这一切都是以资本主义为基础的，可见这个基础在 1848 年还具有很大的扩展能力。""既然连这支强大的无产阶级大军也还没有达到目的，既然它还远不能以一次重大的打击取得胜利，而不得不慢慢向前推进，在严酷顽强的斗争中夺取一个一个的阵地，那么这就彻底证明了，在 1848 年要以一次简单的突然袭击来实现社会改造，是多么不可能的事情。"① 当前资本主义危机继续蔓延，在一些国家和地区甚至出现愈演愈烈之势，但是如果我们幻想在危机中资本主义很快完结，幻想"乘其之危"进行一次毕其功于一役的打击以实现世界社会主义革命性改造，也是"不可能的事情"。在资本主义危机中，马克思主义者和革命家要善于发挥主观能动性，利用资本主义危机造成的形势和条件，积极推动世界社会主义事业走向新的振兴之路，而不是消极等待，无所作

---

① 《马克思恩格斯选集》第 4 卷，人民出版社 1995 年版，第 512—513 页。

为地期盼一切主客观条件都成熟后才行动。世界社会主义的发展是由人类历史发展规律决定的自然进程。与此同时，历史规律的客观必然性与历史主体的主观能动性是辩证统一的。历史规律得以发挥作用，历史条件得以充分运用，历史机遇得以及时把握，则取决于历史主体的积极作为和自觉行动。在21世纪资本主义危机的历史背景下，社会主义政党和力量如何正确处理历史客观性与人的主观能动性的关系，是世界社会主义能否走向振兴的关键因素。

## 第二节　世界社会主义的条件和机遇

在资本主义危机的时代背景和世界剧烈变动的形势下，社会主义必然产生新的问题、新的内容和新的表达。归根结底，社会主义不是从一定的理论原则出发，而是基于历史事实和社会变化的运动。正如恩格斯曾经说的："共产主义不是学说，而是运动。它不是从原则出发，而是从事实出发。被共产主义者作为自己前提的不是某种哲学，而是过去历史的整个过程，特别是这个过程目前在文明各国的实际结果。"[①] 而目前的历史事实和过程，就是各个"文明国家"深陷经济危机及其带来的各种危机的泥淖中不能自拔，是成规模的此起彼伏的社会抗议活动，是激烈的社会变化、动荡和重组。这些历史事实和过程，构成了当前重新审视世界社会主义的前提和实际基础。

资本主义危机以一种直接的形式表明，资本主义不过是历史发展过程中一个暂时的、过渡的形式，同时也为社会主义的发展提供机遇和条件。在21世纪初期的资本主义危机中，整个资本主义体系受到严重冲击，美国的霸权地位遭到削弱，而社会主义中国及其他一些发展中国家在强势崛起，整个世界格局发生了有利于社会主义、有利于发展中国家的转变，有利于世界经济政治新秩序的建立，这都将极大地改善世界社会主义运动及其他进步运动的发展前景。

### 一　生存发展环境的有利转变

随着资本主义危机的发展，西方新自由主义力量占主导和右翼政党强

---

[①] 《马克思恩格斯选集》第4卷，人民出版社1995年版，第311页。

势占据政治舞台的局面已开始扭转，这对于包括西方共产党在内的左翼政党来说，对于世界社会主义运动来说，无疑是生存和发展环境的有利转变。20 世纪 80 年代以后，随着里根主义和撒切尔主义在整个世界大行其道并占据主导地位，特别是 20 世纪末期苏联东欧剧变后，国际垄断资本主义乘着迅猛发展的全球化战车，恣意横行，毫无忌惮地追求超额垄断利润，加深对世界各国人民的剥削。它们要摧毁一切障碍，包括历史上社会主义及其他进步运动取得的成果，打压共产党等进步力量和进步工会组织。这对世界社会主义运动来说，无疑是极为严酷的境遇。而 20 多年后，新自由主义在资本主义危机中信誉丧失，代表垄断资产阶级利益的右翼势力遭遇本国及世界范围内人们的强烈反抗，整个世界对资本主义丧失信心。2012 年初召开的达沃斯世界经济论坛，竟提出了"20 世纪的资本主义是否适合 21 世纪"的论题。德国《世界报》在 2012 年 7 月发表报道，世界著名的民意调查机构皮尤中心发表的一份调查结果表明，资本主义危机在整个世界大大削弱了人们对资本主义的信心，在 11 个主要资本主义国家中，只有半数或不到半数的受访者认同在自由市场经济中生活更好的观点。在"占领华尔街运动"中，也提出了"走向社会主义"的口号，等等。总之，资本主义危机为世界社会主义的发展提供了难得的社会环境和有利条件。

## 二　整饬创新社会主义理论的好时机

资本主义危机的爆发和加剧，使得世界上社会主义及进步力量对资本主义批判的观点和主张得到实践的检验与支持，使长期以来政治理念和声音被忽视、被淹没的共产党等社会主义力量受到很大鼓舞，因而获得重新树立和整饬社会主义理论的好契机。危机发生后，许多国家的进步人士、左翼政党等，及时发出批判资本主义的声音，有的以深刻的思想和理论分析直指资本主义症结，透过表面现象揭示危机的原因和本质，其中许多见解是马克思主义的立场和方法。危机发生后，马克思的《资本论》就在西方热销，连资本主义政治家、经济学家也试图从马克思那里找到解救危机的办法。而后在西方及世界各地，对马克思主义多了客观评价，少了主观偏见；多了积极肯定，少了无端批判；多了借鉴启示，少了搁置冷漠。英国《卫报》2012 年 7 月 4 日发表题为《为什么马克思主义再次兴起》的文章，认为马克思主义"时来运转"，"因为它提供了分析资本主义，尤其是像目前这种资本主义危机的工具"①。《日本时报》网站2012年7月19日发表了加拿大学者题为《马克思：伟人回归》的文章，其中写道："在柏林墙倒塌后，保守派和革新派、自由主义者和社会民主主义者几乎一致宣布马克思最终消失，可是他的理论却再次成为时下备受关注的话题——在许多方面，它们的流行速度令人惊讶。""如今，站在马克思这样的巨人肩上展望未来是一个积极的新动向。"在这样的形势下，正是社会主义观点得到实际生活的检验而重新振作，并立足新形势新情况创新理论的大好时机。

### 三 社会主义力量的恢复与积极作为

经过苏东剧变后30年的抗争、调整和磨砺，包括共产党组织在内的许多世界社会主义力量在各国舞台上站稳脚跟，力量有所恢复，并开展了许多反对资本主义的斗争及活动。它们经过理论反思和实践磨练，逐步适应变化后的国际国内环境，总体上由受挫低落转变为积极振作，由被动应付转变为自觉提升，逐步走向新的成熟。这为西方社会主义的发展奠定了一定的组织基础，是力量来源。从苏东剧变到现在的30年间，国外坚持下来的共产党，经历了危机、重组、更新和发展，从捍卫生存转向谋求在本国政治舞台上有新的作为。摆脱传统束缚的希冀与政治现实的压力，革新的激情与挫折的苦痛，取代资本主义的信念与战略策略选择的困惑，走出低谷的希望与力量相对弱小的失望，面对新机遇的奋起与难以充分利用时机有更大作为的焦虑，都一并存在。而资本主义危机的爆发，使得这些社会主义力量在精神上变得积极振作，组织力量上也有所凝聚团结，它们的斗争也自觉成熟起来，联合行动逐渐开展起来。世界社会主义政党和力量经过长期的调整变革，在理论建构和实践开拓方面都取得了一定成绩，在逐步确立自身的思想基础、组织基础、社会基础上积累了一定的经验和条件。

### 四 社会主义力量的谋求联合

面对国际范围内强大的右翼力量的联合进攻，共产党及左翼力量也加强彼此之间的联系和合作，逐步由苏东剧变之后的孤立抗争转变为谋求左

---

① 《为什么马克思主义再次兴起？》，《参考消息》2012年7月9日。

翼力量的团结合作，形成了世界社会主义发展的一定规模优势。可以说，苏东剧变之初，世界上许多共产党组织和社会主义力量遭遇巨大打击，甚至出现了惊慌失措、自顾不暇的局面，更谈不上彼此协调和联合了。而随着在抗争中逐渐站稳脚跟，面对国内国际右翼势力的联合进攻，它们越来越感到自身的弱小无力，感到进步力量联合斗争的迫切性。比如从1998年至今，各国共产党工人党会议召开了二十一次，彼此加强沟通协调和联系。特别是2011年底在雅典召开的第十三次共产党工人党国际会议上，有的共产党甚至提出了创建新的国际共产主义运动中心的建议，为了提高共产主义者和工人在世界上的领导作用，有必要和急需组建一个政治协调中心，它不是一个新的国际，而是承担组织国际或地区联合行动的角色。会议还提出面对资本主义新的危机，各国共产党组织必须抓紧用马克思主义理论武装起来，领导和团结全世界的工人和被压迫民族，在新的斗争中迎来十月革命后的又一个国际共产主义运动的高潮。这表明，资本主义危机促使共产党和工人党开展的社会主义运动发展到了一个新的水平。

### 五　苏东剧变之鉴的深刻启示

苏联解体、东欧剧变已过去30年，经过时间沉淀、实践检验和历史过滤，今天不断形成反映历史真相、趋于客观理性、揭示深层规律的经验教训的总结，意义重大，为21世纪世界社会主义的新发展和走向振兴提供了宝贵的历史借鉴。苏东剧变是20世纪最重大的历史事件之一，对世界资本主义、世界社会主义都产生了巨大而深刻的影响，21世纪初许多重大历史事件的发生都直接或间接地与此相关，今后相当长一段时期，这一重大历史事件的"威力"仍将持续地发生作用，特别是对于世界社会主义的发展具有更为特殊的意义。有的学者认为，当前正在发展的资本主义危机，是苏联东欧剧变的一个必然结果。这一见解具有历史眼光。30年后，我们从历史与现实、理论与实践、时代发展与各国特色、国际与国内的结合与比较中，深入研究苏联东欧剧变与世界资本主义、世界社会主义的关系，研究苏东剧变与中国特色社会主义的关系，深刻总结经验，反思吸取教训，从而获得更多的理论自觉和实践自觉，更加深刻地认识共产党执政规律、社会主义建设规律和人类社会发展规律，这对于推动世界社会主义在21世纪的发展和振兴具有重要意义。

### 六 中国特色社会主义成为中流砥柱

中国特色社会主义在 21 世纪初期取得的巨大成就，是世界社会主义运动总体低潮中的局部高潮，这使世界上共产党及各种进步力量受到鼓舞，使他们看到了 21 世纪世界社会主义振兴的希望，这无疑是 21 世纪世界社会主义发展最切实、最坚实、最可依托的"根据地"和"阵地"。中国特色社会主义从来就不孤立于世界之外而存在，是世界社会主义的重要组成部分，今天已深深融入到世界历史发展大潮中。社会主义就形式来说，是民族性的；就内容来说，是国际性的。中国特色社会主义，包括中国发展道路、发展模式、发展经验，已经赢得整个世界的瞩目，中国特色社会主义道路、理论体系和制度，无疑是 21 世纪世界社会主义发展过程中最可宝贵的实践成果、理论成果和制度成果。邓小平曾经讲："我们的改革不仅在中国，而且在国际范围内也是一种试验，我们相信会成功。如果成功了，可以对世界上的社会主义事业和不发达国家的发展提供某些经验。"①

## 第三节 世界社会主义面临的问题和挑战

在 21 世纪初时代背景和社会条件下，世界社会主义力量在资本主义危机中获得发展机遇和有利条件的同时，也面临着许多问题和挑战，甚至可以说出现了新旧问题相互交织的复杂发展态势。世界社会主义总体上仍然处于低潮状态，资本主义在政治、经济、文化上还占有巨大优势，这种力量强弱对比还要持续较长一段时间。

### 一 "资强社弱"的总体态势尚未根本改变

从世界资本主义与社会主义力量对比的总的态势看，"资强社弱"的态势还没有根本改变，资本主义在总体上处于攻势越来越强烈的时期，国外社会主义政党及力量则相对处于分散和弱小状态。在主导新一轮全球化的过程中，资本主义重新获得了力量，尤其是国际金融垄断资本主义变得更富于进攻性和侵略性，只是攻击和掠夺的形式发生了新的改变。

---

① 《邓小平文选》第 3 卷，人民出版社 1993 年版，第 29 页。

在资本主义危机背景下，国际垄断资产阶级为转嫁危机，对工人阶级及广大劳动人民的进攻和剥削变本加厉。相对于国际垄断资产阶级的联合进攻而言，世界社会主义力量，以及左翼及各种进步力量，则处于相对分散、弱小的地位。在西方，共产党、工会组织和工人阶级之间的关系，失去了过去那种总体上的一致性和相互支持促进的联系，彼此之间缺乏协调，甚至存在矛盾和悖离，这严重制约着反对资本主义斗争的深入开展。

## 二 国外社会主义力量的边缘化短期难以改变

从国外共产党等社会主义力量的政治影响力看，特别是在发生危机的西方国家，共产党等社会主义政党组织在各国政治舞台上仍处于受排斥甚至边缘化的地位，其观点主张政策很难影响本国政府决策。相比于其他政党，共产党作为"左翼中的左翼"或"激进左翼"的位置还很难立足，西方共产党组织的阶级基础和社会基础薄弱。在资本主义议会民主制框架下，赢得选民的能力不强，难以与主流政党抗衡。共产党等左翼政党提出的解决危机的措施和方案很难进入本国政府的"主流决策"。在金融和经济危机发生后，西方右翼政党迅速放弃了此前奉行的市场化改革的新自由主义路线，转而将左翼政党长期以来坚持的一些政策主张，比如国有化、社会保障和社会福利、政府对市场进行干预等纳入自己的囊中，这反而挤压了左翼政党的活动空间。而作为"左翼中的左翼"的共产党，尽管在危机中提出了自己的观点主张以及解决危机的措施办法，但由于受到长期以来反共势力的打压，基本被排挤在"主流政治"之外，即便是在危机中各国政府不稳定和不断更迭，轮流执政的仍然是代表资产阶级利益的或保守或革新的一些政党，共产党等社会主义党派和力量大多处于边缘化地位。

## 三 社会主义政党及力量的影响力仍然弱小

从西方社会主义政党和力量对社会运动的领导力和影响力看，它们利用资本主义危机的能力不足，经验不够，难以提出有效的克服危机的战略策略，难以有效引导对危机不满和反对资本统治的群众运动。一些西方社会主义政党及左翼人士虽然能够深刻揭示出资本主义危机的实质，开展对资本主义的深刻批判，但是利用危机造成新的斗争形势，向民众提出令人信服的克服危机的有效措施，则很难做到。在议会之外的社会斗争中，一些共产党还难以有效地领导、引导各种社会运动。比如声势浩大的"占领华尔街运动"，虽然其中提出了一些包含"社会主义"的口号，但整个运动则很难被有能力有组织的社会主义政党及力量有效引导到社会主义斗争方向上来。面对资本主义危机，一些共产党等左翼政党主要是通过集会和组织群众游行示威方式来表达抗争，这在一定程度上有利于自身社会影响的扩大，但其基本主张和措施并未进入民众的头脑，只是激发一时的愤怒心理和情绪的释放。而一些共产党等社会主义政党及左翼人士提出的变革资本主义制度的主张，在当下也难以被范围广泛的民众所接受。如前文所述，西方共产党及左翼力量在苏东剧变后根据形势的变化进行了理论和策略的调整与创新，但调整变化过程中也存在诸多问题，比如一些共产党在调整过程中具有"社会民主党化"倾向，失去过去鲜明的政治立场和主张，从而失去了许多中下层民众的支持；还有一些共产党至今仍处于自我封闭和停滞状态，不能根据时代和实践的变化和本国国情确定自己有效的纲领和政策。另外，许多国家共产党组织分裂严重，派系斗争不断，严重削弱了整体的团结斗争能力。

### 四 社会主义主体的分散化与"自在状态"

从世界社会主义运动的主体即工人阶级来看，尽管一个规模庞大的全球工人阶级客观上逐渐形成和发展，但全球工人阶级处于"自在"状态，尚未明显形成全球性的工人阶级意识，工人阶级处于分散状态且彼此竞争冲突，这严重制约着世界社会主义运动的深入开展。在资本主义危机情境下，全球工人阶级各种抗议活动有所发展，但长期以来，全球工人阶级的发展及其活动受到很大的制约。一是经济全球化条件下资本"强势"与劳动"弱势"的力量对比不均衡更加突出，全球资本家阶级不断强化对劳动的自由选择和直接控制。而各国工人越来越失去政府、工会的保护，对全球资本进攻无法形成有效的抵制和抗争力量。二是各国工人之间的矛盾和冲突增多，相对全球资本的联合处于分散状态，为了各自的利益相互竞争排斥，难以形成统一力量。三是工人阶级的主体性和阶级意识仍然缺失。在国际资本统治的全球化时期，虽然跨国资本的剥削更加直接和严酷，贫富差距和各种不平等现象更加严重，全球范围内劳资对立和冲突更加明显，各国工人阶级开始重新认识到自己的阶级地位和阶级利益，但还没有形成全球工人阶级意识，缺失对抗全球资本统治的主体性和自觉性。四是缺少有力的工会组织和工人阶级政党的领导。在新自由主义经济社会政策下，国外工会力量遭到极大破坏，至今孱弱无力，各自为战，缺少走出困境的战略策略，难以组织起工人阶级进行大规模的经济政治斗争。而西方国家一些左翼政党，包括社会民主党和一些共产党，在历史上曾经是代表工人阶级的政党组织，而今许多声称不再是一个阶级的政党，工人阶级在各国政治舞台上缺乏明确稳定的代言人和利益维护者。

# 第十章　中国特色社会主义与世界社会主义

从《共产党宣言》问世到现在，科学社会主义在170多年的历史发展中，每当时代需要和历史转折的关键时刻，都出现里程碑式的理论与实践上的飞跃，从而开拓世界社会主义发展的新局面，形成世界社会主义发展的新形态。在历史的沧桑风雨中，社会主义经历了从空想到科学，从理论到现实，从一国到多国，从低潮挫折到奋起振兴。进入21世纪，社会主义又经历着从传统到现代的发展，而中国特色社会主义就是这场巨大历史转变的重要承载体。当前，社会主义中国在世界东方的崛起，充分展现了社会主义的优越性、感召力和吸引力。中国特色社会主义道路是世界社会主义走向振兴的新途径，中国特色社会主义理论体系是科学社会主义理论发展的新形态，中国特色社会主义制度是世界社会主义发展的新模式。总之，一句话，中国特色社会主义是世界社会主义发展的新阶段。

从其源起和发展的时空看，中国特色社会主义是本国实践的产物，有着深厚的民族性和鲜明的特殊性；而从科学社会主义实践和世界社会主义运动的发展看，中国特色社会主义是当代中国的科学社会主义，是世界社会主义运动的有机组成部分，有着广泛的国际性和普遍性。中国特色社会主义，集中体现了社会主义的民族性与国际性、特殊性与普遍性、多样性与同一性的有机统一。社会主义在内容上说是国际的，在形式上说则是以民族国家为舞台的。中国特色社会主义深深扎根于当代中国的沃土，然而这十几亿人在世界东方广袤的土地上，持续数十年的筚路蓝缕、自信无畏、不断创新、薪火相传的历史创造性活动，造成的巨大影响和历史意义是不可估量的。历史已经证明并继续见证着这一伟大的历史创造。从这个意义上说，我们必须从世界眼光和历史维度来看待中国特色社会主义对世界社会主义理论与实践的独特贡献。

## 第一节　开拓世界社会主义实践发展的新道路

　　西方爆发金融——经济危机后，世人普遍质疑西方的社会制度和模式，在反复比较中看好"中国道路""中国模式"。那么所谓的"中国模式"，归根结底是什么呢？就是中国人民在自己的奋斗实践中创造的中国特色社会主义道路。这条道路可以从各个角度来评价，可以从经济角度，从综合国力角度，从社会发展角度，从实现现代化角度，从全球治理角度等等，但其中一个最重要的角度，就是从社会主义制度的角度、从中国特色社会主义对世界社会主义实践发展的角度来衡量和评价。现在人们都在谈论中国对世界的贡献，比如中国是世界经济增长的火车头，是克服世界经济危机的希望和"救星"，是全球治理的重要一极和主体成员，是对解决国际争端和维护世界和平发挥核心作用的力量等等，这些都是不容置疑和否认的事实，也都很重要。但必须还要纳入视野和需要加强的一个重要实践维度，就是中国特色社会主义对科学社会主义实践、对世界社会主义运动的意义和贡献。我们今天讲道路自信，最为根本的就是社会主义的自信，中国特色社会主义的道路自信。

　　纵观世界社会主义运动的历史，科学社会主义的实践长期地面临着两大历史课题：一是工人阶级和劳动人民已经取得政权的经济文化比较落后的国家，如何建设和发展社会主义的问题；二是工人阶级和劳动人民还没有取得政权的发达国家和发展中国家，如何进行社会主义革命和走向社会主义的问题。对于第二个历史课题，现在世界上许多未执政的社会主义政党在不同国度、不同条件下正锲而不舍地进行着尝试和探索。而对于第一个历史问题，一直是社会主义发展史上重大而艰巨的历史课题。马克思和恩格斯虽然曾经设想社会主义革命在发达国家同时取得胜利，并在生产力已达到较高水平的基础上进行新社会建设。他们也关注过俄国等经济文化比较落后的国家的发展道路问题，提出这些国家可以跨越资本主义"卡夫丁峡谷"的设想，但由于其生前未经历建设社会主义的实践，他们的见解大多是预测性的，可以说是对历史课题的"点题"。列宁在俄国十月革命胜利后，对经济文化比较落后的国家如何建设社会主义作了许多创造性探索，提出并实施新经济政策、实行工业化、发展先进文化、加强执政党建设等，并在实践中取得初步成效，可以说是对历史课题的实践"破题"。

此后苏联进行数十年大规模社会主义建设，取得过很大成就，也发生过严重错误，最后由于苏联解体而使探索归于失败。可以说，苏联对社会主义进行了大约为时70年的探索，但最后以改旗易帜的"跑题"告终。

中华人民共和国成立70多年来，中国特色社会主义的奠基、创立、发展和完善，是对经济文化比较落后国家如何建设社会主义这一历史性课题的成功"解题"。这一伟大历史创造过程分为改革开放前后两个历史时期。习近平总书记指出，"这是两个相互联系又有重大区别的时期，但本质上都是我们党领导人民进行社会主义建设的实践探索"①。从中华人民共和国成立到改革开放之前，我们党领导人民进行社会主义革命改造和建设，艰辛探索适合中国国情的社会主义建设道路，虽然经历过严重曲折、犯过严重错误，但从总体上来看，全面确立了社会主义基本制度，实现了中国历史上最伟大、最深刻的社会变革，取得了独创性理论成果和巨大成就，为当代中国一切进步发展创造了政治前提、奠定了制度基础，对此后开创中国特色社会主义提供了宝贵经验、理论准备、物质基础。改革开放之后40多年，从开启新时期到跨入新世纪，从站上新起点到进入新时代，中国特色社会主义迎来了从开创、发展到完善的伟大飞跃，对"什么是社会主义、怎么建设社会主义"这一历史性课题的接续探索和成功回答，使具有170年历史的科学社会主义焕发出强大生机活力，我们党对社会主义建设规律的把握达到前所未有的程度，带领中国人民进行社会主义革命、建设和改革的历史性创造达到前所未有的水平。党的十八大以来，中国特色社会主义进入新时代，我们党在理论、实践和制度方面全面推进科学社会主义进入新阶段，具有重大的理论意义、实践意义、时代意义、世界意义。可以说，中国社会主义70多年以成功求解社会主义历史课题而做出了里程碑意义的巨大贡献。

中华人民共和国70多年的发展之所以成功破解"什么是社会主义、怎样建设社会主义"的历史性难题，根本原因是找到了一条正确道路，即中国特色社会主义道路。这条道路，是几代中国共产党人带领中国人民筚路蓝缕、艰苦奋斗开拓出来的，是根据本国国情在长期探索中走出来的一条成功之路，是中华民族大踏步赶上时代、引领时代发展的康庄大道。中

---

① 习近平：《关于坚持和发展中国特色社会主义的几个问题》，载《十八大以来重要文献选编》（上），中央文献出版社2014年9月版，第111—112页。

国特色社会主义道路是独立自主的创新之路。独立自主是中国共产党的优良传统和立党立国的重要法宝，在中国这样一个有着 5000 多年文明史、14 亿人口的大国进行革命、建设和改革，决定了我们只能走自己的路。过去，我们照搬过本本，也模仿过别人，一次次碰壁、一次次觉醒、一次次实践、一次次突破，最终走出了这条成功之路。历史和现实都证明，人类历史上，没有一个民族、没有一个国家可以通过依赖外部力量、跟在他人后面亦步亦趋实现强大和振兴。只有中国特色社会主义道路而没有别的道路，能够引领中国进步、实现人民福祉。正如习近平总书记指出的，"当代中国的伟大社会变革，不是简单延续我国历史文化的母版，不是简单套用马克思主义经典作家设想的模板，不是其他国家社会主义实践的再版，也不是国外现代化发展的翻版"[①]。中国特色社会主义道路，是中国共产党的"独创版"。我们既不走封闭僵化的老路，也不走改旗易帜的邪路。要坚定不移走中国特色社会主义道路。

中国特色社会主义道路是实现全面发展之路。马克思主义经典作家认为，新社会的本质要求是人的自由而全面的发展。马克思曾展望未来社会是"一个更高级的、以每个人的全面而自由的发展为基本原则的社会形式"[②]。中国特色社会主义贯彻这一基本原则，努力实现人的全面发展、社会的全面进步。中国特色社会主义道路，就是在中国共产党领导下，坚持以人民为中心，始终把人民对美好生活的向往作为奋斗目标；统筹推进"五位一体"总体布局，协调推进"四个全面"战略布局；不断解放和发展社会生产力，让人民共享经济、政治、文化、社会、生态等各方面发展成果，有更多、更直接、更实在的获得感、幸福感、安全感，不断促进人的全面发展，实现全体人民共同富裕。

中国特色社会主义道路是实现民族复兴的必由之路。习近平总书记指出："改革开放以来，我们总结历史经验，不断艰辛探索，终于找到了实现中华民族伟大复兴的正确道路，取得了举世瞩目的成果。这条道路就是中国特色社会主义。"[③] 走在这条道路上，我们比历史上的任何时候

---

[①] 习近平：《加快构建中国特色哲学社会科学》，载《十八大以来重要文献选编》（下），中央文献出版社 2018 年 5 月版，第 327 页。

[②] 《马克思恩格斯全集》第 23 卷，人民出版社 1972 年版，第 649 页。

[③] 习近平：《中国梦 复兴路》，载《十八大以来重要文献选编》（上），中央文献出版社 2014 年 9 月版，第 83 页。

都更接近中华民族伟大复兴的目标，比历史上的任何时候都更具信心实现这一目标。走在这条路上，我们有了清晰的时间表和路线图，那就是党的十九大规划的战略安排：2020年全面建成小康社会，2035年基本实现社会主义现代化，2050年，把我国建成富强民主文明和谐美丽的社会主义现代化强国。到那时，中华民族将以更加昂扬的姿态屹立于世界民族之林。

## 第二节　确立世界社会主义理论发展的新形态

中国特色社会主义理论体系是当代中国的马克思主义，是当代中国的科学社会主义，是实现中华民族伟大复兴的中国梦的理论指南。同时，中国特色社会主义理论体系也是世界范围内社会主义实践经验的理论总结和升华，集中反映了人类社会发展规律、社会主义建设规律和马克思主义政党的执政规律，代表了当今时代科学社会主义理论发展的最新水平。从这个意义上讲，坚持中国特色社会主义理论体系，就是真正坚持马克思主义，真正坚持科学社会主义。

"一切划时代的体系的真正的内容都是由于产生这些体系的那个时期的需要而形成起来的。"[①] 中华人民共和国成立70多年来，中国共产党坚持科学社会主义基本原则与本国实际相结合，在不同历史时期都丰富发展了科学社会主义理论。毛泽东思想的一个重要组成部分，就是关于社会主义革命和建设的理论，集中体现在《论十大关系》《关于正确处理人民内部矛盾的问题》等著述中，至今仍具有重要现实指导意义。改革开放以来，在中国特色社会主义开创、发展、完善的历史进程中，先后形成邓小平理论、"三个代表"重要思想、科学发展观、习近平新时代中国特色社会主义思想，既一脉相承又与时俱进，不断赋予中国特色社会主义以鲜明的实践特色、理论特色、民族特色、时代特色。

中国特色社会主义进入新时代，对社会主义建设规律的认识和把握更加深刻、更加成熟。比如，提出"八个明确"和"十四个坚持"，是对中国特色社会主义整体性、开创性的丰富发展；提出道路、理论、制度、文化"四位一体"有机统一，拓展了中国特色社会主义的科学体系；提出以

---

① 《马克思恩格斯全集》第3卷，人民出版社1960年版，第544页。

人民为中心的发展思想,深化了社会主义本质理论;提出我国社会主要矛盾发生历史性转变,丰富了社会主义初级阶段理论,也发展了社会主义发展阶段理论;新时代全面深化改革,提升了社会主义发展动力理论;推进国家治理体系和治理能力现代化,丰富发展了社会主义现代化理论;推进"五位一体"总体布局和"四个全面"战略布局,完善了社会主义全面发展理论;践行创新、协调、绿色、开放、共享的新发展理念,拓展了社会主义发展途径和发展目标理论;坚持党的全面领导,提出关于党的领导"两个最"的重要论断,即中国共产党领导是中国特色社会主义最本质的特征,是中国特色社会主义制度的最大优势,丰富发展了社会主义执政党建设理论;阐明人类社会历史发展的必然趋势,提出科学认识两大社会制度关系的新思想,丰富了关于正确处理社会主义与资本主义之间关系的理论;提出推动构建人类命运共同体,丰富发展了马克思主义关于未来社会的理论,等等,这些具有重大理论意义和鲜明时代意义的新理念新思想新战略,是对科学社会主义的重大创新和全面发展,极大深化了对社会主义建设规律的认识。正如列宁指出的,无产阶级政党"如果不愿落后于实际生活,就应当在各方面把这门科学推向前进"[①]。从这个意义上说,中国特色社会主义理论体系推进了科学社会主义的整体发展和理论飞跃,代表了当今时代科学社会主义理论发展的最新形态。

中国特色社会主义理论体系之所以极大地丰富发展了科学社会主义理论,成功确立了在科学社会主义发展史上的重要理论地位,还在于它以马克思主义固有的科学性与实践性、阶级性和革命性,在同其他各种思潮比较竞争中赢得了不可比拟的巨大优势,确立了不可替代的主导地位。苏东剧变之后,它成功地抵制了各种"共产主义失败论""历史终结论"的进攻,在风云变幻的复杂环境中坚持和捍卫了社会主义;在中国改革开放的关键时期,它成功地回应了新自由主义、民主社会主义、"普世价值"论、历史虚无主义等思潮的挑战,也成功回应了一些以"反思改革"为名否定改革开放、企图开历史倒车的思潮的挑战,在日益复杂的国际国内环境下引领了中国改革开放和社会发展的正确方向,保证了中国特色社会主义顺利健康发展;在中国经济社会发展成就突出和国际地位显著提高、国际社会更加关注中国发展道路和发展模式的情

---

[①] 《列宁专题文集——论马克思主义》,人民出版社2009年版,第96页。

况下，它成功回应了"中国威胁论""中国崩溃论"等论调的挑战，在更加自觉坚定地坚持和发展中国特色社会主义中追求实现中华民族复兴的伟大目标。从这个意义上说，中国特色社会主义理论体系作为当代中国的科学社会主义，充分展示了马克思主义的巨大真理威力和与时俱进的强大生命力。

理论和实践都证明，坚持和发展中国特色社会主义，丰富和发展科学社会主义，必须始终坚持马克思主义基本原理与中国具体实际相结合。任何科学的理论和制度，必须本土化才能真正起作用。马克思主义也好，社会主义也好，能够在中国取得胜利，关键就是我们党不断推进其中国化，紧密结合中国实际加以运用。搞教条主义、本本主义、"言必称希腊"，照抄照搬西方，都是不成功的。这也是我们正确认识中国特色社会主义与世界社会主义的关系的根本原则。

## 第三节　彰显社会主义制度发展的优越性

完善和发展中国特色社会主义制度，是我国全面深化改革的总目标，也是推进国家治理体系现代化的根本方向。当前，制度创新和制度建构具有重要的迫切的意义。这可以从国际国内两个方面看：

从国内看，十八届三中全会之后，全面深化改革进入以制度改革和制度建构为主旨的关键时期。改革开放以来，党领导全国人民进行的理论探索创新、实践道路开拓的主要成果，要在全面深化改革中具体转化和集中体现为卓有成效的制度设计、制度安排，从而为实现党的纲领和目标、推动社会发展进步提供坚实有力的制度保障。这充分体现了中国共产党是具有高度制度自觉和坚定制度自信的马克思主义政党。今天我们党处在这样的历史方位上，摆在我们面前的一项重大历史任务，就是通过全面深化改革，完善和发展中国特色社会主义制度。

从国际看，资本主义危机发生以后，许多思想家、理论家和政治家在反思资本主义怎么了、资本主义命运如何的过程中，也逐渐从制度上探寻资本主义病症的根源，从发现制度局限，到提出制度困境，再到探究制度衰败。

其一，近年来弗朗西斯·福山的一系列著作或文章，包括《政治秩序的起源》（2011年）和《政治秩序与政治衰败》（2014年），以及在《美国利益》杂志上发表的一篇题为"美国政治制度的衰败"①的文章,提出美国式的三权制衡体制正变得越来越僵化,弊端越来越严重,对美国政治制度进行了一系列的抨击。他提出"美国的许多政治制度都在日益衰败",政治进程功能失调。而造成这一现象的原因是政治行为体思维僵化,对政治改革和再平衡进行阻碍。立法司法部门权力过大,法律过多,"民主"程度过了头,造成政治成本极高、效率低下;利益集团和游说集团的影响力增强,扭曲了民主进程;政治监督和制衡体系变成了否决制。所有这一切引发了代议制的危机,三权分立体制导致以大多数选民意志为依托的集体决策变得极为困难。"美国国会小心翼翼地守护着立法权,而特殊利益集团'孜孜不倦地'发展其贿赂立法权的本领,缺乏立法连贯性反过来导致了一个庞大的、杂乱无章的、且常常不负责任的政府。"福山认为,这种制度性的扭曲和衰败,"是无法通过少许简单的改革得到修复的",两大政党维持现状的意愿根深蒂固,都鼓不起勇气割舍掉利益集团提供的资金,利益集团也害怕出现一种金钱买不到影响力的制度。因此福山认为需要出现"一个与现行制度没有利害关系的改革联盟",且"需要让现行制度遭受一次或多次重大打击"才行。可见,美国等西方国家在危机之后也面临着制度难题,亟需调整和变革。福山还认为民主样式不是一种,而是多种,对新兴国家的民主并不悲观,虽然认为还未达到主流民主国家的水平,从"历史终结论"这样转向,至少说明美国政治制度出了大问题,衰退腐败了。

其二,法国"70 后"非马克思主义经济学家托马斯·皮凯蒂(Thomas Piketty)所著的《21 世纪的资本》(Capital in the Twenty-first Century)(有的翻译成《21 世纪资本论》),在西方世界引起了一次大的波动。诺贝尔经济学奖获得者克鲁格曼评论称该书引发的是"皮凯蒂恐慌",《纽约时报》评论的标题是(皮凯蒂的书)"较劲斯密(和马克思)",《商业周刊》则称"经济学的风暴要来了"。皮凯蒂的书揭露了三百年来资本主义贫富差距扩大的总趋势,认为财富分配不公正和不平等的现象日益突出并席卷全球。资本回报率远高于劳动回报率以及经济增长率,少数人占有了太多的财富,引发了严重的资本主义危机。《21 世纪资本论》认为资本主义蜕变到"世袭制":这是一个资本为王的"拼爹"时代。皮凯蒂的逻辑

---

① 《国外理论动态》2014 年第 9 期。

方法实际上与马克思有很大不同,他自己也说自己不是马克思主义者,马克思认为,资本有机构成不断提高,资本主义利润率不断下降而导致资本主义危机而崩溃,而皮凯蒂则认为资本主义由于资本家利润率不断超常增长,资本主义的核心矛盾是 r > g,即私人资本的收益率 r 可以长期显著高于收入和产出增长率 g。财富的积累要比经济产出和工资增长要快得多,因而导致严重的财富不平等进而导致资本主义危机和崩溃。二者殊途同归。不论如何,可以说他论证了资本主义经济制度的衰退腐败。

其三,法国图卢兹经济学院(Toulouse School of Economics)院长让·梯若尔(Jean Tirole)因其"对市场势力及市场监管的分析",获得了2014年诺贝尔经济学奖。评委会认为,经济体中的很多行业都往往被单个企业或少数几个寡头企业垄断,如果没有有效的监管,这样的市场往往会催生对于整个社会不利的局面。评委会主席图勒·艾林森(Tore Ellingsen)在对于梯若尔研究的科学陈述中表示,梯若尔对于拥有垄断力量的企业的分析为监管者提供了一套统一的理论框架。各国的竞争监管机构都从他的研究成果中获取了一系列全新的(监管)工具。有学者说,这是"新规制经济学"的成功。评委会表彰他在研究市场力量与调控方面的贡献,是"驯服垄断寡头"的高手。不论梯若尔的理论和政策效果及影响如何,他的获奖说明所谓的资本主义自由市场制度衰败腐朽了,需要严格的监管制度。

所以,在这样的社会背景和现实条件下,制度变革和制度建设问题成为中国与西方国家共同面临的重要任务和课题。有许多人进行比较研究,分析中国的社会制度与西方国家的社会制度的优劣,看两者在竞争中哪个具有优越性,哪个是最好的制度,哪个有发展潜力和前途,哪个又山穷水尽失去生命力。制度比较研究是一个常现常新的问题,而在当今时代和社会条件下又具有了新的性质、内涵和意义。

当然,比较研究不能简单地脱离制度赖以存在的环境和条件来做简单的类比,制度不能像一件东西那样随便移来移去,习近平总书记说"不能想象突然就搬来一座政治制度上的'飞来峰'",讲借鉴国外政治文明有益成果,但绝不能放弃中国政治制度的根本,强调"绝不能囫囵吞枣,绝不能邯郸学步"。

中国特色社会主义制度的发展方向和关键,就是制度自信和制度独立。习近平总书记在纪念邓小平同志诞辰110周年大会上的讲话中提出"三个独立",他说:"我们的国权,我们的国格,我们的民族自尊心,我们的民族独立,关键是道路、理论、制度的独立。"笔者以为,从"三个自信"到"三个独立",表明我们党在坚定不移地走自己的道路上更加成熟、更加自觉、更加坚定,对中国特色社会主义建设规律的认识进一步深化。没有这"三个独立",中华民族伟大复兴的"中国梦"就不可能实现。可以说,"三个自信"是"三个独立"的必然前提和精神动力,"三个独立"是"三个自信"的现实目标和必然结果。

从历史上看,我们党领导革命、建设、改革的历史进程,就是一部不断追求制度独立的过程。新民主主义革命的胜利,实现了中国从几千年君主专制制度向人民民主制度的历史跨越,结束了西方列强的百年侵略凌辱而获得了民族独立,新民主主义制度的确立,是近代百年来真正的制度独立。中华人民共和国成立70多年来,社会主义制度从基本确立到巩固发展,从体制改革到创新完善,在取得历史性成就中也不断彰显着社会主义制度优越性和巨大优势。建国之后经过社会主义改造确立了社会主义基本制度,实现了从几千年封建制度向人民民主制度和社会主义制度的伟大飞跃。邓小平同志在改革开放之初曾说:"社会主义革命已经使我国大大缩短了同发达资本主义国家在经济发展方面的差距。我们尽管犯过一些错误,但我们还是在三十年间取得了旧中国几百年、几千年所没有取得过的进步。"① 这是社会主义制度巨大优越性在中国的初步体现和有力证明。改革是中国的"第二次革命",其实质就是社会主义制度的自我完善和发展,在改革创新中焕发活力,更充分体现其优越性。习近平同志指出,改革开放40多年的实践启示我们,"我们扭住完善和发展中国特色社会主义制度这个关键,为解放和发展社会生产力、解放和增强社会活力、永葆党和国家生机活力提供了有力保证。"② 通过不断改革创新,使中国特色社会主义制度比资本主义制度更有效率,更能在竞争中赢得比较优势。改革开放40多年来中国特色社会主义取得世人瞩目的辉煌成就,使社会主义制度优越性在国家富强、人民幸福、民族复兴的伟大实践中获得了令人信服的雄辩证明。

党的十八大以来,我们党通过全面深化改革,不断发展和完善中国特

---

① 邓小平:《坚持四项基本原则》,载《邓小平文选》第2卷,人民出版社1994年10月版,第167页。

② 习近平:《在庆祝改革开放40周年大会上的讲话》,《人民日报》2018年12月19日。

色社会主义制度，不断提高运用中国特色社会主义制度有效治理国家的能力，不仅走出了一条不同于西方国家的成功发展道路，而且形成了一套不同于西方国家的成功制度体系，显示了独特优势，比如中国共产党领导的优势、团结一切可以团结的力量的优势、强大动员能力和集中力量办大事的优势、有效促进社会公平正义的优势，等等。新时代，我们党坚持全面深化改革，构建系统完备、科学规范、运行有效的制度体系，更加充分发挥我国社会主义制度优越性。我们党通过全面深化改革不断发展和完善中国特色社会主义制度，不断提高运用中国特色社会主义制度有效治理国家的能力。具体地讲，中国的经济制度有效促进效率与公平的统一，政治制度充分保障人民当家作主，文化制度不断推动社会主义文化繁荣兴盛，社会制度全面保障和改善民生，生态制度有效实现人与自然和谐共生和可持续发展。正如习近平总书记指出的："随着中国特色社会主义不断发展，我们的制度必将越来越成熟，我国社会主义制度的优越性必将进一步显现，我们的道路必将越走越宽广，我国发展道路对世界的影响必将越来越大。"① 中国特色社会主义制度更加成熟更加定型，不断建设对资本主义具有优越性的社会主义，以独特的制度成果对科学社会主义作出制度贡献，为世界上其他一些国家在社会制度建设上提供全新选择，并不断丰富创新人类制度文明。

从中国社会主义制度建设的长期实践看，坚持制度自信与制度独立需要做到以下四点。

第一，坚定不移地"走自己的路"。中国特色社会主义的根本、贯穿其整个过程的红线，就是邓小平提出的"走自己的道路"的命题。改革开放以来，我们党一直紧紧地、坚定地扭住这个中心命题，才成功开拓出中国特色社会主义道路，形成了中国特色社会主义制度。习近平反复强调这个命题，把"坚持走自己的路"作为"八个坚持"之一郑重提出，明确重申"我们自己的路，就是中国特色社会主义道路"。这很有现实针对性。

现在，国际国内对中国特色社会主义道路和制度的认识和观点中，还有一些曲解和误解，比如有的观点认为中国是在"新瓶装旧酒"，是用新的形式继续"走苏联的路"，是苏联模式"列宁主义制度"的现代化；有

---

① 习近平：《关于坚持和发展中国特色社会主义的几个问题》，载《十八大以来重要文献选编》（上），中央文献出版社2014年9月版，第111页。

的观点认为中国是"旧瓶装洋酒",实际上是"走西方的路",是现代西方制度在中国的翻版,是"新威权主义"或"国家资本主义";还有的认为是"中瓶装混酒",认为"中共自身正在进化成一个由各种不同制度组成的折中型混血",等等。我们只有坚定不移"走自己的路",才能正确回应各种曲解或歪曲,才能充分认识到中国特色社会主义道路是中国共产党带领中国人民历经千辛万苦、付出巨大代价开辟出来的,是被实践证明了的符合中国国情、适合时代发展要求的正确道路,这是坚持制度自信和制度独立的根本。

第二,充分认识自己的制度优势。中国特色社会主义制度的独特优势来源于:它是内生性演化的结果,不是外来性嫁接的产物;它是在本国经济社会发展基础上长期发展的结果,不是主观设计、一蹴而就的东西;它是对本国发展建设之鲜活实践经验的总结升华和对社会发展规律的深刻把握和创造性运用。它超越了西方的那种关于市场与政府、民主与专制、国家与社会、公共领域与私人领域等的机械的对立两分,而根据本国传统、现实国情,实现了这些因素和关系的有机统一,因而形成了社会制度的独特优势。因而我们无论是成功应对各种危机还是创造发展奇迹,其原因不能简单归结为"后发优势",也不是偶然的幸运和天时地利,其成功奥秘恰恰在于中国特色社会主义制度的独特优势,以及由这种制度产生的能够团结一切可以团结的力量的优势、强大动员能力和集中力量办大事的优势、有效促进社会公平正义的优势等。对此,我们要有充分的自信和自觉,既不妄自尊大,也不妄自菲薄。

第三,确立和运用自己的话语权和话语体系。这样做的目的有两个,一"破"一"立":破,就是抵制和反对西方关于制度模式和价值观的话语霸权,打破所谓"普适制度"和"普世价值"的神话,雄辩地证明中国道路和制度的独特性和必然性;"立"是将中国特色社会主义实践的丰富成果和宝贵经验凝练升华,形成具有中国特色、中国风格、中国气派的概念、范畴、理论和话语体系。没有自己的话语权和话语体系,总是用别人的标尺来衡量自己的高低,用别人的话来说自己的事,就不可能有真正的制度自信和制度独立。比如,一讲经济体制改革,就讲西方新自由主义的"市场化""私有化""自由化";一讲政治体制改革,就机械搬来西方的"宪政"、多党制、三权鼎立、司法独立;一讲社会体制改革,就机械搬来西方的"公民社会"理论;一讲价值观,就机械搬来西方的自由、民主、人权等所谓的"普世价值"等。这些东西，不但无所助益，反而贻害无穷。使用西方的话语和标签，中国道路和中国制度就会一直被说成"缺少合法性"、是"非自由、非民主的"，是"不可持续的"。只有确立和运用自己的概念、理论和话语体系，才能从各种他人的理论、模式和制度的迷信中解放出来，才能根据自己的特点、意愿和蓝图进行自由自觉的建设和创造。

第四，为人类制度文明做出更大贡献。制度自信不是自视清高、自我满足，制度独立不是孤芳自赏、闭关自守。中国特色社会主义制度建设的成果，不仅是中国的，也是世界的；不仅为我国社会主义现代化建设、实现民族复兴提供保障，而且对促进人类进步和世界文明发展做出了贡献。中国是一个拥有14亿人口的发展中大国，制度建设和创新的每一个重大进步和成就，都会对整个世界产生广泛、深远的影响。首先最重要的，当然还是集中精力办好自己的事情，要坚持"四个不断"：不断壮大我们的综合国力，不断改善我们人民的生活，不断建设对资本主义具有优越性的社会主义，不断为我们赢得主动、赢得优势、赢得未来打下更加坚实的基础。在办好自己的事情的过程中，同时积极承担与自身地位相匹配的国际责任和义务，为世界和平和进步、为人类制度文明的发展做出更大贡献。邓小平曾充满信心地展望："我们的制度将一天天完善起来，它将吸收我们可以从世界各国吸收的进步因素，成为世界上最好的制度。"[①] 我们坚信，在中国共产党的领导下，通过全面深化改革，中国特色社会主义制度必将更加成熟更加定型，也更加完善，其优越性和优势得到更加充分的发挥和体现，中国特色社会主义制度成了世界上最好的制度，以其独特的制度成果丰富了人类制度文明的宝库，从而我们也才有了真正完全彻底的制度自信和制度独立，只有这样，实现中华民族伟大复兴的中国梦才有了真正的现实制度基础和保障。

当今世界"中国之治"和"西方之乱"的鲜明对比，也充分证明了中国特色社会主义制度的优越和优势。在西方国家，贫富差距悬殊、社会治理失灵、党派纷争不断、保护主义滋生、民粹主义盛行、恐怖主义猖獗等，都表明西方的制度衰败和治理无效。两相比照，中国"风景这边独好"，在全面深化改革中推动中国特色社会主义制度更加成熟更加定型，

---

[①] 《邓小平文选》第2卷，人民出版社1994年版，第337页。

为党和国家事业发展、人民幸福安康、社会和谐稳定、国家长治久安提供一整套更完备、更稳定、更管用的制度体系，其优越性为世界上许多有识之士认可和赞同。中国特色社会主义取得世人瞩目的辉煌成就，使社会主义制度优越性在国家富强、人民幸福、民族复兴的伟大实践中获得了令人信服的雄辩证明。

改革开放之初，邓小平同志曾充满信心地展望："我们的制度将一天天完善起来，它将吸收我们可以从世界各国吸收的进步因素，成为世界上最好的制度。"① 今天，中国特色社会主义制度展现出强大生机活力并不断发展完善。正如习近平同志指出的，"这就要靠通过不断改革创新，使中国特色社会主义在解放和发展社会生产力、解放和增强社会活力、促进人的全面发展上比资本主义制度更有效率，更能激发全体人民的积极性、主动性、创造性，更能为社会发展提供有利条件，更能在竞争中赢得比较优势，把中国特色社会主义制度的优越性充分体现出来"②。

## 第四节　推动世界社会主义进入新阶段

20世纪末苏东剧变之后，国际共产主义运动或世界社会主义运动淡出了人们的视野，似乎消失了；然而随着中国的发展和强大，在人类进入21世纪的时候，"中国模式"出现在世人的视野中，出现在各种国际论坛会议的主要议题中，出现在理论家的著述中。开始的几年，主要是以中国的经济发展成就为主要话题。而在西方爆发经济社会危机之后，中国特色社会主义以一种整体的理论形态、运动形态和制度形态，更强劲地呈现在世人眼前。与此同时，数百年来资本主义发展形成的价值观，"自由市场经济"的至高无上，"政治民主"的至高无上，"个人自由"的至高无上，等等，这些一直被视为不可移易的资本主义价值信条和制度准则，在危机之中"无可奈何花落去"，现在都被推上了历史的和思想的审判台，甚至那些资本主义的著名理论家，资本主义制度的最忠实拥护者，也或公开批判资本主义，或抨击其根本性的制度弊端，或预测资本主义的寿命，或谋

---

① 邓小平：《党和国家领导制度的改革》，载《邓小平文选》第2卷，人民出版社1994年10月版，第337页。

② 习近平：《切实把思想统一到党的十八届三中全会精神上来》，载《十八大以来重要文献选编》（上），中央文献出版社2014年9月版，第550页。

划挽救资本主义的根本战略,或希望它在危机之后"浴火重生"。不论如何,这标志着世界社会主义与世界资本主义竞争对比态势正发生重大变化:世界资本主义在其发展的长周期中开始进入了一轮规模较大的衰退期;而世界社会主义总体上仍然处于苏东剧变之后的低潮期,但以中国特色社会主义发展取得的巨大成就为主要依托和标志,开启了世界社会主义发展长周期的上升期。这就是当前世界社会主义与世界资本主义力量对比态势中最为显著的特征和基本态势。中国特色社会主义已经成为21世纪世界社会主义走向振兴的中流砥柱,成为代表世界社会主义运动发展最新水平和未来走向的标志性参照系。

从国际比较看,中国特色社会主义的发展充分显示了社会主义制度的巨大优越性和竞争力。同发达资本主义国家陷入由于资本主义基本矛盾造成的各种危机相比,同一些发展中国家由于推行西方兜售的新自由主义而陷入发展陷阱相比,同一些国家由于奉行西方推行的"民主""自由"而发生所谓"颜色革命"造成政治动荡、社会混乱相比,中国特色社会主义的发展是风景这边独好。中国特色社会主义道路、理论、制度有着鲜明特色和显著优势。

从当前资本主义与社会主义的关系和比较看,最引人注目的比较有两个。第一是发展中大国中国同发达资本主义国家的整体比较。中国目前是世界上最大的社会主义国家。从人口数量看,在全世界75亿多人口中,中国14亿人口,超过全世界总人口的五分之一。在20多年前的苏东剧变之后,邓小平以伟大政治家的从容和坚定讲道:"只要中国不垮,世界上就有五分之一的人口在坚持社会主义。"[①] 当前,我们可以说,只要中国特色社会主义发展得好,建成富强民主文明和谐美丽的现代化国家,使世界上五分之一的人在社会主义制度下实现共同富裕,过上文明美好的生活,那么社会主义制度的优越性就充分地显现出来。第二是最大的社会主义国家中国和最发达的资本主义国家美国的比较。回顾历史,第一个社会主义国家苏联用20年左右的时间从欧洲经济落后的国家变为欧洲第一、世界第二工业强国,后来又成为仅次于美国的世界第二大经济体和超级大国,但苏联追赶美国却以苏联解体的历史性悲剧而告终。虽然人们对这一历史进程和结果有不同的评价,但总体来看,这对世界社会主义发展来说不能

---

[①] 《邓小平文选》第3卷,人民出版社1993年版,第321页。

不说是一个遗憾。而今,中国经过40多年的改革开放,成为世界上仅次于美国的第二大经济体,一些著名的经济学家和历史学家纷纷计算着中国超过美国经济总量的时间。在这种形势下,一方面我们清醒地看到,中国还处于社会主义初级阶段,人均经济量和人均收入还很低,距离世界经济强国还有很大差距;另一方面从两大社会制度比较的角度看,社会主义中国在经济总量上若追赶上最发达资本主义国家美国,无疑应是具有典型性的、具有决定意义的历史事件,是世界社会主义走向振兴过程中的里程碑式的标志。当然,我们不是为了"追赶"而"追赶",苏联的经验教训值得汲取,比如急于求成,经济粗放发展,忽视人民生活水平的提高等。我们建设和发展中国特色社会主义,实现中华民族伟大复兴的中国梦,同时也充分显示了社会主义制度的巨大优越性,这是对人类历史发展和人类文明的巨大贡献。

# 第十一章　世界社会主义的未来

从 1516 年托马斯·莫尔发表人类思想史上第一部社会主义著作《乌托邦》开始到现在，世界社会主义历经 500 多年历史沧桑后迈入了 21 世纪。那么，21 世纪的世界社会主义的状况和前景如何？与 19 世纪、20 世纪的世界社会主义相比有什么样的新面貌和新特征？站在新的历史起点上，我们需要用世界眼光和历史视野来观察研究世界社会主义发展的新态势、新问题和新趋势，在世界历史发展变化的宏大时空背景下观察思考问题，正确地、自觉地把握时代背景和发展大势，从当前世界社会主义与世界资本主义的新变化、新发展及二者的竞争较量与力量对比中，全面地、历史地观察分析 21 世纪世界社会主义的前途命运。

## 第一节　21 世纪初世界社会主义的新格局

历史表明，资本主义的每一次重大危机都对世界社会主义运动产生重要影响。资本主义危机必然带来各种矛盾的变化，也必然引致资本主义新一轮的大调整和大变动，因而也深刻地影响到世界社会主义发展状况和战略的调整和变化。从这个意义上讲，危机是观察研究社会主义发展状况、力量、条件、机遇、战略的重要时机。

为清晰起见，我们从总体上观察对比一下 20 世纪以来三次资本主义危机之后世界资本主义与世界社会主义的变化发展状况与对比竞争态势的变化。

1929 年资本主义危机之后，可以说以苏联为核心的社会主义力量抓住了大好时机，苏联经济高速发展，并成为世界上仅次于美国的世界工业强国，社会主义制度初步显示了独特优势。在世界范围内，实现了社会主义从一国到多国蓬勃发展的辉煌胜利，并在战后形成了世界社会主义阵营。

而以美国为核心的资本主义世界在危机之后，通过实行"罗斯福新政"等变革措施，努力缓和资本主义的各种矛盾，甚至通过学习借鉴苏联国有化、计划经济等经验，也较为成功地度过了危机，并在战后形成了世界资本主义阵营并迎来战后发展的"黄金岁月"。危机之后经过各自调整和发展，可以说是两大社会制度、两大力量打了个平手，势均力敌，一方面进行合作共同取得了反法西斯战争的胜利；另一方面形成了两极对峙，两种社会制度国家的长期"冷战"。

1973年资本主义危机之后，西方资本主义经过长期"滞胀"病痛的折磨之后，通过"里根革命"和"撒切尔新政"，又一次实现了资本主义的大调整大变化，借助新一轮科技革命和经济全球化的发展，迎来了资本主义30余年的"狂飙突进"。而苏联等社会主义国家却不但没有抓住资本主义危机的机遇发展自己，自身由于体制僵化、缺少与时俱进的改革而陷入严重的危机之中，加上其他各种因素综合作用，最终发生苏联解体、东欧剧变，使世界社会主义陷入历史的低谷中。这次较量，世界资本主义完全占了上风。然而值得庆幸的是，这一时期的社会主义中国异军突起，不但没有像苏联东欧国家那样在资本主义进攻中倒下，而且在克服各种困难和危机后取得了成功的变革发展，形成了中国特色社会主义道路并取得世人瞩目的成就，造就了世界社会主义总体低潮中的局部高潮，从而挽救了世界社会主义。这种局面正如邓小平以深邃的历史眼光作出的论断那样："只要中国社会主义不倒，社会主义在世界将始终站得住。"①

2008年资本主义危机之后，美国等发达资本主义国家的政治经济实力相对下降，对世界的主导显得力不从心。苏东剧变之后形成的资本主义"历史终结"的神话破灭，"狂飙突进"的资本主义在全球发展的进攻势头发生逆转。以中国为代表的世界社会主义和以美国西欧国家为代表的世界资本主义之间的力量对比和关系格局发生了重大变化。这次较量，虽然"资强社弱"的总体格局没有根本改变，但是资本主义在竞争中明显处于守势，以中国为代表的世界社会主义力量明显上升。这次危机标志着两大社会制度的竞争、世界历史的发展都进入一个新的历史时期，形成新的态势和新的格局。

可以这样概括21世纪初世界资本主义与世界社会主义力量对比的新

---

① 《邓小平文选》第3卷，人民出版社1993年版，第346页。

格局：世界资本主义在其发展的长周期中开始进入了一轮规模较大的衰退期，而世界社会主义虽然总体上仍然处于苏东剧变之后的低潮期，但以中国特色社会主义发展取得的巨大成就为主要依托和标志，开始进入了世界社会主义发展长周期的上升期。

综上所述，通过对三次资本主义危机时期前后相继的三个不同历史时段的比较考察，我们可以更清楚地看到世界资本主义与世界社会主义在近一个世纪的共存斗争、角逐博弈中各自发展变化的大体脉络。比较而言，从20世纪30年代危机算起到21世纪初的危机近70多年的时间里，世界资本主义经历了由衰而盛再走下坡路的过程，世界社会主义经历了由盛转衰再到上升的过程。而从苏东剧变算起也就25年的时间，历史的"魔术手"让人们经历了出其不意的奇迹翻转。这也验证了列宁说过的一段话："历史喜欢作弄人，喜欢同人们开玩笑。本来要进这个屋子，结果却跑进了那间屋子。"① 这种境况，使历史规律发生作用的必然性与偶然性都有了一次最生动、最充分的现实检验。同时，在这个发展过程中"历史之手"给我们的一个最大惊喜，就是在"神奇翻转"中打开了中国特色社会主义这个"看得见风景的房间"。正如习近平指出的："特别是苏联解体、东欧剧变以后，唱衰中国的舆论在国际上不绝于耳，各式各样的'中国崩溃论'从来没有中断过。但是，中国非但没有崩溃，反而综合国力与日俱增，人民生活水平不断提高，'风景这边独好'。"②

## 第二节 21世纪世界社会主义发展的新特征

21世纪初资本主义危机之后，世界社会主义无疑进入了一个新的发展时期，呈现出新的特点和趋势。总的来看，当前世界社会主义发展的主要特征是"四期并呈"：一是世界范围内反对和变革资本主义运动的集中开展期；二是各具特色社会主义的民族化趋势与加强协调联合的国际化趋势的并存发展期；三是中国特色社会主义成为世界社会主义的旗帜且引领示

---

① 《列宁全集》第25卷，人民出版社1988年版，第335页。
② 习近平：《关于坚持和发展中国特色社会主义的几个问题》，载《十八大以来重要文献选编》（上），中央文献出版社2014年版，第109—110页。

范作用的上升期；四是处于新一轮衰退期的世界资本主义与处于新一轮上升期的世界社会主义之间的竞争与博弈更趋激烈期。

具体地看，正确把握 21 世纪世界社会主义发展的新特征，要注意研究和把握以下四个方面。

第一，21 世纪上半叶世界社会主义发展振兴的重要标志性成果，是社会主义制度赢得比资本主义的更广泛的制度优势。

回顾世界社会主义发展数百年的历史，我们就会看到：在 19 世纪，世界社会主义运动的中心在欧洲，按照马克思恩格斯的判断，世界革命运动中心的转移，顺次从英国到法国再到俄国，这一时期历史的主题是马克思主义理论的创立、传播、运用和逐渐占主导地位，在实践上则是社会主义运动和工人运动的广泛开展并逐渐成熟与强大；在 20 世纪，世界社会主义的中心转移到俄国，历史的主题是革命和夺取政权，建立新的社会制度。这在俄国十月革命的胜利以及一批社会主义国家的诞生中得到实现；在 21 世纪，世界社会主义的中心又转移到中国，历史主题是在两种社会制度竞争中不断实现社会主义制度的完善和发展，社会主义以充分的制度优势证明其巨大优越性。21 世纪初资本主义危机的一个最为集中、最为突出的表现，就是资本主义制度的无效和衰败。福山从"历史终结论"到资本主义"制度衰败论"，论证了资本主义政治和机制的衰败失灵；皮凯蒂的《21 世纪资本论》，论述了资本主义经济制度的衰败失灵；还有许多西方理论家以各种方式述说着资本主义民主、自由、平等这些长期以来被视为"永恒法则"的价值信条的破灭和衰败。而与此同时，形成鲜明对比的是，在东方的社会主义中国，正在通过全面深化改革实现着社会主义制度的完善和发展，推动中国特色社会主义制度更加成熟更加定型。因而在 21 世纪中叶，历史主题和中心任务就是在制度方面赢得比资本主义更广泛的优势，这是世界社会主义振兴的最为重要的标志。这也印证了邓小平这位伟大战略家的预言："我们中国要用本世纪末期的二十年，再加上下个世纪的五十年，共七十年的时间，努力向世界证明社会主义优于资本主义。我们要用发展生产力和科学技术的实践，用精神文明、物质文明建设的实践，证明社会主义制度优于资本主义制度，让发达的资本主义国家的人民认识到，社会主义确实比资本主义好。"[①] 习近平也表达了同样的思想：

---

[①] 《邓小平年谱（1975—1997）》（下），中央文献出版社 2007 年版，第 1225 页。

"随着中国特色社会主义不断发展,我们的制度必将越来越成熟,我国社会主义制度的优越性必将进一步显现,我们的道路必将越走越宽广,我国发展道路对世界的影响必将越来越大。"①

第二,21世纪初中国以雄辩的力量与地位当之无愧地成为世界社会主义发展振兴的中流砥柱和引领旗帜。

这是21世纪初期世界社会主义发展史、甚而世界历史上的重大事件。随着历史发展和时间的推移,中国特色社会主义对世界的重大意义会越来越清晰。这个重大意义,习近平做出了明确概括:中国特色社会主义"使具有500年历史的社会主义主张在世界上人口最多的国家成功开辟出具有高度现实性和可行性的正确道路,让科学社会主义在21世纪焕发出新的蓬勃生机"②。中国需要抓住机遇,运用大国智慧,长袖善舞,敢于担当,更好地承担起应尽的历史责任,做出更大的历史贡献。在正确认识和评价中国特色社会主义世界意义的问题上,有以下几个方面需要强调。一是要客观、充分地认识到中国特色社会主义已经成为世界社会主义的最大最稳固阵地和根据地,成为世界社会主义的旗帜和风向标,成为21世纪世界社会主义的新的生长点。这是毋庸置疑的客观历史事实,不管人们主观上承认不承认,都是如此。我们不能回避现实,否则历史老人就把千载难逢的历史机遇收回,我们就可能错失良机,成为历史的落伍者,甚至会成为延误历史发展和文明进步的历史罪人。可以说,中华民族伟大复兴的进程,实际上同时就是世界社会主义振兴的进程,二者不可分割。二是承认中国在21世纪初已不可辩驳地成为世界社会主义的旗帜和中流砥柱,根本不同于过去苏联那样搞大党大国主义,视自己为国际共产主义运动的"霸主"的霸权主义做法,将二者简单地比附是完全错误的。三是中国把自己的事情办好,当然是对世界社会主义的最大贡献,历史上如此,现实如此,将来也如此。但"不当头"不等于"不作为",在中国已经成为"醒来的狮子"、国际上负责任的大国、综合国力和话语权今非昔比的今天,我们要认真研究如何正确处理"韬光养晦"与"奋发有为"的关系,认真研究21世纪中国为世界社会主义发展做贡献的战略、内容、途径和

---

① 习近平:《关于坚持和发展中国特色社会主义的几个问题》,载《十八大以来重要文献选编》(上),中央文献出版社2014年版,第111页。
② 习近平:《在庆祝中国共产党成立95周年大会上的讲话》,人民出版社2016年版,第4页。

方式。四是认真研究中国特色社会主义与世界社会主义的关系，研究中国特色社会主义理论体系、道路和制度的世界意义，研究总结中国特色社会主义最集中体现人类社会发展规律、社会主义建设规律和共产党执政规律的重要经验和启示，为世界社会主义的理论创新和实践创新做出更大贡献。

第三，21世纪中叶，世界资本主义与世界社会主义在长期竞争中将发生历史性的转折，这有利于世界社会主义走向振兴。

发生转折的一个标志性里程碑事件，是中国将在经济总量上超过美国，成为世界第一大经济体，由此带来两大社会制度力量对比发生转折性变化。目前可以肯定的是，中国的经济总量超过美国，只是时间问题。国际货币基金组织甚至提出，按照购买力平价计算，中国经济总量在2014年就超过了美国。我们姑且把这些预测判断及其动机放在一边，就从两大社会制度的竞争来讲，21世纪的某个时间点，世界最大的社会主义国家中国在经济上追赶上世界最发达资本主义国家美国，这无疑是具有里程碑意义的历史事件，也是两大社会制度力量对比发生重要转折的标志性事件。当然，到那个时候，也许中国还处在社会主义初级阶段，人均经济量和人均收入还有较大差距，但是这并不会否定中国发展的重大历史意义。在世界社会主义发展史上，第一个社会主义国家苏联有过赶超美国的历史，遗憾的是最后以苏联解体而失败，那种类型的"赶超"为后人提供了许多教训。我们今天说的"赶超"，也绝不是过去的那种"大跃进"和"超英赶美"，历史的教训必须深刻汲取。在新的历史起点上，中国在经济总量上超过美国，有着新的历史意义。这在人类历史上第一次出现了社会主义国家在经济上占据世界头位的情况，从而更充分证明了社会主义制度的优越性。同时这也标志着，以往持续数十年的"西强东弱""资强社弱"的局面开始发生新的重大变化，东西方之间、社会主义与资本主义之间的关系和秩序格局，在新的力量平衡和竞争态势下将会被重塑和重组。

第四，21世纪判断社会主义发展状况和程度的标准，是社会主义国家数量与社会主义理念实现程度的结合。

我们判断世界社会主义处于"低潮"或"高潮"的标准，不仅看共产党执政的社会主义国家数量的多少，还要在质的标准上看反映社会主义本质的理念价值的广泛实现，社会主义制度优越性的充分展现。一般来说，数量标准确实是最直接也是最直观的标准。苏东剧变之后，共产党组织执政的社会主义国家数量由 15 个减少至 5 个，这无疑是社会主义的重大损失和挫折。但我们今天看待和评价社会主义的发展状况和形势，仅仅通过数量标准是片面的、偏颇的。随着时代的变化和世界社会主义的发展，评判世界社会主义发展形势的标准也要更趋全面和客观。在共产党执政的国家，要看反映社会主义本质的理念得到实现的程度，比如生产力发展水平、共同富裕、公平正义等；各国探索本国特色社会主义道路的实践的广度与深度；共产党执政的社会主义国家对于发展中国家的感召力和示范作用，在世界上的影响力和话语权等等。在资本主义国家，要看社会主义的因素是否增多和提升，劳动者的生活水平和社会权利是否改善和实现，反对资本主义的社会主义及其他进步力量是否增强，等等。总之，要全面地、综合地评判世界社会主义的形势和发展。当然，我们也希望共产党执政的国家数量越多越好，但是必须充分认识到社会主义发展的长期性和曲折性，具体地、历史地、客观地看待社会主义取得的每一个实质进步和每一次历史飞跃。

## 第三节　21 世纪世界社会主义发展的新趋势

21 世纪世界社会主义的发展和振兴，要在充分吸收借鉴 20 世纪世界社会主义发展经验教训的基础上，顺应 21 世纪时代发展的新趋势，深入研究回答 21 世纪初世界社会主义发展面临的新情况、新问题、新战略。正如习近平指出的那样："世界潮流，浩浩荡荡，顺之则昌，逆之则亡。要跟上时代前进步伐，就不能身体已进入 21 世纪，而脑袋还停留在过去"①。我们研究 21 世纪世界社会主义发展的问题和前途，既要坚持马克思主义基本原理和立场观点方法，又要发扬马克思主义与时俱进的理论品质，全面准确地把握 21 世纪世界社会主义的新问题和新趋势。这里列举几个现实的、主要的问题。

### 一　坚持民族性与国际性的统一

各国共产党及社会主义力量更加独立自主地探索本国社会主义道路，

---

① 习近平：《顺应时代前进潮流，促进世界和平发展》，载《习近平谈治国理政》，外文出版社 2014 年版，第 273 页。

同时开展地区性或世界性的一定形式的协调与联合，或形成一定形式的统一阵线。这种联合是完全必要的，也是世界社会主义发展到当前阶段的必然要求，只有这样，社会主义力量才会在国际资本主义力量和保守右翼力量联合进攻面前增强集体行动能力。同时也要看到，不会出现20世纪共产国际那样的国际性组织。苏东剧变之后，世界范围内各国共产党组织以及社会主义力量经过生存之战后进行调整重组，目前已站稳脚跟，谋求新的作为和新的发展，这为21世纪世界社会主义的发展奠定了一定的组织基础。21世纪初面临的最大问题仍然是世界范围内社会主义政党及其力量的相对弱小和分散（中国共产党的情况除外）。当前世界范围内社会主义及左翼力量在地区性或全球范围内开展了一些积极的沟通协调，有了一定的联系平台和途径，比如"欧洲左翼论坛"、拉美的"圣保罗论坛"、反全球化的"世界社会论坛"、国际马克思大会、共产党工人党国际会议等等。但也要看到存在的局限和问题，比如在关于社会主义基本理论和方向目标的认识上还存在较大分歧（比如美国共产党与希腊共产党的理论争论）；缺少明确的、具有较大程度共识的原则和纲领；在重大问题和重要行动上还不能形成有效的协调一致的战略策略（比如在资本主义危机过程中）；社会主义政党组织内部分裂严重，派系争斗削弱了自身力量，等等。这些问题，在一定程度上影响制约着21世纪世界社会主义的发展。因而，有必要加强世界范围内共产党之间的团结和联合，形成像历史上第一国际、第二国际那样的协调性国际组织，但这不是共产国际（第三国际）那样的大党大国具有"发号施令"权力、要求各党必须整齐划一行动的组织，不是成为那种领导与被领导、指挥与被指挥的不平等的组织。社会主义政党及各种左翼组织之间形成必要的团结和协调行动，形成多种形式的国际统一阵线是完全符合新发展和新需要的，不能将其等同于搞"指挥中心""整齐划一""输出革命"等。21世纪世界社会主义的发展，要求认真研究解决各国各党独立自主与形成必要的国际协调合作的关系。到今天，距第一国际成立有150多年，距第二国际成立120多年，距第三国际成立大约100年，世界社会主义运动历史上三个国际的经验和教训值得认真研究总结。在纪念第一国际成立150周年的时刻，西方学者R. 安图内斯（Ricardo Antunes）撰写了一篇题为《1864年与今天的国际工人阶级》一文，其中认为："面对全球化的资本，世界上的工人及其面对的挑战同样是超越国界的。今天的社会矛盾已经成为社会主义资本总体和劳工总体的矛盾，资本利用了它的全球机制和国际组织，所以对工人阶级的斗争来说，也必然增强他们的国际性，重视国际工人阶级组织的建设。"① 这也从侧面反映了当前形势发展要求建立某种形式的国际工人阶级协调联合组织的必要性。

## 二　坚持地域性与世界性的统一

21世纪世界社会主义异彩纷呈，模式多样，各具特色，但在全球化迅速发展的历史情境下，如何处理好世界性与地域性关系的问题，成为影响世界社会主义发展广度与深度的重要课题。马克思、恩格斯认为，社会主义和共产主义是"世界历史性事业"，他们反对那种"地域性的共产主义"，指出实现共产主义有两个绝对必需的前提：一是生产力的巨大增长和高度发展；二是地域性的个人为世界历史性的个人所代替。他们认为，如果不具备这两个前提，就会造成以下两个后果："（1）共产主义就只能作为某种地域性的东西而存在；（2）交往的力量本身就不能发展成为一种普遍的因而是不堪忍受的力量：它们会依然处于地方的、笼罩着迷信气氛的'状态'。""交往的任何扩大都会消灭地域性的共产主义"。同样，"无产阶级只有在世界历史意义上才能存在，就像共产主义——它的事业——只有作为'世界历史性的'存在才有可能实现一样"②。在全球化、信息化、网络化迅猛发展的今天，历史以前所未有的广度和深度转变为"世界历史"，人类交往日益成为"世界性交往"，个人和民族日益为"世界历史性的"个人和民族所代替。21世纪的世界社会主义决不是逐渐消失的"地域性的共产主义"，其发展振兴只有作为"世界历史性的"事业存在才有可能实现。世界社会主义的历史已经证明，社会主义革命可以首先在一国或几国取得胜利，但革命要取得最终胜利，社会主义最终建成，只能是世界性的历史事业。一方面，21世纪世界社会主义的突出特征是"本国特色"，民族性更为彰显；另一方面，21世纪世界社会主义也会更加超越民族国家的地域性限制，国际性不断扩展。社会主义在形式上是以民族国家为舞台的，在内容上则是国际的、世界性的。21世纪世界社会主义的发

---

① Ricardo Antunes, *The International Working Class in 1864 and today. Socialism and Democracy*, 2014, Vol. 28, No. 2.

② 《马克思恩格斯选集》第1卷，人民出版社2012年版，第166—167页。

展振兴，必须正确对待"本国特色"与"世界历史性"的辩证关系，实现民族性的"形式"与国际性的"内容"的有机统一，很好地实现从民族性、地域性的发展壮大向世界性、全球性的普遍联系与拓展转变。

### 三 坚持工人阶级运动与群众性运动的统一

要重新塑造社会主义运动的主体，形成以全球工人阶级为主导的、各种进步力量广泛参加的、阶级运动与其他进步社会运动相结合的反对资本主义的主体力量。20世纪70年代以来，在西方国家出现了所谓"工人阶级主体性危机"，马克思主义关于工人阶级历史使命和历史地位的学说遭遇质疑和挑战，"告别工人阶级"论影响较大，"中产阶级"论占据主流。20世纪末期以来，随着全球范围内阶级矛盾和阶级冲突的再次激化，以及全球资本家阶级与全球工人阶级的形成与日益分化，"中产阶级的再无产阶级化"现象凸显。特别是21世纪初期资本主义危机之后，全球工人阶级的境况恶化，许多"中产阶级"人群生活水准和社会地位下降，幻灭感蔓延，西方社会阶级结构出现了新的境况。一些理论家又重新关注和研究阶级、工人阶级、阶级性不平等、阶级冲突，一些左翼人士重新关注研究阶级斗争、工人阶级运动与社会主义运动的联系，有的重新论证工人阶级的社会主义主体地位。21世纪世界社会主义发展的一个重要前提就是工人阶级主体地位的再形成，这就是全球工人阶级的再形成，也就是全球雇佣劳动者阶级的整体发展。20世纪后期出现的那种社会主义"主体多元庞杂""主体缺失""无主体"的局面会有大的改观，资本主义危机后西方阶级状况和阶级关系的变化，比如"中产阶级"的"再无产阶级化"，脑力劳动者与体力劳动者在生活条件上的趋同化，在生产地位上的"同质化"，有助于新的全球工人阶级的形成，这对世界社会主义发展具有重要意义。同时，全球工人阶级从"自在"到"自为"的新型工人阶级意识的形成，使工人阶级的经济斗争、政治斗争、社会解放斗争在新的历史条件下自觉开展且更好结合，从而促进世界社会主义运动的新发展。

当然，全球工人阶级运动的新发展，要与诸如反全球化运动、"左翼替代"运动、民主权利运动、和平运动、生态运动、女权运动及"占领"运动等各种反资本主义体制和秩序的运动结合起来，克服传统工人阶级运动的狭隘和局限，在21世纪的时代社会背景下构建新的社会主义主体力量联盟。在这种主体力量联盟中，工人阶级是领导性主体，阶级运动是主导性运动。20世纪中期以后各种"新社会运动"的出现，总体上是以批判和否定传统的阶级运动的面貌和旗帜出现的。然而半个多世纪的发展历程表明，如果抛开根本的经济根源和经济关系变革，不以作为经济关系之政治表现的阶级关系和阶级斗争为主旨，其他内容与形式的社会运动虽然也取得了一定范围与程度的胜利，但总体上看或停留于单一的抗议活动，或局限于琐细议题的讨价还价，或失之于无关社会秩序变革的泛泛抗争，或因为不具持续动力和接续力量而中道衰微。这次资本主义经济危机之后，一些左翼理论家重新关注阶级问题和阶级运动，阶级不平等、阶级分化、阶级冲突、阶级斗争等话语和范畴，又重新回到人们讨论的话题领域中来，这再次证明了阶级运动的重要性，工人阶级回归社会主义主体本位的重要性。新社会运动若不以社会主义为诉求目标，不依赖工人阶级的主体斗争，就很难在改变现存社会秩序上有实质的作为；当代工人阶级运动和社会主义运动若不与其他进步社会运动结盟，相互借鉴，彼此促进，也会由于陷入封闭保守、偏狭孤立的处境而难以有新的发展。

### 四 坚持社会变革建设与生态文明建设的统一

这种结合，是朝着马克思提出的"人和自然界之间、人和人之间的矛盾的真正解决"的历史发展的最终目标迈出实质性步伐的社会主义。21世纪的世界社会主义，一方面要在解决社会矛盾、建立社会和谐上取得新的进展；另一方面要在解决人与自然的矛盾、建立人与自然的和谐上取得实质成绩。研究者一般把前者的社会主义运动称为"红色"运动，而把后者称为"绿色"运动，把二者的结合称为"红绿结合"。当前，生态马克思主义和生态社会主义是世界社会主义理论与实践中的重要流派，西方的社会主义运动更多地容纳绿色运动成分，有的国家绿党成为重要的左翼政党，与传统政党在政坛上结成"红绿联盟"。在现实社会主义国家，也越来越关注环境与生态问题，更加自觉地把实现人与自然的和谐作为社会发展目标。在中国，则把生态文明建设作为中国特色社会主义"五位一体"总体布局的重要组成部分，作为人类生产方式与生活方式的重大变革工程。21世纪的世界社会主义，既注重社会关系与社会制度的变革，也注重人类的可持续发展和全球美好家园建设，这比以往更全面、更充分地展示了马克思所科学预测的："实际日常生活的关系，在人们面前表现为人与人之间和人与自然之间极明白而合理的关系。"①

　　21世纪初资本主义金融危机之后，世界社会主义既面临着难得的历史机遇，也面临着新的问题和挑战。资本主义危机为世界社会主义的发展创造了一定的客观历史条件，但历史的可能性转化为必然性，世界社会主义要取得新的发展，决不是一蹴而就的事情，还需要全世界的社会主义者及各种进步力量进行长期、艰苦的奋斗。这正如马克思所说的："历史是认真的，经过许多阶段才把陈旧的形态送进坟墓。世界历史形态的最后一个阶段是它的喜剧。"② 我们站在新的历史起点上，完全可以自信地说：21世纪是世界社会主义走向振兴的世纪！

　　人间正道，唯有沧桑。真正的马克思主义者既展望未来，又立足现实；既满怀理想，又脚踏实地；既看到社会主义走向振兴的历史必然性，又看到社会主义事业的长期艰巨性。马克思在《路易·波拿巴的雾月十八日》中阐述了无产阶级的社会主义革命与以往革命的不同，并以睿智深刻、生动形象的论断揭示了社会主义革命事业的曲折艰巨，以及经历了无数历史坎坷之后走向胜利的新境界。他这样说："无产阶级革命，例如19世纪的革命，则经常自我批判，往往在前进中停下脚步，返回到仿佛已经完成的事情上去，以便重新开始把这些事情再做一遍；……它把敌人打倒在地，好像只是为了要让敌人从土地里汲取新的力量并且更加强壮地在它前面挺立起来；它在自己无限宏伟的目标面前，再三往后退却，直到形成无路可退的局势为止，那时生活本身会大声喊道：这里是罗陀斯，就在这里跳跃吧！这里有玫瑰花，就在这里跳舞吧！"③ 我们相信，经历了世界社会主义500年的风雨沧桑，经历了科学社会主义170多年的辉煌与坎坷，21世纪的世界社会主义终将迎来马克思所说的"跳跃"与"跳舞"的振兴天地！

---

① 《马克思恩格斯选集》第2卷，人民出版社1995年版，第142页。
② 《马克思恩格斯选集》第1卷，人民出版社2012年版，第6页。
③ 《马克思恩格斯文集》第2卷，人民出版社2009年版，第474页。

# 参考文献

**经典著作类**

《马克思恩格斯全集》第1卷,人民出版社1995年版。
《马克思恩格斯全集》第3卷,人民出版社1960年版。
《马克思恩格斯全集》第3卷,人民出版社1965年版。
《马克思恩格斯文集》第1卷,人民出版社2009年版。
《马克思恩格斯文集》第2卷,人民出版社2009年版。
《马克思恩格斯文集》第5卷,人民出版社2009年版。
《马克思恩格斯文集》第6卷,人民出版社2009年版。
《马克思恩格斯选集》第1卷,人民出版社2012年版。
《马克思恩格斯选集》第2卷,人民出版社1995年版。
《马克思恩格斯选集》第4卷,人民出版社1995年版。
《列宁选集》第2卷,人民出版社1995年版。
《列宁专题文集——论马克思主义》,人民出版社2009年版。
《毛泽东文集》第8卷,人民出版社1999年版。
《邓小平年谱(1975—1997)》(下),中央文献出版社2007年版。
《邓小平文选》第2卷,人民出版社1994年版。
《邓小平文选》第3卷,人民出版社1993年版。

**其他著作类**

柴尚金:《老挝:在革新中腾飞》,社会科学文献出版社2015年版。
陈跃、张国镛主编:《科学社会主义理论与实践》,高等教育出版社2007年版。
崔桂田、蒋锐等:《拉丁美洲社会主义及左翼社会运动》,山东人民出版社2013年版。

杜康传、李景治：《国际共产主义运动概论》，中国人民大学出版社 2002 年版。

冯颜利等：《亚太与拉美社会主义研究》，中国社会科学出版社 2013 年版。

《改革开放三十年重要文献选编》（上），中央文献出版社 2008 年版。

兰瑛：《非洲社会主义小词典》，华东师范大学出版社 1992 年版。

李周：《法国共产党的"新共产主义"理论与实践》，中国社会科学出版社 2006 年版。

刘洪才主编：《当代世界共产党党纲党章选编》，当代世界出版社 2009 年版。

毛相麟：《古巴社会主义研究》，社会科学文献出版社 2005 年版。

梅运忠等：《多极科技政治格局的崛起》，安徽人民出版社 1989 年版。

《十八大以来重要文献选编》（上），中央文献出版社 2014 年版。

世界银行：《1995 年世界发展报告：一体化世界中的劳动者》，毛晓威等译，中国财政经济出版社 1995 年版。

宋士昌主编：《科学社会主义通论》第四卷，人民出版社 2004 年版。

孙培钧等：《印度：从"半管制"走向自由化》，武汉出版社 1995 年版。

童晋：《西方国家工人阶级意识问题研究》，中国社会科学出版社 2016 年版。

王长江主编：《政党政治原理》，中共中央党校出版社 2009 年版。

习近平：《关于坚持和发展中国特色社会主义的几个问题》，载《十八大以来重要文献选编》（上），中央文献出版社 2014 年版。

《习近平关于实现中华民族伟大复兴的中国梦论述摘编》，中央文献出版社 2013 年版。

肖枫主编：《社会主义向何处去》，当代世界出版社 1999 年版。

徐崇温：《当代外国主要思潮流派的社会主义观》，中共中央党校出版社 2007 年版。

徐世澄：《当代拉丁美洲的社会主义思潮与实践》，社会科学文献出版社 2012 年版。

张世鹏：《当代西欧工人阶级》，北京大学出版社 2001 年版。

张世鹏：《二十世纪末西欧资本主义研究》，中国国际广播出版社 2003 年版。

张世鹏：《二十世纪末西欧资本主义》，中国国际广播出版社 2002 年版。

张世鹏、殷叙彝编译：《全球化时代的资本主义》，中央编译出版社1998年。

中共中央对外联络部：《各国共产党总览》，当代出版社2000年版。

中共中央文献研究室编：《十八大以来重要文献选编》（上），中央文献出版社2014年9月版。

中共中央文献研究室：《邓小平思想年谱（1975—1997）》，中央文献出版社1998年版。

中共中央文献研究室：《十二大以来重要文献选编》（上），人民出版社1986年版。

中共中央文献研究室：《十三大以来重要文献选编》（上），人民出版社1991年版。

中共中央文献研究室：《十四大以来重要文献选编》（上），人民出版社1996年版。

中央文献研究室：《三中全会以来重要文献选编》（下），人民出版社1982年版。

祝文驰、毛相麟、李克明：《拉丁美洲的共产主义运动》，当代世界出版社2002年版。

［埃及］萨米尔·阿明：《多极世界与第五国际》，沈雁南、彭姝祎译，社会科学文献出版社2014年版。

［埃及］萨米尔·阿明：《全球化时代的资本主义——对当代社会的管理》，丁开杰等译，李智校，中国人民大学出版社2013年版。

［比利时］欧内斯特·曼德尔：《革命的马克思主义与20世纪社会现实》，颜岩译，中国人民大学出版社2013年版。

［德］奥斯卡·拉封丹：《心在左边跳动》，周惠译，社会科学文献出版社2001年版。

［德］乌尔里希·贝克：《没有劳动的资本主义》，转引自张世鹏《二十世纪末西欧资本主义》，中国国际广播出版社2002年版。

［俄］谢·卡拉-穆扎尔：《论意识操纵》，徐昌翰、宋嗣喜、王晶、李蓉、林柏春、王秋云、陈本栽译，社会科学文献出版社2004年版。

［法］罗贝尔·于：《共产主义的变革》，载肖枫主编《社会主义向何处去》（下卷），当代世界出版社1999年版。

［法］托马斯·皮凯蒂：《21世纪资本论》，巴曙松、陈剑、余江等译，中

信出版社 2014 年版。

［古巴］卡斯特罗：《全球化与现代资本主义》，社会科学文献出版社 2000 年版。

［古］萨洛蒙·苏希·萨尔法蒂：《卡斯特罗语录》，宋晓平、徐世澄、张颖译，社会科学文献出版社 2010 年版。

［美］大卫·哈维：《资本社会的 17 个矛盾及其终结》，许瑞宋译，中信出版集团 2016 年版。

［美］戴维·奥塔韦、玛丽娜·奥塔韦：《非洲共产主义》，戴培忠等译，东方出版社 1986 年版。

［美］菲利普·克莱顿、贾斯廷·海因泽克：《有机马克思主义——生态灾难与资本主义的替代选择》，孟献丽、于桂凤、张丽霞译，人民出版社 2015 年版。

［美］弗朗辛·R. 弗兰克尔：《印度独立后政治经济发展史》，孙培钧等译，中国社会科学出版社 1999 年版。

［美］杰里米·里夫金：《工作的终结》，王寅通等译，上海译文出版社 1998 年版。

［美］乔万尼·阿瑞吉：《亚当·斯密在北京——21 世纪的谱系》，路爱国、黄平、许安结译，社会科学文献出版社 2009 年版。

［美］乔伊斯·阿普尔比：《无情的革命：资本主义的历史》，宋非译，社会科学文献出版社 2014 年版。

［美］伊曼纽尔·沃勒斯坦、兰德尔·柯林斯、迈克尔·曼、格奥吉·杰尔卢吉扬、克雷格·卡尔霍恩：《资本主义还有未来吗?》，徐曦白译，社会科学文献出版社 2014 年版。

［美］约翰·罗默：《社会主义的未来》，余文烈等译，重庆出版社 1997 年版。

［英］艾瑞克·霍布斯鲍姆：《极端的年代 1914—1991》，郑明萱译，中信出版社 2014 年版。

［英］戴维·赫尔德等：《全球大变革：全球化时代的政治、经济与文化》，杨雪东等译，社会科学文献出版社 2001 年版。

## 期刊文章

陈爱茹：《裂变与分化：俄罗斯社会阶级阶层的演变》，《国外社会科学》

2015年第6期。

陈定辉：《老挝：2013年发展回顾与2014年展望》，《东南亚纵横》2014年第2期。

戴隆斌译：《俄罗斯联邦共产党纲领》，《当代世界与社会主义》2009年第2期。

东振：《拉美社会主义思想和运动：基本特征与主要趋势》，《拉丁美洲研究》2009年第3期。

范春燕：《一种新的共产主义？——当代西方左翼学者论"共产主义观念"》，《马克思主义研究》2014年第5期。

高放：《拉美共运特点和拉美发展前景》，《拉丁美洲研究》2002年第3期。

高歌：《中东欧国家政治舞台上的左翼政党》，《中国社会科学报》2015年6月24日。

江玮、周一佳：《古巴故事："更新经济模式"的多棱镜》，《中国外资》2014年第7期。

姜辉：《国外独立左翼人士的"新社会主义观"》，《教学与研究》2000年第5期。

姜琳：《美共二十八大全力推进"权利法案社会主义"》，《当代世界》2005年第11期。

《久加诺夫谈社会主义的经验教训和俄罗斯的社会走向》，《科学社会主义》1996年第4期。

蓝江：《新共产主义之势——简论乔蒂·狄恩的〈共产主义地平线〉》，《教学与研究》2013年第9期。

李崇富、罗文东：《西方左翼学者论全球化与当代资本主义》，《马克思主义研究》2001年第2期。

李凯旋：《论意大利共产主义政党的碎片化困境与发展前景》，《马克思主义研究》2016年第12期。

李明欢：《9·11之后欧洲移民政策的若干思考》，《华侨华人历史研究》2002年12月第4期。

李兴中：《二十一世纪经济文化不发达国家社会主义的前途和命运》，《理论前沿》1999年第2期。

刘宁宁、王冀：《海因茨·迪特里希"21世纪社会主义"理论述评》，《当代世界与社会主义》2013年第1期。

刘维广：《拉美"21世纪社会主义"的国际评价》，《中国社会科学报》2009年2月10日第9版。

刘玥：《老挝人民革命党"五大"对社会主义的认识与实践》，《东南亚纵横》2009年第5期。

罗云力：《部分共产党和左翼学者谈世界社会主义前途》，《当代世界社会主义问题》1998年第3期。

马树洪：《老挝建设社会主义的机遇、挑战及前景》，《东南亚研究》2010年第3期。

门小军：《21世纪要建立怎样的泛左翼政党》，《当代世界与社会主义》2008年第4期。

孟宪平：《当代西方独立左翼的社会主义观述评》，《重庆工商大学学报》（社会科学版）2008年8月。

聂运麟：《战役成功与战略困局：2008年金融危机以来的世界社会主义运动发展趋势》，《马克思主义研究》2015年第10期。

聂运麟、周华平等：《社会主义才是未来——第十三次共产党和工人党国际会议述评》，《红旗文稿》2012年7月。

E. 普里马科夫：《苏联为什么会终结？》，《俄罗斯研究》2011年第5期。

宋全成：《欧洲的移民问题与欧洲一体化》，《北京大学学报》（哲学社会科学版）2002年第2期。

孙凌齐译：《白俄罗斯两个共产党纲领》，《国外理论动态》2009年第1期。

王承就：《古巴"更新经济模式"析评》，《社会主义研究》2011年第3期。

王建礼：《从新党章看南非共产党的新发展》，《社会主义研究》2014年第4期。

王森：《当代国外共产党对社会主义本质和基本特征的探索》，《科学社会主义》2013年第5期。

王鹏：《拉美21世纪社会主义理论和实践讨论会综述》，《马克思主义研究》2009年第6期。

卫宏编写：《退却还是行动？——西方左翼关于社会主义命运的争论》，《国外理论动态》2001年第2期。

《我们为什么选择社会主义?——南非共产党 2012—2017 年政治纲领》(节选),舒畅译,《红旗文稿》,2013 年 10 月。

习近平:《全面贯彻落实党的十八大精神要突出抓好六个方面工作》,《求是》2013 年第 1 期。

晓南:《奋斗近百年的保加利亚共产党》,《世界知识》1990 年第 7 期。

肖爱民:《古巴社会主义模式的回顾和展望》,《湖南城市学院学报》2006 年 9 月第 27 卷第 5 期。

徐世澄:《委内瑞拉查韦斯"21 世纪社会主义"初析》,《马克思主义研究》2010 年第 10 期。

严庭国、廖静:《阿拉伯国家共产党的发展历程及影响》,《当代世界社会主义问题》2010 年第 4 期。

杨建民、毛相麟:《古巴的社会主义及其发展前景》,《拉丁美洲研究》2013 年第 4 期。

杨瑞林:《老挝对社会主义运动的调整与探索》,《东南亚纵横》1998 年第 4 期。

余文烈、姜辉:《国外共产党与左翼学者的社会主义观》,《科学社会主义》1998 年第 5 期。

庾志坚:《拉美左派没落了吗?》,《世界知识》2016 年第 1 期。

曾枝盛:《90 年代以来国外社会主义研究述评》,《教学与研究》1998 年第 3 期。

张登文:《古巴:在新自由主义中建设社会主义》,《中共石家庄市委党校学报》2014 年 11 月第 16 卷第 11 期。

张光明:《西欧左翼知识分子近年来对社会主义的看法》,《当代世界社会主义问题》1999 年第 1 期。

张金霞:《卡斯特罗关于古巴民主政治的探索与实践》,《社会主义研究》2011 年第 4 期。

张平:《冷战后南非共产党的新变化》,《当代世界与社会主义》2006 年第 2 期。

张世鹏:《西欧各国政治制度的危机》,《中国党政干部论坛》1995 年第 1 期。

周穗明:《国外左翼论全球化与资本主义、社会主义》,《理论视野》2003 年第 2 期。

周应：《西亚北非地区政党政治新特点》，《当代世界》2001 年 7 月。

朱仁显：《老挝对外开放的环境分析》，《东南亚纵横》2014 年第 5 期。

［德］阿尔布莱希特·冯·卢克：《没有阶级的阶级斗争》，李莉娜译，《国外理论动态》2014 年第 4 期。

［德］赫拉迪尔：《德国社会结构分析》，《瑞士社会科学杂志》1990 年第 19 期。

［德］威廉·内林：《欧元与社会改革》，罗敏译，《世界经济研究》2001 年第 3 期。

［俄］阿列克谢·格奥尔吉耶维奇·莱温松：《对 20 世纪 90 年代初改革的社会评价》，陈爱茹译，《观察与思考》2014 年第 11 期。

［俄］Л. C. 列昂诺娃：《关于苏联解体的原因》，康晏如摘译，《国外理论动态》2007 年第 2 期。

［法］弗雷德里克·博卡拉：《对当前资本主义危机的马克思主义分析》，赵超译，《国外理论动态》2014 年第 3 期。

［法］雷米·赫雷拉：《当前经济危机的一个马克思主义解读》，彭五堂译，马克思主义研究网，http：//myy. cass. cn/news/747054. htm。

［加］格雷格·阿尔博：《资本、危机和国家经济政策：新自由主义的退出？》，金建闫、月梅编译，《当代世界与社会主义》（双月刊）2013 年第 3 期。

［美］阿里夫·德里克：《"中国模式"理念：一个批判性分析》，朱贵昌译，《国外理论动态》2011 年第 7 期。

［美］彼得·伊文思：《另一种全球化 上篇：另一种全球化可能吗?》，顾秀林译，《国际社会科学杂志》（中文版）2008 年第 1 期。

［美］大卫·莱布曼：《资本主义，危机，复兴：对一些概念的挖掘》，《当代经济研究》2010 年第 8 期。

［美］劳伦·朗格曼：《作为身份认同的全球正义：为一个更美好的世界而动员》，欧阳英、王禾译，《国外理论动态》2014 年第 4 期。

［美］萨伦·史密斯：《资本主义危机再次打开工人运动的大门》，冯浩译，《马克思主义研究》2011 年第 12 期。

［英］比尔·布莱克沃特：《资本主义危机和社会民主主义危机：对话约翰·贝拉米·福斯特》，韩红军译，《国外理论动态》2013 年第 11 期。

［英］简·哈迪、约瑟夫·库拉纳：《新自由主义与英国工人阶级》，张番

红、刘生琰译,《国外理论动态》2014年第6期。

## 英文主要文献

"10th Anniversary of the Launching of the People's War in Nepal", *People' march—Voice of the India Revolution*, Vol. 7, No. 3, March 2006, Rs. 12.

Alain Touraine: After the Crisis, Translated by Helen Morrison, First published in French, 2010, This English Edition, Polity Press, 2014.

Ann Ferguson, "Romantic Couple Love, the Affective Economy, and a Socialist-Feminist Vision", < Taking Socialism Seriously >, ed. *Anatole Anton and Richard Schmitt*, Lexington Books, 2012.

Anna Kontula and Tomi Kuhanen, "Rebuilding the Left Alliance-Hoping for a new Beginning", in Birgit Daiber, Cornelia Hildebrandt and Anna Striethorst (ed.), *From Revolution to Coalition-Radical Left Parties in Europe*, Rosa-Lxemburg Foundation, 2012.

BerchBerberoglu, "The Global Capitalist Crisis and Its Aftermath on a World Scale", *BerchBerberoglued. The Global Capitalist Crisis and Its Aftermath: The Causes and Consequences of the Great Recession of 2008 – 2009*, Ashgate Publishing Limited, 2014.

CCOMPOSA Press Statement, "Coordination Committee of Maoist Parties and Organisations of South Asia", *People's March: Voice of the Indian Revolution*, Vol. 2, No. 9, Sept. 2001.

Central Committee of CPI (Maoist), "Letters to the CPN (Maoist) from the CPI (Maoist)", *Revcom*, July 20, 2009.

Chris Chase-Dunn and Anthony Roberts, "The Structural Crisis of Global Capitalism and the Prospects for World Revolution in the Twenty-First Century", *BerchBerberoglued. The Global Capitalist Crisis and Its Aftermath: The Causes and Consequences of the Great Recession of 2008 – 2009*, Ashgate Publishing Limited, 2014.

Cited in Kate Hudson, The New European Left: A Socialism for the Twenty-First Century? algrave Macmillan, 2012.

Comrade Surendra, "Open Letter to Genuine Communist Revolutionary Force", Thousand Flowers, vol. 1, March 2008.

Comrade Surendra, "To the Communist Party of Nepal-Maoist (CPN-M): Revolutionary Greetings from the Ceylon Communist Party-Maoist", Bannedthought, 2008.

D. S. Bell, "Left on the Left", submitted to the University of Edinburgh conference "The radical left and crisis in the EU: from marginality to the mainstream", May 17, 2013.

David Schweickart, "But What Is Your Alternative? Reflections on Having a 'Plan'", < Taking Socialism Seriously >, ed. Anatole Anton and Richard Schmitt, Lexington Books, 2012.

Dayan Jayatilleka, "The Maoist Movement in Sri Lanka", INAS Insights, No. 103, June 2, 2010.

E. H. Allern and T. Bale, "Political parties and interest groups: disentangling complex relationship", Party Politics, vol. 18, no. 1, 2012.

Ed. Robert Albritton, Shannon Bell, John R. Bell, and Richard Wesrea, ntangling complex relationship', Party Politn", Routledge, 2004.

Fred Magdoff and Michael D. Yates: What Needs To Be Done: A Socialist View, Monthly Review, 2009. 11.

Ganapathy, "South Aisa is indeed Becoming a Storm Center of World Revolution", The Worker, No. 10, May 2006.

Giorgos Charalambous, European Integration and the Communist Dilemma: Communist Party Response to Europe in Greece, Cyprus and Italy, Ashgate, 2013.

Inger V. Johansen: The Left and Radical Left in Denmark, in Birgit Daiber, Cornelia Hildebrandt and Anna Striethorst (ed.), From Revolution to Coalition-Radical Left Parties in Europe, Rosa-Lxemburg Foundation, 2012.

Ishtiaq Ahmed, "The Rise and Fall of the Maoist Movement in Pakistan", ISAS Insights, No. 102, May 26, 2010.

James Petras and Henry Veltmeyer, "The Global Financial Crisis: A Crisis of Capital or for Labor?", BerchBerberoglu ed. The Global Capitalist Crisis and Its Aftermath: The Causes and Consequences of the Great Recession of 2008 – 2009, Ashgate Publishing Limited, 2014.

Javier Navascués, "The Development and Challenges of the Spanish United Left

(IU)", Transform!, Issue 2, 2008.

Joel Andreas, "HANGING COLOURS IN CHINA", New Left Review, 54 NOV. DEC. 2008.

John E. Roemer, < Jerry Cohen's Why Not Socialism? Some Thoughts >, The Journal of Ethics, 2010, Vol. 14.

Kevin Devlin, "Rival Communist Parties in Ceylon", Radio Free Europe, January 28, 1964.

Leo Panitch: RENEWING SOCIALISM: Transforming Democracy, Strategy and Imagination, Aakar Books for South Asia, 2010.

Luis Ramiro and Tània Verge, Impulse and Decadence of Linkage Processes: Evidence from the Spanish Radical left, in South European Society and Politics, Jan 30, 2013.

Luke March, Radical Left Parties in Europe, Routledge, 2011.

Marco Damiani and Marino De Luca, "From the Communist Party to the Front de gauche. The radical left from 1989 to 2014", Communist and Post-Communist Studies 49 (2016).

Martin Hart-Landsberg and Paul Burkett: "artin Hart-Landsberg and Paul Burkettm the, Monthly Review, May 21, 2007.

Mel Rothenberg, "Some Lessons from the Failed Transition to Socialism", SCIENCE & SOCIETY, Vol. 75, No. 1, January 2011.

Michael A. Lebowitz: "ichael A. Lebowitzme Lessons from the Failed Transition to Socialism", SCIENCE & SOCIETY, Vol. 75, No. 1, Janu

Milton Fisk, "In Defense of Marxism", < Taking Socialism Seriously >, ed. Anatole Anton and Richard Schmitt, Lexington Books, 2012.

Myron Weiner, "On International Migration and International Relation: Population and development Review", Vienna, 1995.

MytoTsakatika and Costas Eleftheriou, The Radical Left's Turn towards Civil Society in Greece: One Strategy, Two Paths, in South European Society and Politcs, Jan 30, 2013.

Niall Ferguson: The Great Degeneration—How Institutions Decay and Economies Die, New York: Published in Penguin Books, 2014.

Opening and Innovation: Changing ourselves to transform society, 5th PRC Congress Preparatory Paper, April 7.

PCE, Documento Político XVIII Congreso PCE, 06 – 08/11/09.

Raúl Martínez Turrero, "FROM 'EUROCOMMUNISM' TO PRESENT OPPORTUNISM", International Communist Review, Issue 2, 2010 – 2011.

Ricardo Antunes, The International Working Class in 1864 and today. Socialism and Democracy, 2014, Vol. 28, No. 2.

Richard Schmitt: "Twenty-five Questions about Socialism", Taking Socialism Seriously, ed. Anatole Anton and Richard Schmitt, Lexington Books, 2012.

Robert Albritton: "Socialism and individual freedom", Ed. Robert Albritton, Shannon Bell, John R. Bell, and Richard Wesrea, "New Socialisms: Futures beyond globalization", Routledge, 2004.

Siddharth Varadarajan, "From people's war to competitive democracy", Thehindu, February 9.

StéphaneSahuc, Left Parties in France, in Birgit Daiber, Cornelia Hildebrandt and Anna Striethorst (ed.), From Revolution to Coalition-Radical Left Parties in Europe, Rosa-Lxemburg Foundation, 2012.

The Central Committee of Communist Party Marxist Leninst Maoist Bangladesh, "Communist Party Marxist Leninst Maoist Bangladesh Declaration & Program", Bannedthought, May 1, 2012.

The Seventh National Congress of the Pakistan Mazdoor Kissan Party, "The Significance of the Refoundation of the Maoist Movement in Pakistan", Beyond Highbrow, August 12, 2010.

The Unity Congress of the Communist (MLM) Movement, "Afhanistan Maoist Unite in a Single Party", SholaJawid, May 1, 2004.

TP Mishra, "Rise of Red-army in the Last Shangri-La", News Feature, May 23, 2010.

Uwe Backes and Patrick Moreau (ed.), Communist and Post-Communist Party in Europe, Vandenhoeck & Ruprecht, 2008.

А. В. Бузгалин Ренессанс социализма УРСС. Москва. 2003.

А. Е. Молотков Православие и социализм в XXI веке. -СП6, 2007.

А. Михник. Annvs mirabilis. Росссия в глобальной политике, №5. Сентябрь-Октябрь，2009.

Михник. Annvs mirabilis. Росссия ММихник. Annvs mirabilis. Росс

Бухарин Н. Будущее социал-демократии стран центральной и восточной европы. Левый поворот и левые партии в странах центральной и восточной европы. М.：ЭКПКОН. 1998.

БухаринН. Будущее социал-демократии странцентральнойивосточнойевропы. Левый поворотилевыепартиивстранахцентральнойивосточнойевропы. М.：ЭКПКОН. 1998.

В. И. Дашичев：Капитализм исоциализмссудьбахРоссии. Москва Институтэкономики，2010.

В. С. Шевелуха «Социализм и условия его возрождения в России» М.，2012.

Г. А. Зюганов Выход из кризиса-социализм, Наш современник, № 6, Июнь 2009.

Е. Ф. СулимовСоциализм-миф илибудущеечеловечества？ УРСС. Москва. 2001.

Коллективный труд ученых во главе с И. М. Братищевым «Истори¬ ческий опыт социализма и его развитие в XXI веке. Анализ, реальность, перспективы» М.，2009.

Науч. рук. В. Г. Барановский. Мир 2020：российская и центрально-восточноевропейская перспектива. М.：ИМЭМО РАН. 2010.

Под общей редакцией А. А. Сорокина Октябрь 1917：вызовы для XXI века М.：Ленанд，2009.

Под редакцией М. И. Воейков Социализм после социализма, Санкт-Петербург Алетейя 2011 г..

Положение рабочего класса в России и задачи КПРФ по усилению влияния в пролетарской среде，18 октября 2014.

УсиевичМ. Положение иполитикасоциалистическойпартиивсовременнойВенгрии. Левый поворотиЛевыепартиивстранахцентральнойивосточнойевропы. М.：ЭКПКОН. 1998.

Ф. Н. Ф. Н. Клоцвога «Социализм. Теория. Опыт. Перспективы »/Изд. второе，переработанное дополненное. М.，2008.

Шабунина В. Боглария: попытки и уроки сдвигов влево. Левый поворот и левые партии в странах центральной и восточной европы. М.: ЭКПКОН. 1998.

### 网络资源

http://www.convocatoriasocial.org

http://www.cpusa.org

http://www.dkp-online.de/programm/

http://www.guengl.eu/group/history

http://www.initiative-cwpe.org/

http://www.munkaspart.hu

http://www.ncpn.nl/

http://www.nkp.no/org

http://www.politicalaffairs.net/

http://www.socialeurope.eu/2015/02/how-the-greek-middle-class-was-radicalised/

http://www.theguardian.com/

http://www.wsws.org/

Hugh Carnegy, France Faces revival of radical left, http://www.ft.com, Apr. 15, 2012.

Jerry White: "The US oil strike and the international struggles of the working class", http://www.wsws.org/en/articles/2015/02/25/pers-f25.html.

Joe Slovo: Has Socialism Failed? January, 1990. http://www.sacp.org.za.

白俄共网站: http://www.comparty.by/

德国明镜周刊: http://wissen.spiegel.de

俄共网站: http://kprf.ru/

俄罗斯"新社会主义"网站的网: http://novsoc.ru

法共网站: http://www.pcf.fr/

摩共网站: http://www.alegeri.md/ru/

南非共产党网站: http://www.sacp.org.za/main.php?ID=3404.

葡共网站 http://www.international.pcp.pt

葡共网站英文网页 http://www.pcp.pt/english.

乌共网站：http：//www.kpu.net.ua/
西班牙共产党网站 http：//www.pce.es/
希腊共网站国际网页 http：//inter.kke.gr
意大利重建共产党网站：http：//www.rifondazione.it.

# 后　　记

本书是姜辉同志主持的中国社会科学院重大研究项目"世界社会主义运动的历史经验和新发展"的最终研究成果。课题研究和写作历经多年，后又多次修改完善方始成书。在这一过程中，课题组成员克服了许多困难，付出了诸多心力，在此我对课题组成员的辛苦工作表示感谢。

本书在撰写和修改过程中，也得到了中国人民大学马克思主义学院刘建军教授、北京大学马克思主义学院孙代尧教授、中国社会科学院马克思主义研究院辛向阳研究员、刘志明研究员等的大力支持。在编辑出版过程中，中国社会科学出版社社长赵剑英同志给予了大力支持和指导，编辑杨晓芳同志做了大量具体细致的工作。在此课题组成员一并致以感谢。

本书具体分工如下：姜辉设计全书结构框架，撰写导论、第一章（贺敬垒写作初稿）、第九章、第十章、第十一章，并统稿；郭彦林撰写第二章；单超撰写第三章第一节；李彩艳撰写第三章第二节、第三节；秦振燕撰写第三章第四节；于海青撰写第四章，并协助统稿；陈爱茹撰写第五章；王静撰写第六章第一节；李淑清撰写第六章第二节、第三节、第四节；童晋撰写第七章；龚云撰写第八章。

本书由于涉及内容广泛，讨论问题较多，难免存在疏漏和错误，恳请学界同仁和广大读者批评指正。

姜　辉

2020 年 3 月

ISBN 978-7-5203-6750-9

定价:198.00元